近代司法判决丛编
李贵连 主编

［王朝末日的新式审判］

各省审判厅判牍

汪庆祺 编
李启成 点校

图书在版编目(CIP)数据

各省审判厅判牍/汪庆祺编；李启成点校.—北京：北京大学出版社,2007.4
(近代司法判决丛编)
ISBN 978-7-301-12030-9

Ⅰ.各… Ⅱ.①汪…②李… Ⅲ.判例-汇编-中国-清后期 Ⅳ.D929.52

中国版本图书馆 CIP 数据核字(2007)第 049195 号

书　　　名：各省审判厅判牍
著作责任者：汪庆祺编　李启成　点校
责 任 编 辑：谢海燕
标 准 书 号：ISBN 978-7-301-12030-9/D·1727
出 版 发 行：北京大学出版社
地　　　址：北京市海淀区成府路 205 号　100871
网　　　址：http://www.pup.cn 电子邮箱：zpup@pup.pku.edu.cn
电　　　话：邮购部 62752015　发行部 62750672　出版部 62754962
　　　　　　编辑部 62752027
印　刷　者：三河市新世纪印务有限公司
经　销　者：新华书店
　　　　　　730mm×980mm　16 开本　33 印张　589 千字
　　　　　　2007 年 4 月第 1 版　2007 年 4 月第 1 次印刷
定　　　价：48.00 元

未经许可，不得以任何方式复制或抄袭本书之部分或全部内容。
版权所有，侵权必究
举报电话：010-62752024；电子邮箱：fd@pup.pku.edu.cn

《近代司法判决丛编》总序

为适应 20 世纪 90 年代以来学术界对近代法研究的需要,近十年来,学界与出版机构合作,发掘出版近代法资料,虽然尚不能说已成风气,但亦已出现喜人的成果。其中,自 1997 年以来《二十世纪中华法学文丛》、《汉语法学文丛》中的相关著作,都是研究中国近代法不可多得的经典之作。这些旧作的重新出版,对推动中国近代法的研究,功不可没。现在我们与北京大学出版社合作,推出这套《近代司法判决丛编》,以期能对近代法研究走向深入有所帮助。

近代中国处于一个天翻地覆的时代,经历了中国社会的第二次大转型。在由帝制专制转为民主宪政的过程中,社会和法律都经历着几千年所没有的大变革。在这样的大变革中,司法判决,特别是地方的司法判决,是观察社会法制变迁最直观的材料。职是之故,多年来,我们一直致力于搜集和研究这方面的材料,以期对近代中国社会法制的变迁有比较真实的认识。

第一批推出的是《各省审判厅判牍》、《塔景亭案牍》和《民刑事裁判大全》三部地方司法判决汇编。清末推行司法独立后成立了各级审判厅和检察厅,《各省审判厅判牍》是由他们制作的批词和判决汇集。其中所搜集的,当然不可能是当时的全部判决和批词,但是我们从中已能看出中国最早地方法院运作的面貌。《塔景亭案牍》的作者许文濬,初为清朝江苏句容县知县,后为民国句容县知事。他的案牍反映了一个县在近代中国由帝制向共和的变迁过程中,社会和法制所发生的变化。《民刑事裁判大全》以审判程序为纲目,辑录国民政府早期江苏省各法院的司法判决和裁决三百五十多则,于研究此一时期法制的实际运作甚有助益,更是我们今天了解早期国民政府司法审判程序的重要资料。

尤其值得一提的是,我于1995年在日本东京东洋文化研究所发现《各省审判厅判牍》藏本;国内图书馆虽有藏本,但数量极少,利用不便。因其史料价值较高,两年后,台湾政治大学黄源盛教授将复印本携归台湾,并将复印本相赠,嘱相机出版,以惠研究同道。今日出版,亦以告慰老友!

最后,我希望能见到更多的近代中国司法判决资料的整理和出版,促进近代法研究走向深入。

李贵连

2006年12月

于北京大学近代法研究所

目　　录

点校说明	(1)
晚清地方司法改革之成果汇集	(2)

凡例	(1)
序一	(2)
新刑案汇编序二	(3)
新刑案汇编序三	(4)
新刑案汇编序四	(5)
新刑案汇编序五	(6)
序六	(7)

第一编　批词类

大理院批示	(11)
京师各级审判检察厅批词	(16)
陕西高等检察厅批词十一则	(22)
贵州高等检察厅批词八则	(25)
云南高等审判厅批词四则	(26)
云南高等检察厅批词五则	(27)
浙江高等审判厅批词五则	(28)
浙江高等检察厅批词四则	(29)
直隶高等审判厅批词四则	(30)
直隶高等检察厅批词五则	(30)
天津高等审判分厅批词三则	(31)
贵阳地方审判厅批词七则	(32)
安庆地方审判厅批词七则	(34)
南昌地方审判厅批词八则	(36)
云南地方审判厅批词二则	(37)

云南地方检察厅批词六则 ……………………………………… (38)
重庆地方审判厅批词十则 ………………………………………… (39)
芜湖地方审判厅批词三则 ………………………………………… (42)
保定地方审判厅批词三则 ………………………………………… (44)
保定地方检察厅批词五则 ………………………………………… (44)
梧州地方审判厅批词六则 ………………………………………… (45)
梧州地方检察厅批词三则 ………………………………………… (46)
苍梧初级审判厅批词二则 ………………………………………… (47)
苍梧初级检察厅批词六则 ………………………………………… (47)
江西新建初级审判厅批词十五则 ………………………………… (49)
长安初级审判检察厅批词十一则 ………………………………… (51)
云南初级审判检察厅批词四则 …………………………………… (54)
上海地方厅民事批词六则 ………………………………………… (55)
上海初级厅民事批词六则 ………………………………………… (56)
直隶高等审判厅批词四则 ………………………………………… (58)
直隶高等检察厅批词五则 ………………………………………… (58)
贵阳地方检察厅批词二十则 ……………………………………… (59)

第二编 判词类

判牍一 户婚门 ……………………………………………………… (67)
  有妻更娶 ………………………………………………………… (67)
  因贫卖妻 ………………………………………………………… (67)
  娶妾退妾 ………………………………………………………… (68)
  背夫改嫁 ………………………………………………………… (68)
  娶娼为妻套良作妾 ……………………………………………… (70)
  妻背夫在逃 ……………………………………………………… (70)
  背夫在逃因而改嫁 ……………………………………………… (71)
  夫妻分析财产 …………………………………………………… (72)
  卖女与人为使女 ………………………………………………… (73)
  婢女播弄是非 …………………………………………………… (74)
  捏称无夫自行骗嫁 ……………………………………………… (74)
  因贫不能养赡将胞侄媳改嫁他人 ……………………………… (75)
  生衅离婚 ………………………………………………………… (76)
  孀妇自愿守志图财抢嫁归女不甘失节因而自尽 ……………… (77)

因贫卖女及价买人女为侄媳 …………………………………………… (78)
判牍二　田宅门 ………………………………………………………… (78)
　谋产捏控 ………………………………………………………………… (78)
　妄控狡狯谋业 …………………………………………………………… (79)
　异姓乱宗霸业 …………………………………………………………… (80)
　强占农地 ………………………………………………………………… (81)
　捏称侵占基址 …………………………………………………………… (82)
　伪造契纸互占久荒地址 ………………………………………………… (82)
　取偿典屋不交 …………………………………………………………… (83)
　互争园田不服地方初级两厅判决 ……………………………………… (84)
　争执坟地 ………………………………………………………………… (85)
　托词盘踞霸占洋棚 ……………………………………………………… (86)
　互争坟地不服地方厅判决 ……………………………………………… (87)
　互争公用之井 …………………………………………………………… (88)
　互争园地不服初级判决上诉 …………………………………………… (89)
　强占山地 ………………………………………………………………… (90)
　伪证霸占不服初级判断上诉 …………………………………………… (90)
　典买田地不税契 ………………………………………………………… (91)
　伪骗管业 ………………………………………………………………… (92)
　恃强赎地 ………………………………………………………………… (93)
　奸婿霸产 ………………………………………………………………… (94)
　兄弟争产 ………………………………………………………………… (95)
　在服官省分强买民房 …………………………………………………… (95)
　妄控揹赎 ………………………………………………………………… (96)
　霸占住居 ………………………………………………………………… (96)
判牍三　钱债门 ………………………………………………………… (97)
　职官亏空公款借债不偿 ………………………………………………… (97)
　亏欠巨款破产还债 ……………………………………………………… (98)
　合股营业耗欠巨款按股勒追 …………………………………………… (101)
　积欠货款无力缴还伺隙潜逃 …………………………………………… (103)
　戚谊介绍借债 …………………………………………………………… (104)
　欠款向退股旧东追偿无效 ……………………………………………… (105)
　亲谊通财后嗣不承认 …………………………………………………… (107)
　亲谊通财责令后人偿还 ………………………………………………… (108)

欠款纠葛 …… (108)
悬欠不偿 …… (109)
担任偿还欠款希图卸责 …… (110)
追索欠款不服初级厅判决 …… (111)
诱拐妇女借银不偿 …… (112)
捏账搨骗 …… (113)
捏造借券索银 …… (114)

判牍四　人命门 …… (115)

妻谋杀夫及听从谋杀女婿吓逼己子加功 …… (115)
李杰光故杀缌服兄李肇光 …… (116)
故杀 …… (117)
斗殴杀人 …… (118)
殴伤使女毙命 …… (119)
斗殴杀人 …… (120)
炸药伤人致死 …… (120)
夫妻口角以致自尽 …… (121)
凶恶蔑伦 …… (122)
职官妻妾(至)[指]使家丁殴毙侍女 …… (123)
因忿故杀幼女 …… (124)
听从母命戳伤胞弟身死 …… (125)

判牍五　族制门 …… (126)

父继子毁 …… (126)
绝灭之家无人承继 …… (128)
异姓乱宗争立构衅 …… (128)
揹执谱饼不发及不允上谱 …… (129)
争继 …… (130)
立继嫌隙 …… (132)

判牍六　市廛门 …… (132)

局骗工资 …… (132)
将寄存货物抵债 …… (133)
私装电灯 …… (134)
藉词图赖保险银两 …… (135)
亏空款项私取人财 …… (136)
侵蚀巨款倒闭 …… (137)

违禁私售彩票 …………………………………………………………… (139)
不给栈房饭资 …………………………………………………………… (139)

判牍七 盗窃门 (140)
雇工人偷窃家主财物 …………………………………………………… (140)
独自抢夺过路人财物 …………………………………………………… (141)
抢夺财物结伙三人以上未伤事主 ……………………………………… (142)
盗劫听从在外接递财物 ………………………………………………… (143)
拦路劫抢得赃殴毙事主 ………………………………………………… (144)
执械行劫拒伤事主 ……………………………………………………… (145)
窝盗不同行又不分赃 …………………………………………………… (145)
结伙三人以上持械抢夺未伤事主 ……………………………………… (146)
结伙六人执持洋枪抢夺拒伤事主 ……………………………………… (147)
结伙三人以上抢夺拒伤事主 …………………………………………… (149)
白昼结伙抢夺持械拒伤事主 …………………………………………… (150)
强盗奸污人妻 …………………………………………………………… (151)
发冢 ……………………………………………………………………… (151)
拐带人财物 ……………………………………………………………… (153)
恐吓取财 ………………………………………………………………… (153)
强盗抢劫放火 …………………………………………………………… (154)
恐吓取财 ………………………………………………………………… (155)
收买赃物 ………………………………………………………………… (156)
偷窃银洋 ………………………………………………………………… (157)
七人合伙窃赃逃逸被获 ………………………………………………… (157)
书记因贫盗窃公款 ……………………………………………………… (158)
因贫行窃绸货 …………………………………………………………… (159)
合伙十七人行劫 ………………………………………………………… (159)

判牍八 斗殴门 (161)
手足(成)[他]物殴人成伤 …………………………………………… (161)
殴吏撕票咆哮法庭辱骂法官 …………………………………………… (162)
殴伤检察官程德庄上诉不服安庆地方审判厅判决 …………………… (163)
恃众行凶 ………………………………………………………………… (164)
索欠口角刀伤旁劝之人 ………………………………………………… (165)
子误伤继母 ……………………………………………………………… (166)
兄弟逞忿殴击 …………………………………………………………… (166)

凶器伤人 ··· (167)
　　故自残伤 ··· (168)
　　斗殴杀人 ··· (169)
　　巡警因不服指挥殴人成伤 ··· (169)
　　跌落手枪误伤他人 ·· (170)
　　误动枪机致伤他人身死 ·· (171)
　　斗殴杀人 ··· (171)
　　误殴小功兄至死 ··· (172)
　　索欠口角殴人成伤 ·· (172)
　　殴伤巡警 ··· (173)
判牍九　诉讼门 ··· (173)
　　越诉 ··· (173)
　　诬告 ··· (174)
　　教唆词讼诬告人致死苏州凤池庵冤狱 ······························· (175)
　　非因财产而起诉 ··· (177)
　　诬轻为重及不应为 ·· (177)
　　诬告反坐 ··· (178)
　　诬告 ··· (181)
　　因妻被抢诬告他人 ·· (182)
　　诬告人罚罪 ··· (183)
判牍十　赃私门 ··· (183)
　　承发吏受贿延纵 ··· (183)
　　诈欺官私诓骗人财 ·· (184)
　　冒充庭丁欺诈取财 ·· (185)
　　有事以财行求 ··· (185)
　　以财求得枉法 ··· (186)
判牍十一　诈伪门 ·· (187)
　　许行彬行使伪印花 ·· (187)
　　伪造假银 ··· (188)
　　收买私铸银元搀和行使货买与人 ····································· (189)
　　行使伪币 ··· (189)
　　诈充法官骗取财物 ·· (190)
　　行使伪印花一 ··· (190)
　　行使伪印税二 ··· (191)

判牍十二　奸拐门 (192)

- 因奸谋杀本夫烧尸灭迹 (192)
- 戳伤他人自行投首 (193)
- 通奸盗产 (194)
- 刁拐民妇 (196)
- 捏情妄控 (197)
- 和诱知情 (198)
- 诱拐妇人图卖未成 (199)
- 收留他人逃妾图卖未成 (199)
- 通奸和诱同逃 (200)
- 妻允妾改嫁复控诱拐 (202)
- 妻背夫在逃军民相奸 (203)
- 奸缌麻亲 (204)
- 纵容妻妾与人通奸 (205)
- 和诱知情 (205)
- 职官奸占革员之妻 (206)
- 诱拐妇女和诱知情 (207)
- 妻因奸同谋杀死亲夫 (208)
- 自愿为娼 (208)
- 因奸情热引诱同逃 (209)
- 冒昧娶孀致谢私逃 (210)
- 妇女诱拐妇女图卖未成 (210)
- 乘机诱拐图卖 (211)
- 通奸诱拐 (212)
- 假捏堕胎案 (213)
- 法官奸职官之妾 (214)

判牍十三　杂犯门 (216)

- 恃霸逼迁 (216)
- 恶佃朋凶 (217)
- 藐抗欺吞 (217)
- 赁屋该局聚赌 (218)
- 私造洋枪 (219)
- 堂兄弟负恩欺孤 (219)
- 子女雇与人服役得钱还债 (220)

兄弟不和睦怂母呈诉 …………………………………………… (221)
使用官银局假票不知情 ………………………………………… (222)
偶然会聚赌博 …………………………………………………… (222)
不应得为而为 …………………………………………………… (223)
开设花会 ………………………………………………………… (224)
寺僧争充方丈 …………………………………………………… (225)
女看役失于防范致令斩立决犯妇自缢 ………………………… (225)
武断乡曲中饱巨款 ……………………………………………… (226)
倚恃洋势寻事扰民 ……………………………………………… (228)
抽头聚赌 ………………………………………………………… (228)
无故扰害良人 …………………………………………………… (229)
扯毁封条 ………………………………………………………… (229)
租船被溺 ………………………………………………………… (230)
翻刻地图 ………………………………………………………… (231)
揩给恤银 ………………………………………………………… (231)
私当息折 ………………………………………………………… (231)
侵匿公款 ………………………………………………………… (232)
侵蚀田业 ………………………………………………………… (233)
侵吞捐职款项 …………………………………………………… (234)
大江报淆乱政体 ………………………………………………… (234)
报馆损人名誉有伤风化 ………………………………………… (236)

判牍十四　禁烟门 …………………………………………… (237)
自治调查员知法藐法 …………………………………………… (237)
兴贩烟土 ………………………………………………………… (238)
吸食洋烟 ………………………………………………………… (239)

第三编　公牍类

公牍类一 ……………………………………………………… (243)
江苏都督程　准议会议决应用法律府令 ……………………… (243)
江苏都督程　颁发各厅应用法律训令 ………………………… (243)
江苏都督庄　颁发议会议决登记法议案府令 ………………… (243)
江苏试办登记法 ………………………………………………… (243)
江苏高等检察厅颁发《江苏律师总会章程规则》照会 ……… (248)
上海民政总长李　照会审判厅兼辖各裁判分所文 …………… (248)

上海地方审判厅呈请江苏都督程核示筹议上海审判检察厅

　　办法文 …………………………………………………………… (248)

江苏都督程　指令 …………………………………………………… (249)

上海地方审判厅呈报江苏都督庄　开厅日期文 …………………… (249)

上海地方审判厅移请警务长转饬各区勿受理民刑诉讼文 ………… (250)

上海地方审判厅照会沪军都督府间谍科文 ………………………… (250)

上海地方审判厅复上海民政长文(改定曹家渡裁判分所管辖区域照会) …

　　………………………………………………………………………… (250)

上海地方审判厅致交涉司许争回租界刑事裁判权函 ……………… (250)

上海地方审判厅片行检察厅派查李阿根犯罪事实 ………………… (251)

奉天高等审判厅咨呈提法司拟请先于承德地方审判厅特设一庭

　　名为幼年审判庭请分别转督宪、法部备案文 ………………… (251)

云南高等审判厅详请督院通饬各属嗣后遇有各厅移请查传事项

　　迅予具复文 …………………………………………………… (252)

云南高等审判厅移高等检察厅将永昌府解勘保山县人犯董刚谋杀

　　胞弟董[三]蛮身死一案咨呈提法司发府提审文 ……………… (253)

云南高等检察厅拟请厅判死罪人犯在狱内用刑咨呈提法司文 …… (254)

云南高等检察厅声明南宁县民庄小炳戳毙胞兄庄世常一案

　　移高等审判厅起诉文 …………………………………………… (254)

云南高等检察厅据地方检察厅呈咸杨氏、郑陈氏互殴成伤一案

　　经同级审判判决引律有误提起上诉移高等审判厅起诉文 …… (255)

云南地方审判厅拟请将守备谭高霖先行参革归案

　　审判详呈督宪提法宪文 ………………………………………… (256)

云南地方检察厅据巡警报称巫家坝附近河埂有私埋死尸衣类军人等

　　情移(陆)[会]陆军统制派员会同勘验文 ……………………… (256)

云南地方检察厅据香条村管事李章等供称私埋死尸系

　　由马弁指使等情移陆军统制查复文 …………………………… (256)

云南地方检察厅据巡警乡约报称珥琮堡管事徐元庆抗不交凶

　　呈移提法司昆明县通饬 ………………………………………… (257)

云南地方检察厅据庄其山等上诉吴登云估奸戳伤等情

　　移复昆扬州文 …………………………………………………… (258)

奉天高等审判厅咨呈提法司拟设员司律学课请转呈文 …………… (258)

奉天高等审判厅咨呈提法司拟设浅学会教授吏警丁役等

　　请转呈文 ………………………………………………………… (259)

奉天高等厅咨呈提法司拟请法部编订律师暂行试办各项章程

　　及考取律师分奉任用文…………………………………………（259）

奉天高等审判厅咨呈提法司本厅拟订各级学习推事

　　修习日录规则请鉴核文……………………………………………（260）

陕西高等检察厅咨呈提法司各级检察厅试办规则文……………（260）

又咨呈提法司请札各府州转饬所属遇有命盗案件

　　报明本厅以便检察文…………………………………………………（261）

南昌地方审判厅为判决上诉案件应收讼费权限及

　　不遵限呈缴应用如何方法征收呈提法司文………………………（262）

南昌地方审判厅呈提法司历引司法各条略

　　为诠解仰恳酌核批示祗遵文…………………………………………（263）

粤督张准法部咨查分发各法官到省后

　　一切情形列表造报缘由行东提法司遵照文………………………（264）

广东提法司详请免办临时法官养成所暨附设监狱

　　专修科呈督院文………………………………………………………（264）

粤督张据东提法司呈分划广东各级审判厅

　　管辖区域缘由咨部查照文……………………………………………（266）

公牍类二……………………………………………………………………（267）

　河南提法司详抚院派署各级审判厅推检各官文…………………（267）

　浙江巡抚增为营兵印佐各官补助司法明定章程札提法司文……（268）

　杭州地方检察厅为请求严缉盗案事详抚院文……………………（268）

　杭州府地方检察厅为转饬仁和县遇本厅移缉案件

　　实力缉捕事详请抚法宪文……………………………………………（269）

　抚顺地方审判厅移请地方检察分厅调查陈祥连行使假洋案

　　内各节文………………………………………………………………（271）

　抚顺地方审判检察厅咨请转行调查千金寨日本路矿地段交涉文……（271）

　抚顺地方审判厅移送鸡奸未成一案查照成案归初级管理

　　以符审级文……………………………………………………………（271）

　抚顺地方审判厅咨呈高等两厅解释买休卖休案件以符审级文……（272）

　前清法部咨各省高等审判检察厅业已成立之处如遇有呈送

　　上诉大理院案应由高等检察厅径送京师总检察厅核办文………（272）

　前清法部为民教诉讼办法事咨商外务部文………………………（274）

　前清外务部为民教诉讼办法咨覆法部文…………………………（274）

　前清法部通行告诫各省法官文………………………………………（275）

前清法部通行各省将司法收入各费切实整顿文…………………………(276)
前清宪政编查馆法部会同咨覆东督解释审判厅章程文………………(277)
又咨覆湖广总督解释审判厅章程文……………………………………(278)
又咨覆湖广总督所有已设审判厅各处缉捕事项仍应责成州县
　办理文…………………………………………………………………(278)
又咨覆四川总督解释律例文……………………………………………(279)
又咨覆吉林巡抚解释律例文……………………………………………(279)
又咨覆四川总督解释审判厅章程文……………………………………(280)
安徽提法司通饬各属奉抚宪批司详准高等审检厅咨呈维持司法以保
　治安请定州县职守通章一案应查照馆电并处分则例遵办文………(281)
安徽提法司照会高等审检厅准改选咨议司员事务处移请
　选举届期议艰保无提起诉讼案件请分饬查照文………………………(281)
安徽提法司批颍州府长守详拟改良监狱办法十三条呈请核示文……(282)
公牍类三　示谕门……………………………………………………………(283)
上海地方审判厅收理民刑诉讼案件办法通告…………………………(283)
上海地方审判厅受理民刑诉讼案件应征费用通告……………………(285)
上海地方审判厅宣告诉讼程序示………………………………………(287)
苏省高等审判厅不得临时添请律师示谕………………………………(287)
上海地方审判厅为诉讼人应遵章来厅呈诉不准请托通告……………(288)
上海审判厅应用各种法律通告…………………………………………(288)
上海审判厅消灭旧时差役等项名目通告………………………………(288)
上海审判厅专派推事收受诉状通告……………………………………(289)
上海审判厅为诉状人呈递诉状照章应添备缮本通告…………………(289)
上海地方审判厅暂用旧刑律示…………………………………………(289)
上海审判厅为诉状批准后应预缴讼费及保证金告示…………………(290)
上海审判厅改正民刑诉讼上诉期间及方法告示………………………(290)
上海地方审判厅征收诉讼费用示………………………………………(291)

第四编　章程类

章程类一………………………………………………………………………(295)
直隶省各级审判检察厅暂行章程………………………………………(295)
上海地方检察厅试办简章………………………………………………(306)
江苏律师总会章程………………………………………………………(315)
奉天省审检讲演会简章…………………………………………………(318)

河南省城初级审判厅章程…………………………………………（320）
　　河南省城初级检察厅章程…………………………………………（323）
　　河南省城地方审判厅章程…………………………………………（325）
　　河南省城地方检察厅章程…………………………………………（330）
　　奉天高等审判检察厅附设律学课简章……………………………（332）
　　奉省特别地方审判章程……………………………………………（332）
　　奉天高等审判厅幼年审判庭试办简章……………………………（334）
　　云南司法研究会简章………………………………………………（335）
　　司法研究会第四次议决录…………………………………………（335）
　　司法研究会第五次议决录…………………………………………（336）
　　京师法学会章程……………………………………………………（337）
　　京师法政研究所简章………………………………………………（339）
　　奉天省高等审判检察厅附设浅学会简章…………………………（340）
章程类二……………………………………………………………………（341）
　　清法部奏定京外各级审判厅及检察厅办事章程…………………（341）
　　清法部奏定提法司办事划一章程…………………………………（345）
　　法部奏颁修正承发吏职务章程……………………………………（350）
　　前清法部拟定颁行庭丁职务章程…………………………………（353）

第五编　规则类

　　上海各级审判厅办事规则…………………………………………（357）
　　直隶省各级审判厅办事规则………………………………………（367）
　　直隶省各级审判厅看守所暂行规则………………………………（377）
　　四川各级审判厅及检察厅事务通则………………………………（383）
　　奉天高等审判厅订定各级学习推事修习规则……………………（391）
　　直隶省各级检察厅办事规则………………………………………（392）
　　京师高等检察厅典簿所办事细则…………………………………（401）
　　贵州各级审判检察厅办事规则……………………………………（403）
　　贵州各级检察厅调度司法警察章程施行细则……………………（412）
　　邮传部厘定邮政扣押人犯信件章程………………………………（422）
　　贵州高等地方审判检察厅官员实行稽查职务规则………………（423）

第六编　附则

　　修习目录……………………………………………………………（427）

修习日录一 ……………………………………………… (427)
　　修习日录二 ……………………………………………… (428)
法部编定各省提法司署、审检厅经费和人员的表格 …… (430)
　　清法部编定直省提法司署及审判各厅经费细数表说明 …… (430)
　　直省提法司卫衙门经费表第一 ………………………… (431)
　　直省高等审判检察厅经费表第二 ……………………… (432)
　　直省高等审判检察分厅经费表第三 …………………… (433)
　　省城商埠地方审判检察厅经费表第四 ………………… (435)
　　商埠地方审判检察分厅经费表第五 …………………… (436)
　　府直隶州厅地方审判检察厅经费表第六 ……………… (438)
　　省城商埠及繁盛厅州县初级审判检察厅经费表第七 …… (439)
　　府厅州县地方分厅、初级厅经费合表第八 …………… (440)
　　直省审判检察厅法官及书记翻译各官暂定俸薪数目表第九 …… (441)
　　清法部奏颁直省省城商埠各级厅厅数庭数员额表 …… (442)
公文程式 …………………………………………………… (448)
　　清法部通行直省司法行政各官厅互相行文公式 ……… (448)
　　清法部酌定各省民刑案件报部程式 …………………… (451)
　　刑事案件呈报文册程式 ………………………………… (454)
考察司法制度报告书 ……………………………………… (461)
　　法部制度 ………………………………………………… (461)
　　审判制度 ………………………………………………… (463)
　　监狱制度 ………………………………………………… (466)
　　感化制度 ………………………………………………… (469)
　　司法警察制度 …………………………………………… (471)
广西法院强制执行章程 …………………………………… (472)

点校说明

1. 本书原版于1912年,由于出版的仓促,原版在"判牍门"的编排次序上明显混乱,此次点校,按照原版目录中的次序进行了重新编排,在保持与原版内容一致的基础上,方便读者阅读和检索。

2. 原文中异体字及不规范字,均直接改正。

3. 原文中明显错字者,将原字放在"( )"之内,正字置于"[ ]"之内。

4. 原文明显有脱漏之字句的,将脱漏之字句置于"[ ]"之内。

5. 原文明显有多余之字句的,将多余之字句置于"〔 〕"之内。

6. 原文中有点校者认为可能有错误、缺漏脱失之处,以脚注的方式指出,供读者参考。

7. 对原版书中出现的人物,点校者能够查到相关资料的,以脚注的方式列入,供读者参考;无法查找或没有太大意义的,付之阙如,望读者见谅。

晚清地方司法改革之成果汇集

——《各省审判厅判牍》导读

一、晚清省城商埠各级审判厅的设立和运作

　　中国政府主动移植西方法律制度文明始于戊戌维新,其迅速失败使得一些相关的改革流于纸面。移植来的法律制度真正在中国大地上实践,肇端于晚清法律改革。这也是晚清法律改革能够吸引国内外众多法律史学者兴趣的原因之一。晚清变法十年间,从新政修律到预备立宪,立法变革取得了丰硕的成果。作为大陆法系成文法主要部分的"六法",晚清都有相应的法律或法律草案。大多数的法律史学者就是从这个立法层面所取得的成果开始研究晚清法律改革的。但随着研究的深入,有一些问题是法律史学者所不能绕过的:究竟这些来自西方,尤其是日本的新法律在晚清中国能不能得到实施?如果已有一定的实施,那具体的实施情况怎么样?在实施的过程中,有没有中国"具体语境"与外来法律不相适应的问题?如果有,当时的人们,尤其法官们是怎么处理的?对这些问题的回答不仅有助于搞清历史真相,深化中国近代法研究,即便是从实用层面上看,它对当下的法律实践也不无借鉴意义。

　　司法改革,作为晚清法律改革一部分,所取得的主要成就是按照大陆法系的法院体系设立四级三审的新式司法审判机构——大理院和各级审判厅。光绪三十三年(1907年)清政府中央官制改革,设立了大理院。此最高独立审判机构的出现,标志着传统上作为行政附庸的司法体制向以西方模式为导向的独立司法体制迈出了第一步。对于新式独立司法机构在全国范围内的设立,清政府有一个比较成熟的规划:为了与预备立宪这个清末基本国策相配套,囿于合格司法人才和经费,政府计划先于京师和地方各省城商埠设立各级审判厅和检察厅,然后再遍设于全国。前一阶段原先预计到光绪三十九年(1913年)① 完成,后一阶段则要持续到光绪四十二年(1916年)。后由于预备立宪的期限缩短,筹建审判厅的步伐也有所加快,省城商埠各级审判厅和检察厅在宣统二年(1910年)基本建立,到宣统三年

---

① 实际上光绪皇帝死于1908年,即光绪三十四年。

(1911年)清廷灭亡,全国其他地区基本上没有设立各级审判厅。所以晚清所设立的地方各级审判厅仅限于各直省省城商埠,其实际审理案件的时间大多不过一年左右,实际运行时间最长的东三省各级审判厅,也不过四年左右。①

晚清省城商埠设立的各级审判厅,作为新式审判机构,具有以下几个特点:

其一,保障司法独立。司法独立原则乃是西方法律文明中的产物,它是作为西方政权设计之基石的三权分立原则在司法领域内的具体表现。权力分立的原则为欧洲启蒙思想家洛克、孟德斯鸠等所倡导,并逐渐被西方国家采纳为宪政之基石,晚清政府改革官制即将创设三权分立原则指导下的政府机构作为新政之要图②,其创设理念中就包含了对司法独立的推崇。司法独立大致可以分为外部独立和内部独立,外部独立指的是司法裁判权力由法官团体排他性地行使,不受行政、立法等一切其他部门的干涉;内部独立主要指的是承审案件的法官只受法律的约束,不受其他任何干预。清末所筹设的省城商埠各级审判厅是基本遵循了该原则的,这也是各级审判厅之所以区别于传统问案衙门的最主要之点。

其二,划分民刑诉讼。社会愈进步,职务分工愈精细。司法愈进步,法院内部职务的划分亦愈多。民刑诉讼的划分及民事刑事分庭审判制度的确立,是各级审判厅设立上的革新。晚清各级审判厅中除初级审判厅采取不分庭的独任制外,地方审判厅和高等审判厅都设立了独立的民庭和刑庭,并规定了各自不同的审理模式,即刑事诉讼采干涉主义,以摘发真实及检察官依职权进行公诉为原则,而民事诉讼采取不干涉及由当事人自由进行诉讼为主义。刑事诉讼(亲告罪略有区别)的当事人为国家与被告,而民事诉讼以原告和被告为当事人。这种不同的诉讼模式更可显示民事和刑事案件在审判精神上的分别,乃晚清地方司法改革所取得的最重大的成就之一。

其三,就各级审判厅的人员构成而言,除了附设于各级审判厅的检察厅外,一般都包括推事、预审推事、候补推事、学习推事、书记官、翻译官和承发吏等。

推事是专门负责案件审理的正式法官。预审推事是专门负责办理预审事

---

① 详参李启成:《晚清各级审判厅研究》之第三章"各级审判厅的设立及其运作",北京大学出版社2004年版。

② 如《总核大臣庆亲王奕劻及载泽等奏厘定官制折》云:"按立宪国官制,在立法、行政、司法三权并峙,各有专属,相辅而行。其意美法良,所谓廓清积弊,明定责成,两言尽之矣。盖今日积弊之难清,实由于责成之不定。推究厥故,盖有三端:一则权限之不分。以行政官而兼有立法权,则必有藉行政之名义,创为不平之法律,而未协舆情。以行政官而尽有司法权,则必有谋听断之便利,制为严峻之法律,以肆行武健,而法律寝失其本意。举人民之权利生命,遂妨碍于无形。此权限不分,责成不能定一也。立法、行政、司法三者,除立法当属议院,今日似尚难实行,拟暂设资政院以为预备外,行政之事,则专属之内阁……司法之权,则专属于法部,以大理院任审判,而法部—监督之权。"见《大清光绪新法令》,商务印书馆宣统元年(1909年)版,第20册,第97—99页。

务的推事,一般在地方审判厅以上才有,因为预审仅限于严重的刑事案件,初级审判厅没有对此类案件的管辖权。有的审判厅,如京师地方审判厅是由厅丞于各厅推事中临时选任人员派充预审推事,不设专缺;有的审判厅,如奉天各级审判厅则专门设立预审推事一职。① 不过多数审判厅在刚建立时由于合格人员的缺乏,没有专门设立预审推事,由地方审判厅的合议庭庭长派该庭推事办理预审事务。② 在宣统二年考试法官之后,大部分审判厅专门设立了预审推事为专官,使之与推事区分开来。③ 候补推事为已取得正式的推事资格但没有实际的职缺来充任推事的人员,按照《法院编制法》的规定,在地方以下审判厅当推事遇有事故时,准用各该厅候补推事代理。④ 学习推事是在法官考试制度确立之后产生的,按照《法官考试任用暂行章程》的规定,法官考试第一次合格者,应行实地练习,照章分发初级审判厅充任学习推事,但是也有第一次考试成绩最优者分发到高等以下审判厅充任学习推事。⑤ 候补推事和学习推事的名目则直接从日本借鉴:"日本试验之法,第一次合格者名曰判、检事试补,即中国之学习;第二次合格者名曰预备判、检事,即中国之候补。其有试补期内多有执书记之任以资练习者,若预备则无之。"⑥

书记官是各级审判厅设立的掌录供、编案、会计文牍及其他一切事务的办事官员。于各级审判厅开庭审判时,应遵守审判长的命令执行职务。书记官分都典簿、典簿、主簿和录事诸等级。书记官从依法部所定之考试任用书记官章程考试合格人员里录用。书记官长,在初级审判厅称为监督书记,于地方审判厅和高等审判厅称为典簿,于大理院称为都典簿。其中都典簿、典簿、主簿为奏补官,录事为咨补官。⑦

在京师和各商埠地方审判厅还特设有翻译官,由法部及提法司酌量委用。⑧ 在实际中也有不设专门的翻译官,由审判厅临时雇佣的情形。

承发吏是通过法部任用考试承发吏章程所规定的考试合格者,可以由法部及提法司任命,也可以授权地方审判厅厅丞委任,但须缴纳相当之保证金。

---

① 徐世昌:《酌拟奉省提法司衙门及各级审判厅检察厅官制职掌员缺折》,见《退耕堂政书》,卷十。
② 《法院编制法》,第二十条。
③ 参考第一历史档案馆馆藏法部档案:《广西、云南、贵州法官官册》(31704)、《河南、陕西、甘肃法官官册》(31705)、《奉天、吉林、山东、山西法官官册》(31706)、《江苏、江西、福建、湖南法官官册》(31707)里都有预审推事名单。
④ 《法院编制法》,第五十一条。
⑤ 《酌拟法官考试任用暂行章程》,第七条。
⑥ 《宪政编查馆奏考核提法使官制折》,见《大清宣统新法令》,第十册,第47页。
⑦ 参考《法院编制法讲义》,商务印书馆宣统三年版。
⑧ 《法院编制法》,第一百四十二条。

承发吏受审判厅之命令,送达文书、执行判决、没收物件,于当事人有所申请之时,实行通知、催传等事情。承发吏没有固定的俸禄,这一点不同于其他的司法官吏,但其收入来源分两部分:一是按照职务章程所定,分别酌给津贴,一是当事人所纳之酬金。关于承发吏是否如旧式差役有营私舞弊之嫌,则"未敢谓其绝无,是则在司法官之善为制驭"①。

省城商埠各级审判厅和检察厅设立之后,接管了那些原来由各级行政官员裁判的民刑案件。自19世纪60年代开始,中国近代的法学教育肇端,到晚清新政,仿行立宪,近代中国的法学教育因之蓬勃发展,不仅留洋习法政成为留学风潮中的主要景观,就是在国内,法律学堂或法政学堂林立,在那些已创设和正在创设的综合性大学里面也设立了法科,如作为北京大学前身的京师大学堂。②留洋学法政的人数迅速增加,国内法学教育的迅速发展,为即将成立的各级新式法院培养了司法人才。早在光绪年间,清学部即组织了留学生考试,一些法政留学生因优异成绩被政府授予法科进士、举人头衔。这些人很多成为各级新式法院的骨干。到宣统二年(1910年)秋,清法部组织了中国近代第一次全国范围内的法官考试,录取了三百多名法官,分发到各级审判、检察厅,从而给刚成立的各级新式司法机关输送了一批合格的司法专门人员。③法官考试制度的确立,诚如陈瑾昆④先生在民国初年所评判的那般,"现章司法官,均严行考试。此为司法界之特色。司法界人才,较他界整齐,当推此为唯一原因。此种良美制度,固别无置议之余地"⑤。与之前的行政长官委托刑名幕僚相比,此种独立司法机构中经各类考试选拔的法官,在审理案件方面所

---

① 《法院编制法讲义》,商务印书馆宣统三年(1911年)版,第71—72页。
② 有关京师大学堂的法科所进行的法学教育,参考李贵连主编:《法学百年——北京大学法学院院史》,北京大学出版社2004年版。
③ 关于此次考试具体情况,参考李启成:《宣统二年法官考试》,载台湾中国法制史学会主编:《法制史研究》第三期,2002年,第197—226页。
④ 陈瑾昆,1887—1959年,字克生,湖南常德人,日本东京帝国大学法学士。民国资深民法学家,1917年任奉天高等审判厅推事、庭长,1918年任修订法律馆纂修,1922年任司法部参事,1924年任大理院推事兼庭长,同时兼任北京大学、朝阳大学、中国大学、司法讲习所讲师、教授。1929年后,他因不满当局腐败、干涉司法审判,辞去参事、庭长官职,专任北京大学等大学教授,兼任律师职务。1933年任国民政府司法行政部民事司司长,北京大学法律系讲师。1949年中华人民共和国成立,任全国政协委员会委员、中央人民政府法制委员会副主任委员、政务院政治法律委员会委员、最高人民法院委员。1952年,任中央法制委员会法规审议委员会主任委员。1953年,任最高人民法院顾问,并任中国政治法律学会理事,参与制定《中华人民共和国婚姻法》(1950年)、《中华人民共和国土地改革法》(1950年)和《中华人民共和国宪法》(1954年)。著有《民法总则》、《民法通义总则》、《民法通义债总论》、《民法通义债编各论》、《刑事诉讼法通义》、《刑法总则讲义》、《刑事诉讼实务》(与李良合著)等。
⑤ 陈瑾昆:《就改进司法计划略陈鄙见书》,载《法律评论》,第82、83期合刊,第8—9页。

发生的变化主要由他们所制作的各种批词和判词体现出来。

二、《各级审判厅判牍》之编辑

李贵连教授于1995年在日本东京大学东洋文化研究所大木文库发现《各省审判厅判牍》(以下简称《判牍》)一书,因当时不准复制而作罢。两年后,李贵连教授到台湾,与黄源盛教授聊及此事。后黄教授访日,将该书复印寄来,并给了一些整理费用。此时,笔者正在李教授门下攻读博士学位,李教授于是将该书交给笔者整理、点校。在这个过程中,深感材料之可贵,遂索性以"晚清各级审判厅研究"作为我博士论文题目。因搜集博士论文资料,我发现国内也仅有少数几家图书馆藏有此书印本,但使用起来非常不便。这些因素综合在一起,促成了我们将《判牍》点校出版的想法。

宣统三年(1911年)发生了国体变更,后来者并没有对传统作彻底地否定,晚清所积累的司法经验和立法成就多为民国所继承。民初供职于上海法学编译社的汪庆祺在全国范围内搜集清末省城商埠各级审判厅和检察厅的各种判牍,择其精华,编辑成《各省审判厅判牍》一书,洋洋洒洒四十多万字。从编者所撰的"凡例"里我们知道,此书编纂时间为1911年冬到1912年春,将近半年时间,最后于1912年印行出版。汪庆祺其人,从《判牍》序言里知道他是上海法学编译社的社长,其详细生平则不得而知,笔者查阅了很多近代人物辞典,也不见有关于此人的记载,经过互联网查询,才找到一点儿蛛丝马迹。1906年11月他作为赞助者之一参与创办《月月小说》,并一度担任主编。关于他的其他情况就不得而知了。

汪庆祺为何会在民初不惮其烦来编辑《判牍》呢?想来最主要的原因在于他看到了那个时代有此需要。当《判牍》编辑印行之时,民国甫肇,临时大总统曾下令:现因民国法律未经议定和颁布,故凡前清法律,只要条文与民国国体不相抵触,皆可以暂行沿用。于此可见民初法律的不完善程度。司法官裁判案件,在没有明确法律依据的情况下,如果没有司法经验的积累,尤其是案例来参考,不仅会破坏法律的统一性与特定的预期,而且对当事人权利的保护也会因法官一己之见而歧异。而司法经验的累积又非朝夕所能为功,但当时的情境又需要速成,因此将前清各级审判厅运作所遵循的主要规则、推事们所制作的批词和判词以一定的选择标准作系统的编纂,岂非有功于司法界和学术界的好事?

其实,从潘绍基为《判牍》所作序中即可了解到,作为当时的法官,他本人即面临"苦旧者既不适于时用,而新者所译,又系他国条件,不切事情,遇有疑难,颇费裁判"的特殊境况,曾向其表兄汪聘赓厅丞求助。汪氏存稿尽管是其从事检察工作的经验累积所荟,但在基层法院法官潘氏看来却是"公牍为多,判词鲜少,是又限于阶级,为位所局,仍难资以引用"。希望有人编辑此类能为司法官直接提供参考的书籍。《判牍》之编辑印行,就是在很大程度上应此种需要而产生的。东明黄河法政河务研究所法政科教员费县人赵元熙在其所作之序中认为,"南洋法政学社诸法学家,本法理之思想,为新法之预备,将各省审判厅已发现之批词、判牍、公牍之类,不惮手续,广为搜罗,精心研究。取其法理详明,体裁精新,读之可以因象求义,因义求神,旨趣错落,妙谛无穷者,汇集成编……以为将来之司法官之资助材料,与审判厅之组织方法。则是编之有功于法界者,岂浅鲜哉?"这基本上如实反映了《判牍》编辑印行在当时的初衷和其意义所在。

三、《各省审判厅判牍》之内容

《判牍》的第一部分内容为清末省城商埠各级审判厅检察厅制作的批词。批词在传统司法中是官府对于呈控案件是否予以受理的书面批示。批词除了明白告知当事人准理与否之外,也需要阐述其作出该裁决的理由,名幕王又槐说得相当透彻,"批发呈词,要能揣度人情物理,觉察奸刁诈伪,明大义,谙律例。笔简而赅,文明而顺,方能语语中肯,事事适当,奸顽可以折服其心,讼师不敢尝试其技。若滥准滥驳,左翻右覆,非冤伸无路,即波累无辜,呈词日积而日多矣!善听者,只能剖遍是非于讼成之后;善批者,可以解释诬妄于讼起之初。"既然批词的作用如此之巨大,因此州县官在撰写批词时当非常注意。即便对于那些不予受理的批词,也"必须将不准缘由批驳透彻,指摘恰当,庶民心畏服,如梦方醒,可免上控。此等批词,不妨放开手笔,畅所欲言,但须字字有所著落,不可堆砌浮词也。果能批驳透彻,即有刁徒上控,上司一览批词,胸中了然,虽妆饰呼冤,亦不准矣"①。在传统州县官所制作的司法文书里面,批词占了相当大的比重。如樊增祥所作批词,仅搜集在《樊山判牍》里的就有1088则。② 由于讼师以批词之好坏作为衡量、揣测地方官能否之重要标准,而樊氏所作批词,"能尽摘纰漏,动中窍要,使无情者不得肆其伪张,而冤抑者,先有伸理之望"③,故能做到在其辖区内案无留牍。

尽管批词在传统司法中地位重要,但其撰写需要专门的律学知识,州县官在这方面往往并非所长,故批词的实际制作人多是受州县官委托的刑名幕僚。像上述樊增祥那样亲自撰写批词的还是少数。批词没有固定的格式,写批词的

---

① 王又槐:《办案要略》,群众出版社1987年版,第69—70页。
② 参考樊增祥:《樊山判牍》(正编)、《樊山判牍》(续编),上海大达图书供应社1934年版。
③ 樊增祥:《樊山判牍》(续编),编者序。

方式,也因人而异,有的是在原告面前当场写就,有的是在与幕友讨论后作出。①到晚清各级审判厅成立后,批词则由检察官和推事亲自撰写。因为按照规定,对于诉讼案件的准驳权根据案件本身的性质分别由检察厅和审判厅行使。《判牍》一书共收批词232则,其中明确由各级检察厅所作批词90则,由各级审判厅所作批词127则,查不清审检厅出处的15则;大理院和总检察厅所作批词24则,高等审判厅和检察厅所作批词60则,高等审判分厅1则,地方审判厅和检察厅所作103则,初级审判厅检察厅所作批词44则。批词涉及区域计有京师、直隶、陕西、贵州、云南、浙江、江苏、安徽、江西、四川、广西等11省,涉及各级审判厅、检察厅32个。就地方而言,除边远地区付之阙如外,腹地省份,如奉天、河南、湖北、湖南、广东等没有收录进来;就各级审检厅而言,晚清司法改革筹设各级审判检察厅,截止到宣统二年(1910年)底,共设审判厅175所,由于晚清《法院编制法》采取的是审检分厅对立的设立原则,故设立的各级检察厅也应为175所,合计各级审检厅350所。从《判牍》所收录批词所涉及的区域和审检厅数目来看,还是有其局限性的。《判牍》所收录的批词在编排方面没有明确的规律可循,大致是按照撰写批词之推事或检察官所属机构随机编排的。

《判牍》的第二部分为判词,是本书的核心内容,大致占了全书篇幅3/5,共收录各级审判厅推事们所制作的判词195则,其中初级审判厅15则,地方审判厅147则,占总数的75.4%,高等审判厅30则,制作审判厅不详的有3则。判词所涉及的区域包括京师、安徽、江西、云南、直隶、江苏、贵州、浙江、奉天、广西、广东、吉林、四川、湖北,也是没有边远地区,腹地则缺乏河南和湖南,但较批词所涉及的区域为稍广。从判词的制作主体来看,其中高等审判厅有8个,地方审判厅17个,初级审判厅8个。截止到宣统二年(1910年)底,清政府筹设了各级审判厅的数目分别为高等审判厅(包括分厅)25个,地方审判厅(包括分厅)62个,初级审判厅88所②,制作该判词的各级审判厅数占清末所设各级审判厅数的百分比依次为32%、29%、9%。从制作判词的具体审判厅来看,在高等审判厅中,收录判词最多的是云南高审厅(10个),其次为安徽高审厅(6个)和奉天高审厅(6个);在地方厅中,最多的是新民地审厅,达15个,收录判词在10个以上的还有安庆地审厅、保定地审厅、江宁地审厅、宁波地审厅等;在初级审判厅中,河北清苑初审厅所收录的判词最多,达6个。从上述数据可以看出,《判牍》所收录判词在地域上较之其收录的批词为广,但在所涉及的各级审判厅数量方面,也有程度不同的局限性,这一点在初级审判厅表现得更为明显。

---

① 参考瞿同祖:《清代地方政府》,法律出版社2003年版,第196页。
② 《直省省城商埠各级审判厅一览表》,载李启成著:《晚清各级审判厅研究》,第221—224页。

关于如何看待《判牍》一书所收录的批词和判词的代表性，首先我们必须考虑到编者编辑此书的目的是为民初司法官提供司法经验方面的参考和借鉴，故编者并非是把其搜集到的所有批词和判词都罗列进来，而是按照自己的判断，只将那些质量较高的编排成书。而晚清筹设各级审判厅，本就有经费和人才方面的巨大困难，尽管为保证司法官的质量，在宣统二年（1910年）进行了中国历史上首次全国规模的司法官考试，但并非所有的司法官都经历了类似的甄别考试，况且司法官水平的高低并不完全取决于考试所设立的门槛，还与其历练和进一步的研习有极大的关系，加上晚清社会地域之间的巨大差异，更使得各级审判检察厅的司法官水平参差不齐。司法官水平的差异就使其制作的批词、判词有很大的差别。以特定的眼光来观察，有的司法官制作的批词、判词质量较高，因此入选的较多，反之亦然。《判牍》中所收录的批词和判词是考察晚清地方司法之革新问题的新材料，不可否认具有重要的学术价值，但也要看到，它并非完全准确地反映晚清各级审判厅审理案件的实际情况，而是存在一定选择上的偏差。

　　《判牍》中收录的判词，编者大致按照《大清现行刑律》的编排方式进行了归类，依次分为户婚、田宅、钱债、人命、族制、市廛、窃盗、斗殴、诉讼、赃私、诈伪、奸拐、杂犯、禁烟等十四门，每门之中所包含的案件不等，较多的为杂犯、奸拐、户婚、窃盗等门，其判词分别为28、25、23、23个，最少的为禁烟门，仅3个判词。《大清现行刑律》是清政府在预备立宪之时，苦于新律颁行条件不成熟，而原有的《大清律例》在新形势下已经不适于用的情况下，对《大清律例》进行修改、修并、移并、续纂等工作的基础上颁行的，其编排结构、立法精神乃至法律用语都与《大清律例》相类，是晚清各级审判厅所能适用的几个主要成文法规之一。《大清现行刑律》不仅如其名称所标示，主要包含的是刑事法规，但其间也有众多的民事规条。和《大清律例》相比，其较大的变化在于：户役内的承继、分产，以及婚姻、钱债、田宅等纯属民事范畴者，不再科刑。① 到民初，尽管其刑事部分随着《暂行新刑律》的颁布而失效，但这些民事条文依然有效。②

---

① 《大清现行刑律》卷前奏疏。
② 如大理院解释例第677号即强调此点，"民事现在继续有效之现行律载：'京城官地井水，不许挑水之人把持多家，任意争长价值，及作为世业，私相售卖'等语，兹就民事言，该律例对于官地井水营业者，明禁其有分段专售之权，以此类推，私地井水，虽所有者可以自由营业，而把持售卖，则为贯彻律例，保护一般市民之精神，亦当然应认其同归禁阻。是法有明文，即令习俗相安，仍未便显然悖反。此种贯行，即不能认为权利，而予以积极之保护。"（周庆昌、王醉乡编：《大理院解释例》，下册，上海大通书局1928年版，第2页）尽管该解释例强调的是习惯与成文法之关系，但字里行间无不透露出《大清现行刑律》民事部分的法律效力。

尽管晚清各级审判厅实行的是民刑分离的审理原则,但《大清现行刑律》依然作为其审理案件的主要实体法律依据而发挥作用,因此,编者将搜集精选之后的判词按照《大清现行刑律》的编排方式进行整理,是有其合理性的,也是民初绝大多数司法官所乐意并容易接受的。

《判牍》第三部分为公牍。公牍在古代指的是朝廷、官府通常所使用的公事文书,亦简称公文。它在古代是备受重视的,朝廷与官府之间,上级官府与下级官府之间,其重要联系渠道之一就是这种公牍。《判牍》中所搜集的公牍有57则,大致包括两类:一类是提法司(主要是其长官提法使)、督抚、法部对各级审判检察厅所发布的指示、命令以及对其请示疑问之处所作回答。这些公牍都需要各级审判检察厅遵照执行。但晚清各级审判厅的设立和运作是按照西方司法独立之原则和精神进行的,本来司法独立即须处理司法权与行政权、司法审判和司法行政之间的复杂关系,况且,在晚清时期,近代中国首次推行司法独立,时人对于司法独立之理解尚有诸多歧异,即便能够达成共识,一下从传统的行政兼理司法体制突然转向建立在分权基础上的司法独立,权力、利益、情感方面的纠葛可谓千丝万缕,部院权限之争就是一显著之例。筹设各级审判厅多由法部和各省督抚协调并分任其责,提法使则秉承法部和督抚的命令而具体实施;已经筹设的各级审判厅要顺利运作,也离不开法部、督抚和提法使的监督和配合,其疑问也需要向它们请示并从此得到解答。《判牍》中所搜集的这类公牍在晚清这个成文法多不完备,其往来关系亦尚未形成惯例得以定型的情况下,对于准确理解并把握各级审判厅与上述衙门的复杂关系有极大的帮助,从而可以进一步探讨各级审判厅的具体运作。下面试举一例。

民教之间的矛盾、仇视问题一直困扰着晚清政府。由于它直接与外国人相联系,处理稍有不慎,即可能酿成难以收场的事端。晚清教案层见叠出就是其重要表现。民教之间的"教"实际包含两类人:外国传教士和入教的中国人。民教之间起了争执,如果当事一方是外国传教士,倒有中外约章所规定的"领事裁判权"条款所规范;如果当事一方是入教的中国人,即所谓的教民,由于其与外国传教士有相同的信仰,往往能得到外国传教士的保护,俨然成为国内的特权阶层。民教矛盾的发生在很多情况下都是教民倚仗洋人的保护而横行鱼肉乡里所致。教民是中国子民,他们与当地士绅民众发生纠纷,理所当然归中国官府裁判,但考虑到其可能引起教案的复杂性,清朝官府对于这类纠纷的处理可谓慎之又慎。当晚清在省城商埠筹设了各级审判厅之后,对于这类具有一定特殊性的案件,政府是否放心把它交给各级审判厅审理,审判厅是否有能力处理此类案件,都是一些尚待解决的问题。晚清政府究竟是如何解决这个问题的?通过阅读《判牍》一书所收录的公牍——《前清法部为民教诉讼办法事咨商外务部文》和《前清外务部为民教诉讼办法咨覆法部文》——就会有确切的答案。在湖北省城商埠各级审判厅成立之后,试署交涉使施炳燮、署提法使梅先义以"民教讼案情形极为繁杂,其中且关于外交,不能杜外人之干预,应付稍有未宜,不免别滋交涉"为由,希望别定办法,即仍然由行政衙门处理民教纠纷。湖广总督据此咨商法部。法部以司法独立之义,认为各级审判厅有此类案件的司法管辖权;由于此问题与外交有密切关系,法部又咨商外交部。最后外交部大致同意了法部的意见,认为"行政衙门划分权限但以华洋为准,不以民教而殊,可不必另定章程,显分界限"。据此可以看出,晚清各级审判厅对于通常的民教纠纷是有管辖权的。

《判牍》所收公牍的另一类是谕示类公文,是各级审判检察厅针对其当事人、诉讼相关人所公开发布的告示,需要他们遵循的规定。这类公牍是辛亥年间江苏光复之后,新的中央政府尚未成立之前,因革命而带来的国体变更,一方面前清政府所制定的规范各级审判厅运作的法规,如《各级审判厅试办章程》、《法院编制法》、《大清现行刑律》等在新政权下尚处于不确定状态;且前清政府这方面的法规存在不完不备状况。在这个过渡阶段,苏省各级审判厅要处理纠纷,必然要向其辖区内的百姓晓谕其现今所遵循的各项规程。《判牍》所搜集的这类公牍多为上海审判厅所"谕示",涉及审判厅适用法规、讼费、律师、上诉等诸多内容,对于了解此种过渡时期的苏省、尤其是上海的司法有一定的帮助。试看下面一例:

现今学术界多以为,晚清所制定的一些法律草案,如《刑事诉讼律草案》、《民事诉讼律草案》、《大清民律草案》等,因为清政府迅速灭亡,还未来得及实施,民初很长一段时间内都未能施行;其中诉讼律草案只是到1921年经过修订法律馆修正才以条例形式公布,大清民律草案也只是对第二次民律草案多所影响,其本身并未得到真正施行。参考此种谕示类公牍之一的《上海审判厅应用各种法律通告》,就会发现上述说法并不一定准确,至少有再思考的必要。在苏省光复后,关于各级审检厅运用法律情况,苏省都督程德全曾将此案交省议会公议,经议决,"商法草案、破产律、刑律草案、第一次民刑事诉讼草案各种,均由各厅采取应用。至民法虽尚未有完全草案,其已编之前三编可以查取应用,其未有草案者,应暂依本省习惯及外国法理为准,俟将来调查编订议决公布后,再行饬遵",并以通告的形式,谕令各当事人知晓并遵循。

《判牍》第四部分为章程,大致包含三个方面的内容:一是有些地方各级审判厅所颁布的章程;二是晚清各地成立的法学研究机构,尤其是司法研究机构的组织章程;三是晚清法部所颁布的通行于全国各级审检厅的章程。需要指出的是,这些章程绝大部分是晚清颁行的,但编者考虑到为民初司法官之参考所用,也辑录了少量民初颁行的章程,如《江苏律师总会章程》等。

晚清政府筹设各级审检厅,乃是中国历史上以司法独立原则建设地方司法机构的首次尝试,所能适用的成文法规本就有限,加以中国疆域广阔,地区差别巨大,所以各地审判厅需要在不违背中央法令的情况下根据该地区之特点,将中央法规进行地方化和具体化,以资遵循。这就是一些地方审判检察厅制定相关章程的背景,如《直隶省各级审判检察厅暂行章程》《河南省城地方审判厅章程》等是也。有些国际上的先进做法,尽管中央法令没有明确规定,但在地方先行试验也是朝廷所允许和鼓励的,比如奉天高等审判厅附设幼年审判庭是也,其具体做法则见于《奉天高等审判厅幼年审判庭试办简章》。

晚清政府模范列强,推行法律和司法改革,新式法学教育的迅速发展,在各级审判厅陆续设立之后,以推事和检察官为主体的司法人员对司法问题的研究产生了浓厚的兴趣,同事之间相互交流司法经验以砥砺切磋更有助于各级审判厅之健康发展,对于那些法律知识较为欠缺的承发吏、庭丁等在推检的监督下学习法学基础知识无疑也是有益的,因此在各级审判厅内部成立了一些司法研究和培训机构,如云南的司法研究会、奉天的律学课和浅学会等。有关此类机构的章程也为编者归类搜集进来。

关于晚清法部所颁布的关于筹设各级审判厅章程,除了常见的《各级审判厅试办章程》和《法院编制法》之外,如《清法部奏定京外各级审判厅及检察厅办事章程》、《清法部奏定提法司办事划一章程》等,虽可散见于《大清法规大全》之"法律"部分或《大清光绪新法令》、《大清宣统新法令》等书中,但编者择要收录于《判牍》之"章程"中,也省去了查找之繁。

《判牍》第五部分为规则,编者共搜集此类规则 11 则,主要包括各级审判检察厅公布的办事规则、看守所规则、学习推事修习规则、典簿所办事细则、各级检察厅调度司法警察章程施行细则等,另外还搜集了《邮传部厘定邮政扣押人犯信件章程》。其中各级审判检察厅办事规则主要是就程序方面进行规范,一方面可以看作是《各级审判厅试办章程》和《法院编制法》的具体化和地方化,另一方面则是补充诉讼律草案之不备。至于此种规则是否得以施行以及在多大程度上施行则需要进一步考察与研究。因为《上海各级审判厅办事规则》第二条明确规定,"本规则与民、刑诉讼律草案同时施行。"而在整个晚清乃至民初,民、刑诉讼律草案都没有生效施行,据此仅可断定该规则未能施行,但其他地方,如四川、直隶等地审检厅颁布的办事规则,则没有类似规定。想要搞清该问题,还需要发掘进一步的资料来佐证。看守所、典簿所等机构都是作为各级审检厅的下属机构而存在,其办事细则当为各级审检厅办事规则的进一步细化。奉天高等审判厅制定的《各级学习推事修习规则》是针对那些通过法官考试到各级审判厅实习的司法官所拟定的学习规则,其目的是保证那些有望在日后成为正式法官的人员具有实在的司法实践经验,而不至于将实习流于形式。

《判牍》的最后一部分是附则,大致包含下述五个方面的内容,试分别加以简要说明:

一是"修习日录",虽然《判牍》没有说明该日录为何人所作,但根据《判牍》所收录的《奉天高等审判厅订定各级学习推事修习规则》的规定,学习推事须作修习日录,按日将修习事件记载于其中,修习事件包括研习法律、听审、看卷、拟稿、试拟判词的心得记载于其上,供长官查考、监督。对照此"修习日录",发现其内容大致相近,大致可以推测,该"修习日录"可能为奉天高审厅某学习推事所作。从其记载可以看出,他的实习是相当认真的,其中更不乏该推事对于法律问题的独立思考,尤为难能可贵。如前文所述民教纠纷的处理办法,作者还据法部和外务部的处理方案做了进一步的思考:

> 报载鄂督电问外部,民教诉讼归何衙门管理?部复华洋诉讼归行政衙门,民教诉讼仍归审判厅。以华洋诉讼为国际交涉,民教诉讼乃个人交涉也。然华洋诉讼一面为中国人,一面自为外国人。民教诉讼两面均为中国人,倘一面有外国人出而干涉不依,现行之审级办理又将如何?

二是法部编定各省提法司署、审检厅经费和人员的表格,虽然这些表格上的数据只能是初步估算,并不能完全与实际情况吻合,但可以据此大略推测出晚清筹办各直省省城商埠各级审检厅以及保证其运作所需要的最低要求的经费和人员数额,由此基本明了各级审判厅之大概,结合晚清财政和法学教育的总体情形,当可对晚清社会制约各级审判厅顺利筹设和运作的经费和人才因素有一具体的认识。

三是与各级审检厅有关的公文标准格式,当时称之为"公文程式",包括《清法部通行直省司法行政各官厅互相行文公式》和《清法部酌定各省民刑案件报部程式》。各直省司法行政衙门相互之间的行文在晚清这个等级森严的社会有明确的固定用语,这些用语大致包括"呈"、"咨"、"咨呈"、"照会"、"劄"、"申详"、"牒"、"移"等。其中"呈"、"申详"是下级向上级的用语;"咨"、"照会"和"移"则通行于不相统属的官署之间;"劄"是"札"的异体字,本有两义,一是上级官署对下级发指示,又称"堂帖",二是向皇帝或长官进言议事,在《判牍》中,主要用于提法使对地方、初级审检厅的行文中,显然属于前义;"牒"作为清代官府公文,按照清制,直隶州知州行知府,府州县佐贰官行府州县的,用"牒呈"。通过分析这些用语,大致可以明了这些机构之间的复杂关系。各省发生的民刑案件都要按照相应的法律规定报法部存案或复核,法部为了便于检查和监督,制定了标准格式,使各该机构有所遵循。对于处罚金、徒、遣、流等罪的刑事案件报部册式,法部并以贵州各级审判厅审理的案件为例来说明。于此可以看出,当时贵州各级审判厅在审理案件报部方面是做得较好的。结合《判牍》所收该省审判厅判词的数目,大致可以推测,在晚清各级审判厅里,对于民刑案件的审理,贵州各级审判厅应该算是一个较好的典范。考虑到贵州僻处西南山区,经济文化相对落后,能有如此成绩,也算难得。

四是《考察司法制度报告书》。宣统二年(1910年)第八届万国监狱大会在华盛顿召开,大理院奏派金绍城、李芳为专员,王树荣为随员,法部奏派许世英(时任奉天高等审判厅厅丞)、徐谦(时任京师高等检察厅检察长)为专员,沈其昌为随员,除开会外,还顺道考察欧美各国司法制度。该报告书即为考察之结果。它包括五部分:法部制度、审判制度、监狱制度、感化制度、司法警察制度,基本涵盖了司法领域内的主要内容。该报告书不仅介绍了欧美各种制度的情形,而且还以按语的形式,结合我国当时的具体情况,进行了深入分析,提出了相应的建议,是研究晚清司法的重要资料。

五是《广西法院强制执行章程》。从编辑"凡例"里面可以了解到,编者之所以将其编进来,是因为它在当时为江苏司法所实际采用,是考虑到查找之方便。

总之,《判牍》一书是编者搜集的有关晚清地方司法改革的重要资料汇编,主要包括各级审检厅的批词、各级审判厅的判词、围绕各级审检厅成立和运作的各种规则(少量是民初颁行的),是研究中国近代法、尤其是清末民初地方司法改革的第一手资料。

四、《各省审判厅判牍》之主要特色和价值

考虑到判词部分是《判牍》的核心内容,是《判牍》与其他关于晚清法规汇编资料的主要区别和特色所在,如《大清光绪新法令》、《大清宣统新法令》、《大清法规大全》等,本部分内容为了避免主题的分散,将主要围绕"判词"来进行剖析。

(一)《判牍》的"新"与"旧"

传统中国在地方由各级行政衙门负责司法案件的审理,并随着案件严重程度的不同,在各级垂直的上下级行政衙门之间自动上诉,由各级行政官员兼理司法,既无审判厅之名,也没有职业法官。晚清因内忧外患,受西方法律文

明的冲击,被迫启动了法律改革,迈出了中国法律近代化的重要一步。晚清法制改革反映在地方司法上,主要是各级审判检察厅的设立和职业司法官的产生,这可以说是中国司法审判史上承先启后、翻天覆地的变革。从此近代中国有了新的作为意识形态重要组成部分的司法独立观念,有了新式司法机构,有了新的司法人才,也必然会在实际的司法审判方面产生新的结果和影响。这是晚清地方司法改革"新"的一面。

自晚清鸦片战争以后,中国在西方帝国主义的欺逼之下,迸发了剧烈的民族运动和社会运动,进入了一个新的社会转型期。所以有历史学家将整个中国近代史看作是一部"汉族中心主义"向"西方中心主义"不断让位史。在此让位过程中,由于处于弱势的代表传统的"汉族中心主义"的让步是被迫的,故其表现为步步为营,能不让就不让,因此传统与西方之间纠缠不清。这个社会转型犹如一漫长的"历史三峡",至今仍在继续,历经百数十年,尚未完成。[①] 晚清只是此转型历史的开始阶段。法律改革则是此种宏大社会转型的组成部分之一,也具备上述社会转型的基本特点。所以,晚清地方司法改革也具有浓厚的传统因子,有其"旧"的一面。

晚清法律改革所导致的一系列"新"的变化并非随机发生的,在这个具有几千年法律传统的国度,任何革新都是基于对传统的重新解释,以便满足当时和未来的需要。如司法独立观念和制度实践本是西方舶来品,在晚清属于"新"的东西,法律改革者的重要论证方式之一就是将它说成是我国固有之良规,是传统的再发现和再认识,也可以说是"旧"的。这是以"旧"来论证"新"的合法性。虽然法律改革者的此种论证有其不得已之处,但此种"不得已"恰好证明了传统因子的存在及其力量的强大。"旧"中有"新"、"新"中带"旧"正是社会转型期的重要特点。处于中国新一轮社会转型初期的晚清各级审判厅的设立和运作当然也不能例外。集中反映晚清各级审判厅筹设和运作实际的《判牍》一书,是否也具有上述"新旧并存"的转型特点呢?答案是肯定的。试分析如下:

先说其"新"。其实,《判牍》所搜集的判词和传统中国的司法判决书比较,"新"的方面可谓很多,读者自己也可以发现,在这里限于篇幅,只是涉及笔者认为较显著也较重要的几点。下面在讨论"旧"的方面笔者也将作类似处理。

在人类文明的演进过程达到一定阶段,司法作为国家职能的重要组成部分,必然区别于赤裸裸的暴力,具有程度不同的"说理"自觉。具体到特定社

---

① 参考唐德刚:《论"转型期"与"启蒙后"——欧阳哲生著〈胡适思想研究〉代序》,载唐德刚著:《史学与文学》,华东师范大学出版社1999年版,第223—250页。

会,其说理的方式和表达必定在较大程度上受制于该社会占统治地位的意识形态。这种说理的方式和表达最终要通过数量不等的语词来贯彻和实现。在传统司法领域,自西汉中期以降,儒家学说成为传统中国的意识形态,一直保持到传统社会的终结。儒家学说的核心范畴是建立在"孝"、"忠"等基础上的纲常伦理。它对司法判决说理方式和表达的影响主要就是形成了语词系列,构成了一个强势话语体系,这些语词包括"礼"、"纲常"、"义"、"利"、"慈"、"孝"、"悌"等肯定性语词和"干名犯义"、"不忠不孝"等否定性语词等。之所以说它属于强势话语体系,是因为这些语词在批词、判词等古代司法文件中的出现频率非常高,而且在论证判决的正当性和合法性方面起着举足轻重的作用。以同样标准来分析《判牍》中搜集的"批词"和"判词",就可以发现各级审判厅推事们制作的诸多判词,向读者展示了清末社会在司法领域出现了一个新的强势话语体系:那些从异域移植而来的新法学名词,如"权利"、"义务"、"所有权"、"契约"等异军突起,占据了说理的中心舞台。正是以此类法学新名词为核心,形成了一套新的强势话语体系。① 下面试举两例来说明此问题。

重庆地方审判厅批示了一个案子:妾在丈夫死后,没有与嫡妻商量妥当,卖了两人共有的房产,妻告到审判厅,审判厅认为该妾"不特卖人所不欲卖,亦复侵人所有权"②,因此过错在妾,准予受理该案。又如广西梧州地方审判厅有一案:丈夫死后,迫于家计,二婆在大婆同意之后改嫁,大婆还因此收了二百两财礼银,然而大婆却诬告二婆被人诱拐,审判厅在查明事实后认为,"(二婆覃李氏)既非居丧嫁娶,复非背夫私逃。(大婆)覃莫氏亦愿收回财礼银二百毫,则覃李氏之改嫁已为覃莫氏所认可。但财礼银两系二人契约行为,李氏既愿当庭将银给领,应准双方履行契约。"③ 从而判决二婆无罪。

又如浙江钱塘初级审判厅判决的"互争公用之井"一案的判词。案情相对简单,即原被两造在如何保证井之公用方面发生争端。下面将该判决书的说理部分摘录如下:

> 证明曲直之理由:此案王绅锡荣承买田姓基地内有食井一口载明契上。此次拟欲按基圈井,本属所有者应得之权利。惟查该井向归公用,即从兵燹后计算,迄今已有四十余年之久。邻近居民日常汲水者不下数百户,是汲水地役权早因时效而取得者也。该基地虽经田姓转售王姓,然该

---

① 在《判牍》一书中,据笔者统计,"权利"一词出现了35次,"义务"24次(其中一次是"义务教员"之义务,非法学用语,当可排除),"所有权"26次,"契约"29次。
② 《判牍》,批词类。
③ 《判牍》,判词类之奸拐门。

基地上之食井一口向供众用,则王绅锡荣理不得独自主张其所有权而置此地役权于不顾,此法律上习惯上之通例。我国民法虽未颁布,而习惯即为立法之基础,又为立宪时代之国民共当遵守。兹据王绅锡荣诉称将该井圈入墙内,愿于西角基地上另开一井以供众用,亦明明知地役权在所有权范围以内,不得不互为兼顾,足见深明法理,不独热心公益已也,殊堪嘉许。独不解所有权者,同一牺牲一角地,姑无论另开一井势必多需时日浪费金钱,且邻近居民久认旧井之利益甚大,相传有白沙泉之称,早存取之不竭用之不尽之观念,即另开之井幸而掘井得泉,犹恐邻近居民之心理保无有新不敌旧,更生意外之要求,将来之缠讼,伊于胡底?本厅职守司法,不敢不斟情酌理,一秉至公。今证之法理既如此,揆之心理又如彼,惟有将邻近居民新建之"惠民古井"等字样概行撤销,特书"王氏惠民井",一以表明所有权之界限,一以保护地役权之存在,俾数千人口之饮水仰给于该井者,依然攘往熙来,咸乐王氏惠民之至意,论情论法,其理一也,敢以质诸原被告。

在该说理部分,集中出现了"权利"、"地役权"、"所有权"、"立法"、"立宪"、"国民"、"法理"、"心理"等多个新名词,有的新名词,如"所有权"、"地役权"等还多次出现,构成了该判决书说理部分的核心语词,直接构成了该判决正当性之基础。这是在传统判词里面是不可能看到的。

正是这些新名词,成了判决获得正当性的关键根据,在很大程度上取代了那些传统语词。新名词产生于法律文本的翻译,在新法律及草案中得到运用和传播。法官接受了此种专业化训练之后,成为这些新名词的主要使用者,在制作司法文书时刻意运用,从而使之得到了进一步的传播,这些新名词背后的新法律体系及其思想观念也随着司法文书而扩散开来。此种传播和扩散的过程也是此种新名词的权威形成过程,在时间累积的基础上形成了一个新的司法强势话语体系。此是新法学语词作为判词说理核心之方式上的"新"。判词内容方面的"新"在很大程度上即借此表现出来了。

下面谈一下判词形式方面的"新"。它主要表现在判词的结构方面。《判牍》中所收录的"判词"还向读者展示了一种新结构。中国古代的判词,不论是司法官有权作出判决的审语还是其无权作出判决而制作的供上司参考的看语,在内容上,一般而言,虽然也包括了事实、分析和裁判结果三部分,但是在结构上却没有明确的分野,需要读者自己去发现和分析。而《判牍》中所收录的判词不同,基本上都明确分为案件事实、判决理由和判决主文三部分,虽然总括这每部分的用语可能微有差别,如"判决理由"一项,有时称为"证明理曲之缘由",有时称为"援据法律某条及理由"等等,但由于其明确的段落划分和用语提示,和古代判词的结构相比,其结构的明晰性不可同日而语。此种结构的变化,其意义不仅在于结构自身,更重要的是它表明判词所服务对象的变化。传统中国的判词从骈判发展到散判,再由结构不明晰的散判发展到此种三段式的散判,不仅意味着判词所表达的案件事实和判决结果之间逻辑关系的强化,而且使得判词本身更易懂,更容易阅读和传播。判词的功能也必然产生变化,不再是单纯的满足上司检阅和存档的需要,更重要的是说服当事人以及因此判决而受影响的人们,甚至于普通民众。同时,这又反过来会影响制作判词的法官,他们想方设法要使自己的判词在内容上更有说服力、在形式上更通俗易懂。这种双向互动有助于提高判词的整体水平。

与传统的判决书相比,《判牍》中收录的判词和批词还相当多地保留了"旧"的因子。下面试作分析。

从判词的编排方式上看,编者把精选出来的各级审判厅推事们制作的判词并非是按照现代刑事、民事等法律框架体系,而是仍然按照《大清现行刑律》的体例来编排的。《大清现行刑律》的编排基本上是沿《大清律例》之旧,是中国传统法律编排方式的延续。在此之前的案例汇编,如祝庆祺与鲍书芸共同编辑的《刑案汇览》及其续编以及沈家本辑录的《刑案汇览》三编,其编排体例大致也是如此。可能《判牍》的编者受了这些前辈的影响也未可知。而到民初所辑录的判词,如《最新司法判词》①,其编排方式则发生了很大的变化,它将所收录的判词除审检所以外,由各级审判厅和大理院所制作的判词则是按照民事判决、刑事判决来分类编排的。此种按照民刑划分的判决书编排体例一直为之后的判决书汇编者所接受。因此,我们可以说,在《判牍》所辑录判词的编排体例上,仍一贯其"旧"。

从判词的内容来看,本文在前面谈到有些判词蕴涵了许多"新"的因素于其中,但也有一些判词与传统的判词无甚差别,"旧"的色彩浓厚。下面试举例说明。

如云南地方审判厅判决的《娶娼为妻套良作妾》一案,其判词如下:

> 为判决事。据胡少臣呈诉严永阁娶娼为妻套良作妾一案。讯得原告胡少臣年二十三岁,昆明人,住内南区小火巷,读书。被告严永阁,年三十一岁,四川人,住外南区新城铺前,当铁路通译。据胡少臣供:去年二月,张丁氏、刘刘氏来生家声称,严永阁在铁路就事,人极诚实,愿为生胞妹作伐。刘刘氏并言在伊家完姻,生当发一草八字,收到玉镯一双,比时言明,俟访查实在,再行过礼订庚,嗣于腊月初一日,张丁氏来约订庚,并

---

① 《最新司法判词》是民初司法判决书汇集,共四册,由上海商务印书馆1923年出版发行。

说喜期订是月二十日,在新城铺王大脚家完姻。生邀亲友查明王大脚系著名娼家,严永阁在伊家住已久,并闻早成夫妇,是以不愿结亲,求作主。质之严永阁,供称:王大脚经客民二哥娶他为妻已有四年,去年二月,客民与胡少臣接亲,去玉镯一双。伊出一草八字,本言在刘刘氏家完姻,自八月后,客民赋闲在二嫂王大脚家住,故接亲亦拟办在他家各等供。据此,查定婚应立婚书,普通习惯,婚书用红绿庚帖将男女八字分写于其上。此案严永阁与胡少臣联姻仅有一草八字,并未立有婚书,安得以此为凭而欲偕百年之好?此按之法律而难合者也。又婚姻必须两家情愿,胡少臣身列胶庠,自闻严永阁住于名娼王大脚家,即耻与联婚,以致纳采而麾之门外也。况吴越之势既成,则朱陈之谊难强。此揆诸情理而难合者也。且王大脚既系著名娼家,严永阁住于斯,食于斯,以娼家为家,秽声早播于通衢,以良女而与娼族为偶,本非夭桃秾李之匹,若勉为伉俪之好,必生瓜李之嫌,此衡之事势而难合者也。有此数端,万难强合。判令胡少臣为其妹另择佳婿,并饬备银圆二十元作还严永阁议婚酒食之费,其玉镯、针线悉数退还。永断葛藤。各具遵结完案。本案讼费归两造分担缴纳。此判。
(民)

该判词简单点明原被双方之姓名及争讼案由,接着以"讯得"的方式陈明原被双方的姓名、年龄、住址和职业等,然后书明双方的供词,以期求得案情的真相,最后根据法律、情理和事实三方面作出判决结果。这些都与传统的司法判决无甚差异。从其遣词用语,也能非常容易发现它与传统判决的类似,如"婚姻必须两家情愿"、"以良女而与娼族为偶,本非夭桃秾李之匹,若勉为伉俪之好,必生瓜李之嫌"等。

从形式到具体内容,《判牍》中所辑录的判词都可说是"新"、"旧"兼备,充分反映了在晚清民初近代法律转型早期的这个特点。但必须注意到,此种"新"与"旧"并非只是孤立存在,更普遍的情况还是"新"中有"旧","旧"中带"新"。"新""旧"并存更是判牍所辑录的"判词"所表现出的主要特点。下面将试作分析。

先来分析一下判词之编排,笔者在前面谈到,其编排主要是按照《大清现行刑律》的编排体例进行的,将所有的判词分为户婚、钱债等门,在每一门里面归入数量不等的判决。但在很多判词后面,其末尾用括号标明"民"、"刑"字样,其含义大致可以从两个方面理解:一是表明该案件由该审判厅的民庭或刑庭审理,该判词由民庭推事或刑庭推事制作;一是表明该判决之性质,是属于民事判词还是刑事判词。这是传统的判词所没有的。在晚清筹设的各级审判厅里面,除初级审判厅外,其他审判厅都分别设立了民庭和刑庭。从其所适用的法律而言,尽管《民律》没有颁行,但《各级审判厅试办章程》和《法院编制法》都在不同程度上贯彻了民刑分离原则,就是由《大清律例》修改而成的《大清现行刑律》,在其《卷前奏疏》中也明确规定,户役内之承继、分产以及婚姻、田宅、钱债等条中,纯属民事者,不再科刑,从而将民刑划分的思想也部分贯彻其中。这样就使得各级审判厅所制作的判词基本上能够进行民刑分类,其编者也正是注意到此点。因此,可以说在"旧"的编排方式之下已经孕育了"新"编排方式的萌芽。

从判词的具体结构方面分析,也体现了其"新"、"旧"并存的特点。《判牍》所辑录的判词,绝大多数结构较为明晰,按照其用语提示可分为案件事实、判决理由和判决主文三部分。但也有极个别的,如前引云南地方审判厅判决的《娶娼为妻套良作妾》一案的判词,更与传统判词的结构类似。将《判牍》所辑录的判词结构与民初判词结构进行比照,更能发现其结构上的"新"、"旧"并存之特点。

京师地方审判厅判决王逸殴伤一案①

被告人:王逸,住六国饭店,无职业,年三十岁。

上列被告,因伤害人案,经检察官尹朝桢莅庭,本厅判决如下。

主文:

王逸处五等有期徒刑八月,罚金十元。其徒刑八月,易为罚金二百四十元。

事实:

查王逸于九月二十一日晚十一钟,在金台旅馆楼上喧嚷,经同寓汪彭年阻止不服,辄下楼辱殴。店伙劝阻不听,到汪彭年房外,将汪彭年殴踢有伤。汪彭年仆人李德立拦劝,伊不注意,一并踢伤。经同寓人将汪彭年劝入室内,关闭屋门,伊仍在外喊闹踢门。当经巡官报区,送由检察厅起诉,当即公开审理,检察官举出所搜查各种证据,并汪彭年轻微伤单,伊均未能明确抗辩。傅唤证人陶子俊、张永泉,分别具结,证明伊殴打汪彭年,及踢汪彭年所住房门属实,伊又不能举出反对证据。嗣又传唤李德立,眼同验明伤痕。伊称情急踹伤,或许有之。依此证据,认定王逸轻微伤害汪彭年,又因过失致李德立轻微伤害是实。

理由:

据上事实,王逸轻微伤害汪彭年,依新刑律第三百十三条第三款,致

---

① 《最新司法判词》第三册,上海商务印书馆1923年版,第268—269页。

轻微伤害者三等至五等有期徒刑律处断。查王逸虽系寻殴，究因汪彭年先行阻止喧嚷，且地属旅馆，时未半夜，一时气忿，情节较轻，处以五等有期徒刑八月。又因过失致李德立轻微伤害，依新刑律第三百二十四条第三款，致轻微伤害者，一百圆以下罚金律处断。查喧闹之际，偶不注意，情节较轻，处以罚金十圆。二罪于审判前同时成立，依新刑律第二十三条第六款，依第三款至第五款所定之有期徒刑拘役及罚金并执行之。有期徒刑拘役及罚金各科其一者亦同律。将王逸并执行五等有期徒刑八月，罚金十圆。惟王逸前曾经理军务，现又规划南北统一，经手事件，多未完结，执行徒刑，实有窒碍。其徒刑依新刑律第四十四条，受五等有期徒刑或拘役之宣告者，其执行若实有窒碍，得以一日折算一圆，易以罚金律。将五等有期徒刑八月依新刑律第七十七条，时期以月计者，月三十日律折算，易以罚金二百四十圆。判决如主文。

中华民国元年十月初二日

京师地方审判厅刑庭

审判长推事潘恩培

推　　　事胡为楷

推　　　事李在瀛

书　记　官钟　毓

从具体内容分析，《判牍》所辑录的判词，普遍运用了传统习惯与"现代"法理来裁决案件。但在具体的案件裁判方面，则存在地域上的差异。比较江苏和贵州的各级审判厅的判词，总体而言，前者更多地运用了"现代"法理，后者则更乐于引用传统习惯。其原因主要在于二者的社会差异。江苏地处沿海，尤其是开埠最早的上海，经济发达，受西方社会影响大；贵州乃内陆山区，经济落后，西方社会的影响微弱。此时的判词不单单是一种供上级检查的官方文书，也是要面对普通民众的，尤其是诉讼案件的当事人。这种"接受对象"的差异直接导致判词论证方式和说理内容的不同。在晚清社会，以上海为代表的沿海地带，更多地接受了西方文明的熏陶，用"现代"法理来论证和说理更容易为当事人和社会所接受，而在贵州等内陆地区，承载更多道德伦理因素的传统习惯更能够传达人们对公正的追求。其实编者在对判词进行辑录时，并没有明显的价值倾向，因为从数量上来看，贵州各级审判厅制作的判词并不比江苏各级审判厅的少。

从上述分析可以看出，《判牍》所辑录的判词既有其"新"的一面，也有大量"旧"因子存在于其中，而且往往是"新""旧"并存，充分反映了近代中国法律转型早期阶段的特点,是与这个时期整个社会转型状况紧密联系的。这是近代中国最早的地方法院——各级审判厅——所制作判词的主要特色所在。

(二)《判牍》所反映的各级审判厅之运作

学界关于晚清各级审判厅的实证研究相对匮乏,但对于自晚清开始的司法改革作价值评判的倒并不少见。由于晚清所筹设的省城商埠各级审判厅在民初得到了延续,因此可以说对民初审判厅的评判大致也是适用于晚清的。到民国三年(1914年)前后,围绕初级审判厅的存废问题,出现了对各级审判厅两种相左的评判:肯定说认为各级审判厅对案件的审理较之传统的兼理司法效果为优,即便现今有不如人意的地方,可以归责于司法机关的尚少,更多的是行政机关乃至整个社会的配合不力。民初一度担任司法总长的章宗祥即持此种观点,"盖自司法独立以来,所谓不满意者流,其反对之声,固无时或熄也。仆非敢谓现今之司法机关,绝无瑕疵可指。第以为近来之非难,吾人在司法机关者,作为自省自警之资则可,至与司法机关本身之信用,可谓毫无干涉。何也?今之在他方面不满意于司法机关者,犹之吾人在司法机关者对于他方面亦颇不能满意也。故一机关之信用,非仅一方面所能维持,必由种种方面维持之,斯其信用乃可以巩固而发挥。"① 曾参与晚清法律改革的董康氏,到其中晚年,思想有回复传统之趋向,当其论及晚清民初审判厅时,仍大致持肯定态度,以为"吾国法官以操守言,入学伊始,讲师以法律提撕惕励,学成而仕,复经法定之资格。其出处自异恒流。历年以贿闻者,较行政官犹一与百之比例也,当亦舆论所公认"。即便在谈及其缺点时,也认为"由于法律繁重者半,由于能力薄弱者亦半"。② 故可以说法界同仁,包括司法官、律师和法学学者大都持有此类观点。否定说以为,各级审判厅的推事们借司法独立制度为护符,实则是"病民害民",民初大总统袁世凯即持此观点,"京外法官,其富有学养、忠勤举职者,固不乏人。而昏庸尸位,操守难信者,亦所在多有,往往显拂舆情,玩视民瘼,然犹滥享保障之权,俨以神圣自命,遂使保民之机关,翻作残民之凭藉。岂国家厉行司法独立之本意哉?"③ 民初绝大多数行政官员持此观点。民初去晚清未几,对其评判即大相径庭,况百年之后的今天,因资料欠缺,基本事实尚未明了,何谈较为严谨的评价?但对于这个问题的认识,有助于研究近代中国的法律转型、厘清并阐释晚清以降司法发展之脉络。因此,对该问

---

① 章宗祥:《关于司法问题之谈话》,载《庸言》第二卷,第1、2号合刊。
② 董康:《民国十三年司法之回顾》,《法学季刊》,1925年版第2卷第3期,第112—113页。
③ 许指严编:《民国十周年纪事本末》,"民三",出版地不详,1922年版,第22—23页。

题的研究则不能回避,事属显然。民初两种观点,考虑到各级审判厅成立所依据的司法独立之由来,本是从行政权中剥离而来,法界难免爱屋及乌,行政界又因利益和立场所在,难免嫉视太过。所以对于这两种截然相反的观点,我们现今不能不以怀疑的眼光来看待。怀疑之后必释疑,释疑必须借助原初资料,《判牍》所辑录的判词在这里可望凸显其价值。

先来分析一下各级审判厅推事们所适用的法律。《判牍》所辑录的判词共195则,笔者曾经将其按照晚清的民刑事划分标准——"理之曲直"与"罪之有无"——将之重新分类,则有刑事判词117则,民事判词78则。按照其适用的法律来看,刑事判词大致可以分为六类:第一类是在事实清楚的基础上直接引用《现行刑律》的相关规定定罪量刑的案件,共有89个,案件数量占整个刑事案件数的76.1%。第二类是通过解释《现行刑律》的相关条款进行审理的案件,共有5个,其系属审判厅多为高等审判厅,此种解释有据立法者原意所作的解释,有对律注的解释等等,其主要意图是指出下级审判厅的引律错误,属于法律审的范畴。第三类是比附援引,此类案件共5个,其中既有比附律条,也有比附例文的。第四类是法官意识到应该应用"新法"来审判案件,共3个案件。但由于"新法"有的尚未制定,有的虽然已经制定,但尚未生效,故最后援引《现行刑律》的相关条款来裁判案件。这些"新法",判词中出现的有《法官惩戒章程》和《大清新刑律》。第五类是运用晚清法律改革中颁布的单行法律和暂行章程,如《公司律》、《禁烟条例》和《报律》等,共5个案件。第六类案件是利用情理来裁判案件,共9个案件。民事判词可分四类:第一类是情理。这些民事判词里面按照情理进行判决的案件有33个,占所有民事案件的42.3%。第二类是《现行刑律》中的民事条款。此类案件共有14个,占整个民事案件的18%。第三类是习惯。此类案件共有11个,占整个民事案件的14%。第四类是民法法理。用民法法理作为法源进行判决的案件有8个,占民事案件总数的10.3%。① 尽管比例不是太大,但其涉及的民法法理的范围较广,如契约的成立要件之一的合意、继承的意思表示、所有权、地役权、权利义务的对等等诸多方面。推事们在其判决中对这些民法法理的采纳,对于近代中国民法乃至整个近代法观念和学说的传播和被接受是起了重要作用的。各级审判厅的推事们在晚清有效成文法并非完备的情况下,既在可能的范围内遵循了成文法规范,又通过自己的努力,将那些既存于社会、实际发挥效力的习惯和情理纳入法源系统中,更根据其学识和经验将一些新法律学说和理论用于司法审判中,作为司法官,在很大程度上应该说是尽责的。

---

① 详参李启成:《晚清各级审判厅研究》,第163—170页。

从各级审判厅所受理的案件类型来观察,《判牍》所辑录的判词表明:由省城商埠各级审判厅审理的案件,绝大部分发生于宗族内部,既有杀人、斗殴等比较严重的刑事案件,也有婚姻、继承方面的民事纠纷,还有一些极为轻微的"细故",如口角纠纷等,也闹上法庭。这些"细故",在传统州县官审理案件时,多通过宗族内部调解解决。审判厅成立以后,这种纠纷成为其裁决对象。从社会史的角度,可以认为是社会在近代的发展,宗族的作用有所降低。但从司法层面来看,在一定程度上可以证明独立的司法审判机构较之传统的兼理司法的行政衙门更好地履行了职能。在可以自由选择裁决机构的情况下,老百姓之所以愿意把那些原属于宗族解决的"细故"提交到审判厅去解决,是因为审判厅对案件的裁决比宗族内部的解决更能够获得公正。

从各级审判厅推事审理案件的效率来考察,《判牍》中也有一些案例表明,省城商埠各级审判厅成立以后,一些原来由各行政衙门本该审结的案件因为各种原因没有能够及时审结,随之移交给各级审判厅进行审理。新成立的各级审判厅多及时审理了这些案件,免去了拖累之虞。如保定乃当时直隶省城,在审判厅成立前,其管辖之下的定州,县令更换频繁,案件得不到及时审理,审判厅成立后,其重要任务就是迅速审结这些案件。其中一案是一农民因贫伪造假银,当时县令没有能够审理,"黄令国宣、章令乃身先后卸事,吕令调元到任接交,适省城各级审判厅成立,照依法令,将犯卷汇案移送地方检察厅起诉到厅。"该审判厅当即判决该犯徒两年半。① 姑且不言判决结果如何,较之传统州县官兼理司法,因为职责划分之明晰,其效率之提高自有其事实和理论上的根据。②

从司法官的素养来看,作为一个好的法官,学识和经验二者不可或缺。近代很多有过多年审判实践阅历的司法官都不同程度地意识到此点。如在民初曾多年任职芜湖地方检察厅的雷铨衡即指出,"法官虽重学识,尤重经验。考核学识,尚可于文字见之,考核经验,则非事实上细心观察,不易洞悉隐微。法律不过标影应用,别有会心,片言可以立解纷争,亦可以重滋纠葛。如本非合法诉案,第欲预免他方之纠纷,不得不有切当之表示;或本系合法请求,因预料将酿其他重大不利益之结果,亦不得以他法消弭。诸如此类,均非法律可以预定,全在随机应变之处置得宜耳。故良善之法官,不仅在能结案,尤重在能消案。不省事则不多事,能爱人始能治人。此铨衡十余年与同仁共勉之主旨。"③ 就学识而言,

---

① 《各省审判厅判牍》,判词类之赃私门。
② 当然,审判厅审理案件需要遵循一定的程序以确保审判结果之公正,有时难免会牺牲效率。这个问题实乃公正与效率两种不同价值的权衡取舍问题,与上述人为拖延迥别。
③ 雷铨衡:《改良司法意见书》,载《法律评论》,第94期,第20页。

晚清各级审判厅的法官大多经过法官考试，具备一定的法学素养，较传统科举制下负责审判事务的行政官员对法学知识的隔膜不可同日而语；就经验而言，需要在实践中不断累积，虽非朝夕之功，如果能够留心于此，当也能迅速累积。晚清各级审判厅也有不少法官在此方面有所自觉。雷铨衡氏的先辈同事，晚清安徽芜湖地方审判厅的推事们，在《堂兄弟负恩欺孤》一案所制作的判决书中即有所反映。该案案情较为简单，即受恩深重的堂兄昌国之妻翟氏在昌国故去后希图吞没原告昌言之故父财产，纯属忘恩负义，而原告少孤，由翟氏抚养成人。原告无奈，诉至地审厅。在这个案件中，恩怨纠缠，据法判决，则翟氏败诉显然，但考虑到翟氏于原告有养育之恩，如此判决，又岂是情法之平？若有不平，难保更大的纠纷不据此而生？该处法官，斟酌情理，做出了一个较为满意的判决，"翟氏不念昌国穷途投止，顿饮水以忘源，且勒昌言亲笔批明，早蓄心而积虑，不思自己负义，转责昌言无良？据供昌言少孤，赖伊抚养，张罗赙款，广发讣文，补助饔飧为谋，乾馆虽语，皆属实然，事岂无因……况翟氏一经本庭质讯，则乘间潜赴之江，方期衣敝登门乞恩代隐，讵料公道在人，真情非伪，照章就讯，秉笔直书，证凭既确，狡赖无从。案已查清，自应照判，第念无知妇女，何足与言，年幼万春亦难深责，昌言则学专法律，名列胶庠，彼既理屈词穷，业经折服。尔昔零丁孤苦，究属相依，道德之观念当存，刻薄之心肠宜戒，汪洋盛度，体昔贤弗为已甚之心，远大前程，懔古人尤而效之之戒，五六千虽无定数，五百两确有成言，即定判词以芟讼蔓。限翟氏于一月内缴银五百两，以凭给昌言具领完案。讼费银十两并着翟氏照纳，保状附卷。"① 不可否认，该案判决有晓以亲情、责以大义的调解息讼因子在内，但并非一味调解、泯灭是非，而是在先确定是非的基础上为息讼与和睦亲族起见，略为调整判决结果。

让我们再来看一个传统中国的官府以调解的方式处分的一个案件，《名公书判清明集》是南宋中后期的一部诉讼判决书和官府公文的分类汇编，其中记载了若干官府以调解解决纠纷的案例。其中有一个案子也是兄弟之间的争讼。该案的官府说辞略如下，"大凡宗族之间，最要和睦，自古及今，未有宗族和睦而不兴，未有乖争而不败。盖叔伯兄弟，皆是祖先子孙，血气骨脉，自乎一源……故圣贤教人，皆以睦族为第一事，盖为此也……当职叨蒙上恩，假守于此，布宣德化，训迪人心，正太守之责也。……昔日清河之民，有兄弟争财者，郡守苏琼告以难得者兄弟，易得者田宅，遂感悟息争，同居如初。当职谆谆之诲，视苏琼又加详焉，而兄弟其可不如清河自之民乎？请推官更切开譬折中，在前如果有侵吞，私下各相偿还，自今以后，辑睦如初，不宜再又纷争，以伤风教。如或不悛，定当重

---

① 《各省审判厅判牍》，判词类之杂犯门。

真,无所逃罪矣。"① 在该案中,教化成为压倒一切的考虑因素,案件本身的曲直差不多完全泯灭于其中,官方对案件的判断几乎成为道德说教。之所以有这些细微上的差别,是因为晚清社会较之以前的传统社会发生了变化:是非问题不再是一个可以随便忽略的问题,但也不是问题的全部。芜湖地审厅的推事们在其法学素养的基础上,结合对社会情势的把握,才作出上述判决。这类判决的出现,与其在司法审判实践中经验的累积有密切的关系。

(三)《判牍》与近代法学人物

《判牍》中所辑录的批词和判词可以加深我们对一些近代法界人物的了解。研究近代法律史,需要我们尽可能地发掘历史真相,也就离不开对那些当事人的"考古"工作。因为近代中国的不断革命,很多近代史的当事人在不同视角和版本的历史撰写中被有意无意地剔除出去,加之近代社会的剧烈变化,很多人在前一个十年还是时代的弄潮儿并握有话语权力,到后一个十年已经销声匿迹,处于"失语"的状态中。如果他们本就没有显赫的地位又不能迅速跟上革命形势,那就只有处于历史尘埃之中,渐渐被人遗忘。近代许多法律人,当时都非常活跃,今天提起来,对相当多的人,甚至法律史专家都觉得非常陌生。如果我们有心翻阅近代人名辞典来查找,即便能够找到,短短几行,多为官职学位之类的介绍,非常模糊,非常片面。而《判牍》所收录的判词都记载了作判的审判厅名,如果我们能查到此一时期的法官名录,就大致可以推测该判为哪些法官所作。如果是实行独任制的初级厅,更可以准确断定。据笔者所知,北京市第一历史档案馆就藏有晚清各级审判厅法官名录。晚清民国之际尽管有国体的变更,但民国政权并没有对晚清法界人士进行"清洗",考虑到各级审判厅的法官多为法政留学生和国内的法政毕业生,绝大多数到民国时期依然活跃于法律舞台。所以,通过对《判牍》的研究,是会有助于深入了解近代法律人的。

著名历史学家陈寅恪先生在《陈垣敦煌劫余录序》中说:"一时代之学术,必有其新材料与新问题。取用此材料,以研求问题,则为此时代学术之新潮流。治学之士,得预于此潮流者,谓之预流(借用佛教初果之名)。其未得预流者,谓之未入流。此古今学术史之通义,非彼闭门造车之徒,所能同喻者也。"② 那《判牍》一书就是我们这个时代研究晚清地方司法改革,乃至整个近

---

① 《名公书判清明集》,中国社会科学院历史研究所宋辽金元史研究室点校,中华书局1987年版,第369—371页。
② 陈寅恪著:《陈垣敦煌劫余录序》,见陈寅恪文集之三《金明馆丛稿二编》,上海古籍出版社1980年版,第236页。

代中国司法和中国近代法的新材料。随着我们对新材料的把握和理解的深入,必然会产生一些新问题,再将它与既有的材料相互佐证,可望在该领域有所创获。此番对《判牍》所作的简要介绍,即是笔者研读该书的一些想法,不成熟和片面之处难免;其真切和细微之处,读者当能在阅读《判牍》的过程中获得。

李启成 2005 年 5 月 3 日凌晨于厦门
2006 年 3 月 25 日订正于北大燕北园寓所

凡例

一、本书编纂，系供各省审判检察厅人员与注意司法者，检阅参考之用。

二、本书分为六种，曰批词，曰判牍，曰公牍，曰章程，曰规则，曰附录，举凡关司法之要项，莫不具备。

三、本书编纂于辛亥冬，成书于壬子春。前清所行部章，目今已失其效力，故多删除。其有可供中华民国之引用者，则仍存之以备参酌。

四、中华民国法律未经厘定以前，经大总统命令应准暂行援用以前之法律。本编之刊，实为近今司法之要书。此后民国法律颁布，另再刊续编，以资应用。

五、本书因限期出版，匆促付印，门类分别间有未当，俟再版时订正。阅者谅之。

六、《广西法院强制执行章程》，为现在江苏司法所效用，故急为附刊于后，以便调查。

序一

　　法律者，共同团体之权力者之命令也。凡人类基生理〔的〕之组织，必与他人共同为生活。而人人之体力、腕力、智力各不齐，若使擅用其固有之力，以侵害他人，则力之强者必胜，而力弱者遂为强者之奴隶矣。此人类共同团体所深惧也。是以维持其团体生存之条件为必要，以制限人人自由之能力。夫能制限人人之能力，使不平等者而平等，岂非有非常之权力者乎？其权力之发动也，即谓命令。故法律者，权力者之命令也。《荀子·礼论》篇曰："人生而有欲，欲而不得，则不能无求，求而无度量分界，则不能不争，争则乱，乱则穷，先王恶其乱也，故制礼义以分之。"法儒卢梭《民约》篇曰："法律者，全国民所必当遵，以故全国人民不可不议定之。"又曰："国也者，国民之会聚场也。法律也者，会所之规约也。"由此观之，国家为个人谋幸福，为社会保治安，使世之强弱邪正不齐者，皆俛就准绳，而不相妨害。保个人即以保一国，于是不得不设裁判以划定其界限。我毋尔诈，尔毋我虞。故同等之人，常互相退让，而得保护其欲望，免其冲突。今法学研究社所刊《新刑案汇编》。内容极为详备，足使阅者可警可醒，可守可戒。善善恶恶，赏赏罚罚，彻底而发露之。其感人之深也，莫此为甚。善哉善哉。所谓夫子言之，于吾心有戚戚焉。于是乎序。

　　长沙叶树勋荫棠氏序（印）。

新刑案汇编序二

旧法不足治新国,古文不能言时务。国之立法,因社会之递嬗,故时易而法律变。文以言事,因习惯之不同,故事异而文字变。在昔吾国政治,行政与司法混一,凡奏折公牍之类,事关司法,可牵连行政,事关行政,可援引司法,命意立词,并行不悖,无所谓司法独立也。今国家行政、司法各有独立之权,则运用法律所表示之文字,其体裁名词,必推陈出新,方可阐明新法律之真意。若以新旧两时代所使用之文字,为同一之运用,则依旧日之官样文章已足,又何贵乎司法之独立也?南洋法政学社诸法学家,本法理之思想,为新法之预备,将各省审判厅已发现之批词、判牍、公牍之类,不殚手续,广为搜罗,精心研究。取其法理详明,体裁精新,读之可以因象求义,因义求神,旨趣错落,妙谛无穷者,汇集成编。合之章程、规则,共分六门,名之曰《新刑案汇编》,以为将来之司法官之资助材料,与审判厅之组织方法。则是编之有功于法界者,岂浅鲜哉?客有谂于予者曰:法官原以法之适用为唯一之职分,现在各省审判厅尚在幼稚时代,其据一己之判断,与所发表之意见书,岂尽解释不误,垂为不刊乎?倘择焉不精,间有运用失当,陷于曲解者,则读斯编者,有借口为法之解释,引以为例,则一误再误,反不能达法之目的矣,是谁作俑?吾为此惧。予曰:客殆未解法之真意者也。法者一成而不变,事则百出而不穷,纵令学识经验卓绝一世,其能无疑义者几希?况因时制宜之法制,就事判决之批词,亦何莫不然。按法学通论,当国家立法时在幼稚,凡学者有法文之见解,其倡之者有利而无害,均可为法制进步之资助。又法学之解释有云,如法文之意义失于狭隘,不能表见立法之真意时,则将其意义为适当之扩充;或失于广漠时,则为(失)[适]宜之缩小。是明示遇有案之歧出,理有所未合,情有所未协者,可援引对照,统筹合参,以取折衷主义者也。况司法独立后,无不谙法理之法官,取前之说,证后之说,研究愈广,法理愈真,法理既真,判决自确。否则一隅之见,鲜有不顾此遗彼者,此读律所以必须参观例章判牍也。昔孟子有云:"师旷之聪,不以六律,不能正五音。公输子之巧,不以规矩,不能方圆。"是编也,师旷之六律也,公输子之规矩也。神而明之,存乎其人。愿读斯编者,勿忘此意。客无以难。因书其语于简端。

宣统三年仲秋,直隶法政学堂毕业,东明黄河法政河务研究所法政科教员费县赵元熙春台氏谨序。

新刑案汇编序三

　　曾子曰："上失其道，民散久矣。如得其情，则哀矜而勿喜。"哀痛恻怛，诚仁人之用心也。刑法者，所以佐教化之所不逮，此中外皆然也。老聃有言："黄帝始樱人而天下大骇。"于是斤锯制焉，绳墨设焉，而犹有不胜也。甚至以圣知为桁杨之接槢，仁义为桎梏之凿枘，过矣。夫治后世之天下，固不能不用刑法，刑法而至严峻，则民反无所措手足。是故刑法者，不得已而用之者也。《抱朴子》曰："仁者养物之器，刑者惩非之具。"我欲利之，而彼欲害之，加仁无悛，非刑不止。刑为仁佐，于是可知也。《淮南子》曰："至贵不费，至刑不滥。"《文子》曰："道狭任智，德薄任刑。"其义晓然矣。英儒霍士布曰："人各相竞，专谋利己而不顾他人之害。"此即后来达尔文所谓生存竞争，优胜劣败，是动物之公共性。而人类亦所不免。此法之所由生也。考《风俗通》云："皋陶谟，虞始造律。萧（和）[何]成《九章》，关诸百王不易之道。"后汉张敏议云："皋陶造法律，原其本旨，欲禁民为非者也。至汉高祖初入咸阳，与父老约法三章，除秦苛法。后以三章之法，不足以御奸，遂令萧何攈摭秦制，除参夷连座之法，增部主见知之条，于李悝所造六篇，益事律、擅兴、厩库三篇，合为九章，然律之名，昉于《虞书》。"盖度量衡受法于律，积黍以盈无锱铢之爽。凡度之长短，衡之轻重，量之多寡，莫不于此取正。律以著法，所以裁判群情，断定诸罪，亦犹六律正度量衡也。古者乐律曰律，法律亦曰律，其义一也。律差累黍，则声音即变，故立法取之，言一定而不可移易也。后世法网益密，律不足以尽之，间增条例。例者不得已而佐律之穷者也，律有定依以断罪，例则用比。比则可重可轻。事有近似者，必察其所当附之罪，则引而合之，以成其狱。即王制所谓察小大之比，以成之者是也。此法之历史，刑之沿革也。证之泰西历史法学派者，讨究法律的现象之沿革，明关于法律进止兴废之原理，以研究法理。视法律的现象，非一定不变者，又认定法律之原法，非万古不易者。兹当各省审判[厅]成立，上海法学研究社新刊《刑案汇编》，发明各地方之法律的现象，各判厅之法理说明，各规则之司法解释，勒为成书，以备公览。诚哉其进步！诚哉其难能而可贵也！后之司法者，果能申而明之，将见国成法治，日进大同，而国势亦蒸蒸日上，当驾五洲而上之矣。

　　成都傅澂源苑仙氏序。

新刑案汇编序四

　　法律者，人类共同生活必要之条件也。国家而无法律，将不成为国。而人民之生命、财产、名誉岌岌焉且不可终日。故国家与人民之于法律，不可须臾离者也。凡国家与人民之关系，臣民与君主之承受，个人与个人之交际，其他一切群细之事，莫不有法以统之。故有条序而不紊也。盖法律立而义务权力乃实行，各守其义务并保其权力不相侵背，而国家得享治安之幸福。其条教部勒析之愈分明，守之愈坚定者，则其族愈强，而种之权愈远。昔孔子作《春秋》，有治据乱世之律法，有治升平世之律法，有治太平世之律法，所以示法之当变，变而日进也。秦汉以来，此学中绝，于是种族日繁而律法日简，不足资约束。事理日变而法律一成不易，守之无可守，因相率视法律如无物。于是所谓条教部勒者荡然矣。泰西自希腊、罗马间，治法家之学者继轨并作，赓续不衰，百年以来，斯义益畅，而举国臣民上下权限划然，部寺省署议事办事。章程日讲日密，使世界渐进于文明大同之域。斯岂非仁人君子心力之为乎。春秋之记号也，有礼义者谓之中国，无礼义者谓之夷狄。礼者何？公理而已。义者何？权限而已。故凡吾人个人的运动，皆对于外界而为之也。饥则求食，渴则求饮，贫贱则思富贵，黑暗则希贤明。所谓利己心者是也。即人之原始的原动力也。由此利己心而生种种之欲望，欲充其欲望而为种种之行为。人性果善而无恶欤，抑无善而无恶欤？吾不得而鸣之。要其充满欲望之心，则尽人皆同也。虽然，人人而欲充满其欲望，则不至于互相冲突不止。于是不得不设裁判以判决之，而得保护欲望以免其冲突焉。兹法学研究社刊各省审判判牍，内分批词、判牍、公牍、章程、规则、司法等门，无不完备。名曰《新刑案汇编》，乞余为序。窃思古之号称神圣教主明君贤相，劬劳于席突，咨嗟于原庙者，其最大事业，则为民定律法释法意而已。吾固愿发明法律之学，以文明我中国。又愿发明吾圣人法律之学，以文明我地球。文明之界无尽，吾之愿亦无尽也。

　　长白文冲子和氏序于东明高村河工行馆。

新刑案汇编序五

　　前清宣统三年,各行省省会商埠审检两厅已依次成立。行政、司法,逐渐划分。国中人士,益以法学为亟,而具裁判之成式,集章制之大全,以为司法官藉资取则者,尚无会萃之书,殊为缺憾。今上海法学研究社主人汪君庆祺,联合同志,征集各省各厅宣布批词、判牍、公牍,及现行章程、规则等件,分类编辑,积久成书,名之曰《新刑案汇编》。其有关于诉讼而无门类可附者,亦皆列刊于后。搜罗宏富,编辑谨严,洵足以为司法官之取则焉。夫制而用之存乎法,推而行之存乎人,其人足以任官,其官足以行法。固王荆公之所曾言也。是行法存乎其人,往迹陈言,非甚可贵,然操之以验物,考之以决事,亦荆公之所称道也。是任官犹在取法,取法何病陈言。果能手置一编,因习以崇之,赓续以终之,实于司法前途,益有裨补。然则是编之辑,讵又可缓哉?因来征序。故谨述荆公之言,以代主人就质海内知言之士,或亦为所许可欤。

　　辛亥仲冬婺源潘兆槐荫卿氏序于大顺广道东明高邮河工行馆。

序六

余自任法官以来，益究心法律之学，购置多编，几案为满。然搜罗罔懈，但除刑律及民刑诉讼法，有规定刊行之本，其他尚付阙如。欲就成案，资为研究，辄苦旧者既不适于时用，而新者所译，又系他国条件，不切事情，遇有疑难，颇费裁判。尝就表兄汪聘赓①厅丞，索其存稿，以为观摩。盖其久宦刑曹，而又深于法理，且曾任奉天检察长官，实能根据中西，融合新旧，一以贯之。然公牍为多，判词鲜少，是又限于阶级，为位所局，仍难资以引用。窃尝思想，以天地之大，贤才之多，当有留心志士，采辑各省司法宣布文牍，分门别类，汇为巨编，以助法官之适用。讵意上海法政研究社，先得我心，采辑成书，前来征序。审其凡例，举司法应用各种类，固已搜罗完备，选择精详，实为裁判之巨观，成文之鸿制，不禁为之狂喜。夫法之具体，乃一成不变之物。依法判断，固无俟于他求。然人类之欲望，至不齐一，其情伪百出，则有莫可穷诘之际。纵令司法官学识经验，卓绝一时，其能不为所穷了无疑义者，殆亦仅矣。是成案资于考证，以济情法之平，其于审判前途，讵不大有裨补哉？因嘉其意，且慰素心，故聊缀数言，以志钦慕之意，若夫序文，则吾岂敢。

辛亥仲秋天津咸水沽第二初级审判厅推事潘绍基②继之氏谨识。

---

① 即汪士杰，字金波，光绪十一年生，四川犍为县人，举人出身[内阁印铸局所编印的《宣统三年冬季职官录》记载其为进士出身，(见沈云龙主编《近代中国史料丛刊》第29辑，台湾文海出版社1968年，第571页)应该更为准确]，法部主事，历充奉天地方检察厅检察长，署理提法使，奉天高等审判厅丞。参见《最近官绅履历表》，北京敷文社1920年，第56页。——校者注

② 据内阁印铸局所编印的《宣统三年冬季职官录》记载，潘氏是天津县第三初级审判厅推事，安徽婺源人，监生。参见沈云龙主编《近代中国史料丛刊》第29辑，台湾文海出版社1968年，第682页。——校者注

第一编 批词类

大理院批示

刑科一庭

准总检察厅收送贵州已革武生吴家桢控杨顺芳等抄抢等情不服上诉一案。案查革生吴家桢因已故堂兄吴绍奇之妻陈氏病故，所有产业概归该革生承受。吴绍奇妹夫杨顺芳夫妻前往吊丧，嘱令赴川搬吴绍奇父母灵柩，该革生谓其干涉家产，遂以抄抢瓜分等情呈控，经该县讯明，依诬告死罪未决律，拟以满流加役。控经该省审判厅，仍照原判定拟。兹复以前情赴院上诉。详加查核，杨顺芳等抄抢一节，既据该县讯明并无其事，且该革生业出具诬告甘结存案，即属供诬确凿，其上诉各节显系畏罪，希图翻案，应即驳斥。惟原所拟罪名系指诬告强盗未决而言。查杨顺芳为吴绍奇胞妹之夫，惟无尊卑名分可言，在律图为无服之亲，当吴绍奇之妻甫经病故之时，产业是否该革生承受，尚未有定，应仍以吴绍奇之产论。如杨顺芳抄抢属实，酌照无服之亲行强盗减一等科断，罪名满流。今讯系诬告，依诬告流罪不论已决未决，仍止流三千里。该县据科以诬告死罪未决，系属错误，应即更正。吴家桢应改(悮)[诬]告流罪，不论已决未决，罪止流三千里律，拟三千里。系常赦所得原，收入本地习艺所工作，十年限满释放。其宋锡洪一犯应照原判，依不应重律拟处八等罚，吴绍奇抵押宋锡洪之父宋寿山之田业，应照原判，由吴家桢备价赎回，余均如所拟办理。除将原案卷宗移交总检察厅转送贵州高等检察厅查照执行外。合行牌示。

刑科一庭

准民政部咨送丁海全扭控宗室普安藏匿妓女藉端讹诈一案。查普安先在娼寮向李云仙买奸。虽娼寮现已报捐，与私开下处不同，惟李云仙后在下处卖奸，系普安托人送往，实属不合，自应按律从重问拟。普安合依凡不应得为而为之事理重者处八等罚律，处八等罚。系宗室，宗人府查奏定新章内开：凡宗室律犯处八等罚，折罚养赡银一百日等语。今宗室普安所犯处八等罚，应照章折罚养赡银一百日。李云仙在下处混食，讯系自愿，且在工巡局报捐有名，应与其夫李昌吉均无庸议。李云仙交李昌吉领回，听其去留。李王氏于伊女李云仙在下处卖奸，讯不知情，亦无庸议。丁海全因李云仙私自由下处走出，至普安家查找，辄以藉端讹诈等扭控，本应不合，惟讯系怀疑所致，且到案即行供明，与有心诬告者不同，应与仅帮查找之张保禄均免其置议。除普安由宗人府折罚外，并知照各衙门。合行牌示。

刑科二庭

准总检察厅移送河南职员吴士美遣控冤沉三命丁差舞弊等情一案。查吴士美遣控胡钟华挟嫌毙命及书役汪金刚等受贿改卷、纵凶不缉各节，如果属实，情殊冤抑。检阅黏抄省批，业经札饬信阳州比传胡钟华一干人犯，严讯确情在案，何以迄今尚未讯结？究竟是否该州延不审理，抑系另有别情？案关人命，未便任令延抗。既据供称控省有案，应由河南巡抚饬传胡宗华及书差汪金刚等一干人犯，提交高等审判厅秉公研讯，从速办结，除将抱告张廷献交县递籍备质外。合行牌示。

刑科二庭

准总检察厅移送奉天崔大柱轰死张克兴，张牛氏上诉高等检察厅呈伤伊子张克兴身死一案。查此案崔大柱与张克兴赴操场演习步伐，因枪枝被碰脱肩，该犯用手抓住，不期触动枪枝，致轰张克兴身死。该犯所持枪枝乃向金德成预借，枪中装有子粒，并不知悉。因磕碰致将张克兴轰毙，信非该犯意料所及，核与过失杀思虑不到之律证相符。该管奉天审判厅判令仍照地方审判厅原判，依过失杀人律，拟徒三年，照律收赎，仍追银二十两付给尸亲具领，以资营葬。判断尚属允协，应仍照原判办理，其张牛氏所控挟嫌毙命及捏报年龄各节，既据该厅讯明系因痛子情切，于事毫无证佐，碍难照准。除将原呈案卷发还外。合行牌示。

刑科三庭

准宗人府片称，已故宗室妇安兴氏之女英安氏等呈诉，伊母被害身死恳再传讯等情，抄录原呈送院等因。查此案前经总检察厅会同宗人府验明，安兴氏尸身委系因伤身死。尸女英安氏等供称伊母不知何人砍死，总求缉凶究办等语。旋经本院会同宗人府正在严讯间，复据英安氏等以尸侄桂彬、桂林于伊母被害，并不首先报官，置若罔闻，贾文溥系属近邻，谅必知情，并罗多人叠在宗人府呈诉。复派员过府将呈内指控之人一一详加推讯，并传英安氏等当堂环质，逐层根究，毫无证据，当取桂彬等切实甘结存卷。会同宗人府奏请饬下民政部、步军衙门一体勒限访缉凶犯，务获根究。于宣统三年四月初七日奉旨依议。钦此。抄黏原奏咨行各衙门存案。兹准前因饬英安氏等仍俟缉获正凶再行讯办外。合行牌示。

刑科二庭

准总检察厅移送湖南民人萧吉祥上诉谢协中杀死三命一案。查萧吉祥所控谢协中等杀毙萧作新等三命并毁尸灭迹等情,如果属实,即应按律惩办。惟所供正凶谢柏、寿保等现仍漏网,谢智瑚等系谢姓贿买,业经该州传案,何以迄未讯明,究竟谢柏、寿保等是否正凶,抑系谢姓贿买谢智瑚等顶替,及书役匿执中等有无受贿舞弊情事,案关人命,虚实均应澈究。既据供称省院有案,应咨由湖南巡抚饬司提讯确情,迅速办结,以重人命而免枉纵。除将萧吉祥一名交县递籍备质外。合行牌示。

刑科二庭

准总检察厅移送京师高等检察厅咨送李遂卿上诉王恩纶诓骗巨款一案。查李遂卿呈控王恩纶诓骗巨款各节,既据高等检察厅查明,恒茂木厂在大德通为李遂卿开出银票九千两,先后有人持此银向大德通改开本号银票五千两,外号银票四千两。除外号零票无从稽查外,其本号银五千两确由王恩纶手交付五成,及德源两处转辗兑取,各铺店均具有甘结附卷。查核数目月日俱属相符,是李遂卿所开大德通银票九千两被王恩纶尽数骗去,毫无疑义。高等审判厅因王恩纶狡供不认,援据众证确凿之例,将王恩纶因诓骗人财准窃盗论,计赃五百两以上,罪(上)[止]满流拟徒三千里,不准赎罪。判断极为妥协。应仍照原判执行,余均为所判办理。李遂卿所控追款等情,王恩纶现无家产,碍难着追。除将人犯王恩纶一名移送总检察厅发交高等检察厅仍照原判执行外。合行牌示。

刑科二庭

准民政部咨送全喜喊控宗室毓明将伊妻许氏殴伤一案。查毓明因全喜之妻许氏与伊妻因幼孩口角,归家闻知气忿,邀同崔崑等到全喜家寻殴。许氏出门分辩,辄用木棍将许氏殴打致伤,平复。自应按律问拟。毓明合依他物殴人成伤处四等罚律,拟处四等罚。系宗室,宗人府查奏定新章:凡宗室犯处四等罚,折罚养赡银二十日。崔崑等听从毓明用木棍将许氏打伤,系属为从,亦应按律科断。崔崑等合依为从减一等律,于毓明处四等罚罪上减一等,拟处三等罚。移送总检察厅执行。毓明之子广和,讯无帮殴情事,应与讯无不合之全喜等均无庸议。除将人犯先行发落外。合行牌示。

民科一庭

准总检察厅移送天津卫千总陈明贵之妻魏氏控告万长清捏据赖偿伊夫受刑被押一案。查此案陈魏氏呈控,万长清因所开鞋铺需款,向伊夫卫千总陈明贵转借恒昌号等处钱文共一千一百余吊,后鞋铺倒闭。经伊夫代为如数拨还,均有证据可凭。万长清借债不还,伊夫控经天津高等审判厅分厅断令还钱一千吊。伊夫以不敷原数,不肯具领。万长清遂勾串魏春荣冒充恒昌铺掌捏造铺名不符之假账,诬控伊夫并未还清欠款,以致伊夫被厅责押等情。如尔夫代拨之款果有证据可凭,万长清所造假账果系铺名不符,何以该厅遽听魏春荣一面之词,竟将尔夫责押?究竟陈明贵是否职官,曾否斥革,所垫之款是否一千一百余吊,魏春荣是否诬控,本院均无凭悬揣。全案人证俱在天津,亦未便纷纷提讯,致滋拖累。应仍发交该厅,改派谳员,提集人证,秉公讯结,以息讼端。除饬陈魏氏赴天津投案外。合行牌示。

民科二庭

准总检察厅移送浙江高等检察厅呈送俞镜祁等与俞葆真等因争山田上诉一案。查俞镜祈之高祖俞祖尧既已承继光耀为嗣,律以为后隆于所后而杀可生之义。是镜祁应祭扫者,为兆贤之茔,即衹管兆贤名下之茔田。俞葆真等应祭扫者,为兆凤、光曙之茔,即应管兆凤、光曙名下之茔田。本属毫无疑义。且光曙当日写立分关,剖析详明。原为祖尧出继乏产,因三分其田,各二亩有零,分隶兆贤、兆凤等名下为茔田,以杜后日子孙争竞。惟彼时虽立券关,而此项茔田仍合归三房轮管,并光曙及祖文、祖武等续置田亩,亦分配三项茔田之内,轮三房各管一年。足征当时兄弟之和睦。及至支派渐远,情义渐漓。俞葆真等以分关为可凭,主张分管。俞镜祁等以合管已久,不应重分。各执一词,结讼五载,历经该县讯断,并由族长俞观旭等调处。俞镜祁等抗不遵依,复经该省高等厅判明分关可作凭证,应照分关管业。并以俞镜祁等应管之田现已薄瘠,分管未免受亏,断令俞葆真等拨田二处以赔补其损失,系属酌理准情,所断极为平允。乃俞镜祁等以所得田亩未足,觊觎光曙坟山树木,仍复添砌情事上诉,是衹知见利而趋,不知思义而退,殊属好讼。应饬该原告遵照该省高等厅原判完结,毋得再渎,以滋讼累。除将原卷移送总检察厅发还浙江高等厅查照执行外。合行牌示。

刑科四庭

准总检察厅移送江西客民黄立干之母黄刘氏控张玉堂占奸伊媳吞财霸物不服上诉一案。本院详加查核,黄立干于宣统元年二月间亲立休书,将丁氏休弃,得受丁氏钱四百吊。四月间,即由伊母主婚,写立婚书聘给张玉堂为妾,得受身价钱五百吊。事机虽巧于相值,惟休书、婚书厘然各别,控奸、控拐证据毫无。黄立干既已自绝于前,黄刘氏又何得事后妄争,自行枘凿。就案覆核,江西高等审判厅仍照南昌地方审判厅原判,将丁氏判令张玉堂领回,尚属允协,应仍照原判完结。除将上诉状存案,并将原案卷宗移送总检察厅发回江西高等检察厅,转交南昌地方审判厅查照执行外。合行牌示。

刑科二庭

准总检察厅移送浙江监生徐金题呈控藉尸串诈一案。查徐金题所控费法生等藉尸串诈各节,如该监生向迎生索欠,并无别情,何以费法生嘱令迎生死在该店于前,沈子桥等又勾串于后。供该县两次相验,先后不符,情节亦属支离,必有不实不尽之处。究竟迎生是否被逼自缢,抑系因病身死?非检验明确不足以成信讞。供称赴省呈请复验有案,应咨由浙江巡抚饬司提交高等审厅饬验明确,秉公讯办,实究虚坐。至所控吴梁等殴抢诈赃等情,事关蠹役索诈,应一并研讯确情,以惩恶习而保治安。除将徐金题交县递籍候审外。合行牌示。

刑科二庭

准总检察厅移送山东沂水县民杨诰京控石灿星等吞财害命一案。查杨诰呈控石灿星等谋害伊兄杨训等情,语多闪烁,不能指实,且系一面之词,殊难以为据。惟杨训既在外身死,究竟是否因病,抑或果有伤痕?非详细检验不足以成信讞。既据供称控省有案,应由山东巡抚查照新章,饬验明确,秉公讯结,实究虚坐。除将杨诰交县递籍备质外。合行牌示。

刑科四庭

准步军统领衙门咨送山东民人田廷栋京控田华春等将伊弟田其昌殴毙一案。查田廷栋所控田华春等将伊弟田其昌殴毙各节,自系一面之词。惟田其昌被殴殒命,是否田华春纠众共殴,并有无将地亩贿买田廷信等顶凶认罪情弊,虚实均应彻究。除咨山东巡抚饬司照章发交高等审判厅分别认真讯办,以成信讞。办结后覆院备案,并饬该原告自行回籍投案外。合行牌示。

刑科三庭

准总检察厅移送张张氏上诉赵连氏等将伊女拐卖一案。此案张张氏上诉伊女二秀被赵连氏等诱卖各节,既经高等审判厅仍照地方审判厅将媒合知情人等原拟罪名判定。因未将二秀交出,张张氏上诉到院,现已传获二秀,交张张氏领回完聚。其许赵氏等所得罪名,自应照地方审判厅原判执行。除将高等审判厅原案卷宗并犯妇赵连氏、许赵氏、来雷氏三口一并移交总检察厅查照办理外。合行牌示。

京师各级审判检察厅批词

京师总检察厅批赵韩氏遣抱周庆云呈

所控各节，前经本厅明晰批示在案。兹据复以全家被杀威逼完案来厅具控。查该氏一家被杀五命，系在光绪二十六年，其报官系在二十八年，领银完案系在三十年。如果五命实被所控之赵清和等残害，该氏疾首痛心，自应早求昭雪。迨具结完案以后，如果出于县厅威逼，亦应即时上控，以求平反。乃事隔三年，然后报官，案完七年，又须申理。即使事氏患病属实，亦岂不能遣抱呈词？今已多年已结之案，意图翻异，难保非被人唆使所致。且新章凡州县已结不服案件，应控由高等审判厅再审。本厅未便违章受理。所控仍不准行。原呈发还。

京师总检察厅批彭尧遣抱彭积躬呈

查新近诉讼办法，凡经各省高等审判厅判结之案，如有不服，应呈由该省高等检察厅声明不服理由，照章上告。该检察厅即行查明期限，检齐卷宗，咨呈本厅送院。该职不服该省高等审判厅判决，遣抱来京呈控，殊与定章不合。仰即回籍赴该检察厅上告，如恐已逾定限，即由本厅行文该厅从宽收理可也。

京师总检察厅批僧人彻兴呈词

查阅呈词，语多支离。且妄用代奏体例，更属不合。复讯据该僧人面诉各节，大意不过勒捐庙产，致令失业等情。但据千间二山内藏五寺究竟寺产所值几何？曾否认捐？有无准数？且土官借政府之势压迫勒捐，究系官绅何人？曾否在本地方控过有案？俱漏未声叙。本厅碍难准理。仰仍回本省该管衙门控告，毋得来京越诉。原呈发还。

京师总检察厅批王正云呈词

该民人所控族兄王松岭霸宅不还反逞凶殴各节，业经该县断结。其如何判断之处，原呈未经声叙明晰，无从悬揣。惟该省高等审判厅业已成立，县断如有不服，尽可向该厅控诉，毋庸来京渎陈。所请着不准行。

又批李可珍呈词

所控各节显系因兄弟各争财产致酿事端。本厅未便据一面之词该行准理。且案经该省高等审判厅批讯，自应静候判结，毋得来京妄渎。原呈掷还。

又批李春呈呈词

据控保山欠银不给各节,前经审判厅传讯,嗣复以案关宗室不应受理等词批示在案。呈词殊属含糊。旋据供称保山实非(室宗)[宗室],只因案内之焦王氏供认,首饰已交庄王府,故第三级审判厅以为例难准理等语。查此案由首饰买卖而起,既经尔弟经手卖给保山,保山应即负此债务。两造均非宗室,不能因被告等勾串牵连率行上诉。仰仍赴该管初级审判厅请求申理可也。原呈发还。

又批刘英呈词

该职商因欠广信公司借款,拟扣谦裕丰管事徐鹏志豆价作抵,致被该公司董事傅宗渭与徐鹏志串通王委员刑逼夺粮,捏保代押。如果属实,该委员殊属非是。其谓扣债原为付还公司计划,谦裕丰本非公司分号,公司买豆必用公司名目,何用假藉谦裕丰字号。即买豆条约亦无代买字样,何得谓为公司买豆等语。所控亦具有理由,惟诉讼办法各有等级,现在该省审判厅业已成立,如有不服,应赴该厅起诉,以符定章。请提案之处,碍难准行。

又批广生呈词

查所控刘二与尔弟妇郑氏通奸,将尔弟广平谋杀等情,事如属实,何以该县反将刘二释放?惟案悬多年,迄无正凶。该原告既不服县讯,可自赴高等检察厅呈诉,毋庸来京具控。

又批张是蘧呈词

该职与董犹龙涉讼有年,哓哓不已。即谓所争关系公产,然大理院系属终审权限,未经高等厅判结之案,本厅未便违法受理,所请提案集讯之处,断难准行。

京师高等审判厅批李增翘呈诉恶族霸产一案

此案据高等检察厅移送,步军统领衙门移称,左司案呈准宪政编查馆文称会奏核议顺天府奏各审判厅制度现行清讼办法内称,各州县判结之案有不服上诉者,均令迳赴京师高等检察厅呈控,由高等审判厅审理等语。查本厅现尚未奉到部劄交此项奏件。即据移咨所称,核阅该犯李增翘供称,系经顺天府批回文安县审办,该犯未经赴县候审辄来京,欲在摄政王前呈诉,由步军统领衙门解交高等检察厅转送到厅,系未经该县判结之案,核与所称来京上诉原奏不符,未便违章率行准理。相应将人犯供呈发回,移付检察厅可也。

京师高等审判厅批刘元庆呈词

尔兄弟五人，无故本属家庭乐事，乃忍自相残伤，是尔等不知自爱。昨将尔兄弟等聚集一堂，再三劝解，仍是固执，不知尔兄弟等与尔究系何仇？尔既遵断具结，尔兄弟等违抗。本厅非不能勒限完结，缘以尔等均系家务，非比外人债务可以斤斤计较也。前谕尔四弟刘元英从中解和，能否和平了结？今已到限，应候回覆，再行讯夺。

京师高等审判厅为邓长福上诉伊婿铁恩德逼伊女为娼一案

此案邓长福以伊婿铁恩德虐待伊女逼令为娼等情，并经地方审判厅讯明，委无虐待及逼令为娼情事，并验明伊女铁邓氏亦无伤痕。当各取供词，饬铁恩德、铁邓氏领回和好过度等因完案。邓长福又具呈上诉厅，当即分庭，会同检察官莅讯。按照所控各节逐加详讯，邓长福均不能指实，质之铁恩德，据称如有此事，愿当重罪。饬传原媒王德喜，亦称并无其事。查来厅上诉者，不得翻异前供。邓长福既经地方厅讯明并无逼令为娼及虐待情事，取供存卷，自系案无疑义。饬铁恩德将伊妻领回和好过度亦系正当办法，邓长福自应遵照办理。乃复执前词，具呈上控，希图翻异，殊与定章不合。及至充讯，又不能指实，自未便任其狡执，致滋拖累。至铁恩德呈诉闻六月初五日北京新报载有真够资格一则，与其事相符，疑系邓长福登载，恳请究讯。当即查闻，系新闻栏内，尚非邓长福所登。且该报亦未指实证据，未便以疑似传闻，致生案外纠葛，所请毋庸置议。仰该原被应遵照原判办理。除移知检察厅转移原厅查照执行外，此案应即批结。

京师内城地方检察厅批李春山呈诉万七盗物抗判一案

此案调查预审庭卷宗，据李春山之妻李邓氏结称，万七有无知情谋窃，伊实不能指实，万七家亦无被伊窃去物件等语。业经预审一庭片结在案。李春山应仍候查出真正赃贼，再请追究。兹李春山因万七追租收房，遽翻前供，未便准理。其委任妇女到厅渎诉，亦属不合。特饬。

又批廊福才即康福才上诉刁凤鸣偷窃白玉洗子一案

据此案经刑科二庭判决。以廊福才即康福才，心疑刁凤鸣偷去玉洗，辄于私家用绳将刁凤鸣两手腕捆缚，逼令认窃。到案既不能指出刁凤鸣行窃确据，即属威力制缚，自应按律问拟。康福才合依威力制缚人处八等罚等因，片付在案。查康福才用绳将刁凤鸣两手捆缚，已据供明，自应先行缴罚金。该上诉状称刁凤鸣承认找赔,刁凤鸣既讯无窃情,即无赔偿理由。查卷内刁凤鸣供词并无此语,所请上诉未便准理。仰康福才仍遵原判,自行寻访真正赃贼,俟查有证据,再赴本厅呈诉可也。

内城地方审判厅批吴文鉴诉周玉斌为伊妻吵闹呈词

查该原告于光绪三十三年冬娶周姓之女为妻,迄今已三年有余。如伊妻周氏果有不守家规之处,该原告自应约束于平时。至过门后屡次归宁,叠经中人说合送回,该原告更当加意防范。何至本月十二日伊内弟自伊家走后为时无多,伊妻周氏即私行逃走。既经原告查询周氏未归周姓家中,该原告即当自行查找,周姓又何至有吵闹要人之理?所诉情节殊难凭信。该状着不准理。

又批李忠元诉王景和勾串盗银一案

查该原告李忠元与王景和同作生理。刘魁才为王景和之义子,由其引进,致乘该原告外出,在柜窃银二百余两。王景和复因该原告身往天津,收取外欠银一百余两入己。如果属实,事关串盗,应归刑科办理。仰该原告另具刑事诉状呈诉可也。

又批杨申贤呈诉杨赵氏霸占家产一案

该原告所控伊孀居弟妇杨赵氏独霸公产藐视家长各节。查该呈内既称,该房系公共未分之产,是该氏亦应有分,何谓霸占?又称该氏现系居孀,并无子嗣可依一节。伊一人居住得租,殊属不合,但遽令腾房,势必致失其养赡。该原告身为家长,理应推一本之爱顾全亲谊,纵虑日久下辈纷争,尽可自向该被告杨赵氏和平商办,又何必遽行兴讼。所呈着不准理。

又批王郑氏遣抱诉王赞臣独霸家产一案

该原告王郑氏之夫王四与王赞臣系属兄弟,如果王赞臣吸烟纵赌,该原告夫妇恐其挥霍家产,好意相劝,王赞臣亦岂能遽将原告之夫妇殴打辱骂欲赶出门外?且亦何至因该原告之夫不走,即手执洋枪击放?所称各节殊难凭信。(此等臆断语,似非法律文所当用)况案关争产,应由原告之夫出名。虽据称怕死逃走,必非不知去向。仰该原告寻觅伊夫自行呈诉可也。

京师地方审判厅批常文惠呈诉常文英霸占家产一案

案于去年七月间已经原告之母常魏氏到案供称,常文惠所控常文英盗典房屋忤逆等情,委无其事。典房一节实系常魏氏亲自主持,按股均分,并无侵吞情事。只因常文惠欲多索钱文,文英不允,故文惠控告。当经常魏氏具结恳求免究,情愿将文英、文惠领回家去自行教训在案。兹据该原告呈诉常文英霸产各情,查阅呈词与去年原告无异,显系该原告有意故违母教,砌词耸听,希图翻案。本应照律严办,姑念愚民无知,暂从宽免。如再不遵母教,率意朦渎,定行严惩不贷,所呈着不准理。

京师地方审判厅批王心一诉王心宽等霸夺铺业一案

据诉状悉,该原告王心一诉称,伊父王其义与王其礼系属兄弟,光绪元年十一月王其礼将天成烟袋铺分归伊父执业,立有字据。王其礼故后,其子王心宽等捏写继书,以伊故去三弟为名,承继该原告前母陈氏为嗣,霸夺铺业。去年五月王心宽等复将该铺门面租与洋车铺,每月自取房租,将该原告逐出等语。查该原告既为王其义之亲子,当日王其礼以烟袋铺分归王某执业,亦复立有字据,该原告以子承父,王心宽兄弟应无异词。安有事隔三十余年,乃捏写继书霸夺铺业之理?且该原告系管业之人,原立字据即应存该原告之手。王心宽兄弟亦岂能将该铺门面擅租于人,反将该原告逐出?其中恐有别情,况该状未列证人证物,更属无凭核办,所诉着不准理。

京师地方检察厅批郭永庆诉张士荣李姓欠债不理讨要被殴等情一案

本厅饬验该原告伤痕时,据称已经第三初级检察厅验明,当以该案钱债价额在二百两以上。惟据原状所称系被他物殴伤,既称在该厅有案未结,因送第三初级检察厅归案,俟将该案刑事办结再核。去后。兹据该厅覆称,六月初四日准内城右一区表送郭永庆喊告张春泉等将伊殴打一案。六月十六日准审判厅判结完案。原卷张春泉并无负欠殴打情事等因前来。查第三初级审判厅判词,该原告郭永庆前曾与张春泉举荐包工,已经受谢。本年六月初四因复向张春泉索谢,不允,口角揪扭。李占芳从旁解劝,郭永庆一时气迷,自己该将头颅碰伤等情。均经第三初级讯明。兹郭永庆忽更前控之张士荣李姓,显系有心朦混,希图翻案,殊属不合,姑念乡愚无知,特饬。所诉着不准理。

京师地方审判厅批柏丰氏呈诉延昌谋夺财产一案

查该原告柏丰氏以故夫遗财,存归化城各汇票庄生息,必执有折据。该仆张荣岂能盗用至八千六百余两之多?该原告之远族延昌既以其子恩启认原告为母,则恩启即该原告之养子,竟至手持菜刀意图谋害,如果属实,不法已极。查雇工人盗家长财物,养子持刀威逼养母,皆属刑事性质,民庭未便受理。仰该原告另具刑事诉状呈递可也。

京师地方审判厅批王曾望呈诉裴维新抗债不还一案

该被告裴维新业经禀传无著,难保不潜回原籍。查该原告王曾望前在河南省城长发隆绸缎庄存银三千两,五厘起息。去腊向该号提款,本利俱无,该号领事声称只可分货等语。足见该号亏累外欠,决不止该原告一家,即应在河南省审判厅呈诉,就近清理。兹本厅即将该被告传到,亦碍难核办,仰该原告仍赴河南省审判厅呈诉,以便关追办理可也。

京师地方审判厅批常明诉王荣邦不给存款一案

状悉。据称于光绪十七、十九、二十一等年间先后存给聚丰炉房银二万七千两,该炉房于廿一年十二月即行歇业。二十七年重行开张,旋复关闭。而存款既如是之钜,炉房关闭又如是之久,何以迟至今日,始呈诉追究,并称该铺掌潜逃无著,该号旧基现已另盖新房,招匾已下,即有聚丰炉房存款字据,亦无从追究。所请碍难准理。

京师地方审判厅批郭永全呈诉刘寿山侵占院地一案

该原告郭永全状称,义利栈刘寿山于去[年]七月间凭中租到伊院内南半块房一所,计房五间,院内一当中为界,立有字据,其院内北半块租与忠兴成货栈,讵料刘寿山于本月间将其货物卸放忠兴成所租北半块内,侵占四五丈之多等语。查义利栈刘寿山侵占郭永全院内北半块地界四五丈,其价值究竟若干,该状内未据声叙明晰,本厅无从核办,仰即详细呈明再候酌夺。

京师地方审判厅批王学同呈诉赵姓等串通铺业一案

此案前经明白批示,兹据该原告王学同诉称,光绪二十二年四月十一日,伊师郭喜成等将久成桶铺转租李有儿生理,凭中保人说合,十五年为满押,租银十两,每年租家具四两,有旧家具单两张,并有字据,现伊师年老不能来京,交给该原告字据取赎等语。查该原告所诉,价额在二百以下,照章应归初级受理,仰即迳赴该管初级审判厅呈诉可也。

京师地方审判厅批吉苏氏呈诉崇志卖房纠葛一案

查该原告吉苏氏与该被告崇志既属母子,何至卖财各居,该被告又何敢擅将该原告住房售卖,竟不给与价银之理?且该状内所叙亦不明晰,又未开列证人证物,本厅无从核办,所诉应不准理。

京师地方审判厅批徐宋氏呈诉安殿君霸占水道一案

据诉状悉。该状内称该原告有雍和宫水道一处,于光绪三十二年租与该被告安殿君承管,四年为满,立有字据,现已逾期年余,霸占不交等语。查京师各地井水不许挑水之人把持,多家著有定例,如该被告安殿君果有霸占情事,系属刑事性质,仰该原告徐宋氏另具刑事诉状呈诉可也。

京师地方审判厅批世恺呈诉瑞昌不准伊妹葬入正穴一案

此案前经明白批示,兹据原告复世恺复诉前来。查该原告之妹为该被告瑞昌继室,生前夫妇既无隔膜,如果死后能与前妻合葬,并无妨碍。该被告亦何乐不为。况茔内茔外同系祖茔,究竟谁为正穴,谁非正穴,事属渺茫,殊难臆断。仰该原告仍遵前批办理,毋得渎诉。

陕西高等检察厅批词十一则

批山阳县牒覆民人周兴榜上诉黄永学一案

查此案出于本年正月初一日,系在本厅成立之后,该县既未报明尸格供结,又未缮送备查,倘事实有端极错讹或引律未能允协,本厅有提起再审,提起非常上告之责,无凭稽核。该县疏漏竟至如斯,殊属不成事体。前据周兴榜控诉到厅,词称改易尸伤,虚实均应彻查。曾照会录案核夺,乃多日竟不牒覆。该民覆来具诉,核其情节,不无可矜,当经批州提讯,应候州讯移覆至时再行销案。本厅系高等检察,全省刑事案件均为本厅职分内事,嗣后无论命案、盗案仰随时具报,倘仍前疏略,定照新章办理,勿谓言之不早也。该县其凛之戒之,此缴。

又批蓝田县详覆民人徐振玉上诉任同发一案

查核来详,徐振玉欠钱欠租毫无疑义。惟任同发当地在道光年间,欠租至二百余石之多。光绪三十年何又凭中借给钱八十五串,历年利钱之外复有地价钱一百二十七串,未识此项地价又是何年蒂欠?该县堂断时不过据任同发账约为凭,究竟徐振玉有无还过钱文,来详并未声叙,仅称徐振玉兄弟家本殷实,自应还债。果系殷实,何不早向讨索。细核任同发账约,难保不无隐匿滚算情形,该县既称从减断还,姑候徐振玉复来具诉时,饬回蓝田县投审可也。

批兴平县牒报民妇解申氏与解刘氏口角被伊子解管娃殴伤身死一案

据牒已悉。查该县为西安府所属,凡命盗案件均须招解本厅移送高等审判厅审理。此案解管娃殴伤解申氏身死,既经相验,获犯便应详细具报,方为正办。兹以数语牒知,似此草草,殊属非是。本厅有检察之责,将来招解到厅,无从稽核,势必驳还。限期綦严,处分攸关,该县其细思之。且查互相行文公式,各州县对于高等检察厅用牒,此指司法、行政两不相辖而言,今该县以行政而兼办司法,以人命重案而用数语牒知,试问通详及招解时作何办理,请明白指示。再招解定案之日,本厅备缮供勘清册应据该县详称云云,咨呈提法司,由司申部,本厅仍加"覆核无异"字样。今该县竟牒知本厅,恐无此办法。仰速填格录供取结通详,倘再迟误,将来招解拨回,应勿怪本厅之不情也。

又批定边县廪生丁统先以播弄出罪等情控齐功等一案

查此案系在去岁九月间,彼时检察厅尚未成立,该县未经补报,本厅无案可稽。兹据呈诉各情,无非欲罗织齐功父子同干重罪。抑知尔子广须仅受一伤,既经该县验明填格详办在案,该生之冤已得伸理,至所受之伤是镰是刀,同一拟罪,何必以短刀镰刃哓哓不休?且尔子率工人群殴,齐功等均各受伤。府批已凿凿可据,衅由尔子所肇无疑。尔子既死,一命只有一抵,该县有何改重为轻之处,来词谓播弄出罪,无非恃符逞刁。仰速回县听候详办,毋得在省逗留,致干未便。倘再琐渎,定押发不贷。

又批大荔县前山东典史雷恒健覆控张福等一案

该典史前呈,谓王定定曾盗过蒲城县某村骡子,送与马耀清收受。兹谓王定定并无盗案可查,与该典史复有瓜葛,一人所投诉状,前后两歧。足征案情不实。且该典史始以失物具控,及至获贼押毙,复以妄拿滋讹,该典史之不安本分已可概见。现既丁忧回籍,理应在家守制,何得越级混渎,任意逞刁。本应从严惩办,姑宽申饬。如再哓哓,定按现行刑律,先办越级之罪,再行查明虚实,彻底根究,勿谓言之不早也。所诉仍不准行。

又批洵阳县民人汪懋松以势迫命危等情覆控吉人杰等一案

详核前后所控各节,尔父汪良范如果安分,纵吉人杰、汪兴铭挟仇报复,吴县主何至一味听从,汪兴树、崔秉杰等又何至联名具禀?本仍应批驳,姑念不远千里,情切救父而来。仰候移请兴安府就近提汪兴铭父子并吉人杰、汪兴树、崔秉杰等与尔父质讯,倘尔父罪恶昭著,仍从严惩办。如汪兴铭等果有挟仇报复情形,亦断不能听其陷害无辜。该民速回兴安府候讯可也。

又批沔县民人杨泽远以吞公挟嫌等情上诉杨邦彦等一案

据称杨邦彦恶霸一方,鲸吞公款甚钜,既十年之久并未算账,何以知其吞去仓粮九十余石、公租八十余石、社会本利二百余串？此情殊不可解。杨邦彦既属恶霸，该民胆敢寻向算账，其素非良懦已显而易明。至去腊路遇贼人偷窃猪牛，该民将遗赃转寄杨邦彦，复纠人拷诬，磕去钱八十余串，控县既不获准，控府批县仍不提究，彼既安然无事，何至又怀恨谋命？纵使因控怀恨，与尔叔父究属无干，何至将其肘腿打断？果真打断，抬县喊冤，该县又何至将抬夫刑责，一（千）[干]情节种种支离，难保不无捏饰。惟称书役抗案不传，其中似有疑窦，仰候移明汉中府就近委员查讯明确，秉公定断，倘系虚诬，照例严办。词发仍希判决后移还备查。

又批长安县长班谢德等请释道士胡宗寿一案

查阅尔等来状，可谓冒昧已极，荒唐已极。该道士胡宗寿不守清规，勾串匪徒，败坏风俗，本应尽法惩治，以警刁顽，地方审判厅仅止责押办理，已属从宽，该民等竟妄请保释，何不晓事乃尔，不准并饬。

又批岐山县商民杨发春覆控侯恒一案

覆诉阅悉。本厅前批谓有分伙情形，不过据理而言，兹称该商民与侯恒所设镒号、昶号均未分伙，因镒号亏债，昶号获利，侯恒不惟不认镒号亏累，反谓昶号先盈后赔，竟匿账不出，且将尔子逐出号外，及至控县、控府，竟不一断，仅听商会绅董偏处据以为凭，情节果真，该商民未免向隅。但词出一面，究难尽信，仰候移明凤翔府提集全案并该两号账目，秉公核算，覆讯公断决，不至使该商民一人受累，速回本府投讯可也。所请照会全省商会之处，应毋庸议。

又批鄜州宜君县生员王作舟以覆恳批州提讯等情控王作栋一案

查奏定章程，凡未设审判厅地方案件，必经本府本直隶州判决后，仍有不服理由，始来本厅上诉。该生之案并未控经本州判决，而一再越级混渎，殊属不合。且词内既称王作栋逼嫁，又称杨氏愿嫁，详核前后所控情节，阳谓手足之情，阴实别有觊觎。所诉仍难准行。特饬。

又批平利县职员冯星灿以仇不共天等情控贼犯李海亭等一案

查该职员被抢之时，系在检察厅未成立以前，究竟是何情形，该县并未详报本厅，实无案可稽。来词谓首犯一人承招，余犯皆可幸免，无论官之贤否，断无如此办案之理。且抢劫之案，拿获过半，兼获盗首，印捕各官方免开参处分。如谓故意纵贼，断无此不顾考成之官。案既获犯详办，冤已得伸，兹复罗织多名,呈请严究,在该职不过痛亲情切,在本厅不能越级受理。该县为兴安府所属,仰仍赴兴安府控诉,以便就近委查明确,庶人情国法两得其平,毋再哓哓致干驳斥。

贵州高等检察厅批词八则

批正安州谢树成上诉魏月亭等一案

查该军功被匪烧抢,事隔六年,此等重案既经在州呈报,该地方官断无不认真缉究之理。所称州差翁桂贿纵一节,是否属实,仰候移知遵义府,饬州迅缉逸盗,务获惩办,并究明有无贿纵情弊,分别办理,该呈着即回籍候案,勿得在省逗遛。

又批贵阳府刘罗氏上诉区长孙定模等一案

该氏因失火运物,经区长孙定模指挥警兵陈皮匠搬运,致遗失贵重皮箱一口。查失事已及四年,控告已至督抚,迭次查办,均无着落,显系另有乘火窃去别情。所称区长藉火图财,毫无指证,未便以该区长弹压指挥之故,即为吞没之确据。惟案经列悉批府查究,该氏着再赴贵阳府呈催勿渎。

又批大定府魏德钰续诉吴炯等一案

据续诉,吴炯等谋子霸业仍不能指出确凿。况业已充公,何得云霸?死无他证,何得云谋?且所具摹结既属含混,详核诉词确系怀疑,未便遽准亲提。姑念一再陈请,其中有无别故,仰候文移大定府查明,覆到再为核夺。

又批黔西州史守炘续控史守璠等一案

既经该州集讯,与原控符合,则史守璠等自有应得之罪。查斗殴科罪以伤经平复或辜限已满定断。据称该州以罚金,亦系现行律内所有。该民因何不服,殊不能指出理由,惟据续请,究竟原断有无枉纵,仰候文行该州查覆,再为核夺。

又批绥阳县民吴华章上诉李作舟强奸幼女一案

该民之女被李作舟诱去强奸,据称已成,但经官传讯时已否验明,供词均属含混。案关生死出入,未便据一面之词遽予准理。原判李作舟罚款充公是否持平,候文行绥阳县查明案情,覆到核夺。该民着回州候案,勿得逗留滋累。

又批清镇县民钟克典上诉陈凤昌霸妻毁房一案

陈凤昌诱拐汝妻,既在清镇县控告周子成烧毁汝之草房,因何又在贵筑呈诉,虽据称住所乃清筑①,插花必有专管之官。控告既歧,事实未必尽真。且烧房已隔月余,如系贵筑县辖地,当时何不赴地方检察厅呈诉。种种支离,殊难凭信。查所诉诱拐烧毁均陈凤昌等所为,应由原控之清镇县并判。如有不服,再行依法递控,毋庸越渎。

又批普安营属民妇余周氏上诉邹保山等一案

查所控该团邹保山等串同王管带藉盗抄掳非刑勒掯各情,既据江前府辨明冤诬,移营追究,饬团缴赃,系属正办。惟称邹保山情虚畏质,贿弊案悬各节,仰候移知新任兴义府再行提案,迅速究结。该氏着即赴府候审,勿得逗留滋累。

又批大定府魏德钰上诉吴炯等一案

查所诉系因争承魏忠发绝产。但魏小土身死是否不明,该民又不能确指。如谓乡正书役朦禀希图瓜分,何以府示又照充公办法,拨入习艺所经费。是该民垂涎绝产,已属显然。倘系不应充公之产及有应继之人,该族众自应群起力争,何致仅汝作不平之鸣,殊难取信。惟诉情民刑混淆,未便受理,如果为承祧继产,即属民事,应另状呈请高等审判厅核示。

云南高等审判厅批词四则

批苏鸿璋等上诉陈松涛等谋占逼赎等情一案

据状。例载典契三十年即作杜契等语,遍查律例,并无此项明文。如谓立有杜找字据与杜契无异,究系找价若干,曾否另立绝卖契纸,均未据声叙明晰。至单开历年修盖各费共银二千七百有另,果系实情,案经控州控府,自已如数断还,何以该管府仅于原典价外判给修理银二百元,该呈竟甘具结完案,显系饰词翻控,藉图拖累。应不准理。此斥。

批民人郑纯诚上诉郑定邦串捏伪契等情一案

此项田亩既经该民家管业百年之久,又有契据可证,何至郑定邦捏契朦控,南宁县不究虚实,竟断归郑定邦管业,反将该民子佐先、承先管押凌虐,

---

① "筑"字疑为"镇"字所误。——校者注

所呈已不近情。嗣据该民不服县断,控府控道,果被冤抑,岂有近在同城不为伸雪之理。尤难保其非砌词耸听。仰候移请迤东道饬查明确具覆。再行核示。

批文生夏锡春上诉谢绍先因公受害等情一案

据状及底册均悉。该生办理种植蚕桑各事,所有经手账目果系从实开支毫无弊窦,何以官经数任,事历多年,忽被谢绍先等控告,定远县即将该生押令赔偿,其中显系别有情节。仰候咨呈提法司饬由该管府就近提讯完结。

批孀妇陈赵氏续诉刘永年等累骗逭法等情一案

查此案前据该氏上诉到厅,当经移知永北厅转饬华坪县就近讯结在案。兹据称,该被告刘永年趁该县新旧交替之际,串通兵吏刘远明除去簿载在押姓名,私行释放,致新任不为受理。如果属实,尚复成何事体。第一面之词,本厅未便遽准提审。仰候移请迤西道饬厅秉公查究。

云南高等检察厅批词五则

批澂江府民妇李李氏遣抱李苏张上诉勒索凶伤押直庇曲等情一案

状悉。罗长生等欠尔货银,既有账据可凭,且经两次由县饬赴商务公所理处,何至放走被告,反将尔勒结索费。大堂之下,岂凶殴之地?尔侄既受重伤,何又勒缴银两,种种可疑,殊难凭信。惟既称奉道批县禀覆在案,仰候移道查覆以凭核办可也。

批永北厅外委蔡壎遣抱蔡岗上诉李先春会匪横行掘尸盗葬恳恩严究一案

凡盗葬者皆将图利于己,岂有先行自掘其坟而以小匣入土之理?且既称夤夜合葬,何必惊师动众,纠集匪党百余人之多,尤属不近情理。查该外委此项坟地仅称四至,载明送约,其无的确地契可知。难保无他项情弊。仰候移行永北厅就近彻究讯结。该外委回籍候讯可也。

批客民蓝鸿藻续诉被窃难甘催恳究追一案

前经本厅饬警带同该生往致和公客栈检取毕业凭照呈验。当日取照到庭,并未诉称存栈余物续被偷窃。越日庭讯,乃称店主续窃该生余物等语。其为事后添砌已可概见,嗣经刑事庭提到该生存栈余物,当庭开单点明,该生亦未开报续行被窃值银二十余两之失单。兹已事隔多日,乃开列多件,殊属虚捏。但案未判决,既据辩诉各情,自应据情移会,仰候移请高等审判厅查核,并案办理可也。

批昆明县民韩天顺上诉倚势骗债判为张冠李戴请转达大理院另判施行一案

查此案高等审判厅于二月初六日牌示批词,该民如果不服,自应于二十日内呈请上告。乃事隔一月有余,忽于四月十四日呈递上诉状到厅,核与定章不符,碍难准理。至谓辗转迁延致逾期限,此系自误,于人何尤。朝廷设立司法衙门,规定三审制度,原许人民以诉冤之途。若逾越期限,犹复晓晓不休,则是刁狡之尤,故意扰乱定制。特斥。

批宝宁县孀妇王张氏遣子王辅贤辩诉悔禀恳恩遵章赎罪一案

该氏女王招弟经高等审判厅判,依妇女自行翻控,审明实系虚诬,罪在流置以上者,将该犯妇收入习艺所工作三年例,移由本厅执行在案。查此项习艺妇女,必到官后供出主使之人,方准罚赎一次。例文甚明。王招弟并未供出主使之人,自不得援例请赎,所请碍难照准。

浙江高等审判厅批词五则

批施朱氏呈词

尔系萧山县人,涉讼应在萧山县,何以反赴钱清场控告。即云灶地归钱清场管,然钱清场究非应受理词讼之衙门可比。是否原于法律所许,抑系习惯相沿,着即详细叙明再行核夺。

批施朱氏呈词

钱清场本非法定受理诉讼之衙门,现在司法独立,尤不能于州县以外许他种种衙门滥用法权,致多纷扰。钱清场所判尔案应作为无效,尔仍赴萧山县起诉,如该场再行无故干预,尔再来厅禀候核办。

又批张得言呈词

查阅尔所黏抄控县原呈内称,借伊父圣泉会钱若干,开店钱若干,有票缴。电至张焕文报捐,捐银亦尔父代为挪借。显见于会钱开店钱外别有一项报捐借款也。故本厅特为指驳。兹据来状复称报捐之款即用开店之款,分合纯任自然,殊为可笑。本厅于未经县结之案,决不收理,尔如不以为然,另赴大理院抗告可也。

又批丁月亭诉词

尔于本厅上诉曾称，丁协兴店本计三万余金，被丁公山等勒折缩成二万。现经该县覆讯，尔仍遵原议得洋四千五百元了结。尔控词失实，自知不合，当堂吁求情愿分受大径畈田业，并求免找价洋一百元。经该县当将讯结一切情形牒复在案。尔犹以胜诉自居，请求追偿印花洋若干，殊不可解。据称县饬沈吉甫缴出洋三百元，以四股合计之，亦不过八百元。较之尔所呈控舞弊之一万余金数目，仍不及十分之一。彻底根究，以少控多，尔终不能免责，该县既从宽断结，勿再逞刁嚣渎。

又批何朝栋诉词

案经催县查提，何朝林迄未据覆，应候再行照催。诸暨县赶紧提集分别核办。要知此案非独尔一面之词，不足取信。即质讯所举证人丁阿七等，亦并不敢认阿槎为被勒毙命。岂能草率办理，致死者妄遭蒸检？来状乃敢以希图暴动要挟，足见素行刁狡。法律所以裁制凶顽，尔其慎之。

浙江高等检察厅批词四则

批山阴傅丁氏

此案业经本厅一再照会山阴县迅予断结。去后。兹据状称，原差周渭欲索厚规方肯传集，情果非虚，殊属胆玩已极。案悬五载，该民人负累已重，差役复逞威勒索，益加之厉，殊失国家立法保护人民之至意，抑亦良有司所不忍闻耶？仰候再照会山阴县迅照本厅前批，酌量办理，以清积案而免拖累。并严讯该差周渭有无勒索情形，按律严办，毋稍枉纵。状抄发。

批上虞莫周氏

此案前经上虞县牒请，将莫显庭羁押二年，业批确讯究断在案。兹据该氏呈状及黏抄辩诉各节，仰候移绍兴府希饬上虞县迅即按照原被控诉各词秉公逐一研讯究断，毋稍枉纵。状黏均抄发。至该氏前奉各批，查系在高等审判厅具控，本厅无此案卷，着并知照。

又批会稽鲁沈氏呈词

此案已据会稽县牒报，鲁安生因行窃拒捕被追失足落河溺毙等情到厅。业批拘传倪长有、黄金龙暨尸亲人证到案研讯确情，录供详报在卷。兹据状各情,候咨呈提法司核饬讯办可也。

又批嵊县刘郭氏呈词

查部章,非经府厅州县讯结之案,本厅不能提审。所称该县延搁等情是否属实,仰候呈请提法司核办可也。

直隶高等审判厅批词四则

批长垣县武生孙鸣谦呈

尔原控孙占甲伙收麦粮,事隔多年,毫无证据,迹近讹赖,断难准理。因控涉行贿招摇,有关府中名誉,故移府查照办理在案。前批业已明晰指出,以杜添砌图准之弊,毋庸妄有希冀,仍候移府查照。

批定州民人黄云霄呈

尔既退继尔伯遗产,粮名有其嗣孙承纳,何待过割,呈词殊不可解。如谓尔从前曾经完纳粮银,则从前所收之花利归于何处?察核情节,显系无理混狡,意在拖累。不准。

批祁州村正邢清堂等呈

邢洛孟等如无切实证据,岂能霸为独有?况事关阖族,应争者当不仅尔等三人,何以他人皆默无一言?控词殊难深信,姑候行州录案覆夺。

批清苑民妇唐高氏呈

案经保定地方审判厅于五月初二日判决,早逾上诉期间,本难准理。惟卷查该氏于六月初九日曾在地方检察厅声明逾期缘由,情尚可原。兹准高等检察厅将该氏上诉状片送到厅,姑候传案讯夺。

直隶高等检察厅批词五则

批深泽县民人马廷贵呈

据呈刘五喜等既经该县先后拘传管押,果系扎死尔兄真正凶犯,何以两年有余尚未究办?此中有无别情,姑候行县作速提集犯证,切实讯究录覆。尔即回县静候可也。

批吴桥县曹九有呈

现获之宋水头、刘富头两名系尔父被扎（案身死）[身死案]内真正贼犯,该县何致延搁年余迄未详办。所呈殊难率信,姑候行县查覆核夺。

批完县民人沈旦子呈

尔妻既不安于室,私行逃走,该县判离未为不允。惟呈称二月逃去,八月生子,乃系尔家血脉,究竟是否属实,姑候行县查覆再行核夺。

批任邱县张兰芬续呈

此案迭经提讯,限令尔自行来厅禀覆核夺在案。今届限并不照办,率以一纸渎陈,复又匿不到案,足征情虚规避。姑再宽限七日,绘图宗图呈案验看。倘届限仍复逾违不到,本厅定将此案照章注销,不准再控,著即遵照。

批雄县文生孙国桢续呈

此案本系民事,嗣因孙大秃殴伤尔子,兼及刑事。兹据呈称该经该县判决,将大秃处十等罚按律科罪,是刑事已经完结,毋庸呈渎。至孙永田等所争地基各节,究竟该县如何判断,本厅无从悬揣,候行该县录覆到厅再行核夺。该生回籍静候可也。

天津高等审判分厅批词三则

批寄居津邑职员杨广增呈词

周景云患病验明属实,饬令取保调治。至地方厅判决案件,如两造不服,准于上控期内提起上诉,定章如是,非朦准也。该职未免误会。至案情曲直,应候该被病痊即行传讯,秉公断结,仰即知照。

批沧（洲）[州]民人李嘉祥呈词

调阅地方审判厅案卷,尔前控史房氏等诱嫁民女之案早经讯明判决。现据控诉,系王氏等抵盗地契分单,张树本等霸种地亩之事,核与前案无干,尔应赴原籍沧州具控,不得违章越诉。

批津邑民人王荫清呈词

尔与王李氏互控断嗣一案,虽经地方审判厅集讯,谕令先行发丧,俟出殡后再邀亲族公议承继。现在何人承嗣,亲族尚未议决,亦非地方厅断结,并无不服理由,何得率请上诉。不准。

贵阳地方审判厅批词七则

批缪丁氏控刘复校呈词

据呈阅悉。此案前据缪埙以恃宦逞威等情来厅具控,当经本厅批谕在案。兹据该被告辩诉前来,并呈验该被告当买各契。查此项房业辗转,刘姓先当后买,执有红契老契足凭,何得谓红契为伪造。当时契明价足,缪姓人等在场画押,中证胡用之等亦现在省中,何得谓中证为捏称。事隔十余年,倏尔翻异,缪埙一控未了,缪丁氏再控复来,不遵理谕,哓哓率渎,殊属异常刁玩。且查验各契,此业系缪星垣自置之产,并非公业,既经刘姓买断在前,与缪姓人等何涉?无理取闹,本厅决难准理。此斥。

批陈金余复讼程杏生呈词

此案前经明白批示在案,兹又据续呈来厅。查尔子既娶有妾,果无宠妾嫌妻情事,该氏何至久居娘家?仰请凭原媒至程杏生家明白开导,劝令该氏速行转回,勿任逗留,该民等亦须持平待遇,以归和好,勿得砌词多渎。

批但灿奎辩诉李汝璜呈词

辩诉状阅悉。此案前经本厅传讯,该贡生所控骗(喳)[套]书契等情恳请追偿尾数二百五十余金,本厅以其毫无证据,当堂斥责,不允原告之请求。盖本厅准情酌夺,理秉大公,非有所私于该职也。惟查该职状称,前后付过息银四百五十六两,有息折足证,而该贡生所呈账单则仅收过息银四百一十四两四钱,两造数目参次,非比对难昭核实。乃饬该职等当堂具限,于二十日来厅呈验息折,以凭讯断在案。讵该职并不依限呈验,哓哓辩诉前来,辄称债务消灭,息折无保存之必要,当然作废,业已涂销口给御人,殊属非是。夫债务消灭,证据固当然作废。第该职之所谓消灭,亦该职自谓其消灭耳,试问不经债权者之承诺,裁判所之登记,何得谓债务消灭耶?诉讼未了,证据方将保存,可谓当然作废耶?种种强词,保非捏饰。抑即从速呈验息折,听候覆讯判决,勿再缠讼滋累。

批梅旷氏控米树清一案

此案事隔两年,官经两任,所获各犯讯无一句确供,昨经本厅提讯,半属奄口待毙,如系正盗,固无足惜,倘属无辜,一经庾毙,则该氏家之冤未伸,他人之冤又起,执法者能不深思过虑乎。至车新五一犯不惟始终无供,即质之当日往拿之团甲,亦不能确指为正盗。所获之蓝布,又经检察厅调查荣兴祥铺内之账簿、月日、价目均与所供相符,此犹不足为据,然则凭该氏之一言又足为据耶?烟钵烟碗轻重数目曾经该犯供明,应俟调验果否符合,再行核夺。总之,正犯应办,无辜应释。本厅执法无私,不稍宽假,该氏勿得听人唆使,哓哓渎呈。

批申长弟控柴老幺一案

此案该民无额颅之伤,业经检察厅验明,系自行在柴家跌磕之伤,其身死则由于服毒。该民等因索债细故互相斗殴,致令老母往向柴姓滋闹受伤,后服毒殒命。追原其始,该民等不孝之罪岂复能辞?追身死之后,不知自责自咎,反以殴伤毙命等词控告他人,希图报复,岂知殴击之伤与跌磕之伤显有区别,断非可以捏饰。呈称原验头脑、顶门、胸前共有三伤,彼时喊报,该民兄弟及众寨共闻等语,何以尸格并未填注。如果不虚,仰即速赴检察厅出具切实甘结,呈请复验明确,听候提凶究办。倘属虚诬,定即照例反坐不贷。该民其熟思之,毋贻后悔可也。

批李汝璜以笼(喀)[套]夺契等情控但灿奎等一案

据呈该民与但灿奎等债账缪辖,本银仅二千一百两,但姓业已付还银三千零九两,是除还本银外,所付息银已几及千两之数矣。但姓既履行三千两之债务于前,而独吝区区之尾数于后,有是理乎?所称夺契狡骗等情,尤属支离。即以戴敬卿而论,该民既委托此人,则信任其人可知。乃复称戴敬卿有无串同,均不可知,显为他日狡辩地步。证人既不足凭信,证物又弗克保存。一面之词,殊难准理。此斥

又批桂茂森办魏显清一案

查此案于二月初九日即经判决,该职自愿限期缴银,使有不服理由,何不遵期上诉?时逾三月之久,因提追认缴银两,辄捏词翻辩,希图抵赖,殊属谬妄。查例载:欠债实系无力偿还者,惟折罚苦工等语。该职屡经展限,坚称无力,自应照章办理。惟念一失信用,即终身公权剥夺,所以再限、三限,无非为保全该职权利起见。乃竟不知自爱,亦复何尤,着加恩再予限十日,如仍不缴,即行照章按数折罚,毋贻后悔。此斥

安庆地方审判厅批词七则

批段崖清呈诉大局攸关等情一案

清节堂为公立收养孀妇之地,刘段氏愿进堂守节,本无不可。段佐朝必令刘贤章分拨家产,捐附巨款,未免强人所难。故前批特斥。今据该堂司事段崖青禀称捐贷多少听便,刘贤章亦当附顺媳志,准其入堂守节,毋得阻挠所请。传案饬送,似可不必。青年妇女涉足公庭,亦非所以保全体面。该司事既报告各董,金许留养,即由氏自行入堂可也。

批潘何氏呈缴其子荫棠功牌并请保释一案

尔子荫棠伙开车行生计,略裕即饱暖思淫,与徐卢氏串通一气,将伊女许湖南之妻许徐氏和同成奸。迨许湖南迎妻回乡,复敢捏造婚据,邀人拦截,虽供称系出徐卢氏之意,然尔子始则和同成奸,继复捏称媒娶,图掩奸迹,本厅自应按律惩办,断难稍事通融。前廪生吴韵簧等呈恳保释,状内批,候尔子功牌缴案,再行核办,并无赏免工作明文,竟敢砌称荷蒙赏准等语,尤属年老昏聩。查尔子自到案至今,保释求宽之状已经五上,该氏平时训子不严,事后又一味徇护,殊属不合,除判词另行牌示外,所请不准。勿再妄渎。

批张秀文呈诉曹玉成纵女嫌夫一案

夫妇为人伦之本,父女亦天性攸关。尔弟媳曹氏与尔弟文卷不和,即使曹玉成接女回家,暂免目前冲突,亦属人情常事。如果尔弟媳实有嫌夫之意,即尔亦无能为力,仍须曹玉成夫妇随时劝解,俾尔弟媳幡然回家,方得相安。若遽与曹玉成涉讼公庭,即勉强送女回家,非惟不克相安,并足益增恶感,殊非善处家庭之道。着邀请原媒陈道玉、张祖绪等妥为理处。如本系尔弟性情乖戾,即由尔挈同尔弟前往曹家服礼,并劝以后勿再勃豀。如能好好接回,即属家庭幸福,毋得遽行涉讼。

批职商吴三泰续诉状

职商吴三泰及筏户夏火生等禀控张立刚、葛梓庭私设潜阳公所截船截货一案,由本厅照饬长枫巡检据实申复。去后。兹据长枫巡检申称,郑小毛、张中四、夏进元三人当(并时)[时并]未管押,张立刚已在该衙门具结,此次货物准由郑小毛等运送,不再拨筏等语。是筏已放行,夏火生等即不必在省羁留再候集讯。惟据吴三泰诉状声称,张立刚私设潜阳公所把持船埠,如果未经官准立案，私设公所扰累客商，自有应得之罪，候片行检察厅查明是否私设，分别核办。

批蔡胡氏续诉状

尔夫蔡韵清、夫弟蔡文安平日聚赌挥霍，前年曾将客信洋元擅自拆用，初次庭讯曾已供认，据控蔡文火挑洋落后，以砖易银，毫无确据，迭讯数次，据诉谓赃据泄露。又谓推诸舆论，即蔡文火、朱启和之掉换，两说均难凭信。夫查获本案所失之银曰赃，不能以所换之砖即指为赃。缉获本案所失之信曰据，不能以旧有之萎即指为据。若谓舆论，则系该氏一面之词，本厅断不能据尔舆论两字而定案也。苏庭槐庭讯时既未敢指实蔡文火、朱启和为通同谋吞，则朱启和之死纵非出于被逼，实亦由于畏累。前经饬令尔夫兄弟等酌认抚恤，一面再为追缉赃物，亦无非为息事宁人起见，乃竟一味固执，不自悔悟，欺人自欺，系谁之咎。诉状胡言乱语，蛮不讲理，着先行申斥，候再提讯，毋得多渎。

批郝秀富续诉状

据禀各节前经两次批斥，尚不醒悟，复渎称所以立议单者欲将账据查实再行均分寝事等语。不知该单载明，析居已立分关，惟歇店账目一时难以清理，应公收公还，是非尔长兄一人经手，更无纠葛，单载之语明白如揭，不意尔长兄尸骨未寒，即迭控其孤，春秋敌国且不伐丧，今则骨肉之间，寡恩若此，且尔二兄三嫂并无异议，尔则禀称堂讯可以质言，是欲藉官家之力，强不欲兴讼之人，使必随尔公庭对簿。利令智昏，良堪叹恨。本厅姑再详为告诫，毋得缠讼，以自取辱。

批职员江明坤辩诉状

此屋系尔叔江庆来租地架造，二月间尔叔已收回。舒姓押租立有收字，并声明愿于本月二十日前折让，尔何得从中播弄，意图翻异。二十日堂讯，江庆来情虚避匿，尔胆敢挺身上堂，殊属不合。当经本厅严斥，尔自知理曲，又敢捏砌情节，谓此屋系尔父庆丰与尔叔合造，如果属实，何以租约上并无尔父名氏。且尔叔呈诉初级原状并未说及合造，至初级审判厅传讯时，尔叔又无此说，旁参互证，尔言均属不实。其为有心扛帮插讼可知。须知本厅受理民事案件，总凭证据以为衡断，决不为权势所动摇，亦不许讼棍之播弄。如敢故违，定当按例严惩不贷。

南昌地方审判厅批词八则

批李文潮呈词

据称胡绍焘于去腊身故,距今未及三月,该职何得为子求婚。胡赵氏不允吉期,适与男女居丧不得嫁娶之律相为符合,何遽控其匿女居奇,顿萌异志。且称子媳均十六岁,是尚未及冠笄之年,待释服而后结褵未为标梅逾吉。至聘金衣饰为婚姻应有节文,状内黏单表白尤属无谓,诉词漫无理由,勿得再渎。

批高陶氏呈词

该氏夫妇反目,不值一诉,据称尔夫高赞庭挟妾忘妻,不过一薄幸浪子耳。此种下流行为,非法律所能遍及,应仍请凭戚友劝戒调和,责令月付钱文以资该氏养赡。勿遽涉讼,致伤恩义。

批罗来怡呈词

据称该职商所开汇丰当铺存放考棚经费银四千两正,宣统元年十月间请凭首士议定,自二年十月起至五年十月止分四期归还。去岁十月,已将第一期之款由首士熊子京过付,以后三期自应照期分缴等情,情通理顺,其非意存倒骗可知。惟汇丰既经停当,该首士刘于浣等为预防亏空起见,呈请追缴,亦系维持公款之意。该职商应另行指定此项公款,以后该商由何号归还,庶款有根据,经手人即不至别滋疑虑。仰邀同考棚首士刘于浣等另结契约,明定此项期票,到期准由何号对付,以重公款而坚众信。

批杨启阅呈词

诉词无理。该员官界中人,不能无间言于翁婿夫妇之间,而欲以官力强迫之,何左计乃尔?据诉,尔妻将衣服首饰私自搬回,及向尔岳父告贷,复不应允。试问尔妻何以移物回家,尔岳何以称贷不许,此中隐情,该员当自思之,不待辩诉而自明矣。至称尔妻以丑言詈骂,尔岳家夙嗜赌博,此中暧昧琐屑之事,亦可列为罪状耶?射屏不利,几至挞其妇翁。落杖自惊,何至鸣诸官府。该员既列仕版,宜知束身,毋播恶声,自伤体面。此斥。

批胡赵氏等呈词

两造终是至亲,何苦多加恶言,为儿女辈预栽荆棘。本厅票催禀复,系为你等息讼修好。据称李文潮因病返里,即不特稍缓时日再为开议。李文潮不急于为子求婚,而胡赵氏反急于过聘,岂以女儿为市乎？前当庭质讯,李节力任调处。今之不能就绪,谓之为说合无才,不能回其叔李文潮之听,事或有之,今竟加以主唆之名,然则李文潮不肯过聘,究于李节有何好处,而必欲从中播弄耶？胡赵氏女流无识,不足深责。胡绍棣兄弟自称为读书人,而竟不明道理,一味坚执,情殊可恶,应仍与李节等速为调解寝讼。若李节果有坐视成败之心,致两姓不能释然,一经查觉,亦必严予申斥也。

批聂润田呈词

尔控钟藻祥盗物,钟藻祥亦控尔食言。彼既未有确据,尔亦一片空言。察核彼此呈词,尔两人均系重财轻义之徒,以阿堵细故顿忘亲谊,互相攻讦,道德堕落,风俗浇漓,可为浩叹。本厅何能轻信一面之胡言,理此无谓之案牍。各宜反心自问,毋得喋喋讼庭。

批涂寿龄呈词

帆船均借风驶行,尔船在后能因风上驶,何以周船反不敌风力倒撞下来,岂咫尺之间,风分顺逆？周庆丰初十日已向吴城分府呈控,乃云二十日全楚会馆开会,周参戎授意始行控尔,岂牵涉他人即能利己耶？至云前后船均相离甚远,不过因旁人作证预为抹煞,为计甚巧。试问尔船已经发漏,自顾不暇,乃能独力救得多人,捞得多物耶？左支右饰,愈见矛盾。且案已讯结,判词已经公布,何必饰渎,着即赶照判定数目措办清缴,免致拖累。

批任相墉呈词

查此案前据该职一再呈诉,本厅以其情词迫切,度非虚诬,是以批示准理。又恐一面之词或有过当,并饬承发吏持票传知被告依限辩诉,原以事非兼听不明,理以折衷为断,部章具在,自应恪遵。乃被告梅子肇自本厅四月二十九日发票至今,将及一月,并不遵章来厅辩诉,殊属玩视。据诉前情,仰候再发票传,如梅子肇始终违抗,避传不到,该职即邀中证携带折据来厅,呈候验讯,以凭核办。

云南地方审判厅批词二则

批昆明县移送贾李氏控王炳庚等义债不偿一案

查此案昨准昆明县移送到厅。王炳庚尚欠该氏借项银一百四十两,断令如数偿还,逾限未缴,已由本厅提讯押追矣。据呈各情,候传王恕斋到案质究,该氏亦应将王炳庚叔侄前借二百金之原约呈验,以昭核实而杜纷歧。

批吕富斋等辩诉贾李氏控王炳庚藉故狡赖一案

据诉已悉。查王恕斋先年与王炳庚同借贾李氏银二百两，伙开生理。所有约据，系王恕斋亲笔，乃不与王炳庚同出借名，而为担保作证，其为异日推卸地步，于此已见一斑。及后王炳庚按年付息，并还过银六十两，安知非即同伙作本之剩银？迨至生理折本，铺面倒塌，始有转向伊伯商同还账之事，始有昆明涉讼公堂对簿之事，始有议卖祖产公共填还之事，更有当堂立限，人银两保之事。殊王恕斋将王炳庚套保出外，逾限不缴，所有房价概行把持，嗣被县催，伊竟藏匿不还，忍听其侄王炳庚押候数月，案悬莫结，迹其居心，并非勒掯伊侄，明明意存拖骗，拼一在押之王炳庚，旷日持久，以为欲追不得，欲办不能，官力债主皆有时而穷，然后我之奸计独操胜算，始终一骗可以了事。又恐官司觉察跟问房价，则复请县立案，密为占一地步，谓此项房产，炳庚并不占分，不知恕斋昨日当堂所呈之禀，稿内有炳庚祖父王均安之名，一经讯及，则曰均安年长，故亦署名。天下岂有全无干系之人而将其名窜入别房公约之理乎？此等伎俩，不攻自破。总之，王炳庚借项，王恕斋既与立约担保于前，又与议售公产于后，不责王恕斋筹还，又将谁责？昨饬王恕斋赶于年内缴银再行保释。该民等既属亲谊，仰即极力开导，作速缴案，免滋讼累，勿得联名插渎，致蹈扛帮之咎。切切。

云南地方检察厅批词六则

批罗兴发续控田上选一案

续诉已悉，此案罗田氏拘获到案，业由该民具状，不愿承领。昨经本厅批饬在案，旋又传该民到庭，分示该田上选、罗田氏等均应依律罚罪，不得断还财礼。该民当庭具供遵断，何以一时欲断给财礼，一时又欲领回妇人，殊属反覆无常，仰候移请审判厅照例公判可也。毋庸烦渎。

批李绍清等请开释任冯氏一案

任冯氏不安于室，与拐夫尹竹奸好和诱同逃，何能孝养其姑？业经移监工作。所请开释奉姑之处，即毋庸议。

覆诉已悉。此案应归宜良县管辖，前已批饬在案。仰仍回县呈控，毋庸违章悬诉。至扭获犯人卯玉清，即由本厅移解宜良可也。

批曾礼堂上诉李伯渠承认奸骗一案

查定章，民事诉讼于判决后二十日内准其上诉，业经迭次宣示。此案系属民事,未奉判词即属未经判决,只应诉催不能上诉,再三晓谕,而该呈独自刁执。法令煌煌,该呈独不遵守。岂有特别诉权欤?仰仍遵照定章,俟第一审判决后再行上诉。

批李国聪等辩诉刘洪顺控告一案

该民等控刘洪顺等施放闷烟,业经当庭试验,并不闷人,委系擦疮之药。而刘洪顺控该民等搜抢银元,数目实在亦不。①两造均有捏饰,应候审判厅复讯公判。所请保释,不准。

批李周氏辩诉被李学诗控告一案

该氏为娼,系本夫李学诗纵容。本夫固罪无可恕,该氏亦咎有应得。所请宥释之处,仰候审判厅复讯核夺。

批胡松柏辩诉被押日久含冤莫白一案

此案业经庭讯明确。该民先奸后娶,旋复退婚,经张伍氏另行主婚,而该民竟敢率众抢夺,殊属藐法。所断汪荣丰交出银三十六两,系退缴财礼入官,并非断给该民,何得饰词妄渎,仰候按律公判,毋庸狡辩。

重庆地方审判厅批词十则

批巴县武生陈廷用请更分关为遗嘱一案

家资分散,律有专条,例有明文。该生既明大义,应即遵照办理,不容参一毫私意于其间,庶几上对祖先,下质后嗣,始无纤悉遗憾。乃念不及此,徒以叔侄异辈,遂欲易分关为遗嘱,未审是何见解。不知分关、遗嘱,名称既异,性质亦殊。分关用于分家,遗嘱用于垂死。如遗嘱之名归诸该生母兄,则母兄早死。如归诸该生,则该生并未老病。不几无故呻吟。况该生实系两房叔侄,同分世所恒有,非必须兄弟始有分析之事,夫何介意之有。即谓尊卑不伦,陈刘氏尚在,胡不叔嫂同分?必如该生所称,不将有违一切功令,揆之情理习惯,均属不合。不惟不能为尔侄若子杜患,反足为尔侄若子伏生衅之根。该生何不潜心细思耶?名不正则言不顺,所呈当自取消,着速抹去遗嘱字样,改成分关。并将其中可疵议之处以及语涉朦混含糊,如两房找补银两等事均应将其事实原委、数目多寡并新旧契书、价值若干叙明。至该生之母若妹修斋、建墓、出

---

① 此处疑为"亦不实在"。——校者注

阁、妆奁等费如何酌提,尤须详晰规定,会借各项亦应结算清楚。该生当逐一请凭族戚陈廷灏、王静轩等秉公妥为明白拟定缮就,即仰该生族戚等来案呈阅过硃,以弭衅端。该生毋得胶执一偏之见,转多挂漏,致启后衅。切切。此谕。

批巴县聚宝会首事李炳林等告韩鼎臣一案

玉器料货原质既殊,自当各别售卖,方足以昭商情之诚实。昨因塞松柏与韩鼎臣等购讼,本厅断令各归各帮,其愿互相售卖者,彼此各上庄银二十五两,尚寓有通融之意。两造当各遵依在案,尔等虽未入质,然本厅准情酌理,向无成见,即系尔等到案,亦必如此剖断,毫无疑义。据呈,遵断恐酿事故各情,是即尔等血气之见,端于事理,毫未体察,殊属荒谬。且细阅呈情,虽故含糊其词,而朝饮其羊之意,实已流露言表。中国商务之不发达,正坐此弊。尔等既为商人,不思力矫积习,转欲容混牟利,窃为商界所不取也。使以前尔等帮众协议,果愿互相混卖,各不指摘,尚属无妨。但既经搆衅,无论庄金多寡,均必据理剖分,断难听其鱼目混珠,致碍商业之进步。至此次讯断,业经当庭谕知,只以聚宝、宝兴两会为限,所称臧珍等三会与本案无关,其习艺各所事隶行政范围,尤非尔等所能藉口。着遵断案,各安生业,果虑私益有碍,准其集帮妥议,彼此通融禀覆立案。倘事前并未议妥,辄敢恃横滋闹,则法律具在,恐不能为尔等稍从宽贷。如尔等不服,俟判决后遵章上诉,未便由本厅移送也。

批巴县丁礼之告火云程一案

断价案照实值固属过多,因尔欲将尔房成就方圆,不得不稍从迁就,迭次庭谕谅已了然。为必欲坚执成见,则火马氏刻尚未遵,本厅又何必勉强从事。纵如尔言,火姓有房无地,亦只能令其认主投佃,断不能责其折屋退基。试问于尔事利否何如,细思自明。所恳勘明覆讯之处,应毋庸议。

批巴县职妇甘周氏告廖仲伦等一案

状悉。氏夫甘良臣原贸聚源长生理,继就电报局,事供家足。见聚源长无银停贸,迨与萧彭氏苟合逃湘,何至有聚源长银款可掣。果有银款往湘,当必蓄婢役僮,自娱岁月,何以尚开花风月堂妓馆,甘沦卑贱。氏在湘潭寻获,控县准理。据抄批词,虽有确讯究断之语,且饬氏所禀荒唐,氏夫又何事畏究?果畏究办,允照原认给银,即当饬令给清,何分量未付,竟听其逍遥回渝,又不与之偕行,种种支离,显多捏饰。总之萧彭氏既属流娼,与氏夫又系苟合,并非婚娶,无论如何漠视,亦只能向氏夫理落,乃遽向彭氏滋非,甚且牵拱他人,殊属荒谬。所控不准。本厅窃为氏再进一解,氏夫既出外十余年,氏手工度日,已将氏子养成,自今以后更无虑夫冻馁,氏当教子发奋,完全自立,此等龌龊资财,微论不可妄求,即使如愿相偿,遗之子孙,将何以解于清白传家也。氏其熟思之。

批巴县职员蔡香池告蔡香廷一案

尔亦不明大义,专在银钱计较,与蔡香廷作事如出一辙,真是同气连枝,一母不生两样人也。须知弟兄只有今生,并无再来,何必假公济私,久讼失和。况案已讯结,各宜遵照了息。昨于蔡香廷词业经批饬,今尔又复哓哓烦渎。胡不取角弓翻反阋墙起争之诗,三复其词,自然翕和矣。切切此谕。

巴县龚黼章告钟琢光一案批

彻底清算自应将花[账]流水一并核明,如仅据坐账清单,难免无不实不尽之弊。据尔呈称,钟琢光以花帐流水搪抵,不将一年一算之清单坐账交出,以致无从清算,尔真外行,不谙商业,不知仅凭坐账清单查阅是为看账,必将花账流水逐一合算始为算账。尔明乎此,则凭帮众算账也可,即凭商会算账也可。谚所谓:有帐算不折。是也不明乎此,徒据尔自由心证,则逐处滋疑。尔皆不服。依尔意见,果系看账抑系算账?算账则应照钟琢光办法,看账即据尔呈,凭众验明坐账清单,秉公据实理剖。尔即应遵照了息,毋庸缠讼延累。

批成都职员曾廷光告陈光远等一案

尔与陈光远素不识认,在省又未谋面,何致轻信鲍树璋借银三百两之多,殊不近情。即果属实,亦太恍惚,况由鲍树璋经手过银,复由鲍树璋立约承担,是尔所信认者鲍树璋,与尔有交涉者亦即鲍树璋。尔尽可向鲍树璋索还,不准向陈光远追讨。据称鲍树璋远匿,系由陈光远贿纵,有何凭证,未免随意捏造。昨经本厅讯谕,不即饬尔谬妄者,姑念尔系远方人,未予深究。尔即当知进退,早自言旋。如必须收账方归,应候将鲍树璋传获,质讯明确,再予究追,毋庸多渎。

巴县丁与三等告丁谭氏一案批

矜孤恤寡,尽人宜然,而在族中尤不可废。据呈,尔祖易斋提有田租一百一十六石,生作养膳,殁作子孙衣食之计。易斋殁后,尔等并炭硐生息,按房均分,又提田租二十六石,以作清明祭祀之需,每年除用费外,想有赢余,尔等固宜体尔祖子孙衣食之心,择族中之不能自存者抚恤之,以作族中义举可也。丁谭氏为尔族孀居,家业萧条,矢志不嫁,即不向尔等借贷,尔等犹当设法维持,以为族中守节者劝。况所借者仅谷一石,又属公款,即令如量以予,族人谅亦不至即有异言。乃尔丁载阳竟以族中孀居甚多,窘迫者亦不少,不便开端为辞。试问尔族中孀居即多,岂皆窘迫耶? 即使窘迫,尔等岂忍坐视乎? 凡此巧为推诿之言,无非为多分入己之计,曾亦思尔等与丁谭氏同是尔祖之后人,岂忍尔等有生活而丁谭氏无生活乎? 况抚孤守节,尤增尔族中光宠乎? 昔范文正公广置义田以周给族中贫乏者、不能婚嫁丧葬者,而寡妻弱子尤为注意。尔等岂未之前闻耶? 何贪狠而至于此。既丁谭氏控准江北,尔等自应赴江北候讯,所恳移销枝案之处着不准行。

批巴县职妇张黄氏呈恳卖房买业以续蒸尝一案

该氏卖房买业使蒸尝无缺,子孙有赖,果无包藏他意,未始不可准行。惟察该氏词情支遁之处,知仍系听人刁唆,希图自私自利,姑予逐一摘出,该氏当自心折。词称遵谕卖业,查本厅原判虽有卖仍平分一语,原谓预计将来万不得已必须卖业时之计画,非谓现在。即有迫不及待之势,况该氏当房甫经得价四百金,自无缺款之事。又称卖房之举出于族戚公议,究竟族戚何人,词内并未叙明,且如此相劝之族戚未必正人,恐即系从中刁唆希图染指者,故该氏未肯叙列。又查前呈合同田房均分派清楚,仅有大阳沟房屋下厅与该氏收租平分,是下厅以外即与该氏无分,即欲议卖下厅,亦须与张徐氏商明妥办,该氏何得笼统议售,不特卖人所不欲卖,亦复侵人所有权。种种谬词,无非昔日妒嫉之见尚未消除,欲借端寻衅泄忿,未免用意太左,不知妾之子即该氏之子,夫之嗣即该氏之嗣,该氏身故后,所遗产业即归妾子承受,蒸尝亦归妾子经管,该氏何必过分彼此,使外人从中渔利,而家庭愈伤和好,实属不值。为该氏计,只宜屏除旧嫌,共敦和睦,庶嫡庶母子之间毫无芥蒂,该氏晚景堪娱,何幸如之,勿再听旁人播弄,动辄兴讼,徒增忿懑,无益于事也。

巴县职员王为柱告罗李氏一案批

该职与罗李氏家帐项缪辖,候予传讯察断。至罗李氏母子妇姑之间屡次生衅控告,自必有奸人暗中挑唆,然究系家事,该职虽属至戚,有相关之谊,亦未可过于干涉,以致别生嫌隙,愈伤和好。

芜湖地方审判厅批词三则

批任惠卿辩诉程熙钟狡侩鲸吞血本一案

查此案于本月初一日据程熙钟等呈诉,该商鲸吞血本,批准传审,初二日发票饬传,并抄给被传事由,限初三日午刻集讯,该商并未申明故障,呈请展限,何得谓之立时逮捕,且传票并无逮捕效力,审判厅试办章程第十八条所云五日之限是杜绝延迟之意,谓至迟不得逾五日,诚以居址有远近之不同,不能限定若干日,故以五日为至迟之限,至迟既为五日,则至速者可知。两造既已到厅,自应遵章即日审讯。当时口头辩论两小时之久,尚得谓不容详辩乎?据原告庭呈历年红账,指驳各节颇有理由,且原告诉中有请求先行拘留以免逃匿等语,自应着尔取保,以凭调帐覆讯,乃尔无保可取,请求原告具保,原告又不允从。本庭为保护商民权利起见,将尔发所收管,系属遵章办理。尔所援据第八十一条及第八十二条文中固有毋庸收管之句,然第八十一条尚有准取保字样,第八十二条尚有或责付其家属或取具切实铺保等语。尔既无切实铺保,家属又在南京,不能享毋庸管束之利益。盖各项法令章程须统一节之全文读之,不能断章取义也。至所谓犹豫期间者,系指刑事定罪后暂缓执行而言,民事绝对不能引用。判决后如果不服,尽可遵章上诉。确定后如显有错误亦可请求再审。惟对于此案,现在情形均不适用,察阅抄呈江宁商会照会系专指庄款而言,何得藉此抵制股本,文中虽有在芜两股东,股本即以芜湖客事欠款店内生财铁路股票作抵等语,但原告并未允慊,即该商辩诉内亦有邀集原中清算账目等句,可见股本尚未了结,账目亦未算清,着迅将账簿呈庭,听候复讯,既无切实铺保,本厅即未便准令在外候审。本案尚未判决,定亦不合抗告上诉手续。着即知照。

批严石峰呈诉严长生等争继一案

查阅县卷,已故刘氏系一土娼,中年虽与尔兄良俊相处,俊死复姘王虎臣,同居多载,是刘氏已非良俊之妇。长生既为刘之义子,即得享有刘之遗产。芜湖县断须归长生,而另给尔川资叁百元,已属格外体恤,本非法律之平也。尔乃藉兴继之名行攘夺之实,一则曰搬柩,再则曰承继,尔为严姓族长,为尔兄良俊立后,本属分所应为,不必专待刘氏遗产,且刘与尔兄相处在前,与王虎臣相处在后,尔可认为嫂柩,王独不可认为妻尸乎。如果尔确为大义起见,何不于尔兄良俊病故之后及刘氏未姘识王虎臣之前一为料理,乃竟悍然不顾,任令刘氏倚门卖笑,视若罔闻,直至刘氏身死,积有赀财,始复不嫌腥秽,妄思染指,尔之计划亦疏漏矣。且尔于县供称为知府衔,此次禀诉又复称为贵州补用知府,前后矛盾,姑勿论其孰真孰伪,但以职官而有如此行迳,亦未免太亵朝(庭)[廷]之名器矣。邮禀诉状违章不合,本可毋庸示批,惟尔利令智昏,有不得不餍之势,姑为批发,尔其详细思之。

批崔景澂控崔有太借票确凿已无疑义一案

据呈,此项借款已无疑义各节。但由本厅视之,实不能谓全无疑义。典当以票为凭,认票不认人,此为通俗,然亦必加盖认票不认人之戳记及载明号数。至于借票、汇票亦必加盖骑缝图记,编号存查。其票纸载明某某日向某某处兑付者,其所载之日即系兑款之日。是谓期票到期往取,与当票有同一之效力。当票往赎不能不付原货,期票到期即不能不遵期间。据呈之票据述系崔有太央崔隆卿为之,崔隆卿身为管事多年,岂不知当典规则?况当票无论数目多少,尚有一定之印刷纸,借票虽无定式,但数目更大,岂容如此草率,竟裁用信笺半纸为之?再此等活款暂时不付者,只可谓之存票,须注明利息,票纸应书明存活期银若干两,下注出票之年月日及典名,若系付票向某处兑付者,则下注之日期即为兑款之日期,从未有书写收入日期者,此皆一定之市例,绝无疑义者。此票既无号数,无利息,无骑缝,无存根,又非正式票纸,又存付两不合格,安得谓之一无疑义。查此案因崔有太反诉崔焘即崔隆卿帐目不清一案尚未判决,暂行中止,当庭已经宣布,并于月报内申报上级官厅在案,应候前案讯结后再与发落。毋渎。

保定地方审判厅批词三则

保定地方审判厅批徐任民辩诉周奠海呈

此案迭经勒追,仅据吴海如代周奠海呈交京钱四十余吊,洋十余元,为数甚微,仍候勒限严追,一俟集有成数给领归偿。毋渎。

又批戎洛常等辩诉呈

戎洛辰盗卖郎成章之地,前已讯明,实系牙行李洛贵等从此作祟,此地既经戎洛辰交出,应候将郎生儿传到公判。尔等所请开释之处,碍难照准。

又批吴洛沭辩诉呈

尔女赵吴氏听从王张氏等和诱改嫁,应候照例判罪,所请开释碍难准行。

保定地方检察厅批词五则

保定地方检察厅批黄洛福辩诉伊子黄洛贵一案

尔子黄洛贵究被何人因何致死,段洛发等果否知情,候送审判厅详细预审,一面移会工巡总局派队严密侦探可也。

又批夏既望辩诉夏香兰一案

据呈尔侄女夏香兰怀有身孕,分娩在即,是否属实,候饬看守妇验明核夺。

又批于洛广呈诉于皂伙等一案

尔堂弟于皂伙等究因何事向尔讹扰,被殴有无伤痕。呈词含糊,显有隐饰。不准。

又批徐广臣辩诉刘赵氏一案

前经提讯,尔与刘赵氏供词两歧,且尔在娼窑充当伙计,品行卑下,堂谕不准保释在案。应候备文将刘赵氏递籍保束。所请仍难准行。

又批孙树棠辩诉常明林儿一案

此案已准清苑县将原卷移送过厅。查尔侄同达经完县验明,系失足跌伤身死。其僧人里儿即林儿等亦经清苑县饬据原役禀覆,应即回县呈请传讯,听候核判。毋庸在此饰渎,并候行县查照办理覆夺。

梧州地方审判厅批词六则

批杨一楼等呈诉黄伯炎等狡谋串噬脱骗股本一案

状悉。该公司承办花酒艇捐,现经禀县立案,其妓捐一项当时是否承包在内,必有成案及章程可据。果未承包,黄伯炎等何至认填妓捐亏空,一面之词未足取信。黄伯炎等应出认入股本,或因别项缪辖尚未交足,或已交而未报告,只宜邀集股东妥为清算,勿得遽行兴讼。仰即遵照。

批刘谢氏续诉刘景乔抗判上控设计谋害一案

刘景乔不服上诉,核与四级三审之制尚属相符。该氏青年孀居,子女幼稚,当此酷暑,路途往返自不易易。据诉各节亦属实情,仰即静候广西高等审判厅批示,或自行晋省投案,或委任他人代诉可也。

批伍镜秋诉失银无着哀恳移知追究一案

此案经本厅预审庭详审梁日泰,并无确凿证据,应照审判厅章程第一百三条得为无罪免诉,该商既不服预审决定,候送地方审判厅公判可也。

批梁樾身呈诉廖黎氏吞骗巨资遵谕查确恳请查封备抵一案

查此案廖黎氏夫廖贯先充安贞司事侵吞巨款。现廖贵虽死无可质，然账部尚足为据。兹据该商等呈请将该氏产业考棚街第一百一十七号门牌住屋，暨仁秀里十六号门牌货栈各一间，查封备抵，核与定章尚属相符，应准先予查封，仍着该商等迅即来厅听候判决可也。

批孀妇李苏氏以黎炳芳黎亚霞诱拐少媳查确拐匪呈诉一案

梧郡拐案层见叠出，此等嚣风为害最烈，欲正厥本源，须从严查窝匪入手。该氏孀佣，贫弱可怜，所诉黎炳芳拐媳，殊堪痛恨，仰候拘传讯办。

批梁丙木梁德明以严可瑞等佃霸主业伐木抗租一案

佃户抗租霸业殊属不合，但你之田山既系你祖父以来批与严姓耕种，严姓亦自祖及孙世相承佃，主宾相安无事，何以今日忽起争端，希图争占。且砍伐你山树木，拖欠你之田租，事在何年月日，何以并不详细声明，殊不可解。一面之辞，难尽凭信，姑候票传质讯，分别办理。

梧州地方检察厅批词三则

批苏钟氏续辩黄梁氏呈诉拐案未结一案

你子苏守植有妻娶妻，经审判厅判决处你子九等罚。你媳陶氏离异归宗，业经伊母陶陈氏具结领去，所请给领，碍难照准。你子罚金仍须依限完缴，如果无力，亦须赴厅听候改折工作。本厅执法不能少徇，摘录审判厅判词，仰即只遵此批。查律载：将亲女卖与人作使女名色，骗财之后设词托故，公然领去者，照本律加一等徒一年，赃重者仍从重论。媒人同谋邀抢者，罪同。又：再若有妻再娶妻，处九等罚后，娶之妻离异归宗。此案陶陈氏既将亲女亚日抵与黄梁氏，共借得银一百二十二元，复设计商由胡陈氏，骗诱价卖所得财礼银一百两，虽已抵偿胡陈氏债务，究与陶陈氏自得无异，应准窃盗赃以一主为重，计赃银一百两，折库平银八十九两有奇，应照骗财后设计领去者计赃从重论例，处徒二年半。胡陈氏引诱陶亚日出嫁，显系同谋媒合，虽无邀抢重情，亦应照媒人同谋例，与陶陈氏同罪。至苏钟氏价娶陶亚日为媳，讯系明婚正娶，并无串诱强娶情事，着予免议。惟苏守植有妻更娶妻，应依律处九等罚，离异归宗。又黄梁氏附带私诉，仍追陶陈氏履行债务。判结。

又批梁柱芬等呈诉廖灿南藉关勒索串勇吞噬一案

关征出入，国家自有定章，断非私人所能擅税。廖灿南藉关勒索，此中显有别情。既经投名自治局绅理处，候札局查覆核办。

又批潘黎氏呈诉黎福礼等逆子串陷累害族亲一案

家庭小故，动辄搆衅，似此浇风，实不可长。所诉嗣子不甚尽职，如果属实，自当与族老劝谕教诲。李寿林等身厕绅耆，亦负有责任，何必哓哓渎诉，至潘福灵、潘福滔等被防勇解县，此中必有原因。该犯现尚未移解过厅，何得遽来取保，殊属冒昧。此斥。

苍梧初级审判厅批词二则

批吕焕等呈诉林锦记少欠会项架题脱骗一案

既经水巡局判令限十日内无银赎船即可变卖抵偿，自是正当办法，何以县差梁才擅敢自携名片，妄加干涉。如果情实，殊属不合，但该差所称若不赔偿及挂红烧爆送回伊艇，过日即要锁拿等语，尚属言论中事，倘果实行无故锁拿，再行呈请究办可也。

又批董记晋记为聂氏被押恳请保领准予开释一案

李黎氏诉其媳聂氏夹资改嫁，经本厅传讯，该聂氏狡不供认，咎由自取。据请前情，姑准暂保出外候讯，随传随到，倘有避匿等情，即为该保人是问，着即携带铺章来案结保可也。

苍梧初级检察厅批词六则

批张达才呈诉梁启棠等断业强赎一案

状悉。查田土既经断卖，万无再有备价取赎之事，况又系买于道光年间者耶？此案其中必有别情，非将原契抄呈，无从断定。该梁启棠等是否抢割田禾，总以此田是否绝卖为断。着抄契补呈来案以凭核办，仰即知照。

又批陈朝宁辩诉李元恺呈诉挟嫌架题登门殴伤一案

辩悉。李元恺调戏妇女如果不虚，自应严惩，以挽浇风。惟呈系一面之词，非传尔侄媳范氏暨尔叔婆周氏来案证明，则尔已犯殴打平人之罪，本厅姑再限三日内勒缴范周二氏来案听讯,以凭核办。

又批钟荞芝呈诉开场聚赌有碍地方一案

案查梧州各项赌博业,经官绅合议一律禁止,所有人民均须安分守法,不可违犯。其从前之以赌博营利者,亦须各自改图正业,免于法网,本厅固所祷祝以祈者也。兹该民等诉称,赌徒开场聚赌,有碍地方,邀请出示严禁各等情来案,可见官绅有禁赌之名,地方尚未获禁赌之益,自应严行查缉,尽法惩治,戢赌风以安闾阎。惟查尔等词内并未指定赌徒姓名,本厅无凭缉办,尔等既为安靖地方起见,着一面访查真正赌痞,即一面密禀来厅,本厅定即严缉此憝不畏法之赌徒送审重究也。事关人民公共安宁,除另出示晓谕外着即知照。

又批宋象齐续诉聂亚德拐匪在押查确续呈一案

查尔媳覃氏不守妇道无耻淫奔,案经审判厅讯明判决,将奸夫聂亚德照例处罚工作,情罪原已相当。兹尔复谓聂亚德先奸后拐,究竟得之传闻,毫无实据,何能坐以拐罪,勒令悬缉。本厅调查此案卷宗,查该乡自治局绅先后禀复有案,咸称尔媳覃氏确非聂亚德诱奸拐逃,审判厅据证定罪,本厅又饬警查缉尔媳覃氏,未获到案执行,是已无枉纵可言,尔何必虚捏情词,又行兴讼耶?总之尔媳覃氏妇道有亏,在逃属实,候本厅严密侦获,定罪执行后再传尔子到案具领,彼时去留之权,尔父子为证。现在毋庸晓晓,着即知照。

又批黄温盛呈诉梁国初等富豪不仁按业谋断一案

据尔所诉,尔父入赘冼承贤家,是冼承贤一人独招尔父为婿,双方结约亦是尔父与冼承贤二人发生效力,与冼叙贤等绝无关系。纵谓叙贤无嗣,尽可由伊自行择继,更可由亲属妥商承嗣,尔是他族,既无血统之可言,又无亲属之可议,尔父何得擅将叙贤屋地按抵别人。尔父既仅借梁福干银三元,何至肯以价值百余两之屋地木山遽行按抵?所借既微,所抵极重,尔父虽愚,未必至此尔。今又将与尔绝无关系之冼帝贤所遗屋地卖与林玉堂,荡人产业,何贵异子频乱人宗。林玉堂与尔授受不明,亦将为尔是问,该林玉堂既知梁国初与尔缪辖未清,故敢买受,迹近串同,尤为不合。不准。特斥。

又批潘丽生等辩诉林衍生等呈诉埋灭数部吞噬股本一案

你弟潘秀全与林济生堂等合股开设永泰酒店,店中数目由伊一手掌管,未及一年即行倒闭,难保不无作伪。昨经备移商会查覆准称,你弟缴到数部据内有撕毁页数,浮开数目情弊。似此欺人牟利,实属商场巨蠹。案经开审,当庭盼咐,着你于三日内唤你弟到案,乃逾限不到,你复以一纸空词希图饰卸,殊属狡玩。查阅状词系自来稿,此中显有讼棍主持,除俟密查拿究外,仍着你即日到案听候察讯核断,勿徒避匿不到,自蹈情虚畏审,致干未便。

江西新建初级审判厅批词十五则

批熊承弼诉词

尔子熊忠楼昨经验明伤痕,自系共殴所致,究竟几人下手,状内叙不分明,不无疑窦。至陶长贤等果敢纠众殴人,凶恶已极,诉称其再图寻殴,彼纵目无法纪,或不至是。业已起诉,候传集讯办。

又批熊其银诉词

尔等同住一屋,理宜睦谊相敦,即偶有口角,亦当自行解释,言归于好,何必砌词妄渎,岂以官司为好打耶? 不准。

又批陈某诉词

所控赌徒某某等敢于黑夜殴人,殊属可恶。至该赌徒住址尔或未识,尔族叔在场共赌,谅无不知,乃两次票传尔叔,亦随黄鹤杳然,岂尔叔住址尔亦不识耶? 伤已验明,无甚关系,事亦查悉,未便宣扬。可善自调摄,免旷乃功为是。

又批陈宗启诉词

名例载:道士女冠,其于弟子与兄弟之子同。则宗启与宗敏即兄弟也,况籍贯又同,宜有密切关系以保尔教之衰微,乃见利而争,负气相殴,洵出情理之外。伤已验明,候传集陈宗敏讯明核办。

又批倪国坤诉词

诉悉。老曾果为轻微事故,竟敢以帮伙而殴店东,殊属不法。龚、邓等果有唆使情节,尤属非是。惟事隔多日,何以始来呈诉,姑予派警调查情形,并传谕老曾等各安生业,无滋事端。所请拘究,碍难准行。

又批刘全宜上诉词

凡案经判决不服上诉者,须说明不服之理由,方准呈送。该民所称刁狡蒙蔽等语,岂足为正当之理由耶? 姑念乡愚无知,一审总难折服,着即前赴地方厅静候第二审可也。

又批王修诚上诉词
讼累虽贻诸官，究属尔民自取。健讼者流，一审不服，要求再审，再审不服，要求三审，倘再有四审、五审，余勇仍可贾焉。糜费旷时，洵堪痛恨。此案民庭调查固已详实，判决亦尚公平，本厅以为不必诉也。尔必欲诉，姑准尔诉，看上级判决如何。

又批邱行昌诉词
尔等以外府人来省营业，同籍同居，关系应自密切。此次尔妻胎幸未堕，果被殴堕，曹之妇罪固难免，尔之咎亦无所辞。缘尔与曹某衅隙先开，无怪曹妇之踵其后也。业已传询曹敏兄，候起诉判决。

又批任熙镜诉词
尔侄受伤虽多，幸非重要情形，业已侦悉，与尔供述影响略同。黄三老行止有亏，不知改悔，敢将尔侄横殴，罚固难宽。而尔侄果有勒索前情，则此次之祸究亦自取。着先将尔侄善自医治，余候审厅判决。

又批杨得胜诉词
熊近玉同为帮伙，竟以细微事故遽行逞凶，殊属非是。至尔昨经提验，不过指痕三处，何复张大其词，则不安本分亦可想见。已起诉，候判决。

又批罗熊氏诉词
买卖人口，律禁綦严，罗熊氏之女本非所生，不特罗运发不能略卖，即罗熊氏亦不得和卖。传询两造，各执一词，调查此女被卖已实，为和为略，均有应得罪名。候呈送地方检察厅核办可也。

又批裁缝伙诉词
刑事案件，以被害者自行投诉为原则。察阅诉状，竟系尔等联名，殊属不合。且抬验只一翁子文诉状，又有陈时发，其为添砌可见。翁子文现已提验，伤亦轻微，可自具诉状，指定何人下手，无得任意牵连。至工价一节，作私诉附带可也。

又批徐树滋诉词

伤痕业经面验,实系轻微。约字细为检查,碍难明了。尔等既属同姓,可延族中公正,出为调停,何苦因此区区自招讼累。据尔供述,尔于十五日与徐守福兄弟口角,有杨巡长当场和解,罚该兄弟出钱一千一百文,仍由该巡长了之,可也。至此座房屋是否私业,可检出印契来厅呈诉。原约字着即领回。

又批陈崇锡诉词

尔妻逃过一次,不自防闲,以致复有今日,是谁之过与? 据诉,现逃邓氏试馆,为住馆秦氏所匿。据供,则云逃系实在,惟不知所逃之地与所匿之人,是诉状口供自为向背,其受人唆弄不问可知,着即侦出实在,再来投诉,无得捉影捕风,致犯诬告之律。凛之。

批戴招荣诉词

尔子戴肖卿与徐金山债务纠葛已历多时,其债务如何发生,固难侦悉,惟票据具在,不能抗而不还。至徐金山因索债而殴及尔媳,亦殊非是,业经提起公诉,静候判决可也。

长安初级审判检察厅批词十一则

批荆世杰控田氏呈词

状悉。据称尔与弟聘定田氏之女,不意聘后亡故,此乃尔之运气,何能追及财礼。凡为父母,未有不愿其女之许字而愿其女病故之理,亦未有早知其女将死而始许字于人之理。死生关乎天命,婚姻亦属数定,未婚而死,尔家不过仅失财礼,若使已嫁而死,则尔家之所失多矣。此等事件亦只怨自己家运所关,宜作退一步想,尔家失财,女家失人,断不能令失人者而又失财也,所请追还之处理应不准。

又批陈广福上诉天太永呈词

查此案,尔所控天太永欠账银六十余两,案经覆讯数次,查阅义盛长天太永账簿,已于去年冬月三十日付该号银五十两,交李鸿才收讫。李鸿才为尔铺伙同开设广盛鸿,并非雇佣之人可比,银两既为李鸿才接收,即尔广盛鸿号接收也,此案非寻李鸿才到案对质,讼源不清。故本厅迭次批饬,均限尔同天太永将李鸿才寻案,尔逾限不遵,尤复呈请上诉,试问李鸿才为尔伙计,且立有合同开设生理收银之人,匿不到案,此案何从讯结。凡事须准情理,此等无理取闹,无论控到何厅,未有人证不齐而能判结者。若人证不齐均准上诉,此风一开,则无论何案均可以此为理由而纷纷好讼也。本厅为司法执行机关,无不伸理人民冤抑。尔于此案不惟不将李鸿才寻觅,反饰词渎诉,显系尔指使李鸿才藏匿,逞刁好讼,此种刁风断不可长。姑再限尔一月,仰仍速寻李鸿才到案送审讯夺。如再长此藉词推诿,藐视不遵,不能为尔宽也。切切。此饬。

又批自治绅士洪德新禀张兴堂纠众砍伐呈词

禀悉。查此案前经审判厅公判,讯系该犯张兴堂以拾柴为名,窃砍举人张耀桑园桑树二株,未搬移间,当被拿获报案。查现行刑律载:凡窃盗已行而未得财,工作一月。如柴草木石,虽离本处未驮载间,依不得财论,工作一月等语。本厅按律治罪,即于去年十二月二十四日将该犯送长安县收所习艺,于本年正月二十六日管收,限满照章释放,不为枉曲。该绅等有何所据妄称贿行弊弄脱身耶?实属荒谬已极。至称并未刑责,该绅等狃于旧时习惯,无论犯何罪名非严加刑拷不足快事主之心。试问新例所载,初次讯供及徒流以下罪名概不准刑讯,煌煌条文,该绅等讵未闻知耶?查该举人系法政毕业,明晓法律一事不再理,一案不重罚,例有明条,该举人无不通晓,该绅等毫无所据,便出头妄禀,殊属多事。又据称张兴堂逞刁撒泼等情,本厅当将张兴堂拘案讯究,并无实据,未便据绅等一面之词致人于罪而阻人以自新之路。总之保护树艺,本厅固表同情,但关系罪名,该绅等不知法律亦须审重,本厅司法执行,未便意为出入也。且张兴堂前已具永不再犯甘结,倘果再行滋事,经该举人拿有实据禀报,本厅自能按律惩治,该绅等研究自治,亦宜略晓新章,襄助地方公益,切勿假自治名色,代人伸诉,致长讼端,除移覆长安县牌示外,特此批示。

又批王天俊控焦万龄呈词

状悉。查律载:乞养异姓义子以乱宗者处罚。又:收养三岁以下遗弃小儿,依律即从其姓,但不得以无子遂立为嗣等语。该焦天祥虽由尔外祖母收养承继,然照律不准承嗣,已属不合。查焦关氏并无近支应继之人,故前堂判令族长焦万龄将焦关氏所遗房业代为掌管,一俟立有相当承继之人,即饬焦万龄交出,并非断为伊之所有物也。李生焕与尔均系焦关氏亲戚,李生焕固不应垂涎,尔亦岂能染指。来呈一再恳渎,其中显有贪图情事,仰候传集人证到案,再送覆讯核夺。

又批韩春荣控胞弟韩有龙等呈词

查风水之说,人民迷信,牢不可破。尔父葬地,尔母主张请张姓,尔复主张请鲍姓,致生嫌隙成讼,殊不知天下阴阳先生大半各执一说以翻弄是非,遂致离人骨肉,不知三元三合,虽各相反对,议论不同而其理则一也。总之阴地不如心地。尔对于母子弟兄骨肉之间,不从心地上着想,动辄兴讼不休,如此居心,虽葬好地,亦不能发达。俗语云:福人葬福地,断未有恶人葬得福地而能发迹者。尔宜凛遵此谕。对于尔母尔弟等料理丧葬等事,忍让和平理处,勿得惑于风水,听人主唆致伤亲睦。

又批顺兴东炉院王德呈诉

状悉。查尔开设炉院,银之真假固所深知。源德恒用尔之假银,系尔经手交出行使,尔何以不知尔之罪,一也。据供五月三十日尔始回铺,推称二柜李彦恺从中作弊等语。查此案发现系本月初二日,尔在炉院内何不将假银销毁,早知其银是假,尤敢朦混欺人,尔之罪二也。况司法警察同源德恒到尔铺搜查时,既系该李二柜舞弊,何不将人交出,案发数日,尔始行呈请缉拿。查李二柜为尔雇用之人,足见尔明知李二柜之能舞弊而使其舞弊,皆尔阴谋假造以图行使,尔之罪三也。有此三罪而已成重罪,尔为首,而李二柜为从,在尔之意,明是先令远飏而始请缉,推之李二柜而李二柜拿不到案,遂藉此以为开脱地步,计诚狡也。何以初次讯供时,尔并不呈明耶?种种藐法,可恶已极,仰候再送审判厅严讯后,呈送地方厅核办,以定尔之罪名可也。至来呈不用刑事状,尤属不合。并饬。

又批杜文兴控仁和兴贪财害命一案呈词

状悉。据称尔叔在仁和兴铺佣工,去年五月病故,该铺于数日内报知,其时天气炎热,尔应速即来省观殓为是,尔等既无人来省,该铺殡埋不得为过。况尔于去腊进省,亦曾订搬柩之期,可见并无他故,若有谋害情事,去年何不呈控?尔叔已死年余,能再开棺再验耶?尔能出具谋害甘结否?明是因此次搬柩追算身工账项,特出来贪图银钱耳。既是想钱,尽可央人从中说好,而乃动辄控人,贪财谋命,试问尔叔佣工不过有点工资,该铺出殓棺木,一切费亦不资,所贪何财。因何谋命。细阅来呈,实是毫无道理,不准。如尔心不甘,果有切实证据,仰赴地方厅呈诉可也。

又批梁崇升控赵万功呈词

阅来呈,不胜怪诧,赵万初如果为弟娶尔女为妻,应有婚帖媒证,即有财礼,何至八十余两之多。况称既已许婚尚未成配,又何以先收财礼二十五两。女为尔女,赵姓从何转卖他人。如果两家心许结婚而未过门,既未过门断无转卖之事。以尔女尚未归赵家也。尤可怪者,赵家将尔女卖钱,以除尔在伊店之房饭店账,并将尔拷打,又掏尔银两,天下娶亲之人有如此之颠顶,如此之野蛮耶。种种不近人情,真堪怪诧。细揣各情,明是尔由盩厔带女来省贩卖,住站伊店托卖,情或有之。不然尔何以将十八岁未婚之女,由盩厔带省久住客店耶。来呈毫无道理。不准并饬。

又批张志德控徐有富呈词

夫妻反目为伦常之大变。据称并未弃妻,其母常来恶骂,何物老妪,待婿如此情薄。若嫌尔家贫,天下之贫者多矣。女子在家从父母,出嫁从夫,虽食糟糠,亦只怨自己之命。尔妻动辄与尔反言,岂不安于贫耶?唆妻不和,出于他人,情或有之,出于岳父实所罕见。究竟因何起衅,来呈亦未说出。其中显有别情。仰即到案听候审讯,尔仍当自为和解了结可也。

又批马呈琮控贾世英舍儿刁唆呈词

状悉。查贾世英虽非尔弟媳之亲父,其妻马氏实系尔弟媳之生母,即尔弟媳之岳父母也。尔弟殴岳,曾在警区有案。前堂审讯,尔弟不认为岳,故掌责尔弟,以惩戒尔弟之不讲理。数个掌责尚嫌其轻耶?此等藐法之人,若照斗殴尊长例,虽重责数十板亦不为过。至称尔弟媳如归宁,尔母即加病。独不思尔弟媳之生母望女归宁已成重病乎。谊属至亲,来往如常,亦不碍事,尔偏要说如其归去,舍儿必唆改嫁。试问尔弟尚在,谁敢娶此生人妻。尔弟媳虽愚,谅不忍出此。本厅酌理准情,亦断不能准将舍儿重责以泄尔等之气,致使愈伤亲睦。仰仍遵照原判,不时送女归视,以敦和好,毋庸砌词多渎,致滋蔓讼。

又批周德润呈恳消案呈词

尔失马也,竟敢诬良为盗。尔得马也,又请销案匿盗,始终由尔自便。无论被诬者呈请,覆讯业已批准,在案有所不能。即按之章程,亦无此等办法。本厅有保护公安之责,此等案件既有赃据,若不彻底根究,何以惩已往而戒将来。该生既系自治毕业,遇事如此糊涂,殊觉不合。所请不准。

云南初级审判检察厅批词四则

批张杨氏控杨品等套契串霸朦盖住居一案

该氏将印契与杨品押银分用,如被串霸不还,当商埠局清查之时,何以并不呈请究追，反由杨品等代为领照。嗣因有人起盖，欲赴县控而又听其出字和息。况地基果值百余金，安肯以二十余金承认了事。情词种种支离，应不准理。

又批喻良盛控陈鸿顺祥昧良估骗一案

烟土既予限出关，该民旧存三百六十两，应即报局纳厘取票，运赴蒙自销售，何以又由寄处取出，转寄陈鸿顺祥家。细核情词，必在未准出关以前私相存寄售卖，交割不清，彼时大干例禁，隐忍不言，现在准其运销，朦混耸听，不准并斥。

又批孔庆元呈诉朱明清纵放牛马践食皇粮一案

畜产践食苗种要求赔偿，不得作刑事告理。

又批李华呈诉李森等倚势朋殴一案

据呈堂弟殴兄，邀凭族长并携宗谱或宗图呈厅听候核示。

上海地方厅民事批词六则

批宋芸发呈诉姚鸿奎短交地亩批词

查此案，检查官契存洋据皆载四亩二厘一毫，即白契一纸数亦相同，并未书明另二亩八分余之地有无印单粮串老契等项，仅有由得失主眼同丈见连出浜共六亩八分九厘一句。夫产凭单管，丈见二字，岂能为买卖之标准？若将他人之地或官地一并丈入，有何限止。试问此二余亩之地，姚鸿奎凭何卖出？该商凭何买进？既无每亩价洋确数，况丈见六亩八分九厘，即应另有六亩八分九厘之四至，何以所写四至仍悉照官契？该商何至受愚若此。惟查该白契，地保朱春甫确曾盖戳，以四亩余之单而丈见六亩余，显有不实。该地保若不串合，安有竟允盖戳之理？察核案情，当以两造希冀邻地无主混卖混买，该地保亦扶同取利，迨浜地经人认阻无从照交，姚恃契载含糊，遂不承认每亩六百元之说。该商固咎由自取，姚、朱亦应彻究。候饬传集一干人证，质讯再核。

邬茂通呈诉王友林叶顺记吞产批词

查此案经前清县讯明。该民预匿老契一纸、田单一纸，由严茂堂劝令澄衷学堂出银一千两加立叹契，所指亩数与该学堂买进不符，显系照碑刊捏诉，有意讹索。业已将案详销，现诉仍无确实证据，何得妄图翻异。不准。

江绍升呈诉宋步云不付洋价批词

查此案经前司法署集讯。该田系张蔚如户名，且有张姓祖茔。前清光绪十七年，因季姓被火，原单毁失，由张味莼补领印单。该原告指为张曾抵借季姓钱二百四十千文，故单存季处，情尚相符。季姓佃田据当非伪捏，明是张业而非季产，但张味莼故后无嗣，该原告既关戚谊，应为保留，乃以垫用丧费为词，卖与宋姓，使张氏祖坟一朝迁葬，于心何安。查据宋步云称价洋三千八百五十元，图董顾兴钟谓约值六千余元，核与该原告称二千六百元大相悬殊，时阅数十年，售非业主，无怪季陆氏母子哓哓不服。要之，占为己有与该原告之盗卖他人绝产，均属不合。据诉前情，仰候传集质讯核办。

严长桂呈诉沈春山盗卖粮田批词

查该民前在司法署具禀，并不将原案提及，朦准传讯，已属非是。后由沈春山声明缘由，呈请注销，经司法署批准，并据该民续禀，亦经批驳并饬具领印谕单据了案。乃该民竟不遵照具领，留作缠讼之资，尤属异常刁健。现据批驳之日业已一月，早逾抗告期限，照章应行却下。所有存案印谕单据仰饬吏发还，以绝讼蔓。

唐吟江上诉声明不服上海初级审判厅判决徐仁锵呈诉图赖皮套银洋批词

上诉状悉。查民事诉讼律第五百三十五条：凡提起控告应以控告状送达于相对人。仰该商再缮具原状两份送厅呈案，以便分别送达该相对人徐葆和、陆兰岭等知照，视其有无异议，再行核办。

邹鸣吉辩诉沈馨一争款朦断控告批词

查此案前据沈馨一呈诉到厅，即经吊卷察核，据称由沪军财政部高明志持文提去洋二千三百二十九元六角。究竟九月十三日以前已收未解共计若干？九月十三起至十月底止所征若干？解去之款是否连九月十三前一律扫清？抑仅符十三以后收入之数？未据详叙，原属含混。仰依民事诉讼律第五百三十五条，再缮具原状一份呈案，候饬送达该相对人沈馨一，俟其有无异议，再行核夺。

上海初级厅民事批词六则

李波堂呈诉王龚氏图赖存洋批词

该民向业装池，非无业无家者可比。王坤培与该民既非亲戚，又非著名殷实之家,何以肯将蓄积交存,甘不取息。所诉已难征信。即使属实,当王坤培将死时即当向索,何以置之不理?事隔多年,被告亡故,所立字据真伪难凭,所诉碍难照准。原呈字据仰即自来领取可也。

朱吴氏呈诉全士彬捏契捐赎批词
该氏田地果为被告捐赎,自应立时诉究,何以自戊申向赎不允,迁延四载,始行诉讼,其中显有别情。且戊申向赎,何以至己酉年始出契交阅,汝翁即在,汝叔汝子亦未尝不可列名,何能即指为伪契之证,矛盾支离,殊难深信,保无藉口回赎希图贴费情事。碍难照准。

杨桂英呈诉杨庆华等抗不迁让再求勒搬批词
查此案于庚戌年四月经前上海县判,将尔与杨庆华、杨吴氏公共房屋一所,邀集亲族,订立合同,尔以分派不公不肯签押。后经前委员复讯,又将该房屋判令庆华让还,庆华亦不允服,两造既不遵断,又不照章上诉,彼此缠讼两年,其中显有挟嫌唆主情弊,自非实地详细调查,不足以成信谳。惟查民事诉讼律第二十条:因不动产之物权或其分析或经界涉讼者,由不动产所在地审判衙门管辖之等语。此案房产系在浦东杨思桥镇,自系浦东管辖初级范围事件。候据情及该卷一并移请浦东裁判分所查核办理可也。

王静齐辩诉程庭芳诉伊串赖货款批词
状及黏报均悉。吴祥泰所欠程庭芳货款果系前东马松记经手,该商兴记接理之后又已登报申明,所有松记欠人人欠以及担保银钱一切均应马松记理楚,与吴祥泰兴记无涉。如果属实,程庭芳向尔索讨此款,实属误会。仰该商向程庭芳说明理由,令其自向前东马松记清理可也。

张世林呈诉顾文秀吞没定洋批词
禀称该商于二月间向顾裕记定猪毛二百担,付定洋二百元,订期三月底交货,而顾裕记到期游约,并不交货,且欲吞没定洋,该商何以迁延至今始来起诉,一面之词岂能凭信,候通知被告有无辩诉,再行核夺。

李祥和呈诉胡掌福霸占公屋批词
查该屋早经前上海县判令充公招买,所售屋价酌量提给该民作为抵还押价在案。胡掌福自应遵判搬迁,何得任意盘踞,候通知胡掌福即日搬迁,以凭出示招买。如违,传案讯追不贷。

直隶高等审判厅批词四则

批长垣县武生孙鸣谦呈

尔原控孙占甲伙收麦粮,事隔多年毫无证据,迹近讹赖,断难准理。因控涉行贿招摇,有关府中名誉,故移府查照办理在案。前批业已明晰指出,以杜添砌图准之弊,毋庸妄有希冀,仍候移府查照。

批定州民人黄云霄呈

尔既退继尔伯遗产粮名,有其嗣孙承纳,何待过割,呈词殊不可解。如谓尔从前曾经完纳粮银,则从前所收之花利归于何处？察核情节,显系无理混狡,意在拖累。不准。

又批祁州村正邢清堂等呈

邢洛孟等如无切实证据,岂能霸为独有,况事阄族,应争者当不仅尔等三人,何以他人皆默无一言？控词殊难深信,姑候行州录案覆夺。

又批清苑民妇唐高氏呈

案经保定地方审判厅于五月初二日判决,早逾上诉期间,本难准理。惟卷查该氏于六月初九日曾在地方检察厅声明逾期缘由,情尚可原,兹准高等检察厅将该氏上诉状片送到厅,姑候传案讯夺。

直隶高等检察厅批词五则

批深泽县民人马廷贵呈

据呈刘五喜等既经该县先后拘传管押,果系扎死尔兄真正凶犯,何以两年有余尚未究办。此中有无别情。姑候行县作速提集犯证,切实讯究录覆。尔即回县静候可也。

又批吴桥县曹九有呈

现获之宋水头、刘富头两名,系尔父被扎身死案内真正贼犯。该县何至延搁年余迄未详办。所呈殊难率信。姑候行县查覆核夺。

又批完县民人沈旦子呈

尔妻既不安于室,私行逃走,该县判离未为不允。惟呈称二月逃去,八月生子,乃系尔家血脉,究竟是否属实,姑候行县查覆再行核夺。

又批任邱县张兰芬续呈

此案迭经提讯,限令尔自行来厅禀覆核夺在案。今届限并不照办,率以一纸渎呈,复又匿不到案,足征情虚规避,姑再宽限七日,绘具宗图呈案验看,倘届限仍复逾违不到,本厅定将此案照章注销,不准再控。著即遵。

又批雄县文生孙国桢续呈

此案本系民事,嗣因孙大秃殴伤尔子兼及刑事。兹据呈称,已经该县判决,将大秃处十等罚。按律科罪,是刑事已经完结,毋庸呈渎。至孙永田等所争地基各节系属民事,究竟该县如何判断,本厅无从悬揣,候行该县录覆到厅再行核夺。该生回籍静候可也。

贵阳地方检察厅批词二十则

批魏守贞呈词

查呈控案件,必经该管官判决,不服者始能提起上诉。尔母究因何故身死,该贞女既未当时控请定番州诣验讯断,事后违例越诉,未便照准。惟讯据该贞女控称因母死棺敛未得亲见,心有不甘,并因产业兴讼,经州断结,转回中途,被龚发林拦殴,控州不究,始行上诉,并非呈控命案等语。果如所供,仰即照供另呈核夺。

批冯正忠呈词

命案以伤痕见证为凭,不能托诸空言。尔妹尸身如果经县验明,委因陈仲香威逼投水身死,该县何以不为按律究办。前据具呈到厅,曾经明晰批示,既不知省悟,必欲缠讼,仰即明列见证,出具如虚反坐甘结,以凭移县查提质究。

批张世勋呈词

该生九月内拟运烟土赴汉口售卖,既经禀奉藩宪牌示不准出境,是烟不能出关,尔已明知。即使张复初向尔诈骗,尔何竟相信不疑,即交银二千两之多,张复初如以旧票给尔起运,尔又何不当时执票请究,迨至事后始行呈控?情节种种支离,已不足信。且查词称张复初得尔之银,已退还一千九百零七两,下欠正数伊亦允出,红票赔偿之款置之不理等语。其为该生欲人代出盘费店账,捏词妄控更可概见。不准。此斥。

批张少斋呈词

案以证据为凭，不能托诸空言。据呈，本月十九日该司事执银票二百张，始至鸡鸭市皮箱铺立谈，次至裕隆协还账，继又至复源昌号，尔既连到三家，自必经过街衢，究竟此银失于何所，已难悬揣。词称为裕隆协号李镇江、马朝梁拾获，试问凭何断定？若谓姚兴顺曾见尔携有白纸包里，该司事至福源昌号，该号则未见有此物，是亦不过见尔携有包里而已，究未尝见尔遗银于裕隆协号。至尔仆田升是日既先赴新街，并未始终随该司事同行，又焉能确知该司事之银系马朝梁等拾获隐匿耶？所呈既无确证，碍难照准。

批张少斋呈词

本厅司法巡警虽职司侦探搜索，然必所控之案情真事实，确有理由，非不论事之虚伪，有告必准。此案该司事前词称，姚兴顺见尔所携白纸包并未释手，究竟此包中是否银票，已难悬揣。至田升虽曾见尔将银包置于裕隆协柜上，而尔离该号时田升既已先赴新街，此银之是否遗于该号亦非田升所知，又焉足证？若如所呈，是凡控案不论有无理由，是否虚实，均当为之搜索耶。续控各情仍难照准。

批张永清呈词

去岁十二月十一日既系条子场场期，买卖之人自必不少，尔向赵玉贵购买叶烟，杨子清等岂能当众诬尔行使假银，将银搜抢。如有其事，该民投团向理，团甲人等又岂有不斥其非，任其逞凶之理？而该民当时又何不来厅控诉。据呈情节支离，所称受伤又未明列部位请验，显属捏砌。不准。

批朱伦昌等呈词

该民等如果被贼行劫得赃，并将朱其林烧毙，既据报州勘验，何发之等如系案内正贼，州中岂有不为究办，反将释放之理？所呈显未尽实，候移广顺州查覆核夺。

批熊粟氏呈词

无论常希平是否被邓乔狗挟嫌拦殴，抑或被抢属实，总之氏子如系良善，未被指控提票，亦无氏子之名，该书役等倘有妄拿磕索教供认盗情事，定番州何至不察，反将氏子收禁。氏子又何肯听其愚弄甘认为盗。据呈情节支离，显有不实不尽。候移州集证质讯，分别虚实究坐。

批朱纯德呈词
尔妻如被李成敬奸占为妾，该民又于去岁回黔，查知何不当时控究，迨至事隔多日始行来厅具呈。其中已难保不无别故，至尔妻既肯受雇出外替人针黹，家贫可想，所称串卷银钱衣物，尤难凭信，无从核准。

批贺礼兴呈词
人命以尸伤为凭。据呈各情，无论尔妹为周姓之妾已二十余年，育女生男，其情至笃，周泽培断不能听伊妻将尔妹致毙。且王氏与尔妹相处多年，果其怀嫉图谋，亦断不能迟至今日。况如何起衅，尔既不知，如何通谋、如何下手、尸藏何处亦均不能指实，更无论伤在何部也。人命案件岂容轻率控官，致滋拖累。着再详细查明，指出眼证，寻获尸身，指定伤痕，再候酌夺。此斥。

批曹文彬呈词
此案既经诣勘，既无盗口又无确证，所称被窃已不足信。况询据该处分驻所警士面称，是夜伊等闻报即往查看，并无被窃情形，以此凭空报窃，究竟从何核准。至所称何大妹深夜至生家滋闹一节，如果属实，所犯系属违警，应候移交东区查讯核办可也。

批韦洪发呈词
据呈陈金山等始则垂涎卢氏财产，逐其婿涂春和为僧，继则诱尔上卢氏之门照料家财，终复因磕索未遂，勾匪烧抢，如果属实，则陈金山并非卢氏尊属，可以将其压制。卢氏又非木石，何以任伊所为，并无一言反对？此种情事已不足信。况据称本月十三夜被杨石匠烧掳，何以延至今日始行呈报？如果被掳，衣物何以并不开单粘呈。就此观察，难保非捏词耸听，仰即赶集团证来厅质问，再行核夺。

批刘谢氏呈词
查此案前据刘陈氏具控到厅，当以所控各情，事涉暧昧，批斥未理。兹据呈诉各节，亦属见理不明。该氏子死媳孀，成婚未久，青年守节，情至堪怜，待遇不可过薄。如果逾恒推爱，人岂无心，乃称尔媳透漏家财，又谓尔媳不应受产，均非情理。家庭变故每因小忿而成，应自妥为理处。所控并非刑事，本厅原可不阅,惟不欲尔等失和,故特明白批谕。尔其思之。

批王昌明呈词

陈二之女果聘与尔弟王昌翰为妻,去岁十月,既知陈二携女私逃,避匿田海清家,何以不即时扭获?续又目睹王香圃率众估夺,与伊子成婚,何以又不即时控告?乃事隔数月,始行来厅具控,其中显有不实不尽之处。碍难率[准]。

批熊玉顺呈词

查放火故烧房屋之案,必须当场拿获,事后指控,例不准理。据称张老二等因行窃被获,挟嫌放火,不特并非当场捕获,亦且别无可证,试问从何核准。至称彼等见尔呈控未准,势更凶恶等语,此等无稽之谈,尤形砌笔。该民既知春耕在即,着即回家耕作,毋得捏词缠渎,自滋讼累。

批冉承发呈词

嫁娶以婚书为凭,既已立有婚书,自必两相情愿,岂得谓之逼勒。若如所呈,是凡立有婚书而欲悔婚者,皆可以逼勒兴讼矣。且金老么弟兄果有逼勒情事,尔既屡次控县,龙里县何以均不准理,据呈情节,种种支离,无凭核准。

批侯树屏呈词

查遣流以下人犯狡供不认,众证确凿,例得定拟。此案迭经审讯,该犯虽未承认与周文备同宿安平县属从升店,乘间行窃情事,然既有安平县之公文,又有该店之店伙郭怀清指证,已属众证确凿,不能因尔狡供,即视尔为无罪。若谓郭怀清系周文备勾串妄证,岂安平县之公文亦由勾串而来?况据周文备呈验尔遗布鞋一双,饬尔试穿,大小适合。若尔未与同店,试问尔鞋何能遗于彼之枢上。所呈殊见强辩。

批邓顺卿呈词

据诉,尔妾吴氏于早年再醮于周遇春为妻,并将尔女交与周姓抚养,原议该女字与熊姓,长大归宗完配等情。当即传讯周遇春之母周李氏到案呈验尔立手摹字据,载明女随娘走,并无许字熊姓,长大归宗完配字样,所呈显有不实。况该女去年四月间果系张绍权等诱卖与朱冕为妾,当时吴氏纵未闻知,然该女出外一年有余,何以该氏并不究问,其中显有别情。种种支离,碍难准理。

批刘周氏呈词

刘子清如果纠抢尔家,拒伤氏子,既经该氏控县差缉,势必闻风远逃,焉敢自行投案?贵筑县又何至不察虚实,辄听一面之词,按照斗殴判断?所呈已不近情。至称刘子清自行划伤,买证贿差各情,均属无据,尤形砌耸。且作贼之人自必穷极无聊,得赃立刻花用,岂有去岁行劫之赃至今犹存家内,不畏彼人查获之理。据呈,黄哨官抄获刘子清各赃内有被盖一床,确系氏家原物,亦难凭信。惟刘子清现因另案被获,究系如何实情,姑候照会札佐巡厅查覆核夺。

批马冯氏呈词

尔女游马氏因诱哄使女天喜,被俞绍清控告,管押候讯。嗣因氏女患病,取保医治。天喜系无辜之人,故交原主暂行领回,并非完案,现在氏女病已就痊,自应提回待审,何得谓无故套拘。所诉各情实属冒昧。至谓妇女无知可以赦免,尤属荒诞。仰速将奸夫黄麻么、杨大么找获来厅质讯核办,勿得狡辩而任案悬,自遗拖累。

第二编 判词类

判牍一　户婚门

有妻更娶　　　　**安庆地方审判厅案**

缘谢光裕即谢兰亭,年三十三岁。程刘氏年四十二岁。分隶合肥、潜山等县。均寄居安庆省城。谢光裕伙开裕成东洋车公司。程刘氏故夫程成瑞系属武职,女冬儿现年十五岁。谢光裕因原配戴氏不育,意欲更娶妻室以延嗣续,央媒张奶奶向程刘氏说亲,程刘氏允将伊女冬儿许与谢光裕为妻,彼此互换庚帖,遂于去年四月在小南门外另租房屋迎娶成婚,并将程刘氏接往同居,初尚相安,迨至本年正月间,程刘氏与谢光裕屡次因事争吵,二月初二日,由警区移送检察厅调查情节,因冬儿供称夫妇和好,当由检察厅饬谢光裕领回息讼。讵谢光裕与程刘氏仍复勃谿,冬儿与谢光裕亦相反目。谢光裕又状呈检察厅起诉到厅,兹经刑庭传集两造人证,讯悉前情,应即判决。查现行律载:有妻更娶妻者,处九等罚。后娶之妻离异归宗。又:不应为而为,事理重者,处八等罚各等语。此案谢光裕自有正妻,复娶程刘氏之女冬儿为妻,实属有妻更娶妻,自应按律问拟。谢光裕合依有妻更娶妻者处九等罚律,拟处九等罚,照例收赎银十二两五钱。程刘氏明知谢光裕本有妻室,辄将其女冬儿许给为妻,虽律例无治罪明文,究属不应。程刘氏应依不应为而为事理重者,处八等罚律,拟处八等罚,照例收赎银十两。与谢光裕均限于三月初五日缴案,分别取具的保保释。如届限不缴,提案改折工作。冬儿照律离异归宗,即交其母程刘氏领回另行择配。梁子醮讯系无干,释回安业。媒人张奶奶从宽免予提究。至财礼一层,据谢光裕供称交过洋四十元。质之程刘氏,则称未见分文,亦从宽免追入官。再谢光裕原词内夹有抄单一纸,内列金银、首饰、绸缎、衣服及借洋并东洋车等名目,当庭复请求追偿。诘据程刘氏,则称不但伊女冬儿并未收过谢光裕前项首饰、衣服,反被谢光裕将伊家内衣物等件哄骗不少,更无借洋之事。东洋车三乘系伊用洋一百二十五元所买,亦非谢光裕赠伊之物。两造情词各执,皆无凭据。讯之证人梁子醮亦称不知。应毋庸议。此判。（刑）

因贫卖妻　　　　**南昌地方审判厅案**

此案据谢清泉、谢景文到庭供称,伊族堂妹谢氏被本夫何成金卖休,吴老二买休。经南昌初级审判厅援据会典,以何成金因贫卖妻向不应,谢氏仍归后夫,判决在案。惟何成金向业雕花手艺,岂有一发妻尚不能养贴之理?谢氏之父谢春福在广东,谢氏之胞叔谢善堂在萍乡,并非无宗可归,按照买休卖休律,自应离异归宗,恳予更正等情。判决理由:查何成金与谢氏夫妻反目,两愿割弃,情既已离,难强其合。何成金力即足以养贴,亦未便勒令完聚。况一艺之微,所入有几？除甘旨养亲外,开用诚不免拮据,若复断令完聚,势必又将转卖。该上诉人谢清泉、谢景文何不反复思之也？谢氏之父谢春福,据谢清泉等供称现在广东,然作客数年,不通音问,其存其殁,家莫闻知。且赣、粤相隔千余里,必令住赣之女匍匐投依住粤之父,非特跋涉滋劳,并恐另生枝节,变起无端,本欲息事,辄以多事。揆诸立法之初心,殊未允协。谢氏之胞叔谢善堂久羁萍乡,尚谋生之不暇,何能留养已改嫁之侄女？谢景文对于有父有叔之堂妹例无主婚改嫁之权,彼疏远之谢清泉更不待言。吴老二由何祥龙、吴心德等媒合买谢氏为妻,谢氏亦属情愿,曾经取结存卷,并无先奸后娶及用计逼勒情事。南昌初级审判厅援据会典以何成金因贫卖妻问不应,谢氏仍归后夫,实属允当。该上诉人谢清泉、谢景文恳照卖休买休律判令离异归宗,不知律之所主张者,经也;会典之所主张者,权也。反经合道为权,自足补律之所未备。该上诉人所恳照律离异归宗之处,应毋庸议。着仍照南昌初级审判厅原判办理。婚书一纸仰吴老二具状只领。此判。(刑)

娶妾退妾　　云南高等审判厅案

为判决事。据江映青控诉赵胡氏重复索银等情一案。讯得上诉人江映青,四川人,年四十岁,住内西区。被上诉人赵胡氏,昆明县人,年三十八岁,住内东区。据江映青供,宣统二年腊月凭媒邓姓娶赵胡氏之女为妾,当付财礼五十元,不料伊女系属实女,且不能操作。因于本年二月初四日送回。讵赵胡氏不允,控经地方审判厅,断给赵胡氏银五十元,女留母家,听其自便。今实无力呈缴,是以不服上诉。质之赵胡氏,则称伊女于宣统二年腊月嫁与江映青后,并无异言,江映青突于本年二月初四日将女退还,称系实女,故控经地方审判厅断伊缴银五十元,女留氏家,听其自便各等语。查江赵氏系江映青之妾,无论是否实女,均不适用出妻之律。地方审判厅以犯七出饬赵胡氏领回,已属不合。且饬据稳婆邓李氏验明,江赵氏委非实女,但言语不甚清晰,近于癫痫,尤未便断为无子之证。惟江映青既嫌其不能操作,赵胡氏又恐为大妇不容,两愿离异,自应饬由赵胡氏将女领回,免生枝节。惟江赵氏业嫁与江映青为妾,现经退回母家,除财礼五十元不追外,应酌令江映青给赵胡氏银二十五元,以资生活,江赵氏当庭给领银,限本月二十日交付。婚约由地方审判厅涂销存案。讼费一元九角责成江映青缴纳。此判。(民)

背夫改嫁　　云南高等审判厅案

为判决事。案准高等检察厅移送黄得荣上诉黄金氏背夫改嫁一案。讯据黄得荣供：年三十五岁，会泽县人。幼娶黄金氏为妻，生有子女各一。光绪三十四年三月间，妻子经东川府苏大人雇充乳母，后因苏大人家眷要回湖南，给小的银二十两，说明将妻子带去，俟断乳后送回。宣统二年冬月，小的听得同乡传说妻子业由湖南绕道上省，小的来省寻找，本年正月十五日寻获，才知道妻子有意背逃，私嫁与黄升为妻，控经地方审判厅，拟处妻子八等罚。小的不服，才上诉的。今蒙传讯，求究办。李杨氏供：会泽县人，寓省城粮道街。宣统二年冬月途遇黄金氏，谈及他是同乡，贫病交迫，无处寄宿，小妇人见他可怜，就叫他移来同住。黄金氏向小妇人说她的丈夫已死，无人照管，只要有人能将医药各债代为了清，愿与身许的话。小妇人因向素与洗衣的黄升谈及，黄升愿给黄金氏银三十两，黄金氏病痊就嫁与黄升为妻。今蒙覆讯，小妇人实不知黄金氏尚有丈夫，求详察。黄金氏供：年三十五岁，东川府会泽县人。自幼凭媒嫁与黄得荣为妻，生有子女各一。光绪三十三年三月间，经东川府苏大人雇充乳母，后因苏大人家眷要回湖南，给丈夫银二十两，说明带小妇人同去，俟断乳后送回。宣统二年八月，小妇人由湖南辞工回滇，未经函知本夫黄得荣，便绕道于冬月到省，因病积欠医药各债，途遇李杨氏，谈系同乡，小妇人说起贫病交迫，无处寄宿，李杨氏就叫移往他家同住，小妇人向李杨氏捏称丈夫已死无人照管，有人能将各债代为了清，愿与身许的话，李杨氏因向素与洗衣的黄升谈及，黄升愿给小妇人银三十两，小妇人病痊就嫁与黄升为妻。本年正月十五日，本夫黄得荣在省寻获，控经地方审判厅提案看管的。所得银两现已花用，求恩典各等供。据此，缘黄金氏籍隶东川府会泽县，自幼凭媒嫁与黄得荣为妻。光绪三十三年三月间经东川府知府苏天爵雇充乳母，苏姓眷属回籍时给黄得荣银二十两，随带黄金氏赴湘。宣统二年八月，黄金氏由湘辞工返滇，未经函知本夫黄得荣，辄迁道进省，寄寓同乡李杨氏家，因病积欠医药各债，向李杨氏捏称本夫黄得荣身故无依，有偿债者愿与身许等语。李杨氏告由素与洗衣之黄升给银三十两，黄金氏病愈即嫁与黄升为妻。宣统三年正月十五日，黄得荣来省寻获，控经地方审判厅，将黄金氏照不应重律拟处八等罚，黄得荣不服上诉前来，本厅讯悉前情，亟应依律更正。查律载：妻背夫在逃者徒二年，因逃而改嫁者加二等。注云：无主婚人不成婚礼者，以和奸论。又：和奸有夫者处九等罚。奸妇给付本夫，听其离异各等语。此案黄金氏由湘回滇，并不函知本夫黄得荣，潜行赴省，改嫁与黄升为妻。查该氏改嫁无人主婚，按律以和奸论，黄金氏合依和奸有夫者处九等罚律，拟处九等罚，照例改折工作，限满给付黄得荣，听其离异。所得银两讯已花用，赤贫免追。黄升移提未到，获日另结。李杨氏讯不知情，应毋庸议。移由高等检察厅查照执行。此判。（刑）

娶娼为妻套良作妾　　　云南地方审判厅案

为判决事。据胡少臣呈诉严永阁娶娼为妻套良作妾一案。讯得原告胡少臣年二十三岁，昆明人，住内南区小火巷，读书。被告严永阁，年三十一岁，四川人，住外南区新城铺前，当铁路通译。据胡少臣供：去年二月，张丁氏、刘刘氏来生家声称，严永阁在铁路就事，人极诚实，愿为生胞妹作伐。刘刘氏并言在伊家完姻，生当发一草八字，收到玉镯一双，比时言明，俟访查实在，再行过礼订庚，嗣于腊月初一日，张丁氏来约订庚，并说喜期订是月二十日，在新城铺王大脚家完姻。生邀亲友查明王大脚系著名娼家，严永阁在伊家住已久，并闻早成夫妇，是以不愿结亲，求作主。质之严永阁，供称：王大脚经客民二哥娶他为妻已有四年，去年二月，客民与胡少臣接亲，去玉镯一双。伊出一草八字，本言在刘刘氏家完姻，自八月后，客民赋闲在二嫂王大脚家住，故接亲亦拟办在他家各等供。据此，查定婚应立婚书，普通习惯，婚书用红绿庚帖将男女八字分写于其上。此案严永阁与胡少臣联姻仅有一草八字，并未立有婚书，安得以此为凭而欲偕百年之好？此按之法律而难合者也。又婚姻必须两家情愿，胡少臣身列胶庠，自闻严永阁住于名娼王大脚家，即耻与联婚，以致纳采而麈之门外也。况吴越之势既成，则朱陈之谊难强。此揆诸情理而难合者也。且王大脚既系著名娼家，严永阁住于斯，食于斯，以娼家为家，秽声早播于通衢，以良女而与娼族为偶，本非夭桃秾李之匹，若勉为伉俪之好，必生瓜李之嫌，此衡之事势而难合者也。有此数端，万难强合。判令胡少臣为其妹另择佳婿，并饬备银圆二十元作还严永阁议婚酒食之费，其玉镯、针线悉数退还。永断葛藤。各具遵结完案。本案讼费归两造分担缴纳。此判。（民）

妻背夫在逃　　　保定地方审判厅案

缘毛张氏、张顺均籍隶清苑县，彼此认识。毛张氏现年四十二岁，张顺现年二十八岁，父名张洛玉，年六十岁，母郑氏，年五十八岁。兄弟两人，该犯居长，妻田氏生有一子，一向赶车营生。毛张氏因前夫吴俊病故，于光绪三十四年凭媒说合，再醮满城县郎村人毛洛同为妻。毛洛同性情暴躁，毛张氏被殴责，因此夫妇不和。宣统三年二月间，毛洛同意欲携眷赴奉谋事，毛张氏虑恐跟随出外受气，起意背夫私逃。即于是月初九日乘归宁之便，私自逃至保定城内，找向张顺告知逃情，嘱令窝藏。张顺应允，即代赁王寡妇房屋一间居住，并代给租钱。王寡妇不知逃情。嗣毛洛同因毛张氏日久不归，赴伊母家查找无获，即与伊兄张玉四出侦察，访悉情由，投知西区巡警局，将毛张氏、张顺一并抓获，送由地方检察厅起诉前来。当经提犯审讯，据供前情不讳，诘无诱拐及改嫁情事，应即判决。

援据法律某条及理由：查律载：妻背夫在逃者，徒二年。窝主同罪等语。此案毛张氏因与伊夫毛洛同不睦，时被殴打，辄敢背夫私逃，殊属不法。查毛洛同既向张玉找寻，即无愿离之情，自应按律问拟。毛张氏合依妻背夫在逃者徒二年律，拟徒二年。系妇女，准其照例赎罪，追取赎银三十两入官册报，给令其夫领回，听其离异。张顺虽讯无诱拐情事，惟既知毛张氏背夫私逃，辄敢代赁房屋居住，即属窝留，亦应按律问拟。张顺合依窝主同律，与毛张氏同罪，拟徒二年，解交保定习艺所依限工作，罪满释放。王寡妇不知逃情，应免置议。此判。

背夫在逃因而改嫁　　　　保定地方审判厅案

缘刘吴氏、王廷俊分隶蠡县、清苑等县。刘吴氏现年四十九岁。王廷俊现年五十七岁，父母俱故，弟兄三人，该犯居三。刘吴氏因前夫齐洛凤病故，于光绪三十三年凭已故之尹洛玉为媒，再醮与刘瑞为妻。刘瑞籍隶深泽县，向在保定城内售卖丝棉带子为生。刘吴氏亦随同在省居住。先本夫妇和睦，后因屡次反目，刘吴氏时被刘瑞殴打，因此失和。宣统二年十二月初十日，刘瑞因回籍省亲，留刘吴氏在省独处，刘吴氏因屡被殴责，心生气忿，起意私逃改嫁。即自赴清苑县属大侯村素识之孙八子家中，向孙八子之妻捏称被夫休弃，意欲改嫁，并向告私逃情由，孙八子之妻即留刘吴氏在家居住，复转托孙洛泽媒合改嫁与王廷俊为妻。嗣刘瑞由籍回省，见刘吴氏不在家中，四处探寻，访晰前情，报经臧村巡警局询明，饬令刘瑞将刘吴氏领回，刘吴氏回家后眷恋后夫，复于十二月二十日乘间逃往王廷俊家中。王廷俊容留住宿，经刘瑞前往找获，投报巡警局解送地方检察厅起诉前来。当经提犯审讯，据供前情不讳，诘无诱拐情事，应即判决。

援据法律各条及理由：查律载：妻背夫在逃者，徒二年。因而改嫁者，加二等。知情娶者同罪等语。此案刘吴氏因与伊夫刘瑞不睦，屡被殴责，乘刘瑞回籍省亲，辄敢私逃改嫁王廷俊为妻。嗣经刘瑞找获，复眷恋后夫，乘间逃往王廷俊家住宿，殊属不法。查刘瑞既经控追，即无愿离之情，自应按律问拟。刘吴氏合依妻背夫在逃者徒二年，因而改嫁者加二等律，拟徒三年。系妇女，准其照例赎罪，追取银四十两入官册报给领，其夫领回，听其离异。王廷俊媒娶刘吴氏为妻，其先不知私逃情由，尚无不合。惟既经刘瑞报经巡警局饬令将该氏领回后，该犯已知系有夫之妇，乃于刘吴氏重奔至该犯家时，复敢容留住宿，即与知情媒娶无异，亦应按律问拟。王廷俊合依知情娶者同罪律，与刘吴氏同罪，拟徒三年，解交保定习艺所依限工作，限满释放。孙洛泽及孙八子之妻不知私逃情由，均无不合，应免置议。此判。

夫妻分析财产　　　　江苏高等审判厅案

一、判决文主：庞元阶上诉理由不充，应仍照地方审判厅原判饬令同居，由庞元阶移至庞张氏现租宅内居住。

二、呈诉事实：此案庞元阶以妻张氏吞没租产等语在省城地方审判厅起诉，经该厅判断，不服上诉到厅。据元阶供称，先父遗业田房向系继母管理，继母去世又归其妻张氏管理，自己娶妾另居，所有田产房屋一半系自己出卖，一半是张氏出卖。自与张氏分家后，张氏所有财产，伊一概不知。现张氏所剩财产尚有洋二千九百元，由地方厅断归族长经管，并令张氏同居，本无不服，惟不愿迁至伊妻现租姑母张庞氏之宅居住。又据庞张氏诉称：其夫庞元阶不务正业，专事浪费，所以家产尽归伊执管。不料元阶将所有田产房屋另立单据，尽行变卖，自娶一妾同居，伊惟于去年卖干将坊巷住宅时分得洋二千九百元。从前立过分据，言明自分之后，所余财产与元阶无涉，前蒙地方厅断令将洋二千九百元由族长监理，只准用利，不准用本，并令伊夫迁至姑母张庞氏家与伊同居。

三、判断理由：查夫妻财产关系，东西各国之民法有共产制与分产之别。要之，无论法定制度如何，苟双方有协定之契约时，仍受契约之支配，为各国共通之原则。今吾国尚无民法规定，自应援据当事者之契约以为判断之基础。此案庞元阶自父母故后，嫖赌嗜烟，浪费无度，所有家产，业与其妻张氏分析，由元阶书有笔据载明，嗣后所余产业衣饰等项均归张氏执管，与己无涉等语。既有此书面契约，足征夫妻财产确已分离。庞元阶何得因已分财产消耗殆尽，遂复生觊觎之心，甚至诬以吞产殴夫，尤属非是。且元阶自买妾以后，与张氏分居已十余年，牵牛河鼓，各自东西。参昴尹邢，已成避面。在元阶未调房中之乐，已属放弃夫权。在张氏徒深灶下之嫌，未能勉尽妇道。揆之法律，证以礼经，同居之义务何存，共牢之微意安在？前经族长调停，劝令元阶迁至伊姑母张庞氏宅同居，诚如该族长所言，既可省租屋搬场之费，又时得亲长劝导之益，乃元阶坚不听从，甘心匪僻，此无怪室人交谪，嘉耦几成怨耦之嫌。须知家妇持门宜家即寓兴家之兆。本厅综核前后案情，夫也不良，妇非不淑，所有庞元阶上诉理由实不充分，自应仍照该厅原判办理，断令庞元阶即迁至张宅与庞张氏同居，互相扶养，所有前售干将巷住宅庞张氏分得之价洋二千九百元，由族长监理，即存银行生息，只准用利不准用本。自经本厅判决之后，在庞元阶固当洗涤旧染，发愤自立，俾免讪泣于中庭。在庞张氏亦应婉规夫过，委曲求全，以期无忝于内，则泯除参商之旧恶，更调琴瑟之和音，本厅有厚望焉。此判。

卖女与人为使女　　　云南高等审判厅案

　　为判决事。案准高等检察厅移送，地方检察厅据昆明县民李应昌控诉周金品捏词呈控心实难甘等情一案。讯据李应昌供：昆明县人，年五十五岁，在小东门开银匠铺。宣统二年七月女儿出嫁宋姓，需用使女，适有剃头匠李椿林来说，周金品夫妇托卖伊次女小文，当经议定由小的给身价银二十六两，周金品夫妇亲立字据，将小文卖与小的为婢。讵买后周金品夫妇来铺赊取首饰不遂，忽称身价过轻，忽称并未卖断，滋闹不休。经巡警邻佑劝解，给钱五百文了事。不料本年二月，周金品又以伊女系由李椿林荐往帮工，小的因李椿林死无对证，捏称已由李椿林得银二十元出字卖断等情，控经地方审判厅讯明，判将小文给周金品领回，转罚小的银十两，是以不服上诉，求公断。周金品即周吉成供：晋宁州大周营人，年三十四岁，务农为业。娶妻李氏，生有一子三女，皆幼，家贫难养，因于去年七月领同次女小文到省托旧识之李椿林代卖，适有李应昌女儿出嫁需用使女，当凭李椿林议定身价银二十六两，由小的夫妇亲立字据，卖与李应昌为婢，嗣因到李应昌家赊取首饰不遂，前往滋闹，经巡警邻佑劝解，李应昌给小的钱五百文了事。本年二月，小的又以民女系由李椿林荐往李应昌家帮工，李应昌因李椿林死无对证，捏称已由李椿林得银二十元出字卖断等情，控经地方审判厅，断将身价充公，女儿交小的领回。讵李应昌不服上诉，今蒙审讯，不敢诬执是实。周李氏供：晋宁州人，年三十四岁，周金品是丈夫，余供与周金品同。小文供：晋宁州人，年十二岁，周金品是父亲，周李氏是母亲，去年七月，父亲、母亲将小女子引到省城，卖与李家为婢，后来李家姑娘出嫁宋姓，又跟着过去，别的事不知道各等供。据此，查此案李应昌价买周金品次女小文为婢，事在现行刑律颁降之后，地方审判厅依例处罚，并无不合。惟周金品即周吉成夫妇亲立契据将女卖与李应昌为婢，因赊物不遂，乘李椿林死无质证，诬控李应昌以雇工作买婢，经该厅究明始据供出，实与罪未发而自首者有间。该厅援自首律辄免其罪，实属引断错误，亟应分别按律问拟。查律载：诬告人流徒罪，加所诬罪三等，罪止流三千里。又例载：因贫而卖子女者，处七等（罪）[罚]，买者处八等罚，身价入官，人口交亲属领回。又律载：二罪俱发，以重者论各等语。此案周金品即周吉成控李应昌捏称以雇工作买婢，如果属实，李应昌应依设方略诱取良人为奴婢律，罪拟满流。讯系虚诬，自应反坐。周金品除卖女轻罪不议外，合依诬告人流徒罪，加所诬罪三等罪止流三千里律，拟流三千里，工作十年，限满开释。李应昌违禁买婢，应如原判，合依因贫而卖子女者，买者处八等罚例，拟处八等罚。周李氏系周金品之妻，业坐尊长，应毋庸议。身价追缴入官。小文交周金品领回。移由高等检察厅查照执行。此判。（刑）

婢女播弄是非　　　　贵阳地方审判厅案

缘于登瀛于光绪三十四年凭媒孙其泰娶颜炳奎之妹为妻,过门后伉俪尚笃,嗣因于登瀛家畜一婢,常以细故播弄是非,致颜氏不得舅姑及其夫之欢心,屡遭詈骂,遂返母家依傍其兄颜炳奎居住。迭经新军营长官为之和解,劝颜氏仍返夫家。宣统元年十二月,颜氏因受孕不耐劳动,其姑与夫责其懒惰,不假辞色,颜遂复转母家。次年四月在母家生产一子,于姓以颜氏业已生子,愿意接回,颜炳奎以其夫妇感情甚恶,屡遭虐待,颜氏亦不愿再归。于登瀛旋以兄夺妹嫌等情来厅呈诉。本厅讯明前情,应即据理判决。证明理曲及判断之理由:查于颜氏自到夫家,尚能克尽妇道,从前种种诉讼皆因家庭细故,婢女播弄使然,其后虽以懒惰被姑詈责,彼此参商,但因有孕在身,不耐劳动,非颜氏之不安于室也。转回母家亦实逼处此,并非背夫在逃。现在颜氏生子,于姓已释前嫌,承认从优待遇。颜炳奎亦并无悔婚情形。两造当堂具结,言归于好,颜氏母子断交于登瀛领回结案。诉讼费照章征收,四两二钱由于登瀛缴纳。此判。

捏称无夫自行骗嫁　　　　杭州地方审判厅案

缘金月仙籍隶江苏常州江阴,原本姓缪,其夫已故,其母缪应氏现在原籍。自幼被人诱出,遂在拱埠托身为娼,于光绪三十一年金月仙在娼寮与郭单氏之子郭德胜认识,嫁与郭德胜为妾,由金月仙之母缪应氏主婚,当得身价洋二百四十元。三十二年,金月仙生有一子,郭德胜亦于是年前往奉天贸易,日久未归。金月仙复不安于室,托言往上海拱宸桥等处佣工,其实仍理旧业,并不时至郭单氏家往来,郭单氏亦未禁止,听其自谋生计。金月仙于三十二年冬在拱埠又与陈庆生认识,续嫁与陈庆生为妾,并未告知郭单氏,即由娼家捏名主婚,陈庆生带同金月仙前回富阳原籍,至宣统二年十二月,金月仙与陈庆生口角,又复潜来拱埠卖娼为生,复与在拱埠向业裁缝之王锦山姘识,金月仙又诡称不愿为娼,情愿从良,于本年五月嫁与王锦山为妻,财礼洋一百元,由金月仙自行收受。郭单氏始终迄未过问。至本年五月间,月仙逃至江干,王锦山寻获,扭交拱埠初级厅起诉,经该初级厅查讯明确,准予带回原籍。闰六月二十九日,王锦山将金月仙带回诸暨。陈庆生适在江干路遇,争为己妻,因此两相争论,事为郭单氏所闻,以王锦山拐卖民妇呈诉本级检察厅,起诉前来。当经本厅发交刑庭,遵章片请检察官莅庭监审,提问原被告及月仙等鞫讯,据郭单氏供称自伊子德胜出门以后,月仙在外飘流,时来时去,亦未告知下落,至今年五月始知在王锦山处工作,后经其串骗为妻等语。复据陈庆生、王锦山供称先后在拱埠将月仙聘为妻妾,皆有媒证、婚书,财礼俱由月仙收受,亦未见有郭单氏出头等语。质之金月仙供亦相同。据以上各供,陈庆生、王锦山虽均与月仙为婚,然皆由月仙自媒自合,并非依律嫁娶,均难认为正当婚姻。案已讯明,自应据供判决。查例载:凡将妻妾作姊妹及将亲女并姊妹卖与人作妻妾使女名色,骗财之后设词托故,公然领去者,照本律加一等徒一年。赃重仍从重论。又载:局骗人财者,亦计赃准窃盗论。窃盗一百两流二千里。又律载:二罪俱发从重者论。又:断罪无正条,援引他律比附定拟各等语。此案金月仙乘夫外出,辄敢两次私行价卖,得洋花用,殊属不法。惟遍查律例,无捏称无夫自行骗嫁作何治罪明文,自应比附从重问拟。金月仙应比照将妻妾作姊妹嫁卖与人,骗财之后公然领去,惟计赃一百元合依窃盗赃一百两流二千里例,拟流二千里。系属妇女,照例折罚银五十两,无力完纳即照银数折工二百天,限满释放。将全案供勘缮呈提法司申部存案,按月汇报。郭单氏虽为其姑,然听其在外为娼,并未过问,讯明有心纵容,但以年老不能约束,于姑媳名义早已断绝,亦无仍令月仙再回郭姓之理。至陈庆生、王锦山虽各立有婚书,并无主婚之人,确系受人之骗,应免置议。前后所得洋元均由月仙花用,无从追缴。月仙于刑期终了后,关传其母缪应氏领回管束,另行择配。婚书案结销毁。(刑)

因贫不能养赡将胞侄媳改嫁他人　　安庆地方审判厅案

缘郑应隆年五十七岁,怀宁县人,住乡间马家山保,父母与妻均故,家有两子两女两媳,务农度日。郑鸿义系其胞侄,郑汪氏系郑鸿义之妻。郑鸿义于去年五月往宣城县属之荻港地方作篾匠手艺,将其妻送往(兵)[岳]父汪来芝家寄住,迨至十月初间,汪来芝因其女身孕已将分娩,亲送回夫家,彼时郑鸿义既不在家,其母老郑汪氏又携带幼子出外觅食,家无贫粮,难以存活,因恳郑应隆念一本之谊为之收留。郑应隆以家境窘迫,未能兼顾,且传闻伊侄郑鸿义已于七月间在外病故,更难养其终身为辞,与汪来芝商量安顿之法,汪来芝允由郑应隆作主,将伊女改嫁。适村邻丁亮廷年老无子,欲娶侧室,郑应隆遂往与丁亮廷之父说明嫁与丁亮廷为妾,财礼本洋一百元,择十月廿日过门,届期因郑汪氏产子,改至二十二日过门,并未成婚,当收财礼洋八十元,留二十元作丁家抚养孩子之用,所收本洋八十元除由郑汪氏之父汪来芝与户尊郑锡川各分用十元,办酒花费八元,及代郑鸿义偿还欠债数十元外,余洋十六元存放生息,郑应隆未得分文,至十一月二十边,郑鸿义回家,郑应隆当将代还欠债各款重行追回,连同生息之洋一并交还郑鸿义手收。郑鸿义见其妻已嫁,财礼洋元不能归原,又惕于胞伯郑应隆之威权,只得忍耐重行立婚书,交由郑应隆送给丁家。维时丁亮廷以郑汪氏产将满月,仍未成婚,既系有夫之妇,理当退还,郑应隆以财礼未能还原,托称伊侄已自甘休弃,坚嘱丁亮廷安心完婚。十二月初十日,郑汪氏所生之子病夭,报由郑应隆前往看明收埋,并将前存丁家之财礼本洋二十元带回,亦交给郑鸿义收领,各无异说。迨至是月十八日,郑鸿义之母老郑汪氏挈其幼子回家,查知前事,于本年正月来厅呈诉。经检察厅调查情节,郑鸿义自认卖休,转以母有为伪,当即照章发交怀宁初级检察厅起诉,由该审判厅审讯,郑鸿义初尚坚持,继乃供述实情,复经地方检察厅传案调查,和盘托出,当经备文起诉到厅,请求公判。兹经本厅刑庭传集两造人证,讯悉前情,应即判决。查例载:孀妇自愿守志,其有服尊属尊长如并非为图财(图)产起见,但因家贫不能养赡或虑不能终守,辄行强嫁者,夫之祖父母、父母及亲属人等仍照强嫁本律治罪。又律载:夫丧服满,妻妾果愿守志而夫家祖父母父母强嫁之者,处八等罚。期亲加一等。妇人及娶者俱不坐。又:断罪无正条援引他例比附加减定拟各等语。此案郑应隆因其胞侄郑鸿义出外未归,传闻业经病故,其侄媳郑汪氏归伊收养,伊因家计贫乏,难以养赡,辄与郑汪氏之父汪来芝商议由伊主婚改嫁与丁亮廷为妾,迨其侄郑鸿义回归,又复威使伊侄加立婚书,虽所得财礼尽行交给伊侄收领,并未私用分文,究属不合。查郑汪氏系郑应隆胞侄郑鸿义之妻,服属期亲,遍查律例并无恰合专条,惟细核情实,与孀妇自愿守志其有服尊属尊长并非为图财图产起见,但因家贫不能养赡或虑不能终守辄行强嫁者情形相同,自应比例问拟。郑应隆应比依夫丧服满,妻妾果愿守志而夫家之祖父母、父母强嫁之者处八等罚,期亲加一等律处九等罚,改折工作五十,限满释放。郑鸿义当伊妻郑汪氏被郑应隆改嫁之时,并不在家,其后重立婚书,及初次到地方检察厅原供与在初级审判厅先供自认卖休,均属惕与胞伯郑应隆之威使,情有可原,从宽免予置议。丁亮廷先不知郑汪氏系有夫之妇,故娶为妾。迨经查知即欲退还,因郑应隆以财礼未能完原,本夫郑鸿义亦自甘休弃,坚嘱安心完婚,此次到庭复自愿将郑汪氏交还前夫,不追财礼,情亦可恕,应与讯非主婚又不为媒之郑锡川均免置议。惟郑锡川身为户尊,分受财礼,亦有不合,虽从宽免究,仍着具限十日将所受本洋十元缴案充公。郑鸿义共得财礼洋七十二元,据供因还债项业已花用殆尽,仅剩本洋二十五元,念其贫苦,从宽将余洋二十五元限十日内缴厅,罚充公用。郑汪氏即交其姑老郑汪氏与其夫郑鸿义领回完聚。此判。(刑)

生衅离婚　　　贵阳地方审判厅案

缘杨云阶,遵义人,现住贵筑城内,于宣统二年十月为其子海清凭媒马陈氏聘赵王氏之女为媳,初订婚时,赵王氏曾令媒向杨姓言,言明身系孀妇,抚育三幼子,能随时照应则许,否则不许。杨姓以谊属至戚,无不照应,慨然允诺。遂于是年十二月迎娶。厥后赵王氏不时向其借贷,杨姓靳而不允;以致赵王氏登门寻衅,诟谇成仇,杨姓不愿复留此媳以为祸根,赵氏亦不愿复为杨姓妇以伤其母,呈诉到厅,讯明前情,应即据理判决。查赵王氏所预要于杨姓者,以孀居抚育三幼子随时照应为词,杨云阶非庸暗无识者,岂不知所谓照应原含有人力之照应、财力之照应二义,乃急于求婚,囫囵凭媒应允,授人以隙。迨赵王氏求践前诺,在杨海清一面,父母在无有私财,固无从照应,在杨云阶一面,又以家不甚裕,力难照应,卒至互相诟谇。嘉耦竟成怨耦。事已至此,所谓离之则双美,合之则两伤。杨海清与赵王氏应听离异,各具手摹甘结完案,以息讼端。衅起杨姓含糊允诺,讼费银四两二钱应由杨姓缴纳,庚帖存案。至赵王氏所诉杨海清各情,现在婚姻关系既已消灭,应毋庸议。此判。(民)

孀妇自愿守志图财抢嫁妇女不甘失节因而自尽　新民地方审判厅案

缘曹有、张德籍隶新民府,在小北屯居住,均庄农度日,彼此素识。曹有于早年与其胞侄曹万才聘娶傅春之姊曹傅氏为妻。光绪三十四年七月间,曹万才病故。宣统二年五月不记日期,曹傅氏因衣食艰窘意欲改嫁,向曹有告知,曹有亦因贪得财礼允许择配。六月十六日张德因闻曹傅氏情愿改嫁,欲娶为妻,当向曹有面商,曹有应允,言明财礼东钱六百五十吊。六月廿四日张德托张元先交曹有钱一百吊,又小米一斗,吃用无存,余款言明过门后再交,并约定二十六日就亲。曹有随将业已许配张德之言向曹傅氏告知,曹傅氏嫌贫不愿嫁给,嘱其另配,曹有未允退婚。至是日曹傅氏先至未到案之王福贵家,捏称心痛,乞取旧存鸦片烟膏一粒,随即逃往王国政芝麻地内避匿。是日下午张德前往就亲,曹有告知曹傅氏避匿处所,令其强娶。张德即独自手持钩杆寻至地所,将曹傅氏强拉回家成婚,讵曹傅氏始终不愿,气忿莫释,即于次早乘间吞服烟膏,毒发呕吐。曹傅氏之女曹小胖向其问明情由,医调无效,延至二十八日傍午时分,因毒殒命。当经该屯会首张鹏凌往看,报经该管巡警,转报地方检察厅,经李检察长丙吉诣验起诉到厅,当经本厅迭次传同尸亲邻证,提犯隔别研讯,据各供悉前情不讳,究诘不移,案无遁饰。查王福贵先期外出,传获无期,应即判决。查现行刑律载:夫丧服满,果愿守志夫家之祖父母、父母强嫁之者,处八等罚。期亲加一等。大功以下又加一等。又例载:孀妇自愿守志,图财抢嫁,倘妇女不甘失节,因而自尽者,不论已未被污,有服尊属尊长照强嫁本律加三等问拟。娶主知情同抢者,减正犯罪一等各等语。此案曹有因其胞侄孀媳傅曹氏情愿改嫁,贪图财礼,许给张德为妻,曹傅氏嫌贫不愿嫁给,先期避匿,曹有向张德告知,令其强娶成婚,以致曹傅氏气忿自尽。查曹傅氏先曾告知曹有意欲改嫁,嗣因嫌贫不愿嫁给张德,是该氏既未尝无改嫁之心,自与不甘失节以致自尽者不同。曹有系曹傅氏大功尊属,惟查律例并无恰合专条,自应比例量减问拟。曹有应比依孀妇自愿守志图财抢嫁妇女不甘失节因而自尽者，不论已未被污，有服尊属尊长照强嫁本律，加三等例上量减一等，拟徒一年半。惟该犯年逾七十，应准照律收赎，追取赎银十二两五钱释放。张德知情同抢，应于曹有徒一年半罪上减一等拟徒一年，按照所徒年限收所习艺，限满释放。张元仅止代交财礼，并非媒证，亦不知有强娶情事，应与讯无不合之王国政均毋庸议。曹有所得财礼及张德未交之款，赤贫免追。无干饬回安业，尸棺由检察厅饬埋。王福贵传获另结。钩杆存库备照。此判。

因贫卖女及价买人女为侄媳　　江甯地方审判厅案

缘林长亭即林二牛系六合县人，与在逃之李大喜子素识。祝朱氏与丁姚氏系属邻居，丁姚氏因贫不能度日，且患病沉重，医药无资，托祝朱氏将女丁小红子价卖得钱顾家。当时有李大喜子在场，听闻即说林长亭有侄子长大了，尚未娶妻，丁姚氏即托李大喜子往说。宣统三年四月二十四日，李大喜子即带丁小红子到林长亭家告明情由，林长亭允从，议定身价洋六十元，断绝往来，当付现洋八元，其余之款二十七日付清，再行成配。当经巡警闻信往查，将林长亭、丁小红子等一并解局转送到厅。当经提讯，据供前情不讳，应即判决。查例载：因贫而卖子女者处七等罚，买者处八等罚等语。此案丁姚氏因贫卖女，本干例议。现在查明丁姚氏业已病故，应毋庸议。林长亭即林二牛并不凭媒说为侄礼娶，辄敢价买丁小红子为侄媳，殊属不合。林长亭应照例处八等罚，银十两。查得林长亭向不安分，递回原籍管束。丁小红子饬属保管。祝朱氏无干省释。此判。

判牍二　田宅门

谋产捏控　　云南高等审判厅案

为判决事。据张张氏控诉施罗氏谋产捏控等情一案。讯得上诉人张张氏，昆明县人，年三十六岁，住土桥。被上诉人施罗氏，昆明县人，年三十八岁，住土桥。据张张氏供：伊父张正荣入赘，伊母杨氏招赘伊父张四狗为婿。伊父在日共置田三十余工，除十九工连契概给已故同母异父兄施云之妻施罗氏外，尚有田十四工平分为二，以东七工给施罗氏，西七工给伊。杜契一张，交伊收管。讵施罗氏意图霸业，控经地方审判厅判令施罗氏付张四狗银十元，契交施罗氏执掌，是以不服上诉。复讯张四狗，供与张张氏同。质之施罗氏，则称因张四狗以契向王玉兴押银使用，恐被侵害，致赴地方审判厅呈诉各等语。查此案两造所争在契不在业，该契既据张正荣在日交张张氏收存，自应由张张氏经管。地方审判厅断归施罗氏执掌，殊欠平允。惟张四狗以两姓共有之契独向王玉兴押银使用，施罗氏自不能因疑生虑，因虑生争。除将该契批明原委发还张张氏外，应由厅另填执照一纸，给施罗氏持以为据，俾便两造遵照，各管各业，以清界限而杜纠葛。至原判饬施罗氏贴补张四狗十元一节，业经分给契据，两不相妨，应毋庸议。讼费二元责成两造分缴。此判。（民）

妄控狡狯谋业　　　　云南高等审判厅案

　　为判决事。据附生马从和控诉马白氏狡狯谋业等情一案。查核该生马从和状称及供称各节均属无理取闹，如状称马白氏私卖逼逐等语。查该房系马故提督之业，其妻白氏卖之名正言顺，何得谓之私卖？该生借住有年，值此房主式微变卖产业之时，自应早日腾还，既不腾还，则业主索房固属情理之常，亦何得控称逼逐？此其无理者一。又如状称生系族长，马白氏卖屋并不通知族长等语。查通常变卖家产，除公产外例无通知族长之义务，且该生籍隶弥勒，马氏籍隶建水，固同姓不宗耶。此其无理者又一。又如状称兴顺和套契谋卖等语。查该房系由业主马白氏母子凭中契卖，并非兴顺和设计买取，业经投税在案，该生身居事外，安知其套且谋耶？此其无理者又一。又如状称房价悬殊，族长可议等语。查房价低昂原无一定，但卖主、买主自能凭中酌议，安用该生置(啄)[喙]？此其无理者又一。又如状称兴顺和串官作弊等语。卷查兴顺和自光绪三十二年三月禀请昆明县立案后并未续禀，官经数任，从未传及该商，不知该商从何串起？如谓暗地串通，则过付何人，未遽指实，且事隔数年，合计承审、帮审各官至少亦在二三十员以上，亦岂该商所能遍串？此其无理者又一。又如状称官绅偏袒等语。查此案经地方绅董公理者若干次，经地方官审判者又若干次，且自府而司而院各有批饬，如所控属实，何无一人直该生者，甚至绅管且置该生于不齿，臬司批县则有如再违抗即将该生衣顶详革押迁之语，足见该生实为公论所不容，官绅固未稍参私见也。此其无理者又一。又如状称马谢氏保家功大当赏等语。姑无论有无其事，即马谢氏确有看守该房之劳，马故提督既岁给银米于其生前，其子妇又酌给三百金于其身后，其报酬亦云厚矣，况该氏功之大小及当赏与否，均不待该生之越俎代谋也。此其无理者又一。又如状称赘婿例得分产等语。查例载：女婿为所后之亲喜悦者酌分财产一语，系专指无子立嗣而言，马故提督自有子孙，虽其亲婿且不得援例以请，况该生系其姊马谢氏之婿，讵可妄图分产乎？此其无理者又一。又如供称，现值立宪，不参照外国法律分产与婿，无以对外国人等语。微论亲族相续等法中外大略相同，且一国自有一国之法律，该生身列胶庠，竟贸然出此丧心病狂之论，实属荒谬已极。此其无理者又一。至如状称冬月初八日业经高等审判厅断分产价,地方审判厅显违原谳,上下矛盾等语,查冬月初八日本厅尚未开庭,自系以法官练习之期误为本厅成立之日,且卷查当日原判,只载有此案,仍照昆明县原断,各按五方管事公议之数给令迁移之语,今地方审判厅所判与原谳并无不符,何谓上下矛盾?此其无理者又一。总之该生系住户非业主,依法律论匪惟不应给丝毫,并应追缴历年积欠房租,兹如五方绅董之议给银至三百五十两之多,已属格外体恤。乃该生贪得无厌,非饱其欲壑不止,本厅有保护人民权利之责,未便任其狡赖,应由地方审判厅查照原判,一面饬知马马氏缴银三百五十两,一面勒限二十日令该生腾出该房,当庭具领,逾限即行驱逐,倘敢违抗,查照当日司批斥革,押迁不贷。讼费三元一角责成马从和缴纳。此判。(民)

异姓乱宗霸业　　　　云南地方审判厅案

为判决事。据李锡控李老双异姓乱宗恃恶霸业并据李兴控李锡、李老双等异姓霸产旁支朦控各一案。讯得原告李兴,昆明县人,住小普吉,年二十三岁,务农。被告李锡,富民县人,住丁家营,年三十六岁,务农;李老双,昆明县人,住大普吉,年二十岁,务农。据李兴供:民曾祖李万年生二子,长子超即民之祖,生民父尚华,民叔尚明。明乏嗣抱养异姓一子,取名常,即老双之父叔祖儒。移居富民,生堂叔尚才即李锡之父。已分居多年,李锡因见二叔尚明乏嗣,老双之父常又系抱养,思欲妄争产业,捏词具控,民系尚明胞侄,尚明与民父尚华共买得田十八工,老双与民各分九工。今大普吉房屋系二叔尚明买的,民要与老双均分,求判断。据被告李锡供:民曾祖原住大普吉,因避乱移居富民,民祖儒随侍曾祖,遂永住丁家营,伯祖超转回大普吉独受遗产,并未分过,老双又系异姓,所有产业应归民受。据李老双供:父亲殁时民尚年幼,当初祖父如何抱养父亲都不知道,与李兴家各分田九工,契纸系共一张,尚在伊手,此外三工系民父买的,因小普吉火灾,将契纸并房屋一概烧毁,现住大普吉之地基是祖父遗留的,买去钱二十六千文,租与陈姓盖房,系向陈姓租住,求详察。并据族人李和、邻人阮世芳等同供:李锡自伊祖父分住富民多年,李兴与老双家亦分居多年,各管各业。李和并称老双之父系伊祖超办团时由营中带来,时方三岁,命伊祖尚明养以为子,初名小三,后改名常,生养死葬,克尽子职各等供。据此,查律载:收养三岁以下遗弃小儿依律即从其姓,但不得以无子遂以为词,仍酌分给财产,俱不必勒令归宗等语。此案老双之父李常据李和称收养时仅有三岁,与例相符。倘伊祖父等皆在,自应酌断财产,由李族另择应嗣之人,今李尚明、李常均已物故多年,李兴与李锡觊觎财产,借口异姓乱宗,欲将老双母子逐出,而不知律准从姓,例准给财,早有明文。除李锡已分居三世,毋庸断给外，姑念李兴系李尚明胞侄，将李尚明买得大普吉地基二十六千文内断老双出十三千文，交李兴收受。李兴所执十八工田之契既系一张，李兴应另出一契字交老双手以便管业，此后不得再有争论。本案财产诉讼费照十两以下征收五角，录事办公费一元五角，承发吏办公费一元四角，由被告李锡、老双二人分任缴纳。此判。（民）

强占农地　　　　　云南地方审判厅案

为判决事。据湖北民人姚遂生控诉叶顺兰等强占农地一案。讯得上诉人姚遂生，年五十八岁，湖北人，住学院坡，就幕。被上诉人叶顺兰，年六十三岁；叶兴兰，年五十二岁，住学院坡，栽菜。王慎斋，年四十一岁，住马市口，贸易。均昆明人。据姚遂生供职于光绪三十四年，杜买萧星垣房屋一所，并菜地一块，有契纸为凭，现职照契载四至将菜地筑墙围进，叶王二家说是他的地基，捏控初级审判厅，断令北沟外菜地归叶顺兰管业，并断职给银三十二两与叶、王二家，是以上诉求作主。据王慎斋叶顺兰、叶兴兰同供：小的慎斋有菜地五块，租与叶顺兰栽种多年，顺兰有菜地五块，兴兰有菜地二块，都是自行耕种，此项菜地均与姚遂生所买萧星垣房屋地基相连，现伊将菜地全行霸去，控经初级审判厅断令北沟外菜地归小的顺兰管业，余归伊管业，饬出地价银三十二两与小的三人分摊，求详察各等供。据此，查此项菜地分二段，一在姚遂生房屋西界外，一在北墙沟外，姚遂生呈验契纸，此菜地首由蓝文珍典与刘麟，继由刘麟典与白有玉。至光绪十一年，白有玉之曾外孙段友杜卖与王崇智，以契据论，此时菜地已归王姓所有，厥后由王卖岑，由岑卖萧，由萧卖姚，均将昔年刘姓、白姓所立典契二纸，段姓所立卖契一纸交与买主递传收执，并于杜卖房屋契尾添注明晰。以此印证，菜地契纸既系随房移转，是买此房屋，则菜地自在其中。又查姚遂生房屋契内载北至沟，而菜地契内载北至李家房，此案争点既以菜地，当以菜地契内所载之界为界，是北墙沟外菜地亦应一并在内。叶、王二姓争执此地，核验王慎斋典契、找约各一张，典契系道光二十年立，找约系咸丰八年立；叶兴兰典契、卖契各一张，典契系道光十五年立，卖契系光绪十八年立；叶顺兰典契二张，一系道光二十八年立，一系咸丰七年立。阅此三人道光年间契纸，墨迹均新，且王慎斋之找约上钤有伪印，叶顺兰之咸丰七年典契上、叶兴兰光绪十八年之卖契上均捏编字号，种种疵点，皆不能视为确据。判令西界外及北墙沟外菜地均归姚遂生管业，王慎斋等不得觊觎妄争。惟王、叶两家栽种此地已历数十余年，一旦失之，不无可悯，应如初级审判厅原判，着姚遂生出银三十二两给王慎斋等三人分摊，以为赒恤。又北界沟外有一水井，系公共取水之所，将来姚遂生建造房屋，须留余路，以便公共行走，两造各遵完案。本案讼

费二元八角,责成败诉人王慎斋等三人分担缴纳。此判。(民)

捏称侵占基址　　　　云南地方审判厅案

为判决事。据舒荣华控诉王一山等串弊恶搕等情一案。讯得上诉人舒荣华,四川人,年四十一岁,住双水塘。被上诉人王一山,昆明县人,年三十六岁,住内中区;熊义方,贵州人,年二十五岁,住双水塘。据舒荣华供:伊曾凭中契买沈、瞿两姓双水塘屋二所,去年拆盖完竣。突有王一山串同邻人熊义方捏称侵占彼等基址,控经地方审判厅,断给熊义方银十元,并饬腾留巷道,是以不服上诉。质之王一山,则称伊卖与朵姓之屋与舒荣华屋基中隔一巷,系彼此出入之路,今被舒荣华圈入,恐朵姓不依,故向舒荣华诘问。复讯熊义方,据称舒荣华侵占伊地属实,地方审判厅饬舒荣华给银十元,并不愿受,但求判明,将来葺修房屋,设动及舒姓椽瓦,舒姓不得格外刁难,当代修复。环质卖主沈石臣、瞿焕南,证人魏元兴、李震东等同供。该巷系卖主沈、瞿两姓原日留出,与王一山无涉各等语。当诣该处履勘,查该巷南北两头早经熊、李两姓堵塞,东又紧接朵姓墙界,其非公众出入之路可知,且调阅舒荣华买契,载有东至朵姓墙界一语,是为舒荣华应有之地,毫无疑义。地方审判厅判令舒荣华腾留巷道,自属不合,应饬照契管业。至舒荣华新筑北墙,诚不无变动熊义方旧日檐瓦之处,而高屋建瓴,势所必至,不得即谓之侵占,该厅断给熊义方银十元,亦欠平允,既据熊义方供称不愿承受,应准毋庸给付。惟谊属邻居,嗣后熊义方设因岁时修理,于紧接舒荣华房屋处所稍有拆动,舒荣华勿得任意阻难,然非万不得已及毫无妨碍,熊义方亦勿得藉端滋扰,其拆动处所并应即时修复,以敦洽比。王一山事不干己,无理取闹,除当庭严斥外,取具勿再滋事切结存案。讼费二元六角,责成王一山缴纳。此判。(民)

伪造契纸互占久荒地址　　　　云南初级审判厅案

为判决事。案查前据段保兴诉王荣估盖地基一案。当经传讯,查得王荣携有印契,段保兴毫无凭据,捏称抚与段洪为嗣,亦无确证,业经断令王荣暂行照契管业,段保兴不得生事等因在案。旋据张庆元、王荣等互控不休,叠经传讯,讯得王荣供:年三十六岁,昆明人,此次被张庆元控告估占地基,小的并非估占系小的父业,现有红契可凭,求详察。张庆元供:年三十八岁,昆明人。民有空地在青草坪,不期王荣估盖房屋,曾请街邻理处,伊不听从,现有老契可凭,因无力税契,求详察。据张庆元邀请证人郑配义供:年七十三岁,昆明人,当日张姓买地基时,民曾在场各等供。当即查该两造契纸,均属可疑,情节支离,殊难轻信,遂于本月初七日亲往履勘,丈量地基,探问邻居四至,均与该两造所载及捏词所控各情迥不符合。于初十日传集覆讯。讯得王荣供：此地是先父手上买的，不敢昧良捏词妄争。张庆元供说是私造假纸，铺民情愿认罪，此地系先父手上买的，再请详查各等供。据此，查阅王荣契纸，既系道光二十九年所立，岁逾周甲，何以纸色尚新，断非旧契式样，可疑者一。杜买地基既经数十年之久，不闻赴县税契，突至今岁起盖房屋，闻张庆元等将捏词岔入控争地基，始行投税印契，显系伪造情虚，可疑者二。契纸所载四至既属不合，且横直若干丈数亦未载，其伪造形迹更难掩饰，可疑者三。地面既长有七丈余尺，而契纸所载买价仅值八千文，虽系道光年间，与现今地价不同，亦断未有如是之低廉，可疑者四。该民仅有此似是而非之印契，并无随带段姓原契，可疑者五。查张庆元老契所载横宽三丈六尺，直长六丈一尺，与勘量之横径二丈九尺、直径七丈三尺迥然不符，所载南至敬节堂，后墙与所勘之南至周姓租房又大相悬绝，可疑者一。详审契纸，茶渍斑斓，尘垢涂抹，显系作伪乱真，藉图欺饰，可疑者二。既系尔父遗留荒地，即应随时查看管理，何以久不竖桩以为标志，俟王荣筑墙起盖，如借端争讼，可疑者三。该民父杜买地基既无随带段姓原契，又未赴县税契，且税费区区数金，即贫者亦能为力，据称无力投税等语，尤系强词搪塞，可疑者四。既无确实中证，仅恃年老聋聩之证人郑配义矫饰供词，就中渔利，显系串通舞弊，借为护符，可疑者五。综核以上各情，穷探源委，细察端倪，该地基确系段姓绝产无疑，乃因一窝之徒存，遂使群喙之交至。王荣垂涎已久，犹贮物于囊中。张庆元闻风而来，更生枝于节外。迨至争端迭起，竟敢捏契纷投，不知该绝产既无承受宗嗣，本应判充官荒，该两造均不得托词妄争，致滋纷扰，惟念此久荒地址既邻近王荣祖房，自应从权办理，断令该地基仍归近邻王荣，照时价备银五十两买为己业，其地价银概充作县城自治公所经费。张庆元不得从中阻挠，致干重究。该两造均系伪造契纸，本拟照例处罚，惟念该民等愚昧无知，姑从宽免究。除将前次断令王荣暂行管业判词及该两造伪契分别涂销外，准王荣照买官业当堂缴银，另行投县印契。两造具结完案。讼费五元四角应由该两造分担缴纳。此判。（民）

取偿典屋不交　　　云南初级审判厅案

为判决事。据韩富臣呈诉张源发佔坐房屋取赎不交一案。当经传集，讯得原告韩富臣，年五十九岁，四川人，住桑园地，卖菜。被告张源发，年三十五岁，四川人，住景虹街，裁缝。据韩富臣供：张源发典小的房子，去年取赎，张源发不搬，告在昆明县，当堂交清典价银三十五两，张源发领去，只退典契不还老契，蒙大老爷在典契上注明老契作废，叫他腾房，不料他久住不搬，请追究。据张源发供：韩富臣房子地基是小的岳母熊姓的，岳母临死说将地基送与小的，要韩富臣退地基,小的才退房子各等供。据此,查验张源发退还典契属实,并调阅昆明县卷,缘韩富臣于光绪三十二年典房二间,与张源发接典价银三十五两,并将老契作押,议定不拘年限取赎。去年韩富臣向赎,张源发不允,控县传讯,勒限张源发交还原契,该张源发只交典契,老契隐匿不交,断令韩富臣缴价赎房,当堂领清,并于典契内批明以后如有别纸,一概作废字样,交韩富臣收执管业,两造缴领遵结在卷。本年韩富臣向张源发索房,被其殴伤,复控经检察厅验明起诉,移送本厅刑事庭讯明判决,饬令退房,亦在案。殊张源发抗延至今,仍不退房,韩富臣又以民事呈诉到厅。迨经庭讯,该张源发一味横占,突称此房地基系伊岳母熊姓之业,如果属实,何以伊岳母在日并不跟究,诘其有无凭据,则称存在家中,殊难凭信。且县讯数次均未呈验,安知非捏造一纸以为抵赖地步。又称韩富臣赎银色低掉换未清。查典价银两系当堂缴领,如果不清,何以又出如数领讫之领状。再三驳诘,张源发仍复恣意刁抗,断难任其强占,判令张源发于二十日内腾房退交韩富臣执业。本案讼费归张源发缴纳。此判。(民)

互争园田不服地方初级两厅判决　　安徽高等审判厅案

缘杨奉先、杨炳煌、陈文富均籍隶怀宁县。杨姓祖坟前面山下有空地一片,在沿山保陈家湾陈氏享堂西首,系道光年间价买陈华桂房屋,拆为坟前余地,与陈姓老屋现为享堂之地毗连。嗣因陈姓享堂前院墙屋倒塌,将东偏之隙地改作菜园。上年十月间杨奉先在该园边砍去树木二株,被陈文富查知,到怀宁县初级审判厅起诉。杨炳煌因陈华桂所卖房地原契内载有"外又菜园"字样,适原买契载之菜园已荒,而杨奉先盗砍树木之区即陈姓享堂前院,墙倒塌后改作菜园之地,杨炳煌遂挟持原契,顿生狡谋,冀为其兄掩盖盗树之愆,并可遂其巧占菜园之计,因到庭即冒认陈姓菜园为己产,经初级厅察知杨炳煌借契影射情形,将菜园仍判归陈文富管业。杨奉先同弟炳煌不服,到地方厅控诉,又不直。复至本厅上告。本厅传齐原被,由承审推事前往勘验,勘得杨姓空地在陈姓享堂西首,陈姓享堂系坐南朝北前后三层,其北首之前一层半已倒塌,院墙亦倒塌俱尽,惟大门门墩尚存,门墩左边即有现时陈姓种菜之小园,由门墩往东直行,查当日院墙旧址系横亘该园之中心,核与杨姓所称四围墙壁脚迥不相符。该园四围亦并无墙壁脚可验,再就享堂院墙左右参观,该菜园实在陈姓享堂基址之内,其园边有已伐之树根两个,根株具在,杨奉先均自认为伊手所砍,与陈姓所呈图说比对符合。审勘明确,应即判决。查杨奉先与陈文富控争之菜园,其园地既坐落在陈姓享堂前之东北隅,而杨奉先呈验价买陈华桂房地契据,其地在陈姓享堂之西南隅,所呈图又注称在陈姓享堂东边墙外,勘验种种不符,即为借契影射之确据。且杨姓买地之时在道光年间,而陈文富现种之菜园始于光绪初年,因享堂院墙倒塌后将墙内外隙地改为菜园,在院墙未倒以前,陈华桂卖地之日断不能于数十年前预知。族中享堂前公地院墙具在,必将变为菜园,敢于指卖。且亦断无能力以族中享堂前公地擅自私卖之理。此案杨奉先兄弟明知盗伐陈姓树木之不合,遂思以旧契影射陈姓祖遗公地,肆其并吞之谋,并掩其盗树之咎,实属刁狡。案经初级、地方两厅秉公判决,复敢逞其健讼伎俩来厅上诉。经本厅彻底查明,当面诘责,杨奉先兄弟俯首无词,应仍照初级地方厅各原判,归陈文富管业,杨奉先所执白契一纸,年久未税,本应作废,并将该地充公,姑宽限于一月内赴怀宁县换写三联新契,照章投税,违则此契永作为无效,基地充公,以儆刁玩。白契当庭发还,并照会怀宁县知照。杨奉先所砍陈文富地内树二株,判令赔陈文富洋一元,交陈文富具领完案。又杨炳煌于本月初五日三更时分来厅打门喧扰,殊属目无法纪,本应重惩,姑念到厅即行认罪,从宽比照扰乱法庭秩序条款罚洋四元。讼费三钱,证人杨月庭到厅费五钱,承发吏随勘川资、食宿费二两二钱,均着杨奉先照缴。此判。(民)

争执坟地　　　安庆地方审判厅案

缘李安全、李中桂,其祖自明时即迁居怀宁,于明季葬李王氏、李谢氏于虎形山上层,有谱可据。近因墓碑被人拔去,于今年二月预备重立,谢振钧、谢百福等出为阻挠,谓李姓所指李王氏之坟系伊姑李谢氏之坟,又李姓所指李谢氏之坟系伊八世祖母谢曹氏之坟,互相争执,曾请中理处,不能解决,来厅起诉。经本厅传集两造并中证到庭审讯。查李姓所主张之理由有可信者三,而谢姓所争执无理由者四。据李氏所呈新旧两谱,虎形山上层为李王氏、李谢氏坟墓,揭载明白,并因乾隆年间曾经涉讼,刊有前怀宁县之判词,与其所绘之图丝毫不爽,其可信之理由一也。该山中层为徐姓坟墓,两造皆无异词,调取徐姓谱据,详阅其先垄记有虎形山坟墓上凭李人坟境等语。又因乾隆年间涉讼,伊坟亦牵涉在内,故亦刊有怀宁县陈判词,与李姓谱据符合,其可信之理由二也。两造所约来厅之中证除朱德全、黄义华等互称恐有偏颇外,尚有朱年富等四人先后到庭,称虎形山上层二坟系李姓之冢,异口同声,其可信之理由三也。至于谢振钧等先后两次具呈,皆称该山除徐姓三冢外,遍处皆是伊坟,并未插碑,有谱可据,及令呈谱绘图,又复称曹氏之坟有碑,乾隆年间涉讼被李姓拔去,实属前后矛盾。且查前怀宁县陈判词指伊谱中有改窜之处,则其谱无可信之理由一也。谢百福供称虎形山上层本系伊地,因伊上祖谢应讲怜女字李素卿者未嫁而亡,故葬于该山,弗料李姓即因一以占二等语,不知谢应讲只有一女,适李素卿四十而亡,生有二子,其死在应讲之后,可以两姓谱据比较而知之,何得因该处有李谢氏之坟,遂藉口为谢氏之地?又查伊谱载朝士葬于老坟右一棺,朝赐葬于老坟右二棺,世钊葬于老坟右六棺等语,伊谱所谓老坟者究指何人之坟而言,再为详绎,知伊葬虎形山者始自八世曹氏、韩氏、程氏妯娌,韩、程二氏之子孙除世兀一棺外,无再葬虎形山者,而曹氏子孙葬虎形山者有二十余棺之多,其称老坟系指曹氏之坟无疑,朝士、朝赐等棺既在下排,且揭明在老坟之右,则曹氏之坟亦在下排无疑,何得指该山上层之坟为曹氏之墓。今谢振钧等欲以韩氏、程氏旁枝之冢作为老坟,硬行飞洒曹氏之坟于上层,不知无此情理,其供词不可信之理由二也。查谢姓所呈之图,各棺一一记载明白,当堂质之,不甚了了,供称图依谱而绘,详阅谢谱,每棺在第几位,揭载者少,不载者多,谢振钧等何能依不明白之谱而绘详细之图,是其图不可信之理由三也。谢振钧等所呈第三次禀已与前禀矛盾,尤奇者又续一禀称远处之山有无碑古冢,想是李王氏之墓等语,如此架词,不独前后自为变乱,且不思李王氏死于明季,伊祖于百年前涉讼,尚不能指出他家以为证据,伊忽知无碑古冢为李王氏之坟,宁有是理?其禀不可信之理由四也。要之,谢振钧所具之呈,所绘之图,所执之谱,所供之语,互有抵触,其为冒认李姓之坟无疑,自应与以判决:虎形山上层二坟归李姓管理祭扫,谢姓无得争执,致干重戾。讼费银三两,证人朱年富、徐学成、吴其相、夏国钧各到庭一次,每人征银五钱,著谢振钧、谢百福分别缴纳。此判。(民)

托词盘踞霸占洋棚　　安庆地方审判厅案

缘潘玉度籍隶江苏江阴县,于光绪十三年在安庆省垣南门外与黄耀祖、陈邦举、于少庚合股接办怡和洋棚。十四年二月立有合同,计潘玉度五股,黄耀祖三股,陈邦举、于少庚各一股,共计十股,资本金一千二百五十九元二角,由潘玉度经管,历年按股分息无异。至光绪十九年,陈邦举一股凭中卖与黄耀祖,笔据上所写中人内有潘慎卿,即潘玉度之号,惟未画押,自此以后,陈姓股息即由黄耀祖领取,至光绪二十八年黄耀祖病故,四股之息即归黄耀祖妻黄于氏收领,嗣于少庚亦故,光绪三十二年由同母异父之兄闻懋勋将于少庚一股卖与黄于氏,笔据上亦载明潘慎卿作中,惟仍不画押,并不肯将该股利息付出。延至宣统二年,黄于氏到棚与潘玉度算账,积欠甚巨,因即经管该棚,欲于潘玉度五股利息之内扣清积欠。又怡和洋行对于该棚每月给发薪工,潘玉度因有经理之名,欲独据此款,黄于氏称向年按股分配,不允变更前例,此外尚有种种争执,潘玉度遂托词黄于氏盘踞霸占洋棚到厅起诉。查潘玉度本系该行经理,当黄姓先后买收陈姓、于姓股份之际,均不肯画押,不换合同,意殆不欲承认。

惟是陈姓一股已由黄姓买并多年,历届利息亦分归黄姓收受,相安已久,不能因今日涉讼,辄思翻异。至于姓一股,黄于氏收买之后,潘玉度即不肯付息,固足以证明不服。然于姓愿卖,黄于氏愿买,双方合意,所立之契约亦不能谓为无效。况黄于氏即系于姓之女,与别人并买,尤觉不同,潘玉度强谓人死则生意归于无着,股份应废,殊不知该棚乃凑资本一千数百元设立,中外法律并无所谓人死则商务归于消灭也。姑念潘玉度经理有年,而黄姓已收陈股在先,若此次又全行收并于股,不令潘玉度丝毫分润,未免向隅,准情酌理,判令除陈姓股份仍归黄于氏顶受外,其于姓一股由潘玉度与黄于氏分买。查照当日黄于氏收买原价,由潘玉度归还半数重于合同。以后潘玉度五股半,黄于氏四股半,其余薪工等出息悉遵向章按股分派,前此潘玉度蒂欠之利息及本年三月十三日以后积存之利息,俱应如数算归黄于氏,以清账目。倘或不肯结算归还,即不准其分买于姓半股。再该棚既因账股纠葛涉讼,以后自应由潘玉度、黄于氏公请账房管理,或以二人分管账目、银钱,必须协商妥当,以杜纷争。此案潘玉度本系原告,数审以后忽然屡传不到,殊属不合,黄于氏又复提起反诉,自不能因潘玉度避匿即行销案,因遵定章予以阙席判决,以省讼累。讼费龙洋十元,证人瞿有维、方邵京、李文轩各到庭一次,应征银一两五钱,均着潘玉度缴纳,分别归公、给领。此判。(民)

互争坟地不服地方厅判决　　安庆高等审判厅案

缘谢百福、谢振钧籍隶怀宁,先世有茔地在于县之沙桥保,与李安全、李中桂及徐姓茔地共同一山,名曰虎形。谢茔地之上层为徐姓,徐之上层为李姓。自明季以来各葬有坟,代远时迁,遂启淆混。谢姓谓李之上层李姓所指为李王氏之坟者,系伊祖姑李谢氏坟。又李姓所指为李谢氏坟者系伊八世祖妣曹氏坟。乾隆时争讼到官,经陈前令登山履勘,按之图谱,证之邻保,直李而不直谢,判断上层均李姓坟地,自时厥后,各祖其祖,越百余年相安无异。然李姓亦不能于二坟之外更行添葬。二坟固无碑,亦不能添碑也。本年二月,李安全、李中桂欲建碑于坟,虑谢姓阻挠,乃诡称坟原有碑,为谢所拔,欲行重立,意固不在碑,实以山有余地,将为添葬之计,宜为谢姓之所不许。谢姓不许,遂并李王氏之坟亦不承认,方持之有故,因互讼于地方厅。经地方厅再三研讯,以李姓所主张之理由有可信者三,谢姓所争执无理由者四,判决上层二坟地仍归李姓管理祭扫,谢百福、谢振钧不服上诉到厅,本庭重行提讯。谢姓谓李所持前令之判词图谱之记载均不足凭,复诘谢百福等尔以何者为凭争此坟冢,答称年湮代远,契据无存,山系标业,只有图谱可证,谱载八世祖妣曹氏葬虎形上穴,有碑。上穴云者,修谱之时自八世以降葬者累累,曹葬独先,论昭穆先后,下不凌上,故以曹氏先葬为主坟,特标之曰上穴,非谓上层也。且注明有碑,而上层二坟无碑。据称因乾隆时争讼后故未安碑。然谱系乾隆以后续修,则当载明无碑,不当载有碑。是据谢氏之图谱亦可为上层二坟,非谢曹氏坟之确证。即以情理而论,谢姓谓李之十一世祖妣谢氏乃其十世祖应讲公之女,未嫁夭于家,父痛女情切,因葬于谢姓山内。查谢姓所绘之图,其八世祖妣李、韩、程三坟皆在谢坟之下,应讲虽情深溺爱,何至以幼殇之女凌葬于祖妣之上,则上层为李姓自有之茔地,其子孙安葬于斯土无疑。谢姓自其先世以来谬为是说者,以其先世亦意不在争坟而在占地也。今揣曹氏坟之所在,曹氏既与李、韩、程氏同为八世祖妣,死同时,葬同地,次序自必同排,如谓曹氏独葬上层,上层系谢氏之地,则同一八世祖妣何以李、韩、程之左右附葬者凡十余坟,曹氏之左右附葬者独无一坟乎？此又上层坟地非谢姓所有,谢姓不得而争之明证也。曹氏之坟与李、韩、程同在下层,谢百福,谢振钧等未必不知,如真不知是谢姓先世,自拔去其碑所自误也,谢姓有碑而自拔匿,李姓无碑而欲新立,皆因上层坟有余地,所以添葬为预谋地步。若不杜其狡谋,则纷争纠讼,终无已时。本庭提讯两姓,细加研求,地方厅原判虎形山上层二坟仍归李姓管理祭扫,并无不合,自应无须变更原判。惟百余年来争讼不休,若不封禁,后来仍无息讼之日。应即加判虎形山上层二坟归李姓管理祭扫,由本庭谕令封禁,立石于山,嗣后李、谢二姓永远不许进葬,亦不许售卖与人。李姓上层二坟自明季以来无碑,亦不许更立新碑,两姓毋得故违,致干查究。讼费银三两,着谢百福、谢振钧缴纳。此判。（民）

互争公用之井　　　　　钱塘初级审判厅案

呈诉事实。据王绅锡荣诉称,于光绪三十四年承买钱邑惠民巷田姓基地二亩五分七厘零,内有石井一口,距离街心丈余,墙垣尚未隔住,故近邻得随意汲水,现须建筑,若将此井让出,占地约五六十方尺,窒碍甚多,邻近倘以需水不便,已允于西角基地之内围墙之外另开一井,费由己出,井供众用。乃唐寿卿、沈大明等意犹未足,多方要挟,突于闰六月二十五日擅加井栏,并立石碑,刻有："惠民古井。宣统三年秋月重修。芝松太平里人公建"字样。如此妄行干涉,纠众挟制,殊非情理所能喻,因之起诉。旋据唐寿卿等诉称：惠民巷内向有公井一口,色清味淡,大旱不涸,邻近数百家赖以汲饮,并藉消防,久成习惯。自兵燹以来,业户已迭更四、五姓,皆知存留公井,顾全乡谊。乃商会协理王锡荣新买此产,一旦举为己有,徒以另开一井为词,无如惠民巷街道狭小,当路开井有碍交通,况新开之井是否不生疫疠及大旱不涸并无把握各等情来厅。当即饬传原被到案,两造各执一词,相持不下。旋经本厅实地履勘后,再行传集两造讯明前情,应即判决。

证明曲直之理由:此案王绅锡荣承买田姓基地内有食井一口载明契上。此次拟欲按基圈井,本属所有者应得之权利。惟查该井向归公用,即从兵燹后计算,迄今已有四十余年之久。邻近居民日常汲水者不下数百户,是汲水地役权早因时效而取得者也。该基地虽经田姓转售王姓,然该基地上之食井一口向供众用,则王绅锡荣理不得独自主张其所有权而置此地役权于不顾,此法律上习惯上之通例。我国民法虽未颁布,而习惯即为立法之基础,又为立宪时代之国民共当遵守。兹据王绅锡荣诉称将该井圈入墙内,愿于西角基地上另开一井以供众用,亦明明知地役权在所有权范围以内,不得不互为兼顾,足见深明法理,不独热心公益已也,殊堪嘉许。独不解所有权者,同一牺牲一角地,姑无论另开一井势必多需时日浪费金钱,且邻近居民久认旧井之利益甚大,相传有白沙泉之称,早存取之不竭用之不尽之观念,即另开之井幸而掘井得泉,犹恐邻近居民之心理保无有新不敌旧,更生意外之要求,将来之缠讼,伊于胡底? 本厅职守司法,不敢不斟情酌理,一秉至公。今证之法理既如此,揆之心理又如彼,惟有将邻近居民新建之"惠民古井"等字样概行撤消,特书"王氏惠民井",一以表明所有权之界限,一以保护地役权之存在,俾数千人口之饮水仰给于该井者,依然攘往熙来,咸乐王氏惠民之至意,论情论法,其理一也,敢以质诸原被告。此判。(公)

互争园地不服初级判决上诉　　安庆地方审判厅案

缘陈文富、陈厚德籍隶怀宁县,自明族居本邑沿山保陈家湾地方,屋宇栉比。后因族众四散,遂以老屋为享堂,享堂西北槽门日久坍塌,与门外隙地相合,管祠人乃作为园以种菜。上年十一月间,陈文富查得杨奉先在伊园内盗砍树木,因向怀宁初级审判厅起诉,杨奉先、杨炳煌欲图抵制,觅得道光十五年白契一纸,谓园属己。经初级审判厅调查契据系属影射,园仍判归陈姓执业,杨奉先、杨炳煌不服,上诉到厅。本厅查契系陈华桂出卖,内载有瓦屋六间,坐落陈姓老屋南首,外又菜园一个,杨炳煌即执此契为陈姓菜园属己之证,"以外"又二字为菜园与基屋不连之证。不知远年白契,本难尽凭,即使可凭,而杨姓契地在老屋南,陈姓菜园在老屋西北,亦不能因一"外"字以为贯串。且此园半跨享堂槽门,系属陈姓公地,当时陈华桂亦无擅卖之理,况历年来此园均归陈姓管业,杨姓一向无人过问,乃待盗砍园树案发被控到厅,始称园属杨姓,显系意存抵制,怀宁初级审判厅所判甚是,杨炳煌犹哓哓置辩,谓此园尚照契载,四围有老墙壁脚可凭。本厅不厌求详,除反覆驳诘外,复饬承发吏李辰、王世辅到地,眼同地保及原被两造勘看,勘得该园只一面尚有墙脚可指,余面均不能指认,应照初级厅原判,园归陈姓管业,杨奉先所砍树木所值无多,从宽免究。讼费银三钱,证人杨月庭、杨万周到庭费各五钱,承发吏勘看川资,食宿费计银二两二钱,由本厅垫付,照章均责令杨奉先、杨炳煌分别归缴。此判。(民)

强占山地　　　安庆地方审判厅案

缘曹凤鸣、曹玺籍隶望江县,有明代祖六也公坟山一所,坐落怀宁县尧年乡,土名湖西山,其地向归胡姓承佃,坟由胡姓看管,历明至今无异议。胡姓房族递盛递衰,故承佃管山之人亦屡分屡合,至光绪初年,曹姓山地由胡驭忠、胡连江、胡道修、胡树声等合承分管,因业主远在望邑,稽查难周,胡驭忠遂将分管之地三片顶与刘祝江之父刘盛有,胡连江遂将分管之地四片顶与三元会,又三片顶与程潘送之父程肇修,胡道修遂将分管之地七片顶与三元会,各给顶据凭守。嗣后胡驭忠、胡连江、胡道修先后物故,其地悉归胡树声名下独管,于二十六年由胡树声一人出名,向曹姓另立承约,而未将胡驭忠等私顶之地收回。本年七月,胡树声与刘祝江有隙,乃捏词强占报知业主,曹凤鸣、曹玺等控诉到厅,本厅饬令刘祝江等各缴顶据阅看,核定非诬,急应判决。查湖西山地本系胡驭忠等合承分管,自驭忠、连江、道修身死无嗣,始归胡树声一人承管,胡树声既承受驭忠等死后留遗之山地,自应收回驭忠等生前私顶之契据,何得日久未赎,反以强占名目控告业主,兴讼本当重究,姑念农民无知,从宽限期五个月,胡树声应将刘祝江、程潘送及三元会上所执之顶据一律收回,日后不准私顶,具结完案。讼费按顶价计算,征银一两五钱,着胡树声缴纳。此判。

伪证霸占不服初级判断上诉　　　梧州地方审判厅案

据原告李春林、李沃林、李美林等供称,高祖英泰所遗产业早已分断,惟存祀田八丘未分。嘉庆年间批与本村韦姓耕种,按稔分租,历年无异。嗣因咸丰兵燹,契据遗失无存,两姓父祖后先死亡,乃韦可球突于光绪三十三年抗租不交,曾经具控到县,谕团调处,退还四丘。惟韦可源承耕之夜昙田一丘、罗社田一丘、三斗田一丘、河断田一丘仍复霸耕如故。去年在县续诉,蒙判照旧解租,如违即行将田另批重究在案。殊韦可源阳奉阴违,既不清租又不退田,迫于本年正月再赴初级审判厅起诉,蒙判两造相争均无确证,其从前李姓自耕之田已置勿论,韦姓现耕之四丘即归韦姓管业,心实不甘,请求复判施行。李怀铨供与李春林等同。质据被告韦可球供称:道光二十五年曾祖琮琰公去世,无钱应急,祖韦富随将琮琰公遗存膳田十四丘当与李春林之祖焕,当银一百五十两,仍将该田转佃耕种,年纳租谷,并无拖欠。嗣于光绪二十四年割田五丘交李春林等管业,三十三年又割四丘,均未补过田价,亦未立有字据,现存五丘内除韦成业耕种一丘另行纳租外,余四丘概由民兄弟承耕,租谷照旧交纳,所有民家管业证据,尚有雍正四年宗祠碑记为凭。又据韦可源供称:琮琰公系道光二十五年去世,当年当与李姓之田确系祖业,现有碑记可据。惟光绪二十四年割归李姓六丘,三十三年又割四丘,现在只存四丘各等情。

（证明理曲之缘由:）查原被两造所争田产均无管业契据,一称嘉庆年间发佃,一称道光年间当出,情词各执,互争不决,既无契券可考,应以事实为断。原告李春林等供称韦姓佃耕祀田八丘,百余年来按穑纳租无异,迨光绪三十三年韦可球抗租不交,经控到县,韦可球自知理曲,请凭团绅调处,退田四丘,惟韦可源所耕四丘仍霸如故,李春林等迭控县厅,韦可源等砌词辩诉,竟凭祠碑刊载以为抵制。细阅该被告呈验碑文,字迹模糊,明晦参半,查系雍正四年所立,尚属可信。惟碑面右旁末二行所列琮琰公所遗膳业夜昙等田系韦富、韦宾、韦宰三房祭祀公产一节,字字分明,核与前后字迹大小笔法不符,显系近年伪添,据称该曾祖琮琰于道光二十五年逝世,实年七十余岁,是雍正立碑之年,该曾祖尚未出生,何以名已勒碑,其为该被告后来伪造已可断言。按典当通例,当价可值卖价之半,该被告于光绪二十四年及三十三年两次将田割归李春林永远管业,何以均不索找卖价。又该被告祖辈向以教读谋生,并非耕种专业,如谓因贫当田,必无旋当旋佃之理,是当田转佃一节亦不足据。况自道光以来,该被告之祖若父历年纳租,并无少欠,该田实属李姓祖遗之业更无疑义。苍梧初级审判厅将该被告现耕之田四丘判归该被告执照管业,殊欠允洽,应予更正,判决完案。

（判决之理由:）注销原判决。被告韦可球、韦可源所佃原告李春林等祀田四丘着限本穑收割后退佃拨耕,交回李春林等永远管业。惟该被告佃耕此田经历数世,讯无欠租荒芜情事,尚属可原,从宽判将本穑租谷及因构讼所欠租谷一律免追。本案诉讼费全额应令被告负担,仍由苍梧初级审判厅执行。原告李春林呈验粮票簿据发还。此判。

典买田地不税契　　　天津地方审判厅案

缘蒋继卿向系灶户,有原业地三段,一名九亩地,一名马氏家地,一名邹家坟地,当于杨振春自种。今春蒋继卿备价将邹家坟一段由杨振春手赎回,其九亩地经杨振春先当后卖于孙行三,马氏家地经杨振春之堂侄杨上林转当于杨行五。蒋继卿控,经沧州讯断,九亩地饬孙行三、杨振春共出钱四十吊给蒋继卿作为绝卖,马氏家地着蒋继卿、杨上林照契赎回,而杨行五呈出之白契系当价四百吊,蒋继卿以前当与杨振春系一百六十吊,何以杨振春之侄杨上林当与杨行五迳至四百吊之多,且地亦只二十一亩,与原当之连荒四十亩不合,显系假造。杨上林以转当与杨行五在光绪七年，价钱八十吊，至九年又找典价八十吊，并在原典契注明只许蒋姓赎地，不许杨姓回赎，有骑缝对契各一纸，可凭中人杨宝善可证，因上诉于盐运司署照会到厅，提案断结。

（证明理曲之缘由：）讯据杨行五呈出白契一纸，坚称当价实系四百吊，质明杨上林之对契，称系捏，坚不承认，劝以减让，亦不遵允。窃杨行五称杨上林之对契是假，岂杨行五之白契即可为真，乃杨行五犹坚执白契为凭，不甘退让，合即据理判决，以昭折服。

（判断之理由：）查律载：凡典买田宅不税契者，将价一半入官。虽直省税契新章有光绪三十四年以后典契补税等语，然此乃指加价而言，非谓旧律可废也。此案杨行五所执之典契价四百吊，即使是真，但未税契，应将典价一半入官，断令蒋继卿出钱一百六十吊，杨上林出钱四十吊给杨行五，其入官半价，杨上林等实属无力，从宽免缴，至赎回亩数照杨上林之对契系二十七亩，照杨行五之白契系二十一亩，均不足为凭，荒地无粮，熟地有粮，有粮即有地，自应以完粮之亩数为断。查此地虽经杨行五当种，而花户仍系蒋姓，每年上下忙由杨行五交钱，蒋继卿完粮，合照粮串之数目折合亩数如数收地，以杜争执。杨行五虽不具结，而自知理屈无可狡展，但藉口贫老以相要求，姑念业已播种，准于仲秋收割后，蒋继卿等交钱，杨行五交地，在沧州完结。蒋继卿、杨上林遵已具结，杨上林对契、杨行五白契均注废存卷备查。至杨振春之转卖与孙行三九亩地，经沧州已断给蒋继卿钱四十吊作为绝卖，已在州具结，应毋庸议。案已判决，一面具咨呈覆盐运司署，并附还司卷，一面移知沧州查照备案。此判。

伪骗管业　　　　　澄海初级审判厅案

缘教民黄彦卿系澄海县人，现充浸信宣道会乐调教习，伊父黄宝山奉教多年，于光绪十九年正月初九日向美国耶士摩教士领仰照一张，租地一块，阔四丈四尺五寸八分，起盖瓦铺一间，坐落汕埠新潮兴街，每丈地租银三元，合计年纳租银十三元四角，嗣因该铺买婢为娼，经揭阳县讯明移请澄海县查封在案。光绪二十六年监生郭秀湛备价银八十元，赴县将该铺承领，经前署澄海县方于七月二十七日发给执照，注明准该监生永远管业。宣统元年黄彦卿以郭锦炳、郭秀湛之子伪骗管业等情赴汕埠警局具控，经迭次质讯，郭锦炳卒不遵断，旋被押追。八月二十八日判令黄彦卿出银一百五十元赔补郭锦炳修葺费，限次年六月初一日将铺交清，两造具结，随将郭锦炳保释。九月初三日，郭锦炳始缴执照到局，并具状领回银一百五十元。至十一月郭锦炳因之病故，宣统二年六月朔，郭刘氏延不搬移，警局以该氏夫亡子幼，情有可矜，复判令黄彦卿格外给银六十元以示体恤，又展限九月初十日将铺交清，来局领银，届期安居如故，迭饬区所巡警督迁均归无效,警局复禀请惠潮嘉道吴札饬澄海县究追,随将全案移县,尚未传讯。本年六月初十日黄彦卿复据情呈诉到厅,十四日庭讯,据黄彦卿则以伊父仰照租折为凭,据郭刘氏则以阿翁执照为凭,两造各执一词,未便臆断。二十二日覆讯,各供如前,嗣移文澄海县专差送卷到厅,闰六月十六日复传集两造讯明各情,案悬三载,未便听其拖延,应即判决。查黄姓之铺虽领有美教士仰照,既经澄海县查封,该铺即归官有,无论何人皆得备价承领,郭秀湛缴银八十元,由澄海县发给执照,永远管业,照内并无准予黄姓赎回字样,则此铺之应归郭姓毫无疑义,细阅黄彦卿租折,情词支离,诸多疑窦,其为捏造可知。如果当日郭秀湛愿立租折,黄宝山自应追回执照呈请地方官更换自己姓名,照契管业,方不至节外生枝,何以迟至十年之久?黄宝山与郭秀湛均已物故,黄彦卿始赴警局具控,殊属不合。访诸舆论,佥言此案被冤。无怪郭刘氏三次赴庭辄泪涔涔下也,若照原判执行,则寡妇孤儿何处觅栖身之所,既违公理,复戾人情,实不足以昭折服。本厅准情酌法,断令郭刘氏将该故夫所领银一百五十元克日料办,如数呈缴到厅,转给黄彦卿具领,其执照仍发还该氏收存,至年纳美教士地租应归郭姓永远负担,讼费银三两原被告各出一两五钱。此判。

恃强赎地　　　　抚顺地方审判厅案

缘白恒坤于光绪二十四年典得白云生祖遗册地十六日,坐落杨柏堡村南,典价钱四千零四十吊,立有典契。三十年,白云生又托胡庆升转央原中胡正邦向白恒坤找价钱七百六十吊,共计钱四千八百吊,亦载在契内。今春,白云生备价赎地,白恒坤狡赖不允,白云生遂以匿典图霸等情赴初级审判厅呈控,经该厅查讯明确,此地实系白云生出典,并非白恒坤祖业,判令受价退地,白恒坤不服来厅上诉。查控争地亩必以证据为凭,方足以辨虚实而别真伪。调核白云生所呈远年地段,单其祖遗册地原有三领,名一为海西那,一为孔住,一为克里被。其海西那领名之地昔经白云生之父艾隆阿绝卖于依林为业,以彼证此,则孔住、克里被二领之地系白云生之祖业无疑。又白云生呈验纳粮执照皆乾隆、嘉庆年间所遗,印信犹存,断非伪作。又此地自嘉庆以至光绪,典赎共经七次,白云生所呈历次抽回典契亦皆确实可考。又此地于同治元年曾典给郑天福,至光绪十三年经艾隆阿赎回转典佟玉枝耕种,其时族人保安等觊觎该地,指为合族伙产,在旗署涉讼,经该佐领催乌勒禧善调处,该地仍为艾隆阿管业,或典或卖,不与族中相涉,议约俱在,亦足为证。综核白云生呈验地单、执照、老契、议约,俱凿凿可凭。而白恒坤坚称地系伊之祖遗,并非出自白云生价典,追验凭证,仅止呈出二十四年以后纳粮执照数纸,此外别无可据,第以纳粮之执照证以典地之年分,事既吻合,情亦相符。乃白恒坤又将二十七年执照"七"字改作"三"字以图朦混,居心巧诈,情伪愈显。屡加开导,白恒坤非特不知悔悟,犹复任意狡辩,中人胡正邦亦扶同隐饰,本应遂复添传证人白太德、郑恩溥、佟玉枝等到案,逐层查讯当日白云生之父艾隆阿如何因典此地与族人涉讼,如何调处了结,如何赎地转典,供皆历历如绘,及质之佃户何锡祥亦谓承种此地计易两主,初交佟玉枝租粮若干石,继交白恒坤租粮若干石,何年起何年止,又复一一可数,环质再三,白恒坤始俯首无词。初级审判厅洞烛其奸,判令白云生备价赎地,白恒坤退地领价,办理甚属公允,自应仍照原判办理。惟白恒坤匿典霸产,本应治以应得之咎,以儆效尤,姑念乡愚无知,业经悔悟认罪,从宽免其置议,着候照会该厅执行,毋再狡执,自干重咎。讼费典价核算照章应征银十两,诉讼人到庭十一次,应征洋三元三角,证人到庭六次,应征银三两,均着白恒坤呈缴,分别归公给领。此判。

奸孀霸产　　　延吉地方审判厅案

缘马育仁,山东蓬莱县人,娶妻张氏。于光绪十五年只身来延吉府守信社垦荒五十六晌,娶妾于氏。二十六年,马育仁身故,于氏姘嫁吴长发,坐享马育仁之产,生有儿女。三十三年,马育仁之胞弟育才以奸孀霸产控告于氏,诉称嫡室张氏嗣子希珠前有信来,延嘱其保守产业,以俟运柩之便,前来经理,经延吉府讯断,以于氏既已改嫁,义与夫绝,即不应管马育仁之产,马育才是否育仁胞弟亦难凭信,饬吏查点马育仁家产,交该处巡长管理,一面移查原籍。今据牒覆,马张氏为育仁之嫡妻,希珠即其嗣子,育才为育仁胞弟属实。旋据马张氏来延,呈请发还地照租粮前来,遂以事关财产,未便受理,即将原卷原呈并卷宗地照移送到厅。马张氏复邀同保证呈请发给,查询属实,自应仍照原断判结。

（证明理曲及判断之理由:）查马育仁既死,其妾于氏改嫁吴长发,生有儿女,既非马姓之人,即不应坐享马姓之产,马育才为育仁胞弟,无怪其起攘夺之心也。于氏不守节而守产,死而有知,既无颜以见马育仁之面。出与庙绝,更何辞以拒马育才之争,乃复以合伙劈伙登之呈词以为据产地步,一时失足,后悔已迟,展转弥缝,更有何益。马张氏为育仁之嫡妻,经山东蓬莱县查覆确实,该氏夫出在外,则为之苦守,夫死于外,又为之立嗣,遗孤在室,为柩远来,艰苦零丁,闻之酸鼻,较之于氏夫在长相依,夫死即改节,一贞一淫,大不同矣。抱病不能到堂,未必非羞忿之所致也。所有财产应准马张氏管理,既有地邻妥保到庭,地照当堂发还保领状付卷,均省释。讼费十五两马张氏照缴。此判。

兄弟争产　　　贵阳第一初级审判厅案

缘胡荣春兄弟四人,荣春居长,次先春,次占春,次逢春。其父在日,荣春以长子当家,田业皆其手置,光绪三十一年,父没析产,写立分关,荣春遂以长田一股为其私有,不分诸弟,又秧田一分亦属荣春自种,年分秧田若干给诸弟栽植,暨先春、占春、逢春等先后将所分田卖罄,秧田无用,先春遂将自己一股卖给荣春,余三股仍系荣春经管。本年先春、逢春相继病故,先春妻胡杨氏、逢春子先科与荣春争论产业,呈诉到厅。讯据所供情词无异,案无遁饰,自应据理判决。

(证明理曲及判决理由:)查此案胡荣春为先春、占春、逢春等之长兄,则其父在日置备产业,自系由彼经手,父没析产亦应平均分受。胡荣春辄谓长田为本已私有。查阅田契系买于光绪二十一年,彼时其父未没,兄弟同居,何能私有财产?光绪三十一年写立分关时,荣春抽出此田不分,诸弟已属不合。又久种其共有秧田,致先春妻杨氏、逢春子先科啧有烦言,尤失尊长之体。胡荣春著将长田划分四股,以一股分给占春,以二股分给胡杨氏、胡先科,余归己有。秧田一起,先春一股已卖给荣春,著毋庸议。逢春一股酌估价银三两,由胡荣春呈缴,本厅发给胡先科承领,书立卖契完案。占春一股令其自行栽种,长田暨秧田契纸发还,讼费八钱四分归胡荣春缴纳。此判。

在服官省分强买民房　　　清苑初级审判厅案

缘儒学史绍棠于去十月凭牙保曾寿荃等典当何林阁房屋三间,载明三年为限,并与何林阁合意成约,注定"日后倘或变卖,仍归史姓承买"字样,经牙保等将该契在自治局投税后,史绍棠在自治局将该契取回,见所注字样涂消,本只请求将涂消字样回复原状,乃竟以典为买,赴清苑县具禀,求将典契改为买契,殊属不合。后经附生许育瑄叠次在县具禀,云该房三间现已卖与该生为业,经清苑县移送过厅,复据史绍棠呈出典、推契各一纸,其典契系讯据史绍棠呈出,典推契各一纸,其典契系原典之契,细阅涂消所注字样,依稀尚可辨识。其推契系清苑县当堂所立,照原典钱数加价六十吊。又据许育瑄提出印契一纸,系前月二十五日始行报税,是所买在史绍棠与何林阁涉讼之后,且史绍棠于去十月始典该房,当此典限未满,许育瑄遽行预买,亦属非是。何林阁将已典与人房宅朦胧重复典买,曾寿荃牙保知情,均有不合之处。但案属民事,照章勿再科罚,概行免议。至房产镠辖,质讯已明,应即判决。查此案史绍棠典当何林阁之房,本非绝卖文契,照例应俟典限期满,听卖主回赎。若卖主无力回赎,许凭中公估找贴一次,另立绝契纸。若买主不愿找贴,听其别卖,归还原价。是史绍棠如欲将该房产绝,须俟卖主无力回赎,愿意找贴,方许承买,不得与卖主何林阁不愿找贴之时,勒令绝卖。即许育瑄如欲置买该房,亦须俟史绍棠典限届满不愿找贴,由卖主别卖之时然后承买,况史绍棠既与何林阁合意定约,注有"日后变买仍归史姓"字样,外人何得干涉涂消。是许育瑄亦不得于史绍棠既典之后,典限未满之时,不问典主愿意找贴与否,遽先争买。判将史绍棠原典房契回复原状,所找价钱六十吊着何林阁退还,将在县所立推契取消,何林阁限满有钱听其回赎,如无力回赎,许凭中公估,由史绍棠找贴绝卖。若史绍棠不愿找贴,或希图短价,可俟何林阁别买之时由许育瑄加价竞买。现时史绍棠典限未满,照例不应强赎。土俗惯习有云:要卖先赎典。若既不应强赎,亦即不应出卖。何林阁既不应出卖,许育瑄又何得承买,故许育瑄所买何林阁之房十间亦应将其中史绍棠所典之房三间取消,俟史绍棠典限满时再定业归谁主。此判。

妄控捎赎　　鄞县初级审判厅案

缘赵炳纬之故伯父赵安澜于光绪四年间有坐落东岳宫前地方五架、平屋二间,契典于杨梅房为业,计价一百二十千文,订明十年以后备还原价取赎,嗣后杨梅房无人,将屋归于子婿周南卿,又即赵安澜之外甥收花管业。五月十八日,赵炳纬以周南卿典屋捎赎等词来厅呈控,经传被告集讯明确,应即判决。

(证明判决之理由:)此案据赵炳纬呈与供词,以周南卿因捎赎而为图占之地步,而周南卿供以业主赵安澜系其胞母舅,原告赵炳纬系亲表弟,对于其人自五年以来未曾值面,对于典屋一节有无捎其取赎情事,呈出契据,请求察核。即据以质赵炳纬,乃无词以辩,可知周南卿对于母舅赵安澜所典之屋并无捎,赵炳纬取赎,则更无所霸复占,原告所控殊有不实。今据此理由,宣示明白,合予判决如下之主文。

(判决主文:)周南卿于赵炳纬、伯父赵安澜所典之屋并无捎赎情事,原告所控不实,应予赔偿损害,因关至亲,准与声明谢过。印费洋六元五角着原告缴纳供附。此判。

霸占住居　　安庆地方审判厅案

起诉缘由:宣统三年六月初八日,职员崇安遣委任人王福以宋湘泉即传纶于去腊出典小南门万亿仓正街住屋一所,霸住不交,来厅起诉。同月十三日,宋秦氏以次子传纶勾典枭吞来厅辩诉,经本厅批斥,宋秦氏复到高等审判厅抗告,由高等厅批斥发回。

证据:崇安抄呈典契一纸,出屋限字二纸。宋秦氏呈验宋元白遗书一纸。

判词:缘已故之怀宁人宋元白有房屋一所,坐落小南门万亿仓正街,上年十二月宋元白之子宋传纶、宋传祺等出典与职员崇安为业,言明典价一千二百两,当付银六百两,本年二月又付银八十两,尚余银五百二十两,约出屋交付,嗣因屡催交屋不理,崇安之委任人王福来厅起诉。本厅当饬承发吏严催勒限交屋,宋元白之妻宋秦氏因与诸子分款不匀,不肯出屋,来厅辩诉。经本厅批令,一面自行理处,一面出屋。宋秦氏不服向高等审判厅抗告,经高等厅批斥,以案系两起,不能藉抗告以抵赖典价地步,照饬地方审判厅分案办理,准此。当经本厅分别集讯,知宋元白在日系兼祧三房,先娶何氏,生传经、传纶,继娶秦氏生传祺、传授、传纪、传纲。当时宋元白在,曾议将长子传经归长房圣公为后,次子传纶归本生父华公为后,三子传祺以下归三房畴公为后,写有亲笔书函为据。维时传薪等尚未出生,相安无事,今则三房丁多,家产只有此屋,典价分派难匀,且元白在日债务累累,诸子亦各负有私债。此次典价六百八十两系传纶手受,宋秦氏疑传纶入私,故未肯出屋,据传纶供:兄传经早丧,父去年才死,父在之日所欠债项目下均向伊索偿,因伊债累不堪,是以去腊与母亲弟侄商议将住屋出典,所得典价六百两,除分给传经之妇十二两外,其余皆还公债,有账可查。本年二月间,向崇姓续取之八十金,系为传经之媳身死丧葬之用,渠实未私用分文,质之宋秦氏亦无异说。案既分别讯明,亟应归并判决。查宋传纶所得典价既系偿还公债,及为传经之媳丧葬之用,自是正办,应毋庸议。其余款五百二十两,论名分本可按三房均分,维诸子既系一父所生,骨肉之间总当原情衡断,不能使有集菀集枯之感。应将五百金作为十股,分长房传经之妇宋杨氏得三股,二房宋传纶二股,三房传祺、传授、传薪、传纪、传纲各得一股,外以二十两作为宋秦氏养赡,以后此屋如有赎取杜卖之时,亦按此次断定十股计算,无得异说。至宋元白手遗债项除已还外,计尚有三百九十两,亦按十股分偿,所有欠周树棠之二百两着宋杨氏认还一百二十两,宋传纶认还八十。欠周景尧之二十两,李云卿、于心九之本洋各一百元,着三房五子分还。私债均各人各理。具结完案。其崇安应付典价一千二百两,除已付六百八十两外尚存银五百二十两,当饬交到本厅典簿所,由宋杨氏等按数来厅领取,其屋限十日交出,不得再延,应征讼费银十两从宽折半,由宋传纶等按照十股分缴。此判。

判牍三 钱债门

职官亏空公款借债不偿　　　　梧州地方审判厅案

据原告严冥阶供称,前浙江玉环同知骆子卓,因亏空公款,无力赔缴,于光绪三十三年四月初五日,请凭钱恭伯、潘仲舫、严子文等向伊借去店本英洋一千元,立有借约,订明按月一分起息,今冬回任,照数本利归清,倘到任日远,当令长子返粤售产,子母归还,决不食言等语。是冬经伊收过利息英洋二十元,次年八月初十日,骆子卓携眷去浙,查询无踪,客春,始闻补授梧州府知府之信,八月十六日,伊即筹措盘川,由温航海,经由广州、佛山而达梧州,盘桓两月,辛苦万状。追骆子卓调署柳州,由梧同行至署,旅居数月,悬款无着。七月底遂出署,计自去腊起截至今年六月底止,陆续用过骆子卓毫银二百三十元,临行要写收条一纸,注明川资字样,请调阅收条,如系利息字样,甘愿加倍处罚。又称此案经伊控诉各宪批饬清偿,骆子卓抗谕不理,故来厅呈诉,所有骆子卓旧该本息英洋一千四百四十六元六角六分,及因债亏累川资、辛金、杂费银一千四百四十四元八角六分,又将来应用旅费,请求判令如数给偿。证人严子文供同。质据被告委任家丁蒋瑞祥供称,家主前在玉环同知任内因公亏累,借过严冥阶英洋千元,按月一分起息,书立借约是实。在温还过利息英洋二十元,在柳又还过毫银二百三十元,收条均由家主长子骆沛云带往佛山,明正可望寄来。惟收条是否书明利息抑或作为川资,家丁实不清楚,家主宦况清苦,如蒙减利还本,拟即筹款归还,万一不能减利,亦请秉公判断,一俟领出养廉,即便先行缴厅,其余悉由明年正月内全清各等情。

(证明理曲之缘由:)查骆子卓因在浙亏欠公款,无由弥补,于光绪三十三年四月初五日凭中向严冥阶借洋一千元,按月一分行息,书立借约,以到任或售产为偿还本息之条件,随后骆子卓去浙来桂,则所借严冥阶之款自应回粤售产或另筹清偿,以践前约,否则于柳州府署任内,严冥阶来署追债,即应设法清理,乃迟之又久,偿款无着,致令严冥阶迭禀上诉,逗留甚久,请求损害赔偿,本无不合。惟严冥阶从前慨然以千元巨款济骆子卓之急,交谊不为不笃,今虽远道索偿,而骆子卓景况欠佳,本息偿还,一时尚难办到,若复备列他项费用,丝丝计较,负担过重,于事实究属难行。应判令骆子卓按照原约本息银色限期清偿,以息讼端而全友谊。严冥阶追债来桂不无损失,即以柳府所用之款作为川资,严冥阶不得格外要求,骆子卓亦不得再求减少。判决完案。

亏欠巨款破产还债　　　　新民地方审判厅案

缘薛明玉之父薛秀章于光绪九年间在新民府街上开设永升店生理,其柜事归执事人方献亭管理,己亦在店照看。至十四年间,薛秀章病故,薛明玉胞兄薛明俊接管柜事,按年结算账目,向有余利。因值二十六年地方变乱,生意赔累,以致无本。至三十一年六月间荒闭,所出凭帖经薛明俊陆续开发清楚,各债未偿,薛明俊于三十四年五月间病故。宣统元年二月间,苏秀峰即以抗债不偿等情在新民府控告,经新民府集讯,薛明玉因债多产少不敷开发,自愿破产均分，未及讯结，值审判厅成立，由府将原被卷宗咨送到厅，当经本厅提讯，薛明玉复申前请，并将所欠各账开单呈送，嗣据各欠户亦以薛明玉估变摊还等情，前后呈请前来，经本厅提集质讯，取具各欠户图书账条分别移请各该地方衙门调查数目，均属相符。饬令薛明玉如数开列清单，派员带同原被前往照单查明，公同估计，报告到厅。旋据苏秀峰等以薛明玉尚有隐匿产业开单请查，质之薛明玉供称，所指之产均已押卖与人，令将押卖之人并文契找送来厅，查得苏秀峰所指隐匿之产在袁瑞堂处地三十九日，永聚增即袁麟书处地二十九日七亩，王香亭处二十三日八亩，周惠风平房五间。提讯袁瑞堂、袁麟书、王香亭、周惠风均称实有此项房地，惟均立契押卖。查验袁瑞堂之地押价市钱六万吊，袁麟书之地押价三万二千吊，王香亭之地押价一万二千吊，契内载明指地借钱。袁麟书之契系三十一年十二月十五日所立，均系薛明玉自置之产。王香亭之契系三十二年六月间所立，系薛明玉原典宗室锡臣之地，随带红契。周惠风之房原价一千吊，系属卖契。其余所指零星之地或系远年典卖，或系薛明玉族叔薛连浦之产。原指之苏秀峰等亦称不必再查，并愿出具别无隐匿产业甘结。本厅以袁瑞堂、袁麟书、王香亭所押之产既系指地借钱，又均得有利息租项，与典卖者不同，自应归入众欠户内，一律摊还，以昭平允。即将原押之契送商务会估明价值，具覆到厅。复经本厅传集，公同查讯明确。薛明玉实欠世昌德市钱四万零四百六十四吊四百文，义盛德二万吊，恒有为九万四千零八十吊零九百五十文，裕盛增一万三千七百八十七吊，裕恒隆九千三百零五吊，王维清即全福堂八千九百五十吊，侯耀先即宝生堂一千七百五十一吊七百五十文，周鹏金即本立堂一千五百五十九吊四百文，魏聘卿即成厚堂六千二百九十九吊四百八十文，协成玉三百六十六吊九百七十文，天益德即尹秀生二千八百六十吊零四百文，义顺东一万三千七百三十八吊六百文，巨盛当即齐玉贤三百九十五吊七百九，福顺店二百二十一吊八百三十文，庆升号八千零二十二吊七百九十文，庆升东二千一百九十一吊八百八十文，东兴堂二千吊，福盛和四百二十三吊七百三十文，庆升当七百七十二吊三百九十文，福顺兴一万一千一百五十七吊八百四十文，谦益亨三百四十五吊七百文，顺成永九千九百四十一吊，万裕隆八百五十吊零八百七十文，增益涌二千二百八十一吊八百四十文，增兴涌五百三十八吊九百文，德聚成一万二千二百二十六吊七百四十文，太和堂八千六百九十一吊六百五十文，祥发栈四千六百八十一吊六百八十文，王占春一千二百六十二吊四百四十文，增盛庆二万四千二百三十吊零八百五十文，苏秀峰三万一千三百四十五吊，福德隆即沈瑞周四百八十文，袁瑞堂六万吊，袁麟书三万二千吊，王香亭一万二千吊，存发德四千五百三十九吊二百五十文，东升怡一百零七吊五百文，张老俊一千九百八十六吊八百文，福盛号二百八十吊，福顺成四百四十二吊二百文，恒春福二百三十五吊一百六十文，广生贞一百九十八吊，天成永三千六百七十吊，乾生当三百十七吊三百文，义记二百十三吊二百四十文。以上共欠各户市钱四十四万一千二十六吊三百二十文。惟各号欠户分隶各处，未能按户到厅，既令亲信之人代表，亦均取具担任各结。内有零债数家，或其店业已荒闭，或其人不知去向，查找需时，自应先照永升店原账，合数薛明玉所交之产。经本厅派员带同原被公同估得实价九万六千零二十一吊，袁瑞堂等押产并官斗秤，经商会估明价值八万五千七百一十八吊，两共值价十八万五千九百八十九吊，内有原估官斗四面，值价三千四百五十吊，官秤一杆，值价八百吊，共值价四千二百五十吊，此系永升店原领官斗秤执照，店荒即废，何能变价，应行扣除，净值价十八万一千七百三十九吊。按照估价，摊还各户，均皆允服。惟袁瑞堂再三狡展，据称伊债系薛明玉所欠，与永升店无涉。查永升店为薛明玉完全股东，店与家本系一事，况现在所变之产均系薛明玉家产，岂能分其家债、店债？又称伊债系二十六年因薛明玉被绑，借其救命之款，与别项不同，不能归入大家欠户内摊还。查薛明玉被绑，袁瑞堂借款相救，以对薛明玉一方面而论，固属恩同再造，与寻常借项不同，如系薛明玉自行开发，自应先尽此债，然现在薛明玉之债不敷开发，已将各产交出，听候公估摊还，则各产即属各欠户之产，在各欠户与袁瑞堂并无感情，自应相提并论，何能再分厚（簿）[薄]？又称伊原控时并未列名亦无人告发，因众欠户有契假之说，是以到堂验契，何能扣留估价？查薛明玉破产还债，不敷甚多，凡原有之产无论当、卖，均应查验，如有隐匿者，各欠户亦可指究，本不在原控内，有无其人，亦不在原单内有无此产等语，再三理喻，袁瑞堂总不输服，案关破产，欠户众多，未便以一人不服致滋拖累，应即判决。查此案薛明玉所欠各债或系存留货款或系来往欠项，均属互有账据。惟袁瑞堂、袁麟书、王香亭所借之款另有红契及原典契作抵，现在薛明玉破产还债，既属公估摊还，自不能以有抵与无抵者稍有分别。况袁瑞堂、袁麟书与薛明玉均系至亲，其款据称系二十六年所借，至三十一年另又立契，即使属实，借款与押产相隔数年，其为永升店荒闭，取先发制人之巧可知。况与王香亭得过租项利息，较语别项空欠之债更为优异，应将押产估变公摊，以始大公而示平允。查薛明玉共欠债四十四万三千八百三十四吊七百七十文，其所交之产及袁瑞堂等押产共估价十八万一千七百三十九吊，以估价均匀核算，每一户均可照四成零九毛四丝七忽五微摊还，应即判令各户，无论欠数多寡，何项欠款，一律照四成零九毛四丝七忽五微摊还。惟薛明玉所交之产均系田产杂物，拍卖变价实非易易。现据各债户供称此项产业均愿领回照估变分，本可照准，然欠户众多且有未到者，若遽予发给，难免不有借口之人，应将估产单先行发给各欠户，按照大小欠数，如何友配领产,公同议明后,再行呈领契据。或交商会公同均分,亦听欠户之便。周惠风所受之房既系托卖,不能再行估变,契据发还。薛明玉原典之产,无论何人承受,至期应准出典户备价赎回,不得藉口刁难。薛明玉家产既经各欠户查明具结,谅无隐匿。讼费赤贫免追。账据注销,存案备查。此判。

合股营业耗欠巨款按股勒追　　新民地方审判厅案

缘靳锡九邀允余荫堂即景和,承荫堂即葆勋,福盛堂即苗瑞祥,三多堂即常世卿,三德堂即赵省三,慎余堂即雷秀廷,厚荫堂即李玉书等股东八人,各出资本,立有合同,于光绪二十四年间在新民府街开设公兴泉烧锅生理,系李玉书充当该号执事人,开至三十四年正月间清算账目,按股均分余利。福盛堂即苗瑞祥、三多堂即常世卿、厚荫堂即李玉书均于清账后退股,立有退约。复经余庆堂靳锡九出资本市钱六万吊作为四股,余荫堂即景和出资本四万五千吊作三股,承荫堂即葆勋出资本二万二千五百吊作一股五厘,三德堂即赵省三出资本四千五百吊作三厘股,慎余堂即雷秀廷出资本四千五百吊作三厘股,归靳锡九执事,立有红帐。该号向凭出帖流通,以资周转。是年六月间,新民府管守整顿凭帖,与商会议定各铺量本出帖,刻有告示官戳,勒限收旧换新,俟旧帖收齐后,均以刷印官戳之帖纸为凭,不准额外多开,亦不准私行开使。公兴泉原限准出凭帖市钱十万吊,系瑞生栈、福太香、恒增店、福世兴并公兴泉共五家连环出保,靳锡九因图多收粮石,所限凭帖不敷使用,独自起意赴天津不识姓名刻字铺中刻得官戳一块,陆续自行填写行用,合股东因未在铺,均不知情。宣统元年十二月间,公兴泉被凭帖挤荒,经新民府张守传集股东,查封铺产,先交商会变价收换凭帖,以图补救,乃该号凭帖额外浮开,以致愈收愈多,势难救全,即将出保各铺并令靳锡九之侄靳益三交出文契,先行分别封存。嗣经景和以前与靳锡九等伙开公兴泉,业已退股,只有存款,并无股本等情控奉(农工商部转咨)督宪札府查办,新民府将办理情形呈奉提法司批饬送归审判厅讯断。旋准新民府将人证原卷移送到厅,当经提讯,据靳益三供称,伊铺实系与景和等伙开,有红帐为证,景和于去年十二月间来铺,见凭帖被挤开去,公兴泉不填年月空借卷一纸,计银五千两,伊现以查明共出凭帖三十九万九千九百六十二吊三百文,至私刻官戳浮开凭帖,均系伊伯父靳锡九所为,伊与各股东先不知情,质之股东葆勋等,供亦相同。提讯靳锡九,因病未到,即经勒限催传景和去后,旋据日商大仓煤局以公兴泉赊欠煤价洋一千四百九十七元,合市钱一万一千六百一十三吊;牛马税局欠交宣统元年冬季酒税大洋一千七百二十八元,作小洋一千九百元另另八角,合市钱一万五千另一十六吊三百二十文;交房租二千九百吊。又欠福世号市钱一千三百五十吊另五百八十文。又欠公集号市钱五千吊。又欠公发源市钱三千二百三十二吊六百九十文。又欠华顺太市钱三百三十三吊六百六十文。又欠同源号市钱一万吊。又欠福善堂市钱三千八百另六千四百七十文。又欠金记市钱五千二百五十九吊六百五十文。又欠万育堂市钱十一吊一百三十文。又欠天源生市钱二十七吊一百一十文。又欠世义炉市钱三百吊。又欠马双全市钱四千三百四十三吊二百三十文。又欠周辅臣市钱一百五十四吊。又欠合盛增市钱四十吊另二百二十文。又欠福兴店市钱八十五吊八百九十文。又欠广兴店市钱三十吊另二百三十文。又欠宝聚永市钱十五吊另四十文。又欠杨老芳市钱六吊四百文。共亏欠市钱六万五千四百四十六吊六百六十文。又新民府征收各捐,公兴泉凭帖三万三千三百吊。又彰武县五千四百十四吊。又广宁正黄旗三百八十六吊。又白旗堡路记四百九十四吊。又巨流河路记三千八百八十二吊。又广宁正白旗五百二十四吊。又宾图王旗三千九百五十六吊。又新民府巡警局二千七百十吊。又新民府各商号共十万另六千四百九十六吊。又在新民府报明挂号者共十五万八千六百八十六吊。又商会在公兴泉占变货物价内收回凭帖六万九千另另八吊文,共合该号凭帖三十八万五千九百三十吊。均经分别移报,起诉到厅。景和亦委任王旭堂前来质讯,据商会报称,靳锡九业已在家病故,复经集讯。据王旭堂供称,景和在公兴泉退股时,有李玉书即李祥林可证,迭次催传李玉书到厅质讯,据称三十四年公兴泉折股时,景和实不愿再行合伙,后经靳锡九力劝,伊因退股后不能久住,即已回家,究竟后来景和听从与否,伊实未知道。诘以三十四年公兴泉折股时退股之股东,如李玉书等,均有退约,何得景和独无退约?如折出股本作为存款,何以并无公兴泉之借券?红帐为商家最可信之据,该号红账内写明景和（人）[入]股本四万五千吊,作为三股,众目昭彰,何以景和不向一争乎?景和在农工商部所控以及委任王旭堂到厅所供,均以李玉书一到即可立剖真伪,何以李玉书亦供后来景和听从否伊实未知情,各项逐一驳饬,王旭堂一无可答,随即派员会同商务会眼同众股东将公兴泉铺产开单公估,饬令封存,复加研讯,均各供晰前情。饬起私刻官戳无获。公兴泉凭帖据称共出三十九万余吊,尚缺万余吊,谅系散布四外,未能尽到,案关存失信用凭帖,钱债欠户众多,守候已久,未便因各户未齐再行稽延,自应照现查各数先行判决。查公兴泉共欠外款六万五千四百四十六吊六百六十文,共出凭帖三十九万九千九百六十二吊三百文,除去先经新民府在该号变卖货产价内收回凭帖六万九千另另八吊文,尚有凭帖三十三万另九百五十四吊三百文,两共合市钱三十九万六千四百吊另另九百六十文。该号在商会仅存变卖货价八万八千一百另七吊五百五十文。又续估铺垫麦酒房价共计十三万四百五十七吊另五百文,两共值二十二万二千六百七十八吊另五十文。以此两项抵还欠款,及开付凭帖，核计可照五成六厘一毫七丝均匀先行开发。惟该号所欠或系钱粮税款，或系信用凭帖，均非寻常债项可比，自不能因铺产已破即作了结，所有不足之数应照各股东股分另行照算勒追，核计该号亏欠，除先行开发外，尚亏十七万三千七百二十二吊九百十文，每股应摊追一万九千另九十吊另四百三十文。靳益三四股应摊七万六千三百六十一吊七百二十文。景和三股应摊五万七千二百七十一吊二百九十文。葆勋一股五厘应摊一万八千六百三十五吊六百四十文。雷秀廷三厘股应摊五千七百二十七吊一百三十文。赵省三三厘股应摊五千七百二十七吊一百三十文。所有出保各铺虽有经新民府查封者，然必须俟各股东追不足数再行变价赔抵，以昭公允。至靳锡九因收买粮石以所限凭帖不敷使用，辄敢起意私刻官戳，浮开凭帖十九万余吊之多，以致有失信用，实属不合，本应理送刑庭照例讯究，现既在家病故，应毋庸议。其侄靳益三及各股东既未在铺，讯未知情，尚属可信，均毋庸议。其应如何分别开发，铺产应如何变价，俟牒新民府督同商会核办，以期官款早日得清，民间亦免空执荒帖之累。再公兴泉所开各户欠单，非各号零星尾欠，即欠户早已搬居，自不能以此抵充，应由该号各股东择其在此居住者另行起诉，景和开去空飞，将来无论落在何人之手，均作为废纸。讼费按照四万两应征银九十五两，着公兴泉缴纳归公。此判。

积欠货款无力缴还伺隙潜逃　　安庆地方审判厅案

　　缘张光梯隶籍怀宁县，向以批发木料贩运为生，光绪三十三年向金赤红、潮世高开设之同万顺木棚批发木料，前后共该本洋九百余元，除陆续归还外，尚欠洋二百八十九元，有光绪三十二年九月、光绪三十四年十二月期条可凭。张光梯无力还缴，节经金赤红等催索不偿，来厅起诉。当经本厅传张光梯讯问，所欠属实。惟数目两造所称略有不符，当饬取保覆讯，时有职员刘镇堃具立保状去后，不料张光梯伺隙潜逃，经刘镇堃禀报到案，本应即严饬刘镇堃会同该姓族长张湖荣等四出找寻，月余无获，因案难久悬，由本厅责成保人刘镇堃、该族长张湖荣、张湖峰将光梯家产切实查明，开单呈核，以凭拍卖抵款。兹据张湖峰等开单前来，应即阙席判决。查张光梯欠金赤红款项，虽所称数目互有不同，而被告既经逃逸，自不能以其所供之数为准，应照金赤红诉追银数，断以家产抵偿。察阅张湖荣等开呈张光梯家产只有瓦屋四间，菜园一个，已押与人田种五斗零，赁种他人田种三斗零，此外别无值钱之物可以抵债，当将单开田产一并断归金赤红等收受，金赤红等以变价为难，不愿受产，亦系实情，着刘镇堃、张湖峰等限期两月变价呈缴，以便饬领，除变价外尚有不足之数，自应责令张光梯一律清偿，以为悬债远飏者戒。惟张光梯家产既经查明抵债，准情度理，自不能责将余债即日缴还，应宽限偿期，自宣统五年正月起，每月缴还本洋二元，至数讫乃止。讼费应由张光梯缴纳，姑念赤贫，遵章宽免。此判。

戚谊介绍借债　　　　天津高等审判分厅案

缘天津县商民陈明贵、万长清、靳文玉系属戚谊，万长清向在本埠宫北大街开设长升义鞋铺。光绪二十八年曾托陈明贵转恳沈方舟作保，向恒昌钱铺立折交易，积欠津钱六百三十吊。又据陈明贵诉称，另向沈方舟代万长清浮借津钱三百吊。二十九年秋，长升义被灾歇业，万长清遂赴奉天营业，恒昌亦于是年关闭，沈方舟旋亦病故，万长清遂赴奉天经商数载，颇有积蓄，挟资回津，遂称小康。靳文玉因向万长清称贷未遂，致启微嫌，陈明贵忆及万长清欠恒昌之款未归，遂持嘉立堂与恒昌号收条各壹纸，指靳文玉作证，赴天津地方审判厅控称此款由伊筹归沈方舟转还恒昌，伊应取得债权。该厅判令万长清偿还津钱六百吊，陈明贵不服上诉来厅，经本厅民科第二庭传讯，察出收据与诉状所开数目互相颠倒，旋据恒昌股东道员翁佩甫遣抱来厅，诉称此款并未偿还，正在研讯，尚未判决。因陈明贵紊乱法庭秩序，发所管收，陈明贵之妾陈魏氏念夫被押，妄称伊夫系属职官，现被责押，性命可危，指万长清捏造假账，希图赖债等情赴京师（总检察厅上诉，移归大理院审讯，该氏供仍如前由）。院行文来厅，改归本庭再讯，旋即传集一干，调齐证据，迭次鞫讯，逐款证明。

（证明理曲之缘由：）陈明贵所控情节以收条两纸为案内之要据，察阅两条系一人笔迹，纸张印色皆同。查嘉立堂系西人股分公司，恒昌系华商合资营业，两处住址相距甚远，两条日期相隔半年，断无由一人书写字据，用同一纸张印色之理？陈明贵诉称代偿恒昌六百余吊，嘉立堂三百吊，而恒昌收条系三百吊，嘉立堂收条系六百九十吊有零，如果垫还属实，何至李戴张冠、颠倒错乱似是。同时造就印错图章，讯据沈方舟之侄沈华甫供称，庚子以前西人丁嘉立等创立置买房产公司，取名嘉立堂，延其叔经理一切，庚子之变，图账文券失落殆尽。二十七年，各股东回华清理产业，改名先农公司，曾在榷署声明有案，而陈明贵所持嘉立堂收条系二十九年五月，是迹时久无嘉立堂之名，收条从何而来？查验翁佩甫所呈图章，系应用多年，花纹已近模糊，与陈明贵所持收条图章绝不相类。据此种种情节，陈明贵之收据伪造无疑。陈魏氏诉称翁姓图章账目均系伪造，谓恒昌财东四家倒闭后，岂有不将图章劈废仍交掌柜之理？详查翁佩甫所呈历年账簿二十一本，纸墨笔迹确系远年旧账，绝非伪造所能。及核对流水誊清载：长升斋欠津钱六百三十吊，毫厘不爽，调阅天津县卷，恒昌系翁佩甫与王姓四家合股，翁姓总理其事，魏春荣系执事人，歇业后，王姓等控称所有外欠皆系翁姓经手，应归其清理，经袁宫保将翁佩甫奏参革职，与魏春荣一并归案押追，所有欠外各款，悉由翁姓清偿，仍经袁宫保奏请开复原官，其余股东悉未与闻，是恒昌图章应归翁姓保存，该氏所指纯属想像之谈，毫无根据。陈魏氏又诉称长升义欠款果未垫还清楚，何以不列花户单内控追，借拨还收皆系长升义字号，假账系长升斋，与此案无干。查县卷暨恒昌账簿外欠数十家，翁佩甫仅指控立源米铺等十数户，此外并未控追。讯据万长清供称：光绪十九年，由何姓顶来长升斋字号，小本营生，藉人写一长升义招牌悬挂，偶有应用图章之处，仍沿用长升斋旧戳，并未另刻图章，故与商家往来，悉称长升斋。质诸陈明贵，亦云此外并无长升斋，同时既无长升斋字号，两号即是一家无疑。该氏所指实自相矛盾。陈明贵自地方厅起诉以迄本厅，或称商民，或称小的，并未据诉有职官，而陈魏氏赴都上诉，忽称伊夫系卫千总，逐款究诘，陈明贵与陈魏氏理曲词穷，坚称伪具系沈方舟所予，该氏诉状系乞不知姓名人代写，致多不实等语，求从宽免究其罪。该原告既已输服，应即判决。

（判断之理由：）此案陈明贵以模糊影响之事实控万长清欠债，业经地方厅判偿六百吊，陈明贵尤为未足，实属居心不良。本应改归刑事，科以相当之罪，姑念欠款实系由其介绍，事出有因，沈方舟物故多年，无从根究，既据供称，愿央邻里具保，从此悔过，绝不为非，应从宽免，予以自新。陈魏氏砌词妄控，靳文玉挟嫌伪证，均属不法，姑念一系妇女无知，一系昏庸老迈，概从宽免。长升义欠恒昌之款证明实未偿还，万长清交案津钱五百五十吊，自应判归翁佩甫，以清积欠。两造既愿具结完案，毋庸待至上诉期满，应即执行。余欠，翁佩甫既许情让，应免再还。陈明贵另称万长清浮借之款无据无凭，万长清坚称实无其事，应毋庸议。但陈明贵与万长清系属至戚，陈明贵果以戚谊相恳，万长清怜贫资助，亦所不禁。伪收条两纸批废附卷。讼费银六两五钱、承发吏传票费银一两一钱、证人沈华甫到庭费银五钱，共计银八两一钱，著万长清呈缴，分别给领归公。如该证人不欲费用，听其自便。著即免交保结等状附卷。此判。

欠款向退股旧东追偿无效　　　宁波地方审判厅案

缘上海钱庄元祥、晋大暨宁郡钱庄祥余，向与开设上海三泰野味店，交易历年清账。自宣统二年正月起至十二月止，揭算账目，三泰店计欠元祥庄本利银一千六百二十九两三钱六分一厘，祥余庄银二千一百零六两二钱，晋大庄银四千九百十六两二钱七分，该店经手赵士荣于是年秋间病故，遂闭歇。该店于光绪二十七年开设，计十二股，当时施嗣莱得五股，施卓卿得三股，张文斋得四股，立有合同议单三纸。张文斋名下四股之中，陈子香、傅义逵、赵士荣三人各得一股。后光绪三十二年，陈子香一股推施卓卿之子施杏芳管业。三十四年施杏芳复将自己名下三股暨召得一股，计共四股，单推与张文斋为业。旋由赵士荣向张文斋召得一股,未立字据。宣统元年正月十六日,张文斋又将召进施杏芳名下三股暨上年推与赵士荣一股在内,合计四股,又自名下一股并推与赵士荣管业,并由赵士荣分别出立召据两纸,与张文斋收执,同时赵士荣又在施杏芳推据内亲笔注明"此四股生意于宣统元年正月份由张文斋转归赵士荣管业"字样。惟资本簿上张文记户下未行注改,赵士荣既故,店又闭歇,合计账目入不敷出,所有欠人款项应由股东摊偿。施嗣莱允照股认还,赵士荣生前颇着信用,死后并无余产,兼无子嗣。元祥庄等乃向该店司账许志光索取资本簿并原立议单一纸,于二月间先后呈请本厅,向张文斋追偿七股摊款。四月初上,张文斋由汉口赶回辩诉,业经本厅传集两造并案审讯,合即据理判决。

(判决理由:)查此案股单上载明张文斋得四股,资本簿上张文记户下注明内陈子香、傅宜逮、赵士荣各得一股,并另页载列赵士记及傅宜记收戊申年一股资本。又查施杏芳所立推据批明:内一股系丙午年陈子香推归施杏芳,则陈子香之本为股本,于此亦可证明。该店资本簿系由管账许志光交出,元祥等庄谓系张文斋临时化户弄弊,未免虚捏。张文斋推股后,该资本簿上未经注改,亦为可疑之点,但查其所呈证据三纸,均可证明是实,内中赵士荣所立召据两纸,系陈子香为见中,庄璇生为代笔。至施杏芳所立推据一纸,系赵士荣为代笔。后赵士荣召进时,复于此推据内亲笔注明"于宣统元年转归赵士荣管业"字样,核对笔迹,均属相符。又续取赵士荣平日致张文斋亲笔函信一纸,覆核无异。并传赵士荣之弟赵士钰来厅质讯,据供确系其兄赵士荣笔迹。是张文斋所呈推股证据,足以证明是实。更从其他方面观察之,赵士钰为赵士荣胞弟,断无偏袒外姓之理? 其可疑一。股东对于该店庄款系连带债务,如果张文斋未曾推业,藉词推诿,施嗣莱、傅宜逮及赵士荣之父且将先元祥庄等而起诉,岂肯任其卸责? 其可疑二。上年该店与晋大交易所立押款,纯系施嗣莱产业,张文斋既有资力,无论事前必不令任其推诿,即事后取赎亦须共同出资,施嗣莱始于四月初上身故,何以去年闭店以后未向张文斋交涉? 其可疑三。举此以推,则张文斋非股东尤可显见。如元祥庄等专以原立议单为凭,则施杏芳亦将在应返之列,何能并向张文斋追究? 况议单系股东间内部之契约,推召据为股东间一部分之契约,既有推召据,议单自不能不有所变更,而此一部分之变更却非后之债权者所能反抗,张文斋向在汉口经商,未退股以前,于该店事务既不顾问,元祥庄等之与该店交易,必非专信张文斋一人,则律以损害赔偿之列,亦有所不能。元祥等又以推股当时不登报声明,为通同作弊情事。但查目今商界习惯,除公司有专章外,其余各种手续多未完备,如退股一事,逆料将来有纠葛而登报声明,间或有之,不数数觏。要之,不登报者盖十之七八,未可独责之于张文斋。至谓通同作弊,张文斋不知赵士荣之将死,赵士荣亦岂料己之将死而故贻家属之累也,世间殆无此情理。总之,三泰自有真实之股东,赵士荣家暨傅宜逵如不承认,张文斋应负证明之责。今各东不出面反对,而元祥庄等首先指控,在手续上已有欠缺,该庄等债权俱发于宣统二年,而责令一年前退股之张文斋负担,于事理上尤非平允。宣示判决主文如下。

判决主文:讯得张文斋自宣统元年推业后确非三泰店之股东,该店欠元祥庄等之款项均发生在张文斋退股以后,元祥庄等呈请向旧东张文斋追偿未便准行。讼费六十二元五角着元祥、祥余、晋大各庄自行负担。此判。

亲谊通财后嗣不承认　　　　　重庆地方审判厅案

缘郭(邹)[邓]氏籍隶巴县,系已故(郭邹)[邓邹]氏脉生之女,幼嫁郭作云为继室。郭(邹)[邓]氏生前无子,抚望(姪)[侄]郭(邓)一斋为嗣。维时家尚充裕,郭(邹)[邓]氏遇有急需,每向称贷银钱通挪,相习为常。光绪二十九年、三十二等年,前后结算两次,除郭邓氏旧欠已还不计外,邓邹氏转欠银一百二十两零,未经本约。邓一斋遂言账项不明,不能承认,本年春间郭邓氏复垫布银三十九两八钱八分,铜钞六钏。七月,邓(郭)[邹]氏患病沉重,郭邓氏虑及前账无凭,投同亲众与邓一斋理算,合计新垫旧欠各款共应收银二百三十余两,随央邓廷章私立领约一张,注列四百三十两之数,并将邓邹氏膳业红契套手,起意握管耕居。邓一斋心怀不服,向佃户张金山禁阻投佃,郭邓氏控经巴县准理,未及集讯,即值本厅开庭,郭邓氏于十二月初四日赴厅呈诉,随于初八日传集人证讯明前情,自应据理判决。　查亲谊通财,本人情之所常有。惟以出嫁之女与母家借垫银钱,亦应凭众算明书立约券,以作信据。此案郭邓氏与外家生母邓邹氏历年银钱借贷既无流水用账,亦未凭立约,徒以本年新造账簿作为邓邹氏借项,实属居心狡诈,不近情理。即今春垫给布银铜钞合计六百四十余两,乃因邓邹氏病危,竟债人私立领约,添凑妆奁欠资,捏作四百三十两之多,并套邓邹氏膳业红契招佃耕管,经邓一斋阻止,辄复粘约具控,藉为朦混之计,尤属贪利忘亲。捏情妄诉,大有不合。无怪邓一斋斥其偏造伪账,坚不承认也。第念邓邹氏在日,凭　查算曾许还给银一百一十两,至称旧欠奁资银二百两,事无质证,即属子虚。惟以姊弟至谊,不能因债账细故,致令失和,郭邓氏代垫布银铜钱,亲戚咸知,亦应照数清偿。断令邓一斋补还银四十两,共计应还银一百五十两,限十日如数措足缴案,由郭邓氏具结承领。邓邹氏现已身故,所遗膳业红契应归邓一斋承受,并饬郭邓氏呈彼验明,发交邓一斋领回,以凭管业而清纠葛。无干省释。讼费应按照民事因财产而起诉者二百五十两以下征银六两五钱,着两造分缴。此判。

亲谊通财责令后人偿还　　重庆地方审判厅案

缘王晏氏、梁晏氏系同胞姊妹,晏鹤青系该氏等胞兄,梁晏氏幼嫁梁绍先为继室。绍先在日,自光绪二十七年起至三十二年止,先后约借王晏氏之夫王醴泉银四百余两、晏鹤青七百余两,因彼此谊属至戚,前账未清,又复赓续借贷,至年终付给利息,亦未计较多寡,当时亲谊情稠,俨有疏财仗义之势。迨三十一年五月,绍先物故,王晏氏等(辄)[辄]向伊父恩锡索讨,恩锡不给,王晏氏等遂在巴县呈控,断令俟恩锡故后,债由伊子俊卿偿还,王晏氏等不甘,控府批县复断,凭众义让若干,收银揭存在案。恩锡亦于未审之前将俊卿具首在县,意图搪塞。旋值本厅开庭,据王晏氏等呈诉前来,查案集证讯明前情,自应据理判决。查父债子还,天下公理,有账权者不应于姻亲尊长追索滋嫌。此案梁绍先约借王晏氏故夫银四百余两,晏鹤青银七百余两,利息多寡,当日并不计较,既有情谊在先,自应全始全终,以敦旧好。乃王晏氏等因绍先故后,欲将此项债款逼令伊父锡恩偿还,于理不顺,于情尤属不周,况伊子俊卿现年三十余岁,兼能独立经营商业,且有财产可以相续,并非无力偿债者比,自应查照县断,饬梁俊卿迅速措还,以清纠葛而完父债。惟王晏氏等系属至戚,不能不格外宽让,顾全戚谊,反覆开导王晏氏等,甘愿义让七成,作三成收楚。质之梁俊卿,亦称戚友樊余堂前经理处有还银三百余两,了事成议。酌断梁俊卿措银三百五十两,限正月内如数缴案,分别发给王晏氏、晏鹤青收领,各具切结完案。借约涂销,讼费照章征银十两,着梁俊卿呈缴。此判。

欠款纠葛　　安庆地方审判厅案

缘已故院书舒舜五为舒鉴秋之父,于光绪七年十月凭中江卓卿及已故之江卓甫、江聚川、游少堃向杨星庚父手借银二百五十两,言明每月二分起息,如有本息不清,即将己名下住屋并衙门差使任凭江卓甫、江聚川变银归楚,月息亦在己名下应分饭食银内由卓手按月付给,由舒舜五书立借约,江卓甫、江聚川书给包字为凭,按年付息,两无异说。嗣舒舜五及杨星庚之父均于十三年间病故,舒鉴秋、杨星庚年纪皆幼,杨姓向舒姓索取前款,因于十四年六月邀请中亲理处,当时议定停息还本,自本年六月起,归还本银三十两,余本按年以六月为准,还银三十两,至还清之日借约包字一并缴出涂销,经卢瑞庭于约内批明,将借约交给杨姓收回,由舒鉴秋之叔舒海如照办,每年于舒鉴秋应分饭食银内按期扣还杨姓本银三十两,至二十三年还清债项,舒鉴秋母子始收回饭银自用,并屡向杨姓索取借约包字涂销,而杨姓则非云杨星庚携带出门,即言在张姓、李姓手中,日久未交,亦相安无事。杨星庚客游已久,不知先后情形,亦未往问原中,因借约包字均在伊家,遂以舒鉴秋欠款年久,本利不还等情到厅起诉，舒鉴秋亦以杨星庚拾据图讹等情反诉。原立包字之江卓甫、江聚川及经手还债之舒海如均早经病故，饬传原中江卓卿、证人卢瑞庭及已故原中江卓甫之子江绍云等到庭，讯悉前情，再四推求，毫无捏饰，应即判决。查舒鉴秋父手所借杨星庚父手银二百五十两，借约包字均验明属实，无论债主是张是李，既由杨姓经手，杨姓自得代追。惟此款先以借约包字为凭，及舒舜五死后，既经邀集中亲议明，停止息银，从十四年六月起每年六月归还本银三十两，由卢瑞庭批于约内，则以后两方交涉，自均以认定此次所批为准。设使舒姓为何年不肯付款，杨姓自必不能遵依，甚或立予控追，断无缄默不言，一宕二十余年之理？其为按年照付，即此已堪概见。惟杨星庚坚称舒鉴秋居丧年幼，不忍过于逼索，不知正以杨姓索款之故，始请中亲理处，因有停利还本之事。若杨姓能允其本利均停，即不必再议分年还本。且约内批明十四年六月，实系舒舜五死后一年，并非议定停利还本在先，至舒舜五死后复行商缓，原诉显为失实。杨星庚又谓舒鉴秋当时无力，不知各中亲议令每年还本银三十两，正系履行包字，就其应领饭银扣算，量其力所能为，若杨姓已允停每年六十两之息银，委曲求全，舒姓转勒还三十两之本银，横生梗议，当必无斯情理。至杨星庚所谓借钱立据，有据总能索债，否则饬令呈出收清字据等语。不知此债由舒海如经手代还，舒海如已病故四年，收字从何查起。如果实有债银可以追取，决不待至今年。即以契据而言，距还清债款之期亦已逾十五六年之久，今既据各中证供指确凿，债银实已还清，虽未据缴出借约包字涂销，究不能任听杨星庚始终争执，其借约包字本系早应涂销之件，当然不能发生效力。姑念杨星庚客游已久，不知先后情形，与有心讹诈不同，应与久已还清债项之舒鉴秋一并毋庸置议。应征讼费银六两五钱，证人江卓卿、卢瑞庭、江绍云到庭一次，每人应征到庭费五钱，着杨星庚措缴。此判。

悬欠不偿　　　　安庆地方审判厅案

缘张光梯隶怀宁县，向以批发木料贩运为生。光绪三十三年向金赤红、潮世高开设之同万顺木棚批发木料，前后共该本洋九百余元，除陆续归还外，尚欠洋二百八十九元，有光绪三十二年九月、光绪三十四年十二月期条可凭。张光梯无力还缴，节经金赤红等催索不偿，来厅起诉，当经本厅传张光梯讯问，所欠属实，惟数目两造所称略有不符，当饬取保覆讯。时有职员刘镇堃具立保状去后，不料张光梯伺隙潜逃，经刘镇堃禀报到案，本厅即严饬刘镇堃会同该姓族长张湖荣等四出找寻，月余无获，因案难久悬，由本厅责成保人刘镇堃、该族长张湖荣、张湖峰将光梯家产切实查明，开单呈核，以凭拍卖抵款。兹据张湖峰等开单前来，应即阙席判决。查张光梯欠金赤红款项虽所称数目互有不同，而被告既经逃逸，自不能以其所供之数为准，应照金赤红诉追银数，断以家产抵偿。察阅张湖荣等开呈张光梯家产只有瓦屋四间，菜园一个，已押与人田种五斗零，赁种他人田种三斗零，此外别无值钱之物可以抵偿，当时单开田产，一并断归金赤红等收受，金赤红等以变价为难，不愿受产，亦系实情，着刘镇堃、张湖峰等限期两月变价呈缴，以便饬领。除变价外尚有不足之数，自应责令张光梯一律清偿，以为悬债远飏者戒，惟张光梯家产既经查明抵偿，准情度理，自不能责将余债即日缴还，应缓限偿期，自宣统五年正月起，每月缴还本洋二元，至数讫乃止。讼费应由张光梯缴纳。姑念赤贫，遵章宽免。此判。

担任偿还欠款希图卸责　　芜湖地方审判厅案

缘武大有呈诉徐庆丰店主徐性斋，于宣统元年腊月二十六日为伊戚孀妇周汪氏向武借去洋五百元，以潜虎巷市屋赤契一纸作靠，并由徐姓斋凭中李峰臣等书立担保字据，载明月息二分，由庆丰店立折支取，倘日后本利不清，归保人承当各等语。迨至去年九月，徐因周汪氏身死，遂背据拖骗，不肯照常付息，延宕至今，本息共欠五百八十余元，抄呈迭据，请求讯明，一并追缴。徐性斋辩诉，周汪氏因筹款偿欠，以屋契一纸向武大有靠借洋五百元，由徐担保，并在徐所开之庆丰店立折支息是实，但借款时周汪氏仅用去三百元，余二百元交庆丰店存放，故允代为立折付息。去年周汪氏身故，周家无人过问，其母汪秦氏禀奉县批凭中陈锦洲等书立收字，将存款尽数取去，为汪氏殡殓之费，汪氏虽故，其母尚存，谅难置身事外，况武之借款有屋作靠，并非无着，何得累及事外之人，请传集汪秦氏、陈锦洲讯明核办。汪秦氏随即具诉，以为伊女周汪氏向武大有借款，请徐性斋担保交存余款，由庆丰代折付息，嗣因周汪氏身故，周姓不问又不领棺，故禀县凭中取款代办丧事，靠存武姓之屋实系汪氏己产，现归汪氏夫弟周万盛执管，彼既执管汪氏之屋，即应清理汪氏之债，今周万盛置身事外而令徐独受累，心实不安，理合指明请求并案办理。案经饬传，复据周万盛具辩前来，谓屋系公产，被周汪氏私押，从前因此涉讼在县，蒙谕令将押款用剩之洋二百元交周万盛执管，所有周汪氏从前欠款及将来丧费均归周万盛出款支给。万盛亦当堂承认，乃去年汪氏在母家病故，其母汪秦氏遽将该款取去吞没，潜虎巷屋虽归万盛执管，但值钱不多，今又欲以此莫须有之欠款迫令偿还，实所不甘。质之证人陈锦洲，则供与徐性斋、汪秦氏同，并谓该屋可值钱二三千两，无论是否公产，周万盛既经执管即应出款偿欠等语。

说明理曲之缘由：此案徐性斋既经书立字据担任偿还欠款之义务，武大有即可依照字据行使请求履行之权利。虽据徐辩称先有存款，故代付息。存款取去，不应再累事外之人等语，希图卸责。不知字据仅书担保，并无汪周氏存款二百足敷代息,异日存款取去即行停息等语。且庆丰之存款乃周、徐两姓之私交,或取或存,其效力不能及于第三之债权者。去年停息不交,已失社会之信用,今日置身事外,尤为法律所不容。况饬传三次,案致久悬,若非情虚,何至若是? 至所诉借款有屋作靠,尚非虚悬无着,请求转追各节,是则担保债权本应另案起诉,再予追缴。惟既据汪秦氏指出周万盛现实执管周汪氏之屋,理应清偿周汪氏之债,周万盛复自认执管该屋非虚,又先有承认代偿欠款之约,是以准其参加,并案办理。察核周万盛供诉各词,其所主张者有二:一谓周汪氏交存徐店之款本应归伊执管,故承认为该氏清理欠款及筹备丧事。乃汪氏身故,其母将存款取去吞没,是以不愿代为偿款。质之中保,则供称,汪氏死后,其母告知万盛,万盛置之不理,现尚不肯领棺,是其确据。汪秦氏禀县取款办丧事非获已,何谓吞没等语。乃知万盛之为人,见利则争先,临事则苟免。前之不理丧事,甘欺死嫂,已属放弃责任,今反以此藉口,并从前承认偿欠之约亦不践行,无义无信,莫此为甚矣。一谓屋系公产,被周汪氏私押,且屋值钱不多,不能代偿此项莫须有之欠款。乃察核呈契,仅载明汪氏之夫周万海之名,则公产之说已属不符。又陈锦洲供,屋可值银二三千两,是超过所押之数已经数倍,何谓值价不多? 款系押借,证据确凿,何得以莫须有三字了之。要之,屋归周执而契存武家,久不赎回,岂可永保无事? 将以欺人适以自欺耳。

(判决之理由:)财产相续本包含权利义务在内,周万盛既接管周汪氏之屋,即应偿周汪氏之债,理之当然,强辩何益? 徐性斋既经担保于前,复希卸责于后,又屡传不到,藐玩已极,若竟听其置身事外,则将来为人担保者皆可不负责任,其影响于债权者,诚非浅鲜。息折尚在,效力未消,三月二十六日,徐性斋未经辩诉以前,自应照常付息,计该洋七十元,具限三十天,如数清偿。二十七日以后息归万盛照付,并所欠本洋五百元一并具限四十天呈缴款清,后再由武大有发还各项字据,以清纠葛。讼费本洋十元,中证四人,二人到庭二次,二人到庭一次,共征到庭费银三两,责令徐性斋、周万盛各半完纳。此判。

追索欠款不服初级厅判决　　芜湖地方审判厅案

缘刘永隆之父刘佩宏于光绪三十二年托戚成义经手卖浮土于李广记,议价本洋三百二十元,除已收过一半外,尚有一百六十元,由戚私向李广记支用,佩宏追索再四,戚以应得酬劳为辞。嗣经毛桂堂等调处,令戚书立本洋百元之借据,议定来年归款,不起利息。无何,佩宏身故,其子永隆执据屡索,戚仅络续付给本洋七元,龙洋二元,铜钞百枚,旋又经汤能才等议以折半了结,永隆不愿,遂赴初级审判厅起诉,判照汤能才原议,着戚成义偿还刘永隆洋五十元结案。原告不服,上诉前来,戚成义则谓字据虽真,实非借款。因佩宏托卖浮土,先给以此据作信,不料所卖之土未来而控刘盗卖之案已发。差传逃避,据未收回。本厅略加驳诘,则又称代刘卖土得价颇优,即以此款酬劳,亦属受之无愧。

(证明理曲之缘由:)察核戚供状,不可通者有五:在初级厅谓借款已偿而据未取回,及至本厅,又谓因欲买土而书此为信,何以数日之间,自相矛盾若此,不可通者一。买土之前立据作信,只应议立合同,讵肯书立借据,不可通者二。就使误立借据,当时刘虽逃避,事后自应收回,何以时历五年,既未向刘索回,并未禀官立案,不可通者三。设无欠款,则络续付给之银圆铜币果何为者,不可通者四。既云土未来而刘先逃避,复云土已卖而得价颇优,何以庭讯时顷刻之间又自相矛盾若此,不可通者五。综观五者,刘直戚曲,夫复何疑?

(判决之理由:)初级厅所以判偿五十元者,盖因汤能才折半之议,谓经刘母认可,故判照原议结案。兹刘永隆来厅上诉,既未肯抛弃其权利,自不能不允其请求。况如毛桂堂所言,本系百六十元,情商减至百元,是已于应得之中减去五分之二,讵能再议减除?本系私自挪用,嗣后始立借据,是已由不法行为变为法律行为,更应从速归款。除历年利息从宽免追,又络续付给之本洋七元、龙洋二元、铜钞百枚约合本洋十元,复准在本数内扣算外,尚欠本洋九十元,限五月内缴洋四十元,六月内缴洋五十元,具状存案。初级与本厅讼费共本洋四元五角、证人毛桂堂、汤能才各到庭一次,应征银一两,均饬戚成义照缴。此判。

诱拐妇女借银不偿　　　　宁波地方审判厅案

缘裘运夫于宣统元年娶王氏为妻,由杨福生为媒,出聘金一百二十元,王氏本再醮女,其前夫李奎元故后拥有资金一千余元,存在恒康庄内,时有邻居李尚烨利其多金,甘言结纳,因向借得洋二百六十元,立有凭票一纸。复于光绪三十三年续借洋五百元,亦立与凭票一纸,并李大成南货店拼单一纸为质,当有杨福生在场见面。嗣后李尚烨竟将王氏诱同至申居住数年,旋由王氏觉其奸伪,因悟所托非人,回宁后由其母主婚嫁与裘运夫为妻,屡向李尚烨追索此款,一味支吾,拖欠不偿。兹由其夫裘运夫代表呈诉前来,合行据理判断。

(判决理由:)此案裘王氏所有借票二纸业经呈验,复有证人杨福生证明是实。乃被告李尚烨狡赖不认,竟称王氏为妾,所有凭票系他处赎回废纸,被伊卷逃而来等语。查王氏嫁裘运夫,由其母主婚,立有婚书,在庭呈验,其非私奔可知。凭票上有王氏记字样,其非他处赎回废纸又可知。且果如所言,当时李尚烨何以凭不向官告追,嗣后裘王氏夫何以仍敢索款,其措词架诬,尤可显见。总之,前此裘王氏却有被诱情节,而却无妾实据。诱拐女子,本干例禁,李尚烨不自讳饰,尤敢将以前所有不法情事恣意宣言,希图抵制,寡鲜廉耻,实堪痛恨。本拟移送刑庭，姑念时隔有年，勿予深究。应即将所欠五百元之款照限归偿结案。惟裘王氏未嫁之先，不应与李尚烨随同往来，致被借口，亦属咎由自取。除五百元应行收还外，其余另数利息应勿庸议。

判决主文：被告李尚烨限于二月十五日将欠款洋五百元如数归还裘运夫之妻裘王氏，逾期不偿，由该原告呈明照章查封押追，决不宽贷。讼费十三两由裘运夫、李尚烨分担缴纳。此判。

捏账搕骗　　　　　　　云南高等审判厅案

为判决事。据蒋选青上告周达卿捏账搕骗等情一案。讯得上诉人蒋选青，年二十七岁，被上诉人周达卿，委任人周积昌，年三十六岁，均昆明县人。据蒋选青供，伊于宣统元年冬月托省号爱莲堂周达卿向代理阿迷州覃善祥谋包牲税，当付周达卿五百两汇票一纸作为押头，取有收飞为据。又现银一百两、花银五十元，共合银一百三十六两，作为酬谢之费。嗣因事未往，向索前项银两，周达卿只退汇票，其现银一百三十六两据云，暂留该号，另荐好税。今持收飞作证，讵支吾年余，复向索讨，周达卿反以前代该号收得姚州厘金黄委员欠银三百四十两，仅交二百两，余尚未交等情，控经初级审判厅，断令两造不得互索。伊赴地方审判厅控诉，仍照初级厅原判。是以不服上告。质之周积昌，则称蒋选青代周达卿收得姚州厘金黄委员欠银三百四十两，实只交过银二百两，余尚未交，至谋包阿迷州牲税，除给五百两汇票一纸外，并无现银一百三十六两各等供。据此，查此案周达卿所控蒋选青欠银一百四十两，业经初级审判厅逐层驳诘，不能置辨，其为捏诉无疑。至蒋选青所控周达卿得银一百三十六两，虽未必适如其数，而滇省恶习，荐人收税索谢，事所恒有，果属子虚，何以周达卿退票之时不即掣回收据？如谓蒋选青居心骗赖，又何以不执持五百两收飞诈索多数银两，而必断断于此？揆之情理，周达卿曾经得银，自可概见。且周积昌在地方审判厅供有蒋选青自不愿往，银已花费等语，则于押头之外另有酬资，尤属凿凿。惟周达卿所荐阿迷税务系由蒋选青因事中辍，究竟谢银若干，亦无从知其确数，酌令周达卿照蒋选青所控数目，折半缴银六十八两，交蒋选青承领完案。讼费二元四角责成周达卿缴纳。此判。

附　初级审判厅判词

为判决事。据周达卿委任人周积昌呈诉蒋选青昧良拖骗负义不还一案。当经传集，讯得原告委任人周积昌，年三十五岁，昆明人，帮工。被告蒋选青，年二十七岁，昆明人，当恒泰省号先生。据周积昌供，有姚州厘员黄朵香欠东家周达卿银四百两，令蒋选青前往代收，获银三百四十两，伊回省只交银二百两，余尚未交。据蒋选青供，前帮伊号往姚州厘局收获借项，如数交清，并未欠伊之数各等供。查验周积昌呈验黄姓借约,批明还给数目相符。调查原簿,载有蒋选青交银二百两之款,虽系流水,并无按月结算总账,询称仅止此簿,殊难凭信。蒋选青又称元年三月代往收账交清后,冬月间周达卿代为包收阿迷州税,曾付押头银五百两兑票一纸,后因事未往,即将原票取销。惟收飞尚未交还,因曾送过一百三十六两,向索不给等语。核阅收飞属实,并无送银之说。查两造各执一词,蒋选青如果欠有银两,周达卿于包税掣销押银时,何以并不扣还?此可疑者一。账簿所载共收二百金,虽系流水,并无按月结算总数,岂有省号出入款项从无归总之理?此可疑者二。蒋选青原帮伊号,如果经手未清,何能听其另帮他号?且迟至年余之久,始行控诉,此可疑者三。逐层驳诘,该委任人无可置辩。至蒋选青所称包税送银一节,毫无凭据,想因被控信口抵赖之词,原被均无确据,断令两造不得互相要索。收飞涂销存案。黄姓原借字约发还委任人,交原告收执。本案讼费两造分缴。此判。

捏造借券索银

为判决事。据万玉清诉续有昧良估骗一案。讯据万玉清供:年二十四岁,昆明人,住龙井街做生意。光绪三十三年有尼僧续有约借家兄银九十三两六钱,议定分半行利,执照二张作押。家兄临死把借约执照交小的索要,本利不还,求追究。续有供:年四十七岁,呈贡人,海潮寺住持,并没借过万家银子,也没出过借字执照,是觉慧偷去的,他从前在海潮寺住过,求详察。质之觉慧,供,年二十七岁,昆明人,住龙井街观音庵,续有借万家的银子,小的在场画押,续有也画过押的,小的是个十字,续有是个圈圈,小的没住过海潮寺,也没拿他的执照。萧刘氏供:年四十岁,贵州人,住龙井街,居孀。续有借万家的银子是真的,纸上写的是万宝斋名字,共有四个中人,一边两个,都是女的,觉慧同小妇人是万家这边的,两个记不得了,那日在场画押,小妇人与觉慧、续有都画的,是圈圈各等供。据此,查续有果约借万宝斋之银,又有执照作押,则万宝斋死时,自应将约照交其妻李氏收讨,何至交其弟万玉清之手?迄今数年,万李氏不闻有异言,万玉清突出而索偿,按之情理,已觉可疑。及细核借券,又称借到万李氏莲下银若干两,夫银为万宝斋之银,又身为家主,岂有于借券重件,反不署己名而署妻名?是具理之所不能强通,即为情之所不堪共信。况债账以证据确凿为凭,虽有借券,续有并未画押清文,执照又非印契可比,证人觉慧等一经隔别研讯,所供各不相符,显系觉慧将该寺执照取出,串同万玉清捏造借券,以为索银地步。此风断不可开,应将借券涂销附卷,执照暂行存案,查明发还。所请追偿之处,着毋庸议。讼费六元八角归万玉清缴纳。此判。

判牍四　人命门

妻谋杀夫及听从谋杀女婿吓逼己子加功　　　　　保定地方审判厅案

　　缘蓝刘氏、刘善纪均隶清苑县。刘善纪庄农度日。蓝刘氏系刘善纪出嫁胞姊。已死蓝成儿系蓝刘氏之夫,平日夫妇和睦,生有子女。在保病故之刘心丑系蓝刘氏之父,蓝成儿本住县属傅家营,后因与伊弟蓝孝儿分家,即同蓝刘氏搬至县属南辛力庄刘心丑家,居住已有十余年。蓝成儿卖油营生,在该庄置有旱地八亩半,园地八分。光绪三十三年七月间,蓝成儿因丧子哀痛情切,忽患疯迷病症,屡治罔效,花钱不少,嗣蓝刘氏因蓝成儿疯病日久未愈,成为废人,恐将田地花尽,难以度日,起意将蓝成儿致死,带产改嫁。暗向伊父刘心丑商量,并邀帮助,刘心丑不允,将蓝刘氏训斥,蓝刘氏许以事后愿将田地一半归刘心丑管业,刘心丑贪利允从,约定乘便下手。至是年十二月十一日夜二更时分,蓝刘氏见蓝成儿在炕睡熟,出向刘心丑告知,邀令动手,刘心丑因恐年老无力,当唤同伊子刘善纪告知谋情,令其同去帮助,刘善纪不允,刘心丑逼令刘善纪同入蓝刘氏屋内,蓝刘氏顺取菜刀上炕,骑坐蓝成儿身上,用刀将蓝成儿额颅砍伤,蓝成儿喊嚷,蓝刘氏又将其偏右囟门、左额角连砍致伤,因手软将刀递交刘善纪,嘱令再砍,刘善纪害怕,不肯动手,刘心丑在旁,即以如不下手定行一并杀死之言向刘善纪吓逼,刘善纪被逼无奈,即用刀将蓝成儿顶心右额角连砍致伤,蓝成儿当即殒命。维时蓝刘氏之幼女蓝唤女与蓝成儿同炕睡宿,被喊惊醒,均属亲见。蓝刘氏起意弃尸灭迹,刘心丑应允,蓝刘氏即出屋将毗邻居住之族弟刘兰柱、刘哑叭、刘兰香唤出,告知前情,央求抬尸,并许日后酬谢,嘱勿声张。刘兰柱等贪利允从,一同走入蓝刘氏屋内,与刘善纪将蓝成儿尸身抬往望都县柳陀村外掷入井中,各自回家。次日,蓝刘氏扬言蓝成儿半夜因疯跑出,不知去向,假托人四出找寻,并给蓝孝儿送信,蓝孝儿前往查看,见南辛力庄外道上遗有血迹,心中疑惑,各处查找,并无下落。至三十四年二月间,经人在该井瞥见尸身,报经望都县往验,蓝孝儿前往认明尸身,向蓝刘氏盘出情由,赴清苑县报经黄令国瑄,会同望都县胡令寿兰验讯获犯通禀。嗣据报刘心丑在押患病,取保调治,旋据报在保病故。经黄令验讯详报,未及详办,与代理县章令乃身先后卸事,现署县吕令调元到任接交,适省城各级审判厅成立,照依法令,将犯卷汇案移送保定府地方检察厅起诉到厅。当即提犯豫审,据供前情不讳,旋经开庭公判,覆诘犯供不移,应即判决。

　　(援据法律某条及理由:)除听从谋杀女婿吓逼伊子加功罪应拟绞之刘心丑业已在保病故,应毋庸议外。查现行律载:妻谋杀夫者,斩。又:谋杀人从而加功者,绞监候。又例载:殴故杀人案内凶犯起意弃尸水中,其听从抬弃之人,无论在场有无伤人,俱照弃尸为从律,徒三年,不失尸减一等各等语。此案蓝刘氏因伊夫蓝成儿疯病,屡治未愈成为废人,恐将田地花尽,难以度日,辄敢起意将蓝成儿致死,带产改嫁,商同伊父刘心丑帮助,刘心丑吓逼伊子刘善纪与蓝刘氏先后用菜刀将蓝成儿砍伤身死,弃尸不失,自应按律问拟。蓝刘氏除弃尸不失为首轻罪不议外,合依妻谋杀夫者斩律,拟斩立决。刘善纪听从谋命,系被伊父刘心丑吓逼所致,惟既下手加功,法无可原。查已死蓝成儿系该犯姊夫,并无服制,该犯与刘心丑虽系一家共犯,第既侵损于人,应照凡人首从科断,刘善纪除弃尸不失为从轻罪不议外,合依谋杀人从而加功者绞监候律,拟绞监候。该犯等事犯虽均在光绪三十四年十一月初九日恭逢恩诏以前,并蓝刘氏复逢宣统元年十一月初四日查办妇女恩诏。惟蓝刘氏系妻谋杀夫拟斩,刘善纪系谋杀人从而加功拟绞,均在部议条款不准援免之列,应不准其援免。第刘善纪究系被逼勉从,并无贪贿挟嫌重情,应照章酌入秋审缓决。刘兰柱于蓝刘氏等杀人后,贪利听从,抬尸弃置井中,例无谋杀人案内弃尸为从作何治罪明文,自应按照殴故杀人案内弃尸为从例问拟,刘兰柱合依殴故杀人案内凶犯起意弃尸水中,其听从抬弃之人,无论在场有无伤人,俱照弃尸为从律,徒三年,不失尸减一等例,拟徒二年半,事在赦前,应准援免,后再有犯,加一等治罪。蓝成儿所遗田产由伊弟蓝孝儿领回收管,为蓝成儿幼女辈养赡之资,无干省释。尸棺饬属领理。凶器菜刀供弃免起。逸犯刘哑叭等弃尸为从,罪止拟徒,事在赦前,均准援免,并免缉拿。至刘心丑在保病故之处,既据清苑县黄令验讯明确,委因病剧,医治不痊所致,并无别故,应毋庸议。此判。

李杰光故杀缌服兄李肇光　　　　　　梧州地方审判厅案

李杰光务农度日,曾向缌麻服兄肇光批种公田四分之一,批银未照交清。宣统元年二月二十二日,李肇光之父秉葵嘱肇光向取批田银两,与杰光口角,遂起斗殴,李肇光将杰光推倒地上,用手压住,杰光见肇光腰上佩有火镰刀,遂顺手抽出向戳,适中肇光心坎,肇光负痛释手跑归,移时毙命。当由李肇光之父秉葵报经苍梧县验明尸身。心坎一伤,长五分、深二分,深透内,系刀伤。右胁一伤,长一分、阔二分、皮微损,系刀尾碰伤。余无别故。填格附卷,案悬未结。宣统三年三月内复经李秉葵呈由地方检察厅起诉到厅,讯据李杰光供称:父母俱存,兄弟三人,民居长,二弟承继堂叔秉莘,三弟被拐出洋,闻已身死。宣统元年二月二十二日上午,缌服堂兄李肇光到民家问民逼取批田银两,因口角互相斗殴,肇光推倒民卧地上压紧不放,民尽力用手推,上推时见肇光身上佩有敲火镰刀,一时忙迫,顺手掣出火镰刀向戳,意图解脱,不料适中要害,肇光抱痛奔回,移时毙命。民畏惧,将镰刀丢弃厕坑。肇光与民素无仇怨,实非有心杀伤,求宽恩。又据尸父李秉葵供称,有子四人,肇光居次,杰光系肇光缌麻弟,平日素无仇怨,因批田与杰光种,宣统元年二月二十二日嘱肇光到杰光家取批头银两,不料被杰光用刀戳伤身死。当时民不在场,问他何人杀伤,他说系杰光杀伤的,移时即身死。闻得当时原无他人帮凶,至称伊母授刀杀伤的话系属误传,请惩办杰光各等情。

（证明犯罪之缘由:）审得李肇光因向杰光取批头银两,彼此口角起衅,肇光推压杰光在地,杰光意图解脱,掣出肇光所佩火镰刀向戳,适中肇光心坎,移时毙命。审无挟嫌逞忿及有心干犯情事,亦无帮凶同谋之人。李杰光实犯卑幼殴本宗缌麻兄至死罪。

（援据法律:）李杰光照（幼卑）[卑幼]殴本宗缌麻兄死者至绞律,处绞监候。凶刀审系抛弃,应免没收。此判。

（援据法律之理由:）查律载:卑幼殴本宗缌麻兄至死者,绞。又律注:殴本宗缌麻尊长至死,俱照常监候等语。此案李杰光与缌麻服兄肇光素无仇怨,当时系因向取批田银两,口角起衅,李杰光被压在地,一时情急,遂将肇光所佩火镰刀掣出向戳,适中肇光要害,回家移时毙命,委系事出仓猝,尚非有心干犯。按服制卑幼殴缌服兄至死者,仍照常监候,李杰光自应依卑幼殴本宗缌麻兄至死照常监候律,处绞监候。李秉葵等曾控李杰光之母授刀故杀,既经讯无其事,应予免议。判决。

故杀　　　　保定地方审判厅案

缘郑黑子籍隶清苑县,庄农度日。与已死王升儿素不认识。光绪三十四年三月十八日下午时分,郑黑子在省城南关外刘守庙会上雇得王升儿脚驴一头,言明铜元二十枚,送往郑家庄家中。郑黑子骑驴在前行走,王升儿在后跟随,行至县属郎家庄村南道上,王升儿用鞭将驴一打,驴头往前惊跑,郑黑子收拉不住,致由驴上跌下,并未成伤,郑黑子因被跌气忿,声言不再骑坐,亦不给钱,即站起欲走,王升儿拦住讨钱,不肯放行,郑黑子转身急走,王升儿赶上将其发辫揪住,郑黑子情急,回身将王升儿扭住,合面搣按倒地,致将其额颅近右左右腮颊擦伤。王升儿牵及郑黑子祖先辱骂,郑黑子复用手将其咽喉近下等处掐伤,王升儿愈加混骂,并称回家告知伊父,定到郑黑子村内找寻不依,郑黑子因被辱骂,心中已经忿恨,又因其父郑清穆平素严厉,恐王升儿找寻,被父知觉殴打,一时忿极,起意将其致死,即用双膝跪压王升儿身上,解下自己腰带挽成结扣,套住王升儿脖项,一手揿住脑后,一手执住带套结头,向上提勒,王升儿气绝殒命。郑黑子歇手走起,因见驴头在地吃食麦苗,乘便牵拉回家,拴在屋后树上。其父郑清穆瞥见驴头,向郑黑子究问,郑黑子用言支吾,郑清穆追问紧急,郑黑子料难隐瞒,即向告知实情,郑清穆害怕,欲将郑黑子殴打,郑黑子跪地求饶,郑清穆亦即歇手。当夜将驴杀死,抬往空地掩埋灭迹。次日经查道巡警瞥见尸首,禀由警务局转禀清苑县黄令国瑄诣验,即据尸父王永庆当场认明,喊控验讯差缉,郑清穆因闻拿紧急,不敢容隐,即将郑黑子送经黄令讯供,通禀覆讯,犯供忽认忽翻,未及详办,与代理县章令乃身先后卸事。吕令调元到任接交,适省城各级审判厅成立,照依法令,将犯卷汇案移送地方检察厅起诉前来,当即提犯预审,据供前情不讳,旋经开庭公判覆诘,犯供不移,案无遁饰,应即判决。

（援据法律某条及理由:）查现行律载:故杀者绞监候等语。此案郑黑子价雇王升儿驴头骑坐回家,行至中途,因驴头惊跑,将该犯跌下,该犯忿恨,声称不给钱文,站起欲走,王升儿拦住讨钱,彼此争殴,该犯将王升儿揿按倒地,因其牵骂祖先,并称回家告知伊父寻找不依,辄敢顿起杀机,用腰带将王升儿勒死,实属故杀。查该犯牵驴回家,系事后乘便攫取,初无图财之心,应仍按本律问拟,郑黑子合依故杀者绞监候律,拟绞监候,秋后处决。事犯虽在光绪三十四年十一月初九日恭逢恩诏以前,系故杀拟绞,在部议条款不准援免之列,应不准其援免。犯父郑清穆于郑黑子牵驴回家后,既询知情由,并不即时报案,辄将驴头杀死,掩埋灭迹,本有不合,惟父子律得容隐,其杀驴灭迹仍为容隐起见,迨后闻拿紧急,即将郑黑子送案究办,尚有畏法之心,且事在赦前,应请毋庸置议。至被杀驴头业由清苑县追赔京钱六十吊,给主具领,亦毋庸议。尸棺由检察厅饬属领埋,凶带存库备照。此判。

斗殴杀人　　芜湖地方审判厅案

缘许大与已死贾世猷素识无嫌。宣统三年三月间芜埠李家花园修盖房屋是瓦。讵魏有作承包,是月十六日,魏有作雇许大至花园帮工,贾世猷亦雇给园内挑砖,过午时分,许大因贾世猷堆砖塞路,不便行走,斥说贾世猷不应将砖放于当路,贾世猷不服混骂,许大回骂,贾世猷即用挑砖扁担向许大扑殴,许大用手格开扁担,向贾世猷一推,讵贾世猷站脚不稳,失跌倒地,致乱石垫伤左腰眼连左后胁,不能起来,许大畏惧歇手,当有看园之倪瑞芝闻闹趋视,询悉情由,将贾世猷扶起,搀到花园外小石桥边,贾世猷不能复走,医治无效,移时即因伤殒命。经贾世猷堂兄贾世朝闻信赶去看明,报知警区,将许大拴住,送经地方检察厅验明尸伤,起诉到庭,讯供前情不讳,究诘不移,案无遁饰,应即判决。

（援据法律某条及理由:）查律载:斗殴杀人者不问手足他物金刃并绞监候

等语。此案许大因贾世猷致伤身死,自应按律问拟。许大合依斗殴杀人者不问手足他物金刃并绞监候律,拟绞监候。据供孀母独子,是否属实,应否留养,听候部定查办。贾世猷首先嗔殴,本干律拟,业已身死,应毋庸议。魏有作讯未在场,应与讯系赶劝不及之倪瑞芝均毋庸议。无干省释。尸棺饬属领埋。此判。

殴伤使女毙命　　　　南昌地方审判厅案

缘鲍李氏系候选知州鲍恩波之妾,未有子女。于宣统二年与嫡子大吉、小二、家丁刘华江及隶身服役使女金凤随鲍恩波来江西,寓居棕帽巷,刘华江与金凤素无嫌隙,金凤年十一岁,性质愚拙,好吃懒惰。鲍李氏屡次责打。本年正月初三日,鲍恩波曾因金凤过犯,薄施训责,均未成伤。初四日,金凤腹泻,遗粪于裤,被鲍李氏看见,拾起木柴一根,殴伤金凤右腿右额角,金凤跳脚咆哮,鲍李氏气恨,喝令刘华江责打,刘华江接过木柴,连殴伤金凤右手腕、右乳,金凤站立不稳,侧跌倒地,在石磡上磕伤偏左连太阳左耳根,即经刘华江将金凤扶起,讵金凤伤重,延至初七日下午身死,鲍李氏害怕,即雇粗工胡寿贵买棺装殓,送往德胜门外沙窝地方掩埋。后被巡警查悉,报由巡警道宪拘提刘华江到案讯问,狡供不认。旋备文将刘华江解送南昌地方检察厅提起公诉到厅,复由检察厅督同仵作周耀彩,传同地保熊耀发、土工胡仁发、陈素青等带往沙窝地方,起出尸身,如法相验,验得金凤尸身右额角、右乳及偏左连左太阳、左耳根有致命伤三处,右腿、右手腕有不致命伤两处,委系生前受伤身死。填具尸格,移送前来。经本厅迭提刘华江研讯,始犹狡供,迨传到鲍恩波、鲍李氏三面环质,始各供认前情不讳,核与尸格内所填伤痕相符,应即判决。

(援据法律某条及理由:)查律载:以威力制缚人及于私家拷打监禁因而致死者绞监候。以威力主使人殴打而致死伤者,并以主使之人为首,下手之人为从,论减一等。又例载:家长未生子女之妾殴死隶身服役之使女者,流三千里。又名例载:共犯罪而首从各别者,各依本律首从论。又载:凡妇女犯该徒流以上,除犯并及例内载明应收所习艺者,一律按限工作,不准论赎外,其寻常各案准其赎罪。又载:凡三流及极边或烟瘴地方安置者,核其所犯罪名,如系常赦所得原,无论流置,均毋庸发配,即在本籍或犯事地方收所习艺工作。又律载:家长殴雇工人,非折伤勿论各等语。此案鲍李氏因使女金凤腹泻遗粪于裤,辄用木柴殴伤致命之处。犹复主使家丁刘华江重殴多伤,并致磕伤受伤身死,其平日之虐待金凤,威遣仆役已可概见,合应按律问拟。查鲍李氏系威力主使之人,本应照主使为首拟绞律,拟以绞监候。惟金凤系鲍李氏隶身服役之使女,究与凡人不同,按名例载共犯罪而首从各别者,各依本律首从论,则鲍李氏须为主使之首犯,自有问罪之本条,鲍李氏合依家长未生子女之妾殴死隶身服役之使女者流三千里律,流三千里。照例准赎。刘华江系鲍恩波之家丁,辄敢下手殴伤金凤致命,应同凡斗论抵。惟刘华江分系家丁,对于主母之使女何敢逞凶妄殴,是则刘华江之殴打金凤实系鲍李氏之威力主使,不敢不从,虽行殴人之事,原无殴人之心,若照凡斗论抵,未免情轻法重。刘华江合依威力主使下手之人为从论减一等律,于绞罪且减一等流三千里。核其所犯罪名,系常赦所不得原,毋庸发配,即在犯事地方收所习艺工作十年,限满释放。鲍恩波于初三日训责金凤未曾成伤,按律勿论。鲍恩波之子大吉、小二讯不知情,亦未在场帮殴,应免置议。凶柴供弃免起。尸棺饬埋。此判。

斗殴杀人　　　　奉天高等审判厅案

缘王永恒与许成满素好无嫌,彼此同受雇永增园饭馆佣工。宣统三年正月初一日,王永恒与许成满闲坐谈笑,许成满向称头晕,王永恒戏说思家装病,许成满以欲同王永恒之妻睡宿之言回谑,王永恒用手将许成满推扑炕上,撞出鼻血,并挣伤左肋,许成满起身还推,王永恒用拳格伤其右腮颊,许成满复向扑推,王永恒闪侧,复从身后推送,致许成满扑跌炕沿,磕伤肚腹。至四月初四日,因伤殒命。报由辽阳地方检察厅验明尸伤起诉,移送审判厅讯明前情,将王永恒依斗杀律拟绞,于三月初九日判决。该地方检察厅以衅起和同相戏,死由回推栽跌,正与戏杀律注相符,即谓互相推扑已有斗情,亦当引例,不宜引律等情,转请覆判到厅。查戏杀意义,谓彼此所为之事皆知其足以相害,而两人情愿和同以为之,因而致伤人命,乃得谓之戏杀。律注以堪杀人之事为戏,如比较拳棒之类二语,其义自明。今王永恒因许成满用言戏谑,先将其推倒受伤,继复因许成满回推,又用拳将其格伤,迨被再扑,该犯既已闪侧,乃复从后推送致将其扑跌受伤身死,一推一扑,再接再厉,虽未互相骂詈,而争斗情形已实,无词可曲为解脱,正不得以衅起戏谑,遂强附为戏杀。该地方审判厅将该犯依斗杀律拟绞监候,情罪极为允协,应仍照原拟判决。查现行刑律载:斗殴杀人者,不问手足他物金刃并绞监候等语。此案王永恒因许成满用言戏谑,将其推倒炕上,迨被回扑,辄复从后推送,致磕其肚腹身死,实属斗杀,自应按律问拟。王永恒应仍如辽阳地方审判厅原判,合依斗殴杀人者不问手足他物金刃并绞律,拟绞监候。衅起戏谑,死由推磕,应酌入秋审缓决。尸棺饬埋。此判。

炸药伤人致死　　　　奉天高等审判厅案

缘高奎仁与耿喜素识无嫌,彼此均受雇给石厂佣工。宣统二年十二月二十一日，高奎仁在山上装药炸取山石，因恐炸药伤人，预告本厂工人及过路人躲避，自亦隐立山背等候，移时药力轰发，石块飞落，适耿喜路经山下，致被飞石砸伤偏左接连囟门左并左额角，滚落沟内，移时殒命。报由辽阳地方检察厅验明尸伤起诉，移送审判厅讯明。将高奎仁依过失杀人律拟徒收赎，于宣统三年三月初六日判决。该地方检察厅以引拟未当，呈请转送覆判到厅。查过失杀人之律，必系杀人之事实非意料所及，方能援引。此案高奎仁因在山用药炸石，致砸伤耿喜身死，该犯既知药炸石裂，堪以杀人，仅以空言预告躲避，并未明立标识，使人望而远防，以致杀人，诚不能谓出意料之外，核与过失杀人之律注不相符合，未便曲为援引。高奎仁应改比照捕户于深山旷野安置窝弓，不立望竿，伤人致死者徒三年律，拟徒三年。仍追埋葬银一十两，给付尸亲具领，以资营葬。余如原判完结。此判。

夫妻口角以致自尽　　新民地方审判厅案

缘已死孟李氏系孟吉顺之妻，在新民府属兴隆堡居住。孟吉顺与孟李氏平日夫妇和睦。宣统二年正月间，孟吉顺出外，受雇与承德县属界高双台屯某某佣工。其妻孟李氏因家贫难度，亦带同其子，受雇与同屯人张殿臣家煮饭佣工，言明十个月，价东钱一百四十吊，其子女即在张殿臣家食宿，亦不津贴钱文。八月间，孟吉顺因病歇工回里，亦在张殿臣家调养，与其妻孟李氏另屋居住。嗣孟吉顺雇主某某因孟吉顺回家，久不赴工，来信辞退。孟李氏以孟吉顺病愈闲居无事，屡劝其另觅工作，挣钱度日，孟吉顺置之不听。九月十四日，孟李氏因贫苦难度，复向孟吉顺用前言相劝，孟吉顺斥其多管，孟李氏用言顶撞，孟吉顺怒骂，彼此口角争吵。孟李氏（声李氏）声言，如此贫苦，生不如死。孟吉顺亦不在意，各自寝息。讵孟李氏生性愚拙，次早乘孟吉顺出外拾柴头，私自赴街买得洋火一包携回，将洋火头刮下七盒吞服，心中难受，卧倒炕上，午后孟吉顺回归瞥见，当向追问，孟李氏告以因孟吉顺懒惰不能挣钱，屡劝不从，又被斥骂，气忿莫释，已经吞服洋火，意图自尽。孟吉顺当即告知张殿臣，同为觅医看视，用倒药灌救，吐有黑水，孰意孟李氏受毒过重，医治无效，延至十九日早毒发身死。经该屯百家长王有才等闻信前往查看，问明情由，偕同张殿臣报知巡警第十二分驻所，转报地方检察厅，派陈委员德润诣验。因查各供，言语闪(烂)[烁]，恐有隐情，派司法巡长王有才前往秘密调查，旋据报告，谓已死孟李氏实与雇主张殿臣通奸，因被人撞破，羞忿自尽，伊夫孟吉顺听从张殿臣，邀中刘朗轩，私和得财各情，开单起诉，送请豫室到厅。当经本厅迭次分别提讯，据各供晰前情不讳。复经本厅先后移准检察厅，将要证刘朗轩并丁振起及其子丁小桥传送来厅，提同质讯，供亦无异。并据刘朗轩供称，九月二十日，因闻其戚张殿臣家雇工服毒自尽,前来探望,实无代为张殿臣向孟吉顺花钱说和情事。丁振起亦称,孟李氏系与其夫孟吉顺口角气忿,吞服洋火身死,并未闻因与张殿臣通奸羞忿自尽,刘朗轩从中说和之事,回家亦未说过此事。质之丁小桥,供称委系年幼无知,随口胡道。今蒙提讯,不敢妄供。讯据百家长王有才、邻佑徐文福等佥称前情,如出一辙,并各出具甘结,倘查有孟李氏因与张殿臣通奸羞忿自尽实据,甘愿领罪等语。迭次研诘,供仍如一,委无起衅分故。至张殿臣腰路子册地三天,据供早年租与同屯人李成全佃种,年纳租钱一百五十吊,现时亦无出典,邻里皆知,系调查各节均系传闻所致,众供确凿,案无疑义,应即判决。

查现行刑例载:妻与夫口角以致自尽无伤痕者,照律勿论等语。此案孟李氏因其夫孟吉顺歇工闲居,贫苦难度,劝令工作,彼此口角,被夫斥骂,该氏生性愚拙,气忿轻生,吞服洋火,越日毒发身死。既经讯明并无起衅别故,死由自取,与人无尤。孟吉顺应照律勿论。丁小桥信口胡言,本有不合,惟年未及岁,应予免究。张殿臣讯无与孟李氏通奸,致令该氏羞忿自尽,应与讯无私和人命之刘朗轩均行放免,回家安业。案已讯明,未到案之王信应免传送。一干省释。尸棺由检察厅饬埋。此判。

凶恶蔑伦　　新民地方审判厅案

缘已死徐晟系汉军正白旗不记佐领人,在新民府萧家街居住,系已死徐长印亲子,平日并无忤逆情事,在其姐丈萧春家佣工度日。宣统二年二月间,徐长印因腿自行被车轧伤,亦在萧春家调养。五月二十九日晚间,徐长印腿仍未愈,需洋医治,即向徐晟索要钱文,徐晟回称无钱,并称尚须留钱娶亲。徐长印闻言忿恨,将徐晟斥骂,徐晟被骂走出,随各睡歇。三十日黎明时,萧春查看门外地亩,令徐晟起身关门,适徐长印亦出院小便,与徐晟撞遇,触起前恨,复向斥骂,并上前扑殴。徐晟顺拾砍柴铁斧,连向徐长印回砍,致伤徐长印右额角右太阳、右耳近上等处,徐长印声喊倒地,徐晟畏惧住手逃跑,经萧春回家看见,向徐长印问明情由,扶炕调治,当即信知徐长印之胞兄徐长勤、堂弟徐长库、内弟黄凤、表兄熊保昌等待看,徐长印亦将被徐晟砍伤情由向徐长勤等告知,并言伤重难愈,嘱徐长勤不必报案,作主将徐晟处死。延至晌午时分,徐长印因伤殒命。徐长勤当日购棺将徐长印殓埋,萧春适因患病未能报案,徐长勤起意将徐晟活埋致死,六月初五日,邀允徐长库、黄凤、熊保昌各带铁锆,徐长勤手携麻绳将徐晟找获,捏称前往培坟,令其同至坟前磕头。徐晟信以为真,同至坟所,徐长勤喝令徐长库、黄凤、熊保昌帮同用绳将其捆缚,并各用铁锆挖成土坑,将徐晟抬入坑内,用土掩埋身死。经百家长高德春查知,报由巡警第四区，转报地方检察厅，派傅委员光祖前诣勘验，起诉前来，迭次提讯，各供前情不讳。研诘至再，供仍如前，案无遁饰，应即判决。

查律载：子殴父杀者斩立决。又例载：期亲以下，有服尊长杀死有罪卑幼之案，如卑幼罪犯应死，为首之尊长照擅杀应死罪人律治罪。听从下手之犯，无论尊长、凡人，各减一等。又律载：罪人本犯应死而擅杀处十等罚各等语。此案徐晟因被伊父徐长印骂殴，辄敢用铁斧回向迭砍，致伤徐长印太阳等处，移时身死，实属凶恶蔑伦，自应按律问拟。徐晟合依子殴父杀者斩立决律，拟斩立决。业已被埋身死，应毋庸议。徐长勤系徐晟期亲胞叔，起意邀允徐长库等将逆犯徐晟活埋身死，实属擅杀，亦应按律科断。徐长勤合依期亲以下有服尊长杀死有罪卑幼之案，如卑幼罪犯应死，为首之尊长照擅杀应死罪人律治罪例，照罪人本犯应死而擅杀者处十等罚律，拟处十等罚，罚银十五两。徐长库、黄凤、熊保昌听从徐长勤纠邀，帮同捆缚挖坑活埋，系属为从，均合依听从下手之犯，无论尊长、凡人，各减一等例，于徐长勤处十等罚律上减一等，拟处九等处罚，各罚银拾二两五钱。如无力完缴，徐长勤折工作六十日，徐长库、黄凤、熊保昌各折工作五十日，限满释放。萧春讯因患病未能报案，应免置议。凶器铁斧案结存库备照。麻绳销毁。各尸棺已由检察厅饬埋。无干省释。此判。

职官妻妾（至）[指]使家丁殴毙侍女　　南昌地方审判厅案

缘鲍李氏系候选知州鲍恩波之妾，未有子女。于宣统二年与嫡子大吉、小二、家丁刘华江及隶身服役使女金凤随鲍恩波来江西，寓居棕帽巷。刘华江与金凤素无嫌隙。金凤年十一岁，性质愚拙，好吃懒惰，鲍李氏屡次责打。本年正月初三日，鲍恩波曾因金凤过犯，薄施训责，均未成伤。初四日，金凤腹泻，遗粪于裤，被鲍李氏看见，拾起木柴一根，殴伤金凤右腿、右额角，金凤跳脚咆哮，鲍李氏气忿，喝令刘华江责打，刘华江接过木柴，连殴伤金凤右手腕、右乳，金凤站立不稳，侧跌倒地，在石磡上磕伤偏左连左太阳左耳根，即经刘华江将金凤扶起，讵金凤伤重，延至初七日下午身死。鲍李氏害怕，即雇粗工胡寿贵买棺装殓，送往德胜门外沙窝地方掩埋。后被巡警查悉，报由巡警道宪拘提刘华江，解送南昌地方检察厅，提起公诉到厅，复由检察厅督同检验吏周耀彩，传同地保熊耀发、土工胡仁发、陈素青等带往沙窝地方起出尸身，如法相验，验得金凤尸身右额角、右乳及偏左连左太阳、左耳根有致命伤三处，右腿、右手腕有不致命伤两处，委系生前受伤身死，填具尸格，移送前来，经本厅迭提刘华江研讯，始犹狡供，迨传到鲍恩波、鲍李氏三面环质，始各供认前情不讳，核与尸格内所填伤痕相符，应即判决。

（援据法律及理由:）查律载:以威力制缚人及于私家拷打监禁因而致死者绞监候。以威力主使人殴打而致死伤者,并以主使之人为首,下手之人为从论,减一等。又例载:家长未生子女之妾殴死隶身服役之使女者,流三千里。又名例载:共犯罪而首从各别者,各依本律首从论。又载:凡妇女犯该徒流以上,除犯奸及例内载明应收所习艺者,一律按限工作,不准论赎外,其寻常各案准其赎罪。又载:凡三流及极边或烟瘴地方安置者,核其所犯罪名,如系常赦所得原,无论流置,均毋庸发配,即在本籍或犯事地方收所习艺工作。又律载:家长殴雇工人非折伤勿论各等语。此案鲍李氏因使女金凤腹泻,遗粪于裤,辄用木柴殴伤致命之处,犹复主使家丁刘华江重殴多伤并致磕伤,受伤身死,其平日之虐待金凤,威遣仆役,已可概见,合应按律问拟。查鲍李氏系威力主使之人,本应照主使为首拟绞律,拟以绞监候。惟金凤系鲍李氏隶身服役之使女,究与凡人不同,按名例载,共犯罪而首从各别者,各依本律首从论,则鲍李氏虽为主使之首犯,自有问罪之本条,鲍李氏合依家长未生子女之妾殴死隶身服役之使女者流三千里律,流三千里,照例准赎。刘华江系鲍恩波之家丁,辄敢下手殴伤金凤致命,应同凡斗论抵。惟刘华江分系家丁,对于主母之使女何敢逞凶妄殴,是则刘华江之殴打金凤实系鲍李氏之威力主使,不敢不从,虽行殴人之事而无殴人之心,若照凡斗论抵,未免情轻法重。刘华江合依威力主使下手之人为从论减一等律,于绞罪上减一等,流三千里,核其所犯罪名,系常赦得原,毋庸发配,即在犯事地方收所习艺,工作十年,限满释放。鲍恩波于初三日训责金凤,未曾成伤,按律勿论。惟于其妾鲍李氏主使家丁刘华江殴伤使女金凤越三日身死,何至漫无觉察,案经巡警查悉,拘提刘华江讯问,仍不出首呈究,实属有心容隐,查亲属相为容隐律注:家长不得为雇工人隐,义当治其罪也等语。鲍恩波于鲍李氏主使家丁刘华江殴伤使女金凤身死,刘华江系属雇工,义当治罪而相为容隐,实属不合。惟鲍恩波供系职官,未便议拟处分,候呈提法宪酌核办理。鲍恩波之子大吉、小二讯不知情,亦未在场帮殴,应免致议。凶柴供弃免起。尸棺饬埋。此判。

因忿故杀幼女　　营口地方审判厅案

缘朱洪业系盖州人,光绪二十八年间娶再醮之妇王氏为妻,将七岁之女丑子随带抚养。三十年间,郭梁氏用聘礼洋七十元媒聘丑子,给伊三子郭盛荣为妻。王氏于改嫁后生有两子,长子现年七岁,次子三岁。宣统元年七月间,王氏又生一女,取名雨子,至九月间,王氏病故,郭梁氏虑及丑子无母失教,屡次托人央说,欲将丑子迎娶过门,朱洪业因丑子新居母丧,又家有子女赖及照料,未允。郭梁氏起意强娶,于十月二十日带同郭盛荣并女眷二人,乘坐大车去至朱洪业家,将丑子抢去与郭盛荣成婚。朱洪业因儿女等啼哭不休,心生烦恼,目睹两子俱幼,已属苦累不堪,小女雨子止四个月,无人养育,终难存活,莫如将女摔死觉得干净。当时(雨子从炕内抱起)[从炕内抱起雨子],向火炉摔去,致将其囟门相连左额角额颅相连左太阳、左眉并脑后等处磕伤,雨子坠地气绝殒命。郭梁氏闻知,虑被图赖,往报巡警,朱洪业即以郭梁氏抢伊大女,将其幼女踹死等词赴局投报,当被警局扣住,转报检察厅相验,起诉到厅,朱洪业自认摔死伊女不讳,郭梁氏等亦俱供晰前情,应即判决。

查律载:其子孙违犯教令而祖父母、父母故杀者,杖六十、徒一年。注曰:无违犯教令之罪为故杀人,居父母丧而身自嫁娶者杖一百。又:嫁娶违律,若由父母主婚者,独坐主婚各等语。此案朱洪业因郭梁氏将聘定伊妻随带前夫之女丑子恃强抢娶为其子郭盛荣成婚,该犯当丑子被抢后,目击子女年幼哭泣,无人抚养,顿生烦恼,将其幼女雨子摔伤身死。后闻梁氏往报巡警,即以伊女系被梁氏踹死之言赴警局捏报,虽杀女非因图赖,而诬报即自供认,论情不无可原。惟查已死雨子生甫四月,是无违犯教令之罪,以致惨遭摔毙,自应科父故杀。朱洪业合依子孙违犯教令而祖父母、父母故杀者,杖六十、徒一年律,拟杖六十、徒一年。照章免杖。按所徒年限收所习艺,期满释放。郭梁氏明知丑子居丧,因已聘为子媳,起意强娶,则丑子与梁氏,姑媳名分已定,应同父母主婚论,若照期约未至男家强娶律科断,是置丑子居丧于不问,情罪殊未允当。如丑子之嫁出于自主,当科丑子杖罪。兹由梁氏强迫,自应罪坐主婚,郭梁氏合依居父母丧嫁娶律,拟杖一百,照章追取罚金十五两。如无力完缴,改折监禁。丑子与由其母主婚强娶之郭盛荣,业已罪坐主婚,均毋庸议。朱洪业所遗二子,即交丑子抚养,俟朱洪业罪满释放领回,以报其继父抚育之恩。案已拟结,未到人证免传省累。此判。

听从母命戳伤胞弟身死　　江宁地方审判厅案

缘赵曾氏、蔡金科分籍安徽来安县。王老五籍隶清河县。已死赵大兴系赵曾氏之子,即赵大有之弟。蔡金科系赵大有之妻弟。王老五与赵大兴邻居,素无嫌隙。大兴向来不务正业,嗜酒好赌,常向其母索钱吵闹,违忤已非一次。七月二十五日,赵大兴又向赵曾氏索外花用,赵曾氏不允,未遂其欲,赵大兴竟敢辱骂赵曾氏,赵曾氏一时气忿,起意率令赵大有,转邀蔡金科、王老五,将赵大兴殴死除害。赵大有迫于母命,遂听从转邀,王老五等应允,彼此商议,假称蔡金科有过店洋钱,情愿借与赵大兴数元解和,必须同至朝阳门外往取,赵大兴信以为实。初更以后,赵大有约同蔡金科、王老五将赵大兴诱走,行至朝阳门外偏僻地方,已有二更时分,赵大有先将赵大兴揪倒,按其左手,蔡金科帮同按其右手，王老五带去石灰，迷塞赵大兴两眼，赵大兴喊救，蔡金科、赵大有走开，王老五用刀在赵大兴头上、身上乱戳，记不清是何部位，因见赵大兴不能动弹，各自回城。嗣经地甲查见尸身，将该犯赵大有、王老五、蔡金科获案，并据尸母赵曾氏以次子赵大兴忤逆，率令长子大有，邀得王老五等将大兴致死，自行报告到案。当经上元县诣验讯供详，奉批饬江宁地方审判厅复讯拟办等因。准上元县将人犯卷宗一并移送，由检察厅转送前来。即经提犯详细研讯，据前情不讳，再三究诘，矢口不移，案无遁饰，应即判决。

查律载：尊长谋杀卑幼，已杀者[伊](依)故杀法。又：子孙违犯教令，父母故杀者徒一年。律注：无违犯教令之罪为故杀。又：子孙殴骂父母，而父母殴杀之，勿论。又例载：期亲以下有服尊长杀死(者)有罪卑幼之案，如卑幼罪犯应死，为首之尊长照擅杀应死罪人律治罪，听从下手之犯，无论尊长、凡人，各减一等。又律载：罪人本犯应死，而擅杀者处十等罚各等语。此案赵曾氏因次子大兴索钱，不遂其欲，辄敢忤逆辱骂，一时气忿起意，率令长子大有转邀王老五、蔡金科将赵大兴致死。查赵大兴骂詈其母，先有应死之罪，若照故杀科断，而注内专以无违犯教令之罪为故杀。则凡有违犯教令以及辱骂其母者，即不得以故杀论。赵曾氏应依子孙殴骂父母而父母殴杀之勿论律，拟以勿论。赵大有听从母命，转邀王老五等戳伤罪犯应死之胞弟赵大(兴)致死，自应按例问拟。赵大有应依期亲以下有服尊长杀死有罪卑幼之案，如卑幼罪犯应死，为首之尊长照擅杀应死罪人律治罪例问拟，系为从，应于擅杀应死罪人处十等罚律上酌减一等，处九等，罚银十二两五钱。王老五听从赵曾氏戮伤赵大兴身死，蔡金科帮同下手，遍查律例，并无母殴死罪犯应死之子听从下手者作何治罪(名)[明]文，惟例载：期亲以下有服尊长杀死有罪卑幼之案，如卑幼罪犯应死，为首之尊长照擅杀应死罪人律治罪，听从下手之犯，无论尊长、凡人，各减一等，例内止言期亲以下尊长而不有父母，举轻以赅重也。今赵曾氏系大兴之母，重于(亲)[期]亲尊长，王老五、蔡金科应(化)[比]照期亲以下尊长杀死有罪卑幼，如卑幼罪犯应死，为首之尊长照擅杀应死罪人律治罪，听从下手之犯，无论尊长、凡人各减一等例问拟，王老五、蔡金科于擅杀应死罪人处十等罚律上减一等，处九等，罚银十二两五钱，追银册报。尸报已由县饬属领埋。此判。

判牍五　族制门

父继子殴　　　　　　安庆地方审判厅案

缘赵济贵祖父邦升生子三人：长时柯、次时甲、又次时富。时柯出继长房，即邦升之兄邦治为嗣，其原配查氏及续娶戴氏均无所出，妾吴氏生子亦早殇。

时甲子一，谱名济宠，为本房生子。时富之子即为济贵。时柯续娶之妻戴氏，于同治九年八月去世，当以侄济贵披麻成礼，依乡间俗例，谓之主祭，并未写立继书。及同治十年七月，吴氏生子济来。适届修谱之年，时柯系属长房，兼充馆中首事，遂以济来登谱，以济贵仍叙入本支。时济贵才十有馀龄，时甲、时富均早经身故，一切唯时柯是听。旋吴氏复生子济发。至时柯去世，以有济来、济发，即未令济贵持丧。济贵向住省城，济来、济发居乡，即分家亦未通知。本岁族中修谱，济贵下乡理论，言吴氏虽生有济来、济发，然伯母戴氏去世时，由伊主祭，伊实分为嫡长。经谱馆族尊评议，劝令济来、济发等酌给若干财产，内谱仍各归各叙，毋庸再事纷更。济来避不到场，济发夫妇不遵，几至恃蛮用武。赵济贵遂以父继子毁，向理反詈等情，赴厅起诉。饬传，讯悉前情，一再推求，案无遁饰，应即判决。查例载：无子者，许令同宗昭穆相当之侄承继，先尽同父周亲，次及大功、小功、缌麻，若立嗣之后，却生子，其家产与原立子均分。又律载：所养父母有亲生子及本生父母无子欲还者，听各等语。此案赵时柯虽经出继长房邦治，长房早经故绝，则时甲、时富等实为时柯之本生同父周亲，时柯妻死无嗣，时甲子济宠应顾本房，照承继定例，本应以（承）[时]富子济贵为嗣。虽乡俗另有主祭名色，谓与立继不同，然时柯当时既令济贵成服斩衰，岂能于过继以外别求名义，是以后虽复生有济来、济发，既未声明济贵还宗，自应视与所生为一体。所有时柯家产，自应按股均分。乃时柯不明大义，生子即予取销，亦不分给家财，实属违例。姑念乡间习惯，终以主祭非过继可比，沿袭已深，且时柯去世时，既未令济贵持丧，济贵亦未尽送终之礼。又据族长赵锡堂及族人济桂、济鸿等一再供明，谓济贵系主祭而非过继，应准酌量核判。着济贵仍接本支，惟济贵究曾主祭在先，应酌给家产十分之一，以重嗣续而昭公道。家产估值二千串文之谱，济来、济发等应合给济贵钱二百串文。至赵新沭所供之济宠主祭，济来、济发所供之伊姊主祭各层，均为保守家财，希图抵制起见，时宏、济昌系济来、济发邀同到案，济昌并与济发同居，亦岂能诿谓不知？其为有意混供，尤属显而易见。庭讯时，济来、济发叫嚣无状，不守法庭秩序，本应照章酌判拘留。兹以天气炎热异常，从宽交令族长赵锡堂带回管束，如再不遵约束及或恃蛮生事，准其赴厅禀究，以肃教令而明法纪。讼费按二百五十两以下之财产诉讼计算，应徵费银六两五钱。证人赵锡堂、赵济桂、赵济鸿各到庭二次，应徵费银三两，川资旅费银三两。赵新沭、赵济昌、赵时宏各到庭一次，应徵银一两五钱，川资旅费银一两五钱。着赵济来、赵济发措缴，分别归公给领。分关抄存备案原件连同家谱二本发还。此判。（民）

绝灭之家无人承继　　重庆地方审判厅案

缘杨焕章、杨三合均籍隶巴县。杨廷柏系杨焕章等五服外族叔,生二子,长洲福,即长盛,娶妻宋氏,有子杨翰臣。宋福泰系宋氏胞兄,武生张茂廷系宋氏表兄。次洲发,早故,遗妻景氏,无子。先年宋氏与景氏构讼,由县控府,曾经前任府　王,判杨翰臣双祧在案。杨长盛、景氏均先后身故,其子杨翰臣选贸在滇,年久未回,亦无音信,闻人传说在大理府病故,亦有云在途次身卒,说虽不一,并无的信。杨长盛故后,所遗银钱,经宋氏手,买有一千三百两银田业一契,取押佃银三百零二两,并买当东水门力帮船轮子一股半。宋氏旋即乡居,张茂廷因宋氏家无人,时为帮管家事,宋氏买业涉讼需费,曾将田业押借张茂廷之婿唐德周银五百四十两。去岁六月,杨宋氏身故,丧葬一均张茂廷经手办理,杨宋氏遗存衣物、契约,亦寄放伊家,宋福泰在杨宋氏家雇工,亦不尽悉。杨焕章等疑其侵吞,七月内控经前署巴县,廷集讯断,令杨长盛家业暂交宋福泰代理,不准张茂廷染指,并饬寻杨翰臣回家。殊张茂廷延抗至今,仍前把持契约、账据不交,复于经徽递禀,希冀卖业。杨焕章等乃以提公续嗣呈诉到厅,准理票传。于五月十七、二十六等日集证,迭次讯悉前情,应即据理判决。(判)查绝灭之家无人承继例,应将其财产入官,不能听外人侵吞。此案张茂廷插管杨宋氏家业,多历年所,杨宋氏故后,控经县断,犹复握延,抗不交出,殊属非是。本厅集讯,仍前狡执,收所看管,始认将一应契约、账据及衣物箱只,嘱其婿唐德周代收缴案。本应严惩,姑念年逾七十,从宽免议,当庭将所呈契约、账据、衣物箱只查验明白。本厅斟酌情形,杨宋氏所遗产业,既为唐德周所押,即责令抵押之唐德周照原价接买,除去抵借银五百四十两及押佃银三百零二两外,余剩价银四百五十八两,此本绝产例,应入官,惟杨翰臣在滇身故与否,仅得诸传闻,并无确据,遽予入官,设将来生还,衣食何资?而杨廷柏等坟墓亦复年久失修,杨宋氏身故,仅仅土葬,又未斋荐。谕于业价内提银一百五十八两,交杨焕章、杨三合经手,修墓斋荐。余银三百两暂行存案,俟满三年,如杨翰臣仍无消息,再行充作地方公用。其船轮子,念宋福泰年老贫窘,其妹在日,亦曾有给伊养老之说,即仍归其经收,不准当卖,每年祭扫杨姓坟墓,俟宋福泰死后,交杨焕章经收,以备岁时祭扫之需。缴案衣物箱只,给杨焕章等承领变卖,以凑斋荐之用。业契、抵约均存案,船轮子约二张给宋福泰承领,张茂廷业契一纸当庭发还,两造均各遵依完结。讼费照章应征银二十两,加恩减半,着张茂廷缴银乙十两。此判。(民)

异姓乱宗争立构衅　　贵阳地方审判厅案

缘熊周氏籍隶贵筑县,幼嫁沈姓,夫亡,遗一子,名小发。光绪二十一年,熊培兰因正室鲜于氏无子,娶以为妾,沈小发时仅二岁,随母过门寄养,久之周氏无出,复娶杨氏,仅生一女。宣统三年正月,培兰病故,遗有板房一所,田计种一石八斗五升,土计种四斗,皆培兰生前手置。培兰有同祖弟熊培恩,生有二子,长名升妹,次名二发,以序当立升妹为嗣,周氏以培兰在时曾立约允嗣小发,为嗣不愿族人干涉,而族人熊建章以约系伪造,小发不应承嗣。督使升妹兄弟,声言驱逐,彼此争执,适周氏母子进城,建章等即将其存谷十石余并子母牛二头,一并擅售。互控到厅,片请检察官莅视,讯明前情,应即判决。

(证明理曲及判断之理由:)查此案两造所争之点均在抱约,熊周氏谓系其夫所立小发应得承继,熊升妹等则谓约系伪造,小发不应承继。不知异姓乱宗,律有明禁,小发以沈姓子随母改适,无论熊培兰曾否立约允许,照律均不准为嗣。升妹虽律应承继,然遽欲握其全产,亦非情理之平。查熊培兰手置田房仅此数处,其两妾幼女均应享有,以资生计。小发随母同居,恩养日久,娶有妻室,亦应酌量分给,使母子相为依倚,以符定例而协人情。判令两造央集族戚邻甲,以熊升妹为熊培兰成主立嗣,并为明白清理,将培兰所遗田土除去丧葬费用外,其已经当出者,他日由熊周氏、熊杨氏、熊升妹合资取赎,三股均分,余存田土若干,划分为三,以一分给熊升妹,以一分给周氏母子,以一分给杨氏母女,以资养赡。其房屋家具,划分为二,一分永给周氏母子,一分暂给杨氏母女,他年女嫁母故,除奁资丧费外,所遗财产,概归升妹承受。倘杨氏中途改适,应将所分得之房屋、田产,概交熊升妹经管,不准携以出嫁。至熊建章等擅卖周氏之谷与牛,念系亲属,姑免惩治,着令赔还。案由熊升妹争立构衅,讼费银四两二钱,即着熊升妹照缴。此判。宣统三年四月二十八日贵阳地方审判厅民庭庭长唐楷文

捎执谱饼不发及不允上谱　　南昌地方审判厅案

缘刘思胜,南昌礼坊村人,贸易于省城,宣统元年十一月,亲生一子,有误传其以钱买得者,族人信之,阻不上谱。刘思胜控于南昌县,谓族长刘启英等之不为其子上谱,皆出于刘连生、刘洪美、刘六仔等之主使也。县主查悉刘思胜之子实系亲生,谕令刘启英等具结上谱,已息案矣。次年,刘思胜往领谱饼,族人则不发,刘思胜则具状诉称,刘连生等因索钱十六串不遂之故,主使族长不发饼。刘连生等则辩称,刘思胜数载未还故乡,族人必待其亲往而始发饼,实无勒索钱文事。经本厅当庭质讯,谕令刘思胜与刘连生等同往领饼,族人卒不与,两造同覆命于庭,而各执一词以相争论。爰据情而判曰:刘思胜子系亲生,曾当县官具结上谱,则谱饼自无不发之理。刘连生等既与刘思胜同时赴乡,即应劝族人发饼了事,乃奉谕而往,空手而回,此中非有所需索,即有意播

弄，甚非本厅爱民息讼之意，刘连生等着速将谱饼领到，转给刘思胜，以息争端。惟据供称，此次刘思胜之胞叔刘元有等怒思胜之疏于祭扫，狃于争讼，议令刘思胜祭祖、打炮、煮面、分饷，以谢族人，然后发饼。乡间整饬族规习惯或应如此。刘思胜应于接饼之后，酌量捐钱数串文，交其族人，从俗举办，以释嫌隙而顺众情。庶此后年年接饼，不至再生龃龉，生儿当喜欢，何妨具酒食以相宴乐？同宗贵敦睦，无为留芥蒂以贻子孙。在刘思胜之子应分谱饼，族人不得把持，而刘连生等勒索钱文，原情姑免咎责，两造仰即遵断完案，以联族谊。讼费银三两，着刘思胜、刘连生、刘洪美、刘六仔四人分缴。此判。（民）

争继　　　　宁波地方审判厅案

缘蔡兴樞生三子，分为天、地、人三房。人房吴台生三子，长崛青，次录卿，分为松、柏二房。录卿生子和霁，娶妻董氏。和霁早卒无子，以天房下和霖之子同瑞为嗣，松房崛青于宣统元年十一月在上海身故，妻与侧室皆无出，临终时遗命，以和霁子同瑞为兼祧孙，由其婿张寿镛，陈廷瑞写立遗嘱一纸，当有妹蔡王氏、女陈蔡氏、张蔡氏、妾蔡钱氏暨堂侄和霖、和霭在场见面。崛青故后，即将此嘱发布，并立遗命，允遵据一纸，由房长蔡丕恒首先画押，其余房族或承认或不承认，纷纷交讧，累月不决。同瑞继母蔡董氏以本房只有一子，族中既有争议，亦不愿其子同瑞兼祧。松房乃复由房族公亲调停，更以房下和霭为崛青次嗣，与同瑞并继，即于是年十一月立草继书一纸，房族公亲均经签名画押。嗣后房长蔡丕恒以为继事已定，房族不无微劳，爰集邀天地两房名下子侄，议立分润据一纸，除尊祀曰三万两外，房长得一万两，均和安爱敬，五房得二万五千两，应继不继如和霭等五人，得四万两，其据当归蔡丕恒收执。嗣后各房子侄纷纷向蔡同德支取银钱，该号账房和蔼自以为有应继资格，应即乘机利用，交结房族，希图入继。宣统二年四月间，同瑞母蔡董氏登报退继，和霭乃以银票二万五千两暨现银五千两诱令和霱退继，由和霱出立推让据一纸，交于和霭，转交蔡钱氏收执。宣统二年十二月，房长蔡丕恒又唱三人并继之议，立和霭、和霄、和霱为嗣，邀集各房族，立定继书四本，宗长蔡开崧暨公亲张寿镛等皆不服，先后具控道府，另县提讯在案。本年二月，蒙抚宪批交本厅审理，当由鄞县将一起卷宗移交前来，爰即传集两造人证，一再审讯，合行判决如下：

（判决理由:）查此案始终可分为三说，最初为遵守遗命立同瑞一人，系公亲张寿镛等所主张。次议以和霱与同瑞并继，则公亲与房族调和之策。三议以和霭、和霱、和霄三人并继，则房族蔡丕恒等所主张，变幻什奇，莫可究诘。夫立继原为死者起见，则定一抉择之标准，自必以死者之意思为前提，就理论以推测死者之意思，必欲择一能保守财产之人，且必欲以财产归与最亲爱之人,是可断言。遗命为死者意思之微表,亲族合议亦不过补充死者之意思。本案张寿镛等奉有遗嘱,发布之后,房族中有赞同者,有异词者,于是有房族之会议。综观遗命及房族会议而得有应继资格者,不外同瑞、和霭、和霱、和霄四人,本厅于此四人中重加选择,亦惟本死者主要之意思与夫补充死者之意思为断定,查和霭受嵋青生前之委托,为蔡同德号内账有收支财产之权,即有管理财产之责,嵋青故后,继嗣未定,即财产之权利者未定,应如何力图保存以顾大局,乃视若无主之物,任人支取,至耗去十四万余元之巨,该号倒闭在即,已负嵋青付托之本意,更复从中播弄,希图入继,内结钱氏,外诱房族,无非藉死者之遗产,供结纳之具,承继所以保产,继未定而产已耗,死者有知,能无心痛?其不合承继之资格者,应无疑义。和霱曾经亲族合议,与同瑞并继,本无不合,但贪利退继,实属不知大体,其出与和霭推让据一纸,现存蔡钱氏之手,为张寿镛等所揭发,业由蔡钱氏当堂供认,此据现在上海。此种行为蠢无知识,只缘胞叔蔡丕恒为房长,因得与草继书之列,至其私用同德银至五千两之多,尤为浪费无疑,应即除斥。至和霄虽无特别应继资格,但查其所用同德号款项不过二十元,较之各房族中,尤为难得,只此一端,其不贪非分之财而足以保守遗产,可以推定,且于本案最少争议,其列入三人并继之内,亦无非听房族之命,应准其承继松房,以符折衷之议。同瑞先奉遗命认继,后以奉母命退继,公义私情之交迫,或不得已而出此。嵋青本亲亲之意,以遗命令其承继,亦属人情之常。本厅为尊重死者意思起见,仍令兼祧松房以符遗命,该房财产先由各房族纷纷浪费,以致同德号亏款甚巨,殊堪痛恨,既由和霭抄呈同德支付账目,自应按照各人名下所用,逐一查究,其投案各人,业经当堂自认,已令照数出结,俟事后交于和霄、同瑞收执,以备查追。所有财产现仍由张寿镛、王庸音暂行保管,一俟判决确定,即行分别移交,以完执行遗命之义务。房长蔡丕恒对于此案反覆无常,计其陆续签押遗命允遵据一次,草继书一次,三人并继书又一次,视继位如弈棋,实属不成事体,复创立分润名目,瓜分遗产,竟有房长得一万两之议,据为自己,而处分他人之财产,非特无效,抑且不法。房长如此,无怪各房子侄之群思染指也。推其错误之原因,实由于继凭房族、利须均沾之主义横贯于胸中,并非从死者意思设想,应将其所立继书暨财产分润据,一并认作无效。宗长蔡开崧尚无分润情事,惟声称生前受嵋青厚恩,意在尊祀保产,而三人并继之书,旋复添押,未免言行不符。又查其具控道府,曾痛诋和霭为此案祸首,现则竭力主立和霭,前后矛盾亦不可解。陈廷瑞同奉遗命,旋又起立继之草书,致贻口实,亦属咎无可辞。其余案内各人,举证尚多,但只关个人间之诘责,于本案根本上无甚关系,悉置不论。兹将主文摘示如下:

(判决主文:)蔡嵋青无子,着以堂侄和霄为嗣子,以胞侄和霱子为兼祧孙,所有一切遗产,除蔡钱氏旧有衣饰仍行归还外,余悉归二人受管。又此案蔡开崧以宗长名义为原告,张寿镛以公亲名义为被告,均非为自己诉讼。其印花费三百五十五元,应于遗产项下支销。此判。

立继嫌隙　　　　杭州高等审判厅案

诉讼事实:缘浦德年即三明,隶籍海宁,其堂叔崇云,即永生,所生二子,长德勤,次德全,均身故无子,应以伊子祥汉承继,方符同父周亲之例。乃德勤妻浦费氏不允,自于宣统二年冬,领养周叙财之次子云生为子,后来彼此涉讼。本年二月二十六日经海宁州以德年与浦费氏既有嫌隙,且有向浦费氏家滋闹阻殓情事,断令族中协议,为浦费氏另择贤爱,不许德年之子祥汉承继。德年不服,于五月初二日,上诉到厅。经调取卷宗,传集人证,遵章片请检察官莅庭,集讯三次。谕:据族长顺才等开呈德氏、祥氏两派名单;又据该族长等请求,并为德全之妻朱氏立继;又据浦费氏请求,以德华之子入继为嗣。经传德华到堂面讯,据供情愿等语。案经再三研究,已无遁饰。

援据法律之理由:查律载:无子立继,应继之人平日先有嫌隙,则于昭穆相当之内,择贤、择爱,听从其便,立以为嗣等语。此案浦德年与浦费氏既情不相能,且屡次涉讼,揆之律意,自不能再许其子祥汉承继,致多纷扰。除德年外,与德勤昭穆相当者,有德富、德才、德华,皆各有二子,而浦费氏请求德华之子为嗣,德华亦极情愿,于择贤择爱之意,尤为符合。该族长等请求并为德全之妻浦朱氏立后,尚近情理,惟主张以德(华)[年]次子祥汉承继浦朱氏,近于调停,非正当办法,自应以德华次子祥林承继德勤兼祧德全为是,合行判决。

判决主文:判得浦德华之子祥林令其承祧德勤、德全两房为后,所有一切产业归祥林承受,德勤之妻浦费氏所领周姓之子作为义子,将来亦许酌给财产,但不得即以为后,德年不得希图财产,任意混争。族中如有再行耸使涉讼情事,由浦朱氏另行起诉,按律惩办,上诉费用由败诉之浦德年负担。俟判决确定后执行。此判。

判牍六　市廛门

局骗工资　　　　重庆地方审判厅案

缘杨荣声、周辅臣均籍隶巴县,宣统二年正月间,杨荣声承认法商吉利洋行做猪毛包工,立有合同,系由周辅臣担保。殊杨荣声仅做月余,无银垫办,凭原证转交周辅臣接包,领银折据当交周辅臣手执。伊帮周辅臣经理,每年工资银一百二十两,生意赚折与伊无涉,书有帮工字约,至年底工竣结算。杨荣声尚过用工资银二百两零,推缓退还,后见周辅臣获利甚多,自悔失计,捏称伊认洋行包工,周辅臣系与管账,彼此争执投理。众劝周辅臣给杨荣声银二百两了事,杨荣声不休,遂以做吉利洋行包工工资及赚项共七千余金均由周辅臣串通该行经理人蔺泽安、陈树勋等局骗等情赴厅起诉。经本厅牒请关道照会领事,查明该行工资实已付楚,所称周辅臣等吞骗应与该行无涉。覆请查照本厅。当即传集察讯,旋因杨荣声与周辅臣账目纠葛不能不彻查明晰,特移请商会查算,嗣准商会覆称,杨荣声承认包工实系转交周辅臣接包,所帮周辅臣工资业多用二百余金,劝令周辅臣再行从厚给息,彼此未允等由前来本厅。传案集证覆讯明确,应即据理判决。查此案杨荣声承包吉利洋行洗扎猪毛,原系周辅臣担保,嗣因无银垫办,仍凭原证转交周辅臣接包。此等展转承包,在商场已成习惯,当即质之原日证人,均称实有其事,自属非虚。若如杨荣声所称周辅臣系与管账,当在洋行上货取银,杨荣声理应亲身赴领,何以领银折据转在周辅臣之手,其为转交接包毫无疑义。况帮工周辅臣又经立约画字,本厅当庭查对笔迹,其画押实系杨荣声亲笔,自非周辅臣伪造,杨荣声何得于多用工银外反复捏情妄控,推原其故,虽由周辅臣得利过丰,艳羡生心,捏词妄控,其情殊属不合,惟周辅臣接包之后,获利较优,饮水思源,杨荣声稍向分润亦未为过情之举。判令周辅臣从厚帮给,以酬其情。着再帮给银五百两,限闰六月内缴案具领,俾断葛藤。遵依各结完案,合同、字约二纸涂销附卷。讼费银拾两由杨荣声、周辅臣分缴。此判。(民)

将寄存货物抵债　　安庆地方审判厅案

缘崔显达隶籍潜山县,向为纸槽生理,历年将自制皮纸运省发售。本年二月二十三日,崔显达复运皮纸三担来省售卖,因与普达成店主储若镕、潘成望素稔,即寄寓其店中,纸亦存其店内。适值兴祥钱庄持普达成期条三纸计银一百二十五两向普达成索欠不偿,将其纸三担搬至商会,意图抵账。潘成望等眼见不阻。由崔显达起诉到厅,经本厅讯明以上情由,并据储若镕等供称:兴祥店所持期票系普达成已拆股东王梅轩开设泰丰祥米铺时所欠之款,王梅轩冒用该号红票,实与普达成无涉。又据商会移请饬传王梅轩归还兴祥店款一案,与所供情节相同。除饬传王梅轩讯追外,应将崔显达所控账案先行判决。查崔显达寄存普达成之纸既未卖与普达成,自不能为普达成抵账。且兴祥店所持期票系属普达成已拆股东王梅轩开设泰丰祥时冒出,亦不能累及普达成。所有兴祥店搬存商会之纸三担,应由本厅知照商会发还普达成店主储若镕、潘成望收领,即由储若镕、潘成望交还崔显达完案。讼费银一两五钱由储若镕、潘成望分缴。此判。(民)

私装电灯　　　芜湖地方审判厅案

缘茂盛办馆于宣统元年十月订装明远电灯公司电灯十八盏,旋于十二月由该馆商妥公司撤退十盏,以后每月按八盏交费。至本年五月二十七日,经公司查觉原退之灯十盏仍然私装盗点,起诉初级,判以证据不甚充分,却下请求。明远公司不服上诉,传审到庭。据原告公司委任人叶先谦供称,现因公司开股东董事会,新旧交换,公举吴绅竹溪同往清查灯数。五月二十七日调查洋街洋码头至茂盛办馆,查悉该馆店堂内有灯八盏、客房一盏、走路口一盏、大门口一盏、内房一盏、计十二盏,正欲上楼查看,该馆账房王绥之出而阻拦,以致口角冲突。吴又乘间上楼,查悉二盏,叶亦随上目睹该店伙正在息灯撤泡,王复上楼持蛮,未能遍查。随呼三区守望巡警眼同点数,并劝解而散。查巡警樊济卿原供,楼下十二盏属实,楼上二盏伊未眼见有无灯泡,则失于觉察。据被告办馆委任人胡升璧辩称:尔日伊不在家,归时始悉公司查灯,王绥之并未出阻。原装电灯十八盏后退十盏,每月只交灯费八盏,与原告所诉无异,但当其撤退时花线并未截断,故灯帽灯头原样装挂,灯泡交公司收去,其泡既撤,灯即作废,何能偷盗?盖在初意不过留为随时添装便利之地步,以故十八盏至今装挂依然,尚可踏勘,何公司又仅指为私装六盏而不直曰私装十盏。况灯泡一物非由公司购买,即无处可以置办,断无公司自卖灯泡任人私装偷点之理,由此推证不但并未私装,且足见该公司有意敲诈,恳求彻究等情各在案。

证明理曲之缘由:

(督)[察]核两造诉辩各情,茂盛馆情词闪烁,理多牵强。虽巧辩之多方,终情虚而难掩。撤时皮线未移,容为事所或有,至谓花线不截,实为理所必无。且经议妥撤灯而曰仅摘其泡,灯帽、灯头等件原样装挂旧处,揆情度理更属难通。装灯时材料系由自备,灯上无论何物概属该馆之所有权。灯泡又为电灯最要之物,价亦颇昂,岂有摘下之①泡不自收藏而反交于公司之理。即使自圆其说,谓交于公司可以远偷点之嫌,独不思当时装挂既皆备价购归,则此日退还自应索回泡值,乃据称泡虽交去,价不算回,因避嫌疑,并弃权利,果何故耶?由此观之,叶称灯泡与灯帽、灯头等件全存该馆,自是可信。况如胡言,撤时已交公司属实,一交即无可买之处,又何以查省城电灯厂章程第十二款,有"用户他处购配亦可"之规定,此足见"灯泡准绳互异"一语不能为无泡即难盗电之铁证也明矣。且如该馆辩诉几以窃电为世所必无之事。考日本窃电有两种情形:(一)他人出钱自己利用。如在邻家电球根际另安电线,引至己宅之类。

---

① 疑为"灯"字所误。——校者注

(二)所费不多利益甚大。如用电之家将电球摘下另安电线,其中燐线较多,原定十盏可扩充至五十盏之类。据此以观,乌见电气遂为不可窃盗之物耶?叶称查实六盏,其余因王阻挠未查。胡称十八盏全然装挂,分毫未动。据是以为推定,是该馆所退十盏之灯尚在任意全点无疑,不过交费只八盏耳。原告请求赔偿损害,应即照判如下:

判决之理由:

查盗罪客体之财物以有体物为限,但其为固形体、流动体、瓦斯体不须区别。电气非瓦斯体即不能称为有体物,特属于无体之力耳。故其侵夺须有专条,考之日本旧刑法亦无明文规定,致启学者争议,遇有盗电之案,裁判官各执一说,莫宗其是。后经大审院采学说以为判决,认电为有体物,科以盗罪,遂援为例,改正案始订正条。现在我中国用电之风气尚未大开,故盗电之案亦不多觏,即或偶一发现,无例可援,故刑草特设专条,凡窃取电气者准盗论。然未经颁布之律,效力难及。依然难于遵行援照。兹查,奉抚宪批准遵行之省城电灯厂章程第十八款:凡装灯之户私行接线加灯者,如系十六枝,光罚洋十元,按灯计算。第十九款:凡私行装换电灯之户,查出后除罚款外,按月照所换光数加收灯费,不准商减。据此合即援用。兹茂盛馆偷点已退之灯十盏,与日本窃电之第二情形相类,除赔偿公司损失一百二十五元,并照省章罚洋一百元以示薄惩外,以后即照十八盏完纳灯费,不得商减。又讼费六元五角均着茂盛办馆于一月内照缴完案。再此案因新律未颁,暂由民庭审理,合并宣示。此判。

藉词图赖保险银两 　　　　宁波地方审判厅案

缘二妙春钟表铺经理应启林于宣统二年九月间向华商信益公司保有火险,计生财七百两、房屋一百五十两、衣服一百五十两,共合保险银一千两,当立保险单一纸。是年十二月廿三日,因邻右失火延烧被毁,应启林即向该公司索赔,公司经理周衡夫以年内向总公司领银未到,约候明正,并嘱令开具失物单。至本年正月十一日,周衡夫着王如成邀应启林持保险单至公司取银,由周衡夫亲立咸丰祥和庄过账据一纸,计洋一千三百六十元,写明元月廿四日抄账。应启林当出立收条一纸,并将保险单交与周衡夫收回,一面登四明日报声明信益公司赔款迅速字样,其稿即由周衡夫手起。及廿四日,祥和庄仅过到洋八百元,应启林当追问情由,周衡夫以该铺只保生财、房屋、衣服三项,其所开失物单内如明牙、雨篷、天花板、地板等类俱系装饰品,计其数价值五百六十元之数,所保既无装饰品在内,应即扣除,并以申总公司来函为辞。应启林以已曾许赔一千两,何得中途反变等情来厅呈诉。业经传集两造研讯二次,合行据理判决。

（判决理由：）查此案二妙春既向信益公司保有火险银一千两，去年腊底被灾，该公司经理周衡夫已允照数赔偿，本年正月十一日由周衡夫出立过账据一纸，计洋一千三百六十元，限正月廿四日抄账，交与应启林收执。复由应启林出立收据，交还保单，并为之登报声明其事，是此款之照数赔偿该公司早经承认，应启林于洋未过到之前先出收条，亦信该公司之诚实无异。迨正月底忽仅过洋八百元，中途改变，该原告情固难甘。据周衡夫供称：因该铺所开失货单如明牙、雨篷、天花板、地板等类俱系装饰品，计其数有五百余元，所保三项并无装饰品在内，由申总公司照单剔出，来函截止云云。查保险惯例，除被告之户查有作弊情事另行办理外，其余自应照原保银两之数任赔。至各保户开具失物清单，其价目类皆任意填列，约计满数送交公司，原不过备一种形式。即公司保险单内所开生财、衣物、服装、修房屋各项分类，亦并非详细剖晰有一定之准则与白明之界限，可示人以遵守。例如天花板、地板等物固可包含于房屋之内，而该公司却以为装修品。更据该原告所呈华通保险公司有图记旧单一纸，地板等类且开列于生财项下，举此一端，可见品类之解释，各公司不能统一。约该铺所开并不得必谓之错误，即间有不合，该公司之分类亦应酌令更正，不得细加挑剔，强人所难。况开具失物单先交甬分公司阅看，始送申总公司核对，当时周衡夫身为经理，岂得诿为不(督)[察]？如果赔款必须该保户所开失单品类由该总公司逐一检核无误方可照赔，则周衡夫不应不早为通知，且不得迳使该保户登报声明。今既收回保单，出立过账据，是已将全数赔偿之事确认无疑。嗣后总公司即欲强圆其说，而分公司究无辞以对被保险之户。又据周衡夫供称，如该户悉开列生财项下自可照赔，今既错开，被总公司驳斥，分公司须受总公司命令云云。查分公司服从总公司为该公司内部之关系，对于外部无何等影响。盖在甬一般保险之人平素自凭分公司是问，至公司内部之交涉，外人不得而知。周衡夫为该公司之代表人，于其权限内所为一切之行为对于公司直接生其效力，故此案应启林信用周衡夫一如其公司，必周衡夫之行为有效，始公司之信用方彰，何得以总公司片函自行取销，滋人疑议。况公司现受一千两相当之保险费，自应负一千两赔偿之责，权利义务各有攸归。应仍着该公司将所保之额如数补偿，以维信用而符惯例。兹摘示判决主文如下：

（判决主文：）二妙春钟表铺向信益保险公司保有火限银一千两，除收过洋八百元外，应由该公司经理周衡夫将其余五百六十元于四月初十日以前再行补偿。印花费十元由信益公司负担。此判。

亏空款项私取人财　　　江宁地方审判厅案

缘彭茂堂即彭书诏，系湖南浏阳县人，在汉口乾益泰木行充当管事。杨昌焕系长沙县人，亦在乾益泰行内管账。胡樾系安徽婺源县人，在江宁县上新河地方开设祥森泰木方。彭茂堂与胡樾素来认识。宣统二年夏季，胡樾往汉口购木，彭茂堂托胡樾代消木植，计价洋四千三百两。胡樾给有祥森期条二纸，以六月底、八月底两期为限。七月初七日，杨昌焕因票已逾期，洋未缴到，向胡樾催讨，胡樾以货未卖出，无洋可还，只好于第二期一并付清等语答复。九月十九日，彭茂堂因生意亏空来宁催款，胡樾向彭茂堂索取期条，彭茂堂即云期条并未带来，伊系木行管事，断不至误。胡樾将洋五千五百元交付，彭茂堂出立亲笔收据。讵彭茂堂将该款分还私欠，并不携回乾益泰收账。经杨昌焕闻风查追，赴上、江两县控告，呈词各执，案未讯定，将人犯卷宗移送到厅，发交民事庭讯办。因彭茂堂有犯罪事实发现，改移本刑庭豫审，当经传同两造，切实研讯，据供前情不讳，应即判决。

查现行公司律一百廿九条：司事人等有亏空款项或冒骗人财者，除追缴外，依其事之轻重，监禁少至一月，多至三年等语。此案彭茂堂向胡樾私取洋五千五百元，乾益泰既未收到，且祥森泰所出期票尚未取回，自应斧凿相寻，各还各款。现据胡樾遵缴现洋一千元，又立期票一千元，又以房屋抵押一千二百元，尚有不足之数，另立兴隆票据银一千五百两，合成应还乾益泰本银四千三百两之数。杨昌焕亦情愿具结了案，彭茂堂所取胡樾洋五千五百元，既认赶紧缴还，胡樾亦情愿自向索讨，请免勒追。案经中人调处明白，两造具有遵结附卷，自应体恤商情，和平了结。惟彭茂堂亏空款项，私取人财，不能不究。彭茂堂应照现行公司律一百廿九条，司事人等有亏空款项冒骗人财者，除追缴外，依其事之轻重，监禁少至一月多至三年律，酌量处以监禁两月。自到厅收所之日起限，扣至六月廿七日限满，即行开释。胡樾取保释放。祥森泰原立期票并彭茂堂所立收据当堂涂消。此判。

侵蚀巨款倒闭　　营口地方审判厅案

缘已革知府职衔叶亮卿即叶应增，籍隶广东，早年来奉，在营口开设东盛和生理。迟克仁、迟镜泉系东盛和司账，与志诚信等号银钱往来。后叶亮卿又在营口添设东和泰、东升长银炉、东生、怡昌、平德油坊及上海、天津各立分庄。申庄以叶亮卿之父叶雨田经理，津庄以叶亮卿至戚莫敏庄经理。光绪三十三年十月初一日，叶亮卿以东盛和所开汇票由上海顶回，遂传知东和泰等号同时关闭，志诚信等号闻知，往找叶亮卿劝勿歇业，并谓顶回申票，大众均愿分担。叶亮卿不允，声称亏赔甚巨，即使此次转圜，过后势难为继。其时申庄叶雨田已携账潜逃，津庄莫敏庄仅将账簿寄营，人亦远飏。志诚信等号知无可挽回，遂呈经前海关道，将叶亮卿等连账目押赴商会清会。嗣商会以东盛和账目多有未符,显有谋骗情事,移请海防厅将东盛和等号一切产业先行查封,并由厅将叶亮卿等传案质讯,当以叶亮卿供词闪铄,不肯吐露,隐匿实情。详请将叶亮卿革去职衔,归案讯办。一面复移商会调查东盛和账目,当时商会因账目纠葛甚多,请各债主公举债董并由海关道派员监察,会同商会逐节详查。旋经查明:东盛和五号欠外共五百七十万两,欠内只四十余万两。内外相抵,不敷约五百三十万两。统计叶亮卿私产与五号存货及收回欠内各款,连省宪接济铜元,共合银二百六十万两,除道胜银行、户部银行均押有产业照数开销外,其余归志诚信等号分摊,尚有下欠二百七十万两之谱。志诚信等复以叶亮卿等东伙匿款刁抗,债案久悬等情控,经督/抚宪批司照会本厅讯办。经民庭提讯,以东盛和账据不齐,显有诓骗情事,付请刑庭核办,当经迭次研鞫,叶亮卿等均供认欠款属实,惟狡称盛和各铺系五家合开,涉讼后已将私产全行折变,若照股分,已属有赢无缺,且谓该号本系历年亏累所致,并非容心倾倒,故无寄顿隐匿等语。查东盛和当初开设是否有无他股,现据商会查覆该号并无红账,事已无凭。况叶亮卿前在海防厅初供,已自认开设东盛和等五号生理,并未声明尚有他东,即关闭时亦其一人专主,如果尚有品股,当时不惟各分号执事不能听其指挥,即叶亮卿自问亦不能如此专擅。揆之情理,其东盛和为叶亮卿完全财东毫无疑义。至谓该号实因历年亏赔并无寄顿,尤属狡饰。查商家通例,无论盈亏,每年必有总揭,该号即称亏赔,必应有历年从何亏赔之总揭可证,方足昭信。何以该号自光绪二十五年以后竟无一年清单?据称因生意亏赔太多,一经照实揭布,恐使存户见疑,充此一义,足徵该东伙等早萌奸计。且查阅该号账簿,均多未符,就天津一庄而论,该号账上应欠二百三十一万两有零,天津簿中则仅存六千余两,联号来往账目岂能相差至二百三十一万之多?如谓从中并无情弊,莫敏庄、叶雨田尽可到营查对,何庸潜逃?如谓并无隐匿,何以广东德成、荣新两行股本必待商会查出始行据实供明?如谓迟克仁、迟镜泉并非知情合谋,平日所司何事,何以一经询及账事,则概诿为不知。总(知)〔之〕该东伙等合伙骗财故为(例)〔倒〕闭,令叶雨田等携账潜逃,使账目无可核对,可以藉词影射,希图幸免,已属显然。虽据称筹还,现时力有不逮,应勒限严追,先行判决。

查例载:京城钱铺因存借银两,聚积益多,遂萌奸计,藏匿现银,闭门逃走者,立即拘拿,勒限两月,将侵蚀藏匿银钱全数开发。完竣者枷责释放。若逾限不完,无财主管事人及铺伙侵吞赔折。统计该铺未还藏匿及侵蚀现银者,照诳骗财物律计赃,准窃盗论罪。至一万两以上拟绞监候,勒限一年追赔。限内全完,枷责释放。不完,再限一年追赔,全完死罪减两等定拟。不完,再限一年追赔,不完即行永远监禁等语。此案叶亮卿在营口开设东盛和等号,外存银两,聚积至五百三十万两,并非受存户逼迫,遽行关闭。及查变货产除抵外销,尚短二百七十万两之多,调阅历年账簿,并无亏赔清单。上海所设分庄为该号汇划之总机关,经理叶雨田又携账潜逃,实属容心侵蚀,故为倒闭。但遍查例内,并无外省行庄因存借银两聚积过多预先隐匿资财故为倒闭作何追办明文。查叶亮卿开设银炉,其经营性质与钱业无异。叶雨田携账潜逃,尤与闭门逃走者情事相同,自应比例问拟。叶亮卿合依京城钱铺因存借银两聚积益多遂奸计闭门逃走者,计赃准窃盗论。赃至一万两以上者绞监例,拟绞监候。勒限一年追赔,限内全完,枷责释放。不完,再限一年追赔,全完减两等定拟。若不完,再限一年追赔,不完即行永远监禁。迟镜泉、迟克仁并不将叶亮卿寄顿钱财据实供明,一味诿饰,实属知情串谋,今叶亮卿既照窃盗计赃问拟,该犯等应照窃盗为从减等拟流,仍依为首年限一并勒追,如至限不完,遵章各收所习艺。十年期满开释。在逃之叶雨田、莫敏庄仍呈请提法宪转呈督/抚宪移咨各省,严行缉拿,俟获案另结。无干省释。此判。

违禁私售彩票　　　　清苑初级审判厅案

缘盖贵昭系东街合记零货铺铺掌,阮贵卿系西街三义信局铺掌,许锡孟系府马号中盛洋货店铺掌。均于禁止发行彩票后私自批售彩票,经工巡总局侦探队查封,起获彩票,送由总局移送　检察厅提起公诉。开庭审讯,各供前情,应即判决。查律载:凡违令者处五等罚等语。此案各该铺于已经示禁行销彩票之后,擅敢私行售卖,殊属有心违令,即应处罚,以儆其他。盖贵昭、阮贵卿、许锡孟合依违律令各处五等罚银二两五钱。彩票既系违禁私有之物,应即(设)[没]收。移送　检察厅查照执行。此判。

不给栈房饭资　　　　清苑初级审判厅案

缘陈瑞亭具控李子安、钟心毂等欠店饭钱不给一案,传集质讯。缘钟心毂当初进栈养病,与李子安同住一房,曾言明每日加饭钱三百二十文,后过月余,栈房即按每人五百文起算,是以欠钱未给,致肇其讼。按商家契约原由两方合意而定,钟心毂进栈之时既言明每日加钱三百二十文,应仍照三百二十文合算,无论日后加钱,该栈房亦未明言,钟心毂并未承认,即令该栈房曾表示加钱之意思,乃乘钟心毂正在病中不能搬迁之时而加此价,其意思近于强迫,据法亦得取消。故该栈之账仍宜按三百二十文合算。然钟心毂既在栈养病,一切殷勤照料多亏李子安,则此项便宜不应归钟心毂享有,似应归李子安享有始为平允。应即判决,令该栈将原欠钱一千零三吊五百文,除去后加之钱十八吊下,欠钱八十五吊五百文,由钟心毂仍照原数还钱二十四吊四百文。李子安扣除后加钱数下,还钱六十一吊一百文,限二十日内彼此交钱具结了案。此判。

判牍七　盗窃门

雇工人偷窃家主财物　　　　云南地方审判厅案

　　为判决事。案准地方检察厅移准巡警道照会大清邮政局移送杂役徐家珍行窃衣服洋银一案,移请公判等因。准此。讯据邮政局委任人章洪祥、保制心等供:均在邮政局办公,去年腊月二十八日盘库点银数目符合,二十九日杂役徐家珍将供事保制心房门扭开,锉断箱锁,窃去衣服四件。又将章文案抽屉内银洋八元窃去。随即查问徐家珍,当众供认,允许赔银十五元,本要了事,因在伊床褥下搜出私造银柜钥匙铁锉,才移送警署,后点柜内少银五元,考验私造柜钥,不能开锁,或是腊月二十八日该差搬银入柜时取去的。据蒲敬轩供:贵州贵筑县人,充当邮局差弁,徐家珍未犯以前,私开章师爷抽屉后,又剪锉摹仿柜钥是亲见的。去年腊月二十九日他窃去保制心的衣服,章师爷的银元,他已凭众供认赔银十五元,本要了事,因又在他的床褥下搜出钥匙铁锉,才送至警署讯办。这柜内失银一百元有无其事,何人窃去,未曾闻见。据窃犯徐家珍供:年十九岁,父故母存,并无弟兄,未娶妻室,充当邮政杂役,与供事保制心同室住宿,从无过犯。去年腊月初二日星期,小的同蒲敬轩出外玩耍,在法医院门首躲雨,大家说起债多发愁,若能配合银柜钥匙窃取百十元也就好了,随后小的用纸摹仿柜钥剪样,蒲敬轩送来洋铁仿做钥匙四把,又借黎木匠的铁锉,尚未锉好。那天不记日期,二炮时候,蒲敬轩教小的开柜试试,他在门外了望,因钥不合式,并未通开;腊月二十九日,小的无钱着急,乘保制心出外开门,扭锁窃他衣服四件,当银三两花用。又窃文案章师爷抽屉内银洋八元,后被总办查追,小的认赔十五元了事。他们又在小的床褥下搜出钥匙铁锉,今年正月初四日才将小的送到警署的。这柜银一百元并非小的所窃,记得今年正月初三日把小的扣留供事房认赔衣服时,正虑无钱,蒲敬轩劝说往日说的话,都不凑巧,今日把罗洋行来取六千元,系我点交,我就顺取一百元帮你赔了衣银,其余分用,你好另图别事。后因搜出钥送至警署,他又教小的莫认,如果严讯,不可扳他。初七日他到警署拘留所看望小的,送有饼子、纸烟、洋火并小洋一毫,又叮咛一番,小的说尚未招认,他说甚好、甚好,后来开释,再将洋钱分用。他如今反口不认,累及小的一人,求详查等供。当庭对质,蒲敬轩只认腊月初二日与徐家珍避雨法医院前,初四日送至警署,初七日买物到拘留所看望徐家珍各层,与徐犯所供若合符节,其商量造钥、教供、许银各节坚不承招,诘以正月初三把罗洋行取银一层据供系伊经手,有帮办眼同交割,并未窃取百元。又称腊底徐家珍与包裹房之戚绍臣比肩出入,行踪诡秘,徐窃之银必有寄处,诘以寄于何地何人,而又言语支吾,但称戚绍臣代徐买鞋为证。查传戚绍臣到庭,供称鞋系赊买,尚未付银,别无他事。质之蒲敬轩,亦不能指戚姓于买鞋之外别有他事。查此案徐家珍偷窃保制心之衣服、章洪祥之银元始终供认,矢口不移,而于摹造柜钥一层虽已承认,但钥未完全,不能开锁,则不能指伪钥为窃取柜内百元之确据。邮局以腊月二十八日点银入库系徐家珍经手,疑其顺便窃取,今既讯无确实赃证,未便凭空臆断。蒲敬轩身为邮局差弁,眼见徐家珍私开抽屉,仿造柜钥,既不登时报告,迨徐家珍犯事之后又与之交头接耳,徐家珍供指蒲敬轩窃取百元,事出有因,惟徐家珍供词惝恍,亦不能遽断蒲敬轩为窃银之贼,迭经推鞫,又复多方调查,情形如此,惟有就其供赃已确之处先行判决。查例载:雇工人偷窃家长财物者,准窃盗计赃治罪。窃盗赃一两至十两,工作四个月。又律载:盗仓库门等钥者,工作十个月。又:断罪无正条,援引比附加减定拟各等语。此案徐家珍身充杂役,起意行窃局员衣服银元,系属个人私物,与盗窃官物者不同,核与雇工人偷窃家主财物情节相类,惟该犯摹造邮局库钥,虽系未成,亦与盗钥无殊,自应比律问拟,徐家珍除犯窃计赃轻罪不议外,合比盗仓库等钥者工作十个月律量减一等,拟工作八个月,限满察看。蒲敬轩服役邮局,亲见徐家珍私开抽屉,摹造库钥,并不先事举废,实属不应,合依不应轻律拟处四等罚,先予保释。至邮局失银一百元尚无切实犯证,应再严密查缉,获日另结。保制心、章洪祥所失之赃计值银十五元,即于徐家珍名下追缴,给与原主。照章移由地方检察厅查照执行。此判。(刑)

独自抢夺过路人财物　　　　保定地方审判厅案

缘刘坏子籍隶祁州,负苦度日,先未为匪。光绪三十四年八月二十八日,刘坏子来省闲逛,因思家贫难度,起意抢夺,得赃花用。即于是日傍晚时分,手持木棍,至保定府城北五里许道上等候,移时见有不识姓名事主背负包袱走至,刘坏子上前拦住,抢得银洋五元,针包一个,携赃逃逸。次日即被巡警盘获,并起获原赃洋元等物送由工巡总局,转送清苑县,经黄令国瑄提犯讯供,检查并无事主报案卷据,饬差访查,迄未据该事主来案补报。黄令与代理县章令乃身均各先后卸事,吕令调充到任,接交未及详办,适省城各级审判厅成立,照依法令,将犯卷汇案移送地方检察厅起诉,当派推事提犯审讯,据供前情不讳,究诘不移,应即判决。

(援据法律某条及理由:)查现行律载:白昼抢夺人财物者,徒三年等语。此案刘坏子独自抢夺过路不识姓名事主银元等物,虽无事主呈报案据,第该犯既已自行供认不讳,起有原赃,应即据供定谳。查该犯一人持械抢夺,(末)

[未]经拒捕，例内并无作何治罪明文，应仍按本律问拟。刘坏子合依白昼抢夺人财者徒三年律，拟徒三年。事犯在光绪三十四年十一月初九日恭逢恩诏以前，系抢夺拟徒，不在部议条款不准援免之列，应准援免。后再有犯，加一等治罪。此外讯无窝伙抢劫别案及知情容留分赃之人，应毋庸议。该犯在外为匪，原籍牌甲无从觉察，应免置议。起获赃银等物无从传主给领，照例入官册报。贼械木棍供弃免起。此判。（刑）

抢夺财物结伙三人以上未伤事主　　　保定地方审判厅案

缘刘苌菁籍隶威县，游荡度日，先未为匪。光绪三十三年九月初七日，刘苌菁与素识已获在监病故之王玉弓、未获之张庆昌遇道贫难。张庆昌起意抢夺得钱分用，刘苌菁等允从。初八日早，张庆昌执持洋枪，王玉弓携带木棍，刘苌菁执持马棒，同伙三人，天明时分偕至清苑县属八里庄村南一里许道上等候，适事主施占魁等由南大冉村赶集，背负行李回归，路经该处，张庆昌上前拦住，用枪威吓，刘苌菁等抢得事主身背洋元等物，分携逃逸。事主施占魁等当即喊同村众并该管巡警跟踪追缉，刘苌菁等因被追紧急，心生畏惧，即将原赃撩弃，经事主拾获，并将刘苌菁、王玉弓二犯追获，送由工巡总局解经前清苑县黄令，查传事主，均已回籍，押犯勘讯，差役禀报提犯隔别讯供。旋据报，该犯王玉弓于宣统元年闰二月十九日在监病故，当经黄令验讯详报，未及详办，与代理县章令先后卸事，吕令到任接交，值省城各级审判厅成立，即准照依法令将犯卷汇案移送地方检察厅起诉到厅。当即提犯豫审，据供前情不讳，旋经开庭公判，覆诘不移，案无遁饰，应即判决。

（援据法律某条及理由：）除听纠持械抢夺得赃罪应拟流之王玉弓，业已在监病故，应毋庸议外。查现行例载：抢夺之案结伙三人以上，持械未伤事主，从犯流三千里等语。此案刘苌菁听纠持械途抢事主施占魁等洋元等物之处，不特所供行抢月日地面，悉与事主供报相符，且犯系登时追获，赃有起获，经主认领，正贼无疑，自应按例问拟。刘苌菁合依抢夺之案结伙三人以上持械未伤事主从犯流三千里例，拟流三千里。恭逢光绪三十四年十一月初九日恩赦，系抢夺拟流，在部议条款不准援免之列，应不准援免。到配后收入习艺所，充当折磨苦上①，限满分拨安插。据供逸贼张庆昌为首执持洋枪，该犯与病故之王玉弓虽系同时并获，第经清苑县隔别研讯，供出一辙，毋虞避就，应请先决从罪，毋庸监候待质。此外讯无窝伙抢劫别案及知情容留之人，应毋庸议。该犯等在外为匪，原籍牌甲无从觉察，并免置议。起获各赃经主认领，未获各赃应俟缉获逸贼张庆昌名下，

---

① 疑为"工"字所误。——校者注

照估追赔。贼械、马棒供弃免起。至王玉弓在监身死之处,业经清苑县黄令验讯明确,委因病剧医治不痊所致,并无别故,刑禁人等讯无凌虐情弊,亦毋庸议。尸棺由检察厅关属领埋。逸贼张庆昌严缉,获日另结。于宣统三年三月二十四日判决。(刑)

盗劫听从在外接递财物

缘张旦儿籍隶庆云县,游荡度日,先未为匪。光绪二十八年五月二十七日,张旦儿与素识已获在监病故之刘喜儿、在押病故之李豹儿、张三了头、未获之刘连、王奎子遇道贫难,刘连起意行窃,得赃分用,张旦儿等允从。即于是夜,刘连执持洋枪绳鞭,王奎子执持刀子,刘喜儿亦持洋枪,李豹儿携带木棍,张旦儿、张三了头徒手,同伙六人,三更时分偕至清苑县属中再村事主张清和家门外,并无院墙,瞥见事主迎门眠宿,刘连起意行强,嘱令张旦儿、张三了头在门外等候接赃,刘连等进屋将事主按住,事主惊觉喊捕,刘喜儿拾起地上砖块,将其两眼胞拒伤,劫得衣片,递交张旦儿分携,一同逃至漫地,向张旦儿等告知拒捕情由。查点赃物,刘连交给张三了头携去,约俟变钱再分,各散。张旦儿即与刘喜儿、李豹儿、张三了头逃至杨家庄村外空庙内躲避,而事主张清和于被劫后喊同村众地方跟踪追缉,将张旦儿、刘喜儿、李豹儿、张三了头一并拿获,并起获贼械、洋枪、原赃、衣片,送经代理清苑县叶令讯供勘验,估缉通禀,将赃给主认领。旋据报该犯张三了头、李豹儿、刘喜儿于光绪二十八年六月初六、初七并十一月十五等日先后在监在押因病身故,节经分别验讯,详报覆讯,张旦儿供词翻异,叶令与张令、罗令均未及讯明,先后卸事,孟令到任接交,传验,事主伤已平复,提犯讯供,通详覆解。孟令旋即卸事,黄令到任,即奉府司札饬以犯供翻易驳回覆审。黄令讯供狡展,旋与代理县章令亦各交卸。吕令到任接交,未及审办,值省城各级审判厅成立,即准照依法令将犯卷汇案送由保定地方检察厅起诉前来。当即提犯豫审,据供前情不讳,旋经开庭公判,覆诘犯供不移,案无遁饰,应即判决。

(援据法律某条及理由:)除听纠执持洋枪等械行窃,临时强劫得赃,罪应斩决之刘喜儿、李豹儿并在外接赃罪应拟遣之张三了头业已先后在监在押病故,均毋庸议外。查现行例载:盗劫之案,听嘱在外接递财物,并未入室搜赃,亦无执持火器金刃,发遣新疆当差等语。此案张旦儿听纠伙窃事主张清和家,临时行强,劫得赃物之处,不特所供行劫月日赃数悉与事主供报相符,且犯系跟踪追获,赃已起获,经主认领,正贼无疑。该犯当逸贼行强之际,徒手在外接赃,并无凶恶情形,自应按例问拟。张旦儿合依盗劫之案听嘱在外接递财物并未入室搜赃亦无执持火器金刃发遣新疆当差例,拟发遣新疆当差,事犯虽在光绪三十年正月十五,暨三十四年十一月初九等日,迭次恭逢恩诏以前,系强盗拟遣,在部议条款不准援免之列,应不准援免,到配后收入习艺所充当折磨苦工,限满仍令种地当差。据供逸贼刘连起意为首,持有洋枪,该犯并未入室搜赃,业经清苑县提同病故之刘喜儿等供证确凿,毋虞避就,应请先决从罪,毋庸监候待质。该犯另有听纠伙窃事主王金和家得赃一案,罪名较轻,应归此案从重拟结。此外讯无窝伙窃劫别案及知情容留之人,应毋庸议。该犯与刘喜儿在外为匪,原籍牌甲无从觉察,失察李豹儿、张三了头为匪之牌甲,事在赦前,均免治罪。事主伤已平复,起获原赃经主认领。至张三了头、李豹儿、刘喜儿先后在监在押身死之处,业经前清苑县分别验讯明确,委因病剧,医治不痊所致,并无别故,刑禁看彼人等讯无凌虐情弊,均毋庸议。各尸棺由检察厅分别关属领埋。(城)[械]洋枪存库备照。逸贼刘连等并由检察厅严缉,获日另结。于宣统三年四月初一日判决。

拦路劫抢得赃殴毙事主　　　贵阳地方审判厅案

缘陈狗崽、邬腊妹均籍隶贵筑县,平素游荡,先不为匪。宣统二年十一月十五日,陈狗崽至龙老华家看望,适有已获之邬腊妹、在逃之李银山、李树青、陈老四先后走至,各道贫难。陈狗崽说大堰坎地方常有行人来往,起意纠约,拦途抢劫,得赃分用,邬腊妹等均各允从。至晚时分,陈狗崽拿扁担,邬腊妹等分拿木棒、标杆,一共六人,即同起身,二更时分走至大堰坎上地方,适遇帅廷才骑马走来,陈狗崽同龙老华上前先将帅廷才拉下马背,邬腊妹等一齐赶拢乱殴,即将帅廷才殴伤倒地,陈狗崽等大众看视帅廷才已不能言语,即在帅廷才身上脱下蓝布紧身一件,搜出市银一两六钱,戥子一把,布口袋一个,龙老华以帅廷才尸身恐被人看见,即喊同陈老四、李银山用草索抬至解茅寨坡边丢弃,陈狗崽等分拿赃物并牵马匹,转至邬腊妹家。移时,龙老华等亦至。次日早晨,陈狗崽同邬腊妹牵马至堰楼场上(实)[卖]与不识姓名人,得银四两九钱,俵分各散。报经检察厅勘验,缉获邬腊妹并格伤陈狗崽暨起获原赃,移厅。随请派员莅视,讯明确供。正拟判词间,适据看守所呈报,陈狗崽带伤到所后,因病身死。当经片请检察厅,呈请派员相验,旋准移复,呈奉高等检察厅委员诣验明确,并附送尸格前来。兹查逸盗弋获无期,随提一干复鞫,据供前情不讳,究诘再三,矢口不移,案无遁饰,自应判决。

(援据法律某条及理由:)查现行例载:抢夺之案聚众不及十人而数在三人以上,但经持械殴伤事主者,为首及在场帮殴有伤之犯,照强盗律拟绞立决。又:强盗杀人斩立决各等语。此案陈狗崽起意纠约邬腊妹等拦路抢劫帅廷才,得赃殴毙事主,自应按例问拟。陈狗崽、邬腊妹均合依抢夺之案聚众不及十人而数在三人以上，但经持械殴伤事主者，为首及在场帮殴有伤之犯照强盗律，拟绞立决。仍照强盗杀人斩决例，拟斩立决。陈狗崽业已在所病故，应毋庸议。所丁谭云标、李福讯无凌虐情弊，医官亦无误用方药情事，均免置议。陈狗崽在所病故，所官例无处分。起获原赃给主具领，未获照估追赔。扁担、木棒供弃免追。尸棺浅厝标犯。逸盗龙老华等获日另给。此判。

执械行劫拒伤事主　　　贵阳地方审判厅案

缘丁海青籍隶四川沪州，平素游荡，先不为匪。宣统二年九月二十七日，丁海青途遇在逃之李青云，各道贫难，丁海青说晓得程官堡杨凤祥家殷实，住处偏僻，起意纠约行劫，得赃分用，李青云允从。约定分途邀人，即于是夜在小偃塘会齐，丁海青随邀得已获之旷海青、游丙青并在逃之陈树青入伙。初更时分，丁海青前去，李青云同所邀不识姓名一人已先在彼，旷海青等随即到齐，李青云拿洋枪，陈树青拿洋枪同标刀，丁海青、旷海青、游丙青同不识姓名人俱拿木棒，一共六人，即同起身，三更时分走至事主杨凤祥门首，李青云等用石撞开牛栏门，丁海青因与杨凤祥素识，不便进去，即同游丙青在外瞭望接赃，陈树青等一齐拥进喊抢，杨凤祥同其妻杨林氏起捕，陈树青等各用刀棒将其拒伤，搜得赃物跑出分拿，去至僻处俵分各散。报经贵筑县勘验，获犯讯供通详。兹因审判开庭，移送到厅，片请检察官莅视，提犯复鞫，据供前情不讳，究诘再三，矢口不移，案无遁饰，自应判决。

（援据法律某条及理由：）查现行律载：强盗已行但得财者不分首从皆绞。又例载：强劫之案但有一人执持洋枪，在场者不论曾否伤人，不分首从，均斩立决。又：寻常盗劫之案其止听嘱在外瞭望接递财物，并未入室搜赃，亦无执持火器、金刃情凶势恶者，应免死减等，发遣新疆当差各等语。此案丁海青起意纠约旷海青等并在逃之李青云、陈树青执持洋枪行劫杨凤祥家，得赃拒伤事主，平复。查丁海青虽未入室搜赃，惟系起意为首，自应按律问拟，丁海青、旷海青均合依强盗已行但得财者不分首从皆绞律，拟绞立决。仍照盗劫之案，但有一人执持洋枪在场者，不论曾否伤人，不分首从，均斩立决例，拟斩立决。游丙青听从行劫，在外瞭望，得赃，合依寻常盗劫之案，其止听嘱在外瞭望接递财物，并未入室搜赃，亦无执持火器金刃，情凶势恶者应免死减等，发遣新疆当差例，拟发新疆当差。失赃照估追赔，木棒供弃免追。逸盗李青云等获日另结。此判。

窝盗不同行又不分赃　　　梧州地方审判厅案

据王镜波供称向做桂米生理，兼业小儿种痘外科，旧年十二月十七日，由独田嘴收账路过峡口,遇着曾识面之黄四,另有面生之人,手执刀械把小的推倒地上,不许声张,并用洋火烧烂小的肚皮,逼令放手,抢去荷包内毫银二百,丽参一枝,又手带玉钏一只,小的见其走去稍远,起来尾追,看见二匪入李恒珍家,因单身一人,不敢到李家理论,遂返投团总黄焕章处,请其追拿不得,随后查悉抢匪二人,黄四之外一是抢匪李木泰,一是吊线李维满,窝家则是李恒珍,不特当日小的亲见两匪走入李恒珍家,邻佑街坊亦知从前黄四常宿李恒珍家,(令)[今]已拿得李恒珍,求严办等语。质讯李恒珍,供称现业耕种,有一西宁人黄四来村内卖锄头,小的因买锄头与他相识,曾留黄四在小的家内住过两晚,住夜时未曾有朋友到探,亦未有夜间出外,至黄四截抢王镜波,小的实不知情,王镜波说小的是窝家,实在冤枉的,小的实无窝主造意同行分赃情事,因前时王镜波与小的儿子种痘,小的儿子死了,曾用手打过他两拳,他因此挟仇诬告,求查明宽恩等语。

此案王镜波在途被黄四行抢,尾追,见入李恒珍家,质之李恒珍,亦供认黄四曾留宿他家两晚,李恒珍虽狡不认有窝主造意同行分赃情事,然容留窝藏自是实情,罪有应得。查律载:窝盗若不同行又不分赃,工作十个月。又例载:事主旁人指证有据者,依律拟众,若案内人数众多,仅获一二名,俱照现供定罪。此案王镜波供称李恒珍确系窝主,其中究系窝主,窝藏有无,造意同行分赃代卖或仅寄藏勾引容留往来住宿,该犯既不认供,非获得正犯对质无从证明,惟恒珍留宿黄四两夜已供招不讳。黄四既属抢盗,李恒珍容留住留,自是窝盗实情。除黄四、李木泰、李维满候缉获另究外,李恒珍应照现供不同行又不分赃工作十个月律科罪,期满交保管束。俟获黄四等各犯再行质讯核办。判结。(刑)

结伙三人以上持械抢夺未伤事主　　　奉天高等审判厅案

缘王菁山、郭广汶均籍隶新民府,宣统元年十月初九日,王菁山路遇郭广汶,各道贫难。王菁山起意抢夺,得赃分用,并称已约定赵兴德及不知名之依姓,即洛依,入伙,郭广汶允从,定时齐集,各散。是夜更余时分,王菁山持枪刺,郭广汶、赵兴德、依姓分持木棒,同伙四人,偕至黄家屯北道上,适李殿忠赶车走至,王菁山上前拦阻威吓,郭广汶闻系素识之李殿忠答声,恐被认清,当与依姓在远处瞭望,并未动手,王菁山、赵兴德抢得车马二匹逃逸,卖赃俵分,郭广汶得钱三十八千花用,先经巡警局访获郭广汶,送由新民地方检察厅起诉,经该审判厅讯供,将郭广汶依抢夺聚众三人以上,但经持械威吓,在场并未动手旧例,拟发新疆为奴,遵章折充苦工三十年,仍照例监候待质,于十一月十五日判决。二年十月二十七日,王菁山复被探访队缉获,送厅讯认前情,提同郭广汶质审无异,该审判厅依现行例将首犯王菁山拟发烟瘴安置,郭广汶改拟流三千里,各依限收所习艺,并声明郭广汶仍照原判执行之日起算,于三年四月二十五日判决。该检察厅以法律不溯既往,案经判决确定,苟非非常错误,经过非常上告及再审,不能轻易改判,既经改判,则应照改判之日起算执行,该厅办理似有未合,呈由高等检察厅转送覆判到厅。查此案郭广汶之罪名应否复引新律刑期执行,是否照改判之日起算,均根于原拟待质问题。欲解决待质问题,须先将待质期内应否作为刑期抑或作为事实调查期间,然后待质之意义乃明,待质之意义既明,则此案之问题自释。查名例载:强盗之案三年限满,视正犯有无弋获,再行发配,是待质期中律意盖视为事实调查而非刑期可知。虽抢夺之案,新例删除待质,然其意义可以类推,既非刑期,则原判之罪名效力尚未发生,自不得谓之确定,既未确定,自可改判,既已改判,自应照改判之日起算执行。新章纵有"非极端错误,经过非常上告及再审不能改判之文",然考立法者之深心,待质要义正恐因证据未确,事实大有错误,预备再审。观于限满始行发配,及发配后逸犯就获时无论限内限外俱提回质讯之文,盖可想见。或者曰,若照改判之日起算执行,尚在郭广汶待质期中,有词可措。傥于待质限外而始获逸犯,若从新拟结从新执行,则已过刑期,未免冤负。此次他方审判厅所判仍照原判执行之日起算者,其用意正类乎此,不思待质既有年限,限内属于待质,限外属于刑期,界限分明,毫无牵混。如果经过年分,逾于例限,则以所余之日作为执行之期,于民既无所冤,于法仍不相背,即揆之前决后充之律,意亦相吻合。观此,则此案之执行应从后判之日起算,更可晓然。除王菁山应照该地方审判厅原判拟发烟瘴安置外,此案郭广汶听纠结伙四人持械抢夺事主李殿忠马匹被获,在现行律未颁布以前,经该审判厅援依旧例判发新疆为奴,仍监候待质,是原拟事实罪名本未确定,兹续获首犯王菁山质明并无避就,该厅以首犯既照现行例问拟,将该犯亦照新例改拟满流,俾免轻重倒置,所拟尚属允当。惟该犯尚在待质期内,与决判执行不同,今既照新例改拟,其刑期自应以改判确定之日起算,该厅判为照原判执行之日起算,实与法理未合。郭广汶应照原拟改依抢夺之案,结伙三人以上,持械未伤事主,为从流三千里例,拟流三千里,收所充当折磨苦工十年,按照改判确定之日起算。余如原判完结。此判。

结伙六人执持洋枪抢夺拒伤事主　　奉天高等审判厅案

缘老王疙疸即王有幅、吴明山、丁俊、段永香分隶奉天、新民、广宁、直隶、乐亭汉军正白等旗籍,均游荡度日。段永香先曾独自行窃六次,并未到官。宣统元年十月间,段永香与素识之逸贼张养臣相遇,道及贫难,张养臣起意抢夺得赃分用,邀令偕同逸犯孔小崽齐至王老疙疸家商量,王老疙疸等允从,定期会集。是月二十七日,段永香转邀吴明山,孔小崽转邀丁俊,与王老疙疸、张养臣、光后行至大台子会齐,王老疙疸携带洋枪,吴明山执马鞭,段永香等均持木棒,同伙六人,点灯时候偕至承德县属尚义林村西道上。适事主周富、周凤鸣赶得五套大车走来,张养臣等上前拦住,王老疙疸用枪筒殴伤周富左眼胞,孔小崽亦用木棒将周富、周凤鸣鼻梁、额角等处拒伤,段永香、张养臣、吴明山卸得车上骡马四头匹并抢得银帖、骡马、衣食等物,逃至僻处点赃俵分,骡马由吴明山、段永香各牵去二匹,言俟变卖得价再分,各散。吴明山将骡马交未到案之马贩赵连和变卖,并未告知前情,段永香亦捏称系用价买,托同表弟欧玉声分骑来省变卖,行至小东门门外,被巡警盘获带局,段永香供出抢情,因与王老疙疸之兄王老大挟有仇隙,诬扳同伙,嗣经巡警将丁俊、吴明山、王老疙疸、王老大一并拿获,并起获赃物,送经承德地方检察厅起诉,移送审判厅,讯悉前情,将王老疙疸依抢夺之案,数在三人以上,持械殴伤事主,在场帮殴有伤之犯,照强盗律绞例,拟绞立决。段永香、吴明山、丁俊均依其余从犯拟发烟瘴地方安置,于宣统二年十二月十二日判决,该地方检察厅以现刑例内载"结伙三人以上抢夺案内,执持洋枪之人系从犯,伤人者亦拟斩立决,"是例文但以从犯如有伤人情事,其所执持为洋枪,即应以斩决问拟,惟例以兵不用刃,亦是他物之义,则王老疙疸所伤之人实以枪杆而非放枪,然比照持械例,则其所执持者实为洋枪而非器械,案关罪名出入,研究不厌求详,原判以枪筒拒伤,比照持械伤人之例问拟,是否正当?再强盗律内有伙盗供获伙盗过半减等之例,段永香被获后供获伙犯已及一半,抢夺亦为强盗之罪,不至死,例不减等,抢例亦无明文,似应比律酌量拟减,庶昭平允。呈经高等检察厅转送解释覆判到厅。本厅查结伙三人以上抢夺案内执持洋枪之人旧章区分三项,系首犯即拟斩加枭,系从犯则以伤人与否为斩枭、斩决之等差,详绎条文,"伤人者仍加枭示"句接于"从犯斩决"之下,是统承上文"执持洋枪之人",故但言"伤人不复出放枪"字样,似不能谓非专指放枪伤人而言,参看下文"若窃贼施放洋枪拒捕,一经成伤"数语,其义愈明。嗣经纂入现行例删以原章过严,将从犯专以伤人为断改为斩决,其未经伤人者仅发极边安置,尤见必实系放枪伤人者方坐斩决。且律贵诛心,人当行凶作恶之时,手持利器而不肯用以杀人,则其息息之微明亦可以量情原议。故斗殴律内以兵不用刃与刃伤人为杖徒之区分者,盖寓原心略迹而予人以向善之精意。今王老疙疸听纠结伙六人抢夺,持枪用筒殴伤事主,平复。该审判厅取斗殴律内持兵不用刃亦是他物之义,将该犯依持械伤人本例拟以绞决,引断极为允协。又查伙盗供获伙犯例内,必系伙盗将首盗供获方分别,法无可贷者减为绞候缓决,情有可原者减为流三千里。如伙盗供获伙盗在一半以上，并首盗能将全案伙犯供获，例只称均减为绞候，秋审分别实缓，其情有可原，例准免死者应如何核减，则无明文。是罪不至死之犯不在递减之列，自不待言。段永香一犯，原判以系伙盗供获伙盗过半，惟罪不至死，例不减等，仍照本例科罪，亦属适当，应仍照原拟判决。查现行刑例载：抢夺之案聚众不及十人而数在三人以上，但经持械殴伤事主，不论伤之轻重，在场帮殴有伤之犯照强盗律拟绞立决，其余从犯均发烟瘴地方安置等语。此案王老疙疸听从逸贼张养臣结伙六人，执持洋枪抢夺事主周富等银帖、骡马等物，并用枪筒将周富拒伤，平复。查该犯拒捕之伤系用枪筒所殴，核与斗殴持兵不用刃之律相合，自未便科以持枪伤人之罪，应仍按持械伤人本例问拟。王老疙疸即王有幅，应如原判，合依抢夺之案数在三人以上，但经持械殴伤事主不论伤之轻重在场帮殴有伤之犯照强盗律绞例，拟绞立决。段永香、吴明山、丁俊听纠同抢，并未伤人，段永香虽供获伙盗过半，第罪不至死，例无减等明文，其诬扳王老大同伙抢夺，到案即行供明，尚非始终诬执者可比，应仍按本例问拟。段永香除挟嫌诬扳旋即据实供明，轻罪不议外，亦应如原判，与吴明山、丁俊均合依其余从犯发烟瘴地方安置例，各拟发烟瘴地方安置，收所充当折磨苦工十二年。欧玉声、王老大既据该厅讯明，均不知抢情，应毋庸议。赵连和既无不合，应免传省累，原赃骡马等物交事主领回。起获洋枪存库备查。逸贼张养臣、孔小崽即孔玉林缉获另结。此判。

结伙三人以上抢夺拒伤事主　　　新民地方审判厅案

缘刘广才、石成林籍隶新民府，均庄农度日，先未为匪。宣统二年六月二十九日早，刘广才、石成林均经持镰刀前往屯外割草，与在逃之张庆年、刘才在途撞遇，各道贫难。张庆年起意抢夺，得赃分用，纠邀刘广才等入伙，刘广才等允从，张庆年、刘才各取出腰披小洋枪，刘广才、石成林仍持镰刀，一同走至车家屯外西南高粱地内藏匿，上午时分，事主佟裕昶带同雇工刘振成背负衣包，手持木棒一根，行至该处，张庆年、刘才、刘广才、石成林各持原械由地内走出，上前拦阻，张庆年用枪比势威吓，刘才抢去刘振成背负衣包一个，刘振成喊嚷，刘广才夺获刘振成木棒，将其左太阳拒伤，石城林在场并未动手。张庆年、刘才恐事主追捕，解用所抢衣包麻绳将事主佟裕昶捆缚地上，携赃逃至高粱地内，查点赃物，刘广才分得白苎布小衫一件，石成林分得旧白布小衫一件、旧蓝苎套裤一双、白枕头布一块，其余表一块、眼镜一架、苎布大衫一件、花旗布大衫一件、蓝白月蓝苎布裤各一条、黄布包袱一块、手巾一条、银圆八角、街帖十吊、鞋两双、绒靴一双、袜子三双、白布辱单一块、花帽罩一块，均经张庆年、刘才俵分各散。刘振成见张成年等走远，将佟裕昶解开，报经第十一分驻所巡警,于七月初八日将刘广才、石成林拿获,查起所分原赃,并由在逃张庆年、刘才家起获原赃时表、绒靴、布裤、布衫、手巾等件,一并送由警务局,转送地方检察厅,派陈委德润勘验起诉前来,当经本厅迭次提犯,隔别研鞫,据各供认前情不讳,复传事主质讯,供亦相符。诸无另法窝伙窃劫别案及知情容留分赃之人。赃经主认,正贼无疑。查刘振成伤已平复,逸犯弋获无期,应先判决。查例载:抢夺之案结伙数在三人以上,但经持械殴伤事主者,不论伤之轻重,为首及在场帮殴有伤之犯照强盗律拟绞立决,其余从犯发烟瘴地方安置等语。此案刘广才听从逸犯张庆年伙抢事主佟裕昶衣物得赃,实属不法,刘广才应合依抢夺之案结伙数在三人以上,但经持械殴伤事主者,不论伤之轻重,为首及在场帮殴有伤之犯,照强盗律拟绞立决例,拟绞立决。石成林诉从伙抢并未帮殴,亦应按例科断。石成林应合依抢夺之案结伙数在三人以上,但经持械殴伤事主者,从犯发烟瘴地方安置例,拟发烟瘴地方。核其情罪不在常赦不原之列,应免其发配,仍照名例收入习艺所工作十二年,限满释放。起获赃物饬主具领。逸犯张庆年、刘才及未获各赃由检察厅饬缉,获日另结。此判。

白昼结伙抢夺持械拒伤事主　　宁波地方检察厅案

缘方得胜籍隶象山县,光绪三十一年间在宁郡大校场充当营勇,旋因回籍销差,嗣在各处游荡,先未为匪犯案。宣统三年四月二十五日来甬,与在逃之叶福表、范老总均寄居宁郡新城隍庙前马带店。五月初一日早,该犯与叶福表、范老总谈及贫难,该犯起意抢夺,得赃分用,叶福表等允从,该犯身带刺刀两柄,与叶福表等同行,至全家湾事主盛善香所开之新德顺杂货栈铺门首,见该店正在兑换银角,该犯与叶福表等进内分别抢夺银角,因邻佑鲍仁宝守住店门,该犯拔出刺刀戳伤鲍仁宝左乳、右手背、右手腕,携赃脱身出门,与叶福表等飞奔逃跑,将一刀弃掷河中,经邻佑人等奋力向追,协同岗警彭福臣拿获该犯,并获凶器刺刀一柄,暨搜出赃洋五十六角,解区送由检察厅,验明鲍仁宝伤痕饬医①,一面起诉前来。经本厅刑庭预审属实,即令开庭提集犯证公判,供悉前情不讳,诘无另犯窝伙抢劫别业及同居亲属知情,案无遁饰,应即判决。

(援据法律某条及理由:)查例载:抢夺之案,结伙三人以上,但经持械殴伤事主,为首照强盗律拟绞立决等语。此案方得胜结伙三人,白昼持械抢夺事主盛善香杂货钱铺得赃,用刀戳鲍仁宝,实属不法。查鲍仁宝虽系邻佑,惟在该事主店中被伤,即与戳伤事主无异。该犯并非现充营兵,自应按律问拟。

(判决主文:)方得胜合依抢夺之案,结伙三人以上,但经持械殴伤事主余

---

① 疑为"饬医验明鲍仁宝伤痕"。——校者注

讯照强盗律拟绞立决例,拟绞立决。为首无另犯窝伙抢劫别案及同居亲属知情之事,应无庸议。起赃给主认领,凶刀没收,尚有一柄供弃免追。逸犯叶福表等缉获,另给片付检察厅。俟上诉期经过确定后具报,听候核复执行。此判。

强盗奸污人妻　　　　宁波地方审判厅案

缘吴生元即胡生元,孙兴庚即孙新更,王阿根,高阿荣即高阿用,分隶奉化、鄞县,均游荡度日,先未为匪犯案。宣统三年三月十二日,该犯甘在鄞江桥会遇,各道贫难,吴生元稔知事主乌金庙祝励有增眷属即住庙旁,家尚殷实,起意行劫得赃分用,各犯允从。即于是夜二更时分在鄞江桥关帝庙内会齐动身,吴生元持刀并携木棍,余执油捻,四更时分同至事主家门首,吴生元用木棍捣开竹篱门,与孙兴庚等进内觅得绳索,将励有增及其父励齐福一并捆缚,励有增之妻励吴氏喊捕,吴生元用刀砍伤励吴氏右眉右腮颊发际,喝令孙兴庚等用绳捆缚,一面搜劫衣饰等物,正欲出门,吴生元复起意将励吴氏奸污,商允孙兴庚等将励吴氏抬置床上,孙兴庚先行动手褪去小衣,轮流行奸,致将床脚损断,并因励吴氏六岁幼女及生甫四十日之幼子在床哭喊,孙兴庚用手将其幼子肾囊捏伤,并取灶灰塞入幼女幼子之口,奸毕后分携赃物回庙俵分,后分别典钱并穿着使用。十三日早,经不识姓名买毛竹客人路过查见,将励齐福、励有增解放,并由励有增解放励吴氏,延医调治,正拟来厅呈报,适遇该犯吴生元身穿该事主衣服,肩负衣包在途行走,当即上前认明原赃,诘出行劫情由,并同伙姓名,协同地保乡人在关帝庙寻获该犯孙兴庚等,搜出赃洋衣服,将犯解经检察厅分别勘验起诉到厅。提犯讯鞫,供认前情不讳,诘无另犯窝伙、抢劫别案,及同居亲属知情分赃、牌保得规包庇情事,案无遁饰,应即判决。

(援据法律某条及理由:)查例载:强盗奸污人妻不分曾否得财,俱拟斩立决等语。此案吴生元纠同孙兴庚等行劫事主励有增家得赃,并拒伤奸污其妻励吴氏,实属不法,自应按例问拟。

(判决主文:)吴生元即胡生元、孙兴庚即孙新更、王阿根、高阿荣即高阿用,俱合依强盗奸污人妻,不分曾否得财,俱拟斩立决例,拟斩立决。余讯无另犯窝伙、抢劫别案及同居亲属知情分赃、牌保得规包庇情事,应毋庸议。匪遗油捻案结销毁。刀及木棍供弃免追。起赃给主,未起照估追赔。励吴氏等所受伤痕另自医治。片付检察厅俟上诉期间经过确定后,具报听候核复执行。此判。

发冢　　　　天津地方审判厅案

缘吴维义、吴诸氏均籍隶天津县,吴维义系吴树堂族弟,吴诸氏系吴树堂之妻,吴维义等与吴秉中均系无服族兄弟,均先未为匪。宣统元年八月间,不忆日期,吴维义与吴树堂等遇道贫难,吴维义起意变卖祖遗坟地得钱分用,吴树堂等允从。即于是日,吴维义控说现要迁坟,雇要不识姓名小工四人与吴树堂等偕抵该处,见原有老坟四冢俱已塌陷,吴维义令小工用铁锨刨开坟土,起出尸棺七具,抬至娃娃地内掩埋,内有吴秉中之祖母棺木一具,木板甚厚,材无损坏,尚可变卖,吴维义即令小工将此棺柩停放地旁,次日买一木匣复至该处,撬开棺盖,移出骸骨,装入木匣掩埋。即将腾出旧棺抬运至津,雇刘长顺修理上漆,托刘二把说合,售与王余善价洋二十元,当时先交洋十元,吴维义与吴树堂等分用。王余善不知盗卖情由,当将此棺抬至义国租界祖师庙内寄放,即经该处巡捕看破旧材形迹,将吴树堂、吴诸氏、刘长顺等先后查获,送案讯究。吴维义闻风逃至各处避匿,吴树堂等供认盗卖坟地棺木,定罪名送所习艺。而吴树堂因图脱其妻吴诸氏罪名,伊夫妇皆未供明吴维义纠邀盗卖情事。嗣吴秉中回归,查知吴维义起意纠邀吴树堂等迁坟卖地盗卖棺木,控经饬警查传,旋经南段巡警第三局将吴维义访获送厅,督同庭员迭次提集犯证研鞫,据各供悉前情不讳,究诘不移,案无遁饰,应即判决。

（证明犯罪之缘由：）此案前曾派警协同吴树堂到吴姓坟地查勘,内有空穴七个,东北娃娃地内有新坟七座。据吴树堂指称,即由此空穴所迁之坟,新坟地东南有无冢墓一个,露出棺木,又有墓坑一个,无棺。据吴树堂指称,伊等所卖之棺即出于此穴,今据吴维义堂供,亦与吴树堂当日所指情形处处吻合,并称实系伊与吴诸氏同谋,吴树堂夫纲不振,听从而已,而吴诸氏则坚不承认同谋一层。查坟地近在吴诸氏村外,讯据刘长顺供称,找伊卖棺之时实系吴诸氏与吴维义出头,且该氏亦承认答过口声,此皆足为该妇同谋之铁板证据。

（援据法律某条：）查现行刑例载：发年久穿陷之冢开棺见尸,为首一次者流三千里,为从一次者仍照杂犯流罪总徒四年等语。

（援据法律之理由：）此案吴维义起意纠同吴树堂等盗卖吴秉中坟地,发掘年久穿陷坟冢,开棺见尸,盗卖棺木,殊属不法。查吴维义等与吴秉中讯系同宗无服,应同凡论,自应按例问拟。吴维义合依发年久穿陷之冢,开棺见尸,为首一次者流三千里现行刑例,拟流三千里。吴诸氏依发年久穿陷之冢,开棺见尸,为从一次者仍照杂犯流罪总徒四年现行刑例,拟总徒四年。该犯妇吴诸氏讯明无力纳赎,而总徒例无折工明文,应于满徒罪上加为折工一百八十日,送女习艺所工作,限满提释。吴树堂因图脱伊妻罪名,未将吴维义起意纠邀盗卖坟地供明,本干例议,惟前已判罪,在所病故,应毋庸议。修理旧棺之刘长顺亦前已判罚,罪名应免重科。买棺之王余善讯不知情,亦毋庸议。旧棺前已饬令抬回,仍取木匣内骸骨安葬。逸犯刘二把饬缉获日另结。无干省释。于宣统三年五月十四日判决。

拐带人财物　　　　天津地方审判厅案

缘王汶秀、李继臣分隶直隶天津、山东济南等县,或脚行度日,或饭铺营生,均先未为匪。王汶秀系李继臣外甥,王汶秀向与脚行夫头史富有充当伙计,李继臣在津属西头湾开设饭铺生理。宣统三年三月十七日,史富有揽装天津竹竿巷万德成,由太古洋行轮船运到洋线四十包,言定脚价津钱二十四吊,令王汶秀用大车逐日拉运,王汶秀因家贫难度,起意拐带洋线,变钱花用。次日,车装洋线一大包,共计四十小捆,拉至西头湾子伊母舅李继臣饭铺内,向其告知系中途拐往,央令收藏变卖,李继臣应允,王汶秀遂即将车拉走,李继臣卖给不识姓名人洋线十七捆,得洋六十五元,尚未分用,至二十日王汶秀将货起净,史富有查点短少洋线一件,向王汶秀查问,王汶秀不能隐瞒,向其告知拐带实情,史富有喊同巡警将王汶秀扭获,送由警局,传同李继臣一并送厅,即经督同庭员饬纪估得拐赃洋线一包,值银一百十五两七钱,开单附卷,提犯逐加严鞫,据各供悉前情不讳,究诘不移,案无遁饰,应即判决。

(证明犯罪之缘由:)证人:船客卢义太、周玉才,证物:洋线一包,共计四十捆,除周玉才业已运走十五捆外,由船上起回四五捆,由李继臣铺内起获十八捆,并价洋六十五元,赃证确凿,而该犯王汶秀等亦均供招不讳。

(援据法律某条:)查现行律载:拐带人财物者,亦计赃准窃盗论。又:窃盗赃一百一十两,流二千五百里。又例载:知窃盗赃而受寄,若银物坐赃至满数者,俱不分初犯再犯,徒一年。注云:受寄盗赃至一百两为满数各等语。

(援据法律之理由:)此案该犯王汶秀身充史富有脚行帮伙,拉运铺户洋线,辄因家贫起意,拐带洋线一大包,送交李继臣收藏变卖,殊属不法。查拐贩洋线据估值银一百十五两七钱,自应按律问拟,王汶秀合依拐带人财物者亦计赃准窃盗论,窃盗赃一百一十两流二千五百里现行刑律,拟流二千五百里。李继臣听从受寄赃物,亦应按例问拟,李继臣合依知窃盗赃而受寄,若银物而坐赃至满数者,俱不分初犯再犯,徒一年现行刑例,拟徒一年。系常赦所得原之犯,毋庸发配。该犯王汶秀改送天津习艺所工作八年。李继臣工作一年,限满均由所分别详请递籍开释。所拐未卖洋线及卖出赃洋,业均起获,追出给主具领,应毋庸议。至该犯李继臣所供亲老丁单是否属实,应否留养,俟查传犯亲地邻讯取供结,另行核办。

恐吓取财　　　　南昌地方审判厅案

缘妓女林金宝籍隶上饶,生长下禾车村,自幼嫁同邑连家庄村许老三为童养妻,曾经成婚。光绪三十一年随已故之母林王氏到汉口为娼,与刘春山姘识,嗣复相偕来江,寓省城萧公庙。宣统元年八月,林金宝契买周定卿之使女贵籛人桂花子抚养为女,系涂杨氏等媒合,现年九岁。林金宝旋与刘春山龃龉,两愿拆姘。宣统三年三月三十日,刘春山借端讹诈,索取桂花子转卖,被林金宝喊禀到区,经巡警道宪发交司法科讯明,判令刘春山取具铺保,勒限三日回籍。林金宝觅保驱逐在案。讵刘春山保释后,向磨子巷不记店号之整容铺买旧剃刀一把,于四月初一日复至林金宝家寻衅,持剃刀自戕左右腿各一伤,颈上一伤,捏被林金宝之女佣龚毛氏及为林金宝觅保之雷卿泉所殴,任意恐吓,希图取财。时林金宝犹在押,龚毛氏飞报到区,由巡警道宪照会地方检察厅起诉到厅,本厅以案关刃伤,不厌求详,片请检察厅督同检验吏验明,旋据覆称验得刘春山左项颈一伤、左右腿各一伤,均左宽右狭,确系自己用右手执剃刀自割,并取具刘春山自戕切结,移覆前来。随即提讯原被人证,反覆研诘,据各供认前情不讳,惟卖主周定卿、媒合人涂杨氏等曾经片行检察厅缉拿,尚未到案,而刘春山、林金宝、桂花子若长此羁禁,亦属未便,自应据现在之供词暂行判决。查现行律载:凡恐吓取人财者,计赃准窃盗论加一等,其未得财者,亦准窃盗不得财罪上加等。又律载:凡窃盗已行而不得财,工作一个月。又律载:凡娼优买良人子女为娼优或乞养为子女者,处十等罚,媒合人减一等,子女归宗。此案刘春山挟刀恐吓,无端自戕,又复捏被林金宝之女佣龚毛氏及为林金宝觅保之雷卿泉殴伤,希图取财,律应反坐,姑念到庭后尽吐实情,不敢始终诬执,除诬告罪从宽免议外,合依恐吓未得财者准窃盗不得财上加等律,收所工作二个月,限满取保,勒令回籍,不许逗留,致害治安。林金宝以一娼妇资格买养良人子女为女,按律处十等罚,取具的保,驱逐回籍,所有随带行李衣箱等件当堂发还。桂花子供称不记父母姓名,无宗可归,权交林金宝带回,及时妥为择配,如或逼令为娼,定即尽法惩治,决不宽贷。雷卿泉与林金宝押昵,致被刘春山诬捏,咎由自取,应与讯系无干之龚毛氏均毋庸议。旧剃刀一把,供弃免起。卖主周定卿、媒合人涂杨氏等片交检察厅缉拿,获日另结。此案罪不至徒流,管辖错误,惟发见在判决后,应将供招判词抄送该管审判厅存案。此判。

强盗抢劫放火　　　江宁地方审判厅案

缘刘得胜即刘开福,籍隶清河。魏神庆籍隶山东兰山县。赵树礼即赵复胜,籍隶铜山县。戈福即戈得胜,籍隶萧县。均在游荡。宣统元年十月初一日,刘得胜在江宁县属地方会遇素识获案之魏神庆、赵树礼、戈福,在逃之王小、陈得有、高四、李方吉,各道贫难。刘得胜稔知头家村地方汪为善家道殷实,起意纠劫,得赃分用,均各允从。王小又添邀不识姓名七人入伙,即于是日在僻处会齐,刘得胜、魏神庆、赵树礼、戈福持木棍,余持洋炮刀棍及徒手不等,一共十五人,黄昏时分偕抵事主门首,见门尚未关,刘得胜令魏神庆、戈福与不识姓名一人在外把风,自与赵树(礼)等一拥进内行劫,有一事主喊捕,刘得胜即用木棍将事主拒伤,因团练人等兜拿紧急,刘得胜劫得赃物,即同王小放火夺路逃脱,惟时魏神庆等已闻喊先逃,刘得胜等回至僻处,会见魏神庆等,告知行劫拒捕放火情由,点赃俵分各散。事主投保,报经江宁县会勘,饬缉获犯。讯据供认前情不讳,并据赵树礼、魏神庆、戈福供出,尚有行劫事主魏恒顺钱土店得赃一案。刘得胜供出尚有起意纠劫事主魏恒顺钱土店,又事主张位候油坊得赃两案。录供通详,奉批审解。适江宁地方审判厅成立,准江宁县将人犯卷案照章移交前来,提犯研讯,供与县审无异,案情确凿,应即判决。查例载:强劫,放火烧人房屋,不分曾否得财,俱拟斩立决。又:强劫之案,但有一人执持洋枪,在场者不论曾否伤人,不分首从,均斩立决。又:寻常盗劫之案,行劫已至二次,仍照各本律例定拟各等语。此案刘得胜起意纠劫事主汪为善家,得赃放火拒伤事主,实属目无法纪,自应按律例问拟。刘得胜合依强盗放火斩决例,拟斩立决。赵树礼入室搜赃,魏神庆、戈福持棍把风行劫已至两次,查此案逸犯执有洋枪,自应按例问拟,赵树礼即赵复胜、魏神庆、戈福即戈得胜均合依强劫之案,但有一人执持洋炮,在场者不分首从均斩例,拟斩立决。又查刘得胜尚有供认起意纠劫事主张位候家,又事主魏恒顺钱土店得赃两案,赵树礼、魏神庆、戈福尚有供认听纠伙劫事主魏恒顺钱土店得赃一案,惟此案系强劫放火,情节较重,刘得胜、赵树礼、魏神庆、戈福等四犯应归此案从重拟结。事主汪为善伤已平复,应毋庸议。失赃照估追赔,盗械供弃免追。逸犯俟缉获日另结。此判。

恐吓取财　　　　天津地方审判厅案

缘金绍年与张坤素识,前在北京同店居住,银钱通融不过二三百金,去年十二月初十日,金绍年入京,张坤向其讹索三千元,扭至巡警分区,因无证据,不为准理。张坤遂挟至汤姓家百般殴詈,逼写借约六千元,今夏来津寻向金绍年恶讨,金绍年不甘,控诉到厅。

(证明理曲之缘由:)讯据张坤呈验借约三张,详细察核,疑窦多端,借贷以契约为凭,契约以中保为证,六千元之款原非少数,而借约并无中人之名,如此巨款,私相授受,此其不足信者一。当其扭至巡警分区之时,张坤所云三千元原无证据,及至汤姓家又忽有借约六千元,逼勒书写,情弊显然,且口说之三千元与借约之六千元同在一日,此其不足信者二。六千元之巨款非随手可付者可比,系何日交洋,系何处钞票,系由何字号兑取,且交款之时何以不当时要收据,张坤均不能一一指实证明,此其不足信者三。反覆研究,逼写属实,合即判决。

（判断之理由:）查此案张坤逼令金绍年书立借约至六千元之多,非寻常勒索可比,应即治以恐吓取财之罪,惟张坤呈出金绍年信函多件,均有请其算账还钱之语,内有区区之款字样,数原不多。而既属欠伊钱文,则张坤之吓诈不为无因,但来往通融系属个人事件,究欠若干,应自行清理落实,算结清还,以全友谊。至借约之六千元,证据既不充足,亦不完全,显系逼勒,应毋庸议。借约三纸,信五函存卷备查。金绍年遵已具结,张坤犹狡不具结,惟案已判决,俟经过上控期间照章销案。此判。

收买赃物　　澄海商埠审判厅案

缘杨祺圃籍隶海阳,在汕埠怀安街惠安药房为经理人,该药房自制装药玻璃瓶,注有"惠安药房"字样。六月初三日,有吕合英者系揭阳人,持玻璃瓶百余,到惠安药房发售,该药房见为己物,误以吕合英为窃盗,扭送东南路警局,经区官讯明口供,以卖主姚德盛住居北路,未便越界擅传,据情转送警务公所,乃公所不查详情,遽将吕合英枷号三日始释,殊属不合。且荷校之刑,朝廷早经停止,今沿用之,显干例禁,嗣后杨祺圃因判断不公,吕合英因冤屈不服,各具状赴检察厅呈诉,十六日将案移送到厅,二十日传集三面及证人质讯,据杨祺圃供称,大玻璃瓶每箱二百个被窃,两箱小玻璃瓶每箱五百个被窃,四箱前后被窃是实。据吕合英供称,此瓶系买自姚德盛店内,价银五元,事后该店找回钱一百文,有南路巡长魏祥作证,并非窃来,质诸魏祥,亦无异辞。据姚德盛供称,此事系杨祺圃与吕合英串谋诬陷,并无买赃情事,经再三诘责,坚不承认,旋调阅警务公所卷宗,钟阿发前窃惠安药房玻璃瓶已供出卖与姚德盛,是姚德盛之接买窃赃有案可稽,吕合英果窃自惠安药房,岂肯复卖与惠安药房,则吕合英之非盗可知,吕合英买后复向姚德盛店内找钱一百文,有魏祥作证,则吕合英之非盗更可知。虽姚德盛供称杨祺圃与吕合英串谋诬害,揣度人情,谁肯因此小事串谋而甘受加责,实出情理之外。该犯即不承认,然赃证既经确凿,未便听其狡展,应即判决。据姚德盛惯买窃赃,始则被钟阿发供出,今又被吕合英指出,且找钱时有魏祥作证,与知而故买窃赃者相符。查现行刑律载:知人窃盗后而故买,计所买赃坐赃论。此案前后查出玻璃瓶一百二十二个,约置银四两之谱,按坐赃律一两以上处二等罚。今姚德盛知而故买窃赃,其价值系在一两以上,自应依律处罚。玻璃瓶一百二十二个,着交惠安药房领回,吕合英价银五元,应令姚德盛赔出,以昭平允。姑念姚德盛家素赤贫,既经处罚,从宽免缴,以示体恤。此判。

偷窃银洋　　　清苑初级审判厅案

缘张和、张海素不相识,旅居南关义兴店,因系同共居一室,本月初十日,张和外出,张海看屋,心起不良,将张和银洋四元窃藏入手,张和回店不见银洋,告知店主司荫堂,司荫堂以屋内失物岂有外人,欲就张海搜索,张海反用诈欺之手段云,伊亦有银洋四元,遂自布袋内抖摔落地,司荫堂拾入握中,问二人有何表记,张和即言两元龙元,两元跕人,并有戮记,所言悉符其实。张海则无词以答,而一味狡赖,司荫堂即将二人交由南区巡局,转送检察厅提起公诉,开厅审讯,供词相符,而张海犹喋喋狡辩,复经一再详审,证据确凿无疑,应即判决。查律载:窃盗得财一两以上至一十两,工作四个月等语。此案张海既将银洋四元盗据入手,复用诈欺之行为以图狡赖,居心之险,殆不可问,自应从严惩罚,以儆奸宄。张海合依窃盗得财一两以上至一十两工作四个月律,拟工作四个月,限满释放后,照例交保管束。移送检察厅查照执行。并将银洋给主具领。司荫堂既不请求到庭费,着张和自行答谢。此判。

七人合伙窃赃逃逸被获　　　江宁地方审判厅案

犯罪事实及证明缘由　缘王玉珍即王三、孙永和分隶山东沂州、滕县,卖鱼为业,先未为匪犯案。宣统三年三月二十八日,该犯等在江宁县属地方,会遇素识在逃之杨三、周二、徐二、金二、靳二,各道贫难,杨三知道杨库村姚广荣家道殷实,起意纠窃,得赃分用,均各允从。即于是夜在僻处会齐,王玉珍、孙永和、杨三持洋枪,周二执油捻,徐二持木棍,金二、靳二徒手,一共七人,三更时候偕抵事主门首,孙永和在外瞭望,王玉珍等撬门进内,窃得赃物逃逸,将赃衣在不识字号当洋六角,同回僻处点赃俵分,各散。经江防营马队将该犯王玉珍、孙永和缉获送县,转送到厅,由检察厅前往补勘,并据事主姚广荣禀报被窃等情,移送前来,当经提犯研讯,据供前情不讳,再三究诘,矢口不移,案无遁饰,应即判决。

援据法律文及判决理由　查例载:窃盗纠伙三人以上,但有一人持械者,不计赃数次数,为从徒两年半。又:寻常行窃,但系执持洋枪之犯,虽未拒捕,发极边足四千里安置各等语。此案王玉珍、孙永和听纠伙窃,或系入室搜赃,或系在外瞭望,查该犯等均执持洋枪,自应按例问拟。王玉珍即王三、孙永和均合依寻当行窃,但系执持洋枪之犯,虽未拒捕,发极边足四千里安置例,拟发极边足四千里安置。查该犯等系当赦所不原,照例发配。余讯无另犯不法别案及同居亲属知情分赃,逃后亦无知情贫苦人家,均无容议。逸犯饬缉获日另结。判决。

书记因贫盗窃公款　　　　杭州地方审判厅案

缘沈荔孙、沈阿发均籍隶浙江钱塘县,二人系同胞弟兄,沈荔孙充当[咨]议局书记属,沈阿发向充商业,均先未为匪犯。宣统三年六月初,沈荔孙见谘议局会计处收存银行往来折上存款甚巨,起意窃折,往取花用,因存折安放铁柜内,锁匙由会计林尧民有事外出,沈荔孙乘间前往窃取锁匙,潜往开柜,窃出存折两个,装入袋内,诚恐惹人疑心,复将先时预备小刀、铁锉各一把,放于铁柜抽屉内,藉以掩人耳目,仍将铁柜关锁如故溜出,于初六日清早,持折前往大清银行,走至半路,又虑被人识破,遂一面雇令不识姓名十六七岁幼孩一人往取三千元,自立门口守候,取回仍复暗放局中办公桌抽屉内,心中犹豫,恐怕被人察破,于初七日捏称王葛腾名义偷洋,函稿寄往嘉兴,嘱三弟沈阿发照缮寄申转寄咨议局,俾免经理人因此受累,乃谘议局接信后检点,始知失洋,正往各处调查,适沈荔孙又于初九日请假往嘉兴,将其三弟阿发领回,因此略涉嫌疑,遂托由侦探队严密调查沈阿发,踪迹诡秘,确有可疑,即先行往传沈阿发送厅查询,沈阿发不肯独来,当面缮条,往邀其兄沈荔孙同来分辨,讵将所书字条与谘议局初九日所接王葛腾一信,笔迹字画如出一手,复饬当面照写信封各字,亦属相符,提犯详鞫,供系其兄沈阿发为缮寄不讳,并声称事前并不知情,事后亦未分赃,诘以赃之所在,据称不知底里,大约存在上海等语。将犯还押,由检察厅饬提沈荔孙到案起诉前来,当经本厅发交刑庭,遵章片请检察官莅庭监审,提犯鞫讯。沈荔孙始犹狡执,坚不肯招,迨示以其弟阿发所书字条供状,知无可赖,情愿求限三日,将赃如数照还,求恩宽办等语。并另行自具家信一函与其父沈幼槎,信中语意亦以事已败露,请速将洋交出以救其性命云云。讵到限,其父了无复音,复提研鞫,又据称赃洋实已销毁,再三研鞫,矢口不移,诘以销毁何意,据称希图灭迹;诘以当时柜中另放小刀铁锉是何用意,据称装点外贼行径,冀免疑为局中人所为等语。本厅当以案关出入重大,不厌求详,一面饬传肃仪巷之铁匠店主人许顺兴来厅指认面貌,亦尚相同,自属可信。当又诘以有无同伙分赃之人,既已起意偷窃得赃,何以又复销毁,显有隐匿别情,并其弟阿发既经代写书信,焉有不分之理? 据供当日委止伊一人起意,并无同伙分赃之人,现既已犯罪,何必再代人受罪,至其弟阿发虽代缮寄信件,因其远在嘉兴,后阿发返杭,因风声不好,恐触发他人疑心,不敢即分,迨阿发被拘,即将赃票烧毁,在伊原系一时糊涂,起意偷窃,旋即后悔,今复被人察破,心中悔惧恐慌,以为销毁即可灭迹,无从查起,希图掩饰避罪,不料仍属无益,求详察等语。核所供似尚可信,案已讯明,计赃三千元,合银二千一百六十两,自应照估据供判决。查律载:窃盗已行,但得财以坐主为重并赃论罪。又:五百两以上绞监候。又：不应为而为，事理重者，处八等罚各等语。此案沈荔孙以咨议局书记，胆敢因贫起偷窃该局公款，得赃逾贯，殊属不法，自应按律分拟。沈荔孙合依窃盗赃五百两以上绞律拟绞监候，秋后处决。沈阿发事前虽不知情事，后亦未分赃，惟代写捏名信函，亦属不合，合依不应为而为，事理重者，处八等罚律，拟处八等罚。能否交纳罚金，遵章将全案供勘移请检察厅，俟上诉期[面][满]确定后查照分别执行。一面缮呈提法司申部具奏，请旨施行。失赃虽据供称业已销毁，仍应照例于犯人名下照估追赔。所呈小刀、铁锉及原信各证物，案结存库备照。（刑）

因贫行窃绸货　　　杭州地方审判厅案

缘李福、陈麟祥分隶浙江山阴、江苏吴江等县，彼此素识，均先未为匪犯案。李福向在观成堂绸业公所充当厨房安分帮工。至宣统三年六月十六日，李福见观成堂货房存货甚多，起意偷窃，商允门外河埠庄船伙陈麟祥合伙，得赃三七分用，并托陈麟祥代办棉花、砖石，预先安置僻处，到晚观成堂所有管事人外出之时，李福窃出货房锁匙，开门进内，将收存宋春源寄苏州人和遂记绸货两包计十匹，将包拆开取出绸匹，即以所备棉花、砖石填入，仍将包裹封印黏贴如故，携赃走出贮藏卧室，于次日，先以一件递给陈麟祥，前往广仁典当洋十五元，零余赃八匹于二十日由陈麟祥带往吴江县黎里平窑等镇典押五十二元，余绸二匹经该镇吴仲香瞥见，初不经意，至是启疑，告知堂内董事，前往查起原赃，报请侦探队将李福、陈麟祥拘获，送由检察厅起诉前来。当经本厅发交刑庭，遵章片请检察官莅庭监审，提犯鞫讯，据各供认前情不讳，诘无另犯不法别案，诚恐尚有不实不尽，迭加究诘，各矢志不移，移请检察厅派警押犯前往江苏吴江县黎里地方，照会汾湖司派差协同查起陈麟祥典押各赃，去后兹据复送质契二纸，并声称吴仲香在逃，无从查究等情前来。饬主具领取状存卷，提犯复讯，供仍如前。查估事主观成堂失赃计七十二两，自应据供计赃判决。查律载：窃盗已行，但得财以一主为重并赃论罪，为从，减一等。又：窃盗赃七十两，徒二年各等语。此案李福辄敢因贫起意，纠同陈麟祥偷窃观成堂转寄货物，得赃七十两有零，殊属不法，自应按律问拟。李福合依窃盗赃七十两徒二年律，拟徒二年。陈麟祥合依李福徒罪上为从减一等，拟徒一年半。照章发交本省习艺所依限工作，限满释放。遵章移请检察厅，俟上诉确定后查照执行，按季汇报。已起赃票饬主认领，未起之赃照估追赔。夺赃在逃之吴仲香饬缉获日另结。

合伙十七人行劫　　　杭州地方审判厅案

缘徐大荣、袁如林、朱应潮、钟丙潮、王荣海、裘阿苗、周古三、袁阿五分隶浙江诸暨、嵊县、仁和等县，或帮工度日，或负苦为生，彼此互有认识，先未为匪犯案。宣统三年五月二十五日，徐大荣在许村茶馆吃茶，遇见素识傅金莲、裘世棠闲谈，各道贫难。傅金莲、裘世棠起意行劫，惟称人地不熟，询及徐大荣，徐大荣遂以从前在孙荣兴作工，稔知有钱对，傅金莲等即约徐大荣于次日在茭白头财神庙会齐，指引前去，自往邀人入伙，得赃分用。徐大荣应允，各散。傅金莲、裘世棠又邀允在逃素识的林永潮分投到伙，先后在杭州、临平等处纠允已获之袁如林、钟丙潮、王荣海、袁阿五、周古三，在逃之徐荣涛，又由裘世棠在杭州以赌博邀允裘阿苗、朱应潮二人，于廿六日同往临平吃晚饭，后始告以行劫情由，裘世苗不敢同去，裘世棠持刀向吓，裘阿苗畏惧勉从，一同前往会齐，徐大荣等已在该处等候，一共十七人，走至半路，袁阿五因痰哮旧病复发，不能前去，即在凉亭睡卧等候，傅金莲、裘世棠、钟丙潮执持洋枪，袁如林、朱应潮分执火把，周古三、王荣海、徐荣涛空手，余或木棍、刀子不等，三更时一齐走到事主门首，用石撞开大门，傅金莲、裘世棠着钟丙潮在外把风接赃，周古三空手在外瞭望，着徐大荣指引进内，分投搜赃。裘阿苗畏惧，立在院内不敢动手，傅金莲斥其无用，正在搜劫，即经事主惊醒喊捕，钟丙潮上前将事主扭住，不识姓名人上前捆缚威吓，袁如林闻声赶至，适事主畏惧，央告松手，乘间逃避，未几，彼此搜得赃物，分携逃回原路，邀同袁阿五一同逃往海塘僻处，点赃俵分，各携一包，四散逃避。由乔司镇巡警先后查获徐大荣等八人连同赃物，并传到事主孙荣兴，一并解由检察厅起诉前来。当经本厅发交刑庭，遵章片请检察官莅庭监审。提犯鞫讯，据各供悉前情不讳，诘无另犯不法情事，核与检察厅勘验及事主孙荣兴报词均各相符。诚恐尚有不实不尽，迭加究诘，矢口不移。盗系先后，人赃并获，供出一辙，正盗无疑。所起之赃，已饬事主认领，取状存卷。一面移请检察厅饬缉，逸犯弋获无期，现犯未便久稽，自应先行据供判决。　　查律载：强劫之案，但有一人执持洋枪，在场者不论曾否伤人，不分首从，均斩立决。又：强盗引线，如首盗并无主意欲劫之家，其事主姓名、行劫道路悉由引线指出者，即与盗首一体拟罪。又：止听嘱在外瞭望接递财物，并未入室搜赃，亦无挟持火器、金刃恃凶势恶者，系旧例情有可原之犯，应一并免死减等，发遣新疆当差。又：被协同行，尚非甘心为盗，倘经入室，讯未随同搜劫，于强盗本罪上量减为绞监候。又：共谋为盗伙犯，临时患病及别故不行，事后分赃者，流三千里各等语。此案徐大荣等胆敢听从傅金莲同伙执有洋枪行劫孙荣兴，得赃，徐大荣指引行劫，即与盗首无异。袁如林、朱应潮、钟丙潮、王荣海、裘阿苗、周古三、袁阿五或听纠搜赃，在外把风，或被逼勉从，空手瞭望，及临时患病别故不行事后分赃，均属不法已极，自应按律分别问拟。徐大荣、袁如林、朱应潮、钟丙潮、王荣海等合依强劫之案但有一人执持洋枪在场者，不论曾否伤人，不分首从，应斩立决，裘阿苗合依被胁同行，尚非甘心为盗，倘经入室，讯未随同盗劫，于强盗本罪上量减为绞监候例，拟绞监候，秋审入缓。周古三合依听嘱在外瞭望接递财物，并未入室盗赃，亦无执持火器金刃情凶势恶者，应一并免死减等，发遣新疆当差例，拟发遣新疆当差。袁阿五合依伙犯临时患病别故不行，事后分赃者流三千里，与周古三均照章分发应配省分，依限归所习艺，限满释放。遵章将全案勘移请检察厅查照，分别执行。一面缮呈提法司，申部具奏，请旨施行。起赃饬领。未起各赃赤贫免追。逸犯傅金莲等饬缉获日另结。

判牍八　斗殴门

手足(成)[他]物殴人成伤　　云南高等(案)[审]判厅案

高等检察厅移，据地方检察厅上诉同级审判厅判决戚杨氏喊诉，被郑陈氏等殴伤一案。查原判戚杨氏依手足殴人成伤，限内平复，于三等罚上减二等，拟处一等罚，郑陈氏依他物殴人成伤，限内平复，于四等罚上减二等，拟处二等罚，系属引律错误。照章移请公判，计移凶刀一把等由到厅。讯：据戚杨氏供，贵州人，年四十一岁，到滇多年，现住地藏寺巷，丈夫戚洪顺出外未回，与到案的郑陈氏同巷居住。本年三月十一日，因遗失帮人缝的军衣一件，向郑陈氏查问，才知被他女儿小秀英拾去。小妇人斥他不应，郑陈氏不服口角，小妇人向郑陈氏抓咬，就被郑陈氏拾柴块打伤右腮胲，小秀英用柴刀背打伤鼻梁，才到地方审判厅喊诉的，今蒙提讯，求究办。小秀英供，宜良县人，年十岁，郑陈氏是母亲。本年三月十一日因母亲被同巷的戚杨氏抓咬成伤，小女子情急，顺用柴刀背向戚杨氏殴打，不料就把他鼻梁打伤了是实。郑陈氏供，宜良县人，年二十八岁，随丈夫郑得功到省多年，住地藏寺巷，小秀英是次女，与到案的戚杨氏同巷居住，以针黹度日。本年三月十一日，戚杨氏遗失帮人缝的军衣一件，在外被女儿拾得，戚杨氏来向查问，小妇人才叫女儿将衣退还，戚杨氏斥骂不应，小妇人不服，口角，就被戚杨氏手抓嘴咬多伤，小妇人情急，顺拾柴块打伤他右腮胲，女儿也用柴刀背打伤他鼻梁，求详察各等供。据此，查律载：辜内医治平复者，各减二等一语，系专指折伤以上而言。此案戚杨氏手足殴人成伤，郑陈氏他物殴人成伤，均未至折伤，自不在减等之列。地方审判厅因该氏等伤痕辜内平复，于应得罪名上各减二等，实属引律错误。又讯，据小秀英供，年十岁，执持刀背帮殴戚杨氏成伤，律应拟罪收赎。地方审判厅原讯年仅七岁，照律勿论，亦属审断错误。又据戚杨氏、小秀英同供，戚杨氏鼻梁一伤系刀背打伤，核与地方检察厅原验伤单系刀砍伤不符，当由高等检察厅覆验，委系铁器打伤，兵不用(刀)[刃]即属他物，应予一并更正。查律载，手足殴人成伤者，处三等罚,他物殴人成伤者,处四等罚。又:共犯罪者,随从减一等。又:十岁以下伤人者收赎各等语。此案戚杨氏抓咬郑陈氏成伤,郑陈氏执柴块,小秀英持刀背,各殴伤戚杨氏,自应分别问拟。戚杨氏合依手足殴人成伤者处三等罚律,拟处三等罚。郑陈氏合依他物殴人成伤者处四等罚律,拟处四等罚。小秀英虽系郑陈氏之女,侵损于人,照律仍同凡论,小秀英合依共犯罪者,随从减一等,律于郑陈氏四等罚上减一等,拟处三等罚,年仅十岁照律收赎。凶刀案结存库,移由高等检察厅查照执行。此判。(刑)

殴吏撕票咆哮法庭辱骂法官　　云南地方审判厅案

案准地方检察厅移,据初级检察厅呈:据北区巡警张世容报称,初级审判厅警吏等传案被殴等情,当经验伤并假豫审,该妇廖谢氏竟敢厉声谩骂,案关殴吏哄堂呈送核办等情。据此移请公判等由到厅,正拟提讯,该氏又复肆口狂詈守卫巡警,劝之不听,抑之不止,恶厉之声彻于厅外,竟被观者如堵,群相诧其刁蛮,当即讯。据受伤承发吏王鑫、白嘉树、彭年、林万方、张得胜同供,吏王鑫奉票往传毕京周呈诉廖泳墀义借不偿、昧良估抗一案。因廖泳墀避匿不面,向廖谢氏查询,廖谢氏出言恶骂,脱下臭鞋扑来驱逐。当经回厅禀明,蒙加派承发吏白嘉树等会同驻厅巡警二人前往追问。讵行至廖姓门口,廖谢氏就手执秽物扑殴,巡警见势凶恶,会同北区派出所警士向前阻止,廖谢氏说要看票,吏等将票拿出,即被撕毁,并同他女儿各用木棍、竹扫将承发吏王鑫肩甲、鼻梁打伤,白嘉树见王鑫鼻孔被打血出,上前拦阻,又被廖谢氏用木棍打伤肩甲,抓伤手背,彭年、张得胜同往救护,均被抓伤手背,警吏等见他如此凶横,才将他扭送到初级检察厅验伤,当即讯问,他一见检察官更为哄骂,不服预审,方才送到地方检察厅来的,今蒙验讯,所供是实。复讯巡警张世容等供词相同。质之廖谢氏,供称:我撕票、打吏、骂官各事都是有的,看把我怎样等语,诘其因何泼悍至此?该氏毫无忌惮,咆哮如故。查此案廖谢氏因夫廖泳墀被控票传,既不呈明其夫去向,又不遵章遭抱,辄敢恃妇出头,一味逞刁,率同其女将承发吏王鑫等殴伤,撕毁印票,咆哮法庭,辱骂各厅法官,实属目无法纪,自非严惩不足以儆效尤而维秩序。惟咆哮法庭,例无专条,如仅照殴吏骂官及弃毁官文书各例处罚十等,殊欠轻纵。溯查道光三年部议案证武生孔广勋恃衿咆哮公堂,詈骂县官,系照刁徒直入衙门,挟制官吏例减一等,拟以满徒,核与此案情节相符,自应比例量减问拟。廖谢氏除他物殴吏成伤,弃毁印票各轻罪不议外,合比依刁徒直入衙门,挟制官吏流罪上量减一等,拟徒三年,系妇女照律收赎;其女在场帮殴,母女一家既已罪坐尊长,应免置议。至廖泳墀被控原案,仍归初级审判厅照章讯办,移由地方检察厅查照执行。此判。(刑)

殴伤检察官程德庄上诉不服安庆地方审判厅判决　安徽高等审判厅案

缘已革廪生程德庄及侄程寿祺与同住之范文江夫妇口角争殴，各受微伤，赴初级检察厅呈诉。初级检察官面谕该革生等，俟调查明确，再行起诉。该革生等不服，致酿成程寿祺殴官重案，业经地方厅依法判决，乃该革生又以判不如法为词，来厅上诉。本厅当即传程德庄来庭质讯，讯得该革生所恃不服之理由，均不能自圆其说。如所称地方厅横空判决一节，谓范文江与该革生等之互殴因为根本之解决，原判有另案办理一语，指为横空判决之证。查律载：二罪俱发以重论。此案程寿祺已犯殴官之罪，即应以现犯之罪议拟，其与范文江争吵一事，乃此案之远因。即察其远因，亦系各受微伤，又复情词各执，核与程寿祺最后构成之罪名并无出入关系，从一科断，通例如斯。如谓必俟证明该革生等理曲之时，方坐程寿祺殴官之罪，向来法庭办案，无此故为停待之例。又如所称检察官拒不起诉一节，谓检察官有事微伤轻之言，指为拒不起诉之证，无论此言之莫须有也，即使有之，而当时巡警三区之报告及该革生之诉状，陶检察官均已逐一收受。既受此两种起诉之凭件，则所谓拒不起诉者，其理何在？至查调明确，再行起诉。检察官因两造互殴互伤之故，其间若何起衅以及下手先后，必须查明方为起诉之据。此等执行职务，系检察官自由之权限，尤非该革生所能干预。又如所称怀宁初级检察厅非本属官长一节，谓该革生籍隶全椒，指为引律错误之证，查《法部奏定分划司法区域章程》，初级审判厅以各该县辖境为其管辖区域，是凡罪犯之发见及被告人在该区域者，但使审级相当，概归该厅管辖，不问本人原籍是否在所管界内。该(辖)[革]生虽籍隶全椒，而犯事地方则在怀宁，怀宁初级厅之对于该革生等即有完全管辖之权。查例载：控诉案件即于犯事地方告理，不得于原告所住之州县呈告。该革生叔侄与人争殴，亦既自赴怀宁初级检察厅请求起诉，是明知该厅为本管衙门而后赴之也。现在司法与行政分权并重，查现行例诉讼门所云，"本管"二字之意义，原不限于管理行政事件之本府州县，在未设审检厅之处，行政、司法概由府、州、县管理，府、州、县自为全部之本管官厅；在已设审检厅之处，府、州、县为行政本管官厅，各级审检厅为司法本管官厅。厅属与府、州、县属无异，即厅属之诉讼人民，其对于本管之审检官与对于本管之府州县官亦无异。况恭绎《钦定宪法大纲》：载司法权总揽于君上，委任于审判衙门。其责任何等重大！该革生竟谓不得与本属州县同其尊崇，殊属荒谬。又如所称拉非殴，比抓伤甚微一节，查程寿祺自初级厅将陶检察官拉住发辫，扭至地方厅，地隔里馀，众人目属，人孰不顾颜面？此岂陶检察官情愿受此拉扭而故陷寿祺之罪乎？盖实逼处此，尽失自由之权。想见当日程寿祺声势之汹，其侮辱检察官情形，殆有非寻常所能料及者,至抓伤右额角,碰伤左腮颊系程寿祺自认之供,如此既抓且伤,谓为不殴,何词以解?按殴官本律,自非折伤者,只以有伤、无伤分别定罪,更不论伤之轻重。程寿祺既殴检察官成伤,即不能逃于刑律之外。所云落鞋俯拾者,试问鞋因何落?非因扭殴检察官忙急而落乎!今反借此自明为行必正履之君子,靦颜饰说,固无劳口舌之驳辩为已。又如所称不认骂官一节,谓当时果骂,何以不即逮捕?不即逮捕,何得谓之亲闻?该革生如此解释律文抑何谬误!查律文"亲闻乃坐"一句意义,重在亲闻被骂之官长亲闻其骂,即坐以骂官之罪,更无待旁人之质证。查阅陶检察官报告原呈该革生实犯此律,若云迁怒所致,则殴官之案其缘因本由该革生而起,原呈何不竟指该革生以殴官之罪耶?其所以不即逮捕者,亦以该革生业有名籍,呈控在厅,自可并案传究,无所用其即时逮捕耳。又如所称未判决之前即行监禁模范监狱一节,查当时既据原审官报告,实因嫌疑犯人数过多,厅内看守所不敷羁押,且监狱前经详定章程,凡遣流以下未决人犯,均可送交暂押等情,亦系照章办理,并无不合。今该革生全持意想为强辩,实毫无正当之理由。总之,本厅握司法特权,自必理取其平,法求其当,不能故入人罪,亦不能曲为人原。该革生等倘不殴官而骂官也,何有今日之狱?既肆野蛮之举动,复不受法律之束缚,在该革生等自计则得矣,其如法律不能允许。何也?程德庄理曲词短,辩护无效,应仍照地方厅原判判决。除移请　高等检察厅发还地方检察厅分别执行外,合行宣告。此判。(刑)

恃众行凶　　梧州地方审判厅案

陈炳铨供,有田坐落鸡母薮河边,与李绪楠田对岸,相隔一水,曾有木椿置立多年,突被李绪楠兄弟数人恃蛮拔掘,生兄炳章由家经见往止,遂殴伤,亲属炳鸾、十一等闻信赴救,生兄业被殴脱走,势已无及殴时。据生兄述称,系先由绪楠持柴斧相打,继由绪桂用锄柄相打,亚连用铁锹相打,共计生兄身受五伤,经蒙验明在案。现生兄伤已全愈,因有病不能到案,由生代供,请惩办完案等语。又据李绪楠供称,民有田与陈炳铨田对岸,被陈炳铨年年立椿防水,填占河基,以致河狭水涨,冲塌民田。屡经面劝,并投知绅耆,无如炳铨均置之不理。本年三月二十八日,民兄弟叔侄三人因受损害,冤抑莫伸,不得已往该处,将所立木椿拔去,并挖占筑泥土,以冀复还旧址,不料炳铨之兄炳章看见,即率亲属陈炳鸾、陈十一等多人各持木挑来阻。炳章始与民口角,继与民相打,民身受暗伤,炳章头部亦受伤,彼此相打,不知轻重,民弟绪桂时亦在场,亚连随后走来救护,亦帮打一下。民系用柴斧头敲打,绪桂系用锄柄,亚连系用铁锹,伤处极轻,早经医好,求开恩等语。质讯李绪桂、李亚连,供与李绪楠供同。

（证明犯罪之理由：）此案李绪[桂]等因争河边田基，殴伤陈炳章，已据李绪楠供称用柴斧相殴，李绪桂供称用锄柄掷殴，李亚连供称用铁锹掷打，直认不讳，自应援律定拟。惟查检察所验明陈炳章伤状，左额角铁锹伤一处，长四分阔二分，抵骨，伤口微溃，有脓。右眼胞斧头伤一处，长七分阔二分，伤口微溃，有脓。左手腕木棍伤一处，青肿。左胳膊石头掺伤一处，皮微破，痂结。左臂膊石头掺伤一处，皮微破，痂结。余无别伤，内仅左额角伤抵骨，李亚连所伤，左眼胞李绪楠所伤，左手腕系李绪桂所伤，至左胳膊、臂膊二伤系石擦伤，并非殴伤所致。查所持伤人铁器，皆是常用农具，与凶器不同。又未用锋刃，亦与刃伤有异。业据陈炳铨供称，伤经平复，自应依殴斗律论罪。

（援据法律：）李绪楠、李绪桂照斗殴以他物殴人成伤处四等罚律，处四等罚，李亚连照斗破伤人骨，处十等罚律，处十等罚，凶器(设)[没]收。此判。

（援据法律之理由：）查律载：凡斗殴以他物殴人成伤者，处四等罚，破伤人骨者，处十等罚。此案李绪楠、李绪桂、李亚连与陈炳章互殴，致伤陈炳章头部、手腕三处，审系口角细故起衅，并无挟嫌纠众情事，而所持锄斧均系用头、用柄，铁锹系挑泥之具，既非用刃，即应以他物殴人成伤论，惟李亚连所殴之铁锹一伤，破伤及骨，应依破骨从重论罪。判结。

索欠口角刀伤旁劝之人　　　保定地方(案)[审]判厅案

缘宋根儿即宋老根籍隶清苑县，年三十岁，父名宋法颜，母魏氏，均年六十一岁，兄弟三人，该犯居三，并无妻子，一向庄农度日，与刘国兴同村，素识无嫌。宋根儿长兄宋玉儿向在本村开设小杂货铺生理，村人戴大望曾欠宋玉儿铺内京钱七吊八百文，屡索未偿。宣统三年正月十四日晚，宋玉儿令宋根儿找向戴大望讨要欠钱，央缓不允，彼此口角，适刘国兴路过瞥见，上前劝阻，宋根儿疑护牵骂，刘国兴回詈，致相争殴。宋根儿顺拔身带小刀，将刘国兴胸膛近左、人中近右、左后肋等处扎伤，维时刘国兴之子刘二雪及宋玉儿闻闹，先后趋至，刘二雪上前救护，被宋玉儿用手揪殴未伤，宋根儿复用小刀将刘二雪脊膂、腰眼等处扎伤，宋根儿次兄宋秋儿随后赶到，并未帮殴，即被该村巡警地方赶往禁阻。将宋根儿、宋玉儿抓获，并起获小刀一柄，送由四乡西区巡警局，转送地方检察厅验伤，讯供取辜，饬医，起诉到厅。当经提集犯证，讯各供，晰前情不讳，将犯交所看守，人证暂释。兹于四月二十八日据刘国兴等伤痊投审前来，提验伤均平复，诘无预谋、纠殴及另有在场帮殴之人，应即判决。

（援据法律某条及理由：）查律载：人①伤人者，徒二年。又，手足殴人不成

---
① 疑为"刃"之误。——校者注

伤者,处二等罚各等语。此案宋根儿因向戴大望索欠,央缓不允,彼此口角,适刘国兴路过瞥见,上前劝阻,该犯疑护牵骂,互相争殴,辄用小刀将刘国兴及其子刘二雪一并扎伤,平复,殊属不法。该犯与宋玉儿虽属一家共犯,第系侵损于人,应各科各罪。该犯用刀扎伤刘二雪平复,与扎伤刘国兴同一罪,应拟徒,二罪相等,自应从一科断。宋根儿即宋老根,合依刃伤人者徒二年律,拟徒二年,收入保定习艺所,依限工作,限满详请释放。宋玉儿在场帮殴,用手将刘二雪揪殴未伤,应照手足殴人不成伤律,处二等罚。惟该犯系宋根儿胞兄,应照父兄同行助势例,于本罪上加一等,处三等罚,追取罚金,存俟报解。戴大望、宋秋儿讯无在场帮殴情事,均免置议。刘国兴劝阻被殴,刘二雪救父情切,均无不合,所受各伤业已平复,亦无庸议。戴大望所欠宋玉儿钱文,照数追还。无干省释。小刀存库备照,宋根儿、宋玉儿二犯送请检察厅照拟执行。此判。(刑)

子误伤继母　　　贵阳地方审判厅案

缘钟鼎恒籍隶贵筑县,钟王氏系钟鼎恒继母。钟鼎恒向居乡务农,其父钟子清在城贸易,早年钟子清因前妻身故,媒娶王氏为继室。钟鼎恒先未同居。宣统二年六月间,钟子清病故,钟鼎恒葬毕,即将王氏接回乡间奉养,因其家贫,甘旨缺乏,时相诟evil。本年三月二十四日,钟鼎恒因遗失烟袋一支,向家中人斥骂,钟王氏疑其借故骂已,向钟鼎恒声斥,钟鼎恒分辩,钟王氏气忿,将钟鼎恒抓住殴打,钟鼎恒情急力挣图脱,钟王氏力怯松手,失跌倒地,致被垫伤右臂膊同脊背,钟鼎恒即将钟王氏扶起,经邻人陈治清、郝秀山闻声拢看,询明情由,令钟鼎恒妥为孝养。钟王氏不依,报经检察厅,验明伤痕,获犯、传证、起诉到厅,当经片准检察官曹瀚莅视,分庭预审,送交公判。据供前情不讳。诘非有心干犯,亦无起衅别故,再三究诘,矢口不移,案无遁饰。查钟王氏伤已平复,应即判决。

(援据法律某条及理由:)查现行例载:子误伤母,律应绞决者,量减为绞监候等语。此案钟鼎恒因遗失烟袋斥骂,其继母钟王氏生疑抓殴,该犯情急力挣图脱,致钟王氏失跌,势伤右臂膊、脊背,伤甚轻微,现已平复,虽系继母告子,验有显迹伤痕,且已输情服罪,自应按例问拟,钟鼎恒合依子误伤母律应绞决者量减为绞监候例,拟绞监候,秋后处决。陈治清等拢劝不及,应毋庸议,无干省释。此判。

兄弟逞忿殴击　　　南昌地方审判厅案

缘朱开祥系临川人,年四十四岁,父母俱故,兄弟四人,长三皆亡,剩有四弟,名春生,业农,经已分爨。开祥向业木匠手艺,现在上谕亭开设木匠铺。本年,朱开祥将朱春生带至店中习艺,兼做小贸易。朱开祥兄弟向有公共店房一所,每年租钱八千文,兄弟四人各管一年,去年轮值春生收管,店客欠租未清。本年五月始将旧租补给清楚。迨开祥往收今年新租,店客以交春生为词,藉以延宕。其实春生所收,乃系旧欠,非新租也。开祥为店客所蒙,回店向春生理论,春生告以收系旧租。开祥以为欺己,互相龃龉,遂向厨前取得锅铲,猛击春生,春生以手力挡锅铲,倒跌撞伤朱开祥头颅及手指。旋被巡警扭赴警区,转告检察厅验明伤痕,起诉前来。经本厅传提朱开祥、朱春生二面质讯,据各供认前情不讳。查朱开祥、朱春生系同胞兄弟,平日友恭甚笃,平无毫末微嫌,苦乐相偕,颇识爱群大义。兹因细故,竟起争端,舌战不休,继之用武。夫使春生所收之租,实系本年新租,则春生本非值管任,竟乱收加以扑责,分所宜然。乃春生收系旧租,开祥并不详察,听信店客一面之词,遽忿殴击,万一阻挡不及,致受重伤,尔开祥自问能当此重咎否耶？和气致祥,古有明训,乃弟即有不是,不妨反覆开道,俾其自新。何况事属子虚,竟施此野蛮手段,此种行径,实为尔开祥不取。至尔春生亦不能诿为无过,兄长呵斥,理宜忍受,即有抱屈,可俟其气平之后,曲折陈明,不然可觅此店客而质明之,何必于尔兄盛怒之时,相持不下,尔之愚昧,诚无比伦,幸而庭讯之时,各知愧悔,相对哭泣,求恩曲予,矜全委婉禀陈,隐若各相庇护,本推事鉴尔愚忱,知为之兄者,实缘旁言之误听,为之弟者,不过肆应之无方,两非有意交攻,律可原情宥恕。兹由朱开祥请将朱春生开释,即着当庭领回,兄兄弟弟,各安生业,如再因财失义,遽忿召凶,则王法森严,决不能为尔等宽也。懔懔切切。此谕。

凶器伤人 　　　　**新民地方审判厅案**

缘张继福、孙占林均籍隶新民府,庄农度日,彼此同屯,素识无嫌。同治十二年,张继福之故父张明显用钱一千三百吊,典得屯人贺连祥熟地一段,计四十亩,自行耕种。宣统三年二月十八日,张继福因手中无钱使用,将此项典地二十亩转典给张兴德耕种,得价花用。孙占林以系贺连祥之戚,意欲争典,找至张继福家理论,张继福不允,彼此口角争吵,孙占林即用板凳向张继福掷殴,张继福闪避,并未成伤。孙占林复取板凳奔殴,张继福顺拾旁放钦刀,将孙占林左腋肢近下扎伤,孙占林负痛走回,告知其子孙占德,西北路五区巡警将张继福拘获,连同起获钦刀,转送地方检察厅。派陈委员德润诣验、饬医、开单、起诉前来。当经本厅提犯研鞫,据供前情不讳,旋据孙占林伤痊来案投质,经检察厅验明,伤已平复,调验张继福典契与所供无异,质讯孙占林供亦相符,应即判决。查现行刑例载:凶徒因事忿争,执持凶器,凡民间常用之刀,但伤人者,流二千五百里。又律载：他物伤人不成伤者，处三等罚各等语。此案张继福因孙占林找向争典地亩，口角争殴，辄敢用钦刀扎伤孙占林左腋肢平复，殊属不法。查钦刀虽非例载凶器，第究非民间常用之刀，自应按例问拟。张继福合依凶徒因事忿争执持凶器，凡非常用之刀，但伤人者，流二千五百里例，拟流二千五百里。据供，其母张蒋氏孀妇，独子守节，已逾二十年，核与留养之例相符，是否属实，应由检察厅验查明确，取具印甘各（给）[结]，再行核办。孙占林争典地亩，本已不合，复敢用凳首先逞殴，亦应按律科断。孙占林合依他物殴人不成伤者处三等罚律，拟处三等罚，罚银一两五钱。如无力完缴，按照银数折工，限满释放。至张继福原典地亩，查核年月已逾军督部堂赵奏定年限，应由张继福投税、更名、管业、典卖、仍其自主。孙占林不得争执，典契发还，凶器钦刀存库备照。此判。

故自残伤　　　新民地方审判厅案

缘刘王氏、杨太泉均籍隶新民府，在榆树坨子居住。杨太泉充当该屯百家长，彼此素识无嫌。宣统二年三月十五日，杨太泉因经管公项，至刘景家讨要应出坝根洋一角，适刘景佣工未回，刘景之妻刘王氏答称现时无钱，从缓送给。杨太泉见其屡次推延，心中不悦，声称定要禀知巡警局向追，当即走回。刘王氏闻知，随将应交银洋一角措齐，自行送往杨太泉家。因杨太泉外出，交其妻杨桑氏代收。刘王氏正欲转回，杨太泉亦即回家，杨桑氏告知刘王氏已将坝根钱送来，杨太泉顺向刘王氏告称已经禀局，不肯收受，仍令携归。刘王氏不服，理论，杨太泉仍不允收，用言斥骂，刘王氏亦即回詈，并赶向扑揪，杨太泉顺用皮笼头向刘王氏抽殴，并未成伤。刘王氏情急，顺持杨太泉家菜刀自将头门右太阳等处残伤，希图恐吓，经邻人刘全闻闹，赶往喝住，夺获菜刀，将刘王氏劝回。经胡振义等调处，令杨太泉出钱延医治伤，刘王氏自因劳碌触动胎气，于是月廿九日小产。其夫刘景疑系争殴所致，报由巡局送经第一初级检察厅诣验、起诉，送经初级审判，刘王氏患病未到，杨太泉仅认斥骂。该厅判依故自残伤律处罚。刘王氏之母王邢氏因不俟其女病痊质讯明确，遽予判决，不服，上诉。送经地方检察厅转送到厅。迭次集讯，各供如前，应即判决。查律载：故自残伤者，处八等罚。又，他物殴人不成伤者，处三等罚各等语。此案刘王氏因杨太泉讨要（因）出坝根钱文起衅、口角、争殴，辄敢自用菜刀残伤头门等处，希图恐吓，殊属不法，自应按律问拟。刘王氏除骂人轻罪不议外，仍照初级厅所判，合依故自残伤者处八等罚，罚银十两。杨太泉用皮笼头向刘王氏抽殴，虽未成伤，究属不合。初级厅判依骂人处罚，殊未允协。杨太泉除骂人轻罪不议外，应改依他物殴人不成伤者，处三等罚律，拟处三等罚，罚银一两五钱。如无力完缴，刘王氏改折工作四十日。查奉天女犯习艺所尚未设立，仍应照例改为监禁。杨太泉改折工作六日，分别限满释放，无干省释。此判。

斗殴杀人　　　　　　新民地方审判厅案

缘李春明系汉军镶黄旗不记佐领下人，手艺度日，在厅属乌牛堡子居住。与赵恩祥同屯，素识无嫌。宣统三年正月初七日，李春明向赵恩祥借用铜元一百四十枚，陆续还过六十枚，下欠八十枚，屡索未偿。二月廿七日下晚时分，李春明至赵恩升家闲坐，与赵恩祥撞遇，赵恩祥向索前欠，李春明无钱央缓，赵恩祥不允，混骂，李春明回詈，赵恩祥用手赶殴并未成伤，经人劝歇。赵恩祥先行回家，李春明亦即走出。路经赵恩祥家门首，赵恩祥看见，复向索追，李春明仍以无钱回答，赵恩祥气忿，上前扑殴，李春明情急，顺取身带割纸小刀，向其吓戳一下，致将其胸膛左戳伤。赵恩祥喊跌倒地，李春明畏惧歇手，因手势稍重，以致透内。维时尸父赵林、百家长高恩惠、邻右关茂春先后闻声趋视，问明情由，将李春明拴获，并经赵林将赵恩祥抬至李春明家养伤，讵赵恩祥伤重，延至是晚，因伤殒命。报经该管南路三区巡警，转报地方检察厅，派陈委员德润诣验、开单、起获凶器小刀，起诉到厅，当经本厅提传犯证，迭次集讯，据供前情不讳，诘非有心致死，亦无起衅别故，案无遁饰，应即判决。查现行刑律载：斗殴杀人者，不问手足他物金刃并绞监候等语。此案李春明因赵恩祥向其催索前欠，彼此口角，赵恩祥上前扑殴，该犯辄敢顺取身带小刀，将其胸膛左戳伤透内，移时殒命，自应按律问拟。李春明应合依斗殴杀人者，不问手足他物金刃并绞监候律，拟绞监候，秋后处决。赵恩祥首先詈殴，本干律议，业已身死，应毋庸议。该犯所欠赵恩祥铜元八十枚，追缴尸父赵林具领，尸棺由检察厅饬埋，凶器小刀存库备照，无干省释。此判。

巡警因不服指挥殴人成伤　　　　江宁地方审判厅案

缘黄昌期系南一区巡警，宣统三年六月十七日，黄昌期巡至五定桥地方，见菜担摆在路口，有碍交通，饬令搬让，适买菜人钟步亭给付菜价，阻挠不服，黄昌期用鞭吓殴，互相揪扭倒地，致伤钟步亭心坎等处。经警局将黄昌期等解送检察厅，验明在案，转送前来。当经提同黄昌期等研讯，据供前情不讳，应即判决。查律载：他物殴人成伤处四等罚。又，凡不应为而为之者，处四等罚各等语。此案巡士黄昌期因菜担有碍交通，饬令搬让，系该巡事应管之事。惟买菜人钟步亭既有不服情形，黄昌期自应协警将钟步亭送局惩办，不应用鞭赫殴，互相揪扭倒地，致钟步亭受伤，实属不合。黄昌期以他物殴人成伤，系不应为而为，从一科断，处四等罚，追银二两，责令保辜限二十日，限内不能执业。

因出养伤费洋二元交钟步亭结领，着即搬出，不准再住该区滋扰。钟步亭当路买菜不服警章，本有不合，姑念既经受伤，从宽免究，案情确凿，别无疑议。此判。

跌落手枪误伤他人　　　　抚顺地方审判厅案

缘王庆升系抚顺县民人，庄农度日。与无服族兄王庆福并无服族侄王让均素睦无嫌。宣统二年五月间，王庆升因为买米向王让挪用束钱十吊五百文，约缓归还。王让系与王庆升隔屯居住，六月初六日，王庆升闻王让来到西山放蚕，在伊屯同族王庆珍家存住，前去瞧看，王让向其索要前欠，王庆升以现未凑齐回答，王让即称伊家等着米吃，无钱就要王庆升向所买之米拿给，王庆珍在旁见王让要钱情急，令王庆升回家，查点现有多少，先给与王让。王庆升回归，适至院内，伊母陈氏喊嚷，鸡只被野猫衔去，叫王庆升赶快去趱，王庆升连忙进屋，拿着装就砂药防夜小手枪趱出屯外，将鸡只趱落，见其侄王会跟后赶至，即将鸡只令其提回，因其幼小，未便令将手枪一并拿转。王庆升急欲上街措钱，即携手枪，就近走至街上，尚未措钱到手，适与王庆福会遇，即将王让向伊要钱，伊实在一时难措情形向其告知，王庆福遂邀王庆升复到王庆珍家，欲合王让面说，多缓几日。因王让赴山上看蚕，王庆福、王庆升同王庆珍并其邻人邹永普，大家在炕坐谈。王庆升将手枪置放身旁，因起身出外，不料衣襟将手枪带跌地上，碰动火机，致砂子放出，误将王庆福轰伤。王庆珍见王庆福在该屋内受伤，即以伤人原因系由王让合王庆升为钱起衅。值王让自外进屋，随将王庆升暨王让连小手枪，一并送由警务局转报地方检察厅，派员验明王庆福伤痕，起诉到厅，迭经本厅提讯，均各供晰前情，诘非有心施放，亦没另有起衅别故，查验王庆福伤痕平复，到厅环质，供亦相符，案无遁饰，应即判决。

查例载：向有人居止宅舍，施放枪箭，打射禽兽，误伤人者，减汤火伤人律一等。又，汤火伤人者，处十等罚。又名例载：断罪无正条，援引他律比附，加减定拟各等语。此案王庆升因携枪打射野兽，适与王庆福会遇，因向告知无钱措还王让，王庆福邀令同到王庆珍家，向王让代为央缓，王让放蚕未回，即合王庆珍等同坐闲谈，王庆升将手枪置放身旁，因起身时带跌地上，碰动火机，致砂子放出，误将王庆福左腿并右眼泡等处轰伤平复。遍查律例，并无作何治罪明文，自应比例问拟，王庆升应比依向有人居止宅舍施放枪箭，打射禽兽，误伤人者，减汤火伤人律一等，应于处九等罚罪上再量减一等，拟处八等罚，照章收罚金十两。如无力完纳，改作苦工四十日，期满释放。王让讯无不合，应与王庆福均无庸议。至王庆升所欠王让钱文，饬令如数清还，手枪案结存库，无干省释。此判。

误动枪机致伤他人身死　　抚顺地方审判厅案

缘丁元珍系汉军厢黄旗人，籍隶厅属，庄农度日。已死赵丁氏系其出嫁胞侄女。宣统三年二月初间，赵丁氏归宁，到丁元珍家居住。十三日晚上，丁元珍因风闻邻近山沟有匪人存迹，恐有事故，遂用防夜洋枪一杆，装就子弹，顺放炕上，以防不测。枪杆斜靠衣堆，枪口向外。讵至半夜时候，赵丁氏因女孩拉屎，燃起灯火，开门唤狗。丁元珍惊（问）[闻]犬吠，仓猝起坐，以致触动枪机，发出子弹。其时赵丁氏适在门口，致被枪子轰伤右臂近上，穿过咽喉近上，倒地。丁元珍即与其侄丁宝玉急忙下炕查看。讵赵丁氏已气绝殒命，遂赶报赵丁氏之翁赵吉库往看，报经地方检察分厅派员诣验，将丁元珍传案，连同验单、凶器移送前来。当经提讯丁元珍，供晰前情不讳。质之尸兄丁宝玉、尸翁赵吉库等，供亦相同。案无遁饰，应即判决。查律载：殴杀小功堂侄者，流三千里。又律注：过失杀者，准本条减二等论赎各等语。此案丁元珍因侄女赵丁氏为女孩拉屎开门唤狗，该犯睡中惊闻犬声，仓猝坐起，不期触动枪机，以致轰伤赵丁氏殒命。时值半夜，该犯梦寐初醒，仓猝不知所为，其触动枪机与赵丁氏之在门口，俱非思虑所到，实属过失。查已死赵丁氏系丁元珍出嫁侄女，降服大功，按律注过失杀大功以下卑幼，系照殴杀卑幼本条减等，惟律例内并无伯、叔殴死降服大功侄女专条，检查斗殴成案，凡与出嫁降服侄女有犯，向照小功堂侄办理，自应比例问拟，该犯丁元珍应合依殴杀小功堂侄者流三千里，过失杀者，准本条减二等论赎律注，拟徒二年半，照律收赎，纳银十七两五钱，给付尸家，以资营葬，死棺饬埋，凶器洋枪存库。此判。

斗殴杀人　　营口地方审判厅案

缘刘英淋系营口厅人，小贸营生，与原春年邻识无嫌。宣统三年正月间，刘英淋输欠原春年并李子丰等银洋九十馀元未给，三月二十三日刘英淋由外回家，与原春年、李子丰在街撞遇，原春年等向索赌欠。刘英淋无钱回复，原春年走向拦索，不令回归，刘英淋斥骂，原春年揪住刘英淋发辫，用拳狠殴，李子丰亦用脚向踢，刘英淋情急，顺拿身带削蔗小刀，向原春年乱扎，致将原春年右后胁扎伤，原春年松手喊跌，李子丰上前扶住。维时赵国喜闻闹赶来询明情由，报知岗警，将刘英淋拢获，连起获凶刀一并带局。原春年抬送医院，责令刘英淋保辜医治。讵原春年于二十六日因伤身死。报经检察厅派员眼同验明，填格录供，起诉到厅，讯供前情不讳，诘无起衅别故，及在场帮殴之人，案无遁饰，应即判决。查现行刑律载：斗殴杀人者，不问手足、他物、金刃并绞监候。又例载：赌博之人各处十等罚各等语。此案刘英淋因原春年等拦索赌欠，口角争殴,用刀将原春年扎伤,越三日身死,实属不法,自应照律科断。刘英淋除赌博轻罪不议外,合依斗殴杀人者,不问手足、他物、金刃并绞监候律拟绞监候。被殴情急,扎只一伤,随案声请入于缓决。李子丰帮向刘英淋拦索赌欠,用脚向踢,虽讯未成伤,究属不合,亦应照例从重问拟。李子丰除手足殴人未成伤轻罪不议外,合依赌博之人处十等罚例,拟处十等罚,追缴罚金十五两。如无力完纳,改折工作六十日,限满释放。原春年起衅酿命本干例拟,业已身死,应毋庸议。无干省释。凶刀案结存库。此判。

误殴小功兄至死　　　　营口地方审判厅案

缘傅克亭籍隶营口厅,庄农度日,与已死小功堂兄傅克功素睦无嫌。宣统元年七月初二日,傅克功邀令傅克亭帮同在地锄菜,傅克亭听闻后面响动,转身回看,见有猪只进地践食菜苗,用锆柄掷打,适傅克功亦去打猪,赶至猪只旁边滑跌坐倒,致锆柄误将傅克功脑后殴伤。傅克功喊痛,傅克亭赶去看明,将傅克功扶回,向伊胞伯傅文清等告知情由,延医调治。讵傅克功伤重,延至次日午后,因伤殒命。报经检察厅相验,起获凶器锆柄,绘具宗图,将傅克亭带案,起诉到厅,审拟解勘,因案情未确,驳回覆讯。遵复提集犯证覆鞫,据供前情不讳,诘无争斗有心干犯情事,应即判决。查律载:卑幼殴小功兄至死者斩。又例载:殴死本宗期功尊长罪干斩决之案,若系情轻,该督抚按例定拟,将并非有心干犯各情节分晰叙明,夹签恭候钦定各等语。此案傅克亭经小功堂兄傅克功邀同锄菜,见猪只进地践食菜苗,用锆柄掷打,适傅克功亦去打猪,滑跌坐倒,致锆柄误伤傅克功脑后,越日身死。自应按律问拟,傅克亭合依卑幼殴小功兄至死者斩律,拟斩立决,照章改为绞立决。惟伤由误殴,并未因事争斗,有心干犯,应请照例夹签声明恭候钦定。尸棺由检察厅饬属领埋,凶器锆柄随案解验,无干省释。此判。

索欠口角殴人成伤　　　　贵阳第一初级审判厅案

缘武生袁开甲、刘培基均系贵阳府青严人,彼此贸易。袁开甲实欠刘培基芝麻呢银二两。去岁十二月三十夜,刘培基遣其孙索讨旧账,出言不逊,致相口角。移时,刘培基之子小达踵至,遂相斗殴。袁开甲之弟仲华上前排解,反被刘小达用拳殴击,伤其口唇,皮破血流。经街邻张九皋等解散。控由贵阳第一初级检察厅起诉到厅,提讯刘小达及证人张九皋等,供认前情不讳,案无遁饰,自应按律判决。

(援据法律某条及判决理由:)查律载:以手足殴人成伤者,处三等罚。该武生刘培基遣其孙向袁开甲索债,出言不逊,刘小达踵至,辄先下手殴伤袁仲华口唇,皮破血流,殊属非是。袁仲华伤经平复,刘小达合依以手足殴人成伤处三等罚律,处三等罚,罚银一两五钱入官。移请检察厅执行,无干省释。袁开甲欠刘培基银二两,即饬当庭给还。此判。

殴伤巡警　　　　清苑初级审判厅案

缘冉蓝田系北区巡警。本月十六日,该区巡长派令上街买物,未穿制服,行至玉清观,瞥见有人赌抽竹签,中有一人云:"巡警来矣。"即闻窦槐(府)[甫]当众指名骂詈,巡警冉蓝田问其姓名,窦槐甫出言不驯,彼此口角,弄签人当亦逃逸。冉蓝田因未穿制服,不便抓获,适岗警辛桐上前干涉,窦槐甫不服劝止,辛桐意欲扭赴警区,窦槐甫竟与辛桐揪殴,致将警帽打落,刀鞘铜包尖折毁。冉蓝田亦即上前,又被窦槐甫将发辫揪落一绺,并殴伤手指、眼胞,遂并力扭获,并带同见证乔考儿回区。经北区巡警局解送检察厅,验明冉蓝田辫发揪落一绺,余伤业经平复,提起公诉前来,开庭审讯,并质诸见证乔考儿。据供前情无异,应即判决。查律载:制书有违者,处十等罚等语。此案窦槐甫于路旁观看赌签,已属非是,又复出言骂詈,微论指骂巡警,即当众骂詈嘲弄平人,亦在违警之列。及至岗警干涉,反不听劝止,打落警帽,折毁鞘尖。冉蓝田援助,亦被殴伤,致使弄签人乘间逃逸。此等目无法纪之行为,殊属有违定制,自应按律问拟。窦槐甫除违警轻罪不议外,合依制书有违者处十等罚律,拟处十等罚,银十五两无力完缴,照例折罚工作六十日,限满释放。冉蓝田尚无不合,其揪落窦槐甫辫发一绺,实因窦槐甫揪殴岗警辛桐,异常凶横,欲行扭获所致,亦属职所应为,虽未着制服,查现行犯之逮捕法,不以制服为限,且当场有岗警,亦足见其非无职务之人。乔考儿作证实供,均毋庸议。移送检察厅,查照执行,折毁之刀鞘铜尖着窦槐甫出钱五百文赔偿损害,以符定章。此判。

判牍九　诉讼门

越诉　　　　京师高等审判厅案

查例载:军民人等遇有冤抑之事,如未经在本籍地方及该上司先行具控,或现在审办未经结案遽行来京控告者,先治以越诉之罪。又律载:越诉者处五等罚各等语。此案李增翘籍隶顺天府属文安县。在本县与同族李芳春等涉讼未结,辄来京欲在摄政王前呈诉。步军统领衙门援据顺属清讼办法奏章,将该犯解交高等检察厅,转送到厅。本应以未奉到法部劄交此项奏件,核阅供呈,亦与移请原奏准其上诉办法不符,未便违章,率行审理,业经批回在案。嗣据检察厅将法部劄行会奏顺属清讼办法原折,并取具李增翘详细供招,以该犯越诉,覆移厅检阅。原折内称,该府属各州县判结之案有不服上诉者,均令经赴高等检察厅呈控,由高等审判厅审理等语。是本厅于顺属各州县案件既负有审理之责,自应分厅核办。据李增翘供,因族人李芳春等图产,将我兼祧祖父李廷树暨我岳父张葆信毒殴,在县控告,一切案情俱详呈内。去年十二月,我祖父同张葆信之子张乐吉在顺天府递上控呈词,业札饬文安县讯办,前任姚县主未曾讯问。今年三月初六日,经王县主讯一次,亦未断结。三月二十日,我又来京在顺天府递呈,又蒙批县审办,我遂于五月十六日携带呈词,欲在摄政王前呈诉是实。经庭员会同检察官提,供词无异。查奏定顺属清讼办法,须该本县已经判结,果有冤(折)[抑]不服,方准来厅上诉。李增翘此案即便来厅呈控,已有不合,今该犯以本县尚在审判未结之案,遽行来京,欲在摄政王前呈诉,实属干犯例条,自应按例依律问拟。李增翘合依军民人等在籍,具控现在案判未经结案遽行来京控告者,先治以越诉之罪例,越诉者,处五等罚律,拟处五等罚,追银二两五钱入官,如无力完缴,折工作十日,满日释放,仍由该本县归案审办。原呈存留,备卷相应移付检察厅执行可也。此判。

诬告　　　　保定地方审判厅案

缘李二即李成,籍隶北京,庄农度日,父母均故。张进宽系李二之婿,张妞儿系张进宽之女。张进宽凭媒说合,将张妞儿嫁给段献增为妾,立有为妾字据,于宣统二年五月初六日过门,嗣张妞儿不安于室,归宁后,坚不回家,张进宽因贫病交迫,谋生无计,勒令张妞儿赴保定府城内八条胡同怡红院娼窑卖奸,经段献增查知,赴巡警局控告。李二因恐张进宽到官治罪,即以段献增以妻作妾,捏词诬控,希图抵制。经巡警局访明实情,将李二、张进宽、张妞儿拿获,送由地方检察厅起诉到厅,当即提犯审讯,据供前情不讳,究诘不移,应即判决。

(援据法律某条及理由:)查现行律载,诬告人罚金罪者,加所诬罪二等。又,以妻作妾者,处十等罚。又,抑勒乞养女与人通奸者,义父处十等罚,抑勒亲女与人通者,罪亦如之各等语。此案李二之外孙女张妞儿凭媒嫁给段献增为妾,张妞儿之父张进宽因贫难度,乘张妞儿归宁,勒令赴娼窑卖奸,经段献增查知控告,李二因恐张进宽到官治罪,辄敢捏控段献增以妻作妾,希图抵制,实属诬告。查该犯所控,如果得实,段献增罪应罚金,今审系虚诬,自应按律加等反坐,李二即李成合依诬告人罚金罪者加所诬罪二等律,于以妻作妾处十等罚罪上加二等,拟徒一年半。年逾七旬,照律收赎。张进宽勒令其女张妞儿卖奸,合依抑勒乞养女与人通奸义父处十等罚,抑勒亲女与人通奸者罪亦如之律,拟处十等罚。张妞儿照律不坐,系娼窑,无奸夫可指,应免传究,张妞儿送交保定济良所择配。此判。

教唆词讼诬告人致死苏州凤池庵冤狱　　　　江苏高等审判厅案

本厅总核,现供宣统元年九月十四日,府学西首漫野草地内发现之尸,决为无名男尸,毫无疑义。丁道士、须阿庆、王叶卿同在所病故之马有祥在县供认,尸名王阿根,系伊等谋毙。及各人与妙莲通奸各节,全凭世保之供。而世保之供均系小毛即毛顺所教。现经本厅多方调查,广集人证,再三研鞫,质证明确,案无遁饰,应即审正,依律判决,以免枉纵。查吴县白役毛顺即小毛,教幼尼世保供词,以致全案冤抑,并地保张仁山等得赃,遵章合议审正一案。缘毛顺即小毛、张顺山即大阿根、胡荣、张斌、魏廉、朱兆钧分充吴县副役、地保、差役、刑书等。世保、妙莲、定修均系凤池案尼僧,杨阿五系庵中香工,丁道士、须阿庆、王叶卿并在所病故之马有祥等,或与尼僧定修等认识,或在庵织机,或与尼僧定修等素不相识。宣统元年九月十四日,地保张仁山查见凤池庵前荒地内有男尸一具,身受多伤,报经吴县陈令其寿诣验,饬仵报伤填格,尸手握有头发一绺及尸旁灯笼,当时实未带回储库。该县询及近邻尼庵平时是否安分,地保张仁山回称,凤池庵尼僧妙莲声名不佳,该县即饬值日差役魏廉、张斌缉凶,曾至凤池庵,查无形迹,复经加派差役胡荣协缉。十九日午间,地保张仁山因尸场办差赔钱,向凤池庵住持定修借钱贴补,定修未允,张仁山即说没有也好,过几日看颜色,纸老虎要真就真,要假就假,不要后悔。张仁山想因此借钱,定修并不在意。二十二日,该县票传尼僧讯问,胡荣令伙役毛顺即小毛同魏廉等往传。彼时,凤池庵香工陈阿五不在庵中,由住庵织机在所病故之马有祥陪庵尼定修、妙莲、世保先到吴县前茶馆吃茶,毛顺遂领九岁幼尼世保至僻处,向问杀人之事,世保回说:"我不敢说。"毛顺因此生疑,骗世保买东西吃,不说,要将世保吓打,世保害怕,毛顺教世保到堂要说死尸是庵中所杀,师父妙莲有姘头五个,此一个死人就是五个姘头内一个,被师父这四个姘头所杀等语。及该县提讯,世保即照毛顺所教而供称,讯及妙莲、定修、马有祥,均不承认通奸杀人之事,马有祥只供称丁道士、须阿庆常来庵中。当夜陈令即提丁道士、须阿庆到案,凤池庵香工陈阿五当晚回庵,始知庵尼被提,即向县署探询,被差带案。王叶卿于是月十九日,由常熟原籍来苏,到伊表姐陆杨氏家,二十三日午后,闻凤池庵犯事,携外甥至庵后门首闲看,推动庵门,被看庵地保等带县。是日,差将将丁道士等带至茶馆,地保张仁山向每人索洋四十元,丁道士、须阿庆不允给钱,香工陈阿五由其母应允付给。是夜,该县提验王叶卿,头上有疤、少发,谓系死者扯脱。第二次提讯,妙莲则因畏受刑,想起地保张仁山及保伙均名阿根,随口供称死尸名阿根,其姓王及常熟人,妙莲均未供过,系该县误听喝讯，随口供认。并问是否初九日所杀，妙莲亦即供是。后提讯马有祥、丁道士、须阿庆、王叶卿等均依此定谳，不与世保质讯，随即详奉臬司批饬。彼时凤池庵香工陈阿五在押患病，先后交地保张仁山洋四十一元，乃得保释，刑书朱兆钧即金生得洋六元，张斌得洋六元，魏廉得洋三元，毛顺得洋四元，张仁山得洋二十二元。又该县将凤池庵发封充公，所有庵内器物、银元均由刑书朱兆钧检点开单账。友钱品斋搬取附卷之单，与朱兆钧呈出有钱品斋图记之单不符，赏给差役赏洋一百元，查卷在凤池庵存县之洋内提拨，而差役魏廉等均供未领用，亦并无领状。该县自奉臬司批饬后，声叙具详。将马有祥等解府，经苏州府何守刚德提讯翻供，并审出有毛顺教供情事，发回原县。陈令复讯，定修混供死者王阿根，常熟人，吃典当饭，未及具详，卸事。吴令到任接审，因本厅成立，移送检察厅起诉到厅。本厅查卷集讯，与原县讯迥异，移请严缉教供之毛顺，一面查得常熟县并无营业典当走失未归之人，亦无王阿根其人，验明县移之发与王叶卿头上之发不同。又据检察厅移以马有祥在所病故，旋获毛顺送厅，环讯研鞫。据各供明前情不讳，再三究诘，矢口不移，则凤池庵前荒地之尸实属无名男尸，并非马有祥等谋毙无疑，应即审正，依律判决。查例载：教唆词讼诬告之人案，系教唆之人起意主令者，以主唆之人为首，听从控告之人为从。又，诬告人因而致死被诬之人，委系平人及因禁身死者，拟绞监候。又律载：十五岁以下犯流罪以下收赎，十岁以下除杀人应死者，余皆勿论。又例载：内外大小衙门蠹役，恐吓索诈贫民者，计赃一两至五两，徒一年，十两以上，流二千五百里。又：正身衙役违禁私带白役者，处十等罚，革役。白役犯赃，正身衙役知情者，同罪。又：僧道招徒，如年未四十即行招受，照违令律治罪，生徒勒令还俗。又：违令律者处五等罚各等语。此案白役毛顺教令幼尼世保，妄供其师父妙莲有奸夫五人，凤池庵前荒地男尸为五人之一，被四人在庵中杀死，以致拖累无辜之马有祥等多人诬认，并致马有祥在所病故。遍查律例，无白役教供诬告，被诬之人致死，作何治罪专条，应将毛顺即小毛除分得陈阿五赃洋四元，并教令世保诬指妙莲有奸轻罪不议外，合依诬告人因而致死，被诬之人委系平人，及因禁身死，拟绞监候例，拟处绞监候。地保张仁山除向凤池庵住持定修及丁道士等讹索不遂不计外，其索诈陈阿五洋四十一元，计分得洋二十二元，每元六钱八分估算，计赃洋十四两九钱六分，差役张斌及刑书朱兆钧各分得洋六元，差役魏廉分得洋三元，计赃以一两以上，自应计赃各科其罪。张仁山即大阿根，合依内外大小衙门蠹役恐吓诈贫民，计得赃十两以上，流二千五百里例，处流二千五百里。张斌、朱兆钧即朱金生、魏廉计得赃各一两以上，合依一两至五两处徒一年例，各处徒一年。差役胡荣虽未分赃入手，惟将分得陈阿五赃洋四元交与白役毛顺，即属知情同罪，计赃一两以上，除私带白役轻罪不议外,合依例处徒一年。张斌、朱兆钧、魏廉、胡荣各革役,遵例发工艺所,依限工作。幼尼世保听毛顺逼吓教唆,诬供伊师妙莲有奸夫五人,谋杀一人,虽例定为从,惟年只九岁,合依十岁以下除杀人应死者余皆勿论例,拟予勿论,发堂还俗留养,年长择配。妙莲供认前曾与已死之僧犯奸,事在恩赦以前,应准援免外,惟年未四十收徒,系属违令,合依违令律五等罚,勒令还俗,发堂择配。丁道士、须阿庆、王叶卿、陈阿五俱讯与受伤身死男尸案无干,分别省释。马有祥在所病故,看守医生人等均无凌虐及误投方药情事,应毋庸议,尸棺饬属领埋。张仁山取出分得赃洋,追还给主。妙莲罚银追入官。定修年已五十有九,听其领取吴县所存钱物及自置十全街房屋一所,自行焚修。钱品斋搬取凤池庵器物洋元附卷之单,与朱兆钧呈出原单不符,及该县赏给差役洋一百元,魏廉等俱供未领,应由提法司饬令该县明白声复,该庵早经入官,应免置议。陆杨氏等甘结及医生证书,魏廉等所呈差票附卷,头发、血衣等存储。凤池庵前荒地受伤无名男尸,由检察厅移会吴县及巡警各区招取尸属领棺,并另行缉凶,获日审办此案。按:此案以诬告人致死而索诈而得赃以及奸情人命内容不一,故为编入诉讼门中。阅者谅之。

非因财产而起诉　　贵阳地方审判厅案

缘王张氏贵筑本城人,其夫王松亭没后,遗有田业、房屋,膝下一子尚幼,兼之身成笃疾,以故家中一切事务,多属长女婿张星五为之经理。宣统二年四月,因病重需用,特将已当出二浪披之住房议价加卖,得银后,以起居不便,遂移依张星五居住,以便有人服侍,所有田业、契纸亦一并寄在张星五处。本年四月,因岳婿意见不合,王张氏乃移依次女婿梁明轩居住,因向张星五索取契券不获,呈诉到厅。讯明前情,应即据理判决。

(证明曲直及判断之理由:)查此案王张氏所请求于张星五者,在收还当日寄存之契纸。虽张星五庭供并无推诿挦契情事,要使尽如所供,则王张氏与张星五谊属岳婿,何至辄行具诉,其为藉词粉饰,已可概见。总之,契纸既为王姓所有,而膝下又有承继之子,是张星五虽属至亲,断不能干涉王姓家事。即断令张星五将当日收存王张氏之契纸,照数具状交还,由王张氏及其委任人梁明轩具领。讼费照非因财产而起诉者,征收银四两二钱,本应由张星五一人承缴,姑念甫经到庭,即供认交还,尚非始终狡赖者可比,酌令该原、被告平均分缴,各缴银二两一钱。此判。

诬轻为重及不应为　　贵阳地方审判厅案

缘龚余氏即窦余氏,籍隶贵筑县,其女窦二妹早年凭媒字与刘吉芝,书有红庚为据,嗣许咨议局议员丁注为妾,得受财礼银二十两,尚未成婚,致被告发,经第二初级审判厅讯明,分别处罚,并追财礼银入官。于宣统三年二月初二日判决,移交检察厅执行。龚余氏随注保人向培清、左兴发具限认缴在案。讵龚余氏屡限不缴,本年三月十六日,检察官李质饬巡警金元杰往催,并告知午后因事须赴友人张正本家,如龚余氏仍不缴银,即将其就近唤至张正本处,以凭面追。逾时该巡警即将龚余氏带至张宅,适李检察官已先在彼,即向其面追,勒限本月内措缴,当令退出。乃龚余氏延至四月中旬,又抗不呈缴。李检察官即饬将原保向培清等传案押追,龚余氏不服,遽称李检察官将伊传至张宅,有意说娶伊女二妹为妾,该氏不允,遂勒追财礼等情,赴地方检察厅呈控起诉到厅。并据李检察官呈递亲供前来,随集一干,片准检察厅派员莅视,讯悉前情,并据巡警金元杰、民人张正本供称,三月十六日,李检察官向龚余氏勒缴银两是实,并无勒逼要娶伊女为妾情事。质之龚余氏,亦称李检察官并未向该氏说有要娶伊女为妾之言,实系一时情急妄控。反复究诘,矢口不移,核与李检察官呈递亲供相符,应即判决。

（援据法律某条及理由:)查现行律载:州县官娶为事人女为妻妾,处十等罚。又,诬轻为重未论决,十等罚以下减一等。又,不应为而为,事理轻者,处四等罚各等语。此案龚余氏因李检察官勒追财礼银两,屡限未缴,提保押追,辄藉以传至张宅,捏砌有意说娶伊女为妾等词上诉,实属诬轻为重。惟法官惩戒章程尚未颁布,该氏如所控得实,李检察官自应比照州县官娶为事人女为妻妾,处十等罚,未成婚,量减一等,拟处九等罚。今审明系属虚诬,自应按律问拟。龚余氏合依诬轻为重未论决,十等罚以下减一等律,于李检察官被诬应得九等罚罪上减一等,拟处八等罚。据供无力完缴,照例收所罚工四十日,限满释放。原得丁注财礼银两,仍照追入官。初级检察官李质追缴龚余氏财礼银两,本系应办之事,虽讯无说娶其女窦二妹为妾情事,惟不应将诉讼人传至私宅,应照不应为轻律,拟处四等罚。但现在法官惩戒章程尚未颁布,应由地方检察厅呈请(高等检察厅咨)司核办。巡警金元杰承检察官命令办,应与讯无不合之张正本均免置议。此判。

诬告反坐　　　　新民地方审判厅案

缘董世发籍隶新民府,在章士台居住,与马库之子马节、马永芳、马小五即马永俊、及出继子马四即马永清,均同村素识,先无嫌隙。已故董德系董世发之次子。宣统二年正月十四日,马小五在街路遇董德,邀至坟圈无人处,在身取出骰子三副,诱令压宝赌耍,输赢用牌子记账。马小五当输欠董德东钱二百三十吊无偿,董德逼令马小五随往其家,在账本上书写借钱二百吊,按年二分行息字据，余钱三十吊言明相让，约定秋后还钱各散。二月初九日，董德妻(夫)[父]陈永兴家聘女，令亲邀董德前往陪席，客散时，董德亦即同走，不知因何事，于是夜在该村高恩普菜园外树上，用腰带自缢身死。次早被尹秃子看见，报知高恩普。适董世发亦闻信前往查看，因马小五有欠钱情事，疑其子董德系向马小五索欠起衅自缢，投告百家长高恩绪，报明巡警二区。经区官苏咸亨前往，眼同百家长、尸亲、地主等，将董德尸身卸下，在尸腰内搜出骰子三颗，赌牌二十根，派警看守，转报检察厅，经检察长官丙吉诣验明确，董德委系生前自缢身死。取其尸亲、邻证、百十家长等供结，并在该尸身套裤内搜获押骰宝布一块，磁碟一个，复据百家长高恩绪呈文，由已死董德家内取出账簿一本，一并开单起诉，送经本厅，传集应讯人证，迭次研审。董世发所称其子董德系向马小五家索欠争吵起衅，自缢身死各情，并无见证可指，反复推求，始据董世发供认，因知马小五有欠钱情事，一有账目怀疑控告等语。质之马小五近邻马显、董贞等，佥称，二月初九日，伊等傍晚时尚在门前踞立，并未见董德前往，夜间亦未闻马小五家有争吵之声，见董德如何自缢身死，讯明实与马小五无干，并据百家长高恩绪等请保马小五前来，马小五按照赌博旧例，问拟枷杖，照章改折罚金，完缴释放。董德身死免议，赌款虚赃免追。至董德究系与何人因何事自缢身死，应由检察厅详细调查确实证据，另行起诉究诘。于四月初六日先行判决。据董世发起义栽赃，诬告陷害，九月十四日傍午时，董世发独自手持木棒，身带小刀，前往马库家内，适值马库因病在炕躺卧，其子、其媳均赴地工作，收拾棉花，仅其妻马封氏在家，董世发忿气入屋，将马库唤起，告称讨索前欠赌博。马库答以经官判明免追，不应索讨。董世发不依，马封氏畏凶，在傍相劝，央许缓期，董世发言欲拼命，马库被逼无法，欲不给钱，恐酿事端，因手中无钱，当令马封氏赴邻居堂弟马显家借钱，马封氏向马显告知情由，马显因无现款，随将高恩玉所交德合顺号十月初四日期票一纸，计东钱三百吊，交马封氏移回转交董世发收下。董世发见系期票，即将前让之三十吊一并算入，称系本钱二百吊，年息二分，利钱四十六吊，共该钱二百七十六吊，下余钱二十四吊，俟取得钱后，再行找还，携票走出。傍晚时，其子马二等歇工回家，邻居马显、马庆亦先后至马库家探询，马库当将董世发来家强索赌欠各情告知，并意欲赴官呈诉。马显等用言相劝，谓董世发本系无赖，钱既付给，即可了事，不必再与纠缠结仇。马库因染病未愈，亦即隐忍。董世发由马库家索得期票，尤恐到官，究出实情。遂自备大民长街帖，东钱七百吊，并挟百家长高恩绪前次呈保马小五之嫌，赴省以其子董德于本年二月初九日午后七点钟时，赴马小五家索取借账，不料在伊院内被马小五之兄马二等殴毙，扔至白菜窖内，至半夜后，马小五同其胞兄马二、马四将尸抬至高恩普菜园壕外，用带吊在树上，并非自缢，实系被马小五、马二、马四等殴伤身死。况怀内揣有马小五亲笔借帖一纸可证。伊由新民回家后，详细确查，幸有马小五邻居堂叔马庆详细告知，兼知马小五之父马库复托百家长高恩绪，伊亲王远发、吴国中、杜景荣等四人说和，给与伊钱一千吊，于九月十五日，收得大民村街帖钱七百吊，今已有马庆与过钱人等为证及帖钱七百吊为凭，呈恳提案，传集近邻与交钱人证追讯等情，于九月廿八日在督辕呈控，批交提法司转饬地方检察厅，先后传齐一干人证送审到厅。当经本厅迭次隔别研鞫，据各供晰前情不讳。并据董世发呈交大民村街帖东钱七百吊，德合顺号期票一纸计东钱三百吊，共一千吊，坚称系私和赃据，诘以所交之款，因何多于尔原呈所收之数三百吊，所指各证何以均不承认？若尔子董德果系被马二等殴伤身死，又何以于检察厅诣验时，尔竟甘心与尔妻董王氏、长子董海及尸妻董陈氏均出具自缢身死供结？且前经本厅集讯时，亦未有董德被殴身死之供，董世发任意牵扯，饰词刁狡。本厅以案关重大，深恐案情稍有差异，复添传开用德合顺号期票之高恩玉并转借期票之马显及马库之妻马封氏来案提同环质，众供如出一辙。并据马庆供称，马四即马永清，虽系伊堂兄马库之子，早年继伊为嗣，即使董德实系马四共殴致死，伊为容隐尚且不暇，岂能反将实言转告尸亲，自行作证之理，语亦近情。又据高恩玉供称，所闻德合顺期票系给还马显豆账，有账可凭，后闻马显转借马库给还董世发逼索赌欠。又据马库供称，德合顺期票实系付给董世发逼索官免赌欠，因期票有账可凭，故董世发在省呈控，恐怕究出真情，原呈不敢提及。如果实系私和赃款，董世发断不能以有据之赃，反置而不论。又据高恩绪供称，前次检察厅相验董德尸身时，仅止董世发家内取出账簿一本，董德尸身怀内并无搜有马小五亲笔借帖各等语。董世发前案到厅，迭次集讯，亦未供有此语，即董世发所指说和人吴国中系其长子董海妻父，与彼系属至戚，亦称实无与马库说和过钱之事，是董世发种种挟嫌诬捏妄告，已属显然无疑。乃提董世发迭次审讯，再三开解，仍坚执异常，实属有心诬告，众证既确，应即据证判决。查现行刑律载：诬告人死罪未决者，流三千里，加徒役三年等语。此案董世发因伊子董德在外自缢身死，始则怀疑控告马小五将伊子谋害自缢身死等情，迨经官验讯明确拟结，独敢挟嫌逼索官免赌款，栽赃捏证，罗织多人，砌词赴省诬告。到案后，独复始终诬执，意存株累，实属居心险诈，有心诬告。查该犯所告各情，如果得实，马二等罪应拟绞。今番系虚诬，律应反坐，自应按律问拟，董世发除强索官免赌款，计赃轻罪不议外，合依诬告人死罪未决者，流三千里，加徒役三年律，拟流三千里，加徒役三年。犯非常赦不原，应照满流，加徒年限，收所习艺。马小五压宝赌博，前已按例发落，马库给与董世发官免赌款，讯系畏凶被逼所致，均免置议。期票三百吊系用强逼索之赃，照律给主具领。董世发捏赃村帖东钱七百吊，入官册报，至董德究与何人因何事起衅，自缢身死，仍由检察厅详细调查确实证据，另行起诉究结，无干省释。此判。

诬告　　　　天津高等审判分厅案

孙锦棠因伊兄孙文彬身死不明，尸身不见，疑系勾云岩谋害并乾没衣物辛金等项，控请究办。

（证明理曲之缘由：）查前据地方厅牒报查讯情形，已死孙文彬何日起身，何处落海，伊父孙升卿，妻孙李氏，胞弟孙锦棠均不能述其详情。据勾云岩供称，孙文彬在南京与白根石搭伴回锦州煤矿。光绪三十三年八月二十四日动身，旋白根石到营口来信，始知前于八月二十六日，由上海搭座丰顺轮船，二十七日早，行至中途，孙文彬落海身死。嗣经传到白根石，所供孙文彬落海情形，与勾云岩所供相同，并称由南京起身同伴，祇孙文彬一人，勾云岩并未同行各等语。查孙升卿控勾云岩图财谋命。既未同行，何从谋害？况据招商局于宣统元年十一月间查复地方厅函称，彼时丰顺船搭客实有孙文彬其人，惟同伴者乃称系勾云岩等语，惟船客众多，时逾两载，未必记忆清晰，殊难为据。既有白根石作证，所控谋命一节，自属虚诬。地方厅据此判决，并立案不行在案。乃孙锦棠以招商局所查有勾云岩同船一语，控诉不休。本厅提讯数堂，反复究诘，不第勾云岩未曾亲见，即孙锦棠亦无从指实。人堕海中，凭何查究？不过藉为图赖之地耳。现据勾云岩查出，光绪三十四年二月十九日商报载，天津商会禀农工商部文内，有上年津商刘联吉赴金陵向勾德澄索欠，九月初一日与勾德澄见面等字样，勾德澄即勾云岩也。如勾云岩八月二十七日由上海赴锦州，何以九月初一日与刘联吉在金陵见面，即此作为勾云岩未与孙文彬同船北来之据，确切无疑矣。至所控昧其财物一节，当孙文彬落海后，白根石眼同轮船茶房，将所遗行李点清，带至锦州，并将锦州所存衣物等件，一齐转寄天津，已由地方厅发给孙升卿、孙李氏具领。至孙文彬所携行李，据招商局函称，极为简单，又何财之可图乎？勾云岩与孙文彬谊关同谱，谅无嫌怨，其死后，勾云岩募百元之奠资，助其家属。次年，勾云岩来津住所，与孙密迩，朝夕觌面，常谈落海之事。数月之后，始行控告，既而孙升卿又控勾云岩串通洋人，将次子锦棠揪去，与勾云岩所称孙锦棠吞使洋人房租银元，致被驱逐，疑系伊所指使，因此怀恨等情，适相吻合。其为挟嫌妄控已可概见。

（判决之理由：）此案既有白根石到案，供词足以为证，又有商报记载日月，足以为据。是孙锦棠所控勾云岩各节，全属诬妄，例应反坐，姑念情出痛兄，怀疑具控，从宽免议，应即判决。照章片送高等检察分厅查核执行。

因妻被抢诬告他人　　安徽高等审判厅案

缘李从友、李廷美即李自新,均籍隶灵璧县。李廷美充当县属八区地保,李从友与原告张月林系同庄居住,前因坟地争控,张月林与其积有讼嫌。宣统元年四月初三日夜二更时分,张月林家被匪行劫,抢去衣服等件,并将其妻徐氏架走,院内有人持枪吓放,张月林看似张兰志、张道明模样,维时李从友与李小金闻喊,持械赶往帮追,无迹。张月林因记前嫌,疑李从友等与匪同伙,随将名字写入状内投保。李廷美报经该县勘验,派差李成承缉未获,后经张月林之田主张树申声言探知徐氏下落,张月林自愿出钱四十五千文,托其寻找,有李克俭在场目见。讵张树申得钱花费,人未找回。张月林心实不甘,疑系李克俭等朋谋欺骗,并因差保不获案,并疑该保李廷美贿申原差李成通同一气,遂以明火抢劫等情赴府暨 抚宪衙门叠次上控。批经该县讯明,张道明、李从友、李小金均被挟嫌妄告,李从仁尤属无干,各全分别保释。张兰志虽访系素不安分,惟先于二年前外出,当将承缉差保押候,原告到案再审。旋因原告未到提案开释,一面录案补详。讵张月林避不赴案,复添砌情节,进京赴 大理院上诉,讯供咨回,由司委提人卷去后,旋据灵璧县以张道明、张兰志、李小金、李克俭、张树申、李成均已先时外出,无从查提。李从仁、张百甫均因老病难解,李明治、张荣培已于另案提省等情,并将提到之李从友、李廷美二名并卷宗,解司照会到厅,发交刑庭,核明案卷。当以该县离省较远,往返提传人证非易,张荣培又因患病未痊,案延已久,未便再稽,随片请检察官莅庭,先就已到原被人等研讯。据各供,悉前情无异。复据李明治供,与张月林素未认识,张月林如何出钱托张树申查找其妻,伊实并未在场,在看守所与张月林晤面时,问以因何被累,张月林亦承认误告,质诸同所周华英等供,复相同。张月林亦称当时并不在场,诘以李明治所给银元是否藉案勒索,据张月林称,伊实因旅费不足向其借给,将来仍须归还。又给以伊在县原报称,被张兰志、张道明将伊及妻均赤身拉至院内殴打,始将伊妻架走,何以京控称系抢劫时,伊即惊起,越墙出院,被匪将伊妻架走?又报县失单祇有衣服、库抢包袱等件,何以京控则添有牛、驴?又如报县原呈及叠次上控,均无伊幼女磙姐被摔致毙及伊母被殴出血情事,何以京控状内种种变更事实?据称因为图准起见,故将以上情节添砌入控。又诘以伊妻与谢金声伙党来往,伊曾否知情。据称伊常外出佣工,无从知悉,即偶来伊家探望之人,亦由伊妻说系非亲即故,伊亦从未疑及。则是徐氏之被抢,难保非出于谢金声旧党所为,且祇失去随身衣服数件,其为志在于人不在于物,尤不待辩而始明。若待正犯弋获,始行拟结,则在案人证拖累堪虞,应即先行判决。查此案张月林因其妻徐氏被匪架抢,适见李从友等同往救捕,挟嫌疑系匪党,并因出钱托张树申查找未获,疑及差保李廷美等贿申所致。辄以伙谋撞骗等情赴京呈控,今讯无其事,系属子虚。惟系控出怀疑,尚非平空诬陷,且伊妻徐氏被抢属实,则其原控重情,业已得实,所称幼女被摔致毙,亦讯系事出有因,其余变更事实之处,均因添砌图准,尚与有心诬告不同,应从宽免予置议。李从友以邻佑闻喊帮捕,并与张月林追赶里余,其非同往架抢已无疑义,应与讯无伙串诈骗之地保李廷美及讯系无干之李明治均毋庸议。人证省释,未到免传。张兰志、张道明、张树(声)[申]是否架抢伙骗之人,照会该县严缉,获日另结。此判。

诬告人罚罪　　　珲春初级审判厅案

缘日人相见龟之助在珲春西关铧尖子路北开设相见仙藏商店,于本年二月十一日失去俄帖五十八元,次日早八点钟,遇见陈学田,即行拿住,交领事馆转送巡警局,移送检察厅起诉前来。当传龟之助供称,陈学田去年十二月间曾偷日本家什物,被人拿住,于二月十一日,又到该店将日本帖子找换时,适午后一点钟,该店主及雇工永原甚六均在屋内,当时陈学田换帖不成,即出店去,及至二点钟,该店查柜内失去俄帖五十八元,遂疑陈学田窃去等情。经提陈学田再三研讯,据供未到过该龟之助店内,但供去年冬在街上误撞该龟之助小车,将棉花碰落,彼此口角争殴,因此相仇等语。此案既无现获赃证,又经巡警局当时将陈学田行箧搜查,亦无证据,本厅当移检察厅派员调查案内情形。据查,该店藏帖之有盖洋铁匣,系在内柜桌抽屉内,屉由内开,其地位祗容一人等情,研究情节,其为虚罔无疑。当时该店主、雇工皆在屋内,而又明知找帖者为匪人,例应严加防闲,岂容陈学田优游入其柜内,且俄帖藏在柜内,又加一有盖洋铁匣,开屉开匣岂无声响,被窃之言既不在情理之中,指窃之人毫无真赃实据,自应据理判决。查现行律载:凡诬告人罚罪者,加所诬罪二等。惟此案尚未将罪决定,从宽免议,以免拖累。陈学田应移检察厅取保消案。此判。(刑)

判牍十　赃私门

承发吏受贿延纵　　　贵阳地方审判厅案

缘王华轩籍隶贵筑县,系本厅承发吏,现因本案斥革。宣统三年三月二十九日,王华轩奉票往传王子清具控莫光培一案,向王子清索诈夫价银壹两陆钱。王子清初未允许,后因屡次向索,王子清无奈,许四月初二日给付,随将银壹两陆钱交店主张双发,嘱其至期代交。初二日,王华轩复往索要,适王子清外出,张双发即照数将银转付。又,周子清具控吴吉兴一案,亦系王华轩奉票查传,于四月初十日,王华轩复向周子清索诈,得银四钱,均经本厅先后访闻查传王子清、周子清、张双发到案,片请检察厅派员莅视,讯据各供前情不讳,质之王华轩,供认向王子清索诈夫价银壹两陆钱属实,周子清之银四钱系向其借用等语。查周子清系控案之人,无论是索是借,均属不应,应即照例判决。

(援据法律某条及理由:)查现行刑例载:内外大小衙门蠹役恐吓索诈贫民者,计赃壹两至伍两,徒一年。又名例载:二罪俱发以重者论罪各等语。此案王华轩先后奉票往传王子清及周子清二案,向王子清索诈得银壹两陆钱,向周子清索诈得银肆钱。同时并发,系属二罪俱发,即应照例从重定拟。惟该犯承发吏并无治罪专条,自应比照问拟。王华轩除索诈周子清得银肆钱轻罪不议外,合比依蠹役恐吓索诈贫民者,计赃壹两至伍两,徒一年例,拟徒一年,收所习艺,限满释放。王子清、周子清因被索诈,并无请求情事,店主张双发仅祗代为交银,不知索诈情弊,均免置议。赃银照追,分别给还,移送检察厅执行。此判。(刑)

诈欺官私诓骗人财　　安徽高等审判厅案

缘王家干籍隶湖南湘乡县,现充省城南门城上巡士。伊姑丈徐秉钧被李毓英呈诉奸占伊妻一案,派委赴湘迎提徐秉钧,因押解起身,沿途无人照料,邀伊内兄王舫仙,即王家干之父,同行来省。徐秉钧于庭讯后即发模范监狱,王家干时去探望,先后向徐秉钧称说审判厅新章甚严,闻公事已经法署发房,须设法打点,免得吃苦。并迎提委员亦应送给路费,方免别项阻碍。徐秉钧均未应允,后于三月不记日期,复向徐秉钧商同,如愿出狱,有李姓友人与审判厅朱委员之家人素识,可以转托,若肯馈送若干,必能为力。徐秉钧含糊答应,王家干见可,出狱情急,并未找李友设法关说,即向(尹)[伊]父舫仙谎称,徐秉钧出狱事已说妥,祗要现洋壹百元,以为布置一切之用,至将来酬谢一项,约费二百元。现可代出手条,事后再议等情,请伊父函知徐秉钧。伊父将信写好未送,适接湘信促归,即于四月初三日动身回湘,王家干于初四日持信往见,并嘱徐秉钧速办现洋壹百元,声称即可出狱。徐秉钧当时答应,后因盘诘如何打点方法并出狱日期,王家干言语支吾,徐秉钧疑伊父子合谋诓骗,当将王家干扭住,喊禀监狱官,转移高等检察厅片请并案办理到厅。经刑庭审讯,供悉前情不讳,合即判决。查律载:用计诈欺官私以取财物者,并计赃准窃盗论。又律载:窃盗赃六十两,徒一年半。又例载:凡指称各衙门打点名色诓骗财物,计赃犯该徒罪以上者,于本罪上加一等定拟各等语。此案王家干指称审判厅打点出狱,向徐秉钧诓骗,议定洋壹百元,估值银陆拾两,虽赃物尚未入手,实属诓骗已成,自应以所议之数计赃,量减科罪。但经徐秉钧事前扭送尚未得财,自应量减定拟。王家干合依指称合衙门打点使用名色诓骗财物,计赃陆拾两,徒一年半例上,加一等,徒二年,系未得财,应于徒二年上量减一等,拟徒一年半,依限工作。王舫仙不合听信伊子王家干捏词,遽尔出信,惟据王家干供称伊父实不知诓骗情节,从宽免究。徐秉钧先经答应王家干打点,许有赃数,本应科罪,惟既于事发前首告,自应照律免议。此判。

冒充庭丁欺诈取财　　　　江宁地方审判厅案

缘龙贵系上元县人,向充家丁,曾经检察厅派充看守所役,因病辞退。龙贵与苏得胜素来认识,苏得胜与薛老四系表兄弟,薛老四因案收所,龙贵时在本厅号房间坐,适得胜来厅卖柴,遇见龙贵谈及薛老四取保之事,托龙贵照应设法。龙贵即私问苏得胜告知必须筹洋八元,方可分派办事。苏得胜又转向薛老四家属,商允付给龙贵大洋八元,龙贵允于初六日释放。至期未放,苏得胜向伊索还原洋三元,经本厅访知实情,拘获到案,迭次研讯,据供前情不讳。即判。查律载:用计诈欺官私取财者,计赃准窃盗论。又,窃盗赃壹两以上至十两,工作四个月。又,不应为而为,处四等罚各等语。此案龙贵藉端诈取薛老四洋八元,估值银五两有余,自应按律问拟。龙贵合依诈欺官私取财计赃准窃盗论,窃盗赃一两以上至十两,工作四个月律,拟工作四个月,限满释放。本厅号房卢贵、张志臣并不严守(访)[防]范,辄敢容留闲杂人等来往,亦属不应。卢贵、张志臣应照不应为而为,处四等罚律,处四等罚,追银二两,以示惩儆。薛老四、苏得胜本有不合,姑念乡愚无知,从宽免议。此判。

有事以财行求　　　　江宁地方审判厅案

缘李振镛籍隶江宁县,系官立第三两等模范小学堂毕业生,该犯外祖母张黄氏无嗣,侄媳张王氏亦无子息,有女名桂子,于光绪二十九年招赘张继宗即范老五为婿,承继张氏为后。三十一年,张黄氏病故,公亲并无异言。三十三年,张王氏亦病故,该生之父李松贵前往阻殁,经前江宁县判断,李姓出具永不干预张姓家事甘结存案。现因李振镛毕业,禀学司填结张姓文凭,又以前事赴江宁地方审判厅呈控,希图翻案。当经民庭驳斥,复敢用匿名信并附裕和钱店期票一百元送呈承审推事,以期邀准。承审推事即行举发,因案系以财行求,改送刑庭预审前来。当提李振镛研讯,据供前情不讳,并无扛帮唆讼情事之人,应即判决。查律载:有事以财行求,计所与财坐赃论。又,坐赃致罪七十两,处九等罚等语。此案李振镛因争继翻案,辄敢以洋条百元行求推事,实属不知自爱,自应按律问拟。李振镛合依有事以财行求,计所与财坐赃论律,计所与赃值银七十两,兑取现洋充公外,除由本厅拟处九等罚,追银十二两五钱,模范小学生毕业撤革,相应移请检察厅照章执行。

以财求得枉法　　　新民地方审判厅案

缘刘信、马殿富均籍隶新民府，庄农度日。马殿富系刘信之婿，先曾充当府属汤家屯乡约，嗣被裁革，迁往彰武县属陈家坨子居住。宣统元年七月初一日夜，刘信之子刘广德纠邀梁荣等强劫王家岗子事主王泽家棉被、马匹等物，得赃并枪毙事主王柏春，犯案被获，送厅审办。是月半间，不记日期，马殿富闻信前往刘姓家探望，路过汤家屯，至素识者邀之韩子荣家暂息，道及前情，韩子荣向马殿富告称，刘信若能花洋三百元，即可托人求说，将刘广德罪名减轻。马殿富信以为实，见刘信后，即将韩子荣所言告知，刘信应允。于八月间不记日期，刘信先后卖牛、借贷，并托其无服族弟刘起代为出典地，未向告知作何花用，共陆续凑得柬钱屯帖二千三百余吊，合小银元二百八十元，交给马殿富手。马殿富携款来至府街找向韩子荣，说明嘱托代办，当将银元如数转交，韩子荣收下。韩子荣应允，声称转托府街云集店寄住之海城县人邱化亭商办，马殿富复转向刘信言明。九月初间，马殿富领同刘信找向韩子荣追询，韩子荣答以事已办妥，并索下欠银元二十九元。刘起因手内无钱，未曾付给，即经本厅访闻，刘起有与刘信典地措款情事，密函新民府饬警将刘起传获，送交检察厅，照章起诉，送请预审前来。当经提讯，据刘起供称，伊当时仅代刘信典地措钱，先不知作何使用，事后刘信向伊谈及，始知措款因为其子刘广德打点轻减罪名，系新民府迁居彰武县之马春荣代办，即经移请检察厅转行彰武县，将马春荣传送来厅。讯据供称，不但此事毫不知情，且与刘信等亦不认识，质之刘起，供明前因到案心慌，误供马殿富为马春荣，实与马春荣无干等语。当将马春荣释回安业，复经移知检察厅，分别查缉去后，嗣据刘起之妻刘郭氏将刘信、马殿富找获送厅，迭次研鞫，据各供认前情不讳，本厅案关指官骗财，而韩子荣在逃未获，总恐所与之赃不止此数，反复推求，坚供如前，案无遁饰。查逸犯韩子荣等闻风远飏，弋获无期，未便久羁。刘信所与之赃，既经马殿富如数转交，韩子荣收受，始终未与邱化亭晤面说明，其邱化亭有无伙骗情事，无从查讯，自应以现犯之供为准，先行判决。查现行刑律载：诈欺官私取财，计赃准窃盗论。又，窃盗赃一百二十两，流三千里。又例载：凡有以财求得枉法者，与受财人同罪；说事过钱者，不得赃，依律减等定拟。又律载：说事过钱者，无禄人减二等，罪止徒二年各等语。此案刘信因其子刘广德强劫事主王泽家，拒毙事主王柏春，犯案到官，辄敢以财行求，希图减轻罪名，实属不法。查该犯所与之赃，实付过小银元二百八十元，照市折合银在一百三十两以上，韩子荣将来缉获，计赃罪应满流，自应按例问拟。刘信应合依以财行求得枉法者，与受财人同罪例，照诈欺官私取财，准窃盗赃一百二十两流三千里，拟流三千里，收所习艺十年。马殿富虽不知韩子荣诓骗情事，辄敢说事过钱，惟讯未得财，亦应按律科断，马殿富合依说事过钱者，无禄人减二等，罪止徒二年律，拟徒二年，按限收所习艺，限满释放。马春荣早经释回安业，应与讯无说事过钱情事之刘起，均毋庸议。逸犯韩子荣、邱化亭由检察厅饬缉，获日另结，无干省释。此判。

判牍十一　诈伪门

许行彬行使伪印花　　浙江高等审判厅案

犯罪事实：缘许行彬即许祖谦，籍隶海宁州，浙江高等学堂师范科毕业生，现充西湖报馆主笔，与拱埠妓女百里香相识。宣统三年闰六月初八日，百里香因民事案件赴拱埠初级审判厅购买状纸，该厅书记生以已过办公时间，嘱令翌早来买，并备带诉讼印纸费勿误。是晚许行彬至百里香家，提起诉讼之事，询悉须贴印花，随在身边取出诉讼印纸二张，计数六元，交与百里香收用。初九早由百里香之父母管文标、管黄氏携带印纸赴该厅买状，核计该民事案件照章应贴三元之印纸，当向索费。管文标夫妇即将带来之印纸呈出，要求贴用。写状书记生诧异，向该厅请示，即经该厅以印纸系官厅专卖之物，诉讼者不应自有，移由检察厅究出前情，提起公诉。查验前项印花既无针孔，又无胶水，显系伪造之物，当传许行彬研讯。据供称，系本年四月间在火车上拾得收藏，祗有二张，不知其非可用之物，故借与百里香等语。即经该厅将许行彬比照伪造邮票者，计赃准窃盗论，知情行使者，减一等，于窃盗赃一两以上，工作四个月罪上减一等，拟工作二个月，判决在案。许行彬不服，上诉，复经地方审判厅传讯，供述如前。该地方厅以许行彬当日之目的不过为希图便宜，要好于人起见，与知情行使者有别，依初级厅所拟工作二个月上，减拟工作一个月判断。该检察厅旋以伪造私售各项印纸，法部业有奏定暂行章程，审判厅比照邮票章程拟断，显系援引错误，呈请高等检察厅上告前来。本厅查法部拟定民刑讼费暂行章程第二十八条载：凡各项印纸由京外各检察厅发行，有伪造及私售者，除没收其现有之印纸外，科以二十元以上二百元以下之罚金云云，固系伪造私售各项印纸之单行法制，但查法部原奏系声明饬交宪政编查馆核议具奏，请旨颁布。本年六月间，法部通行各省整顿司法收入各费文内，亦经声明前所拟定诉讼暂行章程不过完全拟定之手续，未经法制院核议奏请颁布之先，尚为无效之法律，当然未便适用。该地方检察厅上告所根据之理由系属误会，应毋庸议。惟查例载：伪造邮票及信片已成者，计赃准窃盗论，为从及知情行使者，减一等等语。行使伪造邮票，限于知情者，始照伪造减等问拟，若不知情，则不坐罪，此法律上当然之解释。现行律内关于诈伪各条，亦大都如是。此案许行彬借与百里香之印纸,虽系伪物,察核各该审判厅原审供词,系许行彬于二月前在火车拾得,并非其伪造,非知其伪造故意行使。则在法律上,许行彬对于此项印纸之是否伪造不负责任,对于官厅所专卖,民间不应有之印纸,拾得后不送官而行使乃负责任。各该审判厅比例知情行使伪造邮票,减等科断,亦未妥协,自应另行比例问拟。

(援据法律理由:)查律载:于官私地内掘得异常之物,非民间所宜有者,限三十日内送官,违者处八等罚。又,断罪无正条,比附加减问拟各等语。此案许行彬所有印纸,虽不知系伪造,然印纸非民间所宜有之物,许行彬在火车拾得后,并不依限送官,而又擅借与人行使,仍属罪有应得。惟例无治罪专条,查拾得与掘得无异,印纸系官厅专卖品,即非民间所宜有,又擅借人行使,与仅不送官者有间,合比例加等问拟。

(判决主文:)许行彬即许祖谦,合比照于官私地内掘得异常之物非民间所宜有者,限三十日内送官,违者处八等罚律上,量加二等,处十等罚。案已第三审,无再上告之权,即由检察厅查照执行,余照该地方审判厅原判决办理。

伪造假银　　　　保定地方审判厅案

缘王全子即王洛怀,籍隶定州,庄农度日,母年七十岁,弟兄二人,王全子居长。光绪三十二年五月间不记日期,王全子与素识未获之徐庆,遇道贫难,徐庆起意伪造假银使用,王全子应允。徐庆即在不识姓名旧货摊上买得铁槽一个,银叶子数张,金面一包,洋铁盒一个,在过路破庙地上开炉铸造。王全子帮同烧火,打炭,用铜倾成锭锞,外用银皮包好,共造成假银六锭,先后卖给过路不识姓名人得钱花用。旋经工巡总局探访队将王全子访获,并起获假银等物,转送清苑县,经孟令广瀚提讯,因犯供狡展,未及详办,与黄令国瑄、章令乃身先后卸事,吕令调元到任接交,适省城各级审判厅成立,照依法令,将犯卷汇案移送地方检察厅起诉到厅。当即提犯审讯,据供前情不讳,究(结)[诘]不移,应即判决。

(援据法律某条及理由:)查现行例载:用铜铅等物倾(城)[成]锭锞,外用银皮包好,伪造银使用者,照伪造银例,分别首从拟徒。又律载:伪造银者,徒三年,为从,减一等各等语。此案王全子因贫难度,辄改听从素识未获之徐庆伪造假银,用铜倾成锭锞,外用银皮包好,卖给过路不识姓名人,得钱花用,殊属不法,自应按例问拟。王全子即王洛怀,合依用铜铅等物倾成锭锞,外用银皮包好,伪造银使用者,照伪造银律,分别首从拟徒例,伪造银者,徒三年,为从减一等律,拟徒二年半。恭逢光绪三十四年十一月初九日恩诏,核其情罪不在部议条款不准援免之列,应准援免。后再有犯,加一等治罪。买银之不识姓

名人,应免传究,逸犯徐庆罪止拟徒,事在赦前,并免缉拿。起获假银等物存库备照。此判。(刑)

收买私铸银元搀和行使货买与人　　宁波地方审判厅案

缘邬小娘籍隶鄞县,向做木匠为业。宣统三年三月二十七日,因家道贫难,向戚友借洋二十元前来宁波,贩席为业,途遇不识姓名人携有私铸铜洋十四元,向伊销售,邬小娘贪图小利,商允银洋六元收买铜洋十四元,与身带银洋十四元分作两包,至江北岸屠有根柴店,先将银洋十四元兑换银角,经屠有根认看银洋属实后,因兑价不合,两相退还。邬小娘旋换铜洋十四元,再议照原价兑换,屠友根信是原洋,即兑与小洋一百十一角,铜元五百四十枚,邬小娘取洋不加检点,慌忙走避,屠友根生疑,托友认看,铜洋属实,即前往追赶。邬小娘将身带银元小洋铜元陆续抛去,意图卖放。屠友根仍向前喊捕,经乡民扭住,搜出小洋五十二角、铜元二百七十八枚,一并送交巡警局,转解检察厅起诉到厅。提犯详鞫,供认前情不讳,余讯无伙同私铸情事,应即判决。

(援据法律某条及理由:)查例载:收买私铸银元搀和行使及货买与人者,不计银数、次数,俱徒三年。又律载:断罪无正条,援引他律比附定拟各等语。该犯邬小娘收买私铸铜洋十四元,向屠友根柴店兑换银角、铜元,显有行使实据,殊属不法,自应比例问拟。

(判决主文:)邬小娘合依收买私铸银元搀和行使及货买与人者,不计银数、次数,俱徒三年例,拟徒三年,依限工作。起获小洋、铜元,给屠友根具领,其未经起获,照数追赔。铜洋十四元没收,不识姓名私铸铜洋人饬缉获日另结,片付检察厅,俟上诉期满确定后,执行此判。

行使伪币　　抚顺地方审判厅案

缘王庆元、陆秀峰均系厅属东社屯民人,彼此买卖营生,平生素友好。本年七月间,有不识姓名回回二人赴该屯收买牛只,王庆元因家有养牛两条,意欲售卖,当与该回回议定价洋中国角洋五十二元五角,该回回即将牛价如数付给王庆元查点,看出俱系假洋,遂向诘问,该回回实告,称由他处换来,每百元祇合真洋二十六元,虽系假洋,到处可以通用,嘱令无许声张,仍按原换价目核计,给王庆元假洋二百零二元。王庆元希图获利,亦即收受。该回回遂将牛只牵去,王庆元因知陆秀峰与日本人高姓往来有素,遂向告述前情,并令陆秀峰转托日人高姓行使,得利均分,陆秀峰允从。王庆元当出假洋一元由陆秀峰持往商说,日人高姓将假洋收落。声言后日听信,至八月二十八日,日人高姓由千金寨信知陆秀峰等,嘱将假洋迅速送往。王庆元、陆秀峰遂于九月初一日随带假洋二百零一元,赴千金寨,面交日人高姓二百元,下余一元即在千金寨花用。适途遇赵锡三同至侯姓伙房存住,并未向赵锡三告知行使假洋情事。后日人高姓在日本宪兵处举发,初二日,经日兵赴伙房将王庆元、陆秀峰、赵锡三拿获,并由陆秀峰身上搜出来往信件,送交警局。王庆元畏刑妄称,假洋系邻屯人苏立绪付给,该局即传同苏立绪,将该犯等连假洋信件一并移送地方检察厅起诉到厅。本应提集研讯,据各供,悉前情不讳,再四究诘,并无私自假造及另有知情行使之人。传讯王庆元邻人,佥称七月初间,不识姓名回回来屯买牛,实有其事。案无遁饰,应即判决。查例载:收买私铸银元行使与人者,不计银数、次数,俱徒三年等语。此案王庆元因向回回人用牛兑换假洋,商令陆秀峰转托日人高姓行使,并在千金寨零花,即属收买行使已成,自应按例问拟。王庆元、陆秀峰均合依收买私铸银元行使与人者,不计银数、次数俱徒三年例,各拟徒三年,按照所徒年限,收所习艺,期满释放。苏立绪、赵锡三讯不知情,应毋庸议。不知姓名回回,候移缉获日另结,假洋案结销毁,无干省释。此判。

诈充法官骗取财物　　　　清苑初级审判厅案

缘王见喜即王桂龙,又名王晓初,籍隶江西贵豁县,曾在云南营务处当差,后因赋闲无事,与素识之李子义、苏一龙伪造张天师符箓、戳记,冒充法官,分途散放,诓骗钱文,以图糊口。宣统元年九月间,该犯行至省城,旅居唐家胡同正元客栈,正拟欺骗愚民,被工巡局查获送县,未经拟结。于本年四月间,移送地方检察厅,送赴地方审判厅预审。嗣经讯明,该犯自河南彰德以及顺德、正定、定州等处行骗六次以上,共计得洋六十五元。照依管辖权限,移请地方检察厅片发初级检察厅提起公诉前来,开厅审讯,供认前情,应即判决。查律载:凡用计诈欺官私以取财物者,计赃准窃盗论。又,窃盗得财二十两,工作六个月。又例载:行窃六次以上同时并发者,并计各次赃数,折半科罪各等语。此案该犯伪造符箓,用计诈财六次以上,得洋六十五元,合银四十五两五钱,应照本律、本例折半,以二十二两七钱五分计赃问拟。王见喜即王桂龙,又名王晓初,合依诈欺取财准窃盗论,窃盗得财二十两,工作六个月律,拟工作六个月,移送检察厅查照执行,限满释放,后应行递解回籍,严加管束。其改填功牌名字,讯明非该犯所为,应免置议。财物等项原在地方厅存库未发,应由检察厅查照办理。此判。

行使伪印花一　　　　杭州拱埠初级厅案

犯罪人许行彬年三十八岁,籍贯海宁,住宏文书局,职业师范毕业生。犯罪人管文标年五十六岁,籍贯江西,住福海三弄,职业妓馆。

(犯罪事实:)缘许行彬即许祖谦,籍隶海宁州浙江高等学堂师范科优等毕业生,现充西湖报馆主笔,曾与拱埠妓女百里香相识。闰六月初八日下午九时,百里香因民事案件来厅买诉讼状,经本厅书记生告以已过办公时间,为令冀早来买,并备带印纸费等语。百里香去后,是晚许行彬偕他友到百里香房内,问起诉讼之事若何,百里香说到明早九点钟买状,并须贴印花费云云。许行彬答以我有印花,可取去用,随在身边袋内取出诉讼印纸两张,计数六元,交与百里香。初九日上午,百里香之父母管文标、管黄氏携带印纸来厅买状,该(氏事)[民事]案诉讼物之价额系九十元,照章应贴三元之印纸,管文标夫妇要求贴用带来之印纸,写状书记生诧异,向本厅请示,本厅以印纸系官厅发卖之物,诉讼者绝不应自有,管文标携带印纸来厅使用,即系犯罪行为,当移请检察厅根究。经检察厅究出前因,复据许行彬辩讼,同前本月十五日地方检察长因本厅检察官朱呈请回避,派检察官吴来厅办理,起有前来,当片请检察官莅庭监审,供悉前情。本厅核印纸既无眼孔,又无胶水,其为伪造物无疑,诘以该印纸之由来,许行彬坚称本年四月间在二等火车内拾来,后藏在家,祗此两张等语。再三究诘,矢口不移,惟许行彬因百里香诉讼须贴印花,藉以己藏之印纸两张与之使用,其于行使之意思与行使之行为,条件具备,经供认不讳,应即据供判决。

(援据法律某条:)查现行律载:窃盗赃一两以上至十两,工作四个月。又,刑部奏定伪造邮票治罪章程折载:伪造邮票者,计赃准窃盗论,知情行使者,减结等。又,法部奏定诉讼状纸通行章程内载:凡伪造状面及私售者,照伪造邮票章程,分别办理。又名例律载:若断罪无正条者,援引他律比附加减定拟。又,凡共犯者,以造意为首,随从者减一等各等语。此案许行彬因百里香诉讼行为,辄敢起意以拾藏之无眼孔胶水之伪造印纸,借与管文标来厅行使,殊属不法,惟行使伪造印纸,律无治罪专条,自应比律问拟。查诉讼印纸,其效用与诉讼状面同,许行彬以拾藏之伪造印纸,借令管文标行使,其目的即欲以此印纸抵算诉讼费,与用计诈欺官司以取财者无异,比照伪造邮票减等定拟,至为确当。该印纸估赃在一两以上,许行彬合依伪造邮票者,计赃准窃盗论,知情行使者减一等律,于窃盗赃一两以上,工作四个月罪上减一等,拟工作两个月。管文标听从许行彬行使伪造印纸,亦属不法,合依随从减一等律,于工作两个月罪上减一等,拟工作一个月。移请检察厅于上诉期满后,分别执行,限满开释。许行彬系私罪,实于行止有亏,应追缴毕业文凭,由本厅呈请学宪注销。管黄氏与百里香讯无别情,均毋庸议。伪印纸存卷。此判。(刑)

行使伪印税二　　　　杭州地方审判厅案

(上略)发交刑庭遵章片请检察官莅庭监审,供亦无异,惟据称此项印纸实由火车上拾获而来,并非由伊伪造,请严究伪造来历以昭平允等语。本厅当查此项诉讼印纸发行者为本省提法使衙门,造印者为浙江官纸印刷局,究竟此项印纸由何处遗漏,抑系另有伪造之人,自应查究明确,方可据以定罪,俾免借口。当经移请检察厅分往各署局确查,均称此项印纸交印发行,统有稽查监造,并无遗漏,现在发现之印纸既未打眼,亦未黏胶,其为伪造无疑等语,函复前来,本厅复核无异。是此项印纸既经查明并非由官厅遗漏,自属伪造无疑,究由何处发生,实属无从查考,自不能长此久悬不判,致滋拖累。案关官物,除移请检察厅另案确查伪造之人,务获送案究办外,合将此案先行判决。查此案许行彬以拾获官有之诉讼印纸,藏之四个月并不送官,(及)[即]使并非伪造,亦应照得遗失物坐赃论,科以不应重罪。今辄转赠于妓女百里香为诉讼之用,核其行为,是已超过得遗失物不送官之罪,侵入行使范围,惟本厅细加研究,其当时行使之目的,无非贪图便宜,见好于人,并无别故,与确知伪造,故为行使,以售其诈欺者,却有不同。据称误用尚有理由,该初级厅遽科以知情行使伪造之罪,似未免法重情轻。平心定断,自应稍从末减。许行彬合应于该厅原判比照知情行使伪造邮票,计赃准窃盗论,一两以上工作两个月罪上,误用,再减一等,拟工作一个月。所有文凭系证明其学识,与别项官照不同,毋庸追缴。管文标系为许行彬所误,与有意思之犯不同,未便以为从论,惟当行使此项伪造诉讼印纸之时,既经察听告以物非民间私有,管文标仍要求贴用,亦属不合,应酌照不应为而为,事理轻者,处四等罚律,拟处四等罚,业已受押多日,从宽释放,以免久累。照章移请检察厅,于上诉期间确定后,分别查照执行。文凭当堂发还收执。伪造印纸六元案结销毁。(刑)

判牍十二　奸拐门

因奸谋杀本夫烧尸灭迹　　　　　云南高等审判厅案

为判决事。案准高等检察厅移,准提法司照送开化府招解文山县犯妇王普氏因奸谋杀本夫王正兴,烧尸灭迹,翻异原供一案。照章作为第二审,请求公判等由到厅。讯据尸子王乔保供,年十二岁,已死的王正兴是父亲,获案的王普氏是母亲,父亲不时出外贸易,隔壁住的姑夫傅芳常来家中与母亲在一处调笑。宣统元年十二月初五夜,小的尚没睡着,父亲先已睡熟,见母亲手执砍柴铁斧,在父亲项颈砍了几下,小的害怕声喊,母亲斥说,你敢再叫,连你杀死。小的不敢声张,母亲就喊傅芳来把尸身背往松山梁子地方烧毁。本月十五日,堂叔王三来寻父亲,小的私将被母亲杀害情形告知,堂叔就饬堂兄王忠林报团,把傅芳同母亲拿获解案的是实。奸妇王普氏供,文山县人,年四十三岁,已死王正兴的妻子,生有子女。在监病故的傅芳是丈夫的姊夫,住居隔壁,时常往来,小妇人见面不避。光绪三十二年不记月日,傅芳来家闲坐,适值丈夫出外贸易,乘间与小妇人调戏成奸,以后遇便续旧,不记次数,丈夫均不知情。小妇人恋奸情密,因傅芳之妻早已病故,起意把丈夫谋死,嫁与傅芳为妻。向傅芳商议,傅芳应允,约定得便下手。宣统元年十二月初五夜,乘丈夫睡熟,小妇人持砍柴铁斧,走向项颈砍了几下,当就身死,儿子王乔保看见惊喊,小妇人禁勿声张,随喊同傅芳将尸身背往松山梁子地方烧毁,将骨灰倒弃沟内,转回各散。本月十五日,夫堂弟王三来家寻找丈夫未遇,不料儿子私向王三说出杀害情事,王三就饬堂侄王忠林投团,把小妇人同傅芳拿获解案,报蒙勘验,讯明招解到省。小妇人因傅芳业已在监病故,希图脱罪,翻异原供,今蒙审讯,实因与傅芳通奸情密,起意商同傅芳谋杀本夫王正兴身死,烧尸灭迹,委没起衅别故,也没另有同谋加功帮同毁尸的人,求恩典各等供。据此,缘王普氏籍隶文山县,系已死王正兴之妻,生有子女,王正兴姊夫傅芳住居比邻,时相往来,王普氏习见不避。光绪三十二年不记月日,傅芳至王正兴家闲坐,适王正兴外贸,乘间与王普氏调戏成奸,以后遇便续旧,王正兴均不知情。王普氏恋奸情密,因傅芳之妻早已病故,起意杀死王正兴,嫁与傅芳为妻,旋向傅芳商允,约定遇便下手。宣统元年十二月初五夜,王普氏乘王正兴睡熟,持斧砍伤王正兴项颈,登时殒命,其子王乔保瞥见惊喊,王普氏禁勿声张,随喊同傅芳将尸背赴松山梁子地方烧毁,骨灰弃置沟内,转回各散。是月十五日,王正兴堂弟王三前来寻访,经王乔保潜行告知,王三饬侄王忠林投团获犯,报县诣验,讯明招解到院。王普氏以傅芳在监病故,希图脱罪,翻异原供,由司照会高等检察厅作为第二审,移送到厅,详加研鞫。据供前情不讳,诘无起衅别故,亦无另有同谋加功及帮同毁尸之人。查律载:妻因奸同谋,杀死亲夫者,斩。奸夫,绞监候等语。此案王普氏因与傅芳通奸,起意商同奸夫谋杀本夫王正兴身死,毁尸灭迹,实属淫恶不法,自应按律问拟。王普氏除毁尸轻罪不议外,合依妻因奸同谋杀死亲夫者斩律,拟斩立决。傅芳系王正兴姊夫,例无服制,应同凡论。傅芳亦除毁尸轻罪不议外,合依妻因奸同谋杀死亲夫者,奸夫绞监候律,拟绞监候,业已在监病故,应毋庸议,无干省释。移由高等检察厅查照执行。此判。(刑)

戳伤他人自行投首　　　　云南地方审判厅案

案准地方检察厅起诉王长贵戳伤谢炳五即谢文魁自行投首一案。缘王长贵,年十六岁,籍隶贵州,与四川人谢炳五在籍认识。王长贵到滇投宿省城荣升栈,图谋跟官,谢炳五见其少艾势孤,意图鸡奸。本年三月二十九日捏称有人带信，须王长贵还银四十元以为挟制，王长贵答以向不负债，谢炳五由是纠缠调戏勾引，王长贵力拒不允。三十日，谢炳五呼其同游，王长贵仍不应允。是夜，王长贵在房解衣就寝，谢炳五逼令偕伊另屋同宿，王长贵见势危险，出言（慢）[谩]骂，谢炳五持刀向戳，王长贵执凳，挡刀落地，谢炳五转身拖凳，王长贵拾刀戳伤其脊背。经仲纯武赶拢劝散，王长贵自往警所投首，转送检察厅验伤，保辜起诉前来，讯供前情不讳。谢炳五伤愈潜逃，复集人证，研鞫不移，应即判决。查例载：本妇殴伤图奸、强奸未成，罪人折伤以上者，无论登时事后概予勿论。又律载：断罪无正条，援引比附定拟各等语。此案谢炳五见羁旅孤客王长贵少艾，意图鸡奸，先之以欠债挟诈，继之以调戏勾引，屡拒不从，施之强迫，致被王长贵用刀戳伤，限内平复。核其情节，奸虽未成，情实窘辱，遍查律载，并无男子殴伤欲图鸡奸之人，作何治罪明文。惟查鸡奸十二岁以下幼童例，应比依强奸幼女治罪，则男子拒奸殴伤与妇人拒奸殴伤亦可隅反，自应比照问拟，王长贵合比依本妇殴伤图奸、强奸未成，罪人折伤以上者，无论登时事后概予勿论例，应予勿论，移检察厅查照省释。此判。（刑）

通奸盗产　　　　云南地方审判厅案

案准地方检察厅起诉，据军医长翟述曾呈诉杨文海通奸盗产，并在翟姓同院张升家查获烟渣，移请并讯一案。讯据翟述曾供，贵州贵筑县人，寓居铁局巷内，现充七十三标军医长，娶妻邹氏，性情妒悍，曾与医长反目，后因使女平安被他毒打，骂他不该，他竟恃妇泼蛮，医长愤气，住宿军营，年余未回。去年春间，有同乡交好的杨文海劝将使女平安放出，医长应许，从此杨文海往来家下，与妻子邹氏通奸。家人夏文才，同院张升均知道的，惟瞒医长一人。后闻邹氏出游，途次阻雨，杨文海公然借马与骑，命人送至家下。医长始知有奸，回家责问，邹氏直认不讳，祇得密捕，杨文海探知，就未来家。今年正月，又与邹氏到李秦氏家会合数次，不便往拿。二月初一日夜半，探得杨文海与其二子同宿家下，次早回家搜捕不见杨文海，拿获伊子杨颂臣，正在捆绑，伊的次子杨和臣由邹氏房内赤身跑出，翻墙逃去，只将杨颂臣及邹氏一并送案的。今蒙传讯，妻子邹氏既已犯奸，医长不要，惟念结发多年，愿给他银两，听他自谋。所失之物，离家日久，记不清白亦不提了，求公判。据夏文才供，年十五岁，大关厅人，去年十月来省到翟家服侍太太，自到翟家，见杨文海不时来往，与翟太太白昼同桌吃饭，夜深同床睡觉，小的歇在房内地铺上，亲眼见的，后来主人晓得，说要拿他，就未来家。去年腊月内，不记日期，小的随翟太太到李司娘家问神，杨文海也来那里说话。今年正月十几及二十几两夜，翟太太呼小的送他到李司娘家玩耍，李司娘久病未起，杨文海后来，两人同在后房做些甚么就未看见,都是夜深回来。二月初一那夜,翟太太叫小的去请,杨文海未来,他两个少爷来家,与同院的罗玉宝、刘子安和翟太太打纸牌玩耍,打至四更,二少爷杨和臣同翟太太到上房睡了,大少爷杨颂臣在堂屋内与他们坐谈,不料主人回家就被拿获,正捆绑间,杨和臣忙从房内赤身跑出,翻墙去了。罗、刘二人均已躲藏,所供是实。据李秦氏供,小西门水塘子住,年二十四岁,司巫为业,丈夫李殿臣营业在外,去年腊月,不记日期,有翟太太来小妇人家问神,这杨文海路过门首,翟太太喊他说话,不久去了。今年正月,翟太太同杨文海来过两夜,均有夏文才在场,那时小妇人病卧床上,他们同到后房做些甚么,并不知道。据张升供,贵州安顺府人,现住翟姓院内。去年冬月以前,杨文海常来翟家与翟太太同食同宿,小的是知道的。因事不干己,不便多言。今年二月初一那夜,杨文海两个少爷来打纸牌玩耍,夜深时候,二少爷杨和臣同翟太太去睡,次早主人回来拿获大少爷杨颂臣,二少爷杨和臣由房内赤身出来翻墙跑了,都是眼见的。至搜获烟渣,原是上前年留下的,因小的戒烟后多病,用烟渣对药吞服,并未开灯吸烟,亦未卖烟,求详查。据杨颂臣供,年十八岁,贵州毕节县人,杨文海是父亲,现充讲武堂书记官,弟兄二人,在逃的杨和臣是胞弟,均在农业学堂肄业。这翟述曾系父亲的旧友,两家素有来往。今年二月初一日夜,学生同二弟和臣到翟邹氏家与罗玉宝、刘子安共打纸牌玩耍,夜深时分,二弟和臣同翟邹氏到上房去睡,学生及罗、刘二人均在堂屋打牌。次日黎明,被翟述曾拿获,与翟邹氏一同送案的。今蒙审讯,学生并无奸情,二弟和臣及罗、刘二人不知跑往何处,求恩典各等供。当庭质对,翟邹氏初不认奸,惟称夫妇反目,杨文海往来劝解,嘱代安顿使女平安。因此留家食宿,并认李秦氏家与杨文海会合数次,并与杨颂臣、杨和臣斗牌玩耍,未与通奸等语。当诘该氏与杨文海同食同宿及其被拿,杨和臣裸体由该氏房内逃出,奸证明确,尚何狡辩,且该氏所递辩诉内,有其夫纵容为娼,衰老见弃及该氏请托情人为其夫营谋差使等语,是不认奸而认娼,无非欲陷其夫以纵容之罪。诘至于此,该氏为之语塞再三,穷追始称,被夫抛弃两年,因而不顾廉耻通奸,各事都是有的。总祈宽宥。质之杨文海坚不承招,声称翟邹氏素无廉耻,人所共知,因与其夫反目,书记往来劝解,翟述曾遂疑有奸。去岁逢人便说布散流言,书记就未再往等语。该杨文海词虽闪烁,与翟述曾所控各情若合符节,因诘该书记既知其夫见疑,何以复与该氏夜会李秦氏家并容其子往来,杨文海为之词穷,惟称奸要拿双,不应事后指奸,二子均系童体,必无奸情等语。无非饰词强辩。又诘翟邹氏途次借马一节,据称实有其事,是众目昭彰之地,该书记尚且不避,平日苟合已可概见,况往来奸宿有随从之夏文才,同院之张升,容留之李秦氏面面质实,翟邹氏亦自认不讳,更复何疑?至伊二子同宿翟邹氏家,夤夜被拿,虽杨颂臣到案,祇认赌博。其在逃之杨和臣果无奸情，何至裸体出房，逾墙逃遁？屡饬交案，该书记推诿至今，无可置辩，始以教子不严，俯首认错。其为纵子奸赌，亦甚的确，既已众证明白，即同狱成。查例载：军民相奸者，奸夫、奸妇各处十等罚。又律载：媒合容止，减犯人罪一等。又载：赌博之人，各处十等罚各等语。此案杨文海身在军界，与翟邹氏通奸，复又纵容其子与该氏共犯奸赌。查奸赌无首从之分，亦非卑幼起意，父兄助势，虽系一家共犯，惟侵损于人，自应各科各罪。杨文海、翟邹氏均合依军民相奸者，奸夫、奸妇各处十等罚例，拟处十等罚，改折工作六十日，限满省释。翟邹氏听其离异，杨颂臣与翟邹氏斗牌闲玩，即属赌博，合依赌博之人处十等罚律，拟处十等罚。翟邹氏在场同赌，罪与犯奸相等，律应从一科断。李秦氏容止通奸，应于杨文海、翟邹氏罪上，减一等，拟处九等罚。张升存留烟渣，和药吞服，与公然吸烟者不同，从轻拟处十元之罚金，以示薄惩。翟述曾讯无纵容情事，应毋庸议。其犯奸赌在逃之杨和臣、罗玉宝、刘子安均应严缉，获日另结。并移讲武堂备案，照章移由地方检察厅查照执行。此判。（刑）

刁拐民妇　　云南地方审判厅案

为判决事。案准地方检察厅移据宣威州人宁学鸿控徐继周即徐濂，刁拐民妇一案等因到厅。讯据（各供略）各等供，据此，缘符氏昆华籍隶宣威州，系符文锡长女，光绪十八年，凭媒嫁与宁学鸿为妻，过门后已生子女。宣统元年九月十七日，符昆华同女学生赵春秀一路出洋游学，行至广西龙州，折回滇省，宁学鸿闻得符昆华已嫁徐濂为妻，上省寻觅，忽于四吉堆将符昆华寻获，曾报警区。无如符昆华不愿归家，旋获旋失，又复逃匿。宁学鸿始赴同级检察厅请求究办，起诉到厅。本厅提讯两造，并将证人赵春秀传同质讯，据赵春秀所供各节，适与宁学鸿供词相同，质之符昆华，狡不承认，惟称年已三十三岁，前凭媒嫁与宁学鸿为妻，过门已十余年。光绪三十四年，宁学鸿因赌输无钱，凭媒李张氏、刘安有将小妇人卖与徐濂为妻。宁学鸿接过银一百四十元，并出有亲笔字据，已嫁到徐家，约有二年。前年九月间，徐濂赴广西在龙州所管之石龙对汛当翻译委员，当时业已同去。到去年六月始行回滇，乃被宁学鸿寻获，叠次上门等语。再三研讯，宁学鸿与符氏昆华各执一说，随据符氏呈出宁学鸿卖字一纸，当庭核对，如宁学鸿之鸿书写作洪，且写字时已届宣统元年八月，而字内则写作光绪三十五年，并饬宁学鸿当庭将掌指与字内手模一一比印，其指印、掌印亦均不符，遍传字内注明姓名之媒人李张氏、刘安有，均无其人。宁学鸿指为符氏伪造并当庭分饬宁学鸿与符氏各写数字，持与卖休字据互相比对，笔迹亦与符氏所写相似，其为符氏自行伪造可知，质之证人赵春秀，亦称宁学鸿本无愿离之情,亦无卖休之事,人所共知。符氏不愿归家亦属实在情形,查此迭经审讯,又复调查,虽符昆华恃妇狡执,而证据已明,自可按例判决。查律载:夫无愿离之情,妻辄背夫在逃者,徒二年等语。此案符氏昆华嫁与宁学鸿为妻已十余年,借名出洋读书,辄自背夫逃匿不归夫家,独复伪造婚书,捏称宁学鸿有卖休情事,其在庭呈出宁学鸿卖休字据,核其年岁、名字、笔迹、掌印均不相符,质之宁学鸿,亦未得过财礼,此等字据自系符氏一人伪造。惟罪在军流以下,虽符氏始终狡展,自应照证据确凿即同狱成之例,分别办理,俾免案悬。惟符氏昆华自称改嫁与徐濂一节,既无主婚之人,亦无财礼,其词出一面,果否擅自改嫁,尚不可知,仍应照本律定拟。符昆华合依夫无愿离之情,妻辄背夫在逃者,徒二年律,拟徒二年,发所工作二年,限满省释,听其离异。徐濂即徐继周,现在广西龙州所管之石龙对汛充当翻译,隔省迢远,一时尚难缉获,应俟关提到案,究明有无奸拐情事,另行拟结。宁学鸿讯无卖休及纵奸情事,应毋庸议。无干省释。移由检察厅查照执行。此判(刑)。

捏情妄控　　　重庆地方审判厅案

缘刘吴氏系巴县商民刘子谦之妾,从前刘子谦乏嗣,伊妻卢氏商令纳妾。为嗣续计,于光绪三十一年,凭媒周易氏及监保高人和觅纳吴氏为妾,议取财礼银四十两,由吴氏母弟吴俊卿出约主婚。计今过门六载,平日侍奉伊姑刘包氏尚能尽道,初来三载,嫡庶相安,刘子谦亦无苛责之意,后因刘包氏别居,屡被刘氏刁拨,刘子谦相待渐刻,稍有疏虞,恶詈横殴。吴氏赋性纯朴,吞声忍受,非止一次。刘子谦视其可欺,愈加嫌贱。本年九月,刘吴氏又因细故触犯,遭刘子谦箠楚交加,不堪其虐,潜往涪州东岳庙尼庵暂避,因向尼僧述及出外避威情由,并无别故,尼僧暂允容留。庵内向有女学堂一所,就便住堂诵读,由尼僧垫给食费,媒证周易氏、高人和均不知情。刘子谦因吴氏私出,找寻无着,遂疑高人和等刁唆串同吴俊卿藏匿,凭众理论,斥吴俊卿寻出息事。迨后,日久无获,刘子谦控经警署迭讯,断饬吴俊卿等限日交人,仍未寻获交案。十二月初间,吴氏始由尼庵潜回,刘包氏苦乞收留,备陈在尼庵栖身之故,刘子谦未经探悉,迭以遵恳提究等情赴巴县初级审判厅起诉,经该厅推事会同检察官察讯,旋据刘包氏代领吴氏到案,供称吴氏潜往尼庵,委系避威起见,并非背夫逃亡等语。该厅恐供情不确,于本月二十三日,将人证卷宗移送本厅复究。当经刑庭勘问媒证高人和等,实无刁唆支匿各情,复移归民庭讯断。随于二十五日齐集人证,讯悉前情,自应据理判决。查此案刘子谦货纳吴氏为妾,本为育嗣之谋,乃从正妻卢氏,苛嫌虐待,始而不安于室,继复逼迫出外,迨后寻觅不获,辄敢捏情妄控,株累多人,若非伊母刘包氏将吴氏送案质明,几至酿成重案,本应按律科以不应之律,惟念衅起闺阃,未便因其妾避,严斥伤和。刘吴氏潜往尼庵,虽讯无唆串私诱别故,究有不合。姑念妇女无识,平日奉姑尽道,均予从宽免究。刘包氏既愿将刘吴氏领回,一面开导刘子谦,令其团聚,尚属正办,应饬即日领回,将其嫡庶相安,再行送归同处。断令刘子谦月给银十元以作用度,即由刘包氏经手支发,免其浪费,各具切结完案。讼费十两,着刘子谦呈缴。此判。(刑)

和诱知情　　　　保定地方审判厅案

缘王锡恩、满董氏均籍隶清苑县。王锡恩现年二十六岁,父故,母杨氏年五十二岁,兄弟二人,该犯居次,向充长随为生。满董氏现年二十岁,于光绪三十二年,凭媒嫁给寄居天津之满赓宸为妻,平日夫妇和睦。宣统二年九月间,满赓宸因赴奉天谋事外出,不便携眷,即令满董氏归住母家。王锡恩因与满董氏之父董永素识,时相往来,满董氏习见不避。本年三月十四日,王锡恩至董永家闲坐,见满董氏在家独处,即向调戏成奸。以后乘隙宣淫,不记次数,给过钱物,亦无确数。董永并不知情。至五月二十四日,满董氏恋奸情热,起意同逃,向王锡恩商量,王锡恩畏惧,未敢允从。二十五日初更时,满董氏独自逃赴王锡恩家中,王锡恩无奈,遂将满董氏容留奸宿。次日王锡恩虑恐败露,复将满董氏转送素识之何寿朋家寄藏,捏称伊母养女,并未告知奸拐情由。而董永因满董氏夜出不归,访明情由,将王锡恩控由东区巡警局转送保定地方检察厅起诉前来。当经票传,何寿朋贸易外出,勒令王锡恩将满董氏交案,讯据供晰前情不讳,应即判决。

(判:)查例载:和诱知情之人为首,发极边足四千里安置。被诱之人减等满徒等语。此案王锡恩因与满董氏通奸,满董氏恋奸情热,商令该犯同逃,该犯未允,尚有畏法之心。迨后满董氏独自逃赴该犯家中,该犯并不立时送回,辄敢容留奸宿,复因虑恐败露,将满董氏转送何寿朋家藏匿,虽与诱拐有间,亦未便仅科奸罪,自应按例量减问拟。王锡恩除与满董氏通奸轻罪不议外,合依和诱知情为首,发极边足四千里安置例上量减一等,拟徒三年。解交保定习艺所,依限工作。满董氏应依被诱之人,于王锡恩满徒罪上,再减一等,拟徒二年半。系妇女和诱知情拟徒,照例本可赎罪,惟既经犯奸,应遵照通行,按赎罪银数改折工作,徒二年半,赎银三十五两,改折工作一百四十日,保定尚无女犯习艺所,应照工作时日,改为监禁,与王锡恩俱俟限满,分别释放。满董氏给令其夫领回,听其离异。董永讯无纵奸情事,应毋庸议。何寿朋不知奸拐情由,免传省累,无干省释。此判。

诱拐妇人图卖未成　　　保定地方审判厅案

缘田得和籍隶满城县,寄居保定府城内三角地街,小本营生,与刘王氏邻居素识。王凤山一向交好王凌云,素未识面。刘王氏因家中贫苦,曾向其夫刘喜商明托田得和找主佣工,田得和当面应允,因忆及贫难度日,起意将刘王氏诱拐价卖,得钱花用。宣统三年二月初二日,田得和向刘王氏诳称已找妥清苑县属石家庄雇主,言明每月给工价洋一元,嘱令刘王氏一同前往。刘王氏信以为真,即跟随田得和偕至石家庄王凤山家,田得和背地向王凤山捏说刘王氏系伊孀居胞妹,因家贫难度,欲找主价卖。王凤山信真,声言王凌云欲为其长子买一女人,伊当代为说合。是晚田得和、刘王氏均在王凤山家住宿,次日王凤山找向王凌云说妥价卖情事,言明身价洋三十二元,当将刘王氏送至王凌云家,尚未付钱,经王凌云家妇女向刘王氏盘出被拐情由,向王凌云告知,王凌云畏累,即将刘王氏送回王凤山家,报知巡警局,将田得和、王凤山、刘王氏一并拿获,送经地方检察厅起诉前来。当即提集犯证预审,据供前情不讳,旋经开庭公判,复诘,犯供不移,案无遁饰,应即判决。

援据法律某条及理由:查现行例载:诱拐妇人不分已卖、未卖,但诱取者,被诱之人若不知情,为首,拟绞监候。又律载:受寄所卖人口之窝主不知情,处八等罚各等语。此案田得和因刘王氏托伊找主佣工,辄敢起意将刘王氏诱拐价卖,殊属不法。查刘王氏被诱并不知情,自应按例问拟,田得和合依诱拐妇人不分已卖、未卖,但诱取者,被诱之人若不知情,为首,拟绞监候例,拟绞监候。被诱之人业已给亲完聚,尚无殴逼奸污重情,照例入于秋审缓决。王凤山虽不知诱拐情由,惟既经田得和告知欲将刘王氏价卖,犹敢容留在家,代为说合,亦应按律问拟。王凤山合依受寄所卖人口之窝主不知情,处八等罚律,拟处八等罚,追所罚银存俟报解。王凌云价买刘王氏为子妇,本干律拟,第事属未成,且一经盘出诱拐情由,即行畏惧送还,并报知警局,获犯究办,且属自首,应照律免罪。刘王氏被诱并不知情,律得不坐,业由其夫刘喜领回完聚,应毋庸议。于宣统三年四月初八日判决。(刑)

收留他人逃妾图卖未成　　　芜湖地方审判厅案

此案缘方有勤、谢自才平日交好,宣统三年正月初五日,南京城内薛家巷陈祖诒家有妾杭州人许金妹,因受正室折磨,于是晚乘间逃出,思回母家,天晚,无处投宿,在方有勤家门首哭泣,方有勤出见,询悉情由,收留在家,起意嫁卖。即以许金妹若回母家,必为陈家找获,恐更受苦,不如由伊代为找事,或择一相当门户配为妻妾,亦不致流落无归等语,向许金妹告说,许金妹允从。嗣方有勤又以不离南京,万一被陈家探得消息,事反不便,思回原籍再作计较。

当即商允许金妹,于初八日买得船票,并用费洋一元二角托交谢自才。先将许金妹带到芜湖。方下船时,即被水巡盘获,由警务公所转送检察厅起诉到庭,供出前情。并饬警将方有勤缉获,提同质讯,供认不讳。将方有勤、谢自才、许金妹分别收所,一面备文分往江宁、杭州地方检察厅移查去后,兹准杭州检察厅先后移覆,以据候补盐经历陈祖诒诉称,窃职缘年逾四十,嗣续犹虚,因于上年十月间凭媒说合,纳许鸿富之女金妹为妾,按照禁止买卖人口条例,由其父许鸿富写立婚约,交付财礼,接回为妾,适职因病请假,即日带回原籍,嗣缘该女年轻不谙为妾名分,故未收纳。讵今正月初五日,许金妹无故私出,遍迹无踪,兹职来杭询其母家,据伊父面称,已被人带至芜湖,经芜湖审判厅移查在案。兹将婚约呈验,伏乞察核。惟思此女既属潜逃,若使收回,诚恐复萌故智。然又悯其流落他方,沦为下贱,现与其父言明,令其领回安置,祈文移芜湖审判厅将该女发交伊父许鸿富领回,并请饬传许鸿富赍文赴芜亲领,计附呈婚帖一副等情到厅。相应转饬许鸿富赍文驰投,请将许金妹面交伊父许鸿富具领,庶堕落尘网者得有怙恃,不致如萍踪无定流落江河,是亦主持人道之至意等因前来,应即判决。

　　(援据法律某条及法律之理由:)查律载:收留在逃子女不送官司而卖为妻妾者,徒二年等语。此案方有勤收留陈祖诒家逃妾许金妹,欲行价卖为妻妾,托谢自才带至芜湖,甫下轮船即被拿获,实收留在逃子女,惟图卖未成,自应按律问拟。方有勤合依收留在逃子女不送官司而卖为妻妾者,徒二年律上量减一等,拟徒一年半。谢自才听从方有勤将许金妹带至芜湖,讯系知情,应于方有勤罪上再减一等,拟徒一年,均收入本地习艺所,按限工作,限满释放。许金妹因受正室折磨,乘间逃出,思回母家,天晚,无处投宿,经方有勤收留劝允别嫁,固妇女无知,亦事已至此,势非得已。按收留在逃子女本律,被卖在逃之人及妾背夫逃走律,均罪应拟徒一年,并名例,妇女犯罪,徒一年,赎银二十两,无力完缴,每银一两折工作四日,共应工作八十日,惟查许金妹因折磨逃出,其情固较因奸因盗在逃者为可原,现既经其父许鸿富与其夫陈祖诒商妥,由杭州地方检察厅备文,饬令来芜具领,讯系赤贫,无银赎罪,父女情深,远道跋涉,若因赎银无着,不予领回,将工作限满复行传领,殊非体恤人情,转致拖累。且查许金妹自正月十四日收所,迄今已有八十七日,按以应赎银两折工计算,已足相抵,自应变通办理,将许金妹交其父许鸿富具状领回,以省拖累而示体恤。此判。

通奸和诱同逃　　**南昌地方审判厅案**

　　缘炮勇钟福兴少无父母,与籍隶南城之官贵阶素不相识。宣统二年三月,钟福兴调扎南城驻葡萄园。十一月二十九日，官贵阶之妻江氏禀姑官潘氏赴葡萄园表戚李柯氏家探亲，被隔壁钟福兴刁诱，即在李柯氏家成奸。官江氏、李柯氏各受钟福兴大洋二元。十二月初二日，李柯氏迎官江氏来家做鞋，以鞋给钟福兴并与续奸，官江氏独受钟福兴大洋十六元。本年正月初四日，官江氏禀姑官潘氏赴李柯氏家拜年，又与钟福兴续奸，官江氏独受钟福兴大洋六元。二月初七日，李柯氏称子病，迎官江氏来家作伴，至初九日始回。十一日，钟福兴销差回籍，十二日，官江氏禀姑官潘氏往探李柯氏子病，至十五日始回。十七日，钟福兴复回南城时，官江氏之姑官潘氏、官江氏之夫官贵阶均不知官江氏有犯奸情事。二十二日，官贵阶往乡卖衣，官江氏禀姑官潘氏往晤李柯氏，官潘氏不之疑，听其前往，讵官江氏杳如黄鹤一去不回。比及官贵阶回家问知情由，责令李柯氏交人，李柯氏言不知情。会有人言官江氏被钟福兴拐诱者，官贵阶驶至茬港到钟福兴住宅密侦时，钟福兴已挈官江氏避居省垣，俨如夫妇。经钟福兴之叔钟保祥引导，官贵阶来省侦获，于三月二十一日，扭送钟福兴、官江氏到区，经区移送新建初级检察厅。旋因管辖错误，呈送地方检察厅起诉到厅。初次提讯，官江氏、钟福兴坚称委系官潘氏主婚改嫁，由王福寿、李柯氏、潘顺喜作媒，将官江氏嫁钟福兴为妻，有婚书为证等语。查婚书载明，有夫之妇而无本夫指模，不足凭者一。婚书要件何等郑重，而写婚书之人系一依口代笔之过路先生，不足凭者二。官贵阶之母官潘氏而婚书写作姿潘氏，不足凭者三。有此三不足凭，其婚书之伪造已无疑义。追经关传官潘氏到案，据称并无主婚改嫁等情，且面斥官江氏之不合，官江氏为之语塞。本厅以案关诱拐，不厌求详，复关传王福寿、李柯氏、潘顺喜到案，据称并无作媒情事。钟福兴诱拐官江氏于销差以前预先约定，官江氏确系被诱同逃等语。官江氏、钟福兴知难抵赖，始各供认叠次在李柯氏家通奸不讳。惟仍不认诱拐，再三开导，狡供如前，显系恋奸情热，狡展其词，既经众证确凿，应即判决。

（援据法律某条及理由：）查现行刑律载：刁奸者处十等罚，男女同罪，容止人在家通奸者，各减犯人罪一等。又例载：凡诱拐妇人子女为妻者，其和诱知情之人，为首，发极边足四千里安置，为从及被诱之人俱减等满徒。又：宣统三年正月二十六日，法部奏案内开遣流以下人犯，果系众证确凿，即可照例定拟，更不必定取输服供词等语。此案钟福兴与官江氏通奸，又复和诱同逃，虽供词闪烁避重就轻，而众证确凿，自应照例定拟。钟福兴、官江氏除刁奸轻罪免议外，合依和诱知情之人，为首，发极边足四千里安置，为从及被诱之人俱减等满徒例，钟福兴发极边足四千里安置，核其情罪系常赦所得原，遵照名例，毋庸发配，即在本籍收所工作十二年，限满取保释放。官江氏减等满徒，按新章照徒流罚金银数，改折监禁一百六十日，限满给付本夫官贵阶领回，听其离异。李柯氏容止官江氏、钟福兴在家通奸，合依容止人在家通奸者，各减犯人罪一等律，处九等罚，如无力完缴，改折监禁五十日，限满取保释放。官潘氏同子官贵阶讯无纵容官江氏通奸情事，应与讯系无干之王福寿、潘顺喜均毋庸议。此判。（刑）

妻允妾改嫁复控诱拐　　梧州地方审判厅案

审得覃莫氏供称，有胞侄名覃安祥，丈夫覃显桢已死四年，遗下二妾，均姓李氏。第二妾李氏生一子一女，子今年五岁，女今年十一岁。现妾等与小妇人在家耕有废田几顷，家计不足，实难度日。去年十一月初间，第二妾李氏托言探亲，一去不回，今年三月始访知嫁与潘亚二为妻。潘亚二素不相识，是否他拐李氏，亦不得知，恳求判将李氏回家抚养儿女，若李氏愿嫁不返，小妇人亦允肯，但恳恩补给李氏身价，断回小妇人收领等语。又据覃李氏供称，十五岁嫁与陈本文，二十岁被陈本文卖与覃显桢为第二妾，生子女各一人，子五岁，女十一岁，大婆莫氏，二婆李氏俱在，丈夫覃显桢已死四年，家贫不能坐守，遂与莫氏相商，莫氏允其改嫁，但要收回财礼二百毫。后族侄覃安祥等欲将小妇人出卖，小妇人不愿，故来梧州寻亲，住白屋地陈黎氏家。去年十一月十一日到梧，忽染重病，伙食医药无着。二十五日，即凭媒陈黎氏、李亚楼作媒，嫁与潘亚二为妻，亲手收潘亚二银三十元花用。小妇人与潘亚二从前并不认识，何有拐带情事，嫁后曾托莫氏之婿陈某带信与莫氏。今年三月十四日去深塘村与大婆莫氏见面，曾言明已嫁潘姓，惟一时无二百毫身价银与莫氏，覃安祥即来报案等语。又据潘亚二供称，在梧城白屋地住了十五年，每日蒸松糕贩卖以养老母，去年十一月内，由媒人陈黎氏、李亚楼说合娶李氏为妻，并问明媒人知李氏夫死，经已服满，亦与大婆商允改嫁，订明身价银三十元，亲手交与李氏收领，兼说明莫氏几时来梧，几时交财礼，莫氏向未来过。本年三月二十二日，覃安祥与梁秀石到伊家，要伊再补银一百元，次减作六十元，后又减作二十元，伊因一时无钱，约以缓期，不料覃安祥即以拐带具控。小的实系凭媒正娶，并无拐带情事，亦无强娶等语。质讯陈黎氏供称，潘亚二母子在小妇人屋住有十五年，平日做小生意，素来安分。因去年十一月十一日覃李氏到梧州，向小妇人说欲改嫁，托小妇人为媒，小妇人遂同李亚楼两人，向潘亚二母子两人说合，正娶为妻，小妇人曾得过媒人银五十毫，李亚楼得媒人银二十毫。李亚楼前同居住，现已迁搬，不知去向，李氏并得过潘亚二银三十元，确系有媒正娶，并无强娶，亦无拐带情事各等情。查此案李氏系夫死四年，家贫不能自守，曾与大妇莫氏相商，允其改嫁，既非居丧嫁娶，复非背夫私逃。覃莫氏亦愿收回财礼银二百毫，则覃李氏之改嫁已为覃莫氏所认可。但财礼银两系二人契约行为，李氏既愿当庭将银给领,应准双方履行契约,交清财礼银二百毫,与覃莫氏收领完案。至潘亚二在梧素营小贸,与李氏本不相识,得陈黎氏、李亚楼作媒正娶,既非拐带强娶,亦非和诱同逃,潘亚二、覃李氏自应照章宣告无罪。判决。

妻背夫在逃军民相奸　　奉天高等审判厅案

缘汤段氏系汤凤山之妻,康杏春即康永清,系盛京内务府镶黄旗人,向充巡警,因事被革。汤段氏母家与康杏春之叔康冠英同院居住,宣统二年正月间,康杏春在康冠英家内调治眼疾,段氏常往闲坐,与康杏春习见不避。二月不记日期,康杏春与段氏调戏成奸,遇便续旧,旁人均不知情。嗣段氏声称得便欲至康杏春家探望,康杏春告知住所,后康杏春同康冠英至草河口安奉铁路总局谋事,遂与段氏断绝往来。八月间,段氏聘与汤凤山为妻,过门后,因妯娌不和,九月二十日,段氏自行走出,将银镯变卖,雇车至大人屯康杏春之姑祖母戴康氏家,询问康杏春下落,因天晚,遂在康氏家借宿。二十四日,康杏春表弟张连庆来省赎当,闻知段氏逃走,因次日至康氏家借钱,瞥见段氏,回向康杏春告知。康杏春当即往找段氏,询明情由,因恐奸情败露,嘱令段氏至辽阳州城内杨家庙躲避,康杏春比即同张连庆仍回至草河口。旋经段氏夫兄汤凤歧访知,在铁路巡警总局控告,将康杏春、张连庆一并拿获,解送承德地方检察厅起诉,汤凤歧复将段氏寻获送案。经审判厅讯明前情,将汤段氏判依妻背夫在逃律,拟徒二年,改折监禁一百二十日。康杏春依军民相奸处十等罚例上酌加一等,拟徒一年。张连庆照不应重律,处八等罚。于十一月二十一日判决。该检察厅当以段氏年仅十五,应照律收赎,判词内改折监禁,应否收赎,移请地方审判厅核复,旋准。复称以段氏始则与人通奸,继复背夫潜逃,足见智识已开,有玷夫族,是以不准收赎等语。案查王宝库案内从犯李长姐前经审判厅以该犯年甫十五,虽未成岁,惟男扮女装,奸通处女,智识已开,不准收赎,经大理院复判,以李长姐年仅十五,应照律收赎,今段氏亦年仅十五,判以不准收赎,未免法外加重。康杏春既已知情,嘱段氏赴辽阳躲避,难保无和诱情事。该厅将康杏春酌拟徒一年之罪,亦未得当,纠正违误,转送复判到厅。本厅详核案情,该犯妇段氏此次逃走,据供系因与妯娌不和,其往询康杏春下落,虽根于前奸,而当康杏春告令躲避之时,既未讯有同逃之口供,事后亦无同住之事实,该审判厅照背夫在逃律拟徒,情罪甚属允协。惟该犯妇年仅十五,应照律收赎,原文声明,智识已开,不准收赎,系律外加重,应即更正。康杏春一犯,从前与段氏通奸之时,曾告知住所,此次闻知段氏逃所,又嘱令避匿,诚如该检察厅所云,难保无和诱情事,惟定谳以供证为凭,检阅巡警局原送各供,段氏确有康杏春俟伊有事将段氏接去等语。然向办和诱之案,必因恋奸情热,彼此商明同逃,定期相会,方谓之和诱。今段氏与康杏春隔绝已久,段氏私自走出,并未先与康杏春商明,则非和诱可知。至同逃之例,亦指奸夫、奸妇彼此偕行,已有逃所者而言。今康杏春在戴康氏家与段氏见面,告令避匿处所,后即同张连庆回至草河口,并未与段氏同行。事后亦未讯有段氏同居奸宿,亦不得谓为同逃。该厅将康杏春依军民相奸罪上酌加一等,拟徒一年,尚无不当,应即分别改判。查现行刑律载:妻背夫在逃者,徒二年。又例载:军民相奸者,奸夫处十等罚。又律载:不应为而为,事理重者,处八等罚各等语。此案汤段氏先与康杏春通奸,迨出嫁后,因妯娌不睦,辄背夫逃走,虽无改嫁情事,自应按律问拟,汤段氏应仍如原判,合依妻背夫在逃者,徒二年律,拟徒二年,惟年仅十五,应照律收赎,交本夫汤凤山领回,听其离异。康杏春先与段氏通奸,嗣段氏背夫逃出,该犯虽仅止告知藏匿处所,并无和诱同逃重情,惟仅科奸罪,未免轻纵,亦应按例酌加问拟。康杏春即康永清仍如原判,合依军民相奸处十等罚例上,酌加一等,拟徒一年,收所工作。张连庆向康杏春告知汤段氏逃走情由,并不当时劝阻,亦属不合,张连庆应照不应重律,处八等罚,由检察厅照例执行。孙李氏讯无不合,应毋庸议。此判。

奸缌麻亲 　　　**新民地方审判厅案**

缘王俊卿、张四锁分隶铁岭县新民府。王俊卿系张品清出嫁孀居胞姊王张氏之子,张四锁系张品清之女。王俊卿之父王光祯于光绪十四年六月间身故,自幼常在张品清家闲住,与其表妹张四锁习见不避。宣统元年九月间,张品清之母张陈氏病故,王俊卿闻讣前往吊丧,即在张品清家居住。是月不记日期,王俊卿乘间与张四锁调戏成奸,嗣后遇便续旧,不记次数,并未给过钱物。张品清及其妻张史氏均先不知情。迨张四锁因奸受孕,虑恐生产,败露奸情,二年四月十三日,张四锁向张品清等捏称有病,欲往奉天医院医治,张品清信以为真,即令张史氏带领张四锁前往,并托王俊卿护送同行。至奉天赁房居住,王俊卿与张四锁仍乘隙续奸,适被张史氏看破奸情,函知张品清,于六月二十后不记日期,赴省将张四锁接回,来厅呈诉,由地方检察厅起诉前来。当经本厅提审,据供前情不讳。当传张四锁,因产未能到案,嗣张四锁弥月,于九月二十八日来厅投审,提同集讯,供认相符,并据供称,与王俊卿奸生之子业于产时夭殇,质之王俊卿供认明前。诘无诱拐情事,案无遁饰,应即判决。查现行刑律载:奸内外缌麻以上亲,各徒三年等语。此案王俊卿辄敢与伊母舅张品清之女张四锁通奸,殊属不法。查王俊卿与张四锁系姑舅兄妹,服属缌麻,自应按律问拟。王俊卿、张四锁均合依奸缌麻以上亲,各徒三年律,各拟徒三年。惟据该犯王俊卿供称,其母王张氏守节已逾二十年,核与留养之例相符,是否属实,应由检察厅移查原籍,取具印甘各结,照例核办。至张四锁现因产后患病未痊,应先交其父张品清领回医治,俟病痊后,再行送案,补行监禁,无干省释。此判。

纵容妻妾与人通奸　　　新民地方审判厅案

缘李相臣籍隶山东寿光县,早年来奉谋生。光绪二十七年七月十九日,在义州青河门凭媒娶刘刘氏之女刘春伶即李刘氏为妻,过门安度。三十四年十月二十九日,李相臣带领其妻李刘氏迁移来新居住,李相臣随时出外佣工,其妻李刘氏因伊夫李相臣在外,无钱带回,私自卖奸糊口。嗣李相臣回家查知,贪利纵容,并不禁制。宣统元年八月间,李相臣复商令李刘氏在府街西泡子沿王翠琴下处为娼,二年五月二十一日,李刘氏之母刘刘氏来新探望,询知其女现在为娼,疑其婿李相臣抑勒所致,呈由初级检察厅起诉,送经初级审判厅提集讯供,将李相臣、李刘氏依纵容犯奸律拟罚,李刘氏离异归宗。李相臣不服,以伊妻李刘氏卖奸非伊抑勒纵容所致,不应判令离异,控由地方检察厅送请复审前来。本厅迭次提讯,据各供晰前情不讳,即就该犯李相臣诉状所称,伊妻卖娼,实因家贫,禁止不住等语,是已自失夫纲,谓非纵容而何?反复研诘,供无异词,应即判决。查律载:纵容妻与人通奸,本夫、奸妇各处九等罚等语。此案李相臣明知其妻李刘氏卖奸,并不严加禁制,始则贪利纵容,继复商令为娼,实属无耻,自应按律问拟。李相臣、李刘氏均应如初级厅原判,合依纵容妻与人通奸,本夫、奸妇各处九等罚律,拟各处九等罚,仍照律离异归宗。查该犯等均系因奸拟罚,照例按应罚银数改折工作,该厅原拟各罚银十二两五钱系属错误,李相臣、李刘氏应各改拟工作五十日。惟奉天女犯习艺所尚未设立,李刘氏所拟工作应改为监禁,限满交其母刘刘氏领回管束。李相臣限满释放,无干省释。余均如该厅所拟完结。此判。

和诱知情　　　新民地方审判厅案

缘李洪金、李魏氏均籍隶山东商河县,李洪金系织布手艺,与无服族人李得有同屯居住,素相往来,李得有之妻李魏氏习见不避。宣统元年二月间不记日期,李洪金至李得有家闲住,值李得有外出,家内无人,李洪金即向李魏氏调戏成奸,以后遇便续奸,不记次数,并未给过钱物,李得有亦未知情。五月初七日,李洪金复至李得有家与李魏氏续旧,因恋奸情热,恐被李得有查知,不便往来,当向李魏氏告知,伊胞兄李洪银现在奉天新民府佣工,商议同逃,投依其兄。李魏氏允从,约定是月二十五日早,在村外等候,至期李魏氏私自走出,在屯外与李洪金相遇,同逃至新民府,找获李洪银,向其捏称李魏氏系在家新娶之妇,并未告知奸拐情由,李洪银信以为真,为其找房另住。嗣李得有由籍追寻至新民府,访获李洪金、李魏氏等藏匿处所,报由巡警,连同李洪银一并拘获,转送地方检察厅起诉前来。当经本厅提讯,隔别研讯,据供前情不讳,诘无另犯为匪不法别案,亦无知情容留之人,案无遁饰,应即判决。查例载:和诱知情之人为首,发极边足四千里安置。被诱之人减等满徒等语。此案李洪金因与无服族人李得有之妻通奸情热,辄敢商允同逃,殊属不法。查该犯与李得有系同族无服,自应仍照凡人本例问拟,李洪金除奸同宗无服亲之妻轻罪不议外,合依和诱知情之人为首,发极边足四千里安置例,拟发极边足四千里安置,核其罪名不在常赦所不原之列,应免其发配,仍照名例,收习艺所工作十二年,限满释放。李魏氏与李洪金通奸,听诱同逃,亦应按例科断,李魏氏除与伊夫无服族人通奸轻罪不议外,合依被诱之人减等满徒例,拟徒三年,系犯奸之妇,照例不准赎罪,应按所罚满银数,改折工作一百六十日,惟查奉天女犯习艺所尚未成立,照工作日数改为监禁,限满交其夫李得有领回,听其离异。李洪银讯不知情,应免置议。无干省释。此判。

职官奸占革员之妻　　安徽高等审判厅案

为判决事。准高等检察厅片送,革员李毓英禀控徐秉钧奸占伊妻一案。缘徐秉钧与李毓英均籍隶湖南,簉仕皖省,李毓英先已因事参革,向在南门居住,徐秉钧派委大南门稽查,与李毓英同乡认识,迭相往来。光绪三十四年十月间,徐秉钧因城外炮营兵变,无暇执爨,李毓英邀往其家吃饭数次,徐秉钧并说城上屋小,诸多不便,李毓英允让书房一间,假与徐秉钧同居。维时李毓英之妻李周氏因家计艰难,将家具变卖度日,屡与李毓英口角争吵不睦,李毓英疑与徐秉钧有奸,即以奸骗谋灭等情控奉。抚宪批示,以该革员平日不知管教妻室,以此等暧昧不明之事,公然来辕禀渎,实属昏庸无耻。据称,徐秉钧或奸占人妻,或勒卖使女,如果属实,亦皆官场败类,应即查明参办等因,饬由藩、臬两司会札安庆府饬查,徐秉钧避不在省,传同被控之盛德全与李毓英等到案讯明,盛德全价买李毓英故姊婢女为妾,实系李毓英书立字据,并无勒卖情事,已将此节控情,先行议结。惟查明李毓英帷薄不修,行同无赖,其妻李周氏与徐秉钧暧昧不明之事,外面人言藉藉,实为官场之玷,当因徐秉钧遁回原籍,详咨饬属查提,一面由藩司查取徐秉钧职名会详咨部斥革,旋奉行准湖南抚院电知,已将徐秉钧提解到省,即经提法司派员赴湘迎提回皖,并将人卷送由检察厅交审到厅。本厅提集研讯,据各供悉前情不讳,诘问徐秉钧,则称素知李毓英家贫无赖,不应仍与时相往来,不避嫌疑是实,诘以有无通奸情事,则与李周氏皆狡不承认,案无质证,应即据供判决。查此案,一则帷薄不修,致召墙茨之丑，一则行止不检，甘犯瓜李之嫌，既玷官声，并惭清议。惟执奸重在于获，指奸律得勿论，男女固狡供不认，本夫亦无辞以证事，既近于暧昧，法难过于深求。第参以安庆府原详，谓此事查已人言藉藉，徐秉钧本属职官，应如何力避嫌疑，束身自爱。乃明知李毓英行同无赖，而犹不畏人言，时与往来为伍，其不守官箴，已难辞咎，惟业已斥革，应毋庸议。李毓英以参革人员并不照例回籍，虽此次禀控，称系怀疑所致，究属不知安分，若再任其流寓在省，难免不别滋事端，应与徐秉钧分别勒令回籍，不准逗留。李周氏既坚不承认奸情，请免置议，交与其夫李毓英领回管束。家具讯系因贫自卖，并免查提，除取具供结备卷，并将李毓英夫妇先行省释外，相应将人卷送由检察厅照章执行办理。此判。

诱拐妇女和诱知情　　　天津地方审判厅案

缘赵得胜、陈玉、吴夏氏即邬夏氏，籍隶直隶清苑、望都等县，或粪厂营生，或手艺度日。赵得胜、陈玉均与吴夏氏在保定邻居素识，赵得胜、陈玉常赴吴夏氏家，与其夫吴兴祥，即邬杏相闲谈，吴夏氏习见不避。宣统三年正月不忆日期，赵得胜稔知吴兴祥有事外出，吴夏氏（合）[和]他幼小子女二人在家，赵得胜前往向吴夏氏调戏成奸。本年二月不忆日期，陈玉亦与吴夏氏调戏成奸。该犯等以后遇便各往续旧，不记次数，并未给过钱物。赵得胜、陈玉与吴夏氏有奸，彼此皆已深知，惟本夫吴兴祥均不知情。宣统三年三月十五日，吴夏氏因被其夫吴兴祥斥说作事怠惰，彼此口角争吵，吴夏氏生气，私向赵得胜告诉，赵得胜恋奸情热，起意诱拐同逃，藉与吴夏氏商说，曷若逃至天津，可以过安乐之日。吴夏氏允从，约定十六日起身。赵得胜立即往邀陈玉，一同引诱，嘱令次日在西关外车站等候，伴送逃逸，陈玉亦即应允。十六日早，赵得胜当即引同吴夏氏并其幼女小翠同至车站，由陈玉买票一同乘坐火车，偕抵天津，投宿不知牌号客寓暂住。该犯等捏说夫妇亲属，旋经探访局巡查，看出形迹可疑，盘问，言语支离，将赵得胜等四名口一并拿获，转送到厅，即经督同庭员逐加研鞫，据各供悉前情不讳，究诘不移，案无遁饰，应即判决。查现行刑例载：诱拐妇女者，其和诱知情为首，发极边足四千里安置。为从及被诱之人俱减等满徒等语。

（援据法律之理由：）此案赵得胜与吴夏氏通奸，辄乘吴夏氏与其夫吴兴祥口角失和之际，起意和诱吴夏氏，并邀陈玉伴送同逃，殊属不法，自应按例问拟。赵得胜除与吴夏氏通奸轻罪不议外，合依诱拐妇女和诱知情为首，发极边足四千里安置。现行刑例拟发极边足四千里安置，系常赦得原之犯，将该犯遵章改发天津习艺所工作十二年，限满由所预详，提籍保释。陈玉、吴夏氏除犯奸轻罪不议外，均合依为从及被诱之人减等满徒现行刑例，俱拟徒三年。陈玉照徒役年限送所习艺,吴夏氏系属妇女,照新章徒三年,赎银四十两,应按银一两折工四日,共计折工一百六十日,送天津女习艺所工作,限满提释,交本夫吴兴祥具领,听其去留。赵得胜等与吴夏氏等通奸,讯未给过财物,应毋庸议。吴夏氏幼女小翠,先传吴兴祥领回抚养。无干省释,于宣统三年四月初七判决。

妻因奸同谋杀死亲夫　　　　江宁地方审判厅案

缘鞠潘氏、傅殿国均籍隶清河县,已死鞠永顺系鞠潘氏亲夫,傅殿国与鞠永顺于光绪三十二年同在南京辎重营当兵,认识鞠潘氏,时常到营收洗衣服,习见不避。嗣后傅殿国因事出营,即往镇江帮工,于宣统三年正月十六日复来宁访友,探闻鞠永顺家住乾河沿,当即往看,鞠永顺因傅殿国住在客栈,徒费房钱,留伊住在家内,当时鞠永顺卧病在床,傅殿国乘间于二月初六日即与鞠潘氏调戏成奸,以后续旧数次,鞠永顺均不知情,亦未给过钱物。鞠潘氏与傅殿国谈及鞠永顺时常有病,难以过度。傅殿国恋奸情热,因此起意将鞠永顺谋死,可作长久夫妻,与鞠潘氏商允,傅殿国恐一人难以动手,因知素识之吴永其,与鞠永顺为借钱不遂,向有嫌隙,邀吴永其帮助,吴永其允从。傅殿国又因同居人多不便行事,商同鞠潘氏在乾河沿五台山下另租房屋居住,于二月二十二日挪往,二十三夜二更时分,鞠永顺业已睡熟,傅殿国与吴永其用绳打成活套,套上鞠永顺颈项,永顺惊醒,刚欲喊叫,傅殿国用手将其咽喉搭住,吴永其又用绳加上一道,与傅殿国分执绳头,用力紧勒,鞠潘氏将鞠永顺两手按住不能动弹,当时身死。傅殿国恐其气未尽绝,又用木杠在其头上连击数下,用床上芦席将鞠永顺尸身包裹,即与吴永其抬往五台山下土坑掩埋,弃尸灭迹。当经尸弟鞠起先报明警局,将犯傅殿国、鞠潘氏缉获送案,经检察厅派员验明,勒毙属实,将犯转送到厅,迭次提讯,据供前情不讳,并勒绳俱在,供证确凿,毫无疑义,应即判决。

(引据法律条文及判决理由:)查律载:妻因奸同谋杀死亲夫者,斩。又例载:奸夫起意杀死亲夫,绞立决等语。此案鞠潘氏因与傅殿国通奸,同谋勒死亲夫鞠永顺,实属淫恶已极,自应按律问拟。鞠潘氏合依妻因奸同谋杀死亲夫者斩律,拟斩。傅殿国恋奸情热,辄敢起意商同鞠潘氏并在逃之吴永其,将鞠永顺勒死,均属不法,亦应按例问拟,傅殿国除弃尸不失轻罪不议外,合依奸夫起意杀死亲夫绞立决例,拟绞立决。逸犯吴永其,俟缉获日另结,合将判决。

自愿为娼　　　　抚顺地方审判厅案

缘吕中籍隶承德县,纸匠手艺营生。于光绪二十六年间,凭媒娶得于富江之女于氏为妻，平素和睦。嗣吕中因家景贫难，生计乏绝，吕于氏自愿下窑为娼，赚钱度日，彼此商允，于宣统二年二月间，一同来至千金寨，先后投入长春堂、翠云堂各妓馆卖娼，均报明巡局纳捐。吕中随同寄居过度，至本年四月间，经于氏之父于富江查知，以吕中逼妇为娼等情，控经初级厅讯明，将吕中、吕于氏照纵容妻妾与人通奸律，本夫、奸妇各处九等罚，离异归宗。于四月十三日判决，嗣吕中不服，控诉到厅。查纵容妻妾犯奸，本夫、奸夫、奸妇各处九等罚，离异，此律系专指纵容私自卖奸，败坏闺阃者而言。此案吕中因家无生计，伊妻于氏自愿来至千金寨下窑为娼，吕中同在该窑寄住，国家既收其捐，法律即为放任，似未便与纵妻私自卖奸者同科罪刑。吕中、吕于氏均应改判放免，吕于氏仍着吕中领回。此判。

因奸情热引诱同逃　　杭州地方审判厅案

缘吕正禄、卢美荣分隶徽州歙县、浙江萧山县，向以泥水为业，一则随母作工，彼此以贴邻素识，遂致通奸。卢美荣母卢蔡氏，兄卢正奎等均不知情。宣统三年六月二十六日，吕正禄因奸情热，乘间引诱同逃，卢美荣年幼，未允携带行李，拟将逃在徽州。甫经出门，走不多时，卢美荣念及其母，悔悟，欲不同行，恐又吕正禄不许，遂乘吕正禄不知，私自托人带信通知其母卢蔡氏，并告知所逃路途，以便追迹寻至。迨卢蔡氏接信后，即着卢正奎追至严州建德县严东关地方，吕正禄、卢美荣遂为卢正奎瞥见，喊经该处厘局炮船巡丁，将吕正禄、卢美荣扭送建德县发押。卢正奎报由伊母卢蔡氏以伊女被拐等情呈诉到厅，由检察厅移提吕正禄、卢美荣起诉前来。当经本厅发交刑庭，遵章片请检察厅莅庭监审，提获鞫讯，据供前情不讳，诚恐尚有不实不尽，再三究诘，各矢不移，业无遁饰，应即判决。查例载：凡诱拐女为妻者，其和诱知情之人为首，发极边足四千里安置。为从被诱之人俱减等满徒。又例载：凡和奸处（人）[八]等罚。又律载：凡犯罪未发而自首者，免其罪。若奸者，并不在自首之律各等语。此案吕正禄与卢美荣通奸，吕正禄辄敢乘间诱拐，卢美荣辄敢和同被诱，均属不法，惟查卢美荣甫经出门，即便念母悔悟，托人通知其母，并告（朋）[明]所逃路途，以便追寻，委与自首无异，自应免其为从被诱罪，止科奸罪。吕正禄亦应递减一等问拟，吕正禄合依凡诱拐女为妻者，其私诱知情之人为从，发极边足四千里安置，例减一等，拟徒三年，发交本省习艺所，依限工作，限满释放。卢美荣合依和奸者处八等罚律，拟处八等罚，系属犯奸，不准折赎，照章移请检察厅，俟上诉期间经过确定后，分别执行，遵章汇报。卢美荣携带行李已由卢正奎起回，应毋庸议。

冒昧娶孀致谢私逃　　江宁地方审判厅案

缘伍谢氏系淮城人，因原籍年荒难度，与伍张氏逃荒来宁。伍谢氏将幼孩托伍张氏抚养，自往各处求食，贫无所(伊)[依]，因由在逃之刘金福媒说，言明伍谢氏系属孀妇，嫁与张(和)[加]炳为妻，计身价洋六十元，当场写立婚书，系伍张氏出笔，伍谢氏虽系知情，惟当时并未画押，伍张氏分得身价洋二十六元，其余均系刘金福等分用。张加炳与伍谢氏相处数日，伍谢氏忽然逃走，经张加炳扭送巡局，由检察厅转送到厅，传同伍张氏质讯，各供与前情相同。惟伍谢氏现称此事因贫所迫，不得已而为之，实系有夫在籍，愿从前夫，不愿改嫁张姓等语。饬传刘金福并无下落，不能悬案以待，应即议结。此案伍谢氏既有前夫，何能再嫁，本应照例重办，惟念该氏供明愿从前夫，可见其并无恋奸情节，实为因贫糊口起见，情尚可原，从宽免予置议，交保释放。张加炳既不查明伍谢氏来历，又不当场令伍谢氏画押，冒昧娶孀，本属咎由自取。惟念张加炳人财两空，情亦可怜，应将伍张氏所得身价洋二十六元先行追还张加炳。前款伍张氏应知伍谢氏本有前夫，当其改嫁时，应劝阻之不遑，何得伍谢氏出立笔据，分受财礼，殊属不合，断令伍张氏赶将所得身价洋二十六元缴案，以便发给张加炳具领。如果违限，即行押追。至伍张氏代伍谢氏抚养幼孩膳费，应归伍谢氏筹还，再行将子领回，两造遵断，取结存案。刘金福俟查提到案，另行议办。此判。

妇女诱拐妇女图卖未成　　江宁地方审判厅案

犯罪事实及证明缘由：缘陈杨氏籍隶安徽，伊夫陈有才在宁小本营生，出外不家，徐段氏与陈杨氏邻居素识，时常往来。纪四姑娘与陈杨氏认识，纪四姑娘向系织机营业，因机工甚苦，时常谈及苦情。徐段氏亦因婆母、丈夫虐待，均欲寻觅安乐地方存身。宣统三年二月二十三日，徐段氏因陈杨氏搬家送火，陈杨氏因伊婆母、丈夫不称心，起意拐卖，遂向徐段氏告说，不如将你卖与殷实人家，可以安身，徐段氏即称愿意。二月二十五日，陈杨氏又至纪四姑娘家伪托买鞋面缎为名，(桑)[乘]间密嘱纪四姑娘至其家内，说机工甚苦，不如由伊带往上海代找学堂教员，可以享福，纪四姑娘亦称愿意。陈杨氏即将徐段氏、纪四姑娘先后藏匿家中，一面将徐段氏托淮清桥冯姓估卖，定要身价洋一百元，冯姓不允。陈杨氏凝将徐段氏、纪四姑娘带往上海，恐被他人窥破拐情，遂商徐段氏等剪发梳辫，易服改装，正在筹划川资动身，即被徐段氏等各家属查获领回。控经警局详报，奉督宪扎司饬厅讯办，当经提犯研讯，据供前情不讳，究(结)[诘]不移，案无遁饰，应即判决。

引据案文法律及理由：查例载：诱拐妇人、女子不分已卖、未卖，但诱取者，和诱知情之人为首,发极边足四千里安置,被诱之人减等满徒。又律载:二罪俱发,从一科断各等语。此案陈杨氏先后诱拐徐段氏、纪四姑娘价卖,未成被获,在家藏匿,惟诱取已成,实属不法。查二罪同时举发,照律从一科断,陈杨氏合伊诱拐妇女不分已卖、未卖,但诱取者,和诱知情之人为首,发极边四足里安置例,拟发极边足四千里安置,系妇女,例准赎罪,赎银七十两,无力完缴,折工作二百八十日,收所习艺,限满,责付本夫保管。徐段氏等愿被拐卖即属和诱知情,徐段氏、纪四姑娘均各依被拐之人减等满徒例,拟徒三年,系妇女,例准赎罪,赎银四十两,另行册报。陈有才事后回家,事前并不知情,亦无同拐情事,应毋庸议。无干省释。判决。

乘机诱拐图卖　　安庆地方审判厅案

缘汪南山即张仁山、夏同元、张王氏均籍隶桐城县。汪南山之父汪竹坡早故,其母汪薛氏携子改适张汉朝,故汪南山改从张姓,复名张仁山,张王氏自幼为张汉朝之异居胞兄张兰元养媳,兰元子福泰年幼,尚未与张王氏成婚。宣统三年六月三十日,张王氏因屡被姑嫂责骂,意欲上省佣工,自度生活,往诉于汪南山之母张薛氏,张薛氏劝阻不听。汪南山遂起意乘机诱拐,托言在省佣工,赚钱无多,复甚辛苦,不若由伊带往上海,托伊姊代觅人家,不过典押数月,即可得洋二三十元,茶饭一切,较为适意,且言伊姊当初亦是典押与人,现今手下颇有钱文,询问张王氏愿意去否,张王氏因急欲出门,亦即首肯。汪南山又虑携带年轻妇女上路,被人盘问,恐有不便,因与素识之夏同元商量,邀令伴送,允以得价分用。夏同元因有子在沪生理,正欲往看,随即允从,彼此约定闰六月初五日动身,并先由夏同元在枞阳镇雇就不识姓名船只等候,初四日,张王氏又与其姑嫂口角,夜间潜往汪南山家躲藏,次日汪南山携带张王氏,同至该镇我见夏同元,一同上船开行,船户均不知情。初六日到省,该犯等舍船登陆,即赴怡和轮船局买票,被水巡警盘获,送区转送检察厅起诉前来。当经本厅发交刑庭,先行预审,转送公判。兹经饬传张王氏之姑张陆氏到庭,提同该犯汪南山等隔别研讯,据各供认前情不讳,诘无另有通奸情事,再三推鞫,矢口不移,案无遁饰,应即判决。

(援据法律各条及理由:)查现行例载:诱拐妇人子女,或典卖或为妻妾子孙者,不分已卖、未卖,但诱取者,其和诱知情之人为首,发极边足四千里安置,为从及被诱之人俱减等满徒各等语。此案汪南山因张王氏屡被姑嫂责骂,欲出外佣工,辄敢乘机诱拐,以佣工辛苦不如典押之言,诱允该氏同往上海托伊姊代觅受主,并邀夏同元帮同伴送,许以得价分用,实属不法。虽中途即被水巡盘获,尚未典押与人,究属业经诱取,自应按例问拟。汪南山即张仁山,合依诱拐妇人子女或典卖、或为妻妾子孙者,不分已卖、未卖,但诱取者,其和诱知情之人为首,发极边足四千里安置例,拟发极边足四千里安置。查系常赦所得原,应照名例,免其发配,收拾本地习艺所工作十二年,限满释放。夏同元贪利伴送,并先代佣船只,即属为从,应与知情被诱之张王氏,均依为从及被诱之人减等满徒例,俱各徒三年。夏同元收所,依限工作,满日释放。张王氏系妇女,例准论赎,惟讯以无力完缴,应按赎罪银数改折监禁一百六十日,限满交其姑张陆氏领回完聚。汪南山之母张薛氏与不识姓名之船户,讯明均不知情,俱免提究。此判。

通奸诱拐　　　杭州地方审判厅案

陆宝财、许蒋氏分隶东阳、浦江等县,陆宝财以鞋匠为业,在浦江一带营生,与许世二之妻许蒋氏通奸,本夫许世二初不知情。宣统元年三月陆宝财乘许世二外出,遂诱拐许蒋氏在杭州平窑,复至上柏。及本年,躲避在钱塘县境上四乡、上陈埭地方,于二月初六日生有一女。许蒋氏颇自怨悔,思思回家,因不知归路,祗得随同陆宝财逃窜。六月初旬,许蒋氏适遇同族祖姑许张氏在上陈埭地方采茶,当告以被拐实情,嘱令设法通知浦江本夫许世二领回。许张氏即转托鞋匠楼月辉、张连顺将陆宝财、许蒋氏并小女孩一口,交地保陈阿贤看管,一面亲赴杭州官巷口邱顺兴木作店内许世二之表兄邱言道处通知,不想地保陈阿贤一时疏忽,陆宝财又诱同许蒋氏及小孩逃至拱宸桥,待许世二同邱言道寻至上陈埭地方,向地保陈阿贤索人,陈阿贤硬说偶致疏忽,没法可想。许世二同证人邱言道、楼月辉、张连顺以地保陈阿贤故纵陆宝财、许蒋氏等情具诉到厅,由检察厅提同地保陈阿贤起诉前来。当经本厅发交刑庭,遵章片请检察官莅庭监审,提案鞫讯,据各供述如前,将该保陈阿贤收押,一面准令具限五日,将宝财、许蒋氏寻获送案。嗣于五日限内,陈阿贤胞弟陈士熙来厅声称,昨日陆宝财在拱宸桥小洋桥木匠作内行窃,被木匠张亦正、张亦武、郭维豪、王根蒂连女人许蒋氏又小女孩一口一并拿住,当经饬令该木匠等将陆宝财、许蒋氏并小女孩一口送案,讯据陆宝财,供认诱拐前情不讳,许蒋氏亦供认被拐自悔各情如前。诚恐尚有不实不尽,再三究诘,各矢不移,案无遁饰,应即判决。查例载:凡诱拐妇人为妻者,其和诱知情之人,为首,发极边足四千里安置;为从、被诱之人减等满徒。又例载:军民相奸者,奸夫、奸妇各处十等罚。又律载:犯罪未发而自首者,免其罪,其遣人代首,听,如罪人身自首法。又律载:奸者不载自首之律各等语。此案陆宝财与许蒋氏通奸,辄敢将许蒋氏诱逃,该氏于被拐之后,时常怨悔,因不知归途,在上陈埭地方遇见同族祖姑许张氏即告以被拐实情,嘱令通知许世二领回,核其情节,实与遣人代首相同。许蒋氏自应免其为从被拐徒罪,止科奸罪。陆宝财亦应递减问拟,陆宝财除犯奸轻罪不议外,合依凡诱拐妇人为妻者,其和诱知情之人为首,发极边足四千里安置例上减一等,拟徒三年,发交本省习艺所,依限工作。许蒋氏合依军民相奸者,奸夫、奸妇各处十等罚例,拟处十等罚,能否完纳罚金,遵章移请检察厅,俟上诉期间经过确定后,分别执行,按季汇报。看守疏忽之地保陈阿贤既于五日限内由伊弟陈士熙寻获拐犯陆宝财等,与讯无不合之本夫许世二、证人邱言道、楼月辉、张连顺、拿送陆宝财等之本匠张亦正、张亦武、郭维豪、王根蒂均讯无不合,应予免议。奸生女责令奸夫收养。此判。

假捏堕胎案　　宁波地方审判厅案

犯罪人　徐葛氏四十三岁,鄞县人。钟范氏,鄞县人,接生。李杏生,三十五岁,商伙,鄞县人。均在江东东胜街。犯罪事实及证明缘由:缘徐葛氏、钟范氏、李杏生均籍隶鄞县,钟范氏向业接生,李杏生向为业伙,均与徐葛氏素识。光绪三十三年间,李杏生与徐葛氏调戏成奸,以后常往续旧,给过钱物,不记确数。徐葛氏之夫徐顺林知情纵容,嗣李杏生与徐葛氏因细故龃龉,遂凭王孝先等言明给洋一百二十元,永绝奸好,相见时犹常有违言。宣统三年七月十二日,又复撞遇,一言不合,遂生口角。李杏生用板凳殴伤徐葛氏右额角并用指爪抓伤其左眼胞、左腮颊,暨用足跌伤其右腿。经区警出阻,送由地方检察厅查讯,验伤饬医。据徐葛氏声称有五月身孕,饬稳按验未真。剳发初级检察厅起诉,初级审判厅审理。廿九日派警传讯,据该警报告,徐葛氏于廿九日堕胎。初级检察官亲诣督稳,验明该氏产门并无血水流出,内无血迹,该胎生发手足俱全。八月初一日徐葛氏投案请求复验,当将案卷证物呈送地方检察厅,会同初级检察官邀产科女医沈惠英验得该氏产门有血块两小块,仍不能指出堕胎确据。初三日李杏生以该氏捏造堕胎呈求再验,复经地方检察厅会同初级检察官邀华美医院兰医生诣验,徐葛氏子宫紧闭,确非堕胎。调查该胎系张小生之妻小产遗弃,由钟范生移置抵诬,传案起诉前来,经本厅发交刑庭遵章片请检察官莅庭。讯据徐葛氏供称系被李杏生殴伤以致于二十八日堕胎,当时令钟范氏来家料理,钟范氏则谓二十七日张小生之妻小产,亦邀伊前往照料。次日至徐葛氏家,孩已产下,质之张小生称,伊妻于七月二十七日小产,钟范氏拟将死胎携回,伊欲妥为埋葬,未允,旋令过路不识姓名箴竹司务用蒲包装理埋之大坟头。傍晚钟范氏来询,伊告以已经埋好,钟范氏无言而去,伊见其前往大坟头,心生疑虑,于次早往视,蒲包已弃置道路,死胎亦被携去。是日即发见徐葛氏假捏堕胎之事,显系钟范氏所为,其死胎形式并经看视无讹等语。查徐葛氏踢伤系在右腿,原验伤痕非重,不致堕胎,现经本厅督验,业已平复,更无虑有堕胎之事。该胎生发手足俱全,亦非五月身孕,与徐葛氏初验所述已不符合,追反复穷诘,徐葛氏又改称实有八月身孕,尤为信口妄供,其第二次复验出于该氏来厅请求,所有血块两小块显系假捏,不足为凭,案既证明,并经节次检验明确,应即判决。判决之文略。

法官奸职官之妾　　　贵州高等审判厅案

缘(事)[韦]可经原籍四川,寄籍贵州正安州,由法政毕业生应贵州第一次法官考试,考取法官,委署贵阳地方审判厅民庭推事,现因本案详请参革。黄高氏原系任内阁学士黄卓元之妾,生有一女。黄瑞麟、锡麟、德麟系黄卓元已故嫡室胡氏所生之子。黄卓元于光绪二十九年在籍病故,黄瑞麟兄弟均不知无知丁之人,黄瑞麟等即均依黄高氏同居抚养。黄卓元所遗财产概归黄高氏经管。黄瑞麟因其住宅正宽,即将前层厢房抬佃王卫生、牛层花,厅边间分租韦可经住坐。韦可经时到上房与黄瑞麟等闲谈,黄高氏见面不避,且常与之同桌共食。韦可经何时与黄高氏有奸,黄瑞麟并不知情。佣妇袁潘氏即颜潘氏窥破情形,知其有奸,遂向黄瑞麟告知,因无确据,不敢骤知。宣统三年闰六月初七夜,黄瑞麟由黄高氏卧室窗下经过,听闻韦可经在内与黄高氏说笑,即欲捉拿,因恐力不能敌,遂与袁潘氏商谋,邀集无(暇)[服]族兄黄耀先、族侄黄子元、服内侄黄育元等于十六日至家潜住捉拿,被黄高氏近侍使女翠环撞见,黄瑞麟等恐泄风声,遂于十九夜三更时候,由袁潘氏先往韦可经住房拍门喊叫,声称黄高氏小产血崩,请速到上房代为设法时,韦可经已经就寝,闻声起视,见袁潘氏言语可疑,转身闭门,袁潘氏遂将其发辫抓住,大呼法官殴人,黄耀先等先在巷道等候,一同赶拢,将韦可经拖出院坝。黄瑞麟弟兄亦闻声趋至,黄高氏闻知出外劝解,黄育元等不依,遂用麻绳将韦可经反背捆缚,悬吊栏杆。上面袁潘氏当用掌殴韦可经下唇吻两下,经同院居住之王卫生闻闹往劝,始将韦可经释下,仍系栏杆之上,天明报经东区巡警,将韦可经箱笼打开查点。经袁潘氏指认,内有玉镯一支、棉絮一床、被里一床、绵毡一床、端砚一方、夏布一段、枕头一个、枕帕二块、男夹滚身一件,系黄高氏家之物。延至二十日午后,始将韦可经两手反缚牵走在前,黄高氏乘舆随后,以刁奸透产等情控经贵阳地方检察厅起诉,词称黄高氏因奸怀有身孕五月,是以未便双双捆送等语。当经预审,讯悉前情,取具两造供结,并经该厅移据地方检察厅照会医官诊视,黄高氏尚无胎脉状态等情,移覆各在卷。嗣因复提黄耀先等质讯,不服,该厅决定命令诉由原检察厅呈送高等检察厅抗告到厅,当即传集一干,开庭审讯。据黄瑞麟供,十九日夜拿奸系在奸所,意图翻异地方厅原供,迨经复提审讯,反复推问,始称与地方审判厅亲书供词相同,不敢翻异。捉奸族人黄耀先等及委任人游松云等并袁潘氏供词与原审相符。质之黄高氏则坚称,不惟十九夜非在奸所拿获,即平日亦无奸通情事,至玉镯、棉絮、被里、枕头、枕帕、夏布等物,确系该氏之物,但玉镯系前日内由伊女五妹玩落在于韦处,棉絮、被里,系先由同院王卫生间接向该氏,不惜私卖与韦可经,枕头帕系替他人代做,因嫌色红,韦可经买去,夏布系其送与同院王卫生之嫂,不知又如何在韦可经处,其余均非伊家之物。提同韦可经质审,则称玉镯系黄高氏之女五妹于事前五日内玩落,棉被系去银二两二钱,枕头帕系去钱四钱向黄高氏得买,(砚)[端]砚系咨议局谭云鹏议长代买,线毯系在裕甡和得买,前在地方厅误记为豫贞乾,夏布亦系向黄高氏得买,其余俱非伊箱内之物,至与黄高氏,平日并无奸情各等语。再三(穷结)[究诘],供仍如前。查韦可经供称端砚系谭议长代买,业由地方检察厅调查属实,线毯既系在裕甡和购买,且当时系属袁潘氏指认,究竟是否王姓之物,原告黄瑞麟亦不能确切认明,俱应毋庸议外,余如玉镯虽俱同供系黄高氏之女五妹玩落,若果属实,韦可经既不命人送还黄高氏,亦不饬其找寻,何其漫不经心乃尔,况一称落在前月,一称系在事前五日以内,供词互相矛盾,其为捏饰,已属显然。他如枕头、枕帕、棉被,虽据或买或借,但黄高氏并非穷困卖物之人,且枕头各物亦非寻常可以出售之品,况彼此往来,买卖如果属实,何以并无一人眼见。至夏布,据黄高氏供称,何其送与王卫生之嫂,现在王卫生屡传不到,姑无论是否实在,但一称何送与王卫生之嫂,一称何其得买,彼此供词互异,以各种情节观之,黄高氏与韦可经平日有通奸情形,必无疑义,本厅因恐证据或有不确,复提黄高氏近侍使女翠环讯问,据供本年不记月日,黄高氏曾命其往请韦可经到上房同宿,过后相隔五六日或七八日,又请一次,都是三更去请上来,天明下去,就是事前五六天,黄高氏亦命其请过一次,并命其送过韦可经夏布一匹,惟十九夜则不在上房拿获等语。质讯黄高氏等,仍不供讯。本厅复查,十九夜捉奸非在奸所,不惟该原告黄瑞麟亲书初供昭然,即族证黄耀先等及袁潘氏供亦足证,地方审判厅原供具在,黄瑞麟无所用其狡卸,致掩真情。惟原词呈称,黄高氏因奸透漏家财等语。讯据黄高氏供称,何因历年家用等项花费,诉词亦确切指明,至韦可经与黄高氏平日奸通,不惟有证物可凭,即使女翠环所供,亦历历可绘,似此证据确凿,未便听其狡饰致案文悬,应即照例判决。

(高等审判厅援据法律某条及理由:)查现行例载:职官奸军民妻,奸夫、奸妇各处十等罚,与妾相奸,罚同。又律载:军民殴伤非本官九品以上官者,加凡斗伤二等。又:凡斗以手足殴人成伤者,处三等罚。又:不应为而为之,处(女)[四]等罚,事理重者,处八等罚。又名例载:遣详明下人犯狡供不认,果系众(记)[证]确凿,照例定拟各等语。此案韦可经身充法官,应如何束身自(受)[爱],乃(应)[因]犯奸被控,实属有玷官箴,其与在籍已故内阁学士黄卓元之妾高氏通奸，拿获虽非奸所，但于该革员箱内搜出玉镯、枕头、枕帕、棉被等件，黄高氏已确认为其所有之物，且有使女翠环供词足据。经本厅提案研讯，虽韦可经、黄高氏均坚不认奸，但犯奸乃不良行为，遁饰亦人情常有，使女翠环虽未成年，但各情暧昧，断难得其真相，此案既有证物可凭，又有证人足据，证据均皆确凿，提讯并无碍义。查韦可经虽系现任司法之官，但无牧民守土之责，难以本管官论。黄高氏系已故职官之妾，并非命妇正妻可比，遍查律例，并无职官奸职官妾作何治罪专条，自应仍同凡论，比例问拟。韦可经、黄高氏均比依职官奸军民妻，奸夫、奸妇各处十等罚，妾罪同例，各拟处十等罚。韦可经业因本案经本厅详参革职，应勿庸议。黄高氏犯奸不准赎罪，照例改折工作六十日，现未设有女犯习艺所，依限作工，监禁，限满释放，听其回家。袁潘氏系黄高氏佣妇，黄耀先、黄子元系黄姓无服亲属，俱非例许捉奸之人捉奸，又非奸所，袁潘氏并敢于捆缚之后复掌殴韦可经唇吻成伤，均属不合。袁潘氏即颜潘氏，除手足殴伤非本管九品以上官，罪止五等罚轻罪不议外，袁潘氏、黄耀先、黄子元均合依不应为而为之理比重处八等律，各拟处八等罚。查袁潘氏供称，前数年曾经递解（同）[回]籍等语，兹既复行来黔，仍不安本分，一俟罚金谢后，应仍递解回籍，由地方官交保，严加管束，以示惩儆。黄瑞麟虽系嫡子，黄育元虽系有服之亲，但捉奸不在奸所，均有不合。黄瑞麟、黄育元均合依不应为而为，处四等罚律，各拟处四等罚。黄卓元所遗财产，当其身死之后，黄瑞麟兄弟年均幼稚，别无成丁之人，所有家产一切曾于光绪廿九年，在前贵阳府胡前臬司全案下报明，概由黄高氏经管，现在既已掌管多年，即有自由处分之权。黄瑞麟诉称黄高氏因奸将伊家财物陆续透漏，交韦可经藏匿一节，查该原词仅只笼统牵叙，并未确切指明，讯之黄高氏，则称自家主死后，历年家用及嫁女聘媳等项，均在遗产项下支用，俱有数目可稽。查黄卓元身死之后，黄瑞麟年甫十龄，现仅年十八岁，查其原词内称有三万余金无存，迨经本厅初次庭讯，据供又仅一万余金无着，足见黄瑞麟从未经管家务，黄高氏如何花费，黄瑞麟均属不知其详，因是以奸疑控，与黄高氏所称家用花费等情均在情理之中。黄高氏既有处分财产之权，花费称系家用，究竟是否属实，应由黄瑞麟请凭亲族同黄高氏核算明确，有无透漏情事，再行分别起诉。玉镯等物分别给领。无干省释。贵阳地方审判厅卷发还妇（壻）[婿]。此判。

判牍十三　杂犯门

恃霸逼迁　　　　　　**重庆地方审判厅案**

缘淡泰丰[源]籍隶巴县，于光绪二十年约佃信义堂铺房，开设干菜生理，安押银五十两,每年租银六十二两,照纳无欠。嗣因铺房倾圮,淡泰丰源自行修理,前后共费银七百余两,只有三百余两开明账单,交信义堂存执。二十九年城厢房价增涨,信义堂议加租银二十八两,年共九十两。约注淡泰丰源得永远佃居字样。本年因淡泰丰源停贸,将铺房私行镶佃,经该堂首事仝纯卿查知,理斥不服,禀经督署讯,限淡泰丰源冬月搬迁,淡泰丰源亦在巴县起诉,批准未审,旋即停讼。兹于十二月初五日具控来厅,当经准理,随即传集原、被人证,讯悉前情,自应据理判决。

查淡泰丰源承佃信义堂铺房开贸,虽注明永佃字样,实指本人自居,岂容私行镶佃?且业非自有,而永远住居,不使人行使所有权,殊于情理不合,费用修缮银七百余两,只三百余金开送账单,其余数目未经通知房主,即属毫无实据,质之证人吴沛霖等,供亦相符,应饬淡泰丰源退佃,一面将镶田各户起迁,勒限本月二十日交房。酌断信义认补修银二百两,原安押银照数给还,均由堂首仝纯卿措缴,交淡泰丰源具领。惟淡泰丰源现因折本停贸,迭恳加补,其情亦属可矜,并饬信义堂念多年主客之谊,如淡泰丰源依限搬迁,格外帮给搬家银五十两,以敦情义。各具切结完案,讼费照非因财产而起讼者,征银三两,著淡泰丰源呈缴,佃约涂销。此判。

恶佃朋凶　　　　重庆地方审判厅案

缘骆超有祖遗田业一股,岁收租谷一百余石,分佃李玉山、简洪顺二人耕种。李玉山名下佃业押银二百六十两,每年实纳租谷五十五担。简洪顺名佃业押银四百两,每年实纳租谷四十九担。李玉山耕种八年,简洪顺耕种十余年,向因丰歉不等,自戊申年后历有欠租。骆超遂决意揭退,另招新佃。宣统元年九月,招得新佃贺宝盛一人耕种,押有租银无加无减。贺宝盛于十月内已将应付押银给[清]楚,催求上庄,旧佃李玉山、简洪顺因与骆超理算租谷押银不决,延不搬迁。骆超所扣欲付旧佃之押银二百两交存。新佃贺宝盛手控,经巴县于宣统二年九月内唤集委讯,断令骆超除扣李玉山押银八十两外,尚应给领银一百八十两,扣简洪顺押银四十两外,尚应领银二百二十六两,均由骆超给付,勒限搬迁。贺宝盛于李玉山等搬迁后上庄耕种,限十二日各具切结完案。讼费照民事因财产而诉讼者二百五十两以下征银六两五钱,着贺宝盛、李玉山、简洪顺三人分缴。此判。

藐抗欺吞　　　　重庆地方审判厅案

缘赖仲雅系赖汝弼之子,彭仙砺之甥,光绪三十四年与彭仙砺之子杏舫,因兵口山松柴涉讼,业经巴县迭讯,断判有案,但未完结。本厅开庭,复具控前来,案将发票传讯。旋据证人彭鹤皋等禀称,因两造均属至戚,民等情愿从中劝令和解了事,并议遵县断,兵口山松柴三分之一计算银一百二十三两,再劝杏舫同搜曾氏增银一百七十七两,亲交仲雅弟兄,合约息讼,其兵口山松柴仍归彭杏舫叔管业,嗣后仲雅弟兄永不干预。所控衣物、金饰、账项等情,前经巴县讯明无凭,一并了息,各书"(请)[清]了"字样,职等叩恳销案并叩恳当庭发交分关三纸,涂销副约一纸,借约一纸,各情在案。既经彭鹤皋等挽劝,两造情愿和解,应即照准,当由本厅传集人证,讯供前情属实,当将案内黏附副约、借约涂销,并将分关三纸揭交,由赖仲雅具领一纸,彭杏舫具领二纸,嗣后各管各业,不得再行翻异,各具领状,切结完案。讼费六两五钱,着两造分缴。此判。

赁屋该局聚赌　　保定地方审判厅案

缘陈玉海籍隶清苑县,开饭铺生理。先是陈玉海在会场不知姓名人旧货摊上买有竹牌一副,未经赌博。宣统三年三月二十九日,陈玉海素识已获之刘金科、未获之顾洛贵、王玉昆撞遇闲谈,陈玉海开场窝赌,抽头得利分用。刘金科与顾洛贵等允从。陈玉海即租赁未获之陈洛匡房屋设局开赌,并雇王建章在场写账。当日有段树林、孙洛赞、王僧蓝、霍登云、徐凤五、刘唤春、任洛珍、胡洛芹、刘洛知、霍民并未获不识姓名多人先后入局赌博,陈玉海等将自己银钱放头,共抽得头洋十元大钱二十八吊,次日即被四乡南区巡警抓获,并起获赌具、洋元等物,送由地方检察厅起诉前来,当派推事提犯审讯,据各供晰前情不讳,究结不移,应即判决。

(援执法律某条及理由:)查现行例载:偶然会聚开场窝赌,放头、抽头无多者,徒一年,赌博之人各处十等罚。又律载:共犯罪者,随从减一等各等语。此案陈玉海纠邀刘金科等开场窝赌放头、抽头,甫经二日即被巡警拿获,尚无经旬累月情事,自应按例问拟。陈玉海合依偶然会聚开赌、窝赌,放头、抽头无多者,徒一年例,拟徒一年,解交保定习艺所,依限作工,限满释放。刘金科听纠窝赌,王建章受雇窝账,均系为从,应于陈玉海徒一年罪上减一等,各处十等罚。段树林、孙洛赞、王僧蓝、霍登云、徐凤五、刘唤春、任洛珍、胡洛芹、刘洛知、霍民均系入局赌博之人,合依赌博例,各处十等罚。起获在场洋元、制钱,照例入官,局账、宝棍、筹码等物,案结销毁。赌具讯系在会场不知姓名人之旧货摊上购买,无从根究,应免置议。窝赌房屋讯系偶然会聚,应免入官。同赌不知姓名人应免查究,知情容留之房主陈洛匡、伙同开赌之顾洛贵、王玉昆,俟缉获日另结。失察赌博之牌甲,应由检察厅传案,按例处罚。此判。(刑)

私造洋枪　　　　保定地方审判厅案

缘张拴子籍隶藁城县，素习修理洋枪手艺，祖父年八十七岁，父年五十六岁，母年五十三岁。宣统元年八月间不记日期，张拴子因贫难度，起意私造洋枪售卖渔利，先后造成洋枪三支，卖给不识姓名人，得钱花用。旋经保定营务处侦察士将张拴子访获，并起获造枪器械等件，转送清苑县，经曰令调元提讯，未及详办，适省城各级审判厅成立，照依法令将犯卷汇案，移送地方检察厅起诉到厅，当即提犯审讯，据供前情不讳，究诘不移，应即判决。

（援据法律某条及理由：）查现行例载：私造鸟枪者，处十等罚，每一件加一等等语。此案张拴子因素习修理洋枪手艺，辄敢图利私造洋枪三支，先后卖给不识姓名人，得钱花用，遍查律例，并无私造洋枪作何治罪明文。惟洋枪与鸟枪无异，自应(此)[比]例问拟。张拴子合依私造鸟枪者，处十等罚，每一件加一等例，拟徒一年半，解交保定习艺所依限工作，限满释放，所得卖枪钱文照追入官。失察该犯私造洋枪之该管地保，移会藁城县传案，照例处罚革役。买枪之不识姓名人应免传究。起获造枪器械存库备照。此判。

堂兄弟负恩欺孤　　　　芜湖地方审判厅案

缘王昌言诉称，伊故父以知县在天津机器局当差，念堂兄昌国贫难自存，招往教养，旋荐与前天津海关道刘方伯处充当账房，依刘父子终身。积赀二万金之谱父去世时，昌言年甫五岁，至十一岁，母又病故，所有存款尽归昌国经理。光绪二十七年，昌国在无为州刘寓病亡，昌言时在泾县，未得见面，彼此相信素深，从未问及存款之数，嫂翟氏至此声明存款只有银二千三百两，昌言独信为实，讵后经多方剥削，将数销清，即取出账簿，勒令书明"亲手收讫"字样。昌言怪其小心大过，又见有支无收，因此生疑，特往浙江谒刘之长子刘敏斋，观察询问存款数目。据云昌国经手除由伊代用外，仍存五千两内外，此系伊于将死半年前亲口所言者，今除收过二千三百两外，应尚余银二千七百两之谱等语。嗣刘数次致函与昌国之子万春，多方开导，声言一经涉讼，如需刘姓作证，惟有据实直陈。讵万春复函，俱用伊母翟氏出名，坚不承认，刘敏斋无可如何。昌言复邀亲族理论，又避不面，情出无奈，请求传讯，并请移浙江审判厅就近代问证人等情到厅。

（证明理曲之缘由：）当饬传讯王万春，避不投案，仅据翟氏来庭备质，察核辩诉抄账、两造供情，翟氏以付讫为遁词，昌言以刘姓为铁证。虽据昌言抄呈翟氏致刘敏斋书信并刘致昌言原函，刘函理正词严，令人钦佩，然真伪莫分，遽难定谳。况此案所争之点，重在总数是否五千，至于二千三百之数，翟氏固云付讫，昌言亦曰批销，欲知总数若干，除刘敏斋兄弟而外，别无可证，爰即备文并抄两造状词,移请浙江杭州地方审判厅就近询问,旋准,移覆内开于五月初九日,由民庭庭长亲往所在地面讯。据云,王万春之父昌国前在伊父天津海关道任内充当账房,系由王昌言之父保荐,嗣王昌言幼失怙恃,即依王昌国夫妇抚养,所有存款亦系王昌国代为管理,当日存银实数确有五六千两上下,近年王昌言成立,因此项存款纠葛,彼此均经到浙向伊陈述,伊曾从中调停,令王万春之母翟氏以五百两给还王昌言作为了结,均已允洽。今又涉讼官厅,伊亦无能为力。并云上年间,伊因调停此事,曾有亲笔信据致王昌言及王万春等处,一经吊验,自知底细,不必再俟伊另出笔供各等语,移覆到厅。准此。二次传讯翟氏与子万春,均未到庭,委任胡翰鼎来庭供称,如果浙江回文载明五千数目,情愿照偿等情,迨以原文示之,始知事难遁饰,俯首无词。昌言又呈刘敏斋原函一件,合即判决以杜拖延。

(判决之理由:)翟氏不念昌国穷途投止,顿饮水以忘源,且勒昌言亲笔批明,早蓄心而积虑,不思自己负义,转责昌言无良?据供昌言少孤,赖(依)[伊]抚养,张罗赙款,广发讣文,补助饔飧,为谋乾馆,虽语皆属实然,事岂无因。盖一则天良不昧,王昌国之知己感深,一则友谊难忘,刘方伯之故人情重,非尽厚死,实以媚生,此亦寄人篱下者之苦况,不足异也。迄今日王昌言之诉讼,虽近架空,而长公子之书函足为信据。况翟氏一经本庭质讯,则乘间潜赴之江,方期衣敝登门乞恩代隐,讵料公道在人,真情非伪,照章就讯,秉笔直书,证凭既确,狡赖无从。案已查清,自应照判,第念无知妇女,何足与言,年幼万春亦难深责,昌言则学专法律,名列胶庠,彼既理屈词穷,业经折服。尔昔零丁孤苦,究属相依,道德之观念当存,刻薄之心肠宜戒,汪洋盛度,体昔贤弗为已甚之心,远大前程,懔古人尤而效之之戒,五六千虽无定数,五百两确有成言,即定判词以芟讼蔓。限翟氏于一月内缴银五百两,以凭给昌言具领完案。讼费银十两并着翟氏照纳,保状附卷。此判。

子女雇与人服役得钱还债　　　南昌地方审判厅案

讯得罗熊氏年二十七岁,于光绪二十八年嫁与罗运快为妻。本年正月运快身故,丧费无出,除将衣服、首饰当钱十三千外,尚缺丧费三十千,经罗熊氏已分家之夫弟罗运发假之戚友,聊应急需。后罗熊氏无力偿还,而债主又催讨甚迫,罗运发之母罗万氏于无可设法之中,暂为权宜之计,私将熊氏养女一口名唤水秀,年方七岁,雇与杨刘氏服役,得钱六十千文,以偿借款,除偿款外,剩余之钱存罗万氏处,被罗熊氏查悉,疑为夫弟运发所为,遂以运发蓄谋拐骗,控由检察厅起诉前来。经本厅传提罗运发、罗熊氏质讯,据供前情不讳。查罗运发系罗运快之同胞兄弟,平日虽各谋生计,异爨分居,然当此偶遭凶丧,负累增加,熊氏女流,无从措办,运发若念同胞之义,理宜不分畛域,代为归偿,尽尔手足之情,毋使家庭起衅,尔罗运发可谓明乎大义,悚乎人情。乃悭囊不破,竟听尔母罗万氏将水秀雇与人服役得钱还债,剩余之钱又不交归熊氏,致熊氏疑团不解,兴讼公庭,此皆尔运发不善处置,实(户)[负]厥咎。惟念堂讯之时,熊氏亦说运发家无余赀,只靠当兵口粮,仰事俯畜,是则罗运发之生计艰难,亦为其嫂罗熊氏所鉴。原本推事廉得其情,虽不强运发以力所难能,亦未便听其置身事外,罗运发着将其母(刘)[罗]万氏经手偿债剩余之三十千尽数缴案。罗熊氏着将夫丧借款应还之三十千限日筹足,即由本厅,传出杨刘氏,饬令将资领去,将水秀交罗熊氏领回。惟据罗熊氏供,尽力筹措只得二十千,尚余十千无从措办,复由本推事劝令杨刘氏减让,以清纠葛。查将子女雇与人服役,律所不禁,罗万氏、罗运发、杨刘氏均令免诉。此谕。

兄弟不和睦怂母呈诉　　　　南昌地方审判厅案

审得黄刘氏系已故黄兴贵之妻,有子二,长水生,幼鬓头,均种菜为业。水生自幼继伯为嗣,妻郑氏已出子二,长三岁,次一岁,雇乳母抱养。去年八月,黄兴贵弃世,黄刘氏令水生、鬓头分爨,所有家业划为两份,分别执管,房屋四间,言明黄刘氏住一间,水生住一间,鬓头住一间,留中堂一间作为公共,其黄刘氏月膳由水生、鬓头担任。今年春,水生患病,奉养偶缺,乳母月薪亦未能按期照付,水生禀商黄刘氏,仍苦无法挪移,水生郁郁不乐,声言房屋四间照二份拍分,应有二间等语。自此遂萌典卖房屋之意。四月二十日,水生赴邻居饮酒,醉后回家与鬓头为难,势将用武。黄刘氏遂将黄水生送到地方检察厅起诉到厅。传讯黄刘氏、黄水生、黄鬓头,供与前情无异。查生我之恩,古称罔极,黄水生对于生母黄刘氏,自应馨尔晨馐,洁尔夕膳,藉抒孝养之忱,家即清贫,容有不尽之力,断无不尽之心,此固中国数千年来之国粹也。黄水生厄于生计,侍养有违,黄刘氏顾全大体,向不苛求,可谓宽大已极,独复横生枝节,希图擅卖房屋二间,破坏已成之堂构,尚得谓为善继善述耶。至于黄鬓头之对于水生原系手足之亲,当思葛藟之庇,兄虽不友,弟不可以不恭,黄水生逞一醉之凶威,任性墙阋鬓头,若知悌道,涕泣而道之可也,胡乃怂母出头将兄呈送,妇人爱怜少子,容或稍偏,本厅察核实情,概勿深究,房屋四间,着即仍照原议,免致迭起衅端。嗣后黄水生务须振刷精神,勉供子职,黄鬓头亦当保全骨月,善体兄心,毋以小嫌介意,毋以细故伤情,畅叙天伦,养成国瑞,本厅有厚望焉。此谕。

使用官银局假票不知情　　江宁地方审判厅案

缘鞠东郊籍隶山东海阳县，宣统元年在下关广全安办馆司账，与广东人彭子庭同事。彭子庭向鞠东郊前后借洋二十余元，分文未还，办馆闭歇，彭遂不知去向。宣统三年二月二十九日鞠东郊行至下关，路遇彭子庭，即向索欠，彭子庭付还裕宁钞票三张，计洋十五元。三月初二日，鞠东郊持票赴水西门购买水果，不能行用，即往裕宁官钱局兑换，致彼查出假票拘获，发上元县转送到厅。当经提犯研究，据供此项假票系由彭子庭还欠交来，伊实无伪造假票情事等语，自非缉获彭子庭到案对质，不能水落石出。当查彭子庭并无一定下落，迄今未据获案，现犯未便久羁，应即先行判决。查例载：不应为而为，事理重者，处八等罚等语。此案鞠东郊向裕宁官钱局兑换假票，虽据供称系由彭子庭还欠交来，并不知情。惟鞠东郊往水西门购买水果之时，此票既不能行用，应向官钱局呈明缘由，请官钱局究追，方为正办。乃鞠东郊并不请追，仍以假票赴官钱局换洋，有意朦混行使，究属不应。鞠东郊应依不应重律处八等罚银十两例，拟处八等罚银十两，追银册报，仍（饰）[饬]取具的实铺保保释，勒令追交彭子庭到案，再行提同质讯，分别核办，庶无轻纵之（高）[虞]，并严缉彭子庭到案另行拟结。此判。

偶然会聚赌博　　奉天高等审判厅案

缘刘何氏、何邱氏、韩金占、金连生、何连城分隶新民府满洲厢蓝、厢白各旗。金连生、韩金占、何连城均充该府属西达子营预备巡警，彼此素识。宣统二年十月二十八日，邱氏先至何氏家串亲，金连生、韩金占亦前往闲坐，何氏声称看牌赌耍，每牌输赢铜元一枚，不抽头钱，并取出旧存纸牌一副，邱氏等允从，一共四人斗赌。何氏之夫刘广生在另屋教读，并不知情，何氏等输赢未分，适值新民府张守亲莅该屯点验，预备巡警何连城奉令往找十家长刘士文会同商办，行至何氏家寻觅，见何氏等在炕赌牌，当向查询。金连生答称不知，何连城疑系有意戏弄，遂上前将纸牌拂至地下，并向金连生扑殴，金连生回抵，均未成伤。韩金占拦劝，何连城疑系帮助，扭住韩金占发辫向外拉走，称赴巡警局评理。韩金占畏惧，恳求释放，何连城不允，韩金占情急用口咬伤何连城左手背，何连城松手，出门路遇刘士文，当向告知前情，同至巡警分驻所报明，转送新民地方检察厅起诉。经审判厅集讯明确，并经检察厅验明，何连城伤已平复，将刘何氏判依偶然会聚开场窝赌例，拟徒一年。韩金占、金连生、何邱氏均依赌博之人例，各处十等罚。何连城依手足殴人不成伤律，拟处二等罚。于十一月二十一日判决。册报提法司，以何氏仅系起意赌博，与例载开场窝赌情形迥异，该审判厅遽依偶然会聚开场窝赌例，拟徒一年，未免情轻法重，扎饬该检察厅提起非常上告,转行到厅。查开场窝赌之例,系指专设赌局纠人赌博藉以渔利而言。因有关风化,虽系偶然会聚,亦拟徒一年。此案何邱氏与金连生、韩金占先后至刘何氏家串亲闲谈,商允赌博,系不期而遇,并非刘何氏纠往同赌,亦无抽头重情,核与开场窝赌之例意不符,刘何氏应改依赌博之人处十等罚例,拟处十等罚。余如该厅原判完结。此判(刑)。

不应得为而为　　　　天津高等审判厅案

缘董六虎与李富文籍隶沧州,同庄居住。宣统二年九月初一日,李富文之子李党向董六虎场边拾粪,旋到窝铺旁抽取棒秸,董六虎在窝铺内闻声向外喊骂。李党年尚幼稚,抛弃棒秸哭回家内,将董六虎辱骂情形告诉伊父。嗣于初五日晚,李党患惊风病症,李富文因董六虎、董昌顺未去探视,遂起怨言,经人调停未谐。于初十日晚间,将李党送到董昌顺家内,欲藉词理论,董昌顺首先赴州捏控李富文于初三日讹借麦子一担未允,挟嫌图赖等情,而李富文亦误执伊子被殴抽风等词具呈辩诉。时该州公出,经孙吏目派仵验复,系患风症,李党旋于二十九日傍晚身死。十月初九日,该州公回,亲诣勘验,填明尸格,李党委因患惊风病症身死。该李富文之母李张氏及村正、副地保、邻佑具有甘结,该氏并将尸具领。嗣该氏不服沧州判断,由高等检察分厅提(到)[起]上诉到厅。

(证明犯罪之缘由:)迭次研讯,并查阅沧州填录尸格,系验明李党面色黄瘦,口有涎沫流出,十指甲微青,右胳肘有擦伤一点,左脚外踝有擦伤一点,均红色,脑后垫伤一处,围圆九分,红色,两脚心反张等语。该州验讯系惊风身死,其脑后红伤验明有色无晕,系在砖(坑)[炕]硬物上枕垫多日所致,惟右胳肘、左脚外踝擦伤两点,未经叙明缘由。本厅讯据董六虎供称,系李党在伊家炕上躺卧风病时,作被席子破处擦伤属实,质之李富文,始犹狡执,再三诘讯,始称伊将李党抱送董姓时,并无右胳肘、左脚外踝擦伤,据此则董六虎所供系因病卧被破席擦伤之语自属可信,且与该仵作二十九日验复禀称右胳肘、左脚外踝擦伤均系油皮微破情形相合,若系董六虎初一日所殴,则伤既如此轻微,逾二十九日之久,当早已结痂矣。惟脑后红伤,李富文供系紫泡卷,查李富文于九月二十六日在州初次呈称,董六虎将伊子李党头颅脸面殴打后兼受病抽风等语,并未确指有脑后伤痕,且此伤果系被殴,岂能初一日受伤至二十六日始行呈告,具呈内并隐忍不将伤处指明,只以头颅脸面数字含混措词,其情伪已可概见。至李党于二十九日病死,三十日李张氏呈内始叙有李党脑后有伤一层,尤足征脑后垫伤系初十日以后在董六虎家砖(坑)[炕]硬物上枕垫所致,决非初一日董六虎相与口角时所殴。查村正、副王泽生、王立元等在州供称,李富文将伊子送到董六虎家时,伊等未见有伤,核与董六虎供称李党脑后红伤系在伊家砖(坑)[炕]躺卧多日被发辫隔垫所致之语,亦属相符。层层追诘,李富文又改称李党两腮发青、口内牙龂有血等语。查尸格内并无此伤,尤难为据。总之李党死系因病,既经沧州验明,本厅提案研讯,复核无异,惟已死李党问年甫八岁,偶向邻佑场边拾粪,抽取棒秸,事极微细,该董六虎年长十余岁,理应善言教导,何得肆口喊骂。及李党患病,李富文抱送伊家,即未能婉言送还,又不将砖(坑)[炕]破席加意遮护,以致李党因病躺卧被擦、被垫成伤,董六虎究有未合,案经迭讯,自应判决。

（援据法律某条及理由：）查律载："不应得为而为之,事理重者,处八等罚"等语。此案董六虎事前既因口角启衅,事后又未将砖(坑)[炕]破席加意遮护,以致李党擦垫成伤,死系因病,讼由此起。董六虎应照不应得为而为之事理重者处八等罚律,拟处八等罚。董昌顺在州首先呈告李富文讹借未遂,挟嫌图赖及李富文上诉董六虎殴伤伊子各节,经本厅讯无确据,念系情急互控,均从宽免议。此判。

开设花会　　　　宁波地方审判厅案

缘陈一根、胡曹富、陈来生分隶鄞县、余姚县。陈来生系陈一根无服族侄孙。宣统三年六月十三日,陈一根因家贫,起意开做花会渔利,纠允徐阿昌、徐厚发在黄山岙地方设筒拼做,佣胡曹富、徐逢喜帮收钱文。自十三日起至十六日,连做四日,赢余钱约二百十千文。十六日陈来生闻知前往观看,陈一根即诱令入会押钱,尚未开筒,经鄞县访闻,派勇拿获该犯等,并获在场钱洋、花会钱券、标旗、经折、尖刀,解由地方检察厅起诉到厅。提犯研鞫,供悉前情不讳,应即判决。

（援据法律某条及理由：）查例载："花会案犯起意为首者,照造卖赌具例,流三千里。在场帮收钱文等犯,照为从例,徒三年。被诱入会之人,处十等罚。地保失于查察,比照造卖赌具保甲知而不首例,处十等罚"各等语。此案陈一根起意开做花会,胡曹富在场帮收钱文,均属不法,陈来生被诱入会,地保王星木失于查察,亦属不合,自应分别按律问拟。

（判决主文：）陈一根合依花会案犯起意为首者照造卖赌具例流三千里例,拟流三千里,依律收入本地习艺所工作十年。胡曹富合依在场帮收钱文等犯照为从例徒三年例,拟徒三年,依限收所工作。陈一根、胡曹富据称亲老应侍,是否属实,有无捏饰,照例移知鄞县,切实查明结报办理。陈来生合依被诱入会之人处十等罚例,拟处十等罚。王星木合依地保失于查察,比照造卖赌具,保甲知而不首处十等罚例,处十等罚,革役。起获花会纸卷、标旗、经折、尖刀等物没收,在场钱洋已由鄞县给赏,应毋庸议。逸犯徐阿昌等饬缉,获日另(给)[结],片付检察厅俟上诉期满确定后执行。此判。

寺僧争充方丈　　　　宁波地方审判厅案

缘天宁寺僧宝樟于戊申年三月十四日起在寺当家,寺例当家三年,则任方丈,盖以当家为义务,而方丈则其报酬之权利也。现该寺方丈僧永真于本年三月十三日三年期满,当家宝樟于例当代,永真以老和尚致和从前亦曾充方丈四载,思援此例再充一年,事为宝樟所闻,立与争执。永真因托老和尚致和所命为辞,宝樟不服,遂将此事来厅呈诉。

(判决理由:)查原告宝樟主张该寺方丈三年一任,如妙德和尚、德昌和尚、能觉和尚等历历可数,据被告僧永真声称各寺并无此等定例,但其引老和尚致和以公事未了曾为方丈四年,已欲再连一年,以了为大佛添金之愿等语。是该寺方丈三年一任之证,已不啻自白,为佛添金,事关募化,岂必为方丈而始可宏此愿力耶?其托词恋栈已可显见,惟佛法以清净为宗,该原告僧瓜期未至,当可少安毋躁,事前涉讼,何自寻烦恼乃尔?今就其请求之目的而为之判断如左:

(判决主文:)天宁寺僧永真应于七月十五日将方丈一席归当家僧宝樟接充,事前各安旧职,不得借端寻衅,讼费印花三两,由原、被告二人分担缴销。此判。

女看役失于防范致令斩立决犯妇自缢　　　　江宁地方审判厅案

缘陈柏氏籍隶安徽休宁县,现充江宁地方审判厅女看守所女看役。由检察厅饬发已决女犯鞠潘氏一名,收入所内女字第四号房间。今陈柏氏看管鞠潘氏,在所患病,报经检察厅拨医调治。宣统三年四月初八日鞠潘氏病势增剧,又据禀经所官将手镣放开,四月十四日四更时分,鞠潘氏起来出恭,适别号女犯吴刘氏亦陡患腹痛,狂叫不已,经陈柏氏前往料理汤药,陈柏氏不能兼顾,回去稍迟,讵料鞠潘氏乘间扯下被里布一条在房内木栅上自缢。陈柏氏回房瞥见,当即报经所官,带同所丁进房解救,无效,移时殒命。即经所官报明前署检察厅厅长戴直牧,派第二初级检察厅检察官项泽蟠前往该所验讯,由检察厅详奉批饬,将该女看役提案移送审判厅,切实研究有无凌虐及别项情弊,务得确情,录取切供,分别拟议详办等因,将犯卷转送到厅。查此案自缢之鞠潘氏系与付殿国通奸,同谋勒死亲夫鞠永顺身死,依律拟斩之犯,准奉前因,即提陈柏氏到案研讯,据供实系一时疏忽,并无凌虐及别项情弊,质之别号女犯吴刘氏,供亦相同。究诘不移,案无遁饰,应即判决。查例载:"失于检点防范致囚自尽者,役卒处六等罚"等语。此案女看役陈柏氏于奉发看守之犯乘间自缢,殊属疏忽,惟讯因当时别号女犯喊令料理汤药,顾彼失此,势难兼顾,情尚可原,且看守所既非监狱可比,看役又与役卒不同,自应照量减问拟。陈柏氏应比照失于检点防范致囚乘间自尽者狱卒处六等罚律上,酌减一等,处五等罚,银二两五钱,另行册报。除将所官应议职名另行开报外,合行判决。

武断乡曲中饱巨款　　抚顺地方审判厅案

缘张钦元向充营盘十屯会董,吴悦斌、李文衡等六名充本屯会首,遇有会事,历由各会首与会董公议商办。光绪二十七八年间,前兴京景协领试办牛马税,其时地方甫遭兵燹,民气未复,无力输将,合境公举张钦元、林广茂为代表赴省禀求停止,景协领旋以私收税捐等情禀,蒙前军督宪批交发审处提省讯办。当时张钦元与各屯民数十人投审讯明完结,税亦停收,所有众人往返川资及在省候审旅费,经各会首商允,各按本屯凡畜牲口之家,公摊弥补,有照交者,有未交者,张钦元并未经手,曾与各会首谈及钱如收齐,即以余钱唱戏,后因钱未收清,戏亦未唱,此账始终未结。旋值日、俄战乱,客兵占居民舍,遂致账本散失无存。三十年间,俄兵大队驻扎营盘一带各处,搜牛索草,居民惊扰不堪。张钦元邀集各屯会首商议在营盘设立会所,公举张(连)[钦]元等经理,代俄兵购买粮草牛只,始渐相安,其初颇沾余利。三十一年二月俄兵败走,共短会所价洋五千余元,并将会存粮草全行焚烧,计共亏钱三万五千余吊,会众公议十屯认摊。迄俄兵退去,日本大兵即来接扎购粮,觅车扰甚。于前至四月间,张钦元又与各会议立车捐局,公举洪景文为执事并雇工人多名,即代日军雇车运粮,每车抽洋一角,苦力工资一并酌抽,截止退兵止,共抽收洋一万七千九百余元,除开支局用洋一万三千七百余元,实余存洋四千二百余元。日兵撤后,境内空虚,奉谕照旧复设团练,张钦元即充西路练董,因置备枪械,十屯会议共凑洋八千元,经张焕械、洪景祺赴省购买快枪六十六枝,子弹八千粒,共用洋五千元。又经张焕械续买快枪三十四枝,子弹五万粒,共用洋四千八百余元,不敷之款,由车捐余款内拨补,连团练经费动用无余。三十二年开办毓英学堂,二十屯共筹洋二万八千六百余元,合银一万七千九百余两,当时放出生息钱八万余吊,节年收过利银一千六百余两,除开办经费及六学期开支共用银一万一千二百六十余两,尚存银八千三百余两。学堂一切事务概由管理员佟德科经理,出入款项按期造册报销,放出生息钱文亦有借据、押契。迨后团练改为巡警,公举张钦元为主,计三十三年,因经费无着,始议照章按地抽捐,每日地抽洋一角,自正月至七月,计营盘十屯共抽洋二千六百零九元,除放警饷洋一千五百五十一元,实存洋一千零五十余元。至八月间,二十屯归并,每日地改抽洋半角,初招警兵二十余名,归并后,地面较宽,添招警兵二十余名,马步巡共五十名。自三十三年八月起至宣统元年三月止,所抽地捐及铺捐等项连原存洋一千零五十余元,又借用学款五百余元,除开销外,尚不敷洋四百五十余元,曾经按款造报。三十四年冬,张钦元年老辞退,苏德恩接充主计,因警款不敷,加派各屯洋三十二元有奇,旋经罗宪尧、金殿阁等控经本厅,提案讯明,将苏德恩按照因公科敛拟罪详办,苏德恩遣差经警务长先派巡长萧鹏翼代管。后又改派洪景祺为主计,三月接办,裁兵十名。四月间,洪景祺另招巡警二十五名,自此警饷、学款均归洪景祺征收。维时各屯因兵系新募,地广力单,北略防务吃紧,各屯公约萧鹏翼暂带旧警,在二伙洛下哈达等处巡逻防匪,饷由各屯自筹,张钦元并未居间主持。五月间,吴悦斌、李文衡等因见张钦元被巡警局禀揭账目未交,心疑款有侵蚀,遂罗列多款,控经民政司,批发抚顺县暨巡警局将张钦元传获送厅讯办。迭经催传,原告吴悦斌、李文衡等于七月二十三日后,始陆续投案,本厅咨调发审处兴京厅原卷,饬取账簿并添付证佐,逐加稽核,详细研诘,据各供悉前情。查指控二十七、八年因请停牛马税私欠税款一节,早经发审处讯明并无甚事,一切川资旅费系由各本屯会首筹摊弥补,业取供结详销。事隔多年,款未收齐,金谓账目因乱散失,尚属可信,至代俄日军队购买粮草牛只,雇车拉运辎重,系求地方公安。一则俄兵退后共亏物价三万余吊,十屯公议认摊,其无帖利可知,一则车捐余项拨作团练经费及续买枪弹之用,其买枪一款,除公摊洋八千元,尚不敷洋一千八百余元,枪枝子弹现均有数可稽。至学款、警款各有专人管理,学款并未亏空,警款则实收实销,计用十屯存饷洋一千零五十余元,又借用学款洋五百余元,尚短洋四百五十余元。该原被按账查封,逐款相符,张钦元因款未清结,以故账目未交。至旧有警兵业已遣散,枪械缴存,商号归公备用,案经讯明,应即判决。此案张钦元充当会董,总理各屯会事,款项出入向有专人管理,张钦元并未亲自经手,学务则有管理员经管,现在照常办理,警务则于去冬辞退,早经有人接充,尚无侵蚀把持废弛各情,即被控(恕)[奸]淫妇女一节,亦未查有实据,惟其于旧警未即撤退,账亦迟延未交,虽据供因收款未清,留警非出己意,究属不知避嫌,姑念警已遣散,枪枝全交,年届七旬,从宽免议,准予保释。吴悦斌、李文衡等心疑张钦元款有侵蚀,并不控于昔年而控于巡警局,禀揭之后,显系别有意见。现在账已算明,各无异词,亦均免致议。至十屯存饷银一千零五十余元及借用学款洋五百余元,应由二十屯会首赶将欠交地饷筹措,交巡记洪兆三核收,以清纠葛。旧警枪械业缴商号,备存公用,亦毋庸议。无干省释。此判。

倚恃洋势寻事扰民　　　抚顺地方审判厅案

缘邢嘉均即邢洛汰耶,籍隶山东蓬莱县,早年来奉,先在营口、辽阳等处佣工。宣统元年正月初间,来至千金寨日本警务支署充当巡查,与苦力屈发琛,即屈义盛,先不认识,邢嘉均倚恃洋人势力,时常在街寻事,言语凶横,街邻商民动被欺凌,人皆畏威,不敢指控,因此将有邢洛汰耶绰号。五月初六日早,邢嘉均因见屈发琛形迹可疑,当即扭获,带至日本警署,用绳捆缚,并用马鞭责打,逼令供认行窃布衣等情,旋经该支署将屈发琛送由巡警局,转送初级审判厅,讯明并未为匪,饬查,亦无事主被窃案据,正核办间,经检察委员访闻邢嘉均素有绰号,倚势扰民,实为地方之害,遂知会巡警拿获,由检察厅起诉,送请豫审前来,迭经讯研,据供前情不讳,并提初级现审之屈发琛质证,供亦相符,案无遁饰,应即判决。查例载:"拿获绰号棍徒,如系屡次行凶滋事,即照棍徒扰害例,发极边足四千里安置。凡系一时一事确有凶恶实迹者,亦照例拟发"等语。此案邢嘉均即邢洛汰耶,倚恃洋势,寻事扰民,虽未经人控告,而绰号即属实迹,且其因见屈发琛形迹可疑,要拿捆绑,擅行责打,逼认行窃,实属凶恶不法。查其所诬屈发琛,窃赃系在二十两以上,按律加等科断,罪止杖徒,自应仍按绰号棍徒例问拟。邢嘉均即邢洛汰耶,合依拿获绰号棍徒,凡系一时一事确有凶恶实迹者,即照棍徒扰害发极边足四千里安置例,拟发极边足四千里安置,照章发交习艺所工作三十年,期满释放。屈发琛即屈义盛已经初级讯明释放,应毋庸议。此判。

抽头聚赌　　　珲春初级审判厅案

缘玉山系厢黄旗人,家住珲春城东,于二月十四日有关小元等到其家商定租房设赌,当时言明每吊抽头一百文,与关小元平分。本日开赌,遂被游巡队往拿,共获十人,送巡警局拘留。嗣于二十二日移送检察厅起诉前来,当经讯明,玉山供称偶然容留聚赌抽头不讳。赵占奎、郭玉坤、王祥云、王天保、赵占元、张永泰、周开禄、春顺等均供偶然聚集同赌是实,并同称托伦一名实未共赌,其为首作宝之锡某及关小元二名,确系当场逃脱等情,再三研诘,均无异词,讯之托伦,亦同出一词,案无遁饰,应即判决。查现行律载:凡赌博之人各处十等罚。偶然会聚开场窝赌及在家容留赌博,或将自己银钱放头、抽头无多者,各徒一年等语。此案赵占奎、郭玉坤、王祥云、王天保、赵占元、张永泰、周开禄、春顺均供同赌,合依凡赌博之人各处十等罚例,拟处十等罚,移检察厅执行。玉山讯系容留赌博在家抽头,虽属无多,罪在徒一年,应移检察厅将玉山解送地方厅定拟,以清权限,并移请检察厅转知巡警局将逃犯锡某、关小元密缉,俟到案另办。其余,托伦讯未同赌,免议。赌具消毁。此判。

无故扰害良人　　　营口地方审判厅案

缘李长发、孙凤山分隶山东等省,在青泥洼为日本南满洲水产组雇佣,每日工资三十五元。宣统元年三月二十二日,该组日人市原源次郎带领李长发、孙凤山及不知姓名中国人十余名乘坐胜运九轮船,驶至盖平县属鲅鱼圈地方,每人发给洋枪一杆、子[弹]六排、号衣、草帽一套。今李长发、孙凤山换舢板,传令各渔户纳税,大船每季三十五元,小船每人五元,速赴胜运领旗买票。四月初五日,李长发、孙凤山雇坐燕儿飞船往各船插旗催税,渔户郭士行见李长发、孙凤山持枪勒索,疑系盗匪,报局缉拿,李长发、孙凤山开枪拒捕,当被格伤,获,由盖平县解送营口地方审判厅审讯,该犯供认受雇日人勒索渔捐属实。查传原告郭士行、船户周德林未到,拒捕一节,恃无质证,坚不承认。查验起获子(母)[弹]与该犯等所供之数不敷,开枪拒捕已有明证。将李长发、孙凤山比依凶恶棍徒例,量减拟徒,于十月二十七日判决。地方检察厅以情节重大,仅拟满徒,似尚轻纵,渔业总局原呈载明哨官李盛功等均受微(饬)[伤],而判词虽未(饬)[伤]人,事实亦不符合,呈请复判到厅。本厅检阅奉锦道录送渔业总局原文,该犯伏舱放枪,从李哨官左肩穿透军衣,什长丁寿山、正兵藏玉明均受微(饬)[伤]等语。究竟(饬)[伤]在何处,未据送验,无凭悬揣,当经移行传验去后。兹据营口检察厅验明,哨官李盛功军衣被枪穿透,痕迹尚在,什长丁寿山、正兵藏玉明当日所受微(饬)[伤],现已平复,无从查验等语,呈由高等检察厅移复前来,应即改判。查例载:凶恶棍徒无故扰害良人,人所共知,确有实据者,发极边足四千里安置等语。此案李长发、孙凤山受雇于日人南满洲水产组,辄敢倚势外(久)[人],在中国领海持枪勒捐渔税,迨经官兵缉拿,尤敢各自开枪拒捕,实属情势凶恶,厥罪维均,较仅止扰害良人者情节尤重,自不得不以系人雇工量为末减。据供并未开枪拒捕,虽丁寿山等伤痕业已平复,无可查验,而李盛功军衣确有透穿痕迹。其为临拿拒捕无疑,未便任其狡展,自应按例问拟。李长(胜)[发]、孙凤山均改依凶恶棍徒扰害良人,人所共知,确有实据者,发极边足四千里安置例,拟发极边足四千里安置,照章连同监禁年限,收入习艺所,责令身带重镣,充当折磨苦工三十年,限满保释。日人市原源次郎催令华人越界强捐,已属违约,迨经获犯,犹复无理干预,业经抚督院批司应由交涉司核办。洋枪、号衣分别配用存库。此判。

扯毁封条　　　贵阳第一初级审判厅案

缘罗洪兴、颜兴发均以爆竹为业,上年颜兴发与罗洪兴购买爆竹,已交银四十两,其所收之货仅值银二十两余,银二十两无货相抵,亦无银相还。本年正月二十五日，颜兴发具状到厅，经本厅票传原、被，到庭质讯，罗洪兴无力还债，因饬将原佃与颜兴发所住之房二间作抵，以每年所收佃租银两扣除。五月二十八日，罗洪兴称其房已出卖，迫令颜兴发迁移，颜兴发被逼不已，迁出另居，其银无着。于是日，本厅饬吏将其房屋封闭，勒限缴银完案。殊罗洪兴仍不缴银，其内弟杨正和竟敢扯毁封条，殴伤颜兴发，逃匿不面，颜兴发投诉检察厅验明伤痕，起诉到厅，复经北区官调查杨正和扯毁封条，殴伤颜兴发属实，于六月初一日移文检察厅转移到厅。初五日缉获该犯杨正和移送前来，讯据该犯杨正和所供，情词不讳，案既明晰，自应按律判决。

（援据法律某条及理由：）查律载："弃毁官文书者，处十等罚。"此案罗洪兴欠颜兴发之银二十两，无力偿还，既经本厅判决，将房屋作抵，以所收佃租银两扣除，自正月二十五至五月二十八，案经数月，既不筹还其款，复迫令其迁居，已属非是，乃于五月二十八日本厅照章查封，杨正和以案外无干之人乃敢扯毁封条，殴伤颜兴发，实属有意违犯。杨正和除以手殴伤人轻罪不计外，合依弃官文书者处十等罚律，处十等罚，罚银十五两入官，移请检察厅执行。封条既经扯毁，仍加封勒限十日，饬罗洪兴缴银完案，过期即由本厅移请商务总会估价拍卖，以其代价抵偿颜兴发欠款，有余仍发还该民领回。此判。

租船被溺　　　　澄海商埠审判厅案

缘卢沈氏与黄桃盛均系澄海人，卢沈氏置有五肚船一只，因夫故后，于去年十月十五日租与黄桃盛并伊子卢林杰合伙，月纳租银十二元，卢林杰以六成分利，黄桃盛以四成分利，当日三面议明，此船只能运内河不能运外海，有吴义才作证。乃黄桃盛希图重利，装载豆饼，十一月十四日由汕运至南港，适值风浪大作，全船覆没于海中，推原祸始，实由黄桃盛贪利冒险所致。卢沈氏于三月二十八日赴水巡局具控，经区官调查，谓船价约值银四百元，仍以四六成分担，卢林杰应担任二百四十元，黄桃盛应担任一百六十元。当日黄桃盛欲以七八十元了事，卢沈氏不允，复于六月十一日呈诉到厅，同日忽有黄耀水出名具呈辩诉状，十八日传集质讯。据卢沈氏供称伊子卢林杰虽与黄桃盛合伙，适卧病在床，不知其事，此船租与黄桃盛，有吴义才作证，质之吴义才亦无异辞，据黄桃盛供称，此船系黄耀水租的，与民无干。据黄耀水供称此船系民租的，与黄桃盛无干各等语。本厅以情词互异，未便判决，饬令二人取保候讯，二人不肯，刻即交看守所暂行官收，俟查明再讯。旋调阅水巡局卷宗，前后情形均悉。二十九日复讯，卢沈氏则请求赔偿损害，而黄桃盛则不肯承认分文，案悬数月，未便听其拖延，应即判决。查此案前经水巡局劝令黄桃盛以四成分担，应赔银一百六十元，颇属公允，且卢沈氏一家衣食全赖此船以为生活，黄桃盛又系殷实之家,若不酌量赔偿,情何以堪。本厅格外体恤,再酌减十元,饬令黄桃盛限半月内缴银一百五十元到厅,转给卢沈氏具领,两造均愿遵断,当堂具结完案。至黄耀水凭空插讼,复敢挺身强辩,实属目无法纪,本应按律严惩,以儆效尤,姑念乡愚无知,从宽免议。讼费银三两应归黄桃盛呈缴。此判。

翻刻地图　　　澄海商埠审判厅案

缘郑邕亮籍隶揭阳,系汕埠正英学堂毕业生,现充该学堂教习,该生测绘潮州地图,于宣统元年闰二月出版,欲为专卖品。本年四月二十三日,该生向鼎新书局查出地图二十张,曾控警务公所,尚未结案。六月十五日,复以伪造盗刊等情呈诉到厅。二十日传集质讯,据郑邕亮供称,此图载明版权所有,翻刻必究,该书局冒名盗刊,请照侵夺版权律核办。据书局冯佩卿供称,此图系郑邕亮托敝书局代售,并未盗刊各等语。查近来中外通例,凡著作权、版权,均须禀准官厅立案,给有证书,始得专卖,该生测绘潮州地图,殊费苦心,惟未经立案,究与禀准专卖之版权有别。鼎新书局为营利起见,发售该生地图,无论盗刊与否,系由该书局查出,且当日并未与该生面商,不为无过。据供郑邕亮托该书局代售,殊属遁辞,揣度人情,断无始而托其代售,继而诬其盗刊之理,本厅从中调停,谕令冯佩卿缴银五元来厅,转给郑邕亮具领,为绘图报酬之资。嗣后该书局不得翻刻再卖,致干重罚,两造均愿遵断,当堂具结完案。讼费银三两应归冯佩卿负担。此判。

揹给恤银　　　云南高等审判厅案

为判决事。据马学义控诉马光阁揹给恤银等情一案。讯得上诉人马学义,河西县人,年七十二岁。被上诉人马光阁,建水县人,年二十岁。据马学义供,伊从马军门如龙征战多年,蒙赏银二千两,发有路票为凭,今持票向其孙马光阁索银不允,控经地方审判厅,未蒙断给银两,扣存路票,是以不服上诉。质之马光阁索称,伊祖有无赏给马学义银两之事,无从知悉各等语。查路票专为便于兵弁行旅而设,并非奖札,向无填给赏银之事,且赏银应由公家支给,亦非该故提督私欠之债,例准向其后裔索偿。况事隔三十余年,何得执以为据?地方审判厅所判委无不合,呈验路票,掷还作废,不准再向马光阁滋扰。讼费一元三角,责成马学义缴纳。此判。

私当息折　　　云南高等审判厅案

为判决事。据杨徽美控诉杨济私当息折等情一案。讯得上诉人杨徽美,镇雄州人,年三十岁,寄宿法政学堂。被上诉人杨济,镇雄州人,年二十岁,寄宿农业学堂。据杨徽美供，学生与杨济学费均系由本州路股息银项下支领，滇蜀腾越铁路公司立有息折为凭，杨济私将息折当与周铨盛得银开店，幸周铨盛赴公司领息，经公司查知未发，学生情急控经地方审判厅判决，既不追究杨济，并令将息折带回镇雄，致学生学费无着，又饬学生缴纳讼费三十余元，是以不服上诉。（资）[质]之杨济则称，因去年农业学堂开展览会，学生恐人多折失，故交周铨盛代存，嗣因毕业试验，不克出校，又托其赴公司取息并无当折情事各等语。查杨徽美所控杨济私当息折等情，虽经地方审判厅移查农业学堂，委无其事，惟息折系该两生共有之物，杨济未经通知杨徽美，辄交付周铨盛收存取息，则杨徽美自不能无疑，且息折原属支领息银之据，杨徽美尚肄业法政学堂，亦不应由杨济持回，俾杨徽美学费无着，应由本厅将折牒明提学使司，饬取本年息银一百四十八两八钱，分给杨济全年学费银七十四两四钱，杨徽美半年学费银三十七两二钱，余银三十七两二钱并折存置学务公所，嗣后按年汇取息银。查照镇雄州申司原案，分交该生等所入学堂各监督给领，以重公款而清纠葛。至此案讼费应以杨济所得学费银三十七两为诉讼物之价值，地方审判厅按照股本征银三十元系属错误，自应更正，照章征银二元五角，连同其他费用责成两造分担。惟具禀无力呈缴，念系远道求学，官费无多，从宽一律免征，用示体恤，仰候照会地方审判厅查照。此判。（民）

侵匿公款　　　　云南地方审判厅案

　　为判决事。准昆明县移奉提学司批据王明章等控曹斌侵匿公款一案。讯据原告王明章等同供，民等板桥地方三元宫旧有存款，去年公议拨作办学经费，据劝学员各管事呈报共存钱七百余串，曹斌向管该庙银钱，出入竟将存款把持移挪，屡延不交，控经县讯数次，前查出欠户朱宝等七人，当堂认缴在卷，后查出欠户张玉楼等十余人，未质讯核算求究追。据被告曹斌供三元宫存款，去年八月，民同劝学员及学董邵应学等结算，实存银二百十三两，余钱一百八十三串余，报明劝学所拨归学堂收用，后王明章等控县，民呈历年账簿三十九本在案，查出各账实系恤贫会之款放出生息，请问该会管事邵应学及欠户朱宝等就明白了。据邵应学供，去年三元宫存款拨归学堂，经众核算，曹斌并无隐匿，朱宝等所欠是恤贫会之款，存于伊手上生息，今要追缴亦易，但恤贫会别无产业，每年赈济贫民，全靠此款利银买米，若尽拨入学堂，则恤贫会不能存立。并据呈账簿一本，据朱宝等同供，民等所欠之款是恤贫会的，三元宫存款去岁全数拨归学堂各等供。据此，查三元宫前仅有田十余亩，年收租米壹石九斗，此外别无余款。自光绪二十八年，曹斌及邵应学等垫钱六十串，并起赍会按彩扣收功德钱，展转上赍生息。此九年中，新建铺面，修理庙宇及小学堂并常年拨归学堂之款,统计银七百九十六两有奇,钱七百二十一串有奇,均系曹斌经理,连年积累所致,以此印证,足见其办事诚实。王明章等口称侵匿,询其凭据,则以簿记涂抹,账未结算为词,细阅曹斌所呈各种账簿,记载亦颇明晰,内有总座贲簿一本,于历年支出收入登记尤为明了,其各簿中涂抹之处,率因借款已归者立一符号,何得以此指为侵匿?若谓账未结算,则去年拨款学堂时,有劝学员及学董邵应学等开单报明劝学所,曹斌如有侵匿,岂诸人皆受其蒙蔽?至县讯前后查出各账,逐一粘签,再三查封,核与朱宝等认欠之数迥不相符,且其中原载"还清"字样而亦粘签于其上者,及阅邵应学所呈恤贫会簿据,则各数均合。据此,益信朱宝等所欠其为恤贫会之款无疑,所有控追匿款之处,应毋庸议。惟查该地学款尚形支绌,恤贫会既有银三百四十六两三钱,判令邵应学由恤贫会存款下拨银一百四十六两三钱并饬捐银十两,曹斌捐银二十两,合银一百七十六两三钱,均限本月二十呈缴移县,拨作该地学堂经费。本案讼费归败诉人王明章、陆金沐、李正才、周新等四人分担缴纳。此判。

侵蚀田业　　　　贵阳地方审判厅案

缘张袁氏,贵筑县红里人,其夫张有常,原配赵氏生二女,无子,纳该氏为妾,生二子一女,长老九,次女俱幼。光绪二十八年,有常物故,由赵氏经理家务。至三十二年,赵氏又故,家务始归袁氏经管,但袁氏性情愚懦,且非正室,以故不服人望,即其所生子老九亦多不受管束,辄潜自在外吸烟、赌博,兼有正室女婿万松云从旁引诱,渐至肆无忌惮。有常堂弟张有鉴见此情景,思欲染指家业,遂捏造蜚语,谓袁氏不安于室,唆使老九将宣统二年所收谷子、包谷悉数寄存其家,并将老九留住家中,以为侵蚀田业及驱逐袁氏之计。袁氏情迫,始赴诉于贵筑县,经该县传讯,明确断令,以后无论何人不准干预袁氏家业,将契当堂批明发还,并将老九掌责,交袁氏领回管束,其女婿万松云不准再行来往,所有张老九寄存张有鉴处之谷子、包谷,亦饬有鉴如数交还。殊张有鉴阳奉阴违,不惟收存之谷子、包谷延不交还,且更藉词索诈张老九,不令归依其母,因而兴讼到厅,调卷查阅,讯明前情,应即据理判决。查此案张袁氏虽非张有常正室,惟既生有子女,且张有常夫妇又复先后物故,自应由袁氏经管家政。乃因性情愚懦,为人轻视,以致其子老九受人引诱,不务正业。张有鉴与张有常谊属弟兄,若使稍具天良,应如何教导维持,乃因利欲熏心,遂不惜捏造蜚语,离间袁氏母子,并唆令老九将一年收获之谷子、包谷悉数寄存其家,以为侵蚀之计,致袁氏日不举火,其居心已不堪问。况既诉经贵筑县讯断明确,不准他人干预袁氏家政,并饬令交还收存之谷子、包谷,独敢拖延不交,捏词吓诈,使袁氏母子不得相依,殊属刁狡已极。即断令张有鉴以后永不许干预张袁氏家产，所有张老九寄存之谷子、包谷即照庭供除用外，下余谷子四十四石二斗，饬令张有鉴克期如数交出。张老九亦即饬令回家与袁氏相依，不准在外逗（遛）[留]。所有讼费按照应交谷子时价合算，依价额七十五两以下，征收银三两零八分，着张有鉴照缴。此判。

侵吞捐职款项　　　　宁波地方审判厅案

缘原告郁全尧向在上海做漆司业，于宣统元年与被告傅毓蒸在甬相识，交情颇洽。郁全尧所有积蓄银钱，陆续存入傅毓蒸摒开之增泰钱庄，约有千余元之谱。时郁全尧欲捐一职衔，傅毓蒸当允代为捐纳，令出洋二百元，言明捐一布政司理问衔，其洋即由存银内划付。后傅毓蒸以所办文德学堂经费缺乏，遂将此款助入该校，拟由学堂报奖，未与郁全尧接洽。当年十一月间，有官报名阿免者率同伙六人迳至郁全尧家报喜道贺，至次年郁全尧屡索取存银并部照，且思由原衔加捐同知，傅毓蒸乃复以此事系劝学所董事陈东洲所办，俟转知陈东洲再定，后陈东洲函告郁全尧谓所出二百元之数查阅定章，只能奖一按照磨衔且无执照等语。郁全尧屡索部照不得，由傅毓蒸侵吞入己，常以捐职无效引为耻辱，乃将傅毓蒸捏卖职衔局骗项款等情来厅呈诉。业经传集人证，节次审讯，判决如左：

（判决理由：）查郁全尧所付与傅毓蒸捐职银洋二百元，原托其向赈捐局报捐布政使理问衔，傅毓蒸迳自将此款移助文德学堂，事前既不与接洽，迨后郁全尧索取部照，傅毓蒸又不即将助学请奖须待核准，并向无执照等情据实声明，辄令报喜及开列头衔款式夸以荣耀，未免迹近愚弄。惟据称已将此款册送劝学所汇单请奖，委非私吞，复据劝学员陈东洲呈验鄞县出详公文一纸，查核情节尚非捏造。郁全尧本为顶戴荣身起见，如果助学得奖原与他项报捐无异，应傅毓蒸于本年内将准奖证据知会郁全尧，以昭信实，至郁全尧所存付傅毓蒸开设之增泰庄银洋，业由本厅派员督令两造汇算清楚，合计本息，应该郁全尧洋九百八十四元，除让庚戌利息五十元外，应由傅毓蒸还洋九百三十四元，当令具给取保，照主文所示之限分期缴清。

（判决主文：）郁全尧托傅毓蒸所捐职衔，既据称后由学堂请奖，着责成傅毓蒸于本年内将准奖按照磨衔公文向郁全尧声明，否则郁全尧所付洋二百元应仍归傅毓蒸偿还。至郁全尧交存增泰庄洋九百三十四元，傅毓蒸自请分期偿还，准其于本年六月底还洋三百元，八月底还洋三百元，十二月初十日还洋三百三十四元，均须限期缴清。讼费二十元着两造分担。此判。

大江报淆乱政体　　　　汉口地方审判厅案

犯罪事实及证明缘由：缘詹培翰、何海鸣分隶蕲州及湖南衡阳等州县，均年二十二岁,詹培翰曾在自治研究所第一班毕业,父应鉴年六十五岁,母朱氏年五十一岁,无弟兄,妻查氏,无子。何海鸣父母俱殁,弟兄三人,伊居次,妻子均无,先在上海报馆及汉口商务报馆充当访事。宣统二年间,胡为霖创办大江报馆,命名白话报,专以灌输国民常识,增进人群道德为宗旨,禀经夏口厅核明,申请咨部立案,迨至三年,该报馆因资本不足,遂添招股,以詹培翰任总经理兼总编辑,何海鸣为副编辑,改用文语,作为股份公司。当时并未遵照报律第五条重行呈告,其印刷事,因未置机器,包与大成公司刷印,立有合同,载明大江报日后如有违犯报律,概不与大成相涉,彼此分执为据。该报发行后,于六月二十二日先于时评登"亡中国者和平"一段下注一"海"字,略谓政府守和平即示割让之意,国民不甘,伏阙上书,不足以动政府,有时,大张联合之雄风,倡言种种不承认不纳税之要挟,然亦藏头缩尾,其和平更甚于政府之对外人,且甚至诋《宪法大纲》为摧抑民气之怪物,并引陈天华及宪政党被打赌事以为留学界轰轰烈烈之举动。又于闰六月初一日时评,登"大乱者救中国之妙药"一段下注"奇谈"二字,略谓中国时势,事事皆现死机,和平改革既为事理所必无,次之则无规则之大乱予人民以深创巨痛,使至于绝地而顿易其亡国之观念,故大乱即救中国之妙药。末节又有和平已无可望,国危如此,男儿死耳,好自为之等句。经巡警禀奉督宪批饬,将该报馆封闭,一面饬提正编辑人詹培翰及印刷人关雷汉、李菊卿,移送高级检察厅,起诉到厅,复经本厅饬拘副编辑人何海鸣到案,讯明该报第一张论说及一切新闻均归詹培翰正编辑处审定判发,何海鸣则帮办副张所有论说,时评凡注有"大悲"者,系詹培翰所编注,有"海"字者,则均系何海鸣所编。其闰月初一日所登时评下注"奇谈"字样者,乃系外来寄稿,不知姓名,经詹培翰选定登载,应以詹培翰负其责任。其六月二十六日所登时评下注"海"字即系何海鸣所编,则应以何海鸣负其责任。且查对时评以注有"海"字为多,即其"亡中国和平也"一段言论之嚣张,与"大乱者救中国之妙药"一评如出一辙,何海鸣既认为自撰,是其淆乱政体,实与詹培翰无异,案无遁饰,应即判决。

援据法律某条及理由:查《报律》第十条左列第二项:"淆乱政体之语,报纸不得登载。"又第二十二条:"违第十条登载第二款者,处编辑人以二年以下二月以上之监禁,并科二百元以下二十元以上之罚金,其印刷人实不知情者,免其处罚"各等语。此案詹培翰、何海鸣当大江白话报改为股份公司,更用文言,并不遵照《报律》第五条重行呈告,且复悉反立案时宗旨,何海鸣先于时评编登"亡中国者和平"一段,詹培翰复行编登"大乱者救中国之妙药"一段,言论激烈,语意嚣张,二者毫无轩轾,虽讯非有心激动,第当时不加按语声明立言意旨,徒惑民听,实属淆乱政体。查詹培翰虽系该报馆总经理兼正编辑,何海鸣虽系副编辑,惟既分担责任,即无首从可分,自应各科各罪。詹培翰、何海鸣均合依《报律》第二十二条,违第十条登载第二款之规定,各拟以监禁一年半,讯系赤贫,均免科罚。金大成印刷公司既有合同,不负责任,亦不知情,应与讯属无干之关雷汉、李菊卿均毋庸议。无干省释。查封大江报馆之物,仍由夏口厅照章发落,报纸一束存查。仍移请同级检察厅执行。此判。

报馆损人名誉有伤风化　　贵阳地方审判厅案

据白女士家丁蒋斌供称,主妇被黔报诬蔑与张铨狼狈为奸等语,当经投函请求更正,该报置之不理,以致主妇羞忿难堪,潜图投井自尽,现虽遇救得生,而绝饮食者七八日,生死未卜等语。讯之见证沈女士,供词亦与蒋斌所供相符。惟据编辑人陈廷菜供称,白女士并未遣人投函,亦无关系人亲自请求,以致无凭更正。供词各执,本厅以此案罪名之轻重,当视白女士之生死为断,白女士既绝饮食,应将编辑人陈廷菜暂行拘留,一面片请检察厅派同陈廷菜委任人陈荣轩,前往慈善会白女士住所查验,白女士实在未进饮食,存亡未卜,当即谕令沈女士前往劝慰去后。嗣复片请检察厅调查,白女士现已微进饮食,亦听言语似可望其生存,随饬陈廷菜取保出外,听候判决在案。至医官孙镜具控黔报、商报、公报诬蔑名誉一案,饬传公报编辑人吴作菜,抗不赴案,仅发行人洪刚投讯前来,提同陈廷菜及原告孙镜具称三报所登医官用药化胎之语,情词各异,始则载于新闻,后复记于按语内,并且下指定膏石之语,全属无理栽诬,非登载错误者可比,且当日医官接准检察厅照会,诊视黄高氏胎脉,系会同中医官冯明钦、所官吴锡恩至诊察室,命所妇陈熊氏将黄高氏带至当同诊视,系为察其有无胎脉并未用药,此后亦未复诊,不意该报馆等任意诽诬,一至于此。恳请按律究征,以维社会等语,随传中医官冯明钦、所官吴锡恩、所妇陈熊氏到庭质讯,据供均与孙镜相同,并各出具甘结。此案质之陈廷菜、洪刚,金称孙医官用药化胎之事外,闻舆论啧有烦言。报纸有代表舆论之责,不得不据以登载,意谓事如不实,尚可遵由报律第八条更正,嗣后迄未有请求更正辩驳书,以致无从更正各等供。据此,查报纸登载固有言语之自由,亦当负法律之裁制,但使所载之语,事为公益,不涉阴私,自可毋庸置议。今白女士一案,以青年守节之孀妇,该黔(诬报)[报诬]以狼狈为奸等语,微特损人名誉,抑且有伤风化,况该氏遣人投函更正,该报馆又置之不理,以致羞忿难堪,潜图自尽,诚如抚院批示,万一因此毙命,该报馆岂能当此重咎。至医官孙镜一案,黔报、商报、公报俱载有用药化胎之事,均系损害个人名誉,无关全体公益,且所载又俱属虚诬,断不能以未经投函更正,遂谓可告无罪,应即按律判决。查《报律》第十一条载:"损害人名誉之语,报纸不能登载,但专为公益,不涉阴私者,不在此限。"

又二十四条载:"违第十一条,处该编辑人以二百元以下二十元以上之罚金,遇有前项情形,由被害人告诉乃治其罪。"又三十七条载:"《刑律》自首减轻,再犯加重,数罪俱发从重之规定,于犯本律各条之规定者不适用之"各等语。细绎律意,损害他人名誉之语,非专为公益,若涉阴私者,报纸不得登载,一经登载,即局有违报律,彼害者告诉,即应依律处罚,原无俟本人或关系人之请求更正也。今白女士控黔报馆一案,医官孙镜控黔报、商报、公报等各一案,均系损害他人名誉,并非专为公益,且所载又俱属虚诬,更无公益之可言。查该报馆等所载诬蔑言词,白女士一案,几酿人命,当以白女士之案为最重,自应依律分别问拟。依报律二十四条,据该黔报、商报、公报各一案,其诬蔑言词各报大致相同,惟情节较之白女士稍轻,应即酌量减排。查陈廷粢兼充商报编辑人,陈廷粢罚银一百,共据罚金二百元。公报系吴作粢编辑人,孙镜控公报馆一案,事同一律,亦拟处吴作粢罚金一百元,均合依第三十三条《报律》,自判决确定之日起,逾十日不缴者,即由检察厅牒巡警道请将保押费抵充,不足者仍行追缴,移交检察厅分别执行。此判。

判牍十四 禁烟门

自治调查员知法藐法　　　　安庆地方审判厅案

缘汪恒源年五十八岁,父母俱故,并无兄弟,娶妻生有子女。童效勋年三十五岁,父故,母存,年八十岁,家有一弟,年三十三岁,娶妻生子,均籍隶怀宁县,同住大丰乡相公保。汪恒源向开小杂货店生理,近因歇业无事,于本年正月间在家私开鸦片烟馆,供人吸食,藉获微利。童效勋向业训蒙,捐有从九职衔,经县派充自治调查员,以与汪恒源素有戚谊,不便禁阻。因与汪恒源言明,捏称自吸,令其每月捐纳龙洋一角五分,准其开设,并亲笔给烟户证据一纸,允以迟日再为代换执照,以图影射。其证据上书:"烟户"二字,中书区名、号数、吸烟分量、纳捐数目,下书调员二人姓名。因该区调查员原派系童效勋及查声翼,遂将查声翼一名一并书列。嗣经查声翼闻知,以童效勋盗用伊名营私包庇,显干例禁,邀集该保绅董陈寿芝等同往汪恒源家索阅,证据属实,勒令闭歇烟馆。一面呈由检察厅饬传汪恒源、童效勋到案,起诉过厅,讯悉前情。复据汪恒源供称,二、三、四三个月捐钱六百文,已由童效勋之叔童立志在所欠烟账内扣除,五月分捐资未付,质之童效勋,则称未收到分文,伊亦不知童立志有无扣账之事,饬传童立志未到,应先判决。查《禁烟条例》第三条:"凡开设鸦片烟馆供人吸食者,处四等有期徒刑或千元以下之罚金,房主知情者,房屋入官,不知者不坐。"又第六条:"凡该官吏知有犯前条之罪而故纵者,与犯人同罪,赃重者,仍从重论。"又第十条:"四等有期徒刑,三年未满一年以上及第十一条处罚金刑应加减者,以本条四分之一为一等"各等语。此案汪恒源私开鸦片烟馆,供人吸食,实犯四等有期徒刑。惟念乡曲愚民,为贫所迫,且开设年月亦尚未久,自应就规定刑期范围内从轻处罚,酌定为一年徒刑,收入习艺所工作,限满释放。童效勋捐有从九职衔,充当自治调查员,与官吏无异,明知汪恒源私开烟馆,不惟不加禁阻,反敢捏名书给烟户证据,代为影射,虽据称赃钱六百文并未入手,实属知情故纵,厥罪维均应革去职衔并调查员名目,亦定为一年徒刑,收所工作,限满释放。如愿改缴罚金,则按一千元四分之一,着令呈缴银元二百五十元以示薄惩。汪恒源烟馆业由陈寿芝等勒经闭歇,其房屋供系向人租住,业主并不知情,从宽免其入官。童效勋原捐职衔,仅领实收,未换部照,应令将前项实收及县署派充调查员之照会一并追缴涂销。童立志饬提获日另结。此判。

兴贩烟土　　　　新民地方审判厅案

缘李德、徐庆恩即徐庆林,分隶绥中、奉化等县。李德早年随其父李长山迁至奉化大城子居住,租种徐庆恩家(田)亩,与徐庆恩素识。在逃之赵俊在李德家佣工。宣统二年九月二十九日,李德领同赵俊赴绥中县贩运毡帽,赵俊言及奉化烟土价贵,绥中现有烟土价值甚廉,商令李德贩买,李德贪利允从,当托赵俊代买得烟土三十两,于十月初五日私藏毡帽包内,携回奉化,卖给过路不知姓名人,得利花用。是月十三日,李德忆及前次贩卖烟土得利甚多,因无资本,起意邀同徐庆恩前往,以便多买,随至徐庆恩将贩卖烟得利,约往各情向徐庆恩告知详细,徐庆恩应允,并令赵俊随往。议定三人一同起身,复至绥中县寄寓客店,仍托赵俊代为购免。嗣赵俊陆续代徐庆恩买得烟土一百一十两,代李德买得烟土八十两,赵俊亦自买烟土五十二两,各带身旁,均拟携回奉化变卖图利。三十日同坐火车赴奉,路过新民车站停车,适遇探访队巡长曹荫棠带同探访巡警洪荣偕上车盘查,见徐庆恩形色仓皇,当向盘诘,徐庆恩言语支离,曹荫棠愈加疑惑,遂由徐庆恩腰中收获烟土一百一十两,李德、赵俊乘隙下车,分路潜逃。当将徐庆恩获送警务局询明,李德随时来往奉天住处,该局复派探访巡警刘德带同巡长曹荫棠赴奉天,在天聚东客店将李德并所带烟土八十两一并缉获,押解回新,送交警务局,连同前犯徐庆恩暨先后查获烟土,转送地方检察厅起诉前来。当经本厅提犯隔别研审,据各供认前情不讳,诘无另犯不法别案及另有同伙共犯之人。查逃犯赵俊业已闻风远飏,弋获无期,现犯未便久羁,应先判决。查《禁烟条例》内载:"兴贩鸦片烟图利者,处四等有期徒刑。"又:"四等有期徒刑,三年未满一年以上"各等语。此案李德、徐庆恩即徐庆林,明知禁烟森严,辄敢兴贩烟土,转卖图利,均属不法。查该犯李德两次兴贩烟土，共一百一十两，与徐庆恩所贩之数分量相等，厥罪维约，但各自贩运，亦无首从可分，自应按例照条例各科各罪，李德、徐庆恩即徐庆林，均合依兴贩鸦片烟图利者处四等有期徒刑条例，各酌拟处四等有期徒刑一年。（串）[查]该犯李德据供亲老丁单，惟系按《禁烟条例》拟徒收所习艺之犯，毋庸留养，均依所徒年限收所习艺，限满释放。起获烟土，案结销毁。逸犯赵俊严缉，获日另结。此判。

吸食洋烟　　　　杭州地方审判厅案

缘余阿林、金阿友、李阿荣分隶仁和、萧山等县，或以种田为业，或以织机营生。宣统三年六月二十一日，余阿林在家吸食鸦片烟，领有禁烟公所牌照，每日计吸八分，适有农人金阿友因事前往余阿林家，并有住所相去五里遥之金阿荣，因余阿林已领去织机工钱，尚未来家织机，亦至余阿林家催促作工，均先后入室坐谈，适有探访员进内探查，见余阿林等均在一间草舍内吸烟处同坐，以为余阿林私售烟灯，遍处搜索未得烟膏，只搜得存搁无烟汁之破枪二支。该探员等遂连上床所摆烟灯一盏、烟枪一支，并误指金阿友、李阿荣为烟客，一并带局，送由仁和县初级检察厅起诉，经仁和初级审判厅提讯，援据《禁烟条例》，判令余阿林罚洋一百二十元，金阿友、李阿荣各罚洋六十元。余阿林之烟具草房一并入官，吸户牌照注销。李阿荣等以事实错误，不服判决，照章呈请原检察厅上诉到厅。由本级检察厅起诉前来。当经本厅交刑庭，遵章片请检察官莅庭监审，提案鞫讯，据各供述如前。余阿林坚称只领照买鸦片烟自吸，每日仅止八分，亦不能再售他人，（分）[何]况当探员在家搜查之时，亦未起出存膏、存土，求详情等语。李阿荣坚称，戒已越八月之久，现烟禁森严，并未敢在余阿林家再吸。农人金阿友坚称，食生以来，并未吸过鸦片烟，各不讳。本厅以案关上诉，不厌详求，再三究诘，烟矢不移，复经移请检察厅派员调查，李阿荣等所供均尚相符，案经讯明，自与该初级所讯事实却有不同，自应破毁原判，再行判决。查律载："凡不应（各）[得]为而为之者，处四等罚"等语。此案余阿林既已领照买烟自吸，并未私售，该应宣告无罪。金阿友、李阿荣虽未吸烟，惟当侦探前往调查之时，该金阿友等公然烟铺坐谈，未免不知远嫌，亦属不合，自应按律问拟。金阿友、李阿荣自均合依不应得为而为之者处四等罚律，拟各处四等罚。惟查金阿友自友月二十三日，经仁和县初级审判厅判决即行发押迁善所，迄今已十有（荣）[余]日，亦足蔽辜，应与余阿林即行开释。李阿荣因患病，在初级厅保外，未经（六）[入]押，应照律科罪，能否完纳罚金，移请检察厅俟上诉期间经过确定后，查余照执行，遵章汇报。至余阿林烟具既已分别销毁，应毋庸议。案经讯明并收未私售，灯吃、草房免其入官。此判。

第三编 公牍类

公牍类一

江苏都督程　准议会议决应用法律府令

为公布事。据民政司、提法司会称：准江苏临时省议会知会，本月十八日议决法院应用法律案一件到府，除照复外，合行公布。此令。

计发议案

江苏临时省议会十月十八日议决都督交议法院应用法律案，查交议原案谓：法院审理民刑事件，自必依据法律为断，从前有已规定者，应否暂行应用？其未规定者，应否迅速调查编定？开列各条交会议决。查刑、民、商律及诉讼律等法典于人民权利、审判事务关系至重，若必各别从新编订，断非一时所可告成。当此新旧过渡之际，论因革损益之宜，自不得不取现已编订之各种法典及草案，暂时应用。况商法草案，当时调查编定，本系采取多数人民之意见，于共和政体尤为适合，现拟照原案所开商法草案、破产律、刑法及刑民诉讼法各种，均即由各审判厅采取应用。民法前三编，旧政府亦已编有草案，可以查取。其未有草案者，原案拟暂依本省习惯及外国法理为准，办法亦极平允。仍应迅速调查编订以成完全之法典。谨议。

江苏都督程　颁发各厅应用法律训令

为训令事。提法司呈案查苏省各审判、检察厅业已逐渐推广，收受案件所有应用各项法律亟应早示一定办法，以免纷歧。前经本都督开列此案交省议会公议，旋由议会议决，拟照原案所开《商法草案》、《破产律》、《刑律草案》（第一次）、《民刑事诉讼律草案》各种，均即由各厅采取应用。至《民法》尚未有完全草案，应暂依本省习惯及外国法理为准，俟将来调查编订议决公布后，再行饬遵。为此合先训令，令到该厅，即便一体遵照毋违。此令。

江苏都督庄　颁发议会议决登记法议案府令

为公布事。据民政司、提法司会称：准江苏临时省议会知会，十月十八日议决《江苏试办登记法案》一件到府，除照复外，所有本省业经设立审判厅地方，即应一律试办。其未经设立审判厅地方，即暂由民政长署试办，俟审判厅成立后，移交办理。合行公布，仰该县审判厅知照。此令。

计发江苏试办登记法

江苏试办登记法

第一章　总纲

第一条　凡本法所称登记事项如下：一、不动产；二、船舶；三、商业；四、商标专用权;五、人事;六、公益法人。

第二条　登记所于各该地方审判厅内附设之,依下列情形而为管理:一、不动产之登记,以该不动产所在地之地方审判厅管理之;二、船舶之登记,以该船舶籍所在地之地方审判厅管理之。若在该地方审判厅管辖地之初级审判厅附近地,得讲求初级审判厅代为登记而达于该管之地方审判厅;三、商业之登记,以该营业所在地之地方审判厅管理之;四、商标专用权之登记,以其营业或事务所所在地之地方审判厅管理之;五、人事之登记,以其事实发生地之地方审判厅管理之;六、公益法人之登记,以各该所在地之地方审判厅管理之。

第三条　登记事务,以各该地方审判厅之书记课管理之。

第四条　办理登记事务之人,若因故意或过失发生错误,致登记本人及其余之人受有损害时,须任赔偿之责。

第五条　登记簿册及执照由都督府制成式样,颁发于各该地方审判厅。

第六条　登记簿册及其他与登记有关系之簿册,须永远保存之,但因天灾时变,致一部或全部灭失时,须由各该厅呈请都督府示谕,该灭失簿册内之登记人补行登记。登记人所递事由书,须保存十年。

第七条　凡有请求阅览登记簿册及其他有关系之文书者,须缴一定之阅览费。其请求抄录原文者,须缴一定之抄录费。若因隔地,欲抄录原文,由邮政局代递者,另加邮费。其阅览费及抄录费,另以施行细则定之。

第八条　登记应据当事人或代理人到厅呈请或公署之委托为之,但须有旧契据或其他明确之凭证。

第九条　前条之呈请登记人其证据不完全或不明确时,得为假登记。如查出虚伪,应即注销其假登记。

不服前项注销之人,准其向高等审判厅抗告,如以抗告之决定有违法律时,得再向临时大审院抗告,俟抗告决定后,再行遵照办理。

第十条　凡有按照第八条之规定而为登记,已经缴纳登记费者,须由各该地方审判厅发给登记执照,一面出示公告。

第二章　不动产登记

第十一条　凡应登记之不动产,其种类如下:一、土地;二、建筑物。

第十二条　关于前条应行登记之权利关系如下:(一)所有权;(二)抵押权;甲、交付管理之抵押;乙、不交付管理之抵押。(三)佃种权;(四)租借权。

第十三条　凡因赠与或买卖取得不动产所有权及因分割或归并共有之不动产取得所有权时,须呈请登记。

其保存向有之所有权时亦同。

第十四条　凡关于不动产,有抵押权之设定或移转时,须呈请登记。

第三章　船舶登记

第十五条　凡应登记之船舶,其种类如下:一、属于各官厅所有者;二、属于中国人所有者,包括公法人、私法人。

第十六条　凡因赠与或买卖,取得船舶所有权及因分割或归并共有之船舶取得所有权时,须呈请登记。

其保存向有之所有权时亦同。

第十七条　凡关于船舶有抵押权之设定或移转时,须呈请登记。

但以在制造中之船舶设定抵押权时,须于管辖制造地之地方审判厅呈请登记。

第十八条　凡船舶管理人之选任或变更时,须呈请登记。

第十九条　凡船舶构造有变更时,须呈请登记。

第二十条　凡船舶所有者变更船舶籍时,须呈请登记。

第四章　商业登记

第二十一条　凡营商业者,于开张营业之前,须呈请登记。

其已经开张营业者亦同。但照商律所定,视为小商人者,不在此例。

照前项所定呈请登记时,须将商业主人之姓名、住所、货产总额及商业所在地注明登记之,其已登记之事项有变更时亦同。

第二十二条　商业主人得将自己所用之商号呈请登记。

其承顶他人之商号者亦同。

第二十三条　凡营商业之人,如未成丁者,或为人妻,又或扶养人为被扶养人营商业时,须呈请登记。

第二十四条　凡营商业所用之总司理人,其选任或变更时,须呈请登记。

第二十五条　第二十一条至第二十四条之规定,凡合资营业者准用之。

第二十六条　凡公司须呈请登记之事项如下:一、设立公司时名称及营业所,其已经设立者亦同;二、公司资本之增加;三、公司合并或其组织变更;四、发行债券;五、设立分公司;六、公司或分公司之移转;七、总司理人之选任或变更;八、解散;九、清理人之选任或变更;十、清理之了结。

第五章　商标专用权登记

第二十七条　凡商标专用权,或始有,或共有,或保存,或转让于他人,或抵押于其他之商人时,须呈请登记。

第六章　人事登记

第二十八条　凡人事应登记之种类如下:一、出生;二、死亡;三、养子;四、婚姻;五、失踪;六、立嗣;七、分产。

第二十九条　凡有子女出生时,为父母者或其亲族,须呈请登记。但遗腹子虽未出生,得由其母呈请登记。

收养出生之弃儿时,由收养人呈请登记。

前项之收养若为善堂时,由善堂之经理人呈请登记。

第三十条 凡有死亡者,应由其家属,或同居人,或警察呈请登记。

已执行死刑及在监狱或看守所中死亡者,则由狱官或所官就其所在地之地方审判厅移请登记。

其在船舶中死亡者,该船长须向船舶停泊地之地方审判厅呈请登记。若全船覆没时,则由调查其遇难之官厅报告于死亡者之本籍,就该管地方审判厅而为登记。

第三十一条 凡收容养子者,须由其养亲呈请登记。

养子归宗时亦同。

第三十二条 凡婚姻聘定时,由主婚之家呈请登记。

其男子入赘于女家时,须由女家呈请登记。

未成婚之男女各愿退婚及因诉讼而断令另娶、另嫁者,由男女二家呈请登记。其已成婚者,因协议或诉讼而离婚时,由被离之夫妇两方家长呈请登记。

第三十三条 凡出外之人经过七年不明其生死,及从事战争后,船舶沉没后,或遇他种之危难后,已经过三年,不明其生死,该家属或其利害关系人须将失踪情形,呈请登记,然必有经过七年、三年确实之证据乃可。

若失踪者发见之时,须呈请注销其登记。

第三十四条 凡立他人之子为嗣时,须由立嗣之家呈请登记。

废嗣之时亦同。

第三十五条 凡分产时,须由分产人各持分产证书及族长所出之证凭呈请登记。

第七章 公益法人登记

第三十六条 应登记之公益法人,其种类如下:一、学堂、学会及其他关于学术之团体;二、善堂、病院及其他关于慈善之团体;三、其他关于公益之团体。

第三十七条 前条之法人须呈请登记之事项如下:一、法人之设立及其名称、事务所,其已经设立者亦同;二、总司理人之选任或变更;三、法人之解散;四、清理人之选任或变更;五、清理之了结。

第八章 登记费

第三十八条 凡照本法所定,呈请登记者,应纳一定之登记费。

但照第六条之规定补行登记者,毋庸纳费。

第三十九条 关于不动产之登记,其应纳登记费如下:一、因赠与而取得所有权时,照不动产价格纳费千分之十;二、因买卖而取得所有权时,照不动产价格纳费千分之二;三、因分割或归并共有之不动产而得所有权时,照其所新取得之不动产价格纳费千分之二;四、保存向所固有之所有权时,照不动产价格纳费千分之一;五、于不动产设定抵押权时,照所抵押之债权全额纳费千分之一,已设定之抵押权有移转或变更或消灭时,每件纳银币五角,因抵押权之行使而取得所有权时,应于前列第二、第三款所定之银额中扣除本款所应纳之银额;六、前列各款应纳之费,其所有权之取得已经税契注册过户者,全数免除。

第四十条　关于船舶之登记,其应纳之登记费如下:一、因赠与而取得所有权时,照船舶价格纳费千分之十;二、因买卖而取得所有权时,照船舶价格纳费千分之二;三、因分割或归并共有之船舶而取得所有权时,照其所新取得之船舶价格纳费千分之二;四、保存向所固有之所有权时,照船舶价格纳费千分之一;五、于船舶设定抵押权时,照所抵押之债权全额纳费千分之一,已设定之抵押权有移转或变更或消灭时,每件纳银币五角,因抵押权之行使而取得所有权时,应于前列第二第三款所定之银额中扣除本款所应纳之银额;六、本法第十八条至第二十条之登记,每件纳银币五角。

第四十一条　关于商业之登记,其应纳之登记费如下:一、独资及合资凡属无限责任之商业,除商法所定之小商人外,开张营业时,分三等纳费。第一等,五元;第二等,三元;第三等,一元;但在本法颁行前已经开办,按第二十一条规定而为登记者,照数减半。其现纳牙帖税者,全数免除。第二十二条及至第二十四条之登记,每件纳银币五角;二、股份公司之设立,照所募股份全额纳费千分之一。但在本法颁行前已经设立,按第二十一条规定而为登记者,记者照数减半。第二十六条第二至第五款之登记,纳费各千分之一。第二、第三及第五款,则各照所增加额,第四款则照所募债权全额,第二十六条第六、第七款之登记,每件纳银币一元,第八至第十款之登记,每件纳银币五角。

第四十二条　关于商标专用权之登记,其应纳之登记费如下:一、始有或共有商标专用权而为登记者,每一商品纳银币四元;二、凡转移或抵押其商标专用权者,每件纳银币一元。

第四十三条　凡关于人事之登记,每件纳银币一角。

第四十四条　凡关于公益法人之登记,其应纳之登记费如下:一、设立法人而为登记者,纳银币二元,已经设立在前而为登记者,其费照前减半;二、凡按照第三十七条第二款至第五款之规定而为登记者,每件纳银币五角。

第四十五条　凡有更正或注销以上之登记者,每件纳银币五角。

第九章　附则

第四十六条　本法施行之期,由议会议决及都督府出示公告。

江苏高等检察厅颁发《江苏律师总会章程规则》照会

为照会事案。据律师总会呈称：查本会前经会长等公同组织，并将拟定章程呈送苏都督、提法司察核批准立案，旋又奉　府令克日成立，并饬镌江苏律师总会钤记印，呈备案。当即于旧历十一月初七日开成立大会，一面选举各项职员，一面遵式刊成钤记，即日启用。惟查本会名义江苏律师总会，凡本省各级审判厅，均有到庭办案交涉。所有本会章程规则业经排印，自应呈送贵检察长，分发各级审判、检察厅，分别查照，以期接洽等因。计送江苏律师总会章程四百张，律师办理案件规则四百张，据此除分行外，合亟照会　贵厅，请烦查照办理可也。须至照会者。

上海民政总长李　照会审判厅兼辖各裁判分所文

为照会事。上海自光复以来，于市乡各处置设裁判分所多处，分理刑、民事件。惟非有统辖机关，行政不能一致，查上海地方审判、检察两厅业经成立，所有各市乡现设之各裁判分所，如南市、烂泥渡、三林塘、东沟、曹家渡五处及以后添设之处，均应暂归贵厅节制，仍俟各裁判分所逐渐改设初级审、检两厅，以期统一。合行备文照会，为此照会贵厅，请烦查照施行。须至照会者。

上海地方审判厅呈请江苏都督程核示筹议上海审判检察厅办法文

委任上海地方审判厅长黄庆澜、检察厅长张象焜为会衔呈请事。窃象焜仰蒙大都督暨司长委任上海地方检察厅长，当于十月初十日赍奉大都督训令，赴申会同审判厅长庆澜前往谒见上海民政总长，道达大都督暨司长维持法权、改良审判之意旨，公同商议组织司法进行事宜。兼旬以来，略有头绪，咸以上海地方为华洋通商巨埠，审、检两厅为民人诉讼机关，若不妥为组织，匪特观瞻所系，恐致贻笑外人，而且法权所在，亦虑渐至丧失，关系司法前途，诚非浅鲜。兹经庆澜会同象焜悉心筹议，按照法院编制法，上海城内遵章应设地方审判、检察各厅，并预算每月经费若干及应派推事、检察官、典、主簿、录事若干员外，其余城内及各镇乡，如南市、闵行、烂泥渡、东沟、法华、三林、塘龙华等处，或系繁乡，或系巨镇，或向设有保甲局及裁判所，现经裁撤者，或因租界隔断城内，经过传提人证种种不便者，计应设立初级厅者，共有八处，比之原议上海应设初级十厅，已为极力酌量裁并，无从再减。惟因目下财政支绌，除将地方厅推、检以上各员，按原定公费数目暂且八成支发，并分别互换，兼任城内第一初级审、检两厅事务，藉资撙节外，其初级各厅所需经费，商诸　上海民政总长。当以值此军事旁午，需款浩繁，实在无此财力兼筹并举，只得暂候筹有的款，再行陆续组织，以期普及而洽舆情。惟城外南市一处，为毗连租界之地，一切华洋诉讼，极形殷繁，自非他处可比。拟就南市现办裁判分所原有经费项下，核计改为第二初级审判、检察两厅，预算每月经费比较原有经费仅增五六十元，既经增费无多，复可改良制度，似宜亟图改设，以保法权，实于司法前途裨益匪浅。惟该处营业繁盛，每多富商大贾，凡遇钱债纠葛，无论价额多寡，均往该裁判分所诉讼，不肯进城，以图便利。今若改为初级，则凡有前项案件，自非赴地方厅起诉不可，似与向来习惯每多不便，故该处商民心理咸不乐从。当此过渡时代，能否暂为通融办理，凡有此等民事案件，准由该厅收受，临时呈明地方厅另派推事前往参加会讯，以符合议制。至刑事，向来徒罪以上均送至县署核办，尚无出入之处，似与事实、法律两不背谬。抑厅长等更有请者，现在需用经费浩繁，而财政又极困难，只得暂从简单办理，规模不妨从简。诚如钧谕，惟上海地方与他处情形不同，若太从简陋，不独不足以符制度，且交涉攸关，每致为人藉口，且此次改良审判，即为将来收回领事裁判权之预备，尤为外人所注意。此厅长等筹议组织之余，所以兢兢不敢忽者也。兹将厅长等会议组织地方初级审、检各厅缘由，暨请委两厅执事各员衔名，分别另行开具表折，理合具文呈请，仰祈大都督府赐察核，分别训示、委任祗遵，以便开厅任事，实为公便。再查司法经费，按照法定，应归国家担认，此后上海地方审判、检察两厅及各初级厅经费，是否应由苏省按月发给，抑由他处指拨之款，以资应用，合乞一并示明遵办。须至呈者。

江苏都督程　指令

呈及清折预算表均悉。上海为华洋交通巨埠，司法机关不宜太简，此固人人皆知。惟必筹有经常之款，方能永久维持。苏省光复以来，各（外）[处]州县组织审、检各厅，均系就地筹费，量力而行，该厅事同一律，仰即就近会商民政司长，设法筹备，以期事有实际，款无虚糜。至南市为毗连租界之地，改为第二初级，收受民事案件，变通办理，系谋事实上便利起见，应准暂行。请委各员业经分别填给委任状，所有录事、司法巡官、检验吏等即由该厅自行委任呈报可也。此令。

上海地方审判厅呈报江苏都督庄　开厅日期文

为呈报事。查筹设上海地方审判、检察两厅，并附设初级各厅缘由，暨遴选在事各职员衔名，业经开具表折，呈请江苏都督鉴核，分别委任在案，兹择于中华民国元年元月九日，即阴历十一月二十一日，开厅收受诉讼，并刊就木质关防两颗，文曰：上海地方审判厅关防，上海地方检察厅关防，即于是日启用，除呈报暨移照外，相应备文呈报，即希大都督查核备案，须至呈报者。

上海地方审判厅移请警务长转饬各区勿受理民刑诉讼文

为移请事。照得前遵江苏都督程 训令,改设上海地方审判、检察两厅,业于阳历元年元月九日开庭在案。凡以后人民诉讼刑、民各案,如遇现行刑事,照章准由警察干涉外,其他民、刑各案可不予收受,均归各级审、检厅管理,免致歧异,相应移请。为此合移 贵警务长,请烦查照,希即转致各区,一体照章办理。须至移者。

上海地方审判厅照会沪军都督府间谍科文

为照会事。照得上海地方审判、检察两厅业经成立开办,所有民、刑案件,自应遵照定章,民事归审判厅受理,刑事归检察厅预审后,提起公诉,再送审判厅判决,以清权限。查 贵科送押寄禁各案犯,大都刑事居多,应请迳送检察厅办理,以免纷歧。为此合行照会 贵科长,烦为查照施行。须至照会者。

上海地方审判厅复上海民政长文(改定曹家渡裁判分所管辖区域照会)

为照复事。接准贵署照会内开准法华乡、蒲淞市各公所先后呈请:法华、新泾、虹桥三处,人民诉讼不便,隶属于曹家渡裁判分所,应请暂归县城第一初级审、检厅办理,并将前划裁判区域即便更正,出示晓谕,以归划一。又据蒲淞市董呈内并称,乡民因案交保,必觅城内商店盖戳作保,恐乡民僻处乡隅,与城厢商店认识者少,殊不便利,宜急改良等因,准此。相应一并照请查照施行等因到厅。查法华、新泾、虹桥三处人民诉讼,既因碍于地势,不便隶属于曹家渡裁判分所,应准改归城内第一初级审、检厅受理,以资利便,并由本厅将前划裁判区域更正,出示晓谕,以归划一,至称乡民因案交保,必觅城内商店盖戳作保,恐乡民与城店认识者少,如无妥保,不免羁留拖累。所虑固属近理,然苟无城店作保,如有乡间妥保,亦未尝不许保释,何至永无省释之日?若被告奉传到案,人证未齐,不能即讯,恐是非未明,先受拘留之累一节,本厅不妨酌量变通,此后被告如不能觅保,准许照案情之轻重,缴洋存案,亦可姑释。相应一并照复。为此照会 贵署,希即查照,转行知照。须至照会者。

上海地方审判厅致交涉司许争回租界刑事裁判权函

敬启者:昨阅《大陆报》载:本月九号夜半时,有王吉广、沈桂生(译音)至杨树浦、新家浜(译音)地方,身怀手枪冲进某姓家内,刮去财物约值八十余元,旋被哈尔滨捕房西捕获住。昨晨解至公堂,由关谳员及陪审官赫特来(译音)君讯实,判各监禁十年一节。查公堂向来判案,凡遇罪应五年或五年以上之监禁,皆送上海县讯办。现虽大局未定,法治权限尚未与外交团商定解决,然公堂判禁五年之权,尚不能确定承认,今竟将监禁十年之案,遽尔主断。设长此为例,恐法权旁落,主权即因而放弃,实未便置之不问。为特据情奉达,务请贵交涉司查照,速向公堂诘问,据理力争。即希示复,至为盼企。

上海地方审判厅片行检察厅派查李阿根犯罪事实

为片行事。案准贵厅起诉李阿根戳伤伊嫂身死一案,业经本厅公开审理,惟以证据不齐,未能判决。查该案最要之点,在区别该被告是否有心仇杀。除由本厅票传告发人李吉林及案内要证小四子,于明日午后三时庭讯外,相应片行 贵厅,希即密派检察官前往犯罪地方,秘密调查后,开各种情形于三十一日午后三时以前见复,以凭判决,望切施行。须至片者。

计开

一、该被告犯罪时,李吉林在何处?

二、李孙氏是否于受伤后走出茶馆,当众自行将刀拔出?

三、李阿根是否与李孙氏口角后,出门一小时始回,即行犯罪?

四、李吉林茶馆是否有买菜篮两只?一完好,一已坏?该被告供称凶刀向置篮内,是否有人目睹?

五、据妇孺医院报告,李孙氏言李阿根持刀追逐,在屋绕走,其言确否?有人目睹否?

六、李阿根之父家(用)[佣]人及邻居,有无于犯罪日目睹李阿根回家半小时即匆匆出门之事?

奉天高等审判厅咨呈提法司拟请先于承德地方审判厅特设一庭名为幼年审判庭请分别转督宪、法部备案文

为咨呈事。窃以近世各国刑事政策,皆趋重幼年保护,故一案之来,始则有特别审判厅以审理之,终则有幼年监与感化院以教养之。良以幼年犯罪者,有悛改之日;即成年犯罪者,有减少之期。正本清源,舍此莫由。厅丞许世英曾于第八次万国监狱会报告书中,申请法部通饬全国,设立幼年监及感化院各在案。惟事欲观其成,必先肇造始基,而后逐渐推行,乃能得完全之效果,是则幼年审判厅之设有不容缓者。查幼年审判制度创于美,继于英、德,近则几有弥蔓全欧之势,义国于一千九百零六年发布特别审判章程,其大旨可分为四项:一、审理幼年犯罪案件,须于审判厅内特设一室,或异其时,而与成年者分离;二、审理幼年者,须常设一推事当之;三、推事处分幼年者,须注意于心理,毋徒注意于科罚;四、于案件无关系之儿童,不得徘徊于审判厅廊下往来或室

内。普国幼年审判厅以推事为长,余皆以当地之有名望者数人为陪审。审理幼年犯罪案件,必先查明其家庭状态,并其他可为案情及科刑方法上参考之资料,而后判决之。其推事以能通晓社会之状况,并于此事业有兴致者为合格,审问中拘置于审判厅时,不使他犯相近,如系与成年者共犯之案,亦须隔离审问。此外国幼年审判办法之大略也。至上年第八次万国监狱会议决幼年保护制度大旨,亦无甚差异,试胪列之,以供质证:一、幼年犯罪者,当特别办理,不得以普通刑事法科断;二、审判幼年犯罪者,当照下列各节办理:甲、审判官当有心理学、社会学之智识,方能通晓幼年人之种种习惯及其性情;乙、幼年犯罪者,亦适用假出狱制度,出狱后,必有特定之人监督,惟此监督人当法庭听审时,必须到庭听审,俾深知其犯罪原因。〔丙、〕未审判之先必须令深通心理学、社会学之医生详细考究其犯罪原因,密告于审判官以助其审判;丁、当发觉后受拘捕时,其脑筋必隐受伤损,是宜以别法令其到庭,不可拘捕;戊、拘留场所当与成年人分别,审判时间亦当与成年人距离各等语。见之于事实既如彼,而决议于会场者又如此,可知泰西各国无不以幼年审判为刑事重大之问题,近且日益研求,推阐真理,彼此竞争,如同国际。我国刑事制度久落后步,今者改良伊始,尤宜急起直追,一则期犯罪者之减少,一则期领事裁判权之拒回。奉省审判厅开办最早,尤宜先树规模,以为之倡,拟于省城先行试办,于承德地方审判厅特设一庭,名为幼年审判厅,凡遇幼年犯罪案件,由该厅厅长于推事中,择其略通心理学并熟悉社会情形者三人兼理之,不另支薪。俟办有成效,再行扩充。其为此事之后盾而俾令收实效者,而在幼年监与感化院,唯创造监、院经费浩繁,厅丞仍拟筹一轻而易举、简而易行之法,俟拟订章程再行具报。所有拟办幼年审判庭缘由,理合拟具简章十条、详章程类咨呈 鉴核施行,仍请转呈督宪、法部备案。须至咨呈者。

云南高等审判厅详请督院通饬各属嗣后遇有各厅移请查传事项迅予具复文

为详请通饬事。案准昆明县初级审判厅咨呈:窃本厅自去岁十二月开办,所收民事、刑事各案件,均经逐案审结,分别汇在案。惟查有前准商埠总局照送余炳兴控寇玉庭欠租逃逸一案,又四川客民陈瑞廷呈诉马同文、马尧章一案,均经票饬承发吏传案送审,旋据该吏禀称:原告余炳兴系武定州城外狗场街住民,又被陈瑞廷呈诉之马同文、马尧章系新兴州大营住民,均已回籍,无从传案等情。前本厅即于十二月内,备文移请武安直隶州暨新兴州查照该原、被告姓名、年岁、住址,分别传集,克日赴厅候审。迄已一月之久,未准移复,亦未据各原、被告案听审,已于正月分册报,声明在案。本厅准理案件,如两造籍隶外属,图告不审及情虚逃匿回籍,必须移传质讯,以成信(献)[谳],或应调查事实,移取卷宗,亦非迅移速复,不足以资考证。似此移传人证,久不具复,以致案悬莫结,转滋遗累。当兹司法成立,事务繁多,若不若请 饬催,万一将来有调查要件,亦复拖延不理,实于民情诉讼大有关系,此尤本厅不得不预为陈明者也。所有余炳兴等各案移传不到缘由,理合备文咨呈查核饬遵等由。准此。查法部奏定各级审判厅章程,地方印佐各员系属司法之补助机关,又向例邻封州县遇有关提案件移传不到,赞襄。当兹法院未经遍设之时,时尤赖各行政官厅为之协助,似此阁置不理,致案悬莫结,在审判厅即甘任稽迟之咎,于诉讼人实不免拖累之虞。本厅稔和各厅、州、县,新政繁兴,备形鞅掌,苟可不劳借箸,决不轻为将伯之呼,若声气必待应求,则指臂务期联贯,各厅、州、县艰难共济,揆诸同寅协恭之义,似亦不至视若秦越。应请通饬各属,嗣后各审判厅如有移请查传事项,务须迅予具复,以凭定(献)[谳],在彼不过偶增文牍之烦,而在厅庶得稍免进行之滞矣,实于司法前途不无裨益。除咨呈提法司外,理合详请宪台俯赐察核,批示祗遵。须至详者。

[三] 云南高等审判厅移高等检察厅将永昌府解勘保山县人犯董刚谋杀胞弟董蛮身死一案咨呈提法司发府提审文

为移请咨呈饬府提审事。案准贵厅片送,准提法司照开,准迆西道电复饬。据永昌府厘员林宝珖勘查禀称,当经改装驰(迆)[诣]向团保邻佑细访,均称董刚与胞弟董三蛮平日不和,时常偷窃,三蛮劝戒,屡次口角,积而成怨。至供董孔氏谋毒三蛮一层,委员查询,当日团保徐垒声称并未报过,复访族邻董发林等所称相同。至死者咽喉指痕,或因三蛮被落之时用力滚挣,以致董刚手有移动,故痕十二点之多,是谋为董刚一人起意下手,尚觉可信。再董刚住屋,勘明系坐西向东草房三间,中系堂屋,询悉,北一间董刚所住,南一间系董三蛮所住等情转移到厅。核与移查各节尚欠明确,如果死者咽喉指痕,实因被搭时滚挣所致,何以原招未经声(叔)[述]?董孔氏谋毒董三蛮一层,虽经询明团保、族邻,并未报过有案,究竟有无其事,未据查实。案关服制,未便据该委员或因尚觉疑似等词,率尔定谳。且参观该犯先后供词,及尸妻董孔氏各供,尤滋疑窦。据该犯原供,伊骑压三蛮身上,用手把颈项搭住,又用右手在肾囊上用力捏了一下,是该犯以一手搭项颈,一手捏肾囊,并未搭过咽喉,则咽喉一伤非该犯下手可知,既有指痕十二点之多,难保无在场加功之人,此可疑者一。又据董孔氏原供,三月初一日伊赴田工作,回家困倦,进屋睡熟,到半夜时候,听得伊夫在对门房内呻唤,赶去查看,见董刚骑压伊夫身上。该犯原供,因三蛮身称系伊下毒,候他病好要报仇的话,伊忿激,乘董孔氏在对门房中睡熟,就便骑压三蛮身上。核与该委员查复,董刚住屋三间,中系堂屋,北一间董刚所住,南一间董三蛮所住等语。是董三蛮陨命之夜,董孔氏系在董刚房内就宿,该氏于其夫毒发身麻毫无警觉,而乃安息于夫兄之房,其中恐不免尚有别情,此可疑者又一。又讯据该犯供称,董孔氏平日为人甚好,伊获案收禁,董孔氏曾往探望,是该氏于其杀夫之仇早已置之度外。而册载该氏原供,见董刚骑压伊夫身上,当求喊叫,董刚拔刀吓戳,畏惧不敢声张。初二日早饭后,想到城控,不料就唤到案等语。何以该氏又不无恸夫之情?究(原竟)[竟原]册供词是否确供,抑系被人教唆,巧辞卸避,此可疑者又一。又讯据该犯供称,宣统元年四月初间,董孔氏曾用草乌毒害三蛮,伊与村人田玉往南岳庙看戏,转回闻知,觅药医解,当即报明团首徐俊,将董孔氏拷问,据供,与田玉有奸,意欲谋害另嫁。是该犯于平日与董三蛮之生死,尚属关怀,何以此次仅疑其偷碗漏风,辄心狠手毒如此?且董孔氏既有因与田玉有奸,谋毒本夫情事,该犯向与田玉同处嬉游,当时有无田玉在场,不能断然无惑,此可疑者又一。查谋杀重案,以图财因奸居其多数,此案既种种可疑,是非详细研鞫不足以成信谳。惟保山距省千二百里之遥,传提人证,恐滋拖累,相应移请 贵厅查照咨呈提法司,将该犯董刚发由永昌府,就近传集一干,悉心审讯,务得实情,另行拟办,实为公便。须至移者。

云南高等检察厅拟请厅判死罪人犯在狱内用刑咨呈提法司文

为咨呈事。窃查宪政编查馆复议法部酌拟死罪施行办法折,开京外高等地方审判各厅所定死罪案件,系立决人犯,法部具奏,奉旨后劄行各该检察厅遵依奉行等语。是死罪执行改由检察厅办理,新章已有明文,滇省各级审判厅业经成立,所判死罪案件已有数起,先后由厅遵章咨呈贵司报部在案,此项死罪人犯,不日部复到滇,自应遵照新章,由各检察厅分别执行。惟滇省行刑之地,向在教场,系取刑人于市与众共之主义,而东西学者均谓此种主义,实不足以减少犯罪,且益以养成残酷之风,是以各国均采秘密行刑主义,现在刑律改良,斩、枭均改为绞,则执行主义似亦宜示变通。查京师由法部建造行刑场,附于模范监狱之则,以符秘密之意,滇省似应仿照办理。嗣后行刑之法,即在省城模范监狱照例处决,则手续较为便利,而与新理亦甚吻合,是否有当,理合咨呈 贵司酌核,详定施行。须至咨呈者。

云南高等检察厅声明南宁县民庄小炳戳毙胞兄庄世常一案移高等审判厅起诉文

为起诉事。案准云南府牒送南宁县民庄小炳因争田戳伤胞兄庄世常、族兄庄树德先后身死一案卷。查此案业经由县遵限招解到省,由提法司解院,旋由司奉督部堂李札开案。据该司审解,南宁县民庄小炳因争田戳伤胞兄庄世常、族兄庄树德先后身死一案,人招到案,据此当经本督部堂亲提研鞫。据该犯庄小炳供称,胞兄庄世常系被庄树德戳毙,伊因救兄情急,戳伤庄树德身死等情,核与原招不符,是否该犯畏罪狡避,抑另有别情,亟应澈讯明确,以昭折服而成信谳等因。发司扎府提审在案,该府未及审拟,遵章牒送前来。查法部通行宪政编查馆咨复吉林巡抚呈请解释六条办法内载,未设审判厅地方、招解到省之案,因翻异,发交高等审判厅复审,即应作为第二审等语。今此案庄小炳招解到院,遽尔翻易,核与馆咨作为第二审之例相符,应由本厅起诉,请求复审公判。本厅核阅全卷,庄小炳因争田戳伤胞兄庄世常、族兄庄树德先后身死,系由南宁县审讯明确,解府解司,并无翻异。迨至人招到院,庄小炳供称,胞兄庄世常系被族兄庄树德戳毙,伊救兄情急,戳伤庄树德身死等。如果属实,罪名出入甚巨,自应严行复审,以成信谳。惟本厅对于庄小炳翻异之供不能无疑,查此案原供,起衅由于争田,乃庄世常、庄小炳二人之私事,与庄树德何干?而谓世常之死由于树德,则必另有起衅别故而后可,其疑一也。原供于戳伤之前,曾有庄世常用木橇殴伤庄小炳聪门顶心等处,如果救兄属实,庄世常不应有殴伤庄小炳情事,而庄世常、庄树德之死均由于尖刀砍伤,并无他器,则木橇又从何来?其疑二也。如果庄世常被庄树德戳毙,庄小炳因救兄情急,戳死庄树德,则伊父庄士盛只此二子,长子庄世常死于非命,何忍更陷次子于大辟,以自斩其宗。而庄士盛所供,何亦与庄小炳原供相同?其疑三也。惟案关服制,不厌求详,既据庄小炳翻易前供,自应作为第二审请求复审,为此移请贵厅定期公判可也。须至移者。

云南高等检察厅据地方检察厅呈戚杨氏、郑陈氏互殴成伤一案经同级审判判决引律有误提起上诉移高等审判厅起诉文

为起诉事。案据地方检察厅呈请,案准同级审判厅移开戚杨氏喊诉被郑陈氏等砍伤一案,现经判决,戚杨氏合依手足殴人成伤,限内平复,于三等罚上减二等,拟处一等罚;郑陈氏合依他物殴人成伤,限内平复,于四等罚上减二等,拟处(三)[二]等罚;小秀英年止七岁,救亲情切,顺用刀背殴伤戚杨氏鼻梁平复,并无教令之人,照律勿论。应请查照执行等由。准此。查此案事实无甚出入,惟断引法律之点,复查律例,并无减等明文,理合提起上诉。将原案卷宗,呈请衡核办理,为此具呈。须至呈者。计呈卷宗一束,凶刀一把等情。据此,查各级审判厅试办章程第五十九条,检察官得于刑事上诉人。此案地方审判厅断引辜内医治平复各减二等之律,核阅律文,系专指折伤以上,与案情之属折伤以下者,显系两岐,法律点之错误,自应提请更正。又查宪政编查馆咨复法部准东三省总督咨据奉天提法使呈请,分咨馆部明示办法案内载:"各厅判决刑事各案,在未逾上诉期限以前,查果系有罪断为无罪,重罪断为轻罪,该管检察厅仍可提起上诉"等语。此案系重罪断为轻罪,查卷未逾上诉期限,相应移请贵厅照章公判施行。须至移者。

云南地方审判厅拟请将守备谭高霖先行参革归案审判详呈督宪提法宪文

为呈详请事。窃本厅于宣统三年三月初四日访闻流寓省地之湖南人谭姓,藉审判厅之名,在外撞骗招摇情事,当经密查去后,随据警察、承发吏带同被骗僧人普清到厅,讯据供称,该僧具控田户等抗租不纳一案,上年十二月内有素识武职谭高霖,即甫廷也,向说审判厅开办,伊有同乡法官熟识,可以托情胜诉,议与酬银五十两,谢伊米五斗。本年二月十四日曾交过谭高霖花银三十两,其米已陆续交讫,及见判词,知是撞骗,向其追还银米,反被殴打,正欲报案,即蒙访查等供。当传一干隔讯,据证人田玉明等供出,谭高霖得诈骗银米情形历历如绘。惟谭高霖供词闪烁,恃符狡展,亟应先行斥革,以便讯办。据供系湖南湘潭县人,前随云南官军剿办广南府游匪案内出力,蒙保把总,又于克复临安、石屏等府州案内,蒙保守备等语,并准同级检察厅提起公诉前来。除将该守备看管外,理合具文呈详请宪台,俯赐查核并祈鉴,核将守备先行忝革以凭,提同人证澈讯惩办,批示饬遵。除呈详提法宪督宪外,为此呈详,伏乞照呈详施行。须至呈详者。

云南地方检察厅据巡警报称巫家坝附近河埂有私埋死尸衣类军人等情移(陆)[会]陆军统制派员会同勘验文

为移会事。宣统三年五月二十日,据查案巡警报称奉派查案,行至巫家坝附近城埂地方水潭之侧,沙滩散乱,颇有埋尸形迹,略拨浮沙,露出衣布,有似军服,该处并非丛冢,且无棺木,不可无疑,应否查勘,理合报候核夺等情。据此查地方检察(厅)发觉此等形迹,本应即往勘验,查究底细,惟所见衣布类似军服,则是军是常,尚难臆度,未便遽行开验,相应移请 贵统制指派陆军检察官,约期会同勘验,一俟验明后辨别军常,照章核办,实为公便,为此合移请烦查照见复施行。须至移者。

云南地方检察厅据香条村管事李章等供称私埋死尸系由马弁指使等情移陆军统制查复文

为移送审究事。宣统三年五月二十日,据本厅巡警侦报巫家坝附近河埂地方有私埋死尸情事恳请验究一案。当经本厅以该尸衣服类似军人,遵章移送贵统制,请派陆军检察官会同勘验,未准移复,旋经电约,准派执法官到场会验。即于二十二日驰诣该处,当同贵镇执法各官,饬令巡警乡管指明埋尸处所,刨去浮土,该尸骨殖散乱,附着蓝布短衣半件,有荷色并肩章,扣绊未失,随移平地,如法检验,周身骨殖连同节数仅存五十八件,余均无存。据检验吏范美喝报,该尸骨殖腐烂不全,现存者均无伤痕,其遗失各骨是否因伤,无凭查验等情具结在案。又经当饬讯出附近村管李章、李金顺,曾与埋尸之事带厅假预审,据供系由营中马弁队官等指使私埋等语。查律载:"地界内有死人,里长、地邻不申报官司检验而辄移他处埋藏,以致残毁及弃(水尸)[尸水]中者,徒一年。"此案,该李章等见有死人并不报官,辄敢自私移埋,以致骨殖残毁,自属罪有应得,惟既据称有马弁、队官等指使,如果属实,是为军常共犯,遵照《奏定陆军审判试办章程》第五十一条第二项,应归军法会审,本厅既未便率行传逮,自无从质讯实情,除红供暨抄录勘验单格随文附送外,相应移请 贵统制审饬明确,如李章等所供系属处诬,是其狡供避就,尤属可恶,即请 移还,以凭起诉,加等治罪,实为公便。须至移者。

附陆军统制复文

为移复事。案准贵厅移开宣统三年五月二十日据本厅巡警侦报巫家坝附近河埂地方有私埋死尸情事恳请究一案,(中同原文)并移勘验单格各一件、预审红供二纸、村管李章、李金顺二名等由准此。查此案于本年正月间,本镇七十四标前由统带查得河埂破窑内有乞丐死尸一具,臭秽外出,当饬该标军官潘炜章知会本境管事,潘炜章即派马弁张成传知香条村管事李章到标,诘以窑内尸身乃系该村管之责,何以任其暴露。李章答云:若早知悉,岂有不埋之理?该村管旋即去为办理。查该尸身系属普通人民,并非军人、军属,其尸既暴露于营盘附近,营员知会本境村管办理,自属正当办法。至该村管李章如何掩埋,如何未曾申报官司检验,事属地方普通律案,本镇军人自不得越权过问,亦非可以指使名目,文致该官弁之罪。除李章、李金顺二名,业经饬由执法官先行送交查收在案,相应将预审红供备文,一并移还贵厅查收办理施行。须至移者。

云南地方检察厅据巡警乡约报称珥琮堡管事徐元庆抗不交凶呈移提法司昆明县通饬

为呈移请饬缉事。案据贺桂山、刘洪勋报被刘起凤、非学明、杨海留等戳伤一案。当经验明伤痕属实,刘洪勋受伤沉重,势难平复,比即饬令医调,一面饬警会同乡管严缉凶犯。该犯刘起凤等查系珥琮堡橄榄湾住人,该处管事徐元庆等均认明凶犯确系同村,准于十七日可以到案。随于十八日饬警再行踩捕,该管事徐元庆顿改前辙,声言"村民不应受拘票拘拿,管事不能受厅令指挥,谁敢搜查,定即共殴,即使全厅警吏一齐到村,犹且不难致死,何况数人"等语,气势汹汹,村人麇集,势将用武,该警等恐生事端,强自设法引退。该徐元庆等随知乡约李正清、毕绍先二人,意将到案呈明,又欲追殴,乡约亦系设法逃脱,据巡警(乡)约先后报告到厅。查槟榔湾居民刘起凤等旅宿板桥,刃伤行人甚重,本系罪人,由厅传集,该乡管俱有协助之责,乃始而认限免搜,继而纵逃殴警,设非巡警乡约各人稍知事理,设法脱身,势必又滋他故。该管事等纵凶远扬,挟制巡警,喝令村民抵抗厅令,不惟此案生死未定,罪人不得,抑且此风一倡,将使各处乡团群起而抗御司法警察,涓涓不绝,履霜坚冰,尤难设想。理合呈移请宪台札饬昆明县,贵县传谕该管事徐元庆等,勒限交凶,并通谕各乡团管事头人务各照章协助,以保公安而维捕务,实为公便。除呈提法宪移昆明县外,为此呈移。须至呈移者。

云南地方检察厅据庄其山等上诉吴登云估奸戳伤等情移复昆扬州文

为移复事。宣统三年五月准贵州移复庄其山等上诉船户吴登云估奸戳伤一案,除原文有案不录外,后开此案出事之日,适值因公晋省,当庄其芳呈报之时,即经由署验明各伤痕,粘单附卷,因吴登云受伤较重,故饬令取保就医,实便医痊集讯。该原告不察,以为吴(登)[云]取保,恐案情不免稍松,遂行上诉,其实业已集讯,且未下无罪之判决,可否由州讯办,希烦查核,见复施行等由。准此。查此案被害之人既赴贵州喊禀,由署验明各伤,粘单附卷,犯事之吴登云、毕金、李得胜等业已齐集堂讯,一并管押,尚未判决,自应由贵州讯办,以符第一审之制。该原告误会,辄行上诉,照章应不准行,相应移复,为此合移贵州,请烦查照施行。为此合移,须至移者。

奉天高等审判厅咨呈提法司拟设员司律学课请转呈文

为咨呈事。窃维治事以得人为要,用人以养材为先,而养材之道又不外学问二字。虽学问之理浩无涯涘,要在极深研几,则不难日有进益,况法官为人民生命财产寄托之官,责任綦重,而法学之主要科目允繁,更(可)[何]可不随时考究,以期沟通新旧而见诸实施。是以法部先事提倡,特于京师设立律学馆,为全国培养人才。本厅自开办以来,曾于上年设立审检讲演会,逢星期一、三、五等日,萃高等两厅及承德地方初级各员书而教授之,亦皆为全省培养人才之意,然得诸口授者,必试之以笔述,而后其理乃见于实际,且足以觇其平日向学之勤惰,若再加之以劝惩,亦足以激发其精神,坚定其心志,而捐除一切外扰。厅丞检察长素无学识,恒切兢兢,兹拟于厅内设一律学课,凡本厅推事、检察官、委员、典簿、主簿、录事以及练习学各员并书记皆得入课，每逢星期六、日晚，于公余之暇命题考试，或试以判词，或试以论说条对，皆以笔答为主。另请教员一员核勘试卷，评定甲、乙，取列优等者，日久当为汇请升用，劣者亦必量予惩罚，庶优者既受奖赏之鼓励，益当努力前途，而劣者既受惩罚，亦必尽心向学，冀为有用之材。行之日久，法官俱有完全之资格，而一般人民之生命财产得法律之保障，则所增宪政幸福，曷其极有！除将拟订章程详章程类附送外，理合咨呈　鉴核并转呈法部、督宪备案。须至咨呈者。

奉天高等审判厅咨呈提法司拟设浅学会教授吏警丁役等请转呈文

为咨呈事。窃以人生天地之间，无论贫富官民，均须请求学问，方足以利己利人。而处咨竞争时代，虽下至佣夫、使役，亦须具有普通知识，乃能自图生活。此但就一般通常之人民而言，若身为吏役，日日立于办公地位，更应以多识字义兼明公理为先，矧在司法衙门之吏役，尤应以能遵守法令、不作弊、不懒惰为要务。本厅自开办以来，所用之承发吏及警局所派之巡警等，虽皆经考试派用，文理通顺者固不乏人，而尚须造就者亦属不少。其厅丁、庭丁、号房、茶役人等，则系雇自民间，悉皆不甚识字之人，往往充差应役，率多肆应不灵，推其原，要皆由未受教育之故，遂有种种之困难。本厅现为增长吏役浅近教育起见，拟于厅内附设一浅学会，每逢星期二、四、六等夜，萃本厅及承德地方两厅之承发吏、巡警、厅丁、庭丁、号房、茶房打杂人等，教以浅近国文及各项章则，不拘年限，盖学问无深浅，时期无短长，但能专心向往，得一语之理解，即获一语之实用，得片刻之利益，即免片刻之抛荒。如将来著有成效，再行逐渐推广各厅，以期造成多数人之普通智识，不特供公家使用之灵便，且辈稍有学识，亦必束身自爱，不至生出非礼之行为，诚于公私两有裨益。惟此中应用教员一名，无论由厅内选派或外间聘用，然既有若多科目，决不能枵腹从公，拟每月酌给津贴银三十两，以资车马之费，此项用款预算，既恐未便追加特别，又虑未能筹措，厅丞许世英拟按月照数捐送。其开办时购书费用为数无多，则拟由本厅活支项下开支，除将简章、详章程类附送外，理合咨呈　鉴核复示，并请转呈督宪备案。须至咨呈者。

奉天高等厅咨呈提法司拟请法部编订律师暂行试办各项章程及考取律师分奉任用文

为咨呈事。查审判制度，各国虽略有不同，而利用律师以保障诉讼人之权利，征之东西各国，殆无不一致。我国省城及商埠审判厅业于年前次第成立，自应及时筹设律师，以为人民辩护之资而补助检审之不逮。查宪政编查馆核该法院编制法第六十四、六十六、六十八各条,于律师之辩护案件及其处分、制服早经规定。又法部奏定实行筹备事宜清单内载:《律师注册章程》限于年内拟订,是律师之不可缓设,馆部均已先见及此。况奉省高等及省城地方初级各审判、检察厅开办之期,先于各省者已有三载,一切法制事事遵照馆部所颁实行,现均大致就绪。则律师一项正宜及时试办,以为各省之向导而资改良之借镜。拟请详院咨请法部编订律师暂行试办各项章程,并请法部招集京师法律毕业学员考取律师,于本年秋初先行分发二十员来奉,以便任用。一俟分发人员到奉后,拟请司使,即将律师养成所成立,俾资练习,以三个月为期,满期即分派高等及省城地方初级各厅先行试办,办有成效,再以三个月推广各厅,以期画一。是否有当,理合咨呈 鉴核施行。须至咨呈者。

奉天高等审判厅咨呈提法司本厅拟订各级学习推事修习日录规则请鉴核文

为咨呈事。查法官考试任用施行细则第四十三条:"学习人员于学习期内应作修习日录,按月呈各该厅长官标阅,于应第二次考试时,一并呈验。"又第四十四条:"学习人员之品行及办事成绩,每届年终,由该厅长官造册加考,在外送由提法司汇报法部"等语。是学习人员品行之高下,性情之厚薄与其学识之浅深,奉职之勤惰,为长官者皆宜察之、养之,以冀蔚成纯粹之法官,俾人民得以享法律之护之幸福。所谓察之者,非专使耳目之聪明,又非考诸一时一事而即得之者也。欲审知其德,问以行;欲审知其才,问以言。言行既得,然后试之以事。所谓察之者,盖事考核持之以久也。所谓养之者,非必优给俸禄,又非必终于学校而始成之者也。人之品类,中才为多,一经陶冶,断无不成用之者,苟能于其所言、所行,悉其耳目心力,至诚恻怛真意而行之,则佐属用命,日求进德,凡木之材可蔚为栋梁,沙石之品可濯为金石。所谓养之者,盖推诚相与、激劝有术也。然察之、养之之道俱在长官,而法官之应之者,势不可无具。具者何,修习日录,其最要也。考法定修习日录一条,其修习应有之范围,与其记载之体裁,均无明文,若不为之补定,势必无所遵循,本厅现拟订各级学习推事修习规则十条详规则类,以便一般法官得所依据而免纷歧。理合咨呈鉴核并请转申 法部备案。须至咨呈者。

陕西高等检察厅咨呈提法司各级检察厅试办规则文

为咨呈事。窃检察长试署今职,开办以来夙夜祗惧,深恐弗胜,惟有矢慎矢勤,督率各级检察厅认真办理一切试办规则。于去岁十二月初二日到厅后,谨遵法院编制法及北京、奉天、吉林等处暂行章程,当拟五十二条咨呈贵司查核在案。计今已五阅月,逐渐就绪,其中有不适用处,会议修改,有因窒碍难行而更正者，有因职务应尽而增加者，现已辑成一百条。在事各员均尚奉行唯谨，似于司法粗具规模，仍于诉讼无稍隔阂。所有试办情形及拟定规则是否有当，理合咨呈贵司，请烦查核施行。须至咨呈者。

又咨呈提法司请札各府州转饬所属遇有命盗案件报明本厅以便检察文

为咨呈事。窃以按律定罪者，审判上之事；而依法执行者，检察上之事。故检察各厅，监察判决之执行，于引断错误提起非常上告，于事实有极端错误，提起再审，所以防冤滥重民命也。陕省外府、州、县审判、检察各厅尚未一律开办，地方命盗案件，例应报明高等检察厅，以便随时查核。计自本厅开办以来，各厅、州、县命盗案件，并不直接而与讼事，或牵涉而作证人，身分既有不同，则手续似难划一。开办伊始，遇有此种事实发现，苦于无所持循，爰就研究所及，凡于现在厘定之条，有未便奉为依据者，谨为宪台缕细陈之。谨按现行律职官有犯条云："凡在京、在外大小官员有犯公私罪名，所司开具事由，实封禀闻请旨，不得擅自勾问。若许准推问，依律议拟，禀闻区处，仍候复准，方许判决。"又例载："文职道府以上，武职副将以上，有犯公私罪名应审讯者，仍照例禀参，奉到谕旨，再行提讯。其余文武官员于禀参之日，即将应质人民拘齐审究"。查现行律系根据旧律，均指上司对于下属而言，实即为督抚对于僚属而设，曰禀闻、曰禀参，明系有专禀权者方能办到。从前职官有犯，概皆提省审讯，督抚体制崇隆，自可照办，而与现在司法衙门即多不合，且律文命意系专指刑事而言。而民事原、被告，凡证人、关系人既与禀参之例不符，即属不能援据。此现行律所载之条，未便引用也。又按各级审判厅试办章程第五十二条云："职官、妇女、老幼废疾为原告者，得委任他人代诉，但审判时，有必须本人到庭者，仍可传令到庭。"夫原告可传，被告自可传，有委任人可传，无委任人更可传，类推解释原为法学家所许，但职官体制攸关，解释易生歧异，明条未揭，误会且多。且抗传不到者，例应拘究者，均未规定，则律议既不完全，即效力难期充足。第六十八条云："不论何人，凡于审判厅受理之民刑案件有关系，或知其情形者，除后条规定之制限外，皆有为证人之义务。"第七十条："审判厅须讯问证人时，得发传票传讯，但证人有特别身分者，应就其所在地问之。"前系明言不论何人，后条又言特别身分，此"特别身分"四字尚未有明白小注。据《日本刑事诉讼法》百三十条，则为皇族、大臣及议员在开会期间内。中国是否包括各项职官，无从悬拟。条文既易滋疑，推行即难尽利，此试办章程所载之条未便引用也。又按《检察厅调度司法警察章程》第十八条云："凡现行犯得由司法警察迳行逮捕，带交该管长官，先行讯问，由警署备文录供，派警送交检察厅办理，但宗室觉罗须送交该管检察厅，职官须由警署送交该管检察厅。"条文所指司法警察，即系警署警察，故由警署转送而驻厅司法警察直接由检察厅指挥者，对于现行犯即可迳拘，毫无疑义。职官由警署拘送者，既不须讯问录供，略示优异，则由检察厅逮捕者，应如何办理，似亦未便等于平民。且只规定现行犯，若非现行犯而情罪重大者，可否逮捕，尚无明文揭示，亦颇难推阐律意，见俱施行，是《司法警察章程》之未便引用也。又按宪政编查馆咨复吉林巡抚职官有犯一节云："宗室觉罗案件，分属大理院高等审判厅，谋及大逆及国事犯属于大理院。"此大别管辖，非通例也。职官仍在普通审判范围以内，与宗室觉罗之有特别规定者不同，报明本厅，以致上控者无案可稽，于提起非常上告，提起再审各要务，诸多窒碍，拟请贵司通饬各府、州转饬所属各厅、州、县，嗣后遇有命盗案件，务须迅速报明本县，庶考核有案而冤滥以防，所有各厅、州、县命盗案件不报本厅，无从检察情形。理合咨呈贵司鉴核，可否札饬各府、州转饬所属各厅、州、县一体遵办之处，请烦查照施行。须至咨呈者。

南昌地方审判厅为判决上诉案件应收讼费权限及不遵限呈缴应用如何方法征收呈提法司文

为呈请示遵事。窃查前奉宪台发下各项司法章程，于讼费一节多系规定征收之数目，未经规定征收之权限与方法，高等以下各级审判厅试办章程第八十六条有："凡诉讼费用随时征收者外，其余于本案完结宣示判词后，综复其数，限其征收之。但实系无力呈缴者，准其呈请审判厅，酌量减免"之规定。然亦仅云限期征收。至违限不缴者，宜用如何方法，仍无明文，惟第八十条内载："受罚金之判决未能遵限呈缴者，可暂行管收"等语，系专指罚金而言。至于讼费其无力呈缴者，固依第八十六条之规定，准其呈请减免，若非无力而不遵限呈缴，可否按照第八十条办理，不敢臆断。且上诉案件在判决本案之该厅应否征收讼费，应否先缴讼费，而后上诉，应否并缴上级厅之讼费于判决本案之该厅而后上诉，皆未详细规定。惟查奉天改订各厅办事规则第三十五条内载："凡民事上诉者，须将在上级厅诉讼之讼费先行呈缴于判决本案之该厅，后由检察厅写状上诉"等语。似此规定，未及起诉之上级厅，其讼费尚应先由判决本案之该厅征收，则已判决本案之该厅其应征收讼费，固不待言。上级厅讼费尚须先行呈缴于判决本案之该厅，而后准其上诉，则判决本案之该厅之讼费，其须先行呈缴，更不待言。但该章程虽经咨部立案，究未由部禀准通行，未便据为典要。所有上诉案件，判决本案之该厅应如何征收讼费之权限以及非无力呈缴而不遵限呈缴者应如何征收讼费之方法，仰恳宪台迅赐批示，以便祗遵。为此备由具呈，伏乞 照验施行。须至呈者。照录提法司（宪）批据呈各节，现经法部酌拟民刑事讼费暂行章程禀准交由宪政编查馆核议，仰候此项章程议定颁发到江后,再行遵照办理可也。此缴。

南昌地方审判厅呈提法司历引司法各条略为诠解仰恳酌核批示祗遵文

为请示只遵事。窃以定律颁行,贵贱同资遵守。司法独立,官民咸受范围。伏查《法院编制法》各种规定,宏纲细目几于赅括无遗,惟于审判、检察对于职官有犯应如何办法,未经列有专条。职等视事省垣,为人类最集之地,其间官民与平民之交涉,或未便因地使之。故零择审判官署致破坏普通管辖章程,然只言案件之隶属,职官宜照普通规定,而未言审判之方法。职官亦照普通办理,命意不同,自难强为比附。此编查馆原咨之未便引用也。又按《奉天改订各厅办事规则》第二十条云:"人民因私诉与官吏兴讼,或人民间诉讼,与该官吏有关系而被牵涉者,无论阶级尊卑,现任、非现任,均照普通诉讼办理。但判决时官吏有应得之处分者,须指呈提法司转呈督抚惩办。"其措词似较明晰,然于传问、拘问、搜查证据、强制执行诸手续是否与平民一律,尚难悬揣。且该章程虽经咨部立案,未经由部禀准通行,即未可据为典要,此奉天司法章程之未便引用也。今欲据普通办法,则与旧律不许擅勾之条文不符,若墨守旧章,又与新章传拘搜查之办法有碍。当兹法律更新,易滋疑义,若不明定标准,必致以官民交讼之案,阻碍司法之进行。职等新旧合参,研商再四,此后职官如遇关于刑事之案,是否先请禀参,然后归案审办,抑可先行传讯,其有恃势抗传者,可否径发拘票?有罪证淹没之虞者,可否径行搜查?关于民事案件,既无禀参之理,可否出票径传?抗传不到者,可否即下缺席裁判?判决确定后,可否强制执行?其职官为证人、关系人者,可否照章传讯?抑或分别就讯,就讯而推托,传讯而不到庭又不申明者,可否照例处以罚金,勒令作证?凡此数端,迄无定法,先事不详细妥筹,临时必(焦)[进]退失据,如茫无把握,遇事依违,不特失审判之名称,抑恐滋民人之疑谤。而且法律之效力因之生一部之制限,影响所及,关系甚巨,用敢历引各条,略为诠解,并述种种窒碍情形,仰恳酌核批示,俾昭法守而便遵循。为此呈请宪台,俯赐察核。伏乞照验施行。须至呈者。

照录提法司宪批

呈悉。凡关于职官刑民诉讼传讯原、被证人应用何手续,此隶于诉讼法部分内之事。诉讼章程现尚未奉宪政编查馆核定通行,惟《各级审判厅试办章程》第五十二条既指明:职官为原告,审判时必须本人到庭者,仍可传令到庭,则被告与证人皆可传讯,自无疑义。《日本刑事诉讼法》百三十条对证人用就地讯问之法,专指皇族并各大臣及帝国议会之议员在开会时间而言,试办章程第七十条所谓有特别身分之人,殆即根据此条,证人除规定限制之外,原不拘人格,则其余者为证人自不适用于就讯之例。但中国官制较繁,文武职官大小不一,究竟何者可用传讯,何者可用就讯,自宜明示准绳,期易施行而杜障碍。至抗传不到,就讯不言,与夫事发时搜查证据,判决后强制执行,除有特别身分者或应零订方法,若应照普通传讯者,能否悉照普通搜查执行办法办理,该厅既虑解释有误,诉讼法又未颁行,姑候详咨 馆部核示,再行转饬遵办。仰即知照。此缴。

粤督张准法部咨查分发各法官到省后一切情形列表造报缘由行东提法司遵照文

为通行事。宣统三年五月初九日准法部咨,所有宣统二年考试录取各法官,经本部奏请任用分发,并于三月间通行咨各省速行报部在案。查上年本部定法官《考试任用暂行章程施行细则》第三十九条:"考试录取人员,直省开办之初得由提法使择其成绩最优者,暂行委署,仍分报法部并督抚衙门备案。"第四十三条:"学习人员于学习期内,应作修习日录,按月呈该厅长官吏标阅,于应第二次考试时,一并呈验。"又《宪政编查馆奏定法官考试任用暂行章程》第十条内载:"第二次考试以查验实地练习优劣为主。"又《编制法》第一百三十六条:"地方初级各厅得派学习推事、检察官临时执行该厅书记官事务"各等语。统观各条所载,此次录取各员本有暂行委署之规定,而此时之实地练习又与将来第二次考试成绩极有关系,现在各该法官到省后,如何分派之处,迄今多未报部,相应再行通咨各该督抚即行转饬提法使,务于文到之日将各该省法官到省日期及派往何处学习,委署何缺,派充何项职务,津贴若干,一并详细造具表册,迅速报部,以凭查核可也等因。到本督院准此,合就檄行,为此案仰该司照依准咨内事理,即便遵照将各该法官到省日期及派往何厅学习,委署何缺,派充何项职务,津贴若干,一并详细造具表册,迅速报部查核毋违。特札。

广东提法司详请免办临时法官养成所暨附设监狱专修科呈督院文

为详请事总务科案呈。宣统三年三月二十八日奉宪台案验,宣统三年三月二十四日准法部咨,本年三月初七日本部具奏酌拟临时法官养成所暨附设监狱专修科各项章程一折,奉旨依议。钦此。查宣统四年,各省府、厅、州、县各级厅即应同时成立,需用推检计达万人,此后乡镇设厅,需员尤夥,若不早为筹备,深恐贻误。于临时自应查照前案章程,迅速筹办。于本年五月以前,一律开学,庶三学期后毕业,不误明年冬间考试法官之期,除将原折并章程咨行外,相应邮寄该督。即就监狱看守所等官,亦堪合用,窃谓办学宗旨必以任用为前提，已成者听其沦弃，复招徕未学之生徒，求临时适用之准备，造就之道，夫岂其然，此不必办者也。藉曰造就法官不妨多为之所。查照定章办法，学生概免住宿，学费按月征收，撙节动支，无虞耗费，纵须公家津贴，为数亦属有限，原毋庸过为吝惜。所不易解决者，临时招集此多数之学生，必有容纳此多数学生之校舍，乃自奉文以来，节次调查，既无可借之学堂，复无可胜之公所，将欲重新建筑，则必大兴土木，鸠庀需时，咄嗟立办，恐为事实所无，依限告成，难以空文相市。若呈请展缓，则三学期后毕业又误明年冬间考试之期，此不能办者也。夫法律者，士夫专门之业，法官者，国家信用之媒聚。无数粗谙普通科学之人，试以国文、历史、地理、算数诸题录取入校，仅予以一年半之期间，使之求十六门之科学，虽云补短节长，专习主要，究恐成就有限，难免滥竽。其督单开名数最为确实，已就法官之数不过数十，余皆学成待用。而届期报考又有留学外国三年以上毕业生及职官、举贡、刑幕各种资格，益以照章免试人员，分别去取，约计可用之数当在七八百员以上。预算明年广东城治各级厅一律成立，需用推检七百八十六员，似无不敷之患。抑高等巡警学堂兼治监狱科学毕业者，且数百员，只以地方财政支绌，警政未及推行，间散遂居多数，若准移缓就急，令其改，希转饬提法司遵照办理，并将该所开办情形咨明本部备案可也。计原奏一本等因到本督院。准此。行司。钦遵。查照办理等因。仰见 大部注重司法及早观成之至意，本司责任所在，自宜依限遵办，用策进行，惟体察本省情形，权衡目前缓急，此项临时法官养成所暨附设监狱专修科，实有不必办，不能办，且不办犹愈于办者，谨为宪台观缕陈之。查宪政编查馆于奏进法院编制法折内声称，通行京外将法政、法律各学堂次第扩充，以为法官取材之地，平日果有储备，则临时无待养成，此次法部原奏亦谓京外法政、法律等项学堂所在多有：或非应期毕业，或非尽充法官，平日向学者多，临时适用者少，故不得不预先筹画，以宏造就，然广东法政学堂开办历有年，所毕业已阅七次，自光绪三十四年起，预计至宣统四年二月止，凡在别科、正科及速成科二年以上毕业者，不下六七百人之多，系据法政学堂（监）关系于司法前途者，利害之数未可逆睹。大部重视宪政，求治务速，权宜筹备，诚有不得已之苦衷。推原立法之意，岂不曰此项法官虽系临时养成，究与不学有间。际兹国会缩短，急何能择之日进行之策，舍此末由，此固无可置喙者。然推测此项法官毕业后之程度，与本省二年以上之速成科略相等，以视正科、别科，则未可同年而语。既不患无所取材，即毋庸多此一举，此不办犹愈于办者也。总之各省情形不同，甲省材或有余，乙省材或不足，执一相绳，诚知非计。为通国谋，固应同时举办；为粤省谋，无妨少缓须臾。查法部原奏声称，嗣后如有未尽事宜，应行变通，或修改之处，仍由各省随时商由臣部，奏明请旨办理等因。本省免办临时法官（所）养成暨附设监狱专修科特别变通办理,拟恳宪台核明,分别奏咨,如蒙准行,即由本司转饬法政毕业各员先期报名注册,听候考试录用,所有酌议免办缘由。理合详请宪核批示祗遵。

粤督张据东提法司呈分划广东各级审判厅管辖区域缘由咨部查照文

为咨送事。据广东提法司俞钟颖呈称总务科案。呈前奉宪檄准 法部咨开,外省城商埠及府、厅、州县、乡镇应设各级审判厅,管辖区域应如何分划之处,饬由该省提法司详细列表,呈请督抚核明,咨部核办等因。奉此,查《奏定司法区域分划暂行章程》第二条第二项"距省辽远之繁盛商埠得设高等审判分厅"等语。广东各商埠距省尚非甚远,高等审判分厅可以不设。又查该章程第三条:"府直隶州词讼简少者,得不设地方审判厅,于该府直辖地面或首县及该州初级审判厅内由邻近府直隶州地方审判厅分设地方审判分厅,直隶厅有属县者,与直隶州同"等语。广东各属词讼情形虽不甚同,要不得以简少论,拟于府直隶州地方各设地方审判厅一所,至繁盛商埠已设地方审判厅者,如离该府直隶州地方尚不甚远,则该府直隶州即免设地方审判厅及分厅,以期撙节。又查该章程第五条:"直省各厅州县应设地方审判分厅,其词讼简少者得合邻近州县共设一分厅,其距府直隶州最近者即由该府直隶州地方审判厅或分厅管辖之,不另设地方审判分厅"等语。广东各属厅州县词讼之繁简,辖境之广狭,固未可等量齐观,但命盗、械斗等案到处皆有,邻近之地方审判厅多远在百里以外,自顾不暇,分厅员额无多,更难扩充管辖,欲图厅员勘验之易行,与人民上诉之便利,则不得不多设分厅。拟于每厅州县各设地方审判分厅一所,以免窒碍。又查该章程第七条:"初级审判厅直省厅州县各设一所"。以上第八条"直省得酌择著名繁盛乡镇设初级审判厅若干所"等语。广东厅州县同城设治,惟南海、番禺两县,每县辖境稍宽,行政区域今虽奉文裁并,但司法区域仍应照旧划分,方为取便。诉讼之法拟于每厅州县各设初级审判厅一所,至乡镇初级,体察情形,现在暂可不设。设省城高等审判厅一所,省城商埠地方审判厅四所,商埠地方审判分厅两所,府直隶州地方审判厅十二所,商埠初级审判厅六所,繁盛厅州县初级审判厅十二所,地方审判分厅与初级审判厅合设者,共七十五所,此系暂定办法,将来应否添设归并,随时呈请咨部核办。至分划区域之法,系暂照行政区域参考新旧舆图,分别面积疆界,逐项厘定,将来如须分析合并,亦随时呈请咨部核办。所有分划广东各级审判厅管辖区域缘由,理合详细列表,表(零)[另]列后,备文呈请宪台察核转咨法部核办等情到本督院,据此相应咨送,为此合咨贵部,请烦查照核办施行。

公牍类二

河南提法司详抚院派署各级审判厅推检各官文

为详请奏咨事。窃照奏定宪政筹备清单,省城商埠各级审判厅限宣统二年成立。豫省系属内地,并无商埠,经前司将省城各级审判厅分别筹设,原定本年八月间开庭,续奉法部通行各省审判厅应于法官考试后一律成立在案。本司到任后,应办事宜接续筹办,大致均已就绪,现已时届季冬,自应克期成立,方不误奏定限期。豫省高等审判厅厅丞、高等检察厅检察长二缺已经,法部奏奉上谕,著怡龄、李瀚昌试署。钦此。所有各厅推事、检察官亦须逐一派委,俾令布置开庭。查上年十二月间 宪政编查馆核定《法院编制法》原奏内称"凡非推事、检察官者,未经照章考试,无论何项实缺人员不得奏请补署。"又馆部会奏《审判厅试办章程》有:"已定之于《法院编制法》者应行作废,其余仍应照行以资办理"各等因。诚以法官职司审判,为人民生命财产所系,必须曾经考取明通法律之员办理,始无虞从脞,最为意美法良。惟本年豫省送京考试各员多未录取,而法部考取各法官至今亦未分发到省,并无曾考试合格之员,现在各级审判厅急待成立,悬缺待人,似此情形究应如何办理,细查《法院编制法》并未规定,自应遵照原奏,仍照行《审判厅试办章程》以资开办而免贻误。查上年法部审判厅筹备事宜第三项内开:"推事、检察官各员由督抚督同提法司认真遴选品秩相当之员,或专门法政毕业者,或旧系法曹出身者,或曾任正印各官者,或曾历充刑幕者,或指调部员,俱咨部先行派委署等因。兹查豫省地方审判厅厅长兼刑事庭长一员,业蒙宪台电调法部推事连廷璋来豫派充外,其余各缺经本司于在省各员中认真遴选,查有候补知县陆尔塽、李麟阁、韩兆瀛三员堪以派署高等审判厅刑科推事;候补知州王发源、王义检、试用知县袁克家三员堪以派署高等审判厅民科推事;候补知县王者樑堪以派署高等检察官。候补知县苗德垔、姚晟年二员堪以派署地方审判厅刑科合议推事。候补知县韩世勋、陆守仁、赵汝梅三员堪以派署地方审判厅民科合议推事。候补知县戴光龄、姚瀛二员堪以派署地方审判厅单独推事。候补直隶州陆文治堪以派署地方检察厅检察长。候补知县李杭文堪以派署地方检察官。候补知县周恕、即用知县赵鸿藻,堪以派署初级审判厅推事。候补知县吴寿祺堪以派署初级检察厅检察官。各该员等或系历任正印,或系法政毕业,或系久充刑幕,均与部章资格相符,应请 奏明由司派署,仍俟考试录取各法官到省后,择其成绩最优者,另行酌予委署。至豫省派署各员将来应否连同学习期满各推事、检察一并送京考验,并请咨明法部核覆遵办。其余典簿、主簿、所官、录事各员,现正由本司遵章考试，一俟考定即行开庭。除将审判厅成立日期另文详报，所有派署各级审判厅外推检各官缘由，理合详请宪台察核，俯赐奏咨，实为公便，为此备由具申，伏乞照详施行。须至册者。

浙江巡抚增为营兵印佐各官补助司法明定章程札提法司文

照得浙江省城商埠各级审检厅成立以后，所有检察厅执行之事甚多，即应责成补助机关实力补助，以期推行无阻。现已遵照大部奏定《各级审判厅试办章程》第一百条规定，编订关于本省《司法警察官、营兵、地方印佐各官补助检察厅详细规则》，以期明定处分，责任所关，方可实力补助，共计九条，交由会议厅参事科公同议决可行。除咨明法部核复外，合行札司即便查照。（略）规则录下：

第一条　本规则为遵照《各级审判厅试办章程》第一百条，规定本省司法警察官、营兵、地方印佐各员实力补助检察厅之职务而设，以资遵守。

第二条　前条规定各项补助机关，遇有检察厅调度，接到通知，应即实力补助以尽职务。至通知方法，遵照《调度司法警察章程》第五条规则办理。

第三条　不遵检察厅调度，或不尽职务，以致误事者，在巡警、营兵，则由检察厅请该营长官分别惩办。在官长，则由检察厅据实详请抚院查明，分别记过撤参。

第四条　前条规定之补助，已受检察厅调度指挥时，检察厅有完全之权。其执行职务因调度指挥致有错误，由检察厅负其责任。

第五条　巡防营兵应行补助司法之重要事项如下：一、缉捕盗贼时；二、弹压匪徒及查拿时；三、遇司法警察传集人犯，有聚众抗拒情事时；四、勘验命盗案时；五、护送重要人犯时。

第六条　检察厅遇有命盗案件，得依情节轻重，地方印佐各员，或警务长及区官会同勘验。

第七条　缉捕之事为地方印捕各官专责。遵照法部电饬，无论已未设审判厅地方，所有承缉处分照旧办理。地方印捕各官对于缉捕事务尤宜实力奉行。

第八条　凡检察厅补助机关执行司法警察事务，除本规则特别规定外，遵照《调遣司法警察章程》第十六条规定办理。

第九条　本规则自咨请法部之日为施行之期，遇有应行增删修改之处，由抚院定之。

杭州地方检察厅为请求严缉盗案事详抚院文

为详请事。窃维绥靖地方，首在除暴安良，而治安政策尤以弭盗为第一义,此古今中外不易之治理也。乃本厅管辖仁钱两县地方,自六月十六日起至本月初十日止,首尾仅二十余日,其间盗劫之案,由被害者告诉、地保告发、或本厅自行查知者,计有十三起之多。每一盗案发觉,本厅于派员踏勘之后,除遵章呈报提法司暨高等检察厅外,随即牒请巡警道并移行各该主管州县饬缉在案,不谓案牍频行,已嗟笔秃,而破获之案现止三起,余则均付阙如。各该主管官厅从容待捕,或有实非即时所能弋获者,亦事实上所不能必无之事,但本厅以行使科刑权为目的,长此案牍虚悬,法权虚设,而一般被害之事主更将要偿,何自不宁推是？历查各失事地方,其距城远近虽不一律,而同为省垣附郭之区,固无有或殊者。且各起盗伙大半持有军火,更非寻常鼠窃可比,以省会严密重地,而巡警弁兵又属星罗棋布,区区小丑,似可不崇朝而拿获殆尽,乃竟致该盗匪等出没无常,一无顾忌,诚有为本厅大惑不解者。查律载盗贼捕限何等綦严,各该官厅有法律上规定缉捕之责者,养痈贻患,固各该官厅所不敢出此,而因循坐误,缉获无期,要亦为各该官厅之所不取也。设官分职,各有专司,本厅既未便越俎代庖,又不敢放弃责任,悬案以待,惟有仰恳宪台迅赐劄饬巡警道及仁和、钱塘两县并水陆巡防各营一体协缉,务将各案真正盗赃勒限破获,以盗匪而安地方。本厅为保护公安公益起见,是否有当,伏候宪裁。除迳戡呈提法司外,为此摘叙各盗案简明案由,开单具申详请,仰祈宪台察核俯赐批示,传饬施行。须至详者。

杭州府地方检察厅为转饬仁和县遇本厅移缉案件实力缉捕事详请抚法宪文

为详请事。查阅本月初六日杭报所载,仁和县沈令禀请划清行政、司法权限文内有:"阅报载:杭州地方检察厅上详宪台文内有本厅以行使科刑权为目的,及缉捕之事,本厅未便越俎代庖等语。"乃历证《法院编制法》第九十条,《审判厅试办章程》第九十七条所规定之搜查、逮捕各节,所谓搜查者,是否即系侦查证据及犯人之处分。所谓逮捕犯罪者,是否即包盗劫案犯在内。此为疑问等语。夫所谓搜查者,不观夫《警察职务章程》第十条,《调度司法警察章程》第三十二条,凡左列各项司法警察各员经本管长官之许可,得迳行搜查：一、现行犯在警厅区讯问时发觉之证据。二、在警厅区告诉、告发或自首应行查取之证据。三、巡警侦探所得之证据。又《各级审判厅试办章程》第一百四条,凡起诉时须指明一定之被告人,其有不知姓名而或知其形状及犯罪形迹或遗物足资凭证者,均可请求搜查。据此则搜查诚包括证据、犯人在内,但试观以上所引各条,凡着手搜查者必有一定之证据,一定之人犯,或一定之证据,犯人之所在地。极言之,必有遗物足资凭证者,方可搜查。如上月仁、钱两县盗劫之案有十三起之多,证据全无,人犯逃逸,则搜查手续应何着手,于是承缉者即不得辞其责,该县不知此系承缉范围以内之事,遽将承缉与搜查混而为一,此疑问之所以发生也。杭县愚民前因不知承缉之意义,致五月间演出人民殴辱检察官之举动,此其实例也。又所谓逮捕者,即按《司法警察职务章程》第六条及《调度司法警察章程》第十七条同一规定之法文而言,凡逮捕人犯,除现行犯外,应以检察厅印票为凭,其业经起诉案件,应以审判厅印票为凭。所谓印票者,即指《审判厅试办章程》所规定之传票、拘票而言。在本厅发票时,必指明一定之被告人之姓名、住址、年龄、职业,其犯罪之人疑及人犯所在地有不甚明确者,随时摘录事由,移知警署,转饬侦探拘捕,此皆《各级审判厅试办章程》及《司法警察职务》第六条、又《调度司法警察章程》第十六条有明文规定。据此,则法律章程所谓逮捕人犯者,指现在确知犯人之姓名、住址,然后发票捕获逮案而言。其不明确者,仍在警署侦知拘捕范围之内,该令误缉捕与逮捕为一事,牵连解释,此又疑问之所以发生也。又依该令原禀引《试办章程》第一百条第三项,又《各级审判厅编制大纲》第十一条有"补助、协助"字样,遂生主体、客体问题各节。夫命盗案件之承缉处分,既明明有法部电示,则谁任承缉之处分者,即谁负承缉之责任,自不待言。大部既为积极之规定,行政官须任承缉处分,则本厅即为消极的之解释,司法官不负承缉责任,似此类推解释,何待再订明文。况原禀所谓主体、客体之说,查现奉抚宪会议厅议决《补助检察官办法》第七条,有缉捕之事为地方印捕各官专责等语。又本厅呈报踏勘大略情形事,迭奉各宪批饬分别移行主管衙门办理等语。业经通饬遵行在案。所谓专责者,所谓主管者,参照以上各项议案及历次批示,确系原禀所请另有新章谅为行政官厅所共见者,毋待赘言。夫法令一端,解释纷歧,非贯通各项法典,不能剖晰详明,若仅举一二条文,借资佐证,即不免有误会之处。原禀所谓法文别有精义,洵不诬也。本厅不惮许子之烦,为此详细陈明者,盖因本厅原属司法行政机关,与行政官厅补助司法机关之权限不易区别,前此所谓越俎代庖一语,骤观之,似不免故甚其词,其实亦窃见人民生命财产任人剥夺无人顾问,而专员保护公共安宁责任之州县移缉等于具文,部电几归无效,恨不能越我职权以外而代人谋缉捕之方也。故曰不便越俎代庖,特以明责任之有在耳,良以本厅因解释法令界限过严之故,致该令发生种种疑问,无怪其然。今该令既有禀请宪台划清权限之文,本厅深表同意。拟请嗣后如遇移缉案件,一经本厅移会后,务遵巡警道衙门办法随时实力缉捕,获到人犯,送厅究办,以保治安而免推诿,一面仍照章逐案申报宪台,以专责任而明权限。是否有当,伏候宪裁,为此备文详请,仰祈宪台察核批示,通饬遵照施行。须至详者。

抚顺地方审判厅移请地方检察分厅调查陈祥连行使假洋案内各节文

为移请事。案准贵厅起诉陈祥连行使伪币一案,连人犯一并移送到厅。当经本厅迭次提讯,并移取该犯买表原洋质证,该犯始终坚不承认。据供,伊于六月初一日在日铺买表一个,付洋十二元四角五分,当面看明收下。至初六日伊复到该铺买物,该铺忽称前次买表系属假洋,将其拿住,并将伊身畔搜去银元四元九角。其前次买表之洋元,伊系换自他人,洋上并无记识,此时不但伊无从辨认,即兑出之人亦不肯承认。前次送案之洋,日人系在初六日搜去,至初九日转送警局,其间相隔三日,又皆出于日人一面所为,并无中国警兵在场等语。本分厅查行使假洋之案,原须行使时当场拿住,如果假洋辗转过手,业已时隔多日,无论被告人是否有心饰狡,即就原告一面而论,亦觉难以取信。此案陈祥连在日铺行使假洋,当时日铺因何未能看出,看出以后,曾否报明警局存案,收下假洋存储何处,时隔多日,该铺犹能指为陈祥连原物者,究有如何确据可证?其初六日在陈祥连身内搜查,当时警兵有无在场目击?移送假洋是否确系在该犯身内搜出?此种情形,实为案内极要关键。若非调查明晰,不足以资讯断。相应备文移请贵厅转行警务公所,按照前情,逐一调查明晰,移覆过厅,以凭核办。悬案以待,望速施行。须至移者。

抚顺地方审判检察厅咨请转行调查千金寨日本路矿地段交涉文

为咨呈事。查厅属有日本通路铁路暨千金寨煤矿,该国商民栉此而居,并于千金寨设立警务署。本厅自上年始经开庭,此项交涉,无案可稽,究竟该路矿及居址地段是否向公家租买,经 国家许可立有条文,其主治权应在我在人?如其主权在人,则应照租界办法,若主权在我,则其设立警署,在我断难承认,尤不能听其逮捕人犯,干涉治权。从前该国警署常有逮送案犯交警局转送之事,本厅开庭以来,此端尚未开始,亟应慎之于先,免致噬脐无及。以后如遇该国警署捕送案犯,应如何对待?应将该路矿地段交涉原因,主权在我、在人,调查明确,俾有遵循而免贻误。理合咨呈鉴核转请提法司咨行,交涉司查覆办理,实为公便。须至咨呈者。

抚顺地方审判厅移送鸡奸未成一案查照成案归初级管理以符审级文

为移送事。宣统三年五月二十五日,准贵厅起诉案犯秦培台鸡奸幼孩童兰廷未成一案,将原告一并送请预审到厅。当经本厅提讯,据童兰廷供称,秦培台乘其熟睡,起意鸡奸,将伊搂抱,伊惊醒叫喊,秦培台亦即松放歇手。讯据证人刘海亭所供亦同。查秦培台因与童兰廷同炕睡宿,乘其熟睡,起意鸡奸,将其搂抱,童兰廷惊醒歇手。经验明,童兰廷肛门花纹并未散乱,亦未红肿,其为尚未成奸,已无疑义。至乘其熟睡搂抱,惊醒即歇,尤无强暴情状。查《现行刑律》并无恰合专条,旧例系酌量办理。查有嘉庆二十年山西李靠山乘睡鸡奸二条未成一案,系属比照刁奸定拟,核与此案情节相符,自应援照办理。查该犯既系罪止罚金,与本厅审级不符,应归初级办理,相应将此案原、被、人证具文移送　贵厅,请转送初级检察厅起诉审办,以符审级。须至移者。

抚顺地方审判厅咨呈高等两厅解释买休卖休案件以符审级文

为咨呈事。窃查《法院编制法》、《审判厅管辖案件章程》,婚姻案件为地方审判厅之管辖,罪该罚金刑以下者,为初级审判厅之管辖。复查《现行刑律》犯奸门载:"若用财买休、卖休因而和同娶人妻者,本夫、本妇及买休人各处十等罚,妇人离异归宗,财礼入官"各等语。是买休卖休之案以罪名言,则应归初级厅审理,以婚姻言,则应归地方厅审理。现有发生买休、卖休一案,本厅以管辖未明,经汇齐四厅讨论,当以各据一说,未能解决。其主张属于地方者,则谓买休、卖休虽事同犯奸,然律文不曰奸妇而曰本妇,不曰奸夫而曰休人,显与犯奸有别,且离异归宗又有解除婚姻之关系,核与婚姻门典雇妻女事异而情同,不得谓与婚姻极无联属。而主张属于初级者,则谓买休、卖休系纯粹犯罪行为,盖卖休者,自弃其妻,已失夫妇之伦,买休者,谋娶人妻,亦非婚之正,其情实同于犯奸,故与纵容妻妾犯奸并列一条,罪止罚金。况纵容妻妾犯奸之案,业向归初级审理,照律亦应离异归宗,未尝无解除婚姻之关系,何以不认其为婚姻,而独于买休、卖休则认为婚姻,岂有情乎相等而审级可以不同乎?本厅以二说各有理由,虽罪名无所出入,究与审级有关。理合呈请　宪厅解释示遵。须至咨呈者。

前清法部咨各省高等审判检察厅业已成立之处如遇有呈送上诉大理院案应由高等检察厅径送京师总检察厅核办文

为通行事。前准东三省总督徐咨,据奉天提法使呈称,窃奉天省城各级审判厅并附设各检察厅业已一律开办,惟查奏准检察厅通则,凡不服审判厅之判决,于上诉期限内声明不服之理由呈请上诉者,检察官厅即申送京师总检察厅。惟京外情形不同,京师审判厅可以直达于大理院,外省民、刑案件向俱由司转详督抚核咨。此次奉省创设审判、检察各厅,统归提法司监督,是本司有管理全省司法上行政之责,检察官介在司法、行政之间,其申送上诉与检察判决专归司法者不同,似应隶入行政部分,遇有应行上诉于大理院之案,仍由提法司承转,专送京师总检察厅较为详慎。又申送于上诉大理院之案应否专送卷宗,不送人证,查大理院为全国最高裁判之所,除特别裁判以第一审为终审者仍为事实解决外，其余上诉皆为法律上之解释。盖各厅于开庭审判之际，有检察官之监督，有证人环质，有报馆之记载，有局外之参观，耳目环周，自不致将原、被供词改易失实，且经过地方、高等一再推求，情伪一出事实，已无烦再为解决。惟案情百出不穷，法律义取赅括，往往浑言大意，问官解释，难免意见偶歧，其应准上诉之理由亦即在是。但将卷宗申送即可详核案情，参稽律意，立予解释，似毋庸申送人证，徒令往返拖延。惟部章均未明定，无凭遵守，应咨候核示等因前来。查奏定检察厅通则："凡不服审判厅之判决，于上诉期内声明不服之理由呈请上诉者，检察官应即申送上级检察官"等语。虽专指京师各级检察厅而言，惟原奏业经声明，俟宪政编查馆核议复奏后，再行通咨试办审判省分，一体遵照。定章之初本已统筹及此，第《法院编制法》既未颁定实行，而司法分权，各省又多未举办，以致民、刑案件有不服高等审判厅判决，应上诉于大理院者，除京师外，各省应如何申解，尚无规定明文。兹据咨称，奉省创设审判、检察各厅，统归提法司监督，检察官申送上诉与检察判决专归司法者不同，似应隶入行政部分，遇有应行上诉于大理院之案，仍由该司衙门承转，专送京师总检察厅，自系为慎重讼狱起见。惟查提法司一官本司法之范围，握行政之纲要，举凡考察法官，核办秋审，改良监狱以及未立审判州县地方仍须照旧勘转案件，事体极为繁重，若不服高等审判上诉大理院之案，亦由该司承转，恐案据之调查，既涉烦劳，斯文牍之往来必多延宕，况高等检察厅与高等审判厅同在一区，同办一事，所有已得之证据，适用之法律，必已详记靡遗。则或有上告之案，即由该厅申送，尚不至窒碍难行，但提法司为一省司法行政总汇，应令高等检察厅将上告理由分报备案，俾一事权而资稽考。至大理院为全国之最高裁判所，若有赴院上控之案，自以法律上之解释为最重，原咨称但送卷宗即可详核案情，参稽律意，立予解释，毋庸申送人证，徒令道途遥远，往返拖延，洵为扼要之论，盖上告裁判所不以调查事实为职权，既为各国通例，且查现行例章，外省人民赴京控诉，先经历控本省各衙门已据审拟咨部者，现控呈词核与达部案情迥不相符，将该犯暂行监禁，提取该省案卷来京核对质讯等语。比例参观，是事实尚未确定者，且毋庸申送人证，则经地方、高等一再推求，事实可认为确定者，更毋庸申送人证，可以类推。以上两项皆系试办审判省分亟应规定之件，既据该督等之请核示，自非明定办法，不足以资遵守。本部院公同商酌，嗣后奉天省人民如有不服高等审判厅判决上告于大理院之案，应由该省高等检察检全案卷宗，备文径送京师总检察厅，仍录报提法司备案，毋庸送人证，以免拖累。若总检察厅移院后，经审判官详核实，认为必须调集人证始能定谳者，再行关提来京，以凭质讯。其呈请上告之人，即听其自行赴院投案陈诉，惟不得变易之中前供，添砌情节，违者不与受理。未其设审判地方应仍照旧办理,庶于简易之中,犹寓详慎之意等因,会咨该督在案。现在各省高等审判、检察厅业经成立,如遇有呈送上诉大理院案件,自应仿照前项办法办理,应相补行通咨该督抚转饬遵可也。须至咨者。

前清法部为民教诉讼办法事咨商外务部文

法部为咨呈事。准湖广总督咨据试署交涉使施炳燮、署提法使梅先义详称,湖北省城及商埠各级审判厅业于上年成立,现已开庭。惟民教讼案情形极为繁杂,其中且有关于外交,不能杜外人之干预,应付稍有未宜,不免别滋交涉,则办理之法不可不详为分晰。本署司公同商酌,嗣后遇有平民与教民互讼案件,孰归司法衙门裁判,孰归行政衙门办理,总以有无牵涉(交)[教]案为界限。现经会议章程四条,详请咨明外务部查核示覆等因,分咨到部。查司法既经独立,除华洋互控案件,以现时条约尚未修改,暂仍照旧办理外,其余无论何项诉讼案件,均应归各厅审判范围。上年宪政编查馆奏定《法院编制法》折内,既声明京外设厅地方,无审判权衙门不得受理诉讼案件,旋复钦奉特旨,予审判衙门以独立执法之权,尤属审判各员宜无(仰不)[不仰]体朝廷图巩固法权之至意。当此司法独立造端伊始,遇有民教讼案,正宜融和民教,隐相矫正,若复划归行政衙门,不特自决藩篱,抑且先授人以口实。查同治二年《中荷条约》第四款内载:"中国习教人民犯中国律令之事,仍由地方官照例惩办。"又光绪二十九年《中美续议通商行船条约》第十四款及光绪三年《中葡新订商约》第十七款,均载"入教与未入教之华人均系中国子民,应一律遵守中(国)律例,如有犯法,不得因身已入教,送免追究"各等语。细绎历年条约所载,既曰由地方官照例惩办,则现在凡已设厅地方,其审判权业由地方官移归司法官,则此项案件确然应司法官办理无疑。又曰:应一律遵守中国律例,则现在执行中国律例者为司法官,则其应归司法衙门办理,更属毫无疑义。揆诸现制,征诸条约,似有不必分别办理之处,若徒虑应付未宜,致恐别外交涉,因而置制条约于不顾,既有碍司法之进行,且恐贻外人以口实,是该督咨请各节似难照准,既据分咨前来,相应咨呈　贵部查照,酌核见覆以便会覆该督。可也。

前清外务部为民教诉讼办法咨覆法部文

外务部为咨覆事。本月十四日接准咨称,据湖广总督咨请,将平民与教(互讼民案督)[民互讼案]件分别孰归司法衙门裁判,孰归行政衙门办理,总以有无牵涉教务为界限,酌拟章程四条,分咨到部。查司法独立造端伊始,遇有民教讼案,正宜融和民教,隐相矫正,若复划归行政衙门,不特自决藩篱,抑且先授人以口实。查中荷、中美、中葡各条约均载,入教人民如有犯法,仍由地方官照例惩办，一律遵守中国律例各等语。似有不必分别之处，该督咨请各节似难照准，希酌核见覆，以便会覆该督等语。本部查民教互控与华洋互控情形不同，前拟华洋互控案件暂归行政官管理，原因有条约规定，不得不变通办理，至教民与平民均系中国子民，所有民教互控案件但与条约无背，自不必先为区别，致分畛域。来咨所称各节与本部意见相同，维纯因教务起衅，致有外人干预，自应仍照华洋互讼办法，暂归行政衙门办理。总之行政衙门划分权限但以华洋为准，不以民教而殊，可不必另订章程，显分界限。相应咨覆贵部查照会覆该督，仍知照本部备案可也。

前清法部通行告诫各省法官文

为通行告诫事。现在各省省城、商埠审、检各厅陆续成立，所有法官均系照章考试任用分发，以后叠经通咨报部在案。本部所以断断催报者，良以兹事体大，事关系宪政前途甚钜。该法官等经验无多，骤膺重任，既恐上官不用，致等闲曹，又虑法官不才，莫孚舆论，不得不凭各省册报，藉为考核之资。乃者各省甫告开庭，纷纷被人指摘，或以爰书未晓，腾之报章，或以私德未惭，形诸公牍，席未（煖）〔暖〕而上官特请罢免，案未结而外间播为笑谈，甚至同官时致交攻，议局电询纠举，种种事实缕指难胜，其中岂乏贤能？而征诸见闻，毁多于誉，轻朝廷而羞当世，实为该法官等耻之。且为司法前途危也，顾念朝廷以时事艰难，实行立宪、司法、行政划然分途，原其与民更始之意，实以司法独立为宪政之权舆。法官得人，对内则有保持公安，清理庶狱之时，对外则有改正条约，收回法权之望。该法官等学优则仕，职在平亭，当亦孰闻之而仰体之矣。乃一见任用而怨仇随之，致使人人有才者弗至，至者弗才之叹，名曰司法，先不守法，名曰独立，先不自立。旧学以之藉口，新学闻而灰心，长此滔滔，江流不转，则国家不惜重帑，增设法官，果何谓乎？前年钦奉特旨，予法官以独（执法立）〔立执法〕之权，独立云者，谓独立行其职务，非谓免人干涉，可以为所欲为。该法官等正宜思任专责重，勉副期许，转瞬府、厅、州县各厅将次成立，既可为引遵之资，亦足觇成绩之著。若始基不慎，一再蹉跌，则旧室已毁，新室未成，糜费扰民，岂堪设想？究其所极，岂止骈枝赘疣已也。抑又闻之，外国法官最为尊重，盖以法权所寄，尊重法官即所以尊重国家也。现值新旧过渡之际，该法官等就令勤慎自爱，犹恐招求全之毁，况以人民生命财产之重而竟轻心掉之，影响所及遍于全国，其又孰尊之而孰重之欤？伏读宣统元年十二月上谕，审判官吏遇有民刑诉讼案件，尤当属遵国法，听断公平，设或不知检束，或犯有赃私各款，一经觉察，必当按律治罪，以示惩儆而维法纪等因。钦此。又编制法有先行儆告之条，复有分别去职、罢免之规定，迩者编查馆奏划分行政审判、司法审判权限一片,声明惩戒法尚未颁行,其官吏违法之案,如系法官,暂照《现行处分则例》办理各等语。该法官等务当懔遵朝旨,细察条文,振刷精神,力顾大局,勿存成见,勿便私图,既执司法独立之权,宜知司法独立之义。本部监督全国司法行政,为此申明定章,为该法官等剀切告谕,倘查有不遵训诫之员,则功令森严,断不能为该法官等恕也。相应咨行该抚札知提法使,严饬各该法官等遵照可也。须至咨者。

前清法部通行各省将司法收入各费切实整顿文

为通行事。查近年筹办审判、改良监狱,省会商埠均已具有规模,惟财政支出,各省皆同。而嗣后续应筹备事宜诸待扩张,需款益众,是关于司法各项收入,亟应设法整顿,庶足以资补助而利推行。本部前经拟订《诉讼暂[行]章程》,将民、刑诉讼各费重行加规定,奏交前宪政编查馆覆核,除仍俟内阁法制院核奏施行外,查现行章制,凡审判事项应有之收入,计分三类,一、罚金;如《现行刑律》所定十等罚及例准收赎捐赎各条,各省无论已设审判厅暨未设审判厅地方,所有此项判决征收之案,约计当亦不少,自应切实查核通饬,悉数归公,毋任隐漏。其光绪三十一年六月,本部奏明应行酌提解部办公银两,仍遵奏案办理,以重部务。一、讼费;按照光绪三十三年十月本部奏定《审判厅试办章程》第八十四条至九十六条所载,征收诉讼费用大致俱已赅括,其民事财产诉讼及录事钞录案卷各费,皆属公家收入,尤应涓滴归官。除《诉讼暂行章程》改定各条尚待核办外,凡现设审检各厅,亟应申明前项定章,分别遵行,惟如有需索情弊,一经查实,必按法严惩不贷。一、状纸费。本部前因各省省城、商埠审判厅定期成立,业于宣统元年十二月将各项状纸程式奏定颁行在案,各省领用状面、售出各价,照章将制造工料各资提成解部,及由该省加配纸尾费用一律开除外,所有盈余自应拨补司法各用。惟目前设厅无多,而状纸售价原以事属创办,取费极廉,收入有限。查山东、浙江等省现均将各项状纸推行各属,既免吏胥需索之扰,而以盈余拨济公用,属筹款之一,各省可仿办,藉广行销,期于官民交益。以上三端,所取虽微,而积之则钜,应责成提法司详拟稽核整顿之法,行令各属切实遵行,并饬将所收款目,如诉讼费之旅资,状纸之工料各费等类关费,于本项用款,均准声明列入开支外,其余应尽数作为司法岁入,查照预算案办理。一面仍由提法司按半年将收入各款分类造具简明册报,呈部备案,至此项收入或留归各该州县改良司法之用,或拨补司厅经费不足之需,一应支拟各款,亦应与各项预算司法经费并案分类开列,毋庸自为收支,以重出纳而免歧异。现各省预算册均以送部,将来即归入追加案内办理,亦无不可。此外有无可以增筹款项之处,并饬提法司通筹设法,连同前项应行稽核整顿各事,一并拟具办法,分呈该省督抚暨本部核办。事关司法要需,毋得迟延,相应咨行各省督抚并札知提法司迅即妥筹见覆可也。

前清宪政编查馆法部会同咨覆东督解释审判厅章程文

为咨覆事。前准咨开东三省总督咨据奉天提法使呈。查部颁《审判厅章程》内,检察官各项职权有编制法中未及列举者,馆奏既有其余照行一语,似不应概在作废之列,其监督审判一项,如莅庭监审之类,应否取消,或但将监督改为检察之处,馆奏并未指明。至民事到厅案件,如讯明犯有罪刑,审判厅诿为民事,竟由民庭判结,不付刑庭科罪,应如何由检察厅纠正,及有无别项机关可以纠正之处,亦未定有明文,分咨请核前来,相应咨呈查核会复等因到馆。查核察官职权既已定之于《法院编制法》,自应以本法为准,其职权之如何行使暨行使职权之方法与夫权限之范围,应按诉讼律及其他法令办理者,亦不得与本法相背驰。本馆原奏所称"其余仍应照行"等语,系指《法院编制法》所未定之事项而言,已定、未定之别,应以各该事项为限,不以条文用语为限。检察官之职权一项,本法业有明文分别规定,除《试办章程》所定事项应入诉讼律及属于执行方法范围内者现应照行外,其纯粹属于职权规定者,均应照本法办理。来咨所称原章"监督审判"四字应否取消一节,查《法院编制法》并无检察官可以监督审判官明文,至纠正公判一层,查审判果有违误,只能以上诉为纠正之途,并非当时得干涉其审判、或更改其判决以为纠正也。盖检察官既有法定提起公诉、实行公诉之职权,凡起诉、上诉均应独立行其职务,审判官既不能随意干涉其上诉,则检察官之不能随意干涉其审判官不待言。原章第九十七条第六款监督审判等语,核与本法不得干涉审判之规定未免抵触,应如来咨取消。又原章所称莅庭监督一节,查检察官既有于豫审或公判均须莅庭之文,则检察官莅庭时,对于该案件应以照章陈述意见为当然之职务,惟(述与陈)[陈述与]监督截然不同,审判官不听检察官之监督则可,审判官不听检察官之陈述则不可。所有原章第一百十条应更正为预审或公判时,均须检察官莅庭陈述意见,其原条文监督并得纠正公判之违误等字样,即行查照奏案作废。又第一百十一条内"监督"二字,亦应如来咨,一律取消以免纷如。来咨又称,民事案件若讯系刑事范围,审判官不付刑庭,应分别请求莅庭提起公诉一节,查民事诉讼应行适用民律,尚未厘订颁行,自应照现行法令办法,惟查本馆前次会奏呈进《现行刑律》黄册定本一折内,开上年进呈核议《现行刑律》黄册之时附片声明,现行律户役内承继、分产、婚姻、田宅、钱债各条应属民事者,无再科刑,仰蒙俞允,通行在案。此本为折衷新旧,系指纯粹之属于民事者言之,若婚姻内之抢夺、奸占及背于礼教、违律嫁娶,田宅内之咨卖、强占,钱债内之费用受寄,虽隶于户役,撰诸新律,俱属刑事范围之内。凡此类均应照《现行刑律》科罪,不得诿为民事案件,致涉轻纵等语。是不科罪刑者,应以纯粹民事案件为限,其遵照原奏应属刑事范围者,自应概由刑科审判。若民事案件讯出案情确系刑事范围,而审判官作为民事了结者,检察官如果查明该案确有犯罪实据,无论系在判决前后,均应提起诉讼,自提起公诉之日起,该案民科审判即行即止,毋庸向民科请求莅庭,以清界限,其附带之民事,亦应查照初级暨《地方审判厅管辖案件暂行章程》第十条规定办理。相应咨覆贵部查照,希即迳覆该督并通行京外司法衙门,一体遵照可也。

又咨覆湖广总督解释审判厅章程文

为咨行事。据湖广总督真电称,上年因馆咨核覆东抚文内有未设审厅地方寻常招解到省之案,不论翻供与否,均归高等厅勘转报司等语。疑与《钦定死罪施行办法》有所抵触,迭经电请馆部解释,未蒙核示,嗣奉馆部颁行奏定变通解勘事宜折,未设审判厅地方解勘案件改历道府直隶州覆审,则前疑已不解而释。原奏所云覆审无异详司核办一语,词义间未甚明晰,第细核原奏总结处,有凡经由高等审判厅审理之案,均毋庸督抚奏咨之语,则凡未经高等审判厅审理之案,仍由督抚奏咨,自可举隅而反。兹奉馆咨奏覆东督解释法令折内又云:未设审判厅地方,道府直隶州覆审判案件据报到司后,由司迳达部院,前后奏案,虽复互异,然而撰诸〔然〕司法独立,性质固当如此。惟此后无论轻罪、重罪案件,既归法司直接报部,其如何定谳,督抚无权过问,则各属案件虽仍禀详督抚,而督抚准之驳〔之〕,亦无足见重于牧令,似可毋庸禀详,徒滋繁文。其命盗开参亦属司法之行政事项,似可由司直接达部,以一事权。与馆部前奏所云,督抚若再疲劳于案牍,一省最高行政必致旷废之意,亦正相同。至大理院覆判之制,系检于督[抚]奏咨而生,令督抚既不奏咨,大理院覆判之制,似亦可以取消。当否,请核示等因前来。查馆部屡次奏章均为划清司法、行政权限起见,解勘旧制业经变通,审判事宜行政长官自未便照前管理,以合司法独立之制。但承缉命盗重案,事关司法警察,仍属行政范围,府厅州县官应负缉捕之责,逐案仍须详报督抚,所有承缉处分,无论已、未设审判厅地方,均照旧由督抚办理,其未设审判厅地方,各官承审处分则由法司报由法部核办。至大理院覆判一节,系经过审判厅案件,自毋庸由院覆判。其余道府直隶州覆审案件,仍应由院覆判,以符令制。除电覆该督外,相应咨行贵部,查照希即通咨,查照办理可也。

又咨覆湖广总督所有已设审判厅各处缉捕事项仍应责成州县办理文

为咨覆事。准咨开准湖广总督咨开据提法使详称案,据高等检察厅咨呈案。查向例，各州县遇有命盗案犯，届限无获，查取各该管官职名按限开参，历经办理在案。现武、汉、沙、宜四处各级厅业于宣统二年十二月开庭成立，嗣后凡在设厅区域内之命盗案犯，不能依限缉获，是否由上级长官援例查取职名开参，应开何官职名，有无别项办法，现尚未奉规定明文，无所遵循等情，据详咨请部示前来，应如何规定办法之处应请核覆等因到馆。查已设审判厅地方所以分州县之权者，仅承审一端，并非承缉之责而亦不属于州县也。缉捕为关系司法之行政事宜，与纯粹司法事务不同，州县地方责重，巡警既归其管理，所有命盗重案及一切刑事人犯，自应由该地方官负承缉之责。在《文官惩戒章程》未颁行以前，凡已设审判厅地方州县，例得承缉处分，其查取职名开参各办法，应仍由督抚遵照向例办理。该检察厅既非州县上级长官所有，援例开参等事，该厅自毋庸干预。相应咨覆贵部查照迳覆该督并通咨遵照办理可也。

又咨覆四川总督解释律例文

为咨覆事。前准咨开准在四川总督电开据提法司详未设审判厅地方招解到省之案，均归高等审判厅勘转报司，是否死罪分别专申、汇申，遣流、徒由省依法执行后分别按月、按季汇报，并是否仍由该管府州审转解省，川东、建昌两道徒犯，向道勘转者，应否照旧办理？又死罪施行办法内开，监候人犯在外，由法司照例分别实缓，汇案申报，法部照例核办，是否指汇办秋审而言，抑随案即应分别实缓汇申？又未设审判厅地方命盗开参，是否仍循向办等核办到咨请核覆，以便照咨等因前来。查解勘之例，业经本馆会同贵部奏准变通，改为覆审。所有覆审案件报司报部各办法，复经本馆奏定通行在案。该督来电所询勘转报司及由道勘转应否照旧各节，自应查照馆部奏案办理。其《死罪施行办法折》内开，监候犯人犯在外由法分别实缓，汇案申报，在法部照例核办等语，不仅专指核办秋审，其照定例随案酌缓之案，亦应随案汇申。至未设审判厅地方命盗开参，本有定例，其如何变通办法之处，应于厘订文官惩戒各章程时分别核议。在《文官惩戒章程》未颁行以前，一应处分事宜，均仍其旧。所有地方官吏例得承审、承缉各处分查办之法，应按照本馆奏定划分行政审判暨司法审判权限暂行办法，系承缉处分，由该管司道详由督抚照例办理，系承审处分，即由提法司比照法官之例，报由法部覆核，照例汇案奏明办理。此外查取职名一切，仍循向办。相应咨覆贵部查照，希即迳覆该督并通咨遵照办理可也。

又咨覆吉林巡抚解释律例文

为咨覆事。准咨开准在吉林巡抚电开案，据提法使呈称奉准部咨，嗣后招解到省之案，均归高等厅勘转报司，分别照章办理等因到司，当经通饬各属遵照在案。惟查原咨仅指解勘之案而言，此外一切办法尚有为原章所未及者。一、招解案件既概归高等勘转报司申部咨，后各属遇有前项案件，是否改为分呈提法司及高等检察厅？二、嗣后遇有盗杂各案拟遣流徒者，是否仍照旧章先行禀报院司批饬详办，免其解勘，抑造具供勘清册，径送高等厅复核报司？三、院司既无复勘之权，嗣后发配案件，是否改为由高等审判厅复勘后，送高等检察厅定地，呈司复核，由司迳发文牌，一面申报，一面咨明该省提法司查照。其已设审判厅地方，则由该处检察厅定地呈司办理？四、吉林、府、厅、州县不相统辖，遇有案件直接院司解勘之案，既悉以高等为归，则定章移牒之文，似难通用。拟嗣后各该属行文高等厅用呈，高等厅行文各属用劄各等因，分电到部请示饬遵，相应咨请主稿会复等因前来。查该抚电咨第一、第二、第三各项，（经业）[业经]馆部先后奏定复审及报司报部各办法通行在案。至分禀院司一层，现在办法应将该管地方所出刑事重案，一应勘验缉捕情形，分别禀报该管上司以资考核。其第四项系请变通行文之制，查本馆《会奏遵议变通府厅州县地方审判厅办法》折内，业经声明司法衙门别厘订，一俟议定后，再行具奏请旨遵行。在未经奏定以前，仍照贵部前次通行互相行文公式办理。且查馆部前后奏案解勘，业经改为复审，并非悉以高等为归，即有时互相行照，希即迳复该抚并通咨查照办理可也。

又咨覆四川总督解释审判厅章程文

为咨事行。据在四川总督删电称据等厅呈。查《审判管辖章程》第五条："刑事及他法令令罪该罚金二百元以下归初级，二百元以上归地方。"又查各例章，凡称"以下"、"以上"，均连本数计算。是此项界限应视原犯法令所规定为准，如原法以二百元为终数目，归初级。原法以二百元为起数，或非终数，即归地方。况案发生时，罚数原难预定，若一达终数即不归管辖办理，殊觉不便。川初级厅近审一违报律十一条之案，因情较重，照本罪终数处罚二百元，现由地方厅照章判结，故咨议局前呈及此，究竟此项上下界限作何解释，呈请电咨示复等情，应请酌核速复以资遵守等因前来。查《审判管辖章程》以二百元上下为初级及地方审判厅管辖之区别，定章本意称二百元以下者，指至本数而言，称以上者指逾本数而言。《现行刑律》计财之法即系如此计算，来电所称违报律之案，照章应属初级审判厅。惟据称已由地方厅判结，可查照《各级审判厅试办章程》第九条第二项办理，除电复该督外，相应咨行贵部查照，希即通行直省，一体遵照可也。

安徽提法司通饬各属奉抚宪批司详准高等审检厅咨呈维持司法以保治安请定州县职守通章一案应查照馆电并处分则例遵办文

为通饬事。奉抚宪朱批司详，准高等审检两厅咨呈，维持司法以保治安，请定州县职守，通章遵守权限，请示缘由，奉批据详已悉。查司法行政初议划分宜清权限，该厅原呈各节系为慎重司法，期利推行起见，自应照准。惟正在核办间，适查本年五月二十六日《治官报》内载，前宪政编查馆复在湖广督院养电说明，承缉命盗重案事关司法警察，仍属行政范围，府厅州县官应负缉捕之责，逐案仍须详报督抚。所有承缉处分，无论已、未设（审）判厅地方。均照旧由督抚办理。其未设审判厅各官承审处分，则由法司报由法部核办等因。既经明定章程，在皖省事同一律，亟应照办，即仰该司查录往复原电，并摘录在《处分则例》内载缉捕参限通行各属一体遵照，至该厅另订通章之处，似已毋庸再议，并由该司照会知照此缴等因奉此。除照会外，合亟附详并宪政编查馆与鄂督来往电文暨摘录在《处分则例》内缉捕参限详续编，通饬札到，该县、州、府立即并转饬各所属遵照办理。毋违。此札。

安徽提法司照会高等审检厅准改选咨议司员事务处移请选举届期议艰保无提起诉讼案件请分饬查照文

为照会事。准改选咨议局议员事务处司道移开案。查在《咨议局议员选举章程》第八十七条："凡选举人，倘确认办理选举人员有不遵定章之行为或于选举人名册有舞弊作伪之证据者，得向该管衙门呈控。"第八十八条："凡选举人倘确认当选人内有下列情节者，得向该管衙门呈控：一、被选举资格不符；二、当选票额数可以当据"九条："凡落选人员倘确信有下列情节者，得向该管衙门呈控。一、得票额数可以当选而不能与选。二、候补当选人名次错误遗漏。"第九十条："凡呈控应自选举之日起三十日以内为限。"第九十一条："凡选举诉讼事件，初选应向府直隶厅州衙门呈控，复选应向按察使衙门呈控，其各省已设审判厅者，应分别向地方及高等审判厅呈控。"第九十二条："凡选举诉讼事件应于各种诉讼事件内提前审判，不得稽延。"第九十三条："凡不服该管衙门判定者，初选得向按察使衙门上控，复选得向在大理院上控，但自判定之日起三个月以内为限。其各省已设审判厅者，照在审判厅上控章程办理。"第九十四条："凡选举人讼事件，所有讼费等项，悉照通行章程办理"各等语。现本处办理改选谘议局议员一切事宜，将来选举，届期难保无提起诉讼之处，相应摘录章程，备文移请查照分别照行等因到司。准此相应备文照会，为此照会贵厅，请烦查照办理并希分饬各级厅知照。须至照会者。

安徽提法司批颍州府长守详拟改良监狱办法十三条呈请核示文

据详并折均悉,所称四宜六忌实为狱政改良扼要之图,东西各国监狱规则至详且密,其大旨亦不外此数端。拟呈改良办法十三条即系本此旨趣,切实可行,应即照准。查本司自上年抵任以来,对于此事已不啻三令五申,谆谆诰诫,该管各属详报监狱改良情形者,仍属寥寥无几,来详称各属详报监犯病故之案甚多,有由来矣。当此司法改良之时,狱政至关紧要,断不容因仍故习,致司法前途有碍进行。仰即如拟各条通饬该属州县及管狱官,一体切实遵办,毋得视为具文,仍随时严密稽查,倘有阳奉阴违者,指名揭参,毋得徇隐并录批转饬,知照切切。此缴折存。

附原详

为详明事。窃知府前以各属详报监犯病故之案甚多,通饬改良监狱,业已详明宪鉴在案。查近来文明之国无不注重监狱学,有专门监狱之建,有四宜六忌:宜洁以资卫生;宜整以便瞭望;宜分以绝引诱;宜坚以防破越。忌秽,疾病传染,死亡必多;忌嚣,人声嘈杂,易滋事端;忌暗,深夜昏黑,艰于巡察;忌近市,囚犯之地四围,必须隔绝,勿使恶习染人;忌引火之物,冬炉夜烛当置监门之外;忌与潴水池沿相接,夏秋霖雨,墙壁易于倾倒。故建筑监狱必须择地,其图式有扇面形、十字形、八角形、星光形各种图式,于巡察宜于卫生者,以十字形、扇面形为善,惟规模过于宏壮,州县筹款维艰,力微(难以)办到,依然阳奉阴违。知府以为办理狱政,但其能收实效,不必徒耀外观,似宜规定简便办法,使其轻而易举,庶不致延不遵办。今酌拟改良监狱办法十三条呈请宪台核示,为此具详,伏乞照详施行。须至详者。计呈清折一扣

计开

一、监狱房屋宜过爽,不宜过低,各州县或照旧式改良,或就地筹款添设,惟在体察情形办理。

二、狱犯室内多以木板铺地寝卧其上,以故感受湿气患病者多,以后宜改置木床,高约一尺五寸,铺床夏用芦席,冬用粗牛毛毡,庶凉暖适宜,不受湿症,每日清晨饬禁卒将各室内外打扫,务期洁净。

三、浴室置木盆四五具,热天三四日一浴,冷天半月、二十日一浴,各犯分期轮浴以免拥挤,禁卒亦易于照料。

四、病室宜分木床数具,令病犯各寝一床以免传染。

五、住室、浴室、养病室三处,宜酌量房间大小,开关窗牖外,安设铁栅以防疏虞。

六、狱犯获病,禁卒报知有狱、管狱各官,当即拨居病室,延医调治,小心照料,勿任瘦毙,病愈即归原屋。

七、狱犯口粮宜足数发给，禁卒不得克扣，倘坐此弊，照例严惩。

八、狱犯暖衣，各州县向至极冷时始行发给，讵知受病已成，半多痢症，殊堪悯恻，以后宜立冬前发给暖衣，俾霑实惠。

九、所用禁卒，宜改选强壮、勤慎、不染嗜好者，看守狱犯，扫除室地，洗涤刑具，照料病室，均其责任，不得怠惰。

十、夏日备设绿豆汤，冬日备姜汤，俾各随时取饮以御酷热、严寒。

十一、狱内更夫宜彻夜巡守，不可贪睡，倘若仍前玩忽，一经查出，立即斥退。

十二、厕所宜造数小间，每隔用木板，每晨饬禁卒，将宿粪打扫运出，勿令积聚，致生疠气，并宜将厕坑添换沙土，以解恶臭。

十三、狱门外安设小木房一座，可添巡兵二三名，日夜轮守以昭慎重。

公牍类三　示谕门

上海地方审判厅收理民刑诉讼案件办法通告

为通告事。照得上海自司法署成立后，审理民刑诉讼，一月以来，尚称便利，惟仓卒从事，一切手续，间有未能完备。兹奉江苏都督程训令，一律改设审判厅、检察厅审理，民刑诉讼仍分四级三审，俾可不服上诉，庶冀渐达完全保护人民权利之目的。凡关于户婚、田土、钱债、契约纠葛等项并无罪名者，均为民事案件，归审判厅直接收受呈词，分别准驳，审理公判执行。凡关于命盗杂案及一切违犯法律行为有罪名者，均为刑事案件，归检察厅直接收受呈词，分别准驳，必须经过勘验、调查、逮捕、豫审得实，方可起诉送交审判厅复讯公判，然后执行。似此分别办理，各有专责，互相对得，无非为人民保护利权起见，一洗从前州县衙门拖累积压讹索刑逼之恶习惯，以期与民更始，万象一新。兹将上海县衙门原设之司法署改为地方审判厅、检察厅，并附设初级审判、检察厅，以便人民诉讼继续进行，诚恐人民未能周知（用），再择录民刑诉讼权限及各厅审级管辖章程详细公布，为此通告合境人民一体知悉。自本年十一月二十一日为始，以后民间如有民刑诉讼，即查照后开办法，分别来厅呈候核办，毋稍观望，是为至要。特此通告。

计开

民事、刑事之区别

一、凡关于户婚、田土、钱债、契约、买卖纠葛，但分理之曲直者，为民事。

二、凡关于命盗、杂案及一切违犯法律行为，定罪之轻重者，为刑事。

审判之权限

甲　初级审判厅事物管辖

民事

一、因金额或价额涉讼,其数在三百元以下者。

二、业主与租户因接收房屋,或迁让、使用、修缮,或因业主留置租户之家具、物品涉讼者。

三、雇主与雇人因雇佣契约涉讼,其期限在一年以下者。

四、旅客与旅馆、酒饭馆主人、运送人、船舶所有人或船长因寄放行李等项物品涉讼者。

五、旅客与旅馆、酒饭馆主人、运送人、船舶所有人或船长因房、饭、运送费涉讼者。

六、因占有权涉讼者。

七、因不动产经界涉讼者。

刑事

一、三百元以下罚金之罪。

二、四等以下有期徒刑或拘役之罪。

三、在《刑律》第三百四十九条、第三百五十七条之窃盗罪及其财物之罪。

乙　地方审判厅事物管辖

民事

一、关于婚姻之案件。

二、关于亲族之案件。

三、关于嗣续之案件。

四、因金额或价额涉讼,其数在三百元以上者。

五、雇主与雇人因雇用契约涉讼,其期限在一年以上者。

刑事

一、三百元以上罚金之罪。

二、四等以上有期徒刑或死刑。

按以上两条,系不属初级审判厅权限内之案件为第一审,至不服初级审判厅判决而控诉之案件及不服初级审判厅之决定或其命令,按照法令而抗告之案件为第二审。

丙　高等审判厅之管辖

一、不服地方审判厅第一审判决而控诉之案件。

二、不服地方审判厅第二审判决而上告之案件。

三、不服地方审判厅之决定或其命令,按照法令而抗告之案件。

丁　上诉之限期

一、民事十天。

二、刑事五天。

按以上两条，均自判决宣布之日起算。凡在法定期间以内，准其上诉。如有特别事故因而障碍者，照律得以据实申诉。

戊　上诉之方法

一、无论民事、刑事，凡不服初级审判厅之判决者，得依前定限期，申明不服之理由，迳赴原检察厅呈请核明转送地方检察厅提起上诉。

二、无论第一审、第二审之民事、刑事，凡不服地方审判厅之判决者，得依前定限期，申明不服之理由，迳赴原检察厅呈请核明转送高等检察厅提起上诉。

按如为初级审判厅第一审案件，至高等审判厅为终审。

三、无论民事、刑事，凡不服高等审判厅第二审判决者，得依前定期限，申明不服之理由，迳赴原检察厅呈请核明转送总检察厅提起上诉。

按如为地方审判厅第一审之案件，得以大审院为终审。大审院未成立以前，如有此等案件，临时组织大审院以符四级三审之制度。

上海地方审判厅受理民刑诉讼案件应征费用通告

为通告事。照得上海司法署现将改设地方审判厅、检察厅并先行设立第一初级审检厅暨四级三审制度及民事刑事区别起诉至终审次序另行明白通告在案。查从前衙署诉讼有代书经承差役等项，名目甚多，无一项不需费用，且任意勒索，均无定数，民间词讼俱受其害。本厅有鉴于此，将所有陋习一律革除，以期完全保护人民之权利。兹特另订各项章程，凡属购状、写状、传审、抄录各项均定有划一费用，俾资遵守。具控之人只须来厅口诉事实，自有书记生代为述写并无丝毫浮费，一经批准，即可随时传审理断，并无其他阻碍。至民事应收讼费亦有一定数目，诚恐有等不肖棍徒，在外巧立名目，藉端招摇撞骗，用将所定各项章程逐一钞黏公布，此后如有因事涉讼者，准即按照黏章赴厅购写状纸，照章起诉，切勿再蹈陋习并误听奸胥播弄，央人作词，徒多费用，以致受人欺罔，是为至要。特此通告。

计　开

甲　购状写状费

一、本厅发行诉讼状纸，凡属民人来城赴各级审判厅诉讼者，无论民事、刑事均应一体遵用，违者不予受理。

此项诉讼分十二种开列于下：

刑事诉状：凡刑事原告于第一审之审判厅呈诉者用之。

民事诉状：凡民事原告于第一审之审判厅呈诉者用之。

刑事辩诉状：凡刑事被告于各级审判厅有声辩理由者用之。
民事辩诉状：凡民事被告于各级审判厅有声辩理由者用之。
刑事上诉状：凡刑事控诉上告抗告者用之。
民事上诉状：凡民事控诉上告抗告者用之。
刑事委任状：凡刑事原告之抱告及一切有委任权者，于诉状外附用之。
民事委任状：凡民事原告之抱告及一切有委任权者，于诉状外附用之。
限　　　状：凡经审判官判定给予限期者用之。
交　　　状：凡关系案内之财产、物件、人、畜等，经审判官判交者用之。
领　　　状：凡发下案内之财产、物件、人、畜等及一切赃物饬人具领者用之。
和解状：凡民事两相和解者，原被两造均用之。

一、刑事诉状、辩诉状、上诉状、委任状每种各收当铜元十六枚，民事诉状、辩诉状、上诉状、委任状每种各收当十铜元二十枚，限、交状每种各收当十铜元十枚，领状、和解状每种各收当十铜元二十枚。

附　　则　如铜元不便，角洋、制钱一律照市收用。

一、凡擅行仿造状纸及私行售卖之人，计其纸数，得科以一元以上三十元以下罚金。

附　　则　增加保状、结状两种，凡民事、刑事具保及甘结均得用之。每种各收当十铜元十枚。

一、凡具诉之人，不论民事、刑事，照章购得状纸后，即赴收状处口诉呈控事理，即由收状书记代为述写，其费每百字各收当日铜元十枚，逾百字者，作二百字算，如字数加多及不满百字者，以此类推，倘有来稿仍须照章纳费。

二、凡具诉之人，凡带有来稿者，原稿须交收状处书记存留备查，具诉人不得带回。

三、凡具诉之人将呈词投递者，一经本厅核明受理，即给回证，依限候批。

乙　传审抄录费

一、凡呈控案件，所有应行传讯被、证，由承发吏传讯者，应行征收票费及往来舟车、食宿费用，不论水陆，每票收票费银一角，其舟车、食宿费依程核计，每案计程五里者，征收银一角五分，逾五里者，作十里算，以次递加，如不及五里者，亦作五里征收，其一案有被、证数人而道途不同者，应即按人征费，如果住居一处，则被、证人数虽多，仍以一票论。

二、本厅审理词讼，一秉至公，依法判决，所有判词，如原、被两造欲抄录判词者，可向录事缴费钞录，所需之费，每百字征收当十铜元十枚，逾百字者作二百字计算，以次（递）加，不及百字者，亦作百字论。

丙　征收讼费

一、凡因诉讼所生之费用,责令输服者缴纳,其因诉讼人一面所生之费用或诉讼一面声明障碍致他人生留滞之费用者,均各责令本人补偿。

二、凡民事因财产而诉讼者,从起诉时,诉讼物之价值按下列之等差征收用费。

十元以下	三角	五百元以下	十元
二十元以下	六角	七百五十元以下	十三元
五十元以下	一元五角	千元以下	十五元
七十五元以下	二元二角	二千五百元以下	二十元
一百元以下	三元	五千元以下	二十五元
二百五十元以下	六元五角	五千元以上	每千元加二元

其价值如系银两计者,每两以一元五角核计。

一、征收讼费自判决后由审判厅饬承发吏执据征收,予限三日遵缴,随时掣给收据,以资凭信。

丁　惩儆

一、凡本厅书记及承发吏等,如有应收各费,藉端需索额外浮收者,悉照官吏受财法论罪,并许受害之人据实呈控,惟经审有挟嫌诬讦情弊,亦应按照习用法律加等反坐。

上海地方审判厅宣告诉讼程序示

照得本厅开庭以来,往往有诉讼事件在已出传票或已经决定之后,当事人忽有添请律师临时加入,致诉讼程序进行迟滞,于保护人民之权利反多窒碍。查苏省高等审判厅已经出示不准于传票既出之后临时添请律师,本厅自应仿照办理。此后诉讼人欲请律师代理或辅佐者,须于诉状提起之时并将委任律师书状一同提出,其被告之欲请律师者,须于接到通知书后即行声明,不得于传票既出已定辩论日期之后,再行添请律师临时加入,致妨诉讼进行之程序。为此出示晓谕,仰诉讼人等一体知悉。

苏省高等审判厅不得临时添请律师示谕

照得苏州自光复以来,设立律师会以期维持司法,保护人民权利,因事属创办,人民于诉讼进行方法不甚明白,常有窒碍之时。查近来诉讼事件每有在传票已出之后,临时添请律师,致诉讼之进行因之延滞。况律师为诉讼人代表,必须先事将案情调查详悉,方能出席辩护,岂能仓猝取辨于临时。其中尤难免轻率之弊,凡诉讼案件于诉状提起之后发生权利拘束之效力或称为既诉状态,如于诉状提起之时不先将委任律师之状提出于法庭,则权利拘束力不能发生,何能以案外之人临时加入诉讼,若不明示办法,于诉讼之进行诸多不便。为此出示晓谕,仰诉讼人等一体知悉。以后诉讼人欲律师代表,必与呈递诉讼时将委任状一并提出或于通知书送达之际声明补请,不得在传票既出之后,临时添请律师致妨诉讼手续,其各凛遵毋违。特示。

上海地方审判厅为诉讼人应遵章来厅呈诉不准请托通告

为出示通知事。照得国家设立诉讼,原为保护人民权利起见,无论绅商士民一体待遇,绝无丝毫偏袒,一洗从前州县衙门专制徇庇之恶习,则人民方能享受完全法律之保障。凡有诉讼,一律遵照所定规则,来厅购具状纸,由厅缮写正式呈诉,厅候核明办理。所需费用均有标明一定数目,此外并无丝毫需索,倘有巧立名目额外营求,即系招摇撞骗,准即指名控究,以凭严惩。所有从前之白禀及以个人名义函托片送或以势力相凌者,一概置之不答,即机关对于机关遇有诉讼事件,亦应各举代表来厅购状,呈候核办,亦不得以文移往还,以致违反法律,诚恐未能周知,用特出示通知,以昭大公而符信用。区区愚忱,当亦人民所共喻也。此告。

上海审判厅应用各种法律通告

为通告事。照得案奉苏都督训令,据提法司呈案。查苏省各审判、检察厅业已逐渐推广收受案件,所有应用各项法律亟应早示一定办法,以免纷歧。前经本都督开列此案交省议会公议,由议会议决,拟照原案所开《商法草案》、《破产律》、《刑律草案》、第一次《民刑事诉讼律草案》各种,均由各厅采取应用。至民法虽尚未有完全草案,其已编之前三编可以查取应用,其未有草案者,应暂依本省习惯及外国法理为准,俟将来调查编订议决公布后,再行饬遵等因到厅。奉此合行通告,仰各诉讼当事人知悉,以后各级审判厅审理民、刑案件,均据前项议决法律为断。庶几文明裁判有确定之依据,人民权利得完全之保护,其各一体遵照。切切特告。

上海审判厅消灭旧时差役等项名目通告

为通告事。案查上海审、检各厅现已成立,司法署名义亦即取消。现在所用厅内承发吏、司法警察、庭丁、厅丁等均由公家雇用,优给薪工,以资养赡而杜营私,所有差役等项名目一概消灭净尽。从前上海县司法署传提各票亦已一律缴销作为无效,此后如有冒充前县差役及持前县及司法署传提各票私行吓诈讹索种种情弊,仰即来厅指名呈诉,一经查实,即行按律惩治,决不宽贷。

为此通告其各知照。特告。

上海审判厅专派推事收受诉状通告

为宣告事。照得本厅开办以来，所收诉状往往有饰词耸听，故意牵扯等弊，自非由推事亲自收受，当面诘问，不能确知底蕴。现定元月十八日起，除星期外，每日下午二句钟至四句钟，特派推事一员当堂收受，仍给予回证。仰各诉讼当事人准时呈递勿误。此告。

上海审判厅为诉状人呈递诉状照章应添备缮本通告

为宣示事。按照《民事诉讼律》第一百七十条："当事人应以第一百六十八条之书状：一、当事人姓名、身分、职业及住址。若当事人为法人，则具名称及住址。二、代理人之姓名、身分、职业及住址。三、诉讼物。四、一定之声名及事实之要领。五、对于相对人事实上主张之陈述。六、证据方法或声叙方法。七、对于相对人证据方法或声叙方法之陈述。八、附属文件及其件数。九、年、月、日。十、审判衙门及其附属文件之缮本提出于审判衙门，并按应受送达之相对人人数，提出缮本于书记科"等语。此条即指民事诉讼人于缮写正式状纸时，另备缮本，照被告人数多寡，每一人备一本。此项缮本但须寻常用纸，不必购备正式诉状。本厅现定阳历元年二十五日即旧历十二月初七日为始，遵照本条诉讼定律办理。其缮本写费不论字数多少，每本收费铜元六枚，至诉状缮本各项缮费及诉讼一切费用应照一百十四条，于本案判决时，由败诉人担认。如原告为胜诉人，则此项诉讼费亦应由败诉人赔偿，此为保护当事人权利并杜绝诉讼不实情弊起见。仰民事诉讼各当事人知照勿误。特示。

上海地方审判厅暂用旧刑律示

照得本月二十九日接奉江苏庄都督第八十六号府令，内开前据上海地方审检厅呈称第一号府令颁布之法院应用法律案，其中刑法一端，于诱拐（念）[廿]岁以上之人别无规定罪名，拟请颁行特别法令以便遵守等情。据此当经本都督提交省议会公议，兹准临时议会复称前届议决法院应用法律案刑法一项，系主暂用庚戌年资政院议决之新刑律，此项法典，前经中外新旧学政两界讨论修订，自较完备精详，其第三百四十三条称："凡以强暴胁迫或伪计拐取妇女或未满二十岁之男子者，为略诱罪，处二等或三等有期徒刑。若系和诱者，处三等至五等有期徒刑。"其第二项称："和诱未满十六岁以上之男者，以略诱论"云云，是刑法于诱拐二十岁以上妇女之罪名，早有规定可资引用，其二十岁以上之男子则本不适用诱拐罪之规定，而应适用擅逮捕监禁罪之规定，前清修订法律馆于本条案语曾加说明,可无疑虑。惟上海地方审检系照府令采用第一次刑律草案,自尚无本系之规定,不免因有疏漏而生此疑问。现袁大总统蒸电既通令各省称,现在民国法律未经厘定颁布,所有从前施行之法律及新刑律,除民国(团)[国]体抵触各条应失其效力外,余均暂行援用以资遵守云云。于是刑法之应用,益可得所依准。而于诱拐成年罪名之规定,亦已早为包括,无俟更议增补及另颁特别法令,合即议决声复等因。准此合行通令,令到该厅即便遵照办理可也。此令等因到厅,奉此合行出示晓谕,自此次奉文之日起,本厅办理刑事案件应即遵照府令,用庚戌年资政院议决之新刑律以为依准。特示。

上海审判厅为诉状批准后应预缴讼费及保证金告示

为宣示事。照得民事诉讼应收诉讼费用,照章应先行缴纳本厅,前为体量诉讼人起见,变通办理,定为判决后予限征收。乃开办以来,应缴诉讼费用,当事人或住址迁移,或藉词延宕,每不能遵限缴纳,殊多困难,不得不改定办法,以杜取巧之弊。自阳历二月初一日,即旧历十二月十四日起,凡民事因财产而诉讼者,当事人应俟本厅批准所递诉状后,即行来厅,按照诉讼物之价额,依规定征收讼费数目,一律预缴。其非关于财产之诉讼,每案征银三元,此为预缴讼费,其传票、通知、送达各费、应照讼费之半数预先缴纳,名为保证金。均俟本案判决时,如原告人胜诉,则所有诉讼应纳之费用,均归败诉人担负。而预缴之费仍发还胜诉人,庶与征收讼费定章不至违碍。仰诉讼各当事人遵照无违。切切特示。

上海审判厅改正民刑诉讼上诉期间及方法告示

为出示晓谕事。照得本厅成立之初,案遵江苏都督训令,照《法院编制法》办理一切。旋由省议会议决各级审检厅应用法律,复奉江苏都督府令,以议决案所开《商法草案》、《破产律》、《刑法草案》、第一次《民刑诉讼律草案》等法为受理民、刑案件之依据,业经遵照并各通告在案。惟当此法律变更之始,新法或与旧法相抵触之处,往往而有,设无统一之解释,必不足以资遵守。兹查《民刑诉讼律》与《法院编制法》相出入者,如上诉制度,本为《法院编制法》所采用,而诉讼中更详细规定上诉之程序,惟关于上诉之期间、上诉之方法互有异文,不于两法中明示从违,易生异议。今准议会议决,前因自当以《民刑诉讼律》之规定为准,本厅前次通告内所列民、刑事上诉之期限、上诉之方法两项,亦应援照新律办理。诚恐人民未能周知,用再将上诉期间及方法详细条示,为此出示晓谕,仰诉讼当事人知悉。以后如有不服第一审或第二审之终局判决及裁判中之决定，提起上诉者，当查照后开期间，民事赴上级审判厅呈诉，刑事赴原审判厅呈诉，但以法律上许可为限。盖上诉制度所以保护人民之权利，昭示裁判之公平，若喜事健讼，意图妨害裁判之终结，不为法律所许者，不特应作无效，且有罚锾之条，反多损害也。其各凛遵勿违。切切特示。

计开

甲　刑事上诉之期间及方法

一、凡不服第一审判决，而按照法律提起控告者，应于宣示判词后七日内，向原审判厅呈递上诉状。依据《刑事诉讼律》第三百七十三条、第三百七十五条。

二、凡不服第二审判决，而按照法律提起上告者，应于宣示判词后五日内，向原审判厅呈递上诉状。依据《刑事诉讼律》第三百九十二条、第三百九十三条。

三、凡不服审判厅之决定，而按照法律提起即时抗告者，应于宣示决定后三日内，向上级审判厅呈递上诉状，并提出声明书于原审判厅，其普遍抗告得随时为之。依据《刑事诉讼律》第四百十八条、第四百十九条、第四百二十条。

乙　民事上诉之期间及方法

一、凡不服第一审判决而提起控告，及不服第二审判决而提起上告者，皆于送达判词后三十日内，在上级审判厅呈递上诉状。依据《民事诉讼律》第五百三十三条、第五百七十五条。

二、凡不服审判厅之决定，而按照法律提起即时抗告者，应于宣示决定后七日内，向原审判厅呈递上诉状。惟有再审原因者，前项期间为三十日。依据《民事诉讼律》第五百九十一条、第五百九十二条、第六百十一条。

三、凡不服审判厅之决定，而按照法律提起普遍抗告者，得随时向原审判厅呈递上诉状。《民事诉讼律》各条所许得为抗告者，皆同。

以上即时、普通两种抗告，若情事迫切者，得径向上级审判厅呈递上诉状。依据《民事诉讼律》第五百九十三条。

上海地方审判厅征收诉讼费用示

照得本厅征收诉讼费用，按照定章分两种办法：一为审判上诉讼费用之担保，由原告提存之，一为判决后诉讼费用之确定，向败诉人征收之，均经宣告在案。乃自照章办理以来，查有原告应提存担保，既经通知而延不遵缴，或竟届言辞辩论日期，饬传不到，似此于诉讼进行大有窒碍，且因迟滞而送达传催之费用愈多，殊非所以保护当事人之利益也。兹依《民事诉讼律》第一百四十九条之规定，特明定别项期限，凡应提存担保者，属于地方厅民事诉讼，至迟不得逾二十天，初级厅民事诉讼，至迟不得逾七天。以上日期自诉状批准，原告接受承发吏通知之日起算。自受通知，即应遵期来厅预缴诉讼费用、保证金，该项[保]证金俟本案判决后，如原告胜诉，即行分别给还，如逾期不缴，本厅援照律定撤回诉讼，即行将案注销，以清尘牍。惟原告实系贫苦，一时力不能提存现金者，应于上定期限内，觅同殷实商号来厅填具保状，担任败诉后支付责任，亦可准理，此为审判前预缴证金之办法。至若审判确定后之讼费应纳若干，应由何人担任，均载入判词正本，照章由承发吏送达判词三天之内，持据往收或令当事人来厅缴纳，均不许延迟。查近来有饰词延宕或抗不缴纳者，殊违定律，按照此项讼费，本厅得以职权为独立之裁判，并得以命令催令支付。惟确系贫苦无力，合于《民事诉讼律》第一百五十二条之条件，并由该地自治团体或公正绅士证明，方许援照诉讼救助例办理。此项法律为救济贫人而设，然限制綦严。查同律第一百六十条，当事人以欺诈之陈述受诉讼救助者，审判衙门得因职权，以决定科二百元以下之罚锾。又第一百六十一条第一项，"受诉讼救助人，若力能完纳诉讼费用，审判衙门因利害关系人之声明，以决定命其补纳。"观于以上各条之规定，除合于诉讼救助条件外，其余均须照章缴纳，此指判决后应缴之讼费而言。要之，立法者之用意，在审判前令原告提存担保，盖防滥讼之弊。在判决后，令败诉人照缴讼费，又含惩儆之意。本厅为司法机关，自当依法执行。惟恐当事人未能明悉前两项之定律，因生疑虑，为此摘示条文，释明法意，剀切晓谕。自示谕之后，当事人各遵照上定期限，分别预缴照纳。其在示谕以前，已受通知及经决定者，亦照此办理。勿再观望自误。切切特示。

第四编 章程类

章程类一

直隶省各级审判检察厅暂行章程

第一章 总纲

第一条 各厅察判案件,分刑事、民事二项。其区别如下:

一、刑事案件,凡因诉讼而审定罪之有无者,属刑事案件。

二、民事案件,凡因诉讼而审定理之曲直者,属民事案件。

第二条 凡登记事件,由该管审判厅照《登记章程》行之。

第三条 本章程未规定者,依规则行之。

第二章 审判通则

第一节 审级

第四条 凡民事、刑事案件,由初级审判厅起诉者,经该厅判决后,如有不服,准赴地方审判厅控诉。判决后,如再不服,准赴高等审判厅上告。

第五条 凡民事、刑事案件,除属大理院及初级审判厅管辖者外,皆由地方审判厅起诉。经该厅判决后,如有不服,准赴高等审判厅控诉。判决后,如再不服,准赴大理院上告。

第二节 管辖

第六条 各级审判厅管辖之民、刑案件,依《法院编制法》并《初级暨地方审判厅管辖案件暂行章程》办理。

第七条 司法区域悉照《宪政编查馆奏定暂行章程》办理。

第八条 凡高等审判分厅一切案牍,均报总厅查核。

第九条 凡未设初级审判厅之州县审判案件,如有不服,赴厅控诉,应按照管辖案件之区别,应以地方审判厅为第二审者,即归地方审判厅审判。应以高等审判厅为第二审者,即归高等审判厅审判。

第十条 凡未设地方审判厅之府州县递控到省之案,俱归高等审判厅审判。

第十一条 管辖有不明确者,由受理之审判厅呈请上级审判厅指定之。

第十二条 管辖有错误时,于未剖决前觉察者,应移交该管辖之审判厅办理。

第十三条 管辖错误发见在判决后者,应将本案供招、判词,抄送该管审判厅详核存案。其原判有出入时,另行提案复审。

第十四条 刑事案件系数人共犯,从其罪重者之管辖。

第十五条 因刑事案件而附带民事者,不论价值多寡,应并入该刑事案件办理。

第十六条　初级暨地方审判各厅，除本章程规定外，有以其他法令定其管辖权者，应依各该法令办理。

第三节　回避

第十七条　推事、检察等官员应行回避之原因如下：

一、自为原告或被告者；

二、与诉讼人为家族或姻亲者；

三、对于承审案件，现在或将来有利害之关系者；

四、于该案曾为证人或鉴定人者；

五、于该案曾为前审官而被诉讼人呈明不服者。

第十八条　有前条之原因时，经该推事，或检察官，或书记官，或诉讼人声明后，由该管长官核夺。

第十九条　除第十七条回避原因外，推事与诉讼人有旧交或嫌怨，恐于审判有偏颇者，检察官及诉讼人得请求该推事回避。

第二十条　推事等应回避时，由该管长官委员代理。

第四节　厅票

第二十一条　刑事厅票如下：

一、传票　传讯原、被告及其他诉讼关系人等用之；

二、拘票　拘致犯徒罪以上之被告及抗传不到或逃匿者用之；

三、搜查票　搜查罪人及证据用之。

第二十二条　民事厅票如下：

一、传票　同前条第一项；

二、搜查票　因查封时，遇有隐匿财产者用之。

第二十三条　凡推事皆有发厅票之权。

第二十四条　刑事厅票，由检察官或预审推事指挥司法警察官执行之，民事厅票，由承发吏执行之。

第二十五条　传票之限期，至迟不得逾五日。但被传人实有不得已之事由，限于未满期前，呈明审判厅，经推事查无虚伪时，酌量展限。

第二十六条　拘票之期限，至迟不得逾三日。

第二十七条　凡因案传到者，应即日讯问之。其拘到者，限于两日内审讯。如拘到而未能即时审讯，或审讯而不能保释者，用收签付看守所管收之。其提出时则用提签。

第二十八条　凡有逮捕现行犯之责者，可不待厅票而逮捕之。

第五节 预审

第二十九条 凡地方审判厅第一审刑事案件之疑难者,应先派员秘密预审。

第三十条 凡公判案件,因证人、鉴定人供述不实,或本系重罪,受理时误认为轻者,或由轻罪发觉其他重罪者,均由承审推事移送预审。

第三十一条 凡现行犯事关紧急者,可不待检察官之起诉,径行预审。但须知照检察厅存案。

第三十二条 凡预审案件,除预审推事、检察官及录供者莅庭外,概不准他人旁听。

第六节 公判

第三十三条 凡诉讼案件,经检察官或预审官送由本厅长官分配后,承审推事应即开庭公判。

第三十四条 承审推事于公判时,发见附带犯罪,不须预审者,得并公判之。

第三十五条 凡公判单独制,以推事一员开庭。合议制,以推事三员开庭。高等审判厅审判上告案件,(案)[厅]丞得因该案情形,临时增加推事为五员。

第三十六条 法庭秩序,依《法院编制法》第七章各条办理。

第三十七条 凡莅庭各员,均应服一定制服。

第三十八条 审判用语以中国言语为准。

第三十九条 原、被及中证人、鉴定人等,如有不通中国语言者,由翻译传译。如审判、检察厅执事各员,有能通原、被告及中证人、鉴定人等所用语言者,亦得委令传译。

第四十条 审判衙门之案牍,用中国文字记录之。如恐两造争执,或有必须时,得附录外国语言及各省土语存案。

第四十一条 凡审判方法,由推事相机为之,不加限制。但不得非法凌辱。

第四十二条 每次录供,须对诉讼人等照供朗诵详问,如有差异,立予更正。

第四十三条 合议审判之评议及决议,依《法院编制法》第九章各条办理。

第四十四条 判词之宣示,于决议后三日内行之。民事则使承发吏誊写副本,递送于诉讼人。刑事则提传原、被告,于法庭宣示。

第四十五条 判词宣示后,不得更改。

第四十六条 判词之定式,除记载厅名并标明年、月、日,由公判各官署押盖印外,其余条款如下:

刑事
　　一、犯罪者之姓名、籍贯、年龄、住居、职业；
　　二、犯罪之事实；
　　三、证明犯罪之缘由；
　　四、援据法律某条；
　　五、援据法律之理由；
以上系有罪判决之款式。其无罪之判决，但须声明放免之理由。
民事
　　一、诉讼人之姓名、籍贯、年龄、住所、职业；
　　二、呈诉事实；
　　三、证明理曲之缘由；
　　四、判断之理由。
第四十七条　公判时，遇有下列之原因，可即时解决。
　　一、因原告人无故不到案，被告人申请结案，经承审推事依法律定限催传，而原告人仍不到案者；
　　二、因被告人无故不到案，原告人申请结案，经承审推事查明原告之证据确凿可信者。

第七节　判决之执行

第四十八条　凡刑事既经判决，移交检察厅遵照《奏定死罪施行详细办法》执行。

第四十九条　凡民事之判决，毋庸复核，于上诉期满后，除被告遵断完案外，得依下列方法行之：
　　一、查封欠债者之物产，勒限完案；
　　二、管理查封之物产，以其利息抵偿欠款；
　　三、拍卖查封之物产，抵偿欠款。

第五十条　如理曲人家产净绝，不能依前条方法执行者，得将理曲人收习艺所，作工一月以上三年以下。如工作中查出有隐匿家产实据者，仍照前条办理，得将理曲人释放。

第五十一条　对于军人应照第四十九条办理时，审判厅得知照其所属长官执行之。

第八节　协助

第五十二条　审判厅或检察厅遇有须他审判厅或检察厅代为办理之事件时，得请求协助，其事项如下：
　　一、罪人之捕拿及审判；

二、证人之讯问及证据之搜查；

三、罪人之拘留及护送。

第五十三条　遇有交涉案件,及于外国管辖区域内逮捕及搜查,或照第四十九条办理者,由本厅行文外交官,知照外国公署办理。

第三章　诉讼通则
第一节　起诉

第五十四条　凡刑事案件,因被害者之告诉、他人之告发、司法警察官之移送或检察官自行发觉者,皆由检察官提起公诉。但必须亲告之事件,如胁迫、诽毁、通奸等罪,不在此限。

第五十五条　于公诉时,并请求追还赃物、赔偿损害及恢复名誉者,曰附带私诉。

第五十六条　凡民事案件,非本人或其代理人,不得诉讼。

第五十七条　凡诉讼概用部颁状纸,但有特别规定者,不在此限。

第五十八条　刑事诉状应填写下列各项：

一、原告之姓名、籍贯、年龄、住居、职业；

二、被告之姓名、籍贯、年龄、住居、职业；

三、被害之事实；

四、关于本案之证人及证物；

五、赴诉之审判厅及呈诉之年、月、日。

第五十九条　民事诉状应填写下列各项：

一、原告之姓名、籍贯、年龄、住所、职业；

二、被告之姓名、籍贯、年龄、住所、职业；

三、诉讼之事物及证人；

四、请求如何断结之意思；

五、赴诉之审判厅及呈诉之年、月、日；

六、黏抄可为证据之契券或文书。

第六十条　职官、妇女、老幼、废疾为原告时,得委任他人代诉。但审判时,有必须本人到庭者,仍可传令到庭。

第六十一条　下列人等不得充当代诉人：

一、妇女；

二、未成丁者；

三、有心疾疯癫者；

四、积惯讼棍。

第六十二条　凡遣代诉,须附呈委任状。但祖孙、父子、夫妇及胞兄弟代诉者,不在此限。

第六十三条　凡代诉人与诉讼人之行为及供述,均作为本人之代表,但下列各项,须经本人之许可,始得为之。

一、上诉;

二、和解;

三、抛弃诉讼物;

四、承认被告之请求。

第六十四条　委任状应填写下列各项:

一、委任人及代诉人之姓名、籍贯、年龄、住所、职业;

二、代诉人与委任人之关系;

三、委任之原因;

四、委任之权限;

五、代诉之年、月、日。

第六十五条　凡诉讼,除刑事外,准原告呈请,注(诮)[销]诉状。

第二节　上诉

第六十六条　上诉之方法如下:

一、控诉　不服第一审之判决,于第二审审判厅上诉者,曰控诉;

二、上告　不服第二审之判决,于终审审判厅上诉者,曰上告;

三、控告　不服审判厅之决定或命令,依法律于该管上级审判厅上诉者,曰抗告。

第六十七条　非下列人等,不得上诉:

一、刑事上诉:检察官、原告人或被告人、代诉人;

二、民事上诉:原告人或被告人、代诉人。

第六十八条　凡刑事上诉,自宣示判词之日始,限于十日内,呈请原检察厅,移送上级检察厅。

第六十九条　凡民事上诉,准用前条之规定,但其期间以二十日为限。

第七十条　凡上诉,不得越级为之,并不准翻供及改变事实。

第七十一条　凡在未决监狱内欲上诉者,呈请监狱官转呈原检察厅,移送上级检察厅。

第七十二条　上诉状须填写下列各项:

一、上诉人之姓名、籍贯、住所、年龄、职业;

二、原审审判厅;

三、原审判厅之判词;

四、不服之理由;

五、赴诉之审判厅。

第七十三条　凡上诉期限,其距厅稍远者,应除去在途之日计算。若逾限而不上诉者,其原判词即为确定。但因天灾或意外事变之障碍,准其声明,于原检察厅查无虚伪,仍准上诉。

第七十四条　上诉人,除检察官外,准其呈请注销上诉状。

第七十五条　上诉人经两次传案不到者,其上诉状即行撤销。

第三节　证人鉴定人

第七十六条　凡于审判厅受理之民刑案件有关系者,或知其情形者,除八十五条规定之限制外,皆有为证人之义务。

第七十七条　凡证人,除原、被两造所举外,推事亦得指定之。

第七十八条　推事须审问证人时,得发传票传讯。但证人有特别身分者,应就其所在地讯问之。

第七十九条　若传讯证人,无故不到又不声明者,得处以三十元以下之罚金,仍发票勒传到庭作证。

第八十条　凡证人为伪证者,于新刑律未颁以前,照证佐不实例办理。

第八十一条　证人之日用旅费,举证者供给之,但得归入诉讼费用结算。

第八十二条　凡诉讼上有必须鉴定始能得其事实之真相者,得用鉴定人。

第八十三条　鉴定人由推事选用,不论本国人或外国人,凡有一定之学职、经验及技能者,均得为之。但民事得由两造指名,呈请选用。

第八十四条　鉴定人于鉴定后,须作确实鉴定书,并负其责任。

第八十五条　凡有下列之原因者,不得为证人或鉴定人。

一、与原告或被告为亲属者;

二、未成丁者;

三、有心疾或疯癫者;

四、曾受刑者。

第四节　管收

第八十六条　凡刑事犯徒以上之罪,未经判剖及被告逃匿被获者,皆于审判厅之看守所管收之。

第八十七条　凡民事被告不能保释者,亦得管收。

第八十八条　若受罚金之判决,未能遵限呈缴者,亦可暂行管收。

第五节　保释

第八十九条　凡民事被告及刑事轻微案件之被告,均准取保候审。

第九十条　凡取保,或责付其家属,或取具切实铺保,或由官吏及殷实土著之人保其听候传审,皆可毋庸管收。

第九十一条　凡不能依前条规定取保而呈缴相当之保证金者,亦得暂释候审,其保证金俟完案发还。

第六节　状纸

第九十二条　凡赴各级审判厅诉讼者,均应遵用部颁状纸。其类如下：

一、刑事诉状　凡刑事原告于第一审审判厅呈诉者用之；

二、民事诉状　凡民事原告于第一审审判厅呈诉者用之；

三、刑事辩诉状　凡刑事被告呈诉者用之；

四、民事辩诉状　凡民事被告呈诉者用之；

五、刑事上诉状　凡刑事控告上告、抗告者用之；

六、民事上诉状　凡民事控告上告、抗告者用之；

七、刑事委任状　凡刑事原告之抱告及一切有委任权者,于诉状外附用之；

八、民事委任状　凡民事原告之抱告及一切有委任权者,于诉状外附用之；

九、限状　凡经官判定给予限期者用之；

十、交状　凡物产物件等经官判交者用之；

十一、领状　凡发下之财产等物件,饬人具领者用之；

十二、和解状　凡民事两相和解,原被两造均用之。

以上状纸十二种,均系法部奏定通行。

保状　凡取保释放者用之；

甘结状　凡供认确凿及遵断完案者用之。

以上状纸二种,系本省规定之。

第九十三条　状纸十四种,凡诉讼者,均应遵守。违者不予受理。

第七节　讼费

第九十四条　凡因诉讼所生之费用,责令输服者缴纳。其因诉讼人一面所生之费用,或诉讼人一面声明障碍,致他人生留滞之费用者,均各责令本人补偿。

第九十五条　凡诉讼费用,除本章程有别条之规定外,皆照前条办理。

第九十六条　凡诉讼费用,除随时征收者外,其余于本案完结,宣示判词后,综核其数,限期征收之。但实际无力呈缴者,准其呈请审判厅,酌量减免。

第九十七条　凡民事因财产而诉讼者,从起诉时,诉讼物之价值按下列之等差,征收诉讼费用。

一、十两以下　　三钱；

　　二、二十两以下　　六钱；

　　三、五十两以下　　一两五钱；

　　四、七十五两以下　　二两二钱；

　　五、百两以下　　三两；

　　六、二百五十两以下　　六两五钱；

　　七、五百两以下　　十两；

　　八、七百五十两以下　　十三两；

　　九、千两以下　　十五两；

　　十、二千五百两以下　　二十两；

　　十一、五千两以下　　二十五两；

　　十二、五千两以上　　每千两加二两。

其价值系以银元计者，准上率依比例法推算。

第九十八条　凡民事非因财产而起诉者，照百两以下之数目征收诉讼费用。

第九十九条　凡以一案请求数件者，将其诉讼物之价额合并计算。其以利息赔偿及讼费等随案请求者，不算入诉讼物价额之内。

第一百条　因担保债权涉讼者，其诉讼物之价额准担保物之价额定之。若担保物之价额多于债权之价额者，以债权额为准。

第一百一条　凡拍卖时，于所得金额内按下列等差，征收诉讼费用。

　　一、二十两以下　　三钱；

　　二、五十两以下　　五钱；

　　三、百两以下　　八钱；

　　四、二百五十两以下　　一两五钱；

　　五、五百两以下　　二两；

　　六、千两以下　　三两；

　　七、千两以上　　每千两加一两。

其价额系以银元计者，准上率依比例法推算。

第一百二条　录事抄录案卷，每百字连纸征收银五分。

第一百三条　凡承发吏递送文书及传票，每件征收银一钱。

第一百四条　承发吏递送文书及传票于十里以外者，每五里加征银五分；路远不能一日往返者，每日加征食宿费银三钱；火车、轮船已通或未通之处，其川资由审判厅酌核实数，标明该文书之表面，向收受文书及奉传票者征收之。如有多索，准人告发。

第一百五条　证人到庭费,每次银五钱;鉴定人到庭费,每次银五钱以上五两以下,由推事酌定。

第一百六条　证人、鉴定人之川资,如在十里以外者,每五里加银一钱,火车、轮船已通或未通之处,其川资照实数核算。

第一百七条　前条人等,每日旅费银五钱,可视其身分,酌量加增。

第一百八条　以上各项诉讼费用,须列表悬示,俾众周知。

第四章　检察通则

第一百九条　检察官统属于法部大臣及提法司,受节制于其长,对于审判厅独立行其职务。其职权如下:

一、刑事提起公诉;

二、收受诉状,请求预审及公判;

三、指挥司法警察官逮捕犯罪者;

四、调查事实,搜集证据;

五、民事保护公益,陈述意见;

六、检察审判并纠正其违误;

七、监视判决之执行;

八、查核审判统计表。

第一百十条　凡属检察官职权内之司法行政事务,上级检察厅有直接或间接监督之权。

一、高等检察长监督高等检察厅及高等审判厅管辖区域内之各检察厅;

二、地方检察长监督地方检察厅及所附置地方审判厅管辖区域内之各检察厅。

第一百十一条　检察厅之补助机关如下:司法警察官、管翼兵弁、地方印佐各员。

第一百十二条　检察厅就审判厅管辖区域内,负检察之责任。但不得干涉审判事务。

第一百十三条　各级检察厅联为一体,不论等级之高下,管辖之界限,凡检察官应行职务,均可由检察长官之命委任代理。

第一百十四条　高等及地方检察长有亲自理处各该管辖区域内检察官事务之权,并有将该管区域内检察官之事务移于别厅检察官之权。

第一百十五条　提法司得命初级检察厅所在地之警察官或城镇总董、乡董办理该厅检察事务。

第一百十六条　凡刑事,虽有原告,概由检察官用起诉正文提起公诉。其未经起诉者,审判厅概不受理。现行犯附带犯罪、伪证罪,可不经检察官起诉而为预审或公判。但必须通知检察厅存案。

第一百十七条　凡起诉时,须指明一定之被告人,其有不知姓名或知其形状及犯罪形迹或遗物足资凭证者,均可请求搜查或预审。若全无犯罪形迹时,须俟警察访查确实后起诉。

第一百十八条　凡起诉时,或应付预审,或应付公判,由检察官临时酌定。

第一百十九条　凡经检察官起诉案件,审判厅不得无故拒却,被害者亦不得自为和解。

第一百二十条　凡应公诉案件,不问被害者之愿否诉讼,该管检察厅当即时起诉,但通奸、诽谤等罪,须亲告者,不在此限。如检察官非因过失,妄为起诉,致他人无辜受害者,依惩戒处分规则行之。

第一百二十一条　检察官应由提法司发给执照,遇有现行犯,事关紧急时,得指挥巡警、兵弁搜索逮捕。

第一百二十二条　检察官收受诉状,须于二十四小时内,移送审判厅。

第一百二十三条　预审或公判时,均须检察官莅庭,并得纠正公判之违误。

第一百二十四条　检察官对于民事诉讼之审判,必须莅庭者如下:婚姻事件、亲族事件、嗣续事件。

以上事件,如审判官不待检察官莅庭而为剖判者,其判决为无效。

第一百二十五条　凡不服审判厅之判决,于上诉期限内声明不服之理由,呈请上诉者,检察官应即申送上级检察厅。

第一百二十六条　检察厅得随时调阅审判厅一切审判案卷,但须于二十四小时内缴还。

第一百二十七条　凡判决之执行,由检察官监督指挥之。

第一百二十八条　凡死囚经法部奏准行知后,由起诉检察官监视行刑。

第一百二十九条　检察厅每日办公时间以十小时为率,入夜概不收受诉状,但重要案件不在此限。

第一百三十条　各检察厅办公时间、值宿班次,由该厅长官因时宜而分配之。

第一百三十一条　各级审判厅审判统计表,非经各该检察厅查核,不得申报。

第五章　附则

第一百三十二条　本章程施行期间,自各级审判厅开办之日为始,俟民事、刑事诉讼法颁行后,本章程应即停止施行。

第一百三十三条　本章程之规定，如有未尽事宜及不适用之处，再请酌量增改。

上海地方检察厅试办简章

上海地方检察厅专则
第一章　组织

第一条　本厅遵照《法院编制法》，应设之官员如下：

一、检察长，一员；

二、检察官，二员；

三、帮办检察官，二员；

四、典簿，一员；

五、主簿，一员；

六、录事，二员；

七、帮办录事，一员；

八、司法警察，十六人以上。

第二条　本厅各员，除受提法司及高等检察厅监督外，悉受检察长命令、指挥执行。

第三条　检察长监督本厅及本地方审判厅管辖区域内各初级检察厅之检察官。

第四条　检察官应服从长官之命令。

第五条　录事应受检察官之指挥。

第六条　本厅之管辖区域与地方审判厅同。

第七条　检察官遇有紧急事宜，得于管辖区域外行其职务。

第八条　检察官如有不得已之事故，得请求地方审判厅派各该推事临时代理，但以紧急事宜为限。

第九条　凡初级检察厅置检察官一员者，该厅事务由本厅检察长监督之。

第二章　权限

第十条　本厅对于地方审判厅，得独立行其职务。

第十一条　本厅对于刑事案件，遵照《刑事诉讼律》及其他法令所定，实行搜查、处分、提起公诉、实行公诉并监察判断之执行。

第十二条　本厅有收受下列刑事案件之权。

第一审　不属初级审判厅之刑事案件

第二审　一、不服初级审判厅判决而控诉之刑事案件；

二、不服初级审判厅之决定或其命令，按照法令而抗告之刑事案件。

第十三条　凡刑事各诉状,除由本厅收受外,其未结之刑事新旧各案,概由本厅按照地方、初级权限,分别办理。

第十四条　凡下级审判厅判断不公,而下级检察厅并不提起上诉,本厅如有发觉,可不问原被告是否愿意上诉,本厅得照《非常上诉章程》,提起上诉。

第十五条　地方审判厅为民事诉讼当事人时,应由本厅检察官代理为原告或被告。

第十六条　无论刑事及人事诉讼,本厅皆得向地方审判厅陈述意见,若地方审判厅审判不适当时,本厅得进行上诉。

第十七条　地方审判厅开庭审判时,凡刑事诉讼,本厅应遵章派检察官一人莅庭。其民事诉讼中之婚姻、亲族、嗣续三项,本(厅)得派检察官一人莅庭监视之。

第十八条　本厅于管辖区域内各下级检察厅执行事务时,应互相助理。

第十九条　检察长、检察官得以其职权发见或探访关于刑事之案件。

第二十条　检察官不问情形如何,不得干预或掌理审判事务。

<h3 style="text-align:center">第三章　职务</h3>

第二十一条　检察长之职务如下：

一、监督本厅事务；

二、发布厅令；

三、有委任代理检察官之权；

四、有亲自处理各管辖区域内检察官事务之权；

五、有将各管辖区域内检察官之事务移于别厅检察官之权；

六、每年年终预定次年分配检察官应办之事务,定检察官之配置；

七、本管内各初级检察厅,如置检察官一员者,有监督该厅事务之权；

八、一切公牍署名签押。

第二十二条　检察官之职务如下：

一、刑事提起公诉；

二、收受诉状；

三、指挥司法警察官逮捕犯罪者；

四、调查事实,搜集证据；

五、民事保护公益,陈述意见；

六、监察审判并纠正其违误；

七、监视判决之执行；

八、查核审判统计表。

第四章 办理案件细则

第二十三条 本厅收受刑事各诉状时，按照等级，分别预审，其一切手续悉依据《刑事诉讼法》办理。

第二十四条 凡刑事案件未起诉以前，应行侦查处分，由本厅指挥司法警察搜索之。

第二十五条 新律规定相验一事应归初级，本厅兼办初级事务，凡遇相验，悉由本厅派员办理。

第二十六条 犯罪者藏匿逃亡或预审供出同党时，本厅得调度司法警察逮捕之。

第二十七条 凡刑事，虽有原告，概由本厅检察官作原告，官用起诉正文提起公诉。其未经起诉者，地方审判厅概不受理。但事关紧急或有特别规定者，不在此限。

第二十八条 凡本厅检察官起诉案件，地方审判厅应行收受，两造亦不得自行和解。

第二十九条 检察长或检察官目击现行犯时，即指挥巡警、兵弁搜索逮捕，分别轻重，送至本厅或初级检察厅，提起公诉。

第三十条 关于第十二条之案件移送地方审判厅时，须将各种证据检齐并起诉正文，一并移送。

第三十一条 无论刑事及人事诉讼，若莅庭之检察官以审判有不合法律时，得将意见陈述于承审推事。

第三十二条 凡判决确定后，应行刑者，由检察官照检察厅通则，指挥执行。

第三十三条 原告或被告上诉案件，无论刑事、民事，均由本厅察核该案是否在上诉期间内，或有无特别缘由，分别准驳。

第三十四条 原告或被告有不服初级审判厅之判决而控诉或抗告者，由初级检察厅申送时，本厅察核该文书证据无误，即依法定手续送地方审判厅审理。

第三十五条 凡地方审判厅所定死罪案件，判决确定后，由本厅专将该全案供勘，缮呈提法司查核、候复到执行，以昭慎重。

第三十六条 凡徒刑及拘役，均于监狱或犯罪习艺所执行，仍一月一次分别报司。

第三十七条 凡刑事案件，经地方审判厅判决确定，本厅查有被告所犯非法律所应罚，而原判误断为有罪，或被告所犯本有相当罪刑，而原判失之过重者，本厅得提起上诉。

第三十八条　凡刑事案件,经地方审判厅判决确定后,如本厅查有事实上极端错误,如人命案件,而被害者实未死亡;据证定罪,而证佐者查系不实;或案非共犯,而发觉本案别有犯罪之人及查明实系无罪,而原判所据事实竟断定为有罪者,均得提起上诉。

第三十九条　凡刑事诉讼,应收、应释之人,起诉之前,判结之后,归本厅办理,其余皆归地方审判厅决定。惟刑事判结后,地方审判厅即应将判词全卷及人证移送本厅办理。

第四十条　凡审判官承审案件,有照章应行回避之时,检察官得以声明并请求该审判官回避。

第四十一条　凡关于刑事诉讼,案内应传讯原、被告及证人,或拘致徒罪以上之被告及抗传不到,或逃匿者,及搜查罪人或证据所应出之厅票,由检察官指挥司法警察官执行之。

第四十二条　凡刑事案件,审判官所发该厅厅票,送交本厅分派司法警察办理。

第四十三条　凡刑事案件,被告人如抗不到案,察系在各衙署局所及军学各界者,由本厅分别行文,知照各该长官,传令本人到厅。若民事,则由地方审判厅知照办理。

第四十四条　凡案内赃物,判决后,除交领外,应保存或变卖者,由本厅酌核办理。

第四十五条　凡民、刑案件,判决后应有罚金,由本厅征收,按月榜示,并咨呈提法司及高等检察厅。

第四十六条　检察长或检察官得随时调阅地方审判厅一切审判案卷,但须于二十四小时内缴还。

第四十七条　地方审判厅审判统计表,非经本厅查核,不得申报。

第五章　办公细则

第四十八条　本厅各员逐日到厅办公,但事务之分配,得由检察长排定。

第四十九条　本厅办公时间,每日上午八时起至下午六时止,过时概不收受诉状,但重要案件,不在此限。

第五十条　检察官及书记等在法庭执务时,均应带一定徽章。

第五十一条　本厅执事人员均应谨守关防,以顾全名誉为第一要义。

第五十二条　本厅各员办公,均在办公室,但于办公时间内不得接见宾客。

第五十三条　本厅休暇日与地方审判厅同,但虽休暇日必有检察长、检察官及典簿、主簿及录事一二员,轮班办理事务。

第五十四条　除前条休暇日外，因事请假者，须申请检察长许可，但非有重大事件，每月不得逾三日。

第五十五条　凡请假各员，必须书明请假事由条，交由典簿所登入请假簿，呈由检察长查核。

第五十六条　凡厅中各员如有请假至三日以上者，应由检察长委人代理，至十日后，则所得薪水，应按日计算，扣交代理员收领。

第五十七条　本厅各员遇有职务出外者，其办公经费应照实数开支。

第五十八条　凡厅门开闭，应依一定时刻，所有锁钥由守卫警察交由典簿所掌管。

第五十九条　凡来厅调查或参观人员，报由本厅厅长许可后，派员接待。

第六十条　各处办公室及案卷庋藏室，一切公役仆从人等，概不得擅入。

第六十一条　本专则系仍暂依据《法院编制法》规定，一俟有统一法规，此项章程即行废止。

上海地方检察厅典簿所专则

第一章　组织

第一条　本厅遵照《法院编制法》设典簿所，分为二课，以典簿一员，主簿一员，录事二员组织成之。

一、文书课；

二、庶务课。

第二条　两课皆以典簿为主稿，主簿为帮稿，并率录事办理本课事务。

第二章　职权

第三条　典簿综理文牍表册往来，文件稽核，每月收支经费，收管印信，管束全厅吏役，照料全厅庶务事宜。

第四条　主簿分掌文牍、收发文件、帮同稽印、办理月报及案件统计表、收案事宜。

第五条　文书课录事一员：

一、发卖诉讼状纸、收状挂号兼缮写文牍表册；

二、保存案卷、收发文件兼缮写文牍表册。

第六条　庶务课录事一员：

一、收支经费报销、统计表并采买物件、保存赃物及办理一切庶务；

二、管收发传票、登记本厅各员请假事由簿及本厅各处清洁事宜。

第七条　录事得承检察长之命令，代理主簿事务。

第八条　典簿、主簿、录事各员办理一切文牍案件，皆主秘密，不得抄录传送或宣播于外，但照章可以抄给者，不在此限。

第九条　文书课、庶务课一切公牍簿记,均须呈检察长核阅。

第三章　办公细则

第十条　本厅每日须有典簿或主簿一员及录事一员轮流值宿。

第十一条　凡值宿人员,非俟次日办公人员到厅,不得退值。

第十二条　本所各员如因事请假,须经检察长许可,但非有重大事故,不得逾三日。

第十三条　文书课应置簿册如下:

一、收文簿;

二、发文簿;

三、申呈稿簿;

四、咨呈稿簿;

五、牒移稿簿;

六、照会稿簿;

七、剳文稿簿;

八、示谕稿簿;

九、函电往来簿;

十、收受刑事诉讼案件簿;

十一、收受刑事控诉案件簿;

十二、收受民事控诉案件簿;

十三、收受抗告案件簿;

十四、提起公诉簿;

十五、申送控诉及上告簿;

十六、执行判断簿。

第十四条　庶务课应置簿册如下:

一、各员驻厅住班簿;

二、各员请假簿;

三、银钱收入簿;

四、银钱支出簿;

五、公费支付簿;

六、薪工支付簿;

七、饭食银两动用簿;

八、杂项暂记簿;

九、图画存置簿;

十、器具存置簿;

十一、查封物产簿；

十二、管理查封物产簿；

十三、拍卖查封物产簿；

十四、赃物存查簿；

十五、收罚金簿。

上海地方检察厅收状处规则

第一条　本厅除休假日外，每日上午八时起至下午六时止，为发卖状纸及接收诉状时间，如有重大案件，不在此限。

第二条　收状处置录事一人，查阅外来诉状，如非本厅法定状纸，应令呈递诉状人买纸另写，再收。

第三条　收状时须详查呈状是否本人或委任人，如委任人而不备委任状与事由及住所者，一概不予收受，并应向递状人声明不收之原由。

第四条　收状处录事须将诉状呈交检察官查核，不得擅行收驳。

第五条　本厅除有特别规定者外，凡下列民事诉状均得收受：

一、关于钱债涉讼案件；

二、关于田宅涉讼案件；

三、关于器物涉讼案件；

四、关于买卖涉讼案件；

上四款之诉讼物以价额在二百两以上者

五、亲族承继及分产案件；

六、婚姻案件；

七、其他不属初级审判厅管辖之民事案件。

第六条　本厅凡下列刑事诉状，均得收受之：

一、依于刑律草案，罪该徒刑以上者；

二、依其他法令，罪该罚金三百元以上或监禁三年以上者。

第七条　检察官收受刑事诉状后，应呈检察长核定，盖用图记，分别准驳。

第八条　刑事抗告案件，如初级审判厅办理有不合规则处，本厅亦得接收，否则须俟本厅检查清楚，行令初级检察厅自行起诉。

第九条　收状后，应分别刑事、民事，登入收案簿。

第十条　凡收受诉状后，准者，须于二十四小时内送地方审判厅审理；驳者，亦于二十四小时，将应驳理由批示宣布。其当时用口头却下者毋庸批示。但刑事案件，如因搜索证据及其他之窒碍，不及于二十四小时内起诉者，不在此限。

第十一条　刑事诉状应填写下列各项：

一、原告之姓名、籍贯、年龄、住所、职业；
二、被告之姓名、籍贯、年龄、住所、职业；
三、被害之事实；
四、关于本案之证人及证物。

第十二条　民事诉状应填写下列各项：
一、原告之姓名、籍贯、年龄、住所、职业；
二、被告之姓名、籍贯、年龄、住所、职业；
三、诉讼之事物及证人；
四、请求如何断结之意识；
五、起诉之审判厅及呈诉之年月号；
六、黏(钞)[抄]可为证据之契券及文书。

第十三条　凡民事案件，非其本人或其代理人不得上诉。

第十四条　职官、妇女、老幼、废疾为原告时，得委任他人代诉，但下列人等不得充当代诉人：
一、妇女；
二、未成丁者；
三、有心疾及疯癫者。

第十五条　凡遣人代诉，须附呈委任状，但祖孙、父子、夫妇及胞兄弟代诉者，不在此限。

第十六条　凡代诉人于诉讼上之行为及供述，均作为本人之代表，但下列各项，须有本人许可之证据，始得为之。
一、上诉；
二、和解；
三、抛弃诉讼物；
四、承认被告之请求。

第十七条　委任状应填写下列各项：
一、委任人及代诉人之姓名、籍贯、年龄、住所、职业；
二、代诉人与委任人之关系；
三、委任之原因；
四、委任之权限；
五、代诉之年月号。

第十八条　凡诉讼除刑事外，准原告呈请注销诉状。

第十九条　控诉状须填写下列各项：
一、控诉人之姓名、籍贯、年龄、住所、职业；

二、原审判厅；

三、原审判厅之判词；

四、不服之理由；

五、起诉之审判厅。

第二十条　控诉人，除检察官外，准其呈请注销控诉状。

上海地方检察厅驻厅司法警察规则

第一条　本厅司法警察悉听长官之命令。

第二条　本厅置司法巡官一人，司法警察十六人，分派职务如下：

一、巡官一人，专司分配驻厅各司法警察应行之职务；

二、巡长一人，专司记录关于司法警察所办一切事务；

三、警察有守卫、巡守全厅、稽查出入之责；

四、每开庭时，警察有守卫之责，有维持法庭秩序之权；

五、外勤警察有专司搜查、逮捕、护送、押解、递送文书以及奉司法官命令办理一切杂务。

第三条　司法警察除遵守《司法警察职务章程》外，亦应遵照本厅规则办理。

第四条　除巡官、巡长外，每日值庭警察、守卫警察均由巡官、巡长轮流派值。

第五条　司法警察除服从检察官命令外，审判推事亦得指挥之。

第六条　如有重大案件，驻厅司法警察不敷分派时，得移请巡警道，转饬行政警察协助之。

第七条　司法警察均佩警剑以壮威严，非当逮捕人犯，遇有持械拒捕之时，不得施用。

第八条　司法警察须着一定制服，尤宜清洁庄肃。

第九条　司法警察非有特别大事，不准请假。

第十条　司法警察见本厅长官，均须依巡警礼节行之。

第十一条　司法警察有违犯各种规则之处，由本厅分别惩戒之。

第十二条　守卫警察规则：

一、大门外设守卫警察二人；

二、由本厅各役人等或给有腰牌或戴有徽章，如无腰牌、徽章者，守卫得禁止出入；

三、凡来厅购买诉状及呈递诉状人等，须询问明白，为之指导；

四、凡有外来拜会之人，守卫处应先询明事由，拜会何人，登入号簿并通知本厅。惟司法严重之地，照章应免接待；

五、本厅大门,每日以早六点钟晚十一点钟为启闭时间,所有锁钥交呈典簿所掌管,不得擅自启闭。

第十三条 值庭检察规则:

一、本厅置司法警察,得随时分配于审判厅民科、刑科各庭,受该庭审判官之指挥,守卫法庭;

二、开庭时,司法警察二人以上佩剑值庭,分任监守诉讼人及弹压一切之责;

三、值庭警察监守诉讼人,宜注意其举动,如有暴行,得施其相当之抑制;

四、值庭警察监守诉讼人,于审判官暂行退庭时,宜严禁其交谈;

五、旁听人如有违犯规则,值庭警察得禁止之。

第十四条 外勤警察规则:

一、司法(厅)[警]察受检察官之指挥,分段探访,遇有刑事案件未经发觉者,得罗列确情,密陈于检察官;

二、逮捕、押解,(厅)[警]察逮捕时,必持拘票,押解时,必持印票,其拘票于销差时,缴呈发票官,印票须呈看守所,所官照票登记簿中,由所官盖戳,每日呈检察长查阅;

三、逮捕、押解人犯,除票簿上注明应用锁系外,其余不得擅用;

四、逮捕、押解,须依票簿上所注明之期限,于逮捕、押解中,不得虐待需索。

附则

第十五条 凡地方、初级各检察厅驻厅司法警察规则与本厅规则同,惟各地方检察厅司法警察人数在十六人以上,初级检察厅在八人以上。

第十六条 凡本规则未尽事宜,悉照《检察厅调度司法警察章程》办理。

江苏律师总会章程

第一章 总纲

第一条 本会章程经本省最高司法机关认可,凡本省各审判厅之律师,均应遵守。

第二条 本省各地方审判厅均应设立分会,隶属于本会。

第三条 凡为本省律师者,非加入本会或分会,不得至各审判厅辩护案件。

第四条 本章程遵照《江苏律师暂行章程》第四章第十三条规定之。

第二章　入会、退会及开会

第五条　凡入会者,须具本省律师暂行章程第一章第二条、第三条之资格。

第六条　凡有疾病或他之事故,得自行告退。

第七条　凡入会者,纳十元之入会费及每年纳二十元之经常费。

第八条　每年于春季开总会一次,于必要时得开临时总会。

第九条　常议员会于每月行之。

第十条　凡本会一切事务,入会者均有维持之责,并须遵守律师规则。

第十一条　凡有违犯规则者,经本会议决后,呈请高等检察长请求惩戒。但经本厅长官证明,其违反律师章程或律师会规则,呈请惩戒时,不在此限。

第三章　职员

第十二条　本会设会长一人,副会长一人,主持全会一切事务。

第十三条　本会设常议员八人,以议决本会一应事宜。

第十四条　本地设会计、庶务各一人,经理出入杂项等事。

第十五条　本会职员投票选举后,呈请检察长认可。

第四章　职务

第十六条　律师为原告办理诉讼事件之职务如下:

一、为原告缮具控词及搜集各项证据,以备携呈法庭;

二、须同原告到庭办理所控事件;

三、于审案时,以原告所控之事申诉后,得当庭质问原告及其证人,如被告对诘原告及其证人,若未得充分证据者,应查明后再行核问;

四、被告或律师向法庭申辩后,原告律师可将被告或律师所申辩之理由向法庭解释辩驳。

第十七条　律师为被告办理诉讼事件之职务如下:

一、代被告缮具诉词,详细诉辩所控事件并检齐有益于被告各证据,以备携呈法庭;

二、同被告到庭辩护,俾法庭审讯明确,依律审判,勿使屈抑;

三、原告及其证人申诉后,得将被告辩词说明理由或与被告之证人到庭辩驳。

第十八条　凡买卖契约及遗嘱赠与等,律师均有证明之责。

第五章　公费

第十九条　本章程第四章列举各项职务所收之公费如下:

一、到庭辩护办理案件者,每次收公费一十元;

二、仅为原告或被告缮具控诉词者,每纸至多不得过五元,按事之大

小、难易,随时定之;

三、互商事件或案情者,每小时收费三元以内,随事之大小定之,但不满一小时,仍以一小时计算;

四、为买卖契约须由律师证明者,所收公费千元以下不得过百分之五,千元以上不得过百分之三;

五、除第四项外之各种契约,所收公费不得过二十元。

第二十条　凡办理各种案件,除由审判厅委任外,不得为义务之辩护。

第二十一条　凡办理各种案件者所收谢金,不得过百分之五。

第六章　附则

第二十二条　除本章程规定外,适用本省律师暂行章程。

第二十三条　本章程倘有未尽未善之处,得于每年开总会时增加、删改,呈请最高司法机关核定之。

第二十四条　本会公务所现设苏州城内。

律师办理案件规则

第一章　总则

第一条　律师受原告或被告之委任或从审判厅之命令,即赴各审判厅行法律所定之职务。

第二条　律师行职务时,须尽其天职,代当事人辩护,不得越法定之范围。

第三条　律师应遵守《江苏律师暂行章程》及本会之章程。

第四条　律师于事务繁剧时,得延聘法科专门毕业者帮办事务,但不得出庭辩护。

第二章　职权

第五条　依《江苏律师总会章程》所订之职务外,律师在各审判、检察厅有抄阅案卷之权。

第六条　凡律师为人辩护时,须备具同式之辩护书四份,分致审判厅、对手人及对手人之律师,并存留一份备查。

第七条　除诉讼外,凡为各种契约之证明,须具备同样之书式,分存双方之当事人及存留一份备查。

第八条　第六条及第七条之书件,须钤律师自己之印证,且于骑缝上,亦须钤印,以昭郑重。

第九条　无论为原告或被告之律师,均可将对手人(伸)[申]辩之理由向法庭解释辩驳。

第十条　凡于审讯之时,原告或被告之律师以证据尚未充足,仍须搜集检齐者,得请求法庭停讯。

第十一条　凡证明各种之契约,须双方亲自到来方得证明。

当事人之一方有事故时,须有正式委托之代理人,方为有效。

第三章　风纪

第十二条　律师办理案件,应听当事人自由委任,以尽辩护之责,不得唆讼搀越。

第十三条　律师所收公费及谢金,须遵照本会章程办理,不得枉法受纳。

第十四条　律师对于当事人须保守法律和平解释不得稍存偏倚,并涉及案外别情。

第十五条　律师所用之书记,须品学纯正,不得以向有劣迹者充任。

第十六条　律师并其延聘人及书记,均不得沾染嗜好。

第四章　礼节

第十七条　律师到庭辩护时,须与推事、检察各官接见,各行一鞠躬礼,然后入座。于退出法庭时,仍各行一鞠躬礼。

第十八条　凡律师于辩护时,须起立陈说。

第十九条　律师到庭时,须恪恭将事,不得有轻慢之举动,各推事、检察官亦须以礼接待。

第五章　称呼

第二十条　律师对于法庭各官称呼如下:

一、厅长,称为贵厅长;

二、检察长,称为贵检察长;

三、庭长,称为贵庭长;

四、推事,称为贵推事;

五、检察,称为贵检察。

第二十一条　律师无论对于法官或原、被告或原、被告之律师,均自称为本律师。

第六章　附则

第二十二条　本规则倘有未尽善之处,得于每年开总会时增减之。

奉天省审检讲演会简章

第一章　总纲

第一条　本会以公余之暇,研究关于审、检新法为宗旨。

第二条　本会由高等审判、检察两厅长官主持办理,附设于高等审判检察厅内。

第三条　本会成立后,咨呈 提法司,转呈 督抚宪咨部立案。

第二章 会员

第四条 凡审判、检察各厅人员,皆得为本会会员。

第五条 凡本会会员,皆有到堂听讲之义务,但已领有本国或外国法政及警监学堂毕业文凭者,听其自便。

第六条 本会会员,如因差出或中途补入,未获全修者,不得给奖,但所欠期限不满三月者,不在此列。

第三章 职员及其职务

第七条 本会会中一切事务,由高等厅两长官监督之。

第八条 本会设讲演员二人,专讲关于审、察各学科。

第九条 本会于本厅书记中选派书记二人,专司誊写、记录及印刷讲义等项事件。

第四章 学科及课程表

第十条 本会应当讲演之学科列举于下:

一、民法;

二、商法;

三、刑法;

四、民事诉讼法;

五、刑事诉讼法;

六、国际私法。

第十一条 以上各科学照下列课程表分期教授:

	第一学期		第二学期	
	七时半 至 九时半		七时半 至 九时半	
月	民法	民法	民事诉讼法	民事诉讼法
火	商法	商法	刑事诉讼法	刑事诉讼法
水	民法	民法	民事诉讼法	民事诉讼法
木	刑法	刑法	国际私法	国际私法
金	民法	民法	民事诉讼法	民事诉讼法
土	商法	刑法	刑事诉讼法	国际私法

第五章 讲演年限及时期

第十二条 本会讲演以一年为限,分为两学期,以六个月为一学期。

第十三条 本会除星期外,每日午后自七时半起至九时半止,为讲演之时期。

第十四条 休假日期均照学部定章办理。

第十五条 会员除例定假期外,如因疾病及特别事故不能到堂者,须呈明两长官酌量给假。

第六章　考试

第十六条　本会考试分学期考试、毕业考试。

第十七条　学期考试于六月(未)[末]行之,毕业考试须将本会所定之各学科修业后,始得施行。

第十八条　本会学期、毕业考试,均由各会员选定科目作论文一篇,归两长官评定之。

第十九条　本会评定(补)[论]文之成绩分甲乙两种,列甲种者,为优等,列乙种者,为中等。

第二十条　本会会员,如学期毕业两次考试均列甲种者,即给优等证书。

第七章　毕业后之奖励

第二十一条　本会会员毕业后,由两厅长官会同 提法司就考列之等第,分别授与证书。

第二十二条　凡领有本会优等证书者,由本厅咨呈 提法司以相当升转之缺,尽先升转。

第八章　经费

第二十三条　本会每月应需经费,于本厅活支项下按期开支。

一、讲演员车马费各银二十两;

二、书记津贴,如原有缺者,各加银四两,如系效力者,各给银八两;

三、杂支:银四两、印刷讲义费银十五两、煤火银六两。

河南省城初级审判厅章程

第一章　组织

第一条　本厅依《法院编制法》用独任制,(有所)[所有]案件不分刑事、民事,以推事一员审判之。

第二条　本厅应设之官吏人役如下:

一、推事,二员;

二、录事,二员;

三、承发吏,二人;

四、检验吏,二人;

五、庭丁,六人;

六、杂差,四人。

第二章　权限

第三条　本厅以祥符县辖境为管辖区域,遇下记事项得有审判权。

一、刑事

甲、依现行刑律，罪该罚金刑以下者；

乙、依其他法令，罪该罚金二百元以下或监禁一年以下或拘留者。

二、民事

甲、关于钱债涉讼案件；

乙、关于田宅涉讼案件；

丙、关于器物涉讼案件；

丁、关于买卖涉讼案件；

以上四项以价值不满二百两者为限。

戊、旅居宿膳费用案件；

己、寄存或运送物品案件；

庚、雇佣契约案件，其日期以在三年以下者为限；

辛、其他民事案件，诉讼物价额不满二百两者。

三、非讼事件，两造并无争讼情形，名为非讼事件。

甲、选任管理财产事件；

乙、山林、田土、房屋及船舶上权利之注册；

丙、商业、商标及意匠本省之商品自出新样益加精美者特许之注册。

第三章　官吏之职务及其权限

第四条　本厅推事二员，以年长资深者一员兼任监督，其职权如下：

一、监督本厅行政事务；

二、稽核本厅会计；

三、发布厅令；

四、分配本厅事务；

五、监督本厅各员。

第五条　推事之职权

一、指挥本庭事务；

二、分别本庭案件之准驳；

三、签发厅票；

四、维持本庭秩序；

五、审察证据；

六、宣示判词；

七、核定本庭稿件；

八、本庭公牍署名签押。

第四章　办理刑事民事各案细则

第六条　民事案件,由原告或代诉人用状纸赴本检察厅呈递,由检察厅送交本庭办理。

第七条　推事收受诉状后,定期传审,其传被告时,须将原告诉状摘要录示。

第八条　凡被告奉传票后辩诉者,准于传审期前呈状辩诉。

第九条　凡民事案件,其传集人证,递送文书,强制执行,均以承发吏行之。

第十条　凡民事、刑事案件,有管辖权限不明之处,应呈报地方审判厅指示。

第十一条　凡刑事案件,除检察官自行发觉及巡警移送外,其余皆用状纸赴本检察厅呈诉,由检察厅送交公判。

第十二条　凡刑事审判,检察官必须莅庭。

第十三条　凡送交公判之案,由推事定期开庭。

第十四条　公判时,检察官移交之证据,经审判官认为无关本案者,可另行调查。

第十五条　公判时,于证据供招均属确实者,即为本罪之判决,如犯人坚不认供,检察官认为众证确凿者亦同。

第十六条　凡刑事附带私诉者,于刑事判决后,可继续审判之。期愿另归民事审判者,听。

第十七条　刑事案件判决确定后,由该厅备缮供勘,移交检察厅执行,除按月呈报提法司外,仍分别于年终汇报法部存案。

第五章　办公通则

第十八条　本厅官吏、人役,悉受监督推事之监督。当开庭时,录事以下亦得由审判官监督之。

第十九条　承审案件,审判官得以其职权秉公审判,他人不得干涉。

第二十条　凡案件在未判决以前,审判各员应守秘密之义务。

第二十一条　凡本厅官吏办公时间,每日以六小时为率,其有特别案件不能依时完结者,不在此限。

第二十二条　每年万寿、元旦、端午、中秋、冬至、除夕,均停止审判。

第二十三条　凡星期日及自封印日起至开印日止,为休假日,仍酌留推事或学习推事及录事一员,轮班办理事务。

第二十四条　除休假日外,推事因事请假者,须呈请地方审判厅厅长之许可。其学习推事以下请假者,须得本厅监督推事之许可。非有重大事故,每月请假不得过三日。

第二十五条　凡推事请假，得呈请地方审判厅厅长派本厅学习推事代理，如学习推事同时请假，无人代理，得由地方审判厅厅长另行派员，但监督推事不得用学习推事代理，其学习推事请假，毋庸派员代理。

第二十六条　凡录事以下请假者，由监督推事临时酌派代理，若无人可派时，亦可呈请地方审判厅厅长核夺。

第二十七条　法庭推事办公室及案卷庋藏室，一切公役仆从人等不得擅入。

第二十八条　本厅应置各种簿籍如下：

一、厅谕簿；

二、厅印簿；

三、收文记号簿；

四、发文记号簿；

五、申上稿簿；

六、平移稿簿；

七、示谕稿簿；

八、刑事诉讼案件簿；

九、民事诉讼案件簿；

十、上诉案件簿；

十一、银钱收支簿；

十二、各员请假记录簿；

十三、各员逐日到厅挂号簿。

河南省城初级检察厅章程

第一章　组织

第一条　本厅置检察官一员，录事一员。

第二条　检察官受地方检察厅之监督，录事受检察官之指挥。

第三条　本厅附设于初级审判厅，专司该审判厅管辖区域内之检察事务。

第四条　检察官有疾病或事务，得呈请地方检察厅派学习检察官代理，若学习检察官同时请假，无人代理，由地方检察厅另行派员，其学习检察官请假，毋庸派员代理。

第二章　权限

第五条　本厅对于初级审判厅，得提起公诉、监督刑事审判、纠正审判之错误、指挥监督判决之执行，查核统计表，但不得干涉该厅之审判权。

第六条　本厅受地方检察厅之命，得协助地方检察厅之检察事务。

第三章 职务

第七条 凡刑事各诉状，本厅有收受之职务；其民事诉状，亦由本厅收受之。

第八条 本厅有发见或探访关于刑事案件之权。

第九条 本厅收受刑事各诉状后，应察核案件是否属于该审判厅之管辖，及有无确实证据，若管核无误，证据可信者，立即送交公判。其民事诉状收受后，亦即送交办理。

第十条 前条之证据或审判中发见之证据，本厅得指挥司法巡警搜索之。

第十一条 凡关于窃盗、斗殴成伤案件，须验伤或踏勘者，本厅应立即带同司法巡警、检验吏或鉴定人前往办理。

第十二条 凡犯罪者藏匿逃亡或审判中供出同党时，本厅得指挥司法巡警逮捕之。

第十三条 关于窃盗斗殴成伤案件，于验伤踏勘后，送交公判时，应将各项证据检齐并起诉正文一并移送。

第十四条 凡刑事之公判，检察官必须莅庭，若审判有不合法律者，检察官得陈述其意见，至判决之刑事案件，查其事实有极端错误，如案非共犯而发觉本案别有犯罪之人，及实系无罪而误判为有罪，或据证定罪而证佐不实之类，检察官均得提起再审，录叙错误缘由，送交原审判官办理。

第十五条 凡案件判决确定后，于上诉期满后，由检察官指挥执行。

第十六条 凡罪人有不服审判厅之判决而欲上诉者，应呈递控诉状，由本厅察核该案是否在上诉期内，分别准驳。应准控诉者，则由本厅于一日内，将控诉状又本案文书、证据呈送地方检察厅，若系在所拘留之被告，应俟提案时解送。

第四章 办公细则

第十七条 本厅各员逐日入厅办公，检察官得分配其事务于学习检察官。

第十八条 本厅各员除公判莅庭外，得用便服。

第十九条 本厅休假日与初级审判厅同，但虽系休假之日，必须有检察官或学习人员一员整日驻厅。

第二十条 每夜须有本厅人员一员轮班住宿。

第二十一条 本厅各员遇有因职务出外者，其办公经费，应照实数开支。若在一日以外，并准算入住班日数内。

第二十二条 本厅应置各种簿籍如下：

一、收受诉状簿； 二、移送公判簿；

三、呈送上诉簿； 四、结案计日簿；

五、执行录由簿；　　　　六、各员逐日到厅挂号及驻厅住班簿；

七、经费收支簿；　　　　八、司法巡警功过簿；

九、支给驻厅司法巡警薪饷各费簿。

第五章　行文公式

第二十三条　本厅对于初级审判厅用移,其余各衙门与初级审判厅规定第二十九、三十两条相同。

河南省城地方审判厅章程

第一章　组织

第一条　本厅依《法院编制法》用折衷制,所有案件按刑事、民事分庭审判。

一、凡属本厅第一审案件,用独任制,以推事一员审判之。

二、凡属本厅第二审案件,并第一审之繁杂案件,经当事人之请求,或依审判厅之职权以及经过独任推事开庭未判决之案件,暨刑事经过预审案件,均用合议庭,以推事三员审判之。

第二条　本厅暂设刑科、民科各一庭,分任其事。另设预审厅一处,临时派员任之。

第三条　本厅应设之官吏及人役如下：

一、厅长,一员,兼充推事；

二、合议推事,五员；

三、独任推事,二员；

四、典簿,一员；

五、主簿,一员；

六、所官,一员；

七、录事,六员；

八、承发吏,六人；

九、检验吏,二人；

十、庭丁,二十人；

十一、所丁,十六人；

十二、看守妇,二人；

十三、杂差,四人。

第二章　权限

第四条　本厅以开封府辖境为区域,遵照奏定,祥符县不另设地方审判厅,现在权限暂以祥符县全境为止,将来包括邻近州县或另设分厅,遇有下记事项得有审判权。

一、对于刑事、民事案件之第一审系不属初级审判厅权限之内：

　　甲、关于钱债、田宅、器物、买卖等项涉讼案件，其价值在二百两以上者；

　　乙、亲族承继及分产案件；

　　丙、婚姻案件。

二、对于刑事、民事案件之第二审：

　　甲、不服初级审判厅判决而控诉之案件；

　　乙、不服初级审判厅之决定或其命令，按照法令而抗告之案件。

三、破产事件。

第三章

第五条　厅长之职务权限：

　　一、监督本厅及所辖初级审判厅之行政事务；

　　二、发布厅令；

　　三、指定代理推事，仍按法兼充一庭长，于本厅事务，有监督分配之权，并临时派充预审；

　　四、监督本厅各员。

　　五、一切公牍署名签押。

第六条　本厅刑科、民科两庭，应各置庭长一员。除兼充外，再以该庭年长资深之推事充一庭长，其职务权限如下：

　　一、指挥本庭事务；

　　二、分别本庭案件之准驳；

　　三、公判时为正审官；

　　四、维持本庭秩序；

　　五、审查证据；

　　六、评议时发表意见；

　　七、宣示判词；

　　八、核定本庭稿件；

　　九、本庭公牍署名签押。

第七条　合议、独任各推事之职务及其权限：

　　一、合议庭帮同审判；

　　二、受厅长之指定，办理预审事务；

　　三、评议时陈述意见；

　　四、正审官审讯时，有遗漏错误时，得补助改正之；

　　五、独任审讯时，该推事即兼有庭长之权；

六、独任审讯之案,有因案情复杂未能立时判决,如须评议或改用合议审判者,均应将理由报告厅长分配;

七、分拟本厅稿件;

八、审判案件署名签押。

第八条　预审推事之职务及其权限:

一、预行秘密审讯;

二、搜集证据,为公判准备;

三、证据不实,得释放被告;

四、现行犯事关紧急,可不待检察厅起诉,即往临检并得先行讯问,但须知照检察厅存案;

五、送交公判之预审案件署名签押。

第九条　典簿之职务权限:

一、对于本厅主簿、录事有监督之责,掌本厅文牍,为主稿,督率主簿、录事办理;

二、监守印信;

三、按月编造本厅统计表册;

四、保存卷宗,分别编次;

五、收发本厅往来文件;

六、复核本厅收支数目,呈送厅长核定。

第十条　主簿之职务权限:

一、掌录叙供勘,协助典簿帮理本厅文牍;

二、掌全厅会计庶务事宜;

三、核算诉讼费用并存置赃物;

四、对于拍卖事宜,监督承发吏办理;

五、掌看守人犯衣粮之收支事件;

六、诉讼人请求抄录底案,得令录事代为抄录,惟审判官认为秘密案件,不得擅行抄发。

第四章　办理刑事、民事各案细则

第十一条　凡民事案件,由原告或抱告赴检察厅呈递,移送公判。

第十二条　凡检察厅移付民事案件,由典簿遵照厅长之分配,送交民科或独任推事,分别案情,照第一条所载办理。

第十三条　庭长收受诉状后,定期传审。传票中须将原告诉状摘要录示。

第十四条　凡不服初级审判厅之判决而控诉或抗告之案件,由该检察厅呈送地方检察厅移付办理。

第十五条　凡民事中有关婚姻、亲族、嗣续等案件,必须检察官莅庭。

第十六条　凡民事审判中发见刑事案件,即行移付检察厅办理。其审判中不论原、被告,有因其他刑事应归案审判者,得于该案未完结前,停止本案之审判。

第十七条　凡民事案件,传人证、递文书、强制执行,均以承发吏行之。

第十八条　凡刑事案件,除检察官自行发见及司法巡警呈送外,其余皆具状纸,赴检察厅呈诉。

第十九条　凡检察厅移付刑事案件,由典簿遵照厅长之分配,分别送交预审或公判。

第二十条　预审官收受检察厅起诉正文后,即行预审,其预审时,除检察官莅庭并录事录供外,不许旁听。

第二十一条　预审官于预审完结后,应将该案证据及全卷移送典簿收受,由典簿遵照厅长之分配,送交公判。

第二十二条　凡审判,刑事必须检察官莅庭。

第二十三条　送交公判之案,应合议审判者,由庭长定期开庭。应独任审判者,由独任推事定期开庭。

第二十四条　公判时,检察官及预审推事移送之证据,经审判官认为无关本案者,可另行调查。

第二十五条　公判时,于证据供招均属确实者,即定为本罪之判决。如犯人坚不认供,审判官认为众证确凿者亦同。

第二十六条　凡因刑事案件而附带民事者,不论价值多寡,应并入该刑事案件办理,以符定章。

第二十七条　本厅判决刑事案件遣流各罪,于判决确定后,录具全案供勘,移交检察厅依法执行。应实发者,由该厅备缮供勘,专案报司,由司覆厅,命令执行。其余寻常遣流案件,律准收所习艺,暨徒罪人犯,本厅移交执行后,亦由该厅备缮供勘,除按月呈报提法使外,仍分别按季汇报法部、提法使存案。至斩绞各罪,则于判决确定后,将全案供勘,移交检察厅,缮呈提法使,申报法部核办。

第五章　办公通则

第二十八条　本厅官吏人役,悉受厅长之监督,但录事以下当开庭时,审判官亦得监督之。

第二十九条　审判官于承审案件,得以其职权秉公审判,他人不得干涉之。

第三十条　凡案件在未判决以前,审判各员应守秘密之义务。

第三十一条　本厅官吏办公时间每日以六小时为率,但有特别事件不能依时完结者,不在此限。

第三十二条　每年万寿、元旦、端午、中秋、冬至、除夕,均停止审判。

第三十三条　凡星期日及自封印日起至开印日止为休暇日,仍酌留推事、典簿、主簿、录事等员,轮班办理事务。

第三十四条　除休假日外,厅长因事请假者,须呈请高等审判厅厅丞之许可,庭长以下各员请假者,须得本厅厅长之许可,但非有重大事件,每月不得逾三日。

第三十五条　凡厅长请假者,由高等审判厅厅丞派员代理,庭长以下各员请假者,由本厅厅长派员代理。

第三十六条　本厅逐日须有推事、录事各一员,与典簿、主簿轮班值宿,俟次日办公人员到厅,方得退值。

第三十七条　法庭评议室、厅长办公室及案卷庋藏室,一切公役仆从人等不准擅入。

第三十八条　本厅应置各种簿籍如下:

一、厅谕簿;

二、厅印簿;

三、收文记号簿;

四、发文记号簿;

五、上申稿簿;

六、平移稿簿;

七、下行稿簿;

八、示谕稿簿;

九、函电往来簿;

十、预审案件簿;

十一、刑事诉讼案件簿;

十二、民事诉讼案件簿;

十三、刑事控诉案件簿;

十四、民事控诉案件簿;

十五、刑事存卷簿;

十六、民事存卷簿;

十七、银钱入款簿;

十八、银钱支发簿;

十九、器具存置簿;

二十、民事诉讼费用簿；
二十一、民事控诉费用簿；
二十二、查封物产簿；
二十三、管理查封物产簿；
二十四、拍卖查封物产簿；
二十五、人犯衣粮收支簿；
二十六、各员逐日到厅记号簿；
二十七、人犯物品存置簿；
二十八、赃物存提簿；
二十九、各员驻厅住班并请假记号簿。

河南省城地方检察厅章程

第一章　组织

第一条　本厅置检察长一员，检察官一员，录事二员。

第二条　检察长受高等检察厅之监督，得监督本厅及初级检察官。

第三条　检察长于本管区域内检察事务，得自行办理或令检察官为之。

第四条　录事应受检察官之指挥。

第五条　本厅附设地方审判厅之内，专司该审判厅区域内检察事务。

第六条　本厅检察官因事请假，得由检察长派学习检察官代理，检察长请假，得呈请高等检察厅派员代理，若学习检察官请假，毋庸派员代理。

第二章　权限

第七条　本厅对于地方审判厅，得提起公诉、监督刑事之审判及关于亲族、婚姻、嗣续等项之民事案件、纠正审判之误点、监督指挥判决之执行、查核统计表，但不得干涉各庭审判权。

第八条　本厅受高等检察厅之命，得协助初级检察厅之检察事务。

第九条　本厅对于初级检察厅，得命其协助本厅之检察事务。

第三章　职务

第十条　凡刑事、民事各诉讼状，本厅均有收受之权。

第十一条　检察长、检察官得有发见或探访关于刑事案件之权。

第十二条　本厅收受刑事诉状后，应核其案件是否属于地方审判厅管辖及有无确实证据。其管辖无误，证据可信者，分别送交预审或公判。其民事诉状则于收受后，送交公判。

第十三条　各案之证据或预审及审判中发见之证据，本厅得指挥司法巡警搜索之。

第十四条　人命强窃盗各案件,须勘验者,本厅应速派员带同司法巡警、检验吏或鉴定人前往办理,若发见无名之人身死,有属于刑事之疑点者,经地方官或巡警区局知照后,本厅应行覆勘。

第十五条　犯罪在逃或预审及审判中供出同党时,本厅得调度司法巡警逮捕之。

第十六条　检察长、检察官遇有现行犯事关紧急时,得指挥巡警官弁搜索逮捕。

第十七条　本厅收受管辖无误、证据可信之刑事案件及一切民事案件,送交预审或公判时,须将各种证据检齐并起诉正文一并移送。

第十八条　由刑事之预审及公判并民事之有关亲族、婚姻、嗣续者,检察官均应莅庭。

第十九条　莅庭之检察官如遇审判不合法律时,得陈述其意见于承审官,但不得于法庭审判时指驳辩难,致有侵越审判官权限。至死罪以下刑事案件判决确定后,其有事实上极端错误,如人命案件而被害者实未死亡,据证定罪而证佐查系不实,或案非共犯而发觉本案别有犯罪之人及查明实系无罪而原判误为有罪者,无论本厅查出并被告及其亲属请求,均得提起再审,录叙错误缘由,或交本厅他庭,或交上判审判衙门审判,若初级审判厅判决刑事案件,经本检察厅查有错误者,亦得提交本审判厅审判。

第二十条　凡案件判决确定后应执行者,于上诉期满后,由本厅查照通则,指挥执行。

第二十一条　罪人不服地方审判厅之判决而欲上诉者,应呈控诉状于本厅,由本厅察核该案是否在上诉期内,分别准驳。准其上诉者,则由本厅于一日内将控诉状及本厅之文书、证据呈送高等检察厅,惟在看守之被告,应俟提案时解送。

第二十二条　罪人有不服初级审判厅之判决而上诉者,由初级检察厅呈送到厅,由本厅察核该案文书、证据无误,即送公判。

第二十三条　初级审判厅判决刑事案件,经本厅查有被告所犯非法律所应罚而原判误断为有罪,或被告所犯本有相当罪刑而原判失之过重,且于上诉期内,该检察厅应上诉而未经上诉者,得按照诉讼章程提起非常上告,移交地方审判厅依法判决。

第四章　办公细则

第二十四条　本厅各员逐日到厅办公,所有分配事务并排定次日值班,均由检察长核办。

第二十五条　本厅各员除公判莅庭外,其余均用便服。

第二十六条　本厅休假日与地方审判厅同,惟须有检察长或检察官并录事一员驻厅办公。

第二十七条　每夜须由检察长或检察官并录事轮流住班。

第二十八条　本厅人员有因公出外者,其办公经费应照数开支,若在一日以外并准算入驻厅住班日数内。

第二十九条　本厅应置各种簿籍如下：

一、收受诉状簿；　　　二、移送预审簿；
三、移送公判簿；　　　四、收受上诉簿；
五、申送上诉簿；　　　六、执行录日簿；
七、结案计日簿；　　　八、各员逐日到厅挂号及驻厅住班簿；
九、经费收支簿；　　　十、司法巡警功过簿；
十一、支给驻厅司法巡警薪饷各费簿。

第五章　行文公式

第三十条　本厅对于地方审判厅用移,其余各衙门与地方审判厅规定第三十九、四十两条相同。

奉天高等审判检察厅附设律学课简章

第一条　本会为研究新旧法律、增进学识而设。

第二条　本厅推事、检察官以至书记均应入会。

第三条　科目分判词、论说二种。

第四条　考课除书记于每星期六、日面试外,其推事、检察官以至录事均于每星期六、日午后散卷,至星期一、日午前缴卷,不得逾限。

第五条　试卷由检察讲演会教育、核勘,判词以讲现行刑律教员任之,论说以讲民刑法教员任之,不另支薪金。

第六条　课卷以八十分以上为最优,七十分以上为优等,六十分以上为中等。每课评定甲、乙后,列上考者,官员则奖给书籍、笔墨,书记酌给膏火,以资鼓励。

第七条　一切费用由罚金内酌提充之,每月不得过二十金。

第八条　本简章如有未尽事宜,应随时增改。

奉省特别地方审判章程

第一条　本厅奉督宪奏准以行营发审处改设。

第二条　本厅定名曰奉天省特别地方审判厅,附设特别检察厅。

第三条　本厅依奏定权限,审理各府、厅、州、县未设审判厅之处赴省上控,或控关官吏,及由督宪或提法司发觉提审,并京控发回原省审讯各案件。

第四条　本厅审级与各地方厅同。承审各案,系应以大理院为终审者,如判决不服,准遵章上诉高等,以次至大理院。其应以高等为终审者,仍只准上诉至高等。

第五条　凡应交本厅审讯案件,系由各行政衙门发觉者,均送由提法司劄交,或呈由督宪札司转交。

第六条　凡院司交审案件,民事径交审判厅承审,刑事仍由检察厅起诉。

第七条　本厅判决案件,无论曾否上诉,系民事案件,均由审判厅专案报司;刑事案件,均由检察厅专司,应申部者,由司照章申部,其由督宪札司交审者并由司详院备案。

第八条　向归行营发审处承审未设审判厅之府、厅、州、县盗案,遵督宪奏定办法,由本厅照常审办。所有防营巡警拿获前项盗犯匪犯,照常解送,交由检察厅起诉。审判厅讯结之后,会同检察厅照旧逐呈督宪核示,俟批准后由检察厅执行,并一面报司查核。

第九条　本厅审判、检察事务,除此次特别规定外,悉遵奏定审检章程及奉省各厅现行规章办理。

第十条　本厅与各衙门往来公牍,照法部奏定直省地方厅程式行之。

第十一条　本厅设刑事、民事各一处。

第十二条　本厅审检各员应用名称,照地方审判厅量加通变,以示区别。各员均但作为差委,不作额缺,派用时仍呈请督宪,咨明法部备案。如实在得力,准调补别厅相当员缺。

第十三条　本厅员司人数、薪数,就行营发审处员薪各数,改其沿革办法如下:

行推事长事,就发审处总办改	一员,	每月薪水叁百两,照总办原薪。
行检察长事,帮办改	一员,	贰百两,照帮办原薪。
刑事审判委员长,核稿改	一员,	壹百两,照核稿原薪。
民事审判委员长,新添	一员,	壹百两。
刑事审判委员,承审改	二员,	各陆拾两,照承审原薪。
民事审判委员,承审改	二员,	各陆拾两,照承审原薪。
检察委员,新添	一员,	伍拾两。
行典簿事,文案改	一员,	伍拾两,按收支薪水减十两。
行主簿事,主稿改	一员,	伍拾两,按文案薪数减十两。
行录事事,收支改	一员,	叁拾两,按主稿薪数减叁拾两。
一等书记生,字识改	四名,审三检一	各拾贰两,照字识原薪。

| 二等书记生,书手改 | 六名,审四检(六)[二] 各拾两,照书手原薪。 |
| 二等书记生,新添 | 二名,审一检一 各拾两。 |

检验吏,不设,遇应行检验之案临时向承德地方厅调用。

承发吏,新添	二名, 各拾贰两。
庭丁,差役改	八名, 各陆两,照差役原薪。
听事,旧有	二名, 各陆两。

以上较行营发审处原用人数,添用职员二:书记生、承发吏各二,其员司薪水、工食,除量减外,较发审处原领数目,每月实应增领银壹百伍拾肆两。

第十四条　发审处原有看管所,现已归并模范监狱署办理,除月支载送人犯差车费银贰拾两仍由本厅支领外,一应人数、薪数均归该监狱署接收。

第十五条　本厅经费除前二条规定外,所有经常、临时各费,均照发审处原数支领。

第十六条　发审处向由巡防营务处派队官二名、队兵十名,常川驻内听候差遣,其薪饷由营务处发给。现本厅仍兼办行营发审处向办盗案,所有前项队官、队兵,应仍旧派驻。至本厅处决盗犯,应用护送、护决兵弁,由检察厅临时知照巡防营务处,照旧派拨。

第十七条　本厅俟全省审判厅成立,即遵奏案废止。

第十八条　此次规定办法,如有未尽事宜,由提法司随时酌量酌改,呈请督宪核定。

奉天高等审判厅幼年审判庭试办简章

第一条　于承德地方审判厅设立幼年审判庭,专理十六岁以下之犯罪案件,暂借高等未用之法庭应用。

第二条　审问幼年犯罪案件,用合议制,以能通心理学,并熟悉社会情形之推事兼任之,(乃)[仍]支原薪。

第三条　审问幼年者,须详细调查其家庭状况及其个人关系之事情。

第四条　推事须令医生剂考幼年人之犯罪原因,以助其审判。

第五条　如系与成年者共犯之案,非必不得已时,不得同庭审问。

第六条　无论被控案情若何,不得使幼年人跪供。

第七条　在待质室或未决监或押送时,须与成年犯分隔。

第八条　审判时间须与成人犯距离。

第九条　公开时,禁止旁听,并不得以判词宣示于众。

第十条　判决后,除死罪外,均应送入感化院。唯感化院并未筹办,应仍送模范监狱或习艺所。但监所内应划出一部分,为收容之地。并应峻墙严绝,不得与成[人]犯接触。

云南司法研究会简章

第一条 本会以研究司法事业之改良进步为宗旨。

第二条 本会以审判、检察各厅丞长、推、检、暨典主簿、监督、录事、所官为会员。

第三条 本会举会长、副会长各一人,以一年为任满;书记四人,以半年为任满。均得连举。

第四条 会长、副会长经理本会一切事宜,开会时以会长为议长。会长有事不能莅会时,副会长代理之。

第五条 书记掌开会时记录事宜,每次以二人出席。

第六条 本会以每月某星期日为常会,由会长指定日期,于七日前通知各会员。

第七条 会员接到开会通知后,于次日各自提出议案,送会长核定次序,于开会前四日印送各会员。

第八条 有特别重要事件,由会长召集,或会员三分之一以上请求时,得开特会。其会期不限星期日,但须于开会二日前印送议案于各会员。

第九条 开会应遵照议案次序,逐案议决。其当日不及议决者,留作下次议案。

第十条 议案有应付表决者,由会长声明可否之标准,以红白筹表示之可否,同数时由议长决之。

第十一条 议决案由会长汇齐,记录编定于开会后七日(须)[颁]布实行,并刊登法院月录。

第十二条 本会暂设于高等审判厅。

司法研究会第四次议决录

第一、二议案:检验争议问题　　　　　　张一鹏、洪念江提出

议决办法:检察厅检验事宜,遵照本会第三次议决录,详细叙入起诉文内,如审判厅核与法定程式不符,应即移请更正,如与各造供述有异,经推事驳诘,不服,应移请呈与上级检察厅复验,移覆此项往来文移均用印文。

第三议案:查传讯覆问题　　　　　　洪念江提出

议决办法:凡审判厅片请检察厅查传事件,如查传无着,应即据情片覆。

第四议案:起诉犹豫问题　　　　　　张世禔提出

议决办法:检察厅收受刑事诉状,认为不能遽行起诉者,应查照奏定各级

审判厅试办章程第一百零四条及云南审判检察厅办事章程第三十四条第一项办理。

第五议案：强制执行问题　　　　　　林名正提出

议决办法：强制执行应由审判厅派书记官督同承发吏为之。书记官不限定录事，该厅长官应量事之轻重，临时酌派。一面移请同级检察厅派警会区办理。

第六、九议案：征收讼费问题　　　　洪遇杰、张承惠提出

议决办法：诉讼费用均应照章征收，但覆案之案，得由承审推事酌定日期，当庭饬知两造如期来厅候讯，俾省费用。如届期不到，再行票传者，其费即试办章程第八十四条所谓因诉讼人一面所生之费用，应责令本人缴纳。

第七议案：传讯日时问题　　　　　　张世禔提出

议决办法：审判厅传讯民刑案件，分配开庭时日，于三日前分别移知检察厅，片付典簿所饬传，并于前一日悬牌晓示，其牌示须书明某日自午前八点钟至午后四点钟审讯。各案先后次序，即照票传时刻挨填。

第八议案：陈述意见问题　　　　　　洪念江提出

议决办法：承审推事于将下判决时，应将判决意旨告知主任检察官。如有意见，从容陈述。

司法研究会第五次议决录

第一议案：刑事起诉书类问题　　　　张一鹏提出

议决办法　刑事案件认检察厅为原告。检察厅起诉时，应将该案诉讼事实、发(见)[现]原因暨调查所得之结果，详细叙入起诉文内。其失单、赃单、(帐)[账]目、契据、图式等可供审判参考者，准其另单粘附。至当事人状纸假预审供词及勘单验结，应由检察厅存案者，毋庸送审判厅。

第二议案：诉讼费宣示问题　　　　　王　耒提出

议决办法　自四月初一日起，民事诉讼费数目须于判决时核明，即附记判词之末。若于判决时确知无力呈缴，应予减免者，亦即判决。如尚须调查者，得先行判决，随后调查。

第三议案：巡警裁留问题

议决办法　部章各厅裁减警察，此后值庭一项，应以添设庭丁代巡警之职；其值门一项，碍难裁撤，应仍其旧。惟其经费，当于活支内开支。

第四议案：任用承发吏问题

议决办法　部章各厅承发吏薪水，总数计共壹佰柒拾陆元。初级名额太少，不敷差遣，应以部定银数，分等匀结，其等级及配置方法如下：

一、一等承发吏，月薪二十元；二等，十四元；三等，十一元；

二、地方厅置一等承发吏一名，二等八名；初级厅置三等承发吏四名，但初级厅承发吏领班由地方拨二等一名充之。

又承发吏薪水既较从前为优，则保证金亦应酌加如下：

一、一等承发吏预纳壹百元；

二、二等承发吏预纳陆拾元；

三、三等承发吏预纳肆拾元。

京师法学会章程

第一条　本会以研究法学，赞助司法、立法事业为宗旨。

第二条　本会应办各事列下：

一、发行法学会杂志；

二、开演记会；

三、调查中国及外国法制；

四、设立法政研究所。

以上应办各事另订细章。

第三条　本会设立于京师，但经通常会或临时会之决议，得于各省设立分会。其无分会之地方，由会长指定通信员，以资联络。

分会或通信员章程另定之。

第四条　凡有下列资格者，得为本会会员。

一、曾在中国或外国专门学堂习法、习政治经济学者；

二、于司法、立法事业有关系者。

其不合上两项所开资格，而能捐助经费，赞成本会事务者，得经通常会或临时会之决议，推为名誉会员，其资望卓著者，并得推为特别名誉会员。

第五条　会员如有损坏名誉之事，得经通常会或临时会之决议，使之退会。

第六条　本会应置职员如下：

一、正会长　一人　总理会务　沈家本　浙江；

二、副会长　二人　协理会务　王世琪　湘南　汪有龄　浙江；

三、干事员　五人　分任会务；

四、会计员　一人　专司出纳。

干事员、会计员办事章程由会长起草，经职员会决议后行之。

第七条　职员由通常会或临时会用记名单记投票法选举，以一年为任期，期满改选，但均得连任。

第八条　本会应设书记若干人,由会长酌量事务繁简,临时延订,酌给薪资。

第九条　本会会期分为下列三种：

一、通常会　每年一次,于八月初一日举行；

二、临时会　于正、副会长认为必要,或有会员二十人以上之提议时举行,并于五日以前登报或发信通知；

三、职员会　每月一次。

第十条　会员均以会员到会之过半数议决之。

第十一条　通常会、临时会决议或报告下列事件：

一、关于选举职员之事；

二、关于会务现况之事；

三、关于会计之事；

四、关于会员出入及其他重要之事。

第十二条　会员如届通常会或临时会,不克到会,得请他会员代行表决,但须于到会出示委任书,其委任书应由本人签名画押。

第十三条　会员纳入会费两元,常年会费十二元,常年会费分四季缴纳,自开会成立之日起算,每隔三月一缴。其愿一次缴纳者,听。

第十四条　本会会员有下列各项权利：

一、送阅法学会杂志；

二、照半价购买本会所印书籍。

第十五条　会员如两期未缴会费,即作为自愿出会,丧失会员所应享之权利。

第十六条　本会章程如有应行修正之处,由职员全体或会员三十人以上提出修正案,付通常会或临时会议决。

第十七条　本会成立后,应即报部立案,非有不得已之事由,及会员全体之议决,不得解散。

附法学会杂志章程

第一条　本杂志据法学会章程第一条第一款于每月朔日发行。

第二条　本杂志分类如下：

一、论说；

二、译丛；

三、中国法制之解释评论；

四、外国法制；

五、判决例评论；

六、问答录；

　　七、丛谈；

　　八、名家传记；

　　九、杂录；

　　十、会报。

　第三条　本杂志设编辑、发行二部。

　编辑部专司著述、记载事务，设主任编辑员二人，编辑员若干人。

　发行部专司印刷、发卖并会计事务，设庶务员四人。

　第四条　编辑员及庶务员由法学会会长延请。

　第五条　主任编辑员及庶务员得由法学会会长酌送酬劳费。

　第六条　编辑员按次寄赠稿件，由主任编辑员编列付印。

　第七条　会员有投稿者，由主任编辑员酌量登载。

　第八条　本杂志每三月开评议会一次，研究改良办法。

　评议会以法学会职员及编辑、发行二部职员组织之，以法学会会长为评议员长。

　第九条　本章程未尽事宜，得由法学会会长主持施行。

　第十条　本章程得经评议会之议决修正之。

京师法政研究所简章

　　一、本会为赞助司法事业起见，先设短期法政研究所，选择要紧学科讲习，专以濬发司法学识为宗旨；

　　二、研究期限以一年为率；

　　三、研究所设暂假象房桥财政学堂开办；

　　四、研究所设经理员二人，由本会职员中推举，经理教务、庶务，不受报酬；

　　五、研究所设讲员若干员，由会员中推举，按照所任钟点，酌送车马费；

　　六、研究所设书记二人，缮写讲义，兼理往复信件，由本会酌送薪水；

　　七、听讲员每班以百人为限，须由会员二人绍介，经本会会长许可，始允入学；

　　八、听讲员每月学费三元，于每月第一星期内交财政学堂内法律学堂庶务员代收。如至月杪未交学费，即作为告退；

　　九、听讲员各发听讲券一张，所纳学费即填写券面，听讲时将券放置案头，以备稽考；

　　十、简章未规定事宜，由经理员商同本会职员酌办。

附讲习科目

法学通论	刑法	国际私法	刑事诉讼法
民法	宪法	国际公法	诉讼演习
商法	行政法	民事诉讼法	

奉天省高等审判检察厅附设浅学会简章

第一条　本会于公余之暇,以浅近教育授本厅及承德地方两厅承发吏、巡警及凡公家雇用之人,使适于所用。

第二条　本会附设于高等厅内,由两厅长官监督之。

第三条　下列各项人均应入会：

一、承发吏；

二、驻厅巡警；

三、厅丁、庭丁；

四、号房茶房；

五、打杂人。

第四条　入会者核其程度,分为甲、乙两班,以单级教授法教之。

第五条　甲乙两班之科学如下：

甲班

一、浅近国文；　　　二、简明地理；

三、简明历史；　　　四、数学(加减乘除)。

乙班

一、简易识字课本；　　　二、数学。

第六条　授课时,每星期以六小时为限,时间表由教员临时定之。

第七条　凡入会者不得无故请假。

第八条　每班举正、副班长各一人,照理课堂一切事务。

第九条　有请假者,班长记其理由于请假簿,呈请监督核准。

第十条　冬夏两季由两厅长官考试,优者酌给膏火,劣者斥退。

第十一条　教习分下之两种：

一、主任教员一员,月送津贴银叁拾两；

二、义务教员,由厅内官员任之,不支津贴。

第十二条　本会应用书纸、杂项银两,由本厅活支项下开支,每月以十两为限。其季考之奖给膏火费,由检察各官员随时捐助。

第十三条　课堂置出席簿,不到者由教员标识之。

第十四条　本厅派厅内书记一人,兼理会内一切事务,不支薪水。

第十五条　本简章如有未尽之处,应随时增改。

章程类二

清法部奏定京外各级审判厅及检察厅办事章程

第一节　总则

第一条　本章程以规定审判厅及检察厅事务标准为宗旨。

第二条　审判厅自高等以下,检察厅自总检察厅以下,其办事方法,除依编制法、诉讼律及与本章程相关联之他项章程所定外,悉照本章程办理。

第三条　本章程所称各厅长官为下之各项:

　　甲　审判厅

　　一、高等审判厅[厅丞];

　　二、地方审判厅厅丞或厅长;

　　三、初级审判厅监督推事或独立推事。

　　乙　检察厅

　　一、总检厅厅丞;

　　二、高等检察厅检察长;

　　三、地方检察厅检察长;

　　四、初级检察厅监督检察官或检察官。

　　丙　各分厅之监督推事、监督检察官。

第二节　职权

第四条　各厅员应于法定范围内各行其职权。

第五条　关于司法上行政事务,应各受本厅长官及上级厅长官之监督者,悉照编制法第一百五十八条之规定。

第三节　事务之分配及代理

第六条　高等及地方审判厅诉讼事务,应按各厅分期承审,由该厅长官预定该年度分期开庭表,于该厅署内公众易见之地揭示之。

第七条　置两员以上推事之初级审判厅,于承审诉讼事务,有应行分期办理者,适用前条之规定。

第八条　审判厅分配事务,应按事务之种类或土地之区域定之。

分配事务得酌量繁简,令甲庭之推事兼办乙庭事务,或令独任推事兼庭长、庭员。

第九条　前条第一项之规定,初级审判厅如置有二员以上之推事时,亦适用之。

第十条　由各厅长官交审事务，其次序当从各厅或各推事承办事务之号数定之，但有紧要时，得变更其原定之次序。

第十一条　检察厅有检察官数员时，其事务之分配，由该厅长官定之。但初级检察厅及分厅，应照编制法第九十七条第二项、第三项之规定。

如遇重要事件，应由该厅长官自行处理。

第十二条　各厅书记官应办之事，由书记官长从该厅长官之命令分配之。①

第四节　服务之时限

第十四条　各厅长官及厅员，除有第十八条、第十九条情事外，不得旷其职守。其书记官以下员役亦如之。

第十五条　各厅设考勤簿。厅员自行画到，由该厅长官查核，每半年汇报法部或提法使。

第十六条　各厅办公时间，除京师外，各省由提法使定之。

第十七条　万寿圣节、先师圣诞及星期各放假一日。年末岁始假期，除京师外，各省由提法使酌定。

第十八条　各厅厅员于前揭假期外，因事请假，必须书明理由，经该厅长官之认可。

第十九条　各厅员请假，每月不得逾五日，但有特别事故不在此限。

有前项特别事故请假者，仍应开具事实，经该厅长官之认可。

第二十条　各厅应派书记官轮班值宿，其轮次由各该厅长官于每月朔定之。

第二十一条　各厅杂役均应常川驻厅，有请假者适用第十八条、第十九条之规定。

第五节　关于厅员进退之申报

第二十二条　各厅长官于所属各厅员，到厅接事、卸任交替等事，均应具文申报法部或提法使。

各厅员有前项事宜，亦应具文申报本厅长官。

第二十三条　各厅员有补职、派署、加俸、退职等事，应由该厅长官出具切实考语，开单具文，由该监督上官层递出考，申请法部或提法使核办。

第二十四条　总检察厅、高等审判、检察各厅长官，于该厅书记官之进级，得按各该厅预算定额，照书记官俸给进级章程，以法部或提法使之名义代行之，但事后仍应分报法部或提法使。

---

① 由于原书印刷之原因，缺第十三条。——校者注

第二十五条　地方审判、检察各厅长官,于该厅及该管下级审判、检察各厅书记官之进级,得适用前条之规定。

第二十六条　高等审判、检察各厅长官,于该厅及该管下级审判、检察各厅之书记官,得按该厅预算定额,以法部或提法使之名义于该管内调用、差遣之,但事后仍应申报法部或提法使。

第二十七条　地方审判、检察各厅于该厅及该管内书记官之调用、差遣,适用前条之规定。

第二十八条　各厅长官得按各该厅预算定额,雇用员役。但在初级厅,应详由该管地方厅长官核夺。

第六节　会议

第二十九条　高等及地方审判厅,除编制法第四十八条所列会议外,遇有下列事宜,应开推事之总会议。

一、关于编制法第一百六十二条事宜。

二、关于法律章程之执行,由高等检察厅检察长、地方检察厅检察长有所请求事宜。

三、关于事务细则之设定、变更事宜。

四、审判厅厅丞或厅长认为必要事宜。

第三十条　总会议以审判厅厅丞或厅长为会议(主席)。

第三十一条　非有该厅三分之二以上之推事列席,不得开总会议。

第三十二条　高等检察厅检察长或地方检察厅检察长得列席会议,陈述意见。

第三十三条　高等审判厅每年三月开定期总会议。关于该管内下级审判厅上年办事成绩,据高等检察厅检察长之报告,如有应行矫正之处,互相讨论加以评决。

第三十四条　高等审判厅为前条之评决,应先申报法部或提法使,俟奉批后,由该厅长官行文,通谕下级各审判厅。

第三十五条　地方检察厅检察长应将该级审判厅及该管内之初级审判厅所有上年办事成绩及随时矫正之法,于每年正月开具详明事实,呈报高等检察厅检察长。

第三十六条　高等检察厅检察长应将该管内下级审判厅上年办事成绩及随时矫正之法,于每年三月高等审判厅开总会议时演述之。

演述之笔记应申报法部或提法使。

第七节　召集

第三十七条　高等及地方各厅长官,得于该厅内召集直接下级厅长。

前项之规定,总检察厅不适用之。

第三十八条　为前条之召集时,应申报法部或提法使。

第三十九条　地方各厅长官得于该厅内召集该厅内初级厅书记官。

第四十条　为前条之召集时,应报告直近上级厅长官。

第八节　巡视

第四十一条　高等审判厅厅丞得承法部或提法使之命,巡视该管下级审判各厅及监狱。但于应分地巡视时,得分派地方审判厅长官相互代行之。地方审判厅长官得承提法使或高等审判厅厅丞之命,巡视该管初级审判厅及监狱。于应分地巡视时,得分派初级厅厅员相互代行之。

第四十二条　高等及地方检察厅长官,得适用前条之规定,各巡视该管下级检察各厅及所在之监狱。

第四十三条　前二条巡视事毕,限一个月内将考察情形申报法部或提法使。于巡视之先,并应将定期呈报。

第九节　出境勘验

第四十四条　推事及检察官,如应于该厅所在地外亲临勘验,应先请示于该厅长官。但于紧急事宜,可于勘验后再行报告。

第十节　出差

第四十五条　地方审判厅长官得在高等审判厅或该管内初级审判厅出差,初级审判厅之推事或监督推事得在直近上级审判厅出差。

前二项之出差,应经直近上级审判厅长官之认可。

第四十六条　地方审判厅长官得派该厅及初级审判厅之书记官在该管各初级审判厅出差。

初级审判厅之推事或监督推事得派该厅书记官在直近上级审判厅出差,但必经直近上级厅长官之认可。

第四十七条　前二条之规定,地方或初级检察厅长官适用之。

第四十八条　为本节之认可或派书记官出差,应分别照第三十八条、第四十条办理。

第十一节　表簿之设备

第四十九条　各厅每年应制司法诸表簿,由各该厅长官管理之。

第十二节　文书之申送

第五十条　各审判厅因行其职务申报法部,在京应详经各该监督上官层递转呈,在外应详经各该监督上官由提法使转呈。

第五十一条　各检察厅因行其职务,应申报法部或提法使时,适用前条之规定。但依别项规定,必经由总检察厅者,仍报由总检察厅转呈法部。

第五十二条　遇有紧急事宜，各厅在京得径申法部，在外得径申提法使，但仍应分报告该监督上官存案。

第五十三条　各厅内与京师各部院衙门，外与直省将军、督抚因公往来文件，均应由法部或提法使转咨，但与司、道、府、厅、州、县及其他武职衙门行文时，又因特别事故，应行径自行文京师或直省各行政衙门时，不在此限。

第五十四条　各厅与驻扎外国公使、领事因公往来文件，在京由法部咨行外务部转递，在外由提法使申请督抚转行，仍咨明法部备案。

第五十五条　各厅在京、在外或京外各厅，相互间因公来往文件时，不适用前两条之规定。

第五十六条　前三条如有别项规定时，不适用之。

第五十七条　文书程式照别定章程办理。

第十三节　附则

第五十八条　关于执行审判、司法警察及保管金钱物品、征收费用、管理、文牍、会计事务，照别定章程办理。

清法部奏定提法司办事划一章程

第一章　总则

第一条　提法司主管事务，按照奏定提法使官制暨法院编制法规定司法行政事宜办理。

第二条　提法司署应设办公处，每日由提法使督同属官齐集办事。

第三条　提法司署遵章分设总务、刑民、典狱三科，俟各该省审判厅遍设后，得由提法使酌将刑民科析为刑事、民事两科。审判厅未遍设以前，提法使得将各科职掌量为变通，以甲科某项事件移归乙科承办。

第四条　各科除设科长一员外，科员、书记由提法使于法定员额内酌量事务繁简设置。

第五条　科长承提法使之命令，综理该科事务，并稽核该科各员之勤惰。

第六条　科员佐科长，承提法使之命令，分理本科事务。事务之分配由提法使核定指派。

第七条　科员于所承办事务，各负责任，但事件繁赜时得互相协助。

第八条　书记受各该科长、科员之指挥，缮校文件，并办理该科庶务。

第九条　各科科员、书记遇有某科事件繁剧，由提法使命令，随时派委兼办。

第十条　各科如需书记生时，得由该科科长禀准提法使临时雇用。

第十一条　各科到处办公时间，由提法使定之。

第十二条　各科皆备考勤簿,科长以下各员,每日须于各该科簿内填注出入时刻,月朔由科长呈提法使核阅一次。

第十三条　办公处应派科员、书记各一员,轮班值宿。其轮次由提法使于每月朔定之。

第十四条　万寿圣节、先师圣诞及星期各放假一日,年末岁始假期,由提法使酌定之。

第十五条　休假日由提法使就各科轮派一员值班,遇有重要文件,即知照各该科主管员到署赶办。

第十六条　除例假外,因事请假者,临时由提法使批定。

第十七条　科长遇有事故,由一等科员代理,科员则由同科一人代理。

第十八条　各项文件到司,由收发处汇齐,呈提法使阅后,交总务科科长盖戳分科,各科接收后,应备簿册记其案由,分别缓急先后各办稿件。其紧要文件,收发处随到随呈,不候汇齐。

第十九条　凡事隶于各科者,归各科主办。其关系数科者,以关系最重之科会同各科商酌办。

第二十条　各科拟订文件,经科长复核后,呈由提法使核行。

第二十一条　各员遇繁难事件,应先拟议办法、说帖,呈提法司核定。如有疑义,并得请提法使集各科科长、科员议决。

第二十二条　各科设立手续簿,事无巨细,均摘由录入,每日呈提法使阅视。如已办,即刊"办"字戳,在各事由上印记并注明某员拟稿。其已办结行文者,另刊"结"字戳印记。

第二十三条　各科收文送稿暨签文检卷,应备各种簿册,由书记逐日分别摘由整理,交各该科科长、科员核阅。

第二十四条　各科办理事件,有应知照别科者,可用文片摘叙事由办法,送付该科备查。前项文片所用纸张、格式,各科商同一律,以便编订。

第二十五条　凡各处来文及提法使随时命令,应知照各科者,由总务科用传知簿附同原件,送各科查阅。前项传知簿各科阅遍,当日缴还总务科。

第二十六条　各员在办公时间,虽无事亦不得擅离。如有来宾,须在接应室款待者,亦不得久谈,致误要公。

第二章　总务科

第二十七条　总务科职掌,除照提法使官制第三条所列外,提法司印信、秘密函电及不属于刑民、典狱两科所掌一切杂项事宜均归管理。

第二十八条　提法司署及各级审判厅、检察厅、监狱各员之补署、升降、褒奖、处分等项事宜,应按照各项法令办理,并随时分别注册。

第二十九条　司法官吏考试事宜,由该科会同刑民、典狱两科办理。

第三十条　司法官吏之姓名、履历由该科分类列簿,有变更时随时编改,以备查考。

第三十一条　该科设收发处,派员专司。凡外来文件,摘由登载收文簿,按照第十八条之规定,交由科长分科。

第三十二条　各项文件由书记将事由、件数、送科日时,分别登载分科文簿,分送各科,即由各该科书记印记"收"字戳,即将事由、件数、到科日时登载到科文簿。

第三十三条　各科文件经书记缮校后,记于签文簿,送由该科盖印粘封,交收发处,登载发文簿,即行发送。

第三十四条　各科文件册籍均由总务科编纂档册,并分立编卷簿,注明"某科"字样,汇总存储。

第三十五条　各科文牍,凡应归卷者,由该科书记每日检查一次,汇送总务科依类编存。

第三十六条　编纂簿应照各卷种类编列号数,并于号数之下摘叙事由,各科随时抄存,以便调阅。

第三十七条　各科调取文件,均用文片为据,由总务科记入调卷簿。缴还时,应于调卷簿及各该科还卷簿内印记"收"字戳。

第三十八条　刑民、典狱两科以外之统计事宜,应按定限填写于颁行表式内,呈由提法使核定,分报督抚及法部。

第三十九条　各厅署及府、厅、州、县所掌事件,足备统计材料者,呈由提法使行文知照,按月报告。

第四十条　编纂统计应行调查事件,其关涉各科者,随时片查;其与各厅署及府、厅、州、县关涉者,呈请提法使行文调查。

第四十一条　提法司及各厅署常年经费,应先制备预算,报告督抚及法部。该预算年度内所有用款,均以预算为准,即由提法使请领支发。

第四十二条　提法司及各厅署出入经费,由总务科按月列表,呈由提法使核阅。每一年度汇造决算,呈报督抚及法部核销。

第四十三条　各厅讼费、状纸费、罚金等款报告到司时,应与刑民科会核办理。

第四十四条　出入款目应需各种簿册,暂由总务科拟制格式,呈由提法使核定通行。俟法部奏定各项会计章程,再行分别遵用。

第四十五条　各厅署工程报销,应详细核定,呈请提法使造册详报。

第四十六条　提法司官有物,由总务科录入专册,每年定期点验一次。

第三章 刑民科

第四十七条　刑民科职掌事宜，按照提法使官制第四条办理。

第四十八条　于刑律、民律、商律、诉讼律等及其他关于司法之各项法律，遇各厅有疑义不能决者，由该科详拟解释，呈由提法使详请大理院核示。

第四十九条　登记及其他非讼事件等一切关于司法行政之法令，遇有疑义须待解释者，呈由提法使详请法部核示。

第五十条　各厅之设置，除遵照筹备年限酌量设立外，如因情势改易或其他未便事宜，应须废止或添设，及其管辖区域之宜变更者，即详细体察，妥为改定。

第五十一条　各厅工程营缮，应先绘具图式，呈提法使审定，并送付总务科备查。

第五十二条　各厅开厅时刻及开庭日期，由该科拟呈提法使酌定，一律遵行。

第五十三条　各部院之通行通饬关于刑民事项，应转行各属者，由该科办理。应印刷颁发者，定稿判行后，送总务科印刷颁行。

第五十四条　编纂刑事、民事及注册等项事宜，得参照第三十八条至四十条办理。

第五十五条　各级检察厅检察事务，由该科随时稽核，并得呈由提法使发布命令，统一全省检察事宜。

第五十六条　凡部颁检察厅调度司法警察执照，由该科填核转发，仍知照总务科备查。

第五十七条　凡司法警察事务，有应由提法使与巡警道会同协商之件，先由本科酌拟办法，呈由提法使酌核商办。

第五十八条　凡秋审　恩赦减等及留养事宜，均遵现行法令办理，分别报部核办。

第五十九条　高等、地方检察各厅呈报审判厅判决死罪案件到司，应即备缮全案供勘，申报法部分别核办。

第六十条　高等、地方检察各厅呈报审判厅判决遣流案件到司，应备缮全案供勘，分别按月汇报法部存案。

第六十一条　高等、地方检察各厅呈报审判厅判决徒罪案件到司，应摘叙简明案由，分别按季汇报法部存案。

第六十二条　各初级检察厅呈报审判厅判决刑事案件到司，分别于年终汇报法部存案。

第六十三条　各级审判厅所定刑事案件判决确定后，如查有引律错误或事实上极端错误者,得呈由提法使核定,行令该管检察厅分别提起非常上告或再审。

第六十四条　未设审判厅地方,一应专奏汇奏死罪案件,应备缮全案供勘,详由各督抚奏交大理院复判,俟奉部复分别办理。

第六十五条　未设审判厅地方,所有遣流以下案件,例应咨部候复者,应详由各督抚照例咨报大理院核定,俟奉部复,遵照施行。其例归外结之案,无论罪名轻重,一并分别汇报。

第六十六条　未设审判厅地方问拟徒流以上刑事案件,经复审无异,详请核办到司。倘有鸣冤翻异及案情实有可疑者,得呈由提法使核定,行令高等检察厅,分别提省,移送高等审判厅办理。

第六十七条　无论已未设立审判厅地方,每月现审案件均应详核,分别已、未判决,编查司法汇报,以验成绩,并为年终办理统计之用。

第四章　典狱科

第六十八条　典狱科职掌事宜,按照提法使官制第五条办理。

第六十九条　改良旧有及新设之监狱。当监狱法未颁布以前,由该科拟定暂行规则,呈由提法使核行。

第七十条　关于监狱工程,应先绘具图式,呈提法使核定,并送付总务科备查。

第七十一条　习艺所附设于监狱,或另设之,应分别拟定规则,并筹推广之法。

第七十二条　推广习艺所,有应与行政衙门协商者,由该科酌拟办法,呈由提法使酌核商办。

第七十三条　调查监狱、习艺所之管理方法、赏罚制度,有不合法者,呈请提法使饬令改良。

第七十四条　关于监狱、习艺所考绩事宜,该科随时送付总务科查核办理。

第七十五条　监狱、习艺所罪犯姓名、年岁、犯罪案由、作工期限,按月调查编制表册。如有释放或病故等事,应付送刑民科备查。

第七十六条　监狱、习艺所之工作成绩报告,有不确实或不合法者,得核明呈请提法使查办。

第七十七条　监狱、习艺所经费及工业成本,应会商总务科详确核定,呈提法使编入预算,并酌量筹给。

第七十八条　罪犯工作品贩卖所得之款项报告,应详为稽核。

第七十九条　各审判厅附设之看守所,及未设审判厅各属之候审待质等所，均由该科稽查。如押犯月报有不确实及其他情弊者，得呈提法使派员巡视。

第八十条　调查各属看押人犯，有延不讯结者，得知照刑民科呈请提法使札催。

第八十一条　看守人等选用及服务章程未颁布前，由该科拟定暂行规则，呈由提法使核行。

第八十二条　编纂监狱统计，得参照第三十八条至四十条办理。

第八十三条　各部院之通行通饬关于狱务事宜者，得参照第五十三条分别办理。

第五章　附则

第八十四条　未设审判厅地方事宜，除本章程规定外，得参照按察使旧制，分隶各科。但奉文划归别衙门管理者不在此限。

第八十五条　本章程奏准颁布，自文到之日实行。各省提法使得于本章程范围内酌定办事细则，仍须报部查核。

法部奏颁修正承发吏职务章程

计开

第一条　承发吏职务，据法院编制法第四章第一百四十四条所列三款，析举如下：

一、承审判、检察厅之命令而发送之事件：

　　甲、发送传票；

　　乙、通知质讯日期；

　　丙、送付判词；

　　丁、发送一切诉讼文书副本；

　　戊、发送登记及其他非讼事件之文件。

二、承审判、检察厅之命令而执行之事件：

　　甲、执行民事搜查票；

　　乙、执行押交押迁；

　　丙、查封物产、拍卖产；

　　丁、征收罚金，没收物产；

　　戊、发交物品；

　　己、执行判决后之损害赔偿事件；

　　庚、征收讼费。

三、受当事者之申请而办理之事件：

甲、通知；

乙、催传。

第二条　承发吏受各该厅长官之监督、承审推事或检察官之命令及该管书记官之指示，任法令所职务。

第三条　承发吏有数人时，其事务之分配由各该厅长官按法院编制法所定司法年度，于每年年终预定之。

承发吏所办事务，不因年终分配改属于其他承发吏而失其效力。

第四条　承发吏办理职务室，应附设各该厅内。

第五条　承发吏奉行厅票，当依定限缴销。

第六条　承发吏于发送呈状时，不得稍有阻压状纸，后如粘有契卷文书者，尤须注意。

第七条　凡发送文书，须亲交原、被告，如未能亲交，得交其同居已成年之亲族或家丁。

第八条　如代收者无故拒绝，承发吏可将其实在情形禀明该厅长官，听候酌办。

第九条　原、被告如无住所，当致于其职业所在地。

第十条　如原告或被告无同居之亲族及家丁者，得寄存于该地方公务人，并告知其邻近住居。

第十一条　如原告或被告住所及职业所在地有迁移或其他变故，一时无从探访者，承发吏得将实在情形禀明该厅长官，听候酌办。

第十二条　如原告或被告有诉讼代理人，则送交诉讼代理人。

第十三条　如原告或被告为军人、军属，当送致于其长官或队官。

第十四条　如原告或被告为囚人，当送致于该管监狱之典狱官。

第十五条　如原被告系外国人，按照厅票所开所处送致。

第十六条　承发吏遵照以上各条，送交文件、传票后，均须向取收据，并将送达之处所及年月日时方法，作证书一纸，一并呈报该厅长官。

第十七条　承发吏执行查封时，应随同本厅长官所派主簿或录事前往，并协同地方公务人员办理。其报告书及被封物件清单，应由该主簿或录事及地方公务人员签名画押后，呈交存案。

第十八条　承发吏执行拍卖，应照前条办理。其作报告书及价目清单，并照前条签名画押办法呈交存案。对于拍卖物产之价值高者，应使鉴定人按照时价公估，禀明该厅核定之。

第十九条　承发吏执行判决时，不得徇债务者之请求。

第二十条　承发吏因执行判决而受抵抗时，须禀呈该厅，听候酌夺。若情势危迫不及禀呈者,得就近请司法警察援助。

第二十一条　承发吏当遵照法令,代各该厅征收讼费,不得私行增加,亦不得于定章外私受报酬,有犯计赃科罪。

第二十二条　承发吏受当事者申请时,如无正当理由,不得推诿规避。有正当理由实不能行其职务,当即时告知申请人。

第二十三条　承发吏有下列情事不得行其职务。

一、本身或其家属为当事人或被害人时;

二、与当事人或被害人有本宗、外姻之亲属关系时;

三、与当事人或被害人有同一之权利或义务时;

四、于本案为诉讼代理人或曾为诉讼代理人时;

五、于本案为中证人、鉴定人,受讯问时。

第二十四条　承发吏如有前条所载情事,而他承发吏又适有事故时,该审判厅或检察厅得委下列人等执行:

一、候补承发吏;

二、学习承发吏职务三个月以上者;

三、学习书记官。

第二十五条　承发吏得以自己之责任,将其应行职务嘱托前条所列人等行之,但必经该审判厅或检察厅之许可。

第二十六条　承发吏及临时受委者行职务时,应照章服一定制服,并须携带执照。

第二十七条　承发吏有病故、免役、斥革等事,须将所存盖印簿籍、经管物品及其职务上之文件一律呈缴。

第二十八条　承发吏除休息日及因不得已事故,准其请假外,不得擅离职守。

第二十九条　承发吏应纳保证金及应得津贴,由各该厅长官按照另定章程办理。

第三十条　承发吏办公勤慎者,各该厅长官应就法定发送费、执行费及通知催传费项下,提出十成之二作为奖励金,其等第及人数临时酌量定之。

第三十一条　承发吏如有违背职务上之行为,一经查出或经人告发,除没收保证金外,即行由该厅长官讯实,分别轻重惩戒。

第三十二条　本章程自颁布文到日施行。

第三十三条　本章程所未规定者,准参用法院编制法及其他法令关于承发吏之定规。

前清法部拟定颁行庭丁职务章程

第一条　各审判衙门长官雇用庭丁,依事务之繁简,定其额数。

第二条　雇用庭丁以年在二十以上,四十以下,身体强壮,略识文义,具有确实保证者为限。

第三条　庭丁于开庭日期限开庭前一点钟到庭。

第四条　法庭置庭丁画到簿,庭丁照前条所定时刻到庭,即应自行画到。服务之际,因不得已事故须退庭时,应面禀该管长官,请其给假。

第五条　庭丁因病或其他事故不能到庭,应于所定到庭时刻之前,送呈假单。

第六条　庭丁承值法庭职务如下:

　　一、司法庭之开闭洒扫;

　　二、法庭开审时,受审判长或独任推事之命令,传引诉讼关系人;

　　三、办理预审时,受预审推事之命令,传引诉讼关系人;

　　四、法庭开审时,受审判长或独任推事之命令,照料来庭旁听人,并整理其秩序;

　　五、开审及预审时,供庭上一切指挥。

第七条　承值法庭时,须服制排立整齐,不得无故擅离。

第八条　传引诉讼关系人时,语言宜慎,不得随意谈笑。遇有老幼妇女,尤宜格外注意。

第九条　对旁听人不得傲慢无礼。

第十条　庭丁违犯本章程及怠惰过失者,该管长官得酌量其情节,随时训诫或撤换之。

第五编 规则类

上海各级审判厅办事规则

第一章 总则

第一条 本规则系规定办事手续,凡各厅办公员役均当遵守。

第二条 本规则与民、刑诉讼律草案同时施行。

第三条 本规则有未尽事宜,及窒碍难行不适于用之处,应开会议公决之。

第四条 审判厅与检察厅各独立行其职务,互不干涉。但于法令之权限内,亦得相助为理。

第五条 凡属审判厅以内行政事务,以厅长暨监督推事行之。其属于某庭之行政事项,兼受某庭长之指挥。

第二章 官厅规则

第六条 凡审判厅执事人员,均应[以]严守关防、顾全名誉为第一要义。

第七条 凡推事在职中,不得于职务外干预政事、为政党员、政社员及中央议会或地方议会之议员、为报馆主笔及律师,兼任非本法所许之公职、经营商业及官吏不应为之业务。

第八条 凡审判厅各员不得于应行职务稍有废弛,并不得于范围外侵越权限。

第九条 凡审判厅人员,均由厅用人役伺候,不得随带仆从。

第十条 凡审判厅人员于法定办公时间内不得接见亲友。

第十一条 凡应驻厅人员须遵守下列各款:

一、不得留宿亲友;

二、不得酗酒赌博。

第十二条 凡厅门开闭,应依一定时间。所有锁钥由值门守卫,交由典簿所掌管。

第十三条 凡来厅调查参观人员,均应先行挂号,由号房通报,典簿所派员接待。

第三章 职务规则

第十四条 厅长庭长或监督推事,其职务应遵照法院编制法及本厅拟定各级审判厅试办章程办理。

第十五条 各厅帮办各员受本厅长官之指挥并本庭庭长之分派,代行各推事职务。其各员品行、性格,应由监督各长官查照法院编制法第一百[零]九条办理。

第十六条　典簿收管全厅印信,综理文牍、会计暨一切庶务,并核收讼费等事。

第十七条　主簿分掌庶务、文牍,帮同稽印,督同录事,办理统计及月报、年报等事。

第十八条　录事掌录供叙案、缮写文牍,或承厅长之命令,代理主簿事务。员额若不足时,或酌添书记生分任录事之职。

第十九条　书记承典簿、主簿之指挥,抄缮文牍,清算账项并编纂月报、年报,缀订档案。

第二十条　录事或书记办理一切文牍案件,除照章应作成书类送达诉讼人外,一切皆主秘密,不得抄录传送或宣播于外,违者轻则记过,重则撤退。

第二十一条　凡初级审判厅录事以名列在前之员兼任会计庶务。若实在不敷办公,亦准酌量添设书记生一名,帮同缮写。

第二十二条　看守所所官及监狱官、罪犯习艺所所官,应受厅长之监督,执行职务。其看守所等处规则另定之。

第四章　办事及休假规则

第二十三条　凡审判厅办公时刻,除临时特别表定外,春分以后,每日上午九钟起至午后四钟止;秋分以后,每日上午十钟起至午后五钟止。遇有事件不能依时完结者,不在此限。

第二十四条　凡审判各厅每遇星期,除例应值班人员外,余俱停止办公,作为休息日。其有紧急重要事件不在此限。

第二十五条　除前条休息日外,如有因事请假,必须书明请假事由,经由厅长及监督推事之许可,派员代理时,其责任乃能属于代理员。

第二十六条　凡厅中各员除例应休息及因重大事故请假外,均须逐日到署。每月短假不得逾三日。

第二十七条　凡请假各员,必须书明请假事由,条一纸交由典簿所,登入请假簿呈核。

第五章　代理规则

第二十八条　凡各厅长官有事故或请假时,得委任该厅次官代理之。

第二十九条　凡推事有回避及请假时,得委任他推事代理之。

第三十条　凡典簿有事故及请假时,得委主簿代理之。主簿有事故请假时,得委任录事或书记代理之。

第三十一条　凡初级推事有回避及请假时,必须由上级厅派员代理,其初级检察官不得兼理之。

第三十二条　凡代理应照法院编制法顺序代理之,其有出于临时代理者,于代理之案件文牍中记明"临时代理"字样。但代理时须得长官之认可后,其责任乃属于代理员。

第三十三条　凡厅中各员(勿)[无]论何事请假至十日以上者,所有津贴应须按日计算,扣交代理员收领,以资办公而昭平允。

第六章　法庭规则

第三十四条　(勿)[无]论预审、公判,各员莅庭,均须佩戴徽章。

第三十五条　莅庭各员宜尊重秩序,不得饮茶、吸烟暨谈及案外之事。

第三十六条　开庭审问,先尽原告陈述,再由被告辩诉。必俟两造词毕,然后审判官发问,再令两造辩驳,务尽其辞,不得无故辙加呵斥。

第三十七条　凡经检察官起诉之案,先由检察官陈述意见,再令两造入庭,仍照前条办法。

第三十八条　合议案件必先由主席推事发问,陪席推事如有意见,应俟主席推事词毕后方得接问。

第三十九条　其诉讼记录、命令、决定、判决及开庭时作成之各书类,得令莅庭之录事或书记朗读之,亦得抄录副本若干,通令承发吏送达于两造及证人。

第四十条　凡民事原、被告及民事之证人、鉴定人均前立供述,供毕乃退立于旁听栏外听候问话。如原、被两告应须个别讯问时,可令一方之当事者退于庭外。

第四十一条　凡除刑事原告立供外,被告有不服讯问时,得令跪供。

第四十二条　(勿)[无]论原被两造及利害关系人,当开庭辩论时,有破坏法庭秩序或咆哮滋扰者,审判官得处十元下之罚金、十日以下之拘留。

第四十三条　证人、鉴定人有犯前条之规定者亦同。

第四十四条　凡公开审判之案,得令人旁听。旁听规则另定之。

第四十五条　凡旁听人应遵守旁听规则,先行报名挂号,领取旁听券。其未报名而无旁听券,或虽报名挂号而号满时,得止入庭旁听。

第四十六条　凡妇女幼童及有心疾,或酒醉并与本案有违碍者,概禁止旁听。

第四十七条　旁听人均坐于另设栏内,不得越栏与诉讼人搀杂,亦不得与诉讼人接谈交物，违者照法院编制法第六十一条分别办理。

第四十八条　旁听人虽遵照报名购券诸规则，既入庭时，如本厅长官认为不准旁听之案，得命令中止旁听。

第四十九条　凡报馆旁听人设有专坐，亦应遵守以上各条办理。

第七章　诉讼规则

第五十条　凡来厅诉讼之人先赴地方检察厅购买状纸，再赴写状处由写状书记写毕，令本人画押后，刑事呈交地方检察厅，民事直交审判厅收状处，分别应否交纳诉讼保证费后，再归入收案簿。其写状处与收状处规则另定专章。

第五十一条　审判厅收受诉状后，呈由厅长核阅分庭，由庭长按司法事务分配办法指定承审推事。事务分配如系刑事，则以甲推事办理命案，乙推事办理盗案，丙推事办理斗殴案。如系民事，则以甲推事办理婚姻，乙推事办理财产，丙推事办理买卖之案是也。司法事务分配之法，应于开厅时议定以后，应遵照法院编制法司法年度办理。

第五十二条　凡诉状到厅后，除刑事由检察厅起诉者，应由庭长分别应送预审或公判外，其民事案件由庭长分别准驳，其准者应于二日内送被告人以通知书，其驳者亦于二日内批示宣布。

第五十三条　承审、帮审各员既受庭长指定，于指定案件范围内得以自己职权秉公审判，他人不得干涉。但三人以上之合议案件，必须意见一致方准判决。

第五十四条　各庭承审案件，无论公判或开庭辩论，凡人事诉讼有关公益者，均应遵照法院编制法，随时片请检察官莅庭。

第五十五条　凡刑事案件，如被告人抗不到案，查系在各衙署局所及军学各界者，由检察厅分别行知该管长官，饬令本人到案。若民事则由审判厅知照办理。

第五十六条　凡刑事诉讼应收应释之人，起诉之前、判结之后，归检察厅办理，其余皆归审判厅决定。惟刑事判结后，该承审庭即应将判词全卷及人证片送检察厅办理。

第五十七条　凡案内赃物，由审判官查明，交看守所保存。俟判结后，除交领外，有应存库或变卖之件，由典簿所查照原判，会商检察厅办理。民事案内之财物，亦片交典簿所储藏。赃物变卖及保定年限另定专章。

第五十八条　勿论民刑事件，凡应公判者，得于公判庭公开之，并准持有本厅之旁听券者入厅旁听。

第五十九条　民事案件已经开庭辩论，审判官认为理由不充分者，亦得却下原告之请求，或以口头或以决定书取消其诉讼。

第六十条　凡民事、刑事每开庭一次,即应作成诉讼记录,合诉讼人之供述请求与审判官之决定、命令,抄录存卷,以备征考。

第六十一条　凡民事案件勿论诉讼已否进行,利害关系人得随时呈递和解状。惟该状到庭后,仍须传集两造,问明是否情愿和解,并令于该状上画押存案。如既递和解状后又复翻控者,不予准理。

第六十二条　凡有关系财产、房屋、地亩、基址等案,于未判决以前,须令证人出具公正证书。如关系价格争讼,应令鉴定人出具鉴定书,并令承发吏往勘,令当地邻右地方立会作成报告书,以为判决确定以后执行之准备。

第六十三条　利害关系人于开庭辩论之后,申请将义务不履行人之财产房屋查封备抵或破产时,审判厅调查确实,应即先行查封。

第六十四条　民事案件到庭后,讯出实情,若本系应科罪刑之案,误买民事诉状而收受者,应由民庭将初审之诉讼记录并原递诉状,片送检察厅核办。如有因本案拘留人证等,应一并片送。

第六十五条　刑事案件审理中,如发见有财产义务等事,谓之附带私诉,应由刑庭并案办结,不得送交民庭。

第六十六条　承审推事于重大案件,当先以合议公判之意见通知检察官。倘检察官认为不当时,应提出不服之意见书,经承审庭认为理由充分时,亦得再审。然既经判决之案,不得以不服之意见取消之。

第六十七条　各级审判厅之合议审判案件,各推事有意见不同时,得暂时停止公判,退入评议室合议。但合议时不许他人旁听,更须严守秘密。

第六十八条　凡本庭合议事件,以庭长为主席,有陈述意见者,庭长不得拒绝之。

第六十九条　凡全厅评议事件,以厅长为主席,以位次在后者先发言,从多数意见取决之。如一人各一意见,或可否参半时,取决于主席。

第七十条　勿论何庭,凡以口头命令却下,或原告及利害关系人自行请求和解或息讼之案,应于办案记录中摘叙简明理由,按月汇报。其准理案件亦同。

第八章　执行规则

第七十一条　刑事判决以后,执行之权应由检察厅遵照死罪施行法及收所习艺折赎罚金各项章程办理,兹不详列。

第七十二条　凡民事之执行,应以判决确定之日,败诉者或因缺席判决不申请故障,或对席判决并未提起上诉为限。或由审判官判决时宣言执行,或由当事(人)申请执行,皆须于判决以后,经过一定之上诉期间乃为有效。

第七十三条　凡执行民事,当登记法未颁布以前,应以证人之证书、鉴定人之鉴定书或承发吏立会当地邻右作成之报告书为根据,而令承发吏执行之。若报告书有疏漏、虚捏,按拍卖章程办理。

第七十四条　若审判厅命令义务者履行而自行赔还抵偿者,免其执行;或当事者自行和解者,亦免其执行。

第七十五条　凡须执行之民事案件,审判官于执行之期日前,先以命令履行或偿还之旨作成督促之命令书,令承发吏送达于应履行偿还之人,限于一定之期日内,债务者若不陈述异议时,得即时执行。

第七十六条　审判厅因当事[人]之请求,对于不定主权之物产或地亩执行时,应以公示,书明请求人之姓名,及限以一定之期日,令物主自行投认,否则事后不得主张权利。

第七十七条　既经过命令一定之时期及公示限定之期日,审判厅得照章执行之。

第七十八条　凡应履行而不履行,应赔偿而不赔偿之家产净绝不能执行者,得照破产律办理。

第七十九条　审判厅用强制执行之方法,对于应负义务之人之物产得照章程查封、管理、拍卖,以实行判决之效力。

第九章　传票规则

第八十条　凡审判官皆有发票之权,应照票列各款按表填明,审判官并于传票上书名捺印。

第八十一条　凡票必须盖用庭名戳记,钤用厅印,方足以资信守,否则作为无效。

第八十二条　凡每庭一传数票,于发票时必须公众商酌,将各票限到时刻参差分配,庶法庭可以从容周转,而诉讼人亦不至久候废时。

第八十三条　凡民事案件,无论原、被、证人,均须分票饬传,限日缴销。

第八十四条　凡民事原、被两造所举证人,所有票费,应向举证者征收之。

第八十五条　凡民事传票,由庭送交典簿所,收盖戳记,将票登入发票簿均匀分配,交由承发吏带领往传。

第八十六条　凡刑庭传票及拘票、搜查票,俱由庭送交检察厅收盖戳记后。登入检察厅发票簿,分交司法巡警执行。

第八十七条　凡民事传票于传到之当日缴销,并令承发吏将票费呈交典簿所查收,即于票上盖一"销"字,分还发票庭存案。其未传到之人,亦须早为报告,以便再传。

第十章　典簿所办事规则

第八十八条　典簿从厅长之命令执行职务,并分配其余各员之事或监督之。

第八十九条　典簿综理文牍、表册、往来文件、稽核每月收支经费及诉讼各费、收管印信、管束全厅吏役、照料全厅庶务事宜。

第九十条　典簿所分下之二课:

一、庶务课;

二、文书课。

第九十一条　庶务课由典簿专管收支经费、报销经费、统计表并支应及采买一切、保存征收诉讼各费、民刑案内寄存银两、证物等项及一切庶务。

第九十二条　庶务课录事管收发传票、分配承发吏送达文书、缮写表册并厅中各员请假登簿事宜。

第九十三条　庶务课书记承典主簿之指挥缮写文牍、登记发票、销票事宜。

第九十四条　文书课由主簿专掌文牍、收发文件、帮同稽印、办理月报及案件统计表、收案分庭事宜、接待来厅参观调查员兼管收状处事务。

第九十五条　文书课录事管缮写文牍、表册将并每日收状处及检察厅送交之案,依号登入分案簿,呈候厅长分庭,后分送各庭收讫盖戳。

第九十六条　文书课书记生承典主簿之指挥缮写文牍稿件,保存卷宗,缀订档案。

第九十七条　各庭录事书记,承庭长、推事之命令,录供编案,缮写文牍,缀订档案,务使眉目清晰,易于抽检。

第九十八条　各庭录事书记之职务由庭长分配之。

第九十九条　初级录事承监督推事之命令,分掌以上各条事务。

第一百条　典簿所各员及各庭录事书记,须轮流住厅。虽遇例假之日,仍须轮流值班。

第十一章　写状处规则

第一百零一条　本厅设写状处一所,无论何项人等,买定诉状后,应赴该处请为代写。

第一百零二条　写状书记由审判厅选派文理清通、品行谨饬之人充任。

第一百零三条　写状书记代写诉状时,如有来稿,则照原稿之意叙明。但来稿有冗长可删者,得节要写录之。如无来稿,则据口述,不得以己意增减。

第一百零四条　前条递状之来稿,当保存之,以备各庭调查。

第一百零五条　写状书记每写百字，征收公费铜元十枚，以次递加，不得格外需索。

第一百零六条　写状书记于状末签名盖戳，并令本人画押，写毕交由本人自递收状处。

第一百零七条　写状时必须将原、被籍贯、住所、职业及诉讼价格、证人、证物、曾否涉讼有案逐一填明，务使一见即知为某事或新旧案。

第一百零八条　写状书记如询系旧案，应向递状人索阅收状处回证，将原诉日期写入状内，以便收状时易于查察。

第十二章　收状处规则

第一百零九条　凡民事设收受诉状处一所，隶于审判厅典簿所，除上诉之案经由检察厅起诉外，无论何种诉状，均应赴该处呈递。

第一百十条　收诉状处应置收案员，以主簿或录事充之。

第一百十一条　收案员于接收诉状时，细阅一遍，有无错误，该状是否系属法定状纸，及有无写状处戳记。

第一百十二条　收案时应详询是否系属本人，曾否涉讼有案，如系新案，按照章程应否先缴诉讼担保费，若认为不必要事而务在应管辖权内时，立即收受，予以回证。

第一百十三条　凡递状者，经收案员认为必先征收诉讼担保费之案，应令递状者购买讼费担保状，随状交银若干元，违则不予收受。

第一百十四条　凡应委人代诉之案，而不备委任状，与事由及住所不明之诉状，及非应管辖之案件，一概不予收受，并应向递状人声明不收之故。

第一百十五条　凡各种诉状，经收案员认为必须收受时，新案则分别婚姻、亲族相续、田宅、钱债、买卖、杂项各类，分别登入收案簿。如系续诉、辩诉、委任等状，亦应分别立簿，察照原案，归并办理。

第一百十六条　收案员每日应将所收之案分作上午、下午两起，上午所收之案以十二钟前为度，下午则以四钟为度，逐起分交典簿所，收盖戳记。

第一百十七条　收案员接收诉状后，如系新案，则用新字第某号，续诉、辩诉，则用续字、辩字第几号，以此类推，并于状面加盖年月日时到戳，以便稽考。

第一百十八条　凡民事除照例休假日停止收案外，其办事时间均应照章办理。

第十三章　承发吏职务规则

第一百十九条　承发吏应受审判厅长官之指挥，执行职务。

第一百二十条　承发吏领班应在承发吏中选文理通顺及娴习公事之人充任。所有承发事宜及诉讼人报到、开单、送庭及经管、取保、传人，由领班承发吏所派各吏行之。

第一百二十一条　承发吏送达各种文书，由领班承发吏禀承典簿所。分配其余各吏送达事务，必须依时送到。其确系无处投交者，作报告书，将原领之件呈缴。

第一百二十二条　承发吏收受应征公费，当遵章程办理，不得格外需索。

第一百二十三条　承发吏应收受规费，须随时如数呈交典簿所，分别归公，每月酌提几成，分别勤惰给发之。

第一百二十四条　承发吏执行查封时，应由庭长或推事指派主簿或录事一人，会同该处巡警或地方乡董办理所有被封物件清单，均令在场之人签名画押，并作报告书，一并呈交存案。

第一百二十五条　拍卖时应照前条之规定，须作报告书及价目清单，签名画押呈交存案。

第一百二十六条　承发吏执行职务时，须戴一定之徽章，具徽章则用"承发吏"字样。

第一百二十七条　承发吏应由审判厅酌令交纳相当之保证金。如有侵用各项公费及在外需索情事，一经查出告发，轻则没收保证金，重则按律治罪。

第一百二十八条　承发吏须常川驻厅。

第十四章　庭丁规则

第一百二十九条　庭丁由厅中雇用，供本厅及各庭之指使，及导引传唤诉讼人。

第一百三十条　庭丁承充时须具殷实铺保。

第一百三十一条　庭丁于开庭时须在庭听候使用。

第一百三十二条　每日分段洒扫厅中各室，务使清洁。

第一百三十三条　不得在外住宿。

第一百三十四条　不得招致友人出入厅中。

第一百三十五条　不得向诉讼人需索钱文，违者重惩。

第一百三十六条　不得将法庭所问案情喧传于外。

第一百三十七条　不得与他庭庭丁往来。

第一百三十八条　无事须在庭外伺候，不得聚谈喧笑及饮酒赌博，遇有各庭官员往来，坐必起立。

第一百三十九条　如有事故，须向本庭庭长请假，假期至多不得逾二日。

第十五章　厅丁规则

第一百四十条　厅丁专司伺候,开饭端茶及一切杂役。

第一百四十一条　厅中扫除及照料本厅一切物件。

第一百四十二条　厅中值宿官员由厅丁伺候。

第一百四十三条　各庭向典簿所取用物件,由厅丁持簿往来,经典簿所盖戳,交由本庭录事核收。

第一百四十四条　不得与他厅厅丁往来。

第一百四十五条　无事须在厅中伺候,不得聚谈喧笑饮酒赌博,遇各项官员往来,坐必起立。

第一百四十六条　有事请假,须得本厅典簿所许可,至多不得逾一日,违者革除。

第十六章　候审规则

第一百四十七条　凡诉讼人到厅候讯时,民事应向承发处报到,刑事应向守卫所报到,以便开单呈庭,分别带往候审处听候传问。

第一百四十八条　凡到候审处之诉讼人,不得擅出栏外,妄自行动,并不得喧哗哭笑及与他人交头接耳,违者查究。

第一百四十九条　凡候审人一经庭丁传唤,应随该丁行至法庭,其有仆从不得带入,年老有疾者不在此限。

第一百五十条　凡候审人未经传唤不得出栏,私往法庭窃听。

第一百五十一条　凡诉讼人到庭时,除应有证物呈验外,不得携带其他妨碍之物。

第十七章　旁听规则

第一百五十二条　凡案将判决时,先行出示公开。法庭实行公判,公判之日,许人入庭旁听,以示判断之公平。

第一百五十三条　凡来厅旁听之人,以二十人为满额,应先向守卫所取得旁听券,方准入听。其有服装不正及妇孺或酒醉并有心疾之人,概禁旁听。

第一百五十四条　凡旁听人有一定之座次,静听宣示,不得逾位及喧哗笑语,亦不得吸烟痰唾,越栏与诉讼关系人交头接耳,以免妨害法庭秩序。

第一百五十五条　凡旁听人有违反前条之规定者,应分别情节轻重,命其退出法庭或处以拘留罚金。

第十八章 守卫规则

第一百五十六条 本厅大门外置岗位,设守卫巡警二人。

第一百五十七条 守卫遇本厅官员出入,须举枪为礼。

第一百五十八条 凡本厅各役人等,均给有徽章。如无徽章者,守卫得禁止出入。

第一百五十九条 凡来厅购买诉状人等,亦须询明,为之指导。

第一百六十条 凡诉讼人来厅时,必须询明事由,方准出入。

第一百六十一条 凡来厅参观调查员,先由守卫所挂号,通知典簿所接待,不得自行拒绝。

第一百六十二条 凡有外来拜会之人,除先介绍参观之外,守卫处应先询明来由,拜会何人,登入号簿并通知本人。惟司法严重之地,照章应免接待。

第一百六十三条 本厅大门每日以早六点钟、晚十一点钟为启闭时间,所有锁钥交呈典簿所掌管,不得擅自启闭。

附　候审处及法庭张挂规则

一、民事每庭司法巡警二名,庭丁二名。刑事每庭司法巡警四名,庭丁二名。依次站立,不得紊乱秩序及掺杂言语。

二、开庭时,除以上各役外,其余别役不许入庭。

三、原、被两造人证报到后,均在候审所静候。俟开庭时,由审判官按名唤讯,不得先行带至庭外,散立窃听。

四、原、被两造到庭,审判官诘讯何人,即由何人供诉。如擅自供辩及两造互相争论,肆口谩骂者,以违犯庭规论。

五、各项人等违犯庭规者,处以十元以下之罚金,或十日以下之拘留。

六、庭上不准喧哗,及交头接耳,互相谈论,并痰唾拥挤哭笑。

七、到庭原、被人证,无论官绅,除刑事被告得令跪供外,其余原被告及各证人均应恪守庭规,垂手站立,不得漫无规矩。

八、案外旁听之人,在另设栏内一定之座位静听,不得喧哗拥挤,违者扶出。

直隶省各级审判厅办事规则

第一章　总则

第一条 凡各级审判厅事务,除法律及其他章程规定外,均照本规则办理。

第二条　本规则适用于直隶省下列各审判衙门：

一、初级审判厅；

二、地方审判厅；

三、高等审判厅。

第三条　凡各级审判分厅亦适用此规则。

第二章　职权

第四条　厅丞之职务：

一、总理全厅行政事务并定其分配；

二、监督本厅及全省各级审判厅事务；

三、一切公牍署名签押。

第五条　厅长之职务：

一、总理本厅行政事务并定其分配；

二、监督本厅及所属初级审判厅；

三、本厅公牍署名签押。

第六条　监督推事之职务：

一、监督该厅行政事务并审理民刑案件；

二、查核本厅统计及一切庶务；

三、本厅公牍署名签押。

第七条　庭长之职务：

一、指挥该庭事务并定其分配，仍审理民刑案件；

二、核定本庭稿件；

三、本庭公牍署名签押。

第八条　推事之职务：

一、审理民刑案件并表决定案之意见；

二、分拟本庭稿件；

三、关于承审案内之公牍署名签押。

第九条　候补推事之职务：

一、行合议庭时得充推事；

二、承长官之命令，临时执行书记官事务。

第十条　典簿之职务：

一、总理该厅文牍及统计事宜；

二、核讼费及处分没收各物；

三、掌理本厅会计及一切庶务。

第十一条　主簿之职务：
　　一、录供叙案，分辨文牍；
　　二、督同录事缮写、保存文牍。
第十二条　录事之职务：
　　一、缮写文牍，承办庶务；
　　二、抄发判词，缀订档案。

第三章　审判通则

第一节　受诉

第十三条　凡诉讼非用法定状纸起诉，无论何人，概不受理。但有特别规定者，不在此限。

第十四条　凡来厅起诉者，由收呈员立时询问理由，指定书记代写诉状。

第十五条　写状书记照诉讼人来稿或口述叙录，不得以己意增减。

第十六条　书记代写诉状，不得错误。如因公忙，偶有错误，必须更换者，可另换状纸腾写，仍将书误状纸销存，以备稽核。

第十七条　诉状随到随写，写毕由书记盖用戳记，即刻送交收呈员，将案由记入收案簿内，呈送本厅长官核夺。其准者分别交各庭审理，其驳者交典簿批驳。

第十八条　收呈员接到诉状，即令诉讼人呈缴讼费，然后将讼费送交典簿。俟长官核定准驳，再贴印花。如经批驳，仍将原讼费由收呈员当面交还诉讼人手收，并于呈内批明，以免弊窦。

第十九条　凡各庭推事及典簿收到诉状后，自收到时刻起，推事须于二十四小时内发票传提，典簿须于二十四小时内批示宣布。

第二十条　民刑各庭受诉后，即在本庭收案簿内注明案由及一切证据，定期审理。

第二节　拘传

第二十一条　民庭收到诉状后，由庭长或推事标发传票，详叙案情，饬承发吏持送被告人，令其于限期内来厅辩诉。辩诉后由庭长或推事详察两造诉状中有无应添传之证人与关系人，其应添传者再于原票上注明发传限期，传令一干人证，齐集听候审理。

第二十二条　凡刑事拘传、逮捕，由检察厅行之。

第二十三条　凡刑事[案件]在审讯中，审判官认为应添传捕拿之证犯，得具片请检察厅行之。如审判官发见之案内要犯，亦得指挥司法巡警捕拿，但事后须通知检察厅存案。

第二十四条 凡民、刑案件被告人系属在各衙署局所及军学各界者，民事由审判厅行知该管长官，或遣委任人或本人到案，刑事由检察厅知照。

第二十五条 凡诉讼关系人发见案内要犯，得报告有逮捕之责者捕拿。但须将详细情形告知逮捕人，该诉讼关系人亦须随同来厅，归案候审。

第二十六条 凡民事被告及案内保证等人，如住址在审判厅管辖境外者，应由厅签发会衔传票，移送该管官厅协传。

第三节 预审

第二十七条 预审卷宗及一切关系物件，在预审中均应守秘密。

第二十八条 依法定应预审之刑事案件，于未审之先，由预审官具片通知检察厅派员莅庭。

第二十九条 预审时有应搜集之证据及相验踏勘者，预审官得继续检察官行之。

第三十条 每次审讯后所录供词，应对诉讼人等详述，如有错误，立予改正。

第三十一条 预审终结，预审官认为有罪或证据不甚充足或不至于有罪者，均作成预审记录，征求检察官意见，俟检察官具答后呈请本厅长官。有罪者交刑庭公判，无罪者即行放免。

第三十二条 检察厅接到预审记录，须于两日内具答。

第四节 公判

第三十三条 凡公判依法定制度，单独制以独任推事行审判长职权，合议制以承审者为审判长。

第三十四条 凡公判不得秘密审理。如法定不准旁听者，得中止旁听。

第三十五条 公判案卷及可为证据之物件，在未审讯前，应听本庭各员阅看，阅看讨论不得秘密。

第三十六条 依法定应请检察官莅庭监视之案，于未开庭之前，由庭长或推事具片通知检察厅派员莅庭。

第三十七条 本规则第二十九、三十两条之规定于公判时得援用之。

第三十八条 行合议庭审判，遇各推事意见不同时，得按照审判厅章程，开评议会评议之。

第三十九条 凡公判定期及拟判发票等事，皆由审判长主之，其本庭推事亦得参议。

第四十条 凡审讯一案中，临时发见牵案者，可不经起诉与预审，即时归入公判。

第四十一条 民刑各庭立已结、未结簿各一，由承审推事将每次审讯判决情形详细记载，填明月日，盖用图章，逐日送交本厅长官阅核。

第四十二条　凡债务案件，由承还保人立有"承还"字据者，如欠户实系无力偿还，得将承还人财产查封拍卖，以偿还债主。其欠户则罚充苦力，以偿承还人，倘承还人亦无财产，则罚欠户充当苦力，以偿还债主，但不得科及承还人。如债主不愿将欠户罚充苦力，审判官当酌量勒限分期归偿。

第四十三条　负债案件应由推事逐细研鞫，一面知会巡警局暨商会，切实调查。如负债者实系家产尽绝，无力偿还，按其所负债额罚充苦工：

一、一百元以上罚苦工一月；

二、三百元以上罚苦工三月；

三、五百元以上一千元以下罚苦工半年；

四、一千元以上罚苦工一年；

五、二千元以上罚苦工一年半；

六、三千元以上罚苦工二年；

七、五千元以上八千元以下罚苦工二年半；

八、一万元上下罚苦工三年。

以上罚则以银元为标准。其他货币准上率依比例法推算。

查法部奏定各级审判厅试办章程，本有理曲人家产尽绝，得收教养局工作一月以上，三年以下，限满释放之条，惟欠款之多寡，罚工之限期，并无一定标准。宣统元年天津高等审判分厅详定章程，行之称便，是以纂入规则，以资遵守。

第四十四条　人民因私诉与官吏兴讼，或人民互相诉讼，与该管官吏有关系者，无论现任或非现任，均照普通诉讼办理。但判决时，官吏有应得之处分者，须咨呈提法司，转呈督抚惩办。

第四十五条　凡案内赃物，由审判官交典簿暂行保存。除判决后交领外，其应存库或变卖者，应由同级检察厅处分之。

第四十六条　凡公诉内附带私诉者，其刑事判决后，可继续判之，其愿另归民事者，听。

第五节　判决

第四十七条　公判案件，经合议决定后，至迟于三日内行判决之宣告。刑事传集案内一干人证，公开法庭宣布判词。自宣布之日起，为上诉期间起算点。民事自判词副本送交诉讼人之日起，为上诉期间起算点。凡刑民事经过法定上诉期间，即为确定判决。

第四十八条　凡审理民事案件，其事实证据如实系审察明确，虽两造有狡不承认者，亦得据理判决，不服者听其上诉。

第四十九条　凡民事案件判决后,应缴之讼费及损害赔偿等款,无论征收减免,均于判词内叙明其应缴厅之讼费,由推事知照典簿,照数收入,其应归诉讼人所得者,即令呈厅发领备案。

第五十条　凡刑事案件判决后,即缮具供勘及判词,一并送交检察厅执行。

第六节　执行

第五十一条　凡民事案件,经判决宣布后,如逾上诉期限,违抗不遵者,得照法部奏定试办审判厅章程第四十一条之规定行之。

第五十二条　凡承发吏受审判官命令行强制执行,如诉讼人违抗不遵,至承发吏不能行其职务时,得报告检察厅归入刑事办理。

第五十三条　凡查封负债者财产,由承审推事标发搜查票,呈请本厅长官指派录事一人,偕同承发吏会同该管巡警或地方乡董,将应查封物件开具清单。该录事与承发吏及巡警或乡董均须签名画押,由录事作成报告书,呈厅存案。前项查封物件,如鲜果、动物等类,应随时公估变卖。

第五十四条　经前条查封后,再予限期勒令清偿,如负债人仍无力清偿,即将查封财产清单备文交送商会,或令该处公正人及牙纪估定价值,登报拍卖。拍卖以一月为限,限内卖得若干,即以若干交债主领收。如限内未能全行卖出,即将余剩物产交债主自行变卖。

第五十五条　拍卖由承发吏执行之。

第五十六条　负债人之财产,如系可生利息之物,其价值高出所负债额数倍者,不得因其负少数之债务,拍卖其多数之财产,应俟判决后,将其所产所收之利息抵偿欠债。

第五十七条　凡查封之财产,如系数人公产,则只查封负债者名下应得之一分,在他人名下者不得株连。其一分所值若干,一经呈缴,立即揭封。

第七节　和解

第五十八条　凡民事案件,得由两造各举公正人或审判官指派公正人持平调处。如公正人出具决词,两造皆认可,即具和解状,并切结呈厅存案。

第五十九条　案经和解后,即不得翻悔,复行起诉。但和解后有不照决词施行者,得仍向原厅申诉。

第六十条　凡和解后复行申诉之案,审判官只须问明两造中有未照决词实行之处,即饬承发吏执行,毋须再审。

第八节　管收及保释

第六十一条　凡刑事应管收及保释者,起诉之前判决之后,均属检察厅办理。起诉以后判决以前均归审判厅办理。

第六十二条　凡应管收者,由承审推事标发管收票,开明案由、姓名、职业,送所管收。

第六十三条　民刑各庭立管收保释簿各一,凡管收保释者之姓名、年龄、籍贯、职业、住址、案由、管收保释之月日及具保之商号,或保人之姓名、职业、住址均须详载,以备稽核。

第六十四条　凡民事被告不能保释及受罚金之判决,未能遵限呈缴,因而在上级厅管收,又有另案在下级厅控告者,应由上级厅审察,认为应并案判决之件,判决后知照下级厅备案。其无须并案者,即送交下级厅管收,以便审理。

第四章　法庭秩序

第六十五条　审判长于开庭时有维持秩序之权。

第六十六条　凡审讯时必先由审判长发问,他推事如有意见,须俟审判长词毕方得接问。

第六十七条　凡检察官莅庭,如有意见陈述,须待推事问毕方得致辞。

第六十八条　凡供词、判词均由主簿或录事起立宣读,读毕乃坐。

第六十九条　凡诉讼人等到庭,由庭丁指定地位,原告居左,被告居右,证鉴等人居中,不得紊乱次序。刑事被告跪供,其余诉讼关系人均站立供述,至刑事原告如问知亦系有罪者,仍令跪供。

第七十条　凡原被告陈述辩供,均照审判官发问对答,不得凌乱杂陈,亦不得自相辩驳。

第七十一条　各员莅庭,宜尊重秩(官)[序],不得吃烟暨谈及案外之事。

第七十二条　凡民、刑原、被告及证人、鉴定人等在法庭中有不当行为妨害秩序者,照法院编制法第六十二条处治之。

第五章　旁听规则

第七十三条　凡旁听人必先将姓名、住址、职业通知承发吏挂号,给予旁听券,方许入庭旁听。其未经挂号及号满时,概止入庭。

第七十四条　妇女、童稚及有心疾、酒醉或服装不当,并与本案有关碍者,概禁旁听。

第七十五条　旁听人已经入庭,如审判长临时认为不准旁听之案,得命令中止旁听。

第七十六条　凡旁听人均坐于旁听席内,不得与诉讼人掺杂、接谈、交物,亦不得有不当行为,扰乱法庭秩序。违者照法院编制法第六十一条分别处分。

第七十七条　报馆旁听人设有定座,但不得违反前条之规定。

第六章 讼费

第七十八条　一切呈状不缴讼费者，概不受理。其起诉时实系无力，得酌量变通办理。俟判决后仍令补缴定数。

第七十九条　因钱债、田宅、器物，凡属于财产争讼者，应照起诉时诉讼物之价值征收讼费，其利息、赔偿及讼费等款，随案请求追缴者，概不征收讼费。
赔偿损害等款悉照部定试办章程办理。

第八十条　讼费规则照奏定审判厅章程行之。

第八十一条　录事抄录案卷，承发吏经理拍卖、递送文书、传票等项费用，应查照法部奏定各级审判厅试办章程第八十九条至九十二条征收。

第八十二条　鉴、证等人每次到庭费及川资旅费等款，应查照法部奏定各级审判厅试办章程第九十三条至九十五条，由审判官酌量判偿。

第八十三条　诉讼费用应由理曲人呈缴。如遇两造各有曲直时，应责令分缴。
倘理曲人实系无力，得酌量变通办理。

第八十四条　凡民事上诉，上诉人须将上级厅讼费先行呈缴于判决本案之讼厅，始准上诉。
前项上级厅讼费应由判决本案之该厅连同案卷一并送交上级厅收理。

第八十五条　诉讼人如实系赤贫，无力呈缴讼费者，审判官得酌（免）[量]减免。

第八十六条　各级审判厅所收之讼费，除汇报提法司外，按月由厅榜示。

第七章 公牍程式

第八十七条　各级审判厅应用公牍、表册、簿单等件，均由高等审判厅核定程式，转商提法司通行，遵式办理。

第八十八条　各级审判厅对各衙门应用文件，均照部定章程办理。

第八章 厅员统则

第一节 规则

第八十九条　各级审判厅，另设办公室一处，每日由本厅长官酌定时刻，与在厅各员均至该室会齐，阅核一切公牍，俾众周知，藉免隔阂之弊。

第九十条　各级审判厅人员均不得违反下列各款：
一、不得赌博；
二、不得酗酒；

三、不得喧哗争闹；

四、不得留亲友在厅住宿；

五、不得冶游。

第九十一条 各厅员有亲友来厅拜访者，先由号房登记号簿，引入接待室，再行通知本人在接待室接见。

第九十二条 各厅承发吏、庭丁等，均须服一定制服，其徽章则用某厅承发吏、庭丁等字样。

第二节 办公时间及值宿

第九十三条 各级审判厅员办公及开庭时间，秋夏两季，每日午前自九点钟起至十二点钟止，午后自两点钟起至六点钟止；春冬两季，每日午后至五点钟止，如有特别紧要事件，不在此限。

第九十四条 凡各厅推事、典簿、主簿、录事等员，每晚均须有一人住厅值宿，其轮流之次序，由各该长官于每月朔日列表定之。

第九十五条 凡各厅书记生每晚至少须有二人住厅值宿，其轮流之次序由典簿酌定。

第九十六条 各厅之承发吏、庭丁、杂役等均须常川住厅。

第三节 休假

第九十七条 各级审判厅，每年自封印之日至开印之日及恭逢万寿、先圣诞期并端午、中秋两节及星期均为放假之日，停止办公。遇有紧要重等事件，不在此限。

第九十八条 放假期内各厅推事及书记官，由该长官各派一人在厅值班，周而复始，不许间断。

第九十九条 各厅员如有因事请假，必须书明请假事由，呈请各该长官许可，方准离厅。

第一百条 厅员无故逾规则所定假期者，由该长官酌予处分。其因特别事项，由厅准许。而时间较长者，除实系病假外，如逾半月，应即照扣公费。

前项假期逾半月以上者，须由各该本厅报明提法司备查。

第一百一条 各厅员请假，非有不得已事故，每月不得逾三日。

第一百二条 省外各级厅员因公赴省，须随时通报长官，不得无故擅离职守。

第四节 代理

第一百三条 各庭推事有回避及请假时，由他推事或候补推事代理。

第一百四条 凡典簿请假，由主簿代理。主簿请假，由他主簿或录事代理。录事请假，由他录事代理。

第一百五条　凡须代理之时,派定代理人员如不敷委任时,得委任候补各员分别代理。

第一百六条　前三条之代理必经长官指派。

第一百七条　凡回避及暂时请假者,适用前条之规定。其有特别事件,假期在半月以上者,应由本厅长官径报提法司派员代理,一面报高等厅备查。

第九章　图书室

第一百八条　凡地方以上各厅均得设置图书室一所,保存关于司法厅用书籍、法律章制、新闻杂志等类。各初级厅之图书室可附于储卷室内,其能特设图书专室者,听。

第一百九条　图书室由各厅长官派主簿或录事一人兼理其事。

第一百十条　各厅员取阅书籍等件,必缮条开具书目,签明本人姓名,取书阅后于二十四小时内送还。

第十章　书记生

第一百十一条　书记生须招考文义通顺、字迹端整者取录充当。

第一百十二条　书记生专司缮写文牍,呈状招录供词。

第一百十三条　典簿及民刑各庭之书记生,由各厅长官派定,俾各司其事。

第一百十四条　书记生受承事命令,代诉讼人抄录案底时,应照章每百字连纸征收银五分,交厅归公。应由录事随时稽考。如有隐匿情弊,或额外需索,即通知长官将该书记生从严惩办。又审判官认为秘密之案件,亦不得擅自抄出,违则一并处治。

第一百十五条　书记生之委用去留,由各厅长官主持。

第十一章　承发吏

第一百十六条　承发吏须招考通晓浅近文义者,俟录取后取有殷实铺保,方准充当。

第一百十七条　承发吏受审判厅各员之指挥。

第一百十八条　承发吏受审判官指挥,司民事判决之执行,其递送文书、传票,必须依限送到。如确系无处投交者,应作报告状,将原领之件呈缴。

第一百十九条　承发吏规费应照法部奏定各级审判厅试办章程第九十一、九十二两条征收。如有额外需索,隐匿舞弊情事,一经发觉,立予斥革,尽法惩治。

第一百二十条　承发吏所收规费,须随时呈缴于典簿,归入公用。

第一百二十一条　本规则第五十二条、五十三条、五十五条、九十二条、九十六条之规定,承发吏均应查照遵守。

第一百二十二条　承发吏去留由各厅长官主持。

第十二章　庭丁

第一百二十三条　各厅视事之繁简,得雇用庭丁若干名。其选用庭丁须择略识文字、身体强壮、有妥保者充当。

第一百二十四条　庭丁受各厅员指挥,其职务如下:

一、司法庭上一切事务;

二、取送文书案卷;

三、指挥诉讼人等出入;

四、验收旁听券。

第一百二十五条　凡庭丁皆予相当工食,不得向诉讼人需索分文,违者援本规则第一百十九条处治之。

第一百二十六条　庭丁应遵守本规则第九十二条、九十六条之规定。

附则

第一百二十七条　本规则自各级审判厅成立,即一体实行。

第一百二十八条　本规则有未尽善,宜得随时会议增改或别定单行规则施行之。

直隶省各级审判厅看守所暂行规则

第一章　总纲

第一条　各级审判厅均应遵照部章,设立看守所。

第二条　刑事看守所专为刑事之被告及未经判决之人犯而设。

第三条　民事看守所专为民事之无保待质人及案情重大恐有逃避者而设。

第四条　所中另设优待室,专为官犯或民事之犯人格较高,应特别待遇者而设。

第五条　另设养病室,专为押犯之有疾病者移入此室,以便调治而防传染。

第六条　别设妇女看守所,专为案情重大,无保待质之妇女而设,内分产病等室,无使混杂。

第七条　本所应设员弁兵役如下:

所官一员、看守长、书记生、医生、看守警兵、看守妇、杂役。

上列各项视所内押犯之多寡与事之(烦)[繁]简,随时酌定。

第八条　初级厅看守所除所官不设外,视事之(烦)[繁]简,酌设巡役。

第二章　押犯通则

第一节　管收

第九条　刑事有数人共犯一案者,必别其住室,使不得谈话通问。

第十条　新犯入所时,必须验明检察官或推事之戳记收签,然后收管,填明收证,付护送该犯之警兵。其出所时,亦须验明提签,将犯交付提犯之警兵。

第十一条　新收入所者,须检查其身体衣服及其携带物。男犯由看守长督率看守兵及所丁行之,女犯则督饬看守妇行之。并详录其年、籍、案由于押犯总簿,然后配定号室,并告以所中应守之规则。

第十二条　所中应守之规则,择要张贴押犯住室,如有违犯者,须以公正言语直接管束,令其改悔,并呈报所官。

第十三条　押犯住室门前,均置小竹签,注明姓名、号数及收所年月日。

第二节　携带物

第十四条　押犯携带物品,除有犯禁者禁止其携入外,只准携入应用被服。其余各件均须保管收存之。如所官认为不堪保存或不便保存者,可拒其携入。如有本人请求售出,可收存其售得之金额。

第十五条　收所押犯之物件,于簿册内逐一登记,由所官盖用戳记,俟释放日查照簿开名数付还之。

第十六条　女犯入所,携带乳儿,若年在周岁以内,及虽已周岁,尚须哺乳者,得许其携带。

第三节　输入品

第十七条　有以应用物品送与在所人犯者,须询明其姓名、住址,俟检阅后,方交付本人,其有应收存者,依十四条、十五条之规则定之。

第十八条　凡输入品由看守人等检查之,其检查饮食时,当使医生监察。

第十九条　凡饮食品每日准送两次,由所官酌定时刻,以一人一餐之量为限。如有欲自购食物者,准其请愿,所官饬所丁购买之。

第四节　给与品

第二十条　在所押犯,如实系无衣服鞋袜等项,或原有而破坏不堪者,当呈请给与。如无人送饮食,又无钱购买者,亦当呈请给与口粮。

第二十一条　在所押犯如因疗养疾病,应需食物、药饵等品,本人无力自购者,当据医生意见,由所中给与。

第五节　卫生

第二十二条　押犯房舍务须扫除清洁,厕所便器每日扫除洗涤。

第二十三条　衣服卧具,每星期必须晒晾一次,以去污秽之气,其病犯物件尤当注意,不得与他物混杂。

第二十四条　押犯每日早起,均在住室运动身体至少三十分钟。如有运动场,即令在场运动。

第二十五条　押犯每星期令沐浴一次,如未设浴室,亦须勤加梳洗。

第二十六条　每逢夏暑,宜多备清暑辟温各种药品;冬令严寒,亦宜酌备暖具。

第二十七条　所中宜备消防具,如有火警,速即报告救护。

第六节　疾病死亡

第二十八条　押犯如有患病者,应由所官呈请本厅长官,拨医调治,并移入养病室。

第二十九条　有危病、危笃者,应即时通知该犯亲属,并呈报本厅长官及原承审推事,以便酌核办理。

第三十条　有病亡者,当据医生诊案,记载病症及其原由并死亡年月日时于死亡簿,呈请派员检验。

第三十一条　死者遗骸,或令其亲属故旧领埋。若无领者,或备棺装殓,掩埋标志,均应呈请长官酌核。

第三十二条　死者所存物品当交其亲属领回。如无亲属领回,仍存厅库备领。

第七节　书信及接见

第三十三条　押犯书信之出入,皆由所官检阅一过,许可后,方得传达,如于诉讼上有关系者,须送交承审推事检阅,然后发交送递。其发递书信所需邮费,应由本人自给。惟因讯问案情或别项紧要事件,必须发信,而本人无力自给者,亦可由所中给与。

第三十四条　押犯不能自书而请愿代书通信者,所丁得代达其意于所官,分别处置。

第三十五条　有请与押犯接见者,必须详询姓名、住所、职业、事由,列于接见表,由所官酌核,或许可,或拒绝。

第三十六条　接见时必在接见处,不得逾三十分钟。男犯由看守兵监视之,女犯由看守妇监视之。

第三十七条　与病犯接见,惟病至笃时,得于病室接见。

第八节　赏罚

第三十八条　押犯因同押之犯有逃走形迹,密告看守兵,查明属实;或救援人命;或防御水火风灾者,当呈明本厅长官,从优奖赏。

第三十九条　押犯有屡犯规则者,酌量处罚,或并令独居若干日。

第四十条　押犯如有毁坏房舍器具及为暴行胁迫等事件,由所官呈送本厅长官,从重惩办。

第四十一条　押犯如有意图逃走,或拆挖地洞,或破坏门窗,已经冲出者,无论昼夜,准由岗警鸣哨追拿,如敢拒捕,准用枪击。

第三章　办事细则

第一节　所官之职权

第四十二条　所官掌所中各项纪律监督,调度所属人役,使各尽其警备戒护之职务,并考察勤惰,分别劝惩。

第四十三条　所内门禁最宜森严。每晚锁钥应归所官收执,每晨发交门禁以便启闭。其关于消防及卫生各项事宜,尤应详慎检查,先时筹备,以昭郑重。

第四十四条　本所甫经创始,一切事宜应由所官陈述意见,详请本厅长官核夺,以期改良。

第二节　书记之职务

第四十五条　书记生承所官之命令,专司文牍、庶务、会计、缮写各事,并有指挥弁兵、丁役之责。

第三节　医生之职务

第四十六条　医生受所官之指挥,诊治在押人犯之病疾及留意一切卫生事项,并考究其方法。

第四十七条　新入所人犯当察看其体质之强弱,具告所官。

第四十八条　如有流行病、传染病发现之象,或有患流行、传染各病者,当即申告所官预为防范。

第四十九条　诊治押犯,当将其姓名、病症、药方详记于簿,并报告所官。如有病死、横死者,应会同所官察验,详记其死亡之原因及病状,作证书或检告书,呈本厅长官查核。

第四节　看守长之职务

第五十条　看守长受所(守)[官]之命令,督率警兵及看守妇暨杂役人等,分办各事。如有不服约束者,须报告所官分别惩处。

第五十一条 如遇收提人犯及犯人就食、就寝、运动、沐浴、剃头、入厕与接见外人时,均须督饬警兵严加防范。

第五十二条 分派警兵昼夜值班,顺次轮流,将每日值兵班名注定簿册,呈于所官。

第五节 看守警兵、看守妇、杂役之事务

第五十三条 值门岗警兵应遵守之事项如下:

一、所门锁钥,非受官长之指挥,不得擅行开闭;

二、值内门岗时,如见有非奉职之人,不准出入;

三、值外门岗时,遇有来所之人,须婉语询明姓名、事由,再行引人。如有由内出者,苟非素识之人,亦宜盘诘;

四、凡值内外岗者,于犯人出入时,须目计其人数是否符合。

第五十四条 巡逻警兵应遵守之事项如下:

一、内部巡逻者,须注意押犯住室门锁是否锁闭,有无破损,夜间各犯有无图谋逃走等事;

二、外部巡逻,无分昼夜,须视察有无可供犯人逃走之物件,如门窗、户壁有破损处,即时报告;

三、凡内外巡逻站岗时,无分昼夜,如见有非常事变,须发警笛,齐赴现场。遇有风雨,尤当格外注意。

第五十五条 押送人犯之警兵,应遵守之事项如下:

一、凡押送人犯时,须禁绝其与路中人言语侮笑或紊乱步行及语犯亲请求接谈或给与钱物等事;

二、路中勿任其要求雇坐车辆或半途休息,但有疾病不能步履者不在此限;

三、经过饭庄等处,不得任其购买或强求施给。

第五十六条 看守犯室之警兵,应遵守之事项如下:

第一项 应注意下列禁止犯人之事:

一、私相谈论案内事情者;

二、嬉笑怒骂争吵喧哗者;

三、有意污损号室等处者;

四、吸烟酗酒者;

五、起居无定,形迹可疑者;

六、携带或怀藏危险之物者。

第二项 应请示所官之事:

一、押犯有要求事项时,如欲与其亲友会面或通信及剃头等事;

二、押犯有要求辩诉时；

三、已经判决者有要求上控时；

四、押犯之亲友有送与物品时；

五、查有违禁物品时；

六、遇有押犯疾病或有非常事故时。

第三项　应验明收签、提签、执照等事：

一、收押人犯入所时；

二、提审或释放人犯出所时；

三、该犯亲友有欲入所看视时。

第四项　所内警兵均宜勤慎从公，不得违犯以下所禁各事：

一、藉端威吓凌虐或诈取财物；

二、冒领或侵吞押犯之饭钱资用及有意不肯代领；

三、号内任其污秽，不按时指挥洒扫；

四、换班交替时，不共同查验号牌、看守名数或互相朦混，如有违犯第一、第二等情，准被押人犯指名喊控。但不得挟嫌诬控，致干反坐。

第五十七条　女看守所之看守妇专司看护女犯，应遵守之各项事务如下：

一、对于患病之女犯，须加意矜恤，毋得厌烦不理或辱骂等事；

二、如有孕妇临产前后，无论昼夜，须格外注意；

三、女犯带乳儿，须帮助其母尽心鞠育；

四、除巡视之官长、看守长因公入所，如有诸色人等未经官长之许可，无故擅自走入，与女犯接谈，或有不法情事，立即报告看守长，但不得先行擅加指责；

五、遇检验女尸时，应随同前往；

六、前五十六条所规定看守犯室之警兵各事项，看守妇亦应一律遵守。

第五十八条　杂役应遵守之各项事务如下：

一、所丁，昼夜更番巡视押犯，并经理所房暨一切器具什物；

二、更夫，夜间支更巡视所内所外，防有不测等事，并巡视炊场、浴场及有灯火之处，慎防火险；

三、打扫夫，扫除所房、炊场、浴场、便厕等处，务须洁净；

四、水火夫，专司炊场、浴场担水执爨等事。

上列各项不设定额，事繁可分，事简可兼。

第四章　附则

第五十九条　本规则实行之期,以各级厅看守所成立之日为始。俟有部颁章程,应即废止。

第六十条　本规则如有未尽事宜,得以随时呈请增改。

四川各级审判厅及检察厅事务通则

第一章　总则

第一条　凡审判厅及检察厅一切职权,暂遵照法院编制法及法部奏定高等以下各级审判厅试办章程及补订章程、编制大纲筹办事宜并右项章程所规定之范围,依此本则行之。

第二条　凡已设审判厅地方,一切诉讼事件应归审判厅者,审判者不得移付于行政官厅。

第三条　凡未设审判厅地方,不服各地方官判决之案件,应由高等审判厅或高等审判分厅按照定章受其上诉。

第四条　凡行政诉讼,各级审判厅概不受理。但受行政官之嘱托时,亦得代为审判。

第五条　凡审判厅、检察厅有互相协助以持维法权之义务,但不得侵越彼此应有之权限。

第六条　凡高等审判厅厅丞、地方审判厅推事长、初级审判厅监督推事或单独推事,各为本厅长官,有总理全厅事务并调度所属各员之权。高等检察厅检察长、地方检察厅检察长、初级检察厅检察长亦同。

第七条　凡下级审判厅及检察厅行政事务,应各受其该管上级官厅之监督。关于审判事务,各级审判厅之审判官应独立行其职权,不受上级审判厅或本厅之干涉。

第八条　各级检察厅检察事务应受本厅长官及上级检察官之指挥。

各级检察厅长官无论何时,得亲自处理该管辖区域内检察官事务,并得以其事务移于别厅检察官使处理之。

第九条　凡各厅官吏除犯刑罚上所定之罪外,有怠弛职务或侵越权限及不守法律禁戒等事,有监督权或指挥权之长官应预行警告之。如屡戒不悛或情节较重者,得依据法官惩戒法或他法请求该管官厅处分之。

第十条　凡司法年度之计算,自每年正月初一日起至十二月底止。

第十一条　凡司法年度之终,厅丞及推事长应预定来年年度事务分配。

第十二条　初审审判厅事务分配,由本管地方审判厅推事预定之。

第十三条　凡预定事务分配时,得开会时议决之,并须申报上级长官及提法使查核。

第十四条　凡依前条规定及有特别事务开会议时,均以本厅长官为议长,其事之可否以多数之意见决之,如可否同数,则取决于议长。

第十五条　凡初级审判厅登记事务,从事务分配之所定而掌管之。

第十六条　凡地方审判厅推事及候补推事,皆得充预审推事。

第十七条　凡属地方审判厅之第一审案件,不繁杂者得以本庭推事一员单独审判,但不得指候补推事为之。

第十八条　凡刑事之审问,有不能迅速判决时,审判厅长官得临时命该厅推事一员为补充推事。

第十九条　凡民刑事之调查事实、搜集证据,应作目录时,庭长因事实之必要,得于合议制推事中指定一员为之受命推事,或委托初级审判推事为受托推事。

第二十条　凡高等审判厅及地方审判厅、初级审判厅均以录事录供编案。

第二十一条　凡各级审判厅书记官由提法使考取委用,以资格程度与录事相当者为合格。

第二十二条　凡地方检察厅长官于初级检察厅事务繁冗时,得详请添置候补检察官一员。

第二章　管辖区域

第二十三条　高等审判厅设于省城,管辖区域及于全省。

第二十四条　地方审判厅设于各府、直隶厅、州,所管辖区域及于各府、直隶厅、州全境,但合两属或两属以上共设一地方审判厅者,即以其全境为管辖区域。

第二十五条　初级审判厅设于各厅州县,所管辖区域及于各厅州县全境。将来分设乡镇,初级审判厅设于各厅州县管辖区域。

第二十六条　凡高等审判厅及地方审判厅如设立分厅时,应定明分厅管辖区域。

第三章　办公时间

第二十七条　凡审判厅每日自午前八时起至午后四时止为办公时间。但盛暑时得自午六时起至十时止。

第二十八条　凡庭长、推事及典簿以下各员应遵守前条时间,到厅办事。

第二十九条　凡开庭时,由庭长视案件之繁简,于办公时间内酌定之。但预审案件不在此限。

第三十条　凡检察厅每日自午前七时起至午后五时止为办公时间。但时间紧急时不在此限。

第四章　休暇期日

第三十一条　审判厅以下列期日为休日。

一、万寿日；

二、年假,十二月二十六日起至次年初五日止；

三、端午及中秋。

第三十二条　凡休暇日,除预审外,得以开庭审判。

第五章　受理办法

第三十三条　凡民、刑诉讼均用法庭诉状,其事关紧急者,准其先行口诉,随补状纸。

第三十四条　凡状纸应用制定纸式书写,不得援用旧词式套话。

第三十五条　凡民刑诉讼之上诉,应由原检察厅转送上级检察厅收受。

第三十六条　凡审判厅应设招诉处,派值日推事收受民事诉状及亲告罪诉状。检察厅应设投诉处,派值日检察官收受刑事诉状及口诉事件。

第三十七条　凡检察厅收受诉讼,应由检察官批明准驳,盖用戳记。其准用口诉者,并代为开具简明事由,令口诉者签名后送呈检察长核定。检察长核定准驳,应用戳记,发交检察官执行。

第三十八条　依前条规定案件之准驳,应于二十四小时内宣示批词,其用口诉者亦同。

第三十九条　凡准诉事件,检察官应即时提起公诉,其原用诉状者仍将其状存检察厅备查。

第四十条　凡检察官认为应付预审之案件,得开具事由,请求预审不适用前三条之规定。

第四十一条　凡高等审判厅及地方审判厅收受诉状,应由庭长批明准驳,盖用戳记,呈由本厅长官核定宣示。

第四十二条　凡准理诉讼,应从何庭审判,从事务分配之所定。

第四十三条　凡审判厅批词之宣示,应于三日内行之。

第四十四条　凡值日推事收受公诉事件,应准用第四十一条之办法,但毋庸批示准驳。

第四十五条　凡审判厅于准诉案件,当分别应否传拘搜查,属刑事者,移应检察厅派检察官及司法警察行之,属民事者,直接命令承发吏办理。

第四十六条　凡人证到案后,庭长应牌示日时,以合议制或指派单独推事开庭审判。

第四十七条　凡审理刑事案件及民事特定案件,开庭之前,应由庭长或单独推事通知检察厅,请派检察官莅庭监审。

第四十八条　凡案内人犯有应管收,由庭长及单独推事或检察官派司法警察送交看守所管收,听候提审。

第四十九条　凡案内赃物及证据,由庭长或检察官付交典簿所保存,以凭查验。

第六章　法庭秩序

第五十条　凡庭长及单独推事、预审推事、受命推事,均有调度本庭审判事务,维持法庭秩序之权。

第五十一条　莅庭各员,均著常服,务须端庄整肃,以保威严。

第五十二条　凡法庭上除饮茶水外,不得吸食他物。

第五十三条　凡开庭之先,由庭长或单独推事按照牌示时刻,饬庭丁鸣点三次为号,每次相隔以十分钟为限。

第五十四条　凡值庭录事、司法警察、庭丁人等,闻第一次点声,应即到庭预备一切。

第五十五条　凡原、被告及证人、鉴定人闻第二次点声,应即致庭,听候审讯。

第五十六条　凡庭长、推事、检察各员,闻第三次点声,应即到庭会同审讯。

第五十七条　凡来宾及旁听人遵守特别规则,于开庭时,不拘时刻均可到庭旁听,但非公开案件得禁止之。

第五十八条　凡原、被告及证人、鉴定人并在庭人等,于庭长、推事、检察各员到庭时,应一律起立致敬。

第五十九条　凡审问时,先由原告陈述,次被告辩论,两造词毕后,必经庭长、推事发问,始准答对,不得凌杂乱陈,或自相辩驳。

第六十条　凡检察官提起公诉之案,应先由检察官陈述。

第六十一条　凡审问案件,庭长有先行发问之权,他推事如有意见,应俟庭长词毕后接问。

第六十二条　凡值庭录事,应将供词、判词详实记录。

第六十三条　凡记录供词、判词,应由录事起立朗读,或令自阅,如无差异,即令签押;如有差异,即时更正,再令签押。

第六十四条　凡民事原、被告及刑事证人、鉴定人,均于公案之前立供,供毕退就坐次。但证人、鉴定人有特别身份者,得就坐次起立陈述。

第六十五条　凡刑事原、被告先准立供,如有确实罪状,即令跪供。

第六十六条　凡犯罪人有凶暴情形或案情重大者,得由庭长或检察官命令置于囚栏审问,并派司法警察监守之。

第六十七条　凡民事原、被告及刑事原告并证人、鉴定人有扰乱法庭秩序者,庭长或单独推事得援照法院编制法第六十一条之规定处分之。

第六十八条　依前条规定,其情节重大者,得按例处罚之。

第六十九条　凡开庭审讯时,发见有应行预审之事实,得移付预审。

第七十条　凡预审案件,由预审推事会同检察官及特定录事一人秘密讯问。

第七十一条　凡预审案事,发见现行犯事关紧急者,得迳行预审,毋庸会同检察官讯问,但讯问后应移知检察官查照。

第七十二条　凡预审庭外,应设备相当司法警察,听候指挥。

第七章　判决执行

第七十三条　凡民、刑案件之判决,应遵照法院编制法及法部奉定办章程第四十条至第四十三条之规定分别执行之。

第七十四条　依前项章程第四十二条之规定,如无教养局,应将理曲人收置于习艺所。

第七十五条　凡刑事案内人犯已经拟定罪刑者,审判厅得移请检察厅,派司法警察分送监狱及习艺、自新各所。

第七十六条　凡看守所人满,不能管收时,得由所官开明人数及案由,呈请审判厅核明缓急轻重,得准用前条之规定,但不得以民事应交看守之人移送监狱。

第七十七条　凡已决之案件内赃物,应由典簿所或初级审判厅录事分别交领、变卖、存库、毁弃而处分之。

第七十八条　凡应收讼费及罚金,由审判厅分别移请检察厅或命令承发吏征收。

第七十九条　凡检察厅或承发吏征收之讼费及罚金,应移交审判厅收存,取具收条存案。

第八章　官厅簿记

第八十条　凡各级审判厅、检察厅及看守所，均应按照执掌事务，制备各种簿册。

第八十一条　各种簿册应各审定式样，呈由提法使核明颁发，一律遵行，不得任意更改。

第八十二条　凡登录簿册，应与日记簿所载之事实不相出入，以备调取。

第八十三条　凡簿记，各以其职权掌理之。

第九章　统计报告

第八十四条　凡典簿所及初级审判厅录事，须按月编制各项统计表。

第八十五条　凡编制统计表时，得调集本厅及检察厅各项簿册，以备查考。

第八十六条　各项统计表编成，应呈请本厅长官核定，并移送检察厅查核。

第八十七条　凡审判厅应会同检察厅将各项统计表按月详报提法使，详院分咨。

第十章　附则

第八十八条　本则以各厅开庭之日为实行之期。

第八十九条　本则未尽事宜，如各种规则规定者，悉依各种规则办理。

第九十条　凡本则之条项，与将来奉到各种部章有相异之规定时，应即遵照修改。

审判官服务规则

第一条　凡审判厅各员有审判职权者为审判官。

第二条　凡审判官应受长官之监督，其属于某庭者兼受庭长之指挥。

第三条　凡审判官于指定案件有独立审判之职权，不受他人干涉。

第四条　凡合议制审判厅以庭长为审判长，如庭长有事故，得由长官添派推事一人，以资深者代理庭长。

第五条　凡审判官应遵照事务分配分理民刑案件，但初级审判厅得兼理之。

第六条　凡司法年度中，察见案件之繁简与事务分配不同时，各厅长官得以职权，定临时事务之分配。

第七条　凡地方审判厅第一审案件，庭长得依据事务分配指派推事一人以单独制审判。但繁杂案件不适用之。

第八条 凡预审推事有调查事实、搜集证据及勘验尸伤之权。

第九条 凡预审推事执行前条职权,应会同或移知检察官办理。

第十条 凡开庭之先,审判长得会同本庭审判官为审判之准备。如开庭后发见有其他之情事或不能判决时,得为延期审判。

第十一条 凡审判评议之规则,应依法院编制法第七十二条至第七十九条行之。

第十二条 凡合议制审判,自第一次讯问至宣示判词,不得变更审判官。但有特别情形时,得以补充推事代理。

第十三条 凡审判厅应轮派推事一人或二人值日并值宿。

第十四条 凡值日推事应以本厅投诉处为事务室。

第十五条 凡审判官非有不得已之事故不得请假。

第十六条 凡请假者应书明请假事由,呈候本厅长官之许可。

第十七条 凡审判官有回避及请假时,得请本厅长官委任他推事代理。初级审判厅仅设推事一人者,其委任代理权得请地方审判厅长官行之。

第十八条 凡代理推事次序从事务分配之所定。

第十九条 凡审判官无论何时,均不得有一切妨害秩序、损失名誉之事。

第二十条 本规则如有未尽事宜,得由本厅开会议决,分别咨详提法使详咨部核定。

检察官服务规则

第一条 凡检察官须服从上官之命令。

第二条 凡各检察官有不待特别委任而代理他检察官事务之权。但初级检察官不能代理地方以上检察官之事务。

第三条 检察官受官吏或犯人之举发犯罪事件以及被害者之告诉,苟认为有理由时,其提起公诉至迟不得逾三日。

第四条 检察官受犯罪人之自首时,当速具文书,将其人送交审判厅提起公诉。

第五条 有前二条所定之事由时,其应付预审者,当先开具事实,移送审判厅请求预审。

第六条 检察官虽未受他人之举发或被害者之告诉,而自认知受犯罪者时,亦得搜查其证凭及犯人。

第七条 检察官为犯罪之搜查时,除指挥司法警察执行外,得知照地方文武官弁协助。

第八条 凡检察官指挥巡警兵弁逮捕人犯、搜查证据时,除现行犯外,必有审判厅所发之拘票及搜查票。

第九条　地方检察厅检察官及初级检察厅检察官知有重罪之现行犯,或属于地方审判厅轻罪之现行犯,其事件属紧急者,即可临检犯所而为属于预审推事之处分,但不得为罚金之宣告。

既为前项之处分后,地方检察厅检察官当添附意见书于证凭书类,送致于审判厅,请求预审。若已捕获犯人者,并送致之。初级检察厅检察官则送致于地方检察厅,其送致办法亦同。

第十条　地方检察厅检察官搜查犯罪既终时,意料为重罪事件,当移送预审;为轻罪事件,可分别其难易,或移送预审,或提起公诉。

第十一条　初级检察厅检察官或地方检察厅检察官知有属于初级审判厅管辖之轻罪现行犯,而其事件属紧急者,亦得为前条所定之处分。

第十二条　初级检察厅检察官搜查犯罪既终,意料为初级审判厅管辖之轻罪事件,应即起诉于初级审判厅。若为地方审判厅管辖之重罪或轻罪事件应申送地方检察厅。

第十三条　检察官查知被告事件不属于本审判厅管辖时,可移送其事件于该管审判厅附设之检察官。但其被告事件系告诉时,当通知于告诉者。

第十四条　检察官请求预审时,当移送可为证凭及事实参考之事物,且当开明应临检之地方与应逮捕之人名及可为证人者。

第十五条　初级检察官对于被告人认为必须留置时,得留置之。但三日内不当提起公诉。

第十六条　地方检察官受初级检察官或司法巡警所送之犯罪人,不得逾二十四小时移送预审或提起公诉。

第十七条　初级检察厅检察官无论何时,可请求审判厅对于刑事被告人发传票。

第十八条　检察官提起公诉后,得请求审判厅为强制之搜查。于预审或公判时,得表示有罪之证据或辩驳被告之无罪或主张罪之减免,又得论列处罚上之意见。

第十九条　检察官得为法律所许之刑事上诉。

第二十条　检察官为刑事被告人之利益亦得为上诉。

第二十一条　检察官既为上诉后,不得取下之。

第二十二条　检察官为上诉时,当送致诉讼纪录于上级检察厅,而由上级检察官提起公诉。

对于公诉之判决而为控诉者,被告已受拘留时,提起控诉之检察官当移置之于控诉审判厅之监狱或看守所。

第二十三条　上诉之检察官亦得为附带上诉。

第二十四条 检察官当审判既确定后,对于受刑罚之宣告者,得指挥执行之。受无罪之宣告者,得指挥释放之。

第二十五条 检察官对于民事诉讼之必须莅庭者,得要求各种通知及陈述意见。

第二十六条 审判厅为民事及行政上事件之原告或被告事,检察官有代表审判厅为之起诉或应诉之义务。

第二十七条 凡地方检察官、高等检察官如有不得已之事故,各级审判厅长官得使推事代理之,但以紧急事为限。

第二十八条 凡初级检察官如有不得已之事故不能办公,由上级长官以候补检察官代理之。

奉天高等审判厅订定各级学习推事修习规则

第一条 学习推事,须照法官任用施行细则作修习日录,按日将修习事件记载之。

第二条 修习之范围须定列款,其款目如下:

一、研究法律。凡研究时,以现行律及凡关于审判之法律令命均须悉心研究,以期养成纯粹人材;

二、听审。听审纯为实地练习,当开庭时,依指定坐次静听默记其事实,然后择要记;

三、看卷。庭内之新旧案牍,准随时调阅,但不得涂抹损失,看毕交送;

四、拟稿。凡厅内文稿,非关系秘密事件,经厅丞、厅长、监督推事及庭长、推事等命令或委托起草者均得撰拟;

五、补充莅庭。推事有事不能出席时,得受各厅长官之命令或嘱咐,补充莅庭。但不得自由裁判及登记;

六、试拟判词。因莅庭后详悉案内情由,如受审判长之嘱咐,得依其意见试拟判词。

第三条 依前条之修习,记之簿册,得以自由附加意见。

第四条 修习日录簿由各厅公家预备,并于骑缝处盖用各该厅印,以征信实。

第五条 修习日录,法官任用施行细则原定按月呈阅。第恐于呈送时学习人多,盈篇累牍,阅者不胜其烦,必致因烦生厌,其记者学识之深浅、心术之纯疵、奉职之勤惰,皆不得详悉周知,殊失立法之本意,今拟变通原法,改为每日呈送各该厅厅丞、厅长或监督推事标阅,以便切实查核,年终得以出考造册。

第六条　修习日录之记载，专为考核学识、经历之浅深，其发生意见当否，对于内部、外部无负责任之事。

第七条　记录之体裁，无一定标准，当界于论说、说事二者之间。

第八条　修习录除休暇日期及停止办公外，其余均应按日记载，如无议论则记其本日所习之事由。

第九条　记录事件得用行书，但不得过于潦草，以致不易辨识。

第十条　此项记簿标阅后，应由个人自行保存，预备第二次试验时一并呈验。如调往他省学习时，则携呈各该处长官，请其阅标签字，以昭核实。

直隶省各级检察厅办事规则

第一章　总则

第一条　各级检察厅事务，除法律及其他章程规定外，均照本规则办理。

第二条　检察厅代表国家保护公益，与审判厅相助为理、相视平等，各独立行其职务。

第三条　各检察厅联为一体，遇有委任事件，应互相协助，以尽其职务。

第四条　刑事案件起诉之前，终结之后，概归检察厅办理。

第五条　刑事案件自搜查起诉至莅庭终结，由检察厅派员办理。

第六条　检察厅查核同级审判厅之统计表，分报提法司暨上级检察厅。

第七条　各级厅之罚金、状纸、充公等款，由典簿核明列册，分别存解，并按月列表榜示。

第八条　各级检察厅另设办公室一处，每日由本厅长官酌定时刻，与在厅各员均至该室会齐，阅核一切公牍，俾众周知，藉免隔阂之弊。

第二章　职权

第一节　检察长

第九条　高等检察厅检察长监督本厅及全省各级检察厅。

第十条　地方检察厅检察长监督本厅及其管辖区域内各检察厅。

第十一条　各上级检察厅长官得于管辖区域内，移甲厅检察官事务于乙厅检察官办理，但不得移地方厅事于初级厅。

第二节　检察官

第十二条　高等分厅、地方分厅暨初级厅监督检察官，各监督其本厅事务。

第十三条　检察官于着手检察未经宣布之事，受长官命令应守秘密者，不得泄漏。

第十四条　检察官遇紧要事项，得于管辖区域外行其职务。

第三节　典簿

第十五条　典簿掌办理文牍、会计暨一切庶务，并核收充公罚金等项。

第四节　主簿

第十六条　主簿掌分办文牍、庶务、保存案卷。

第五节　录事

第十七条　录事掌缮写文牍、承办庶务暨录供等事。

第六节　候补学习检察官

第十八条　候补检察官受长官指挥，分别补助各检察官执行检察事务。

第十九条　学习检察官由该厅长官派令学习检察事务。

第三章　诉讼

第一节　受诉

第二十条　收呈员由各该本厅长官派定。

第二十一条　收呈员对于告诉、告发事项，立时讯问理由，请本厅长官决定准驳。其准者即令递状人呈缴讼费，指定书记代写诉状；其驳者即用口头却下，记入免诉簿内，以备稽核。其仅止民事者，应令其赴审判厅起诉。

第二十二条　凡案内情节凭证及可供参考之事实，写状书记照诉讼人来稿或口述叙录，不得以己意增减。

第二十三条　一切状纸由典簿经管，发给写状书记生，每日用出若干，呈报典簿查考。

第二十四条　书记代写诉状，如因公忙偶有错误，必须更换者，可另换状纸誊写，仍将书误状纸存销，以备稽核。

第二十五条　诉状写毕，收呈员即盖用图章，将案由记入收案簿内，即刻呈送本厅长官核阅，指派检察官办理。

第二十六条　检察官接到诉状，即令递状人候质。如案情重大疑难者，应令递状人取保候质。倘虑被告逃亡或事物急待搜查者，即派警偕同递状人前往，分别逮捕搜查。其系扭控来厅，案情复杂，证据尚待调查者，亦责令取具妥保，听候传质。如事关重大或责令取保而无妥保者，得交看守所管收。

第二十七条　凡婚姻、亲族嗣续等案，照法部奏定各级审判厅试办章程第八十八条，每案征收讼费银三两。

第二十八条　凡应缴之讼费，如诉讼人实系赤贫，无力呈缴者，得酌量变通办理。

第二十九条　凡各衙门送到案件,登时查阅来文,讯问人证,验明有无伤痕,分别首要、次要,发交看守所管收或取妥保候传。

第三十条　告诉、告发等状及收呈簿,均应守秘密。其收呈室除司法警察指引诉讼人入室外,其余闲杂人等及非因公之厅员均不得无故阑入。

第三十一条　检察厅收受诉状,须于二十四小时内移送审判厅。如因搜索证据及其他之窒碍不能于二十四小时内起诉者,不在此限。

第三十二条　检察厅于告诉、告发之案件,若例不归管辖者,即令递状人改赴该管衙门投递。其扭控被告,恐有意外之虞者,得由本厅派警押解前往。

第三十三条　关于斗殴、杀伤之案,当受理之先,应即验明伤痕,取具供结,其伤重不能自行到案者,立刻派员前往验讯。

第三十四条　收所之犯,如系命盗案内首要,得令该所加以锁镣,于收犯簿内注明之。

第三十五条　有证物随案送到者,除书类及轻微之物得存附于卷外,余均收库保存之。

第三十六条　送案衙门送到案内之人证、物件,一经检察厅验收,即由该厅发给回条为凭。

第二节　免诉

第三十七条　告诉、告发事项及由各衙门送案者,业经详细讯问并无犯罪情节,得决定其免诉。

第三十八条　应行免诉事项,仅据面述未经写状者,即面加驳斥。

第三十九条　应设免诉簿,凡免诉事件逐一登记备核。

第三节　起诉

第四十条　刑事案件由检察厅提起公诉者,盖用检察厅印信。

第四十一条　被害者之告诉、他人之告发、司法警察官之移送及自行发见各事,皆由检察厅提起公诉。若以为未甚确实,得于搜查证据或逮捕罪犯后再行起诉。

第四十二条　检察厅自行发见犯罪之事,虽无告诉告发者,应即提起公诉于同级审判厅。若认为非所辖者,应即通告于本案之该管检察厅。

第四十三条　检察厅起诉案件,不得自请注销。

第四节　上诉

第四十四条　上诉人与被上诉人如已收管看守所或监狱,原检察官应将上诉状送达上级检察厅后,应并将该犯解交上级检察厅附近之看守所或监狱,以便提审。

第四十五条　上诉之理由,无论一分上诉、全部上诉,检察厅均得收受。

第四十六条　检察厅对于审判厅违背法律之下列事项,得为抗告。其期间以三日为限:

一、审判厅不依法律而认其管辖,或管辖违误,或被嫌疑而应移其管辖,经申请而不更正移易者;

二、审判官应行回避,经声明而仍参预审判者;

三、审判厅无故拒驳公诉;

四、定议刑罪不问检察官之意见;

五、审判官于已受请求事件不为判决,或于职权外判决未受请求之事者;

六、法庭未经公开遽行判决,或未声明禁止公开而不行公开者;

七、审判不具理由或具理由而有偏颇;

八、援引律例错误;

九、豫审及免诉之决定,而检察官以为不合,请求审查而仍执前所决定者。

第五节　预审

第四十七条　预审终结之记录,非经检察官认可者,预审推事不得送付公判。

第四十八条　预审终结时,既准预审推事移送记录、询问意见,检察官须于二日内付以意见书答复之。

第四十九条　检察官以为预审尚未周密,得请求再行预审。

第五十条　预审轻罪,发见重罪,应由原检察厅呈送上级检察厅办理。

第六节　莅庭

第五十一条　审判厅知照莅庭时,应即派员莅庭监察,并将莅庭员姓名片覆审判厅。

第五十二条　检察官于莅庭时应逐项登入日记册,退庭后呈检察长查阅。

第五十三条　检察官起诉之案件,由检察官陈述之。

第五十四条　检察官陈述意见时,必起立,词毕乃坐。

第五十五条　检察官于莅庭时,除陈述案情、提出证据外不得发言。

第五十六条　检察官于莅庭时,其本案事实上或法律上有意见时,得开具理由,呈商于检察长作成意见书,片付承审本案之推事。

第五十七条　检察官如有辩论事件,应同审判官至评议室辩论。

第五十八条　刑事及莅审民事之公判,其判词正本必经检察官署名签押。

第七节　非常上告

第五十九条　该管上告审级之检察厅,查有下列情事而于上诉期内应为上诉而不上诉者,得提起非常上告:

一、非法律所应罚而原判误断为有罪；
二、本有相当罪刑而原判失之过重。
第六十条 非常上告均以理由确凿为限，否则概不得违法诉理。

第八节 再审

第六十一条 各级检察官对于判决已经确定后，嗣查有下列情事者，得请求再审：
一、人命案件而被害者实未死亡；
二、据证定罪而证佐查系不实；
三、案非共犯而发觉本案别有犯罪之人；
四、查明实系无罪而原判所据事实竟断定为有罪。

第六十二条 原检察官欲请求再审，须将证据理由备载于请求书，呈送上级检察厅转移同级审判厅。

第六十三条 凡请求再审，原检察官、该管第二审检察官、终审检察官，皆得为之。

第六十四条 检察官对于定罪者及其亲属欲为再审，检察厅应即查明其理由，分别办理。

第四章 执行

第一节 徒流以上重罪执行

第六十五条 死罪案件及遣流人犯应实发者，判决确定后，由各本厅长官将审判厅所送供勘及判词，缮呈提法司，申报法部，俟部覆准后执行。

第六十六条 遣流人犯应收所习艺者，判决确定后，由检察厅依法执行。并将审判厅所送供勘及判词，按月照缮，汇报提法司转申法部。

第六十七条 徒罪人犯判决确定后，由检察厅依法执行并将审判厅所送简明案由，按季照缮，汇报提法司转申法部。

第二节 罚金执行

第六十八条 凡人犯有力者呈缴罚金后，各该检察厅取具保状释放，并付与罚金执照。

第六十九条 各厅每月所收罚金，应照本规则第七条办理。

第三节 赦典

第七十条 恭逢　恩赦，检察厅查明管辖区域内执行罪犯有在应赦之条者，造具姓名、案由及罪名详册，咨呈提法司转申法部核办。

第七十一条 赦典各案，应由检察厅会同审判厅查明核办，均负责任，以免遗漏。

第四节　拘传及责保

第七十二条　应传人证,抗不到案者,即发拘票。

第七十三条　应行拘传之人证或不在本管之区域内,得行文邻封检察厅拘传之。

第七十四条　限满应释暨逢赦援免之犯,均责令取保,列入保释人犯表,以便稽查。

第五节　递籍及通缉

第七十五条　检察厅发见非本管之案犯,应递籍核办,所有事项列入递籍簿备查。

第七十六条　罪犯或在狱、在所脱逃,检察厅应缮具人犯姓名、案由,咨呈提法司备文通缉。

第六节　赃物之没收付还

第七十七条　彼此俱罪之赃、犯禁之物,应由检察厅没收之。

第七十八条　案经判决,如伪造货币等类,应行销毁,暨变卖之物,由检察厅处分之。其应保存者,交付典簿收管。

第七十九条　盗案赃物暨取与不和、用强生事逼取求索之赃,俟讯明定案后,检察厅即将赃物给还事主并取具领状。若路毙等案内所遗之物,如有亲属来领,即讯明给付,取具领状备案。

第七节　非犯罪人之安置

第八十条　娼妓人等自行呈诉,愿入济良所,或因案牵连,无处可归者,应备文送所留养择配。

第八十一条　患疯之人,经亲属送到或由巡警拘送者,即派医生诊验明确,备文送监禁锢,拨医调治,一俟病痊,验明属实,饬属领回,如疯人亲属自愿领回看管医治者,听。

第八十二条　孀妇、幼孩因案到厅,案结后无所依归者,应备文送善堂留养。

第五章　勘验

第八十三条　管辖区域内遇有警察营汛,或被害者亲属及乡约地保等,呈报应行勘验之案,即派检察官一员、录事或书记一员、司法警察二名、检验员一名,迅速前往,不得以报伤较轻,令其扛抬赴验。

第八十四条　呈报时,如被害者亲属及邻佑证人或获送凶犯、盗犯一并前来,承验之检察官应隔别讯问下列各情:

一、被害者及凶犯之姓名、籍贯、年岁、职业、住所;

二、起衅缘由及致伤之日时、场所情形；
三、凶器及伤痕轻重，在何部位，共有几处；
四、在场之证人；
五、已死或未死；
六、有无帮凶，共有几人，是何姓名，何人先下手；
七、被盗情形及日期时刻。

第八十五条　据呈报之伤情死状，应于赴验之先，饬知检验员，以便准备应用之器具物品。

第八十六条　应用检验器具，必须多带一份，以备不时之需。

第八十七条　抵检验场所时，应令录事或书记详查房舍院落位置及可供参考之情形，记于检验簿。

第八十八条　赴验生伤，须率同医员携带药物前往，以便相验后即行施治。

第八十九条　临验时遇有伤重垂毙尚能语言者，须详细讯问，录取生供。

第九十条　验伤后，如应保辜者，遵照定例取具限状，责令凶犯医治。

第九十一条　检验官须亲自检验，填具伤单或尸格，不得但凭检验员之喝报。

第九十二条　检验尸伤后，令其即刻入殓。于棺之四周，严密封记，暂令浮厝。

第九十三条　凡命盗各案，如有情节重要者，可拍照一相，以备查考。

第九十四条　凡有腐烂不全等尸，无论初验、覆验，承验之检察官宜指令两造及人证认识是否正身，出具切结，再行检验。

第九十五条　罨洗尸身之糟醋等物，须经检察官目验，以防舞弊。

第九十六条　高等检察厅于上诉案内，有应行覆检者，或派本厅之检察官，或派邻近地方检察厅检察官往验。其相验仍遵本章之规定。

第九十七条　毙于道路不知姓名之人，经警察营汛地保报到，该管检察厅即派员往验，应查视死者之状貌、体格、年龄、服色、特异之识别、身上携带之字据、物件，均须详记。再验是否病毙自尽，如有伤痕，即饬警察探访，并将上列尸身各项出示招认。

前条如验明果系病毙，检察官即令抬埋以重卫生。

第六章　搜查

第九十八条　凡案证应行搜查者，先行知该管巡警或本地方村正人等会同搜查，并令其亲属旁视。

第九十九条　检察官于搜得发见之物足以为证者，得收存之。

第一百条　检察厅于搜查事件，非其管辖区域内，得请求该管之检察厅代为搜查。

第七章　逮捕

第一百一条　检察厅遇下列各项情事者，得即时逮捕：

一、携带凶器及例禁各物或身体衣服显有犯罪形迹者；

二、被一人或数人指为犯罪者；

三、家宅内有犯罪行，经邻佑知觉举发者。

第一百二条　检察官发现案内要犯，不及备文通知该管官厅者，得持提法司执照，迳行指挥所在地之营迅警官等逮捕。

第八章　公牍程式

第一百三条　各级检察厅应用公牍、表册、簿单等件，由高等检察厅核定，转商提法司按通行遵式办理。

第一百四条　各级检察厅对各衙门应用文件，均照部定章程办理。

第九章　厅员统则

第一百五条　各级检察厅员均应遵守下列各款：

一、不得酗酒；

二、不得赌博；

三、不得喧争；

四、不得留亲友在厅住宿；

五、不得冶游。

第一百六条　各厅员有亲友来厅拜访者，先由号房登记号簿，引入接待室，再行通知本人在接待室接见。

第一百七条　检察厅员无例假期。

第一百八条　各厅员请假，必须书明请假事由，经各该厅长官认可，方准离厅。

第一百九条　各厅员请假，非有不得已事故，每月不得逾三日。

第一百十条　省外各厅员，如因公入省，须先通报提法司及上级检察厅，不得擅离职守。

第十章　代理

第一百十一条　高等及地方之检察官有必须代理时，由各该长官查照法院编制法第九十九、一百两条分配代理。如遇紧急事宜,得请求同级审判厅长官派推事临时代理。

第一百十二条　初级厅检察官有必须代理时,应呈请长官咨呈提法司派候补学习人员代理。如遇紧急事宜,照法院编制法一百三条请求初级审判厅推事代理。

第一百十三条　各级检察厅、书记官有必须代理时,呈请各该长官派其他书记官或候补学习人员代理。

第十一章　医生

第一百十四条　医生受检察官之命令,遇有病犯,即时前往诊治、立方,呈请检察官察核。

第十二章　书记生

第一百十五条　书记生须招考文义通顺、字迹端整者,取录充当。

第一百十六条　书记生专司缮写文牍、呈状,招录供词。

第一百十七条　书记生之委任去留由各厅长官主持。

第十三章　检验员

第一百十八条　检验员受检察官之命令,随同检验尸伤。

第十四章　司法警察

第一百十九条　各厅司法警察设警长一员以资统率。

第一百二十条　警长受检察长、检察官命令,其去留由各厅长官主之。

第一百二十一条　司法警察之职务如下:

一、搜查逮捕;

二、刑事执行;

三、访查侦探;

四、提送人犯;

五、巡守厅署及看守所。

第一百二十二条　凡捕送人犯,由厅酌给相当川资,此外不准丝毫需索。

第一百二十三条　凡搜查要犯及案内赃物,须遵照检察官命令,必持厅票,由警长率同前往,事毕须作报告书呈厅备案。

第一百二十四条　司法警察如发见确系案内要犯,亦得径行捕拿,并报告就近地方营汛警察协助,但不得妄捕无辜之人。

第一百二十五条　预审推事继续检察官勘验及搜集证据时,司法警察应服从推事指挥,不得违误。

第一百二十六条　司法警察均须服一定制服,如奉长官命令密查案件时,不在此限。

第一百二十七条　警长及司法警察等均须常川住厅,非患病及重要事件不准请假,非经本厅长官许可,无论昼夜不得擅自离厅。

第一百二十八条　警长及司法警察等有犯赃私及违背规则者,立予斥革,尽法惩治。

附则

第一百二十九条　本规则以各检察厅成立之日,即一体实行。

第一百三十条　本规则有未尽事宜,得随时会议修改,或别定单行规则施行之。

京师高等检察厅典簿所办事细则

第一章　总则

第一条　典簿所承本厅长官之命,办理本厅文牍及庶务。

典簿所照章应办事件,对于本厅各员及下级各厅有应行催问及通知者,得以本厅典簿所名义,用电话或书函行之。〔此项如缮造统计表册或禁烟册结之催问及缮造履历、验放官缺、委任差事之通知之类。〕

第二条　典簿所官吏为典簿、主簿、行走员、录事、候补录事、书记生等。

第三条　典簿所分二课:

一、文书课;

二、庶务课。

第四条　典簿所各员分配,各课视事之繁简,定员数之多少,惟配分人员仍可助理他课事宜,不作一定限制。

第二章　文书课

第五条　本课以典簿为课长,主簿上行走一员及录事、候补录事、书记生等为课员。

第六条　厅印由值日及值宿员监守之。

第七条　每日收受文件由值日员呈堂画阅后,送检察官签字。

第八条　收文之关紧要者,呈阅后如未批示办法,应由值日员再行陈明。

第九条　寻常例行公牍由值日员拟稿,呈堂画行。

第十条　特别公牍由　堂交办,再行拟稿。

第十一条　收受诉讼文件,可不待呈阅,先送检察官办理。遇有录供、编案、调查、相检等事,均应受检察官之指挥。

第十二条　诉讼文件附带人犯者,如检察官均已散值,由值日员分别收所取保。遇有重要案件,速行电知厅堂示办。电话不能传达时,通知检察官来厅办理。

第十三条　发文应详细校对缮写有无错误,如查出错误时,应即行更正。

第十四条　紧要公牍定稿后,即日行文。寻常公牍定稿后,次日行文。遇有特别原因,至迟不得过第三日。

第十五条　行移文书由监印官盖戳签字。

第十六条　机要事件未经办结以前不得泄漏。

第十七条　月报各项表册、清单,催促地方、初级各厅,限于下月报齐,由本厅汇报。

第十八条　保存文卷,应编录档案,以便查阅。

第十九条　厅谕由本课传知。

第二十条　典簿所各员考勤簿置于本课,由值日员呈堂画阅。录事等员由两课长认真查核。因事未到者,应登录请假簿呈阅。

第二十一条　本课应置下列簿册:

堂印簿,厅谕簿,收文簿,发文簿,刑事控诉案件簿,刑事上告案件簿,民事控诉案件簿,民事上告案件簿,函电簿,考勤簿,请假簿,档案簿。

第三章　庶务课

第二十二条　本课以主簿为课长,录事、候补录事、书记生等为课员。

第二十三条　每月承领本厅经费,分别开支存储。

第二十四条　开支款项,无论额支、活支,均须呈　堂核夺。

第二十五条　各厅收支款项,每月开单,由本课查核。

第二十六条　本厅及各厅收支款项,每月编造统计底册,由文书课汇报。

第二十七条　本厅预算于编造前,悉心准备。

第二十八条　预算表册于未经直接赴部承领经费以前,均移送审判厅汇报。

第二十九条　编造领俸官册,承领本厅各员俸银俸米。

第三十条　保存本厅图书器具,应编录簿册。

第三十一条　赃罚款项及其他物件,未经解部以前,应妥为保存。

第三十二条　记录执行罪犯刑期,于期满前一日通知检察官注意。

第三十三条　发行诉讼状纸,派本课课员轮班经理。遇有不应卖给者,将理由告知或指赴他处。

第三十四条　罚金及状纸费,按照部定章程分别按年、按月悉数合银解部,并附送表册或清单。未解部前,如有挪移私用等情,本课各员均应同坐。

第三十五条　本厅派拨巡警,除厅检察官指挥外,所有警服、警饷、功过、奖银、罚银、请假、销假各事,均由本课办理。

第三十六条　本厅丁役由本课管理,无论何人自带仆从来厅者,亦由本课认真稽核。如有招摇舞弊等情,即时发觉,呈堂严办。

第三十七条　本课应置下列簿册:

经费收支簿、预算准备簿、官俸簿、图书簿、器具簿、罚金收解簿、赃物存储簿、罪犯刑期簿、状纸发行簿、派拨巡警簿、巡警功过簿、巡警考勤簿、丁役簿。

第四章　值日值宿及请假

第三十八条　课长及行走员分班值日,呈堂文件照以上各条办理。其非值日所办事件,仍分课办理。

第三十九条　每日须有课长一人、课员一人值宿,自本厅各员散值时起上班,其自欲住厅者不在此限。

第四十条　凡请假须陈明事由,呈堂核准。不得无故不到,其临时因病不能到厅者,仍须具呈请假。

第四十一条　请假人员假满,即须到厅销假。如实因病不能销假,应再具呈候核。

第四十二条　课员勤惰由课长认真稽核,不得瞻徇。课长如有违背规则之处,亦准课员举发。

第四十三条　例假按照惯例办理。惟两课人员仍须轮值。

贵州各级审判检察厅办事规则

第一章　职权

第一节　总则

第一条　审判厅与检察厅各独立行其职务,不得互相干涉。

第二条　审判厅与检察厅有相互之关系,除定章不得干涉外,应彼此协济,以为公共之维持。

第三条　审判厅、检察厅凡属司法上行政事务,统受提法使之监督。

第四条 高等审判厅厅丞有总理高等审判厅全厅事务并监督以下各级审判厅行政事务之权。

第五条 地方审判厅厅长有总理地方审判厅全厅事务并监督初级审判厅行政事务之权。

第六条 初级审判厅推事有总理初级审厅全厅事务之权，其设推事二人以上者，分理民、刑案件，以一人为监督推事，监督本厅行政事务。

第七条 高等检察厅检察长监督本厅及以下各级检察厅之事务。

第八条 地方检察厅检察长承高等检察长之命令，以监督本厅及初级检察厅之事务。

第九条 初级检察厅检察官承地方检察厅检察长之命令，以监督本厅之事务。

第二节 审判厅

第十条 庭长总理本庭审判事务，并调度本庭一切事宜。

第十一条 司法汇报每月由审判厅将现审民刑案件分别已结、未结，造具表册，先送检察厅核对，再行咨司报部。

第十二条 刑事案件及民事特定事件判决后，如检察官意见有与原判大相迳庭者，推事认为确当，得自行更正原判。如推事另有理由，得仍照原判，听检察官提起上诉。

第十三条 刑事案件判决后，得依死罪施行细则及他法令，录具全案供勘判词，送请检察厅执行。

第十四条 民事判决后，由审判厅执行。

第十五条 庭长当开庭时有维持本庭秩序之权。

第十六条 推事会同庭长审问案件并表示决定案件之意见。

第十七条 独任推事承庭长之指定案件，并独立审判，但判决时必将其理由告知庭长。

第十八条 预审推事得行秘密之讯问，并继续检察官勘验及搜集证据。

第十九条 预审推事遇有证据不确凿、言词非真实时得免其诉讼。

第二十条 预审推事遇有目睹现行犯时，虽未经检察官起诉，得预行审问，但必通知检察厅存案。

第三节 检察厅

第二十一条 检察官之职权，遵照法院编制法第九十条办理。

第二十二条 检察官于民事上婚姻、亲族嗣续事件，必须莅庭外，其他公益事项陈述意见，亦得请求参会。

第二十三条 流罪以上案件判决后，由各该检察厅随时报司，由司分别申报法部。

第二十四条　徒罪以下案件判决后,由各该检察厅按月报司,由司分别汇报法部。

第二十五条　命盗各案呈报到厅,须先取具呈报人甘结,一面派员勘验,一面报司存案,并行文各该管地方官缉捕。

第二十六条　相验案件,除在城内,照章由警区饬领抬埋外;其在城外,由检察官于验毕时,饬令尸亲出具领尸抬埋结。如无尸亲,令左右团甲出具领尸抬埋结。

第二十七条　刑事原告到厅,须先问明住址,得派司法警察带同。

第二十八条　刑事原告到厅,知被告人姓名、住址,得派司法警察带同原告指传。

第四节　典簿所

第二十九条　各级审检厅分别置典簿、主簿、录事、各书记官,其审判各厅书记官长行监督权时,得依法院编制法第一百二十九条及第一百三十条办理。

第三十条　典簿掌办理文牍、会计、庶务及核收罚金、讼费并监督本厅一切庶务。

第三十一条　主簿掌编案、承办文牍、会计,督同录事缮写保存文牍等事。

第三十二条　录事分掌录供、编案、缮写文牍、承办庶务并可代理主簿一切事务。

第三十三条　临时考选书记生承典簿、主簿、录事之指挥,分任缮写一切文牍及示谕表册并缀订档案、抄发案底,但庭长或监督推事认为秘密案件,不得抄发。

第二章　公牍名称

第三十四条　凡审、检各厅公牍名称,遵照法部通行公式办理。

第三章　服式

第三十五条　凡推事、检察官及典簿、主簿、录事等均照法院编制法着一定制服,司法警察、承发吏、庭丁亦同。

第四章　办公时间

第三十六条　凡审判厅开庭时间,每日午前自九点起至十二钟止,午后自二钟起至六钟止,如有特别紧要案件,不在此限。

第三十七条　凡检察厅办公时间,每日以十小时为率,入夜不收受诉状。

但有特别紧要事件,不在此限。

第三十八条　凡审判、检察各员,必须派人轮班值宿。

第三十九条　凡书记官各员亦须轮班值宿。

第四十条　凡承发吏、司法警察、庭丁均须常川驻厅。

第五章　休暇

第四十一条　凡审判厅每年自封印之日至开印之日及恭逢 万寿 先圣诞期并端午、中秋、星期及例载不理刑名等日为休假日,不理刑名各案。但遇有重大紧要事件,不在此限。

第四十二条　凡检察厅于例假期及星期日,应轮派一员驻厅值日。

第四十三条　凡检察厅各员于休假期外请假,及检察厅各员请假时,必须书明请假事由,经各该厅长官之认可。

第四十四条　凡各厅员请假,非有不得已之事故,每月不得逾三日。

第六章　代理

第四十五条　凡各级审判厅、检察厅推检有不得已之事故时,遵照法院编制法第一百三条分别代理。

第四十六条　凡各级审判、检察厅书记官有不得已之事故时,遵照法院编制法第一百三十五条从各该长官之命令,得于权限内互相代理。

第四十七条　凡委任代理,必经各该厅长官之认可,受委任人始负责任。如未经长官认可者,仍由委任人负实在责任。

第七章　法庭秩序

第四十八条　凡各员莅庭时,必须端庄严词,不得谈及案外之事。

第四十九条　审问两造,先由原告陈述,次由被告辩诉。但审判官认为必要时,亦主任意审问。

第五十条　凡经检察官起诉之案,先由检察官陈述之。

第五十一条　凡推事审问时,必先由庭长发问,他推事如有意见,俟庭长词毕后,方得接问。

第五十二条　凡供词、判词,均由主簿或录事宣读。

第五十三条　凡民事原、被告,及民刑事证人、鉴定人,均站立供述。民事之鉴定人及证人供述毕,可出坐于旁听栏外。

第五十四条　凡刑事原告、被告均跪供。

第五十五条　凡原告、被告及中证人、鉴定人有妨害法庭秩序者,遵照法院编制法第六十二条以下各条,分别处分。

第五十六条　凡旁听人遵守法院编制法第五十九条、第六十条秩序外,尚有详细规则如下:

　　一、凡旁听先挂号,其未挂号及号满时,概止入坐旁听;

　　二、凡疯癫及有心疾或酒醉并与此案有关系者,概不许其旁听;

　　三、凡遇有不准旁听之案,由庭长牌示禁止。如旁听人已经入庭,庭长临时认可不听旁听之讯问,亦得命令中止;

　　四、凡旁听人均坐于栏内,不得越栏与诉讼人掺杂,亦不得接谈交物。违者轻则勒令出庭,重则处以相当之罚金、拘留。拘留,不得逾十日;罚金,不得逾十元。

第五十七条　凡报馆旁听人设有定坐,但不得违法院编制法第七章各条及本规则秩序。外国人来旁听者亦同。

第八章　合议

第五十八条　凡审判案件,各推事有意见不同时,遵照法院编制法第九章判断之评议及决议各条外,得暂停止公判,退入评议室合议。

第五十九条　凡合议时,庭长不得拒意见之陈述。

第九章　受理手续

第六十条　凡刑事来厅具诉者,得由检察厅书记代写诉状,不得收受笔墨费。民事原告人买状自写或倩审判厅典簿室派定书记代书,其笔墨费由审判厅定之。

第六十一条　写状书记代写诉状时,如有来稿,则照原稿之意叙明,将原稿编号保存。如无来稿,则据其口述叙录,均不得任意增减。

第六十二条　写状书记将诉状写毕,盖时则将错误之状纸涂销在案,以备稽核用出状纸之数。

第六十三条　写状书记将诉状写毕,盖用戳记,送呈检察官。民事送典簿所加盖戳记,送由厅丞、厅长盖加戳记,送呈检察庭长。

第六十四条　检察官收受诉状后,盖用检察官戳记,分别准驳,呈检察长核定,盖用检察长戳记。驳者,必批明应驳理由,于二日内宣布,将原诉状存检察厅,按月汇移审判厅备考。准者,即送至审判厅请求公判或预审,但亦必于二日内宣示准理之意。其立时用口头辩论,准驳者可无庸宣示,民事则由庭长分别准驳,呈厅丞厅长戳记。驳者,必批明应驳理由,于二日内宣示,准原诉存庭,宣布将原诉状存庭内登记备考。准者,亦必于二日内宣示准理之意。其用口头辩论准驳者与刑事同按月将准驳件数汇移检察厅备考。

第六十五条　庭长及推事接到诉状后,即分别传拘搜查,请求检察厅派警或命令承发吏行之。

第六十六条　人证到案后,凡照章应请检察官莅庭者,即由庭长及推事通知检察官,请其莅庭。

第六十七条　凡案内人证,有应管收,由庭长请检察官派警送看守所管收。

第六十八条　凡案内赃物,由审判官交书记官保存。俟判决后,除交领外,应存库或变卖,由书记官分别处分之。

第六十九条　凡案已判决,如有应收讼费及罚金,由审判官分别请求检察厅或命令承发吏征收,一面将应收数目付知书记官,由审判厅每月汇案宣示。

第七十条　凡刑事案件判决后,有应外送人犯,由检察厅派警押送之。

第七十一条　人民因私诉、与官吏兴诉、或人民间诉讼,与该管官吏有关系而被牵涉者,无论现任或非现任均照普通诉讼办理。但判决时,官吏有应得之处分者,须咨呈提法司转呈 督抚惩办。

第七十二条　外国官厅所送案件,非由本国外交官或巡警局转送者,检察厅概不受理。民事案件仍遵审判厅试办附章第七条、第八条办理。

第七十三条　凡民事、刑事案件被告人,系在各衙署局所及军学各界者,刑事由检察厅分别行知该管长官,饬令或遣委任人或本人到案。若民事,则由审判厅知照。

第七十四条　凡刑事案件,自搜查、起诉、莅庭至终结,由检察厅派定一人始终办理,不得中途随意更人。但有不得已之事故时,得委任他检察员代理。

第七十五条　民事之婚姻、嗣续、亲族等案件,概归地方厅起诉。

第七十六条　凡民事案件经两造情愿和解,由中人将所定决词,出具和解状,呈厅存案。事后不得翻悔复行起诉。但和解后未照决定方法施行者,得于和解本案之厅复行申诉。

第七十七条　民事诉讼起诉后,即由审判官于传票内详叙案情,饬承发吏持送被告人,限令于一定期间内赴厅辩诉。后由审判官详察两造诉状中有无应调查之证据及应传之证人与关系人,定期审理,发出传票,传集案内一干人证,届时齐集听候审讯。

第七十八条　审理民事案件,其事实证据如实系审察明确,虽两造有狡不承认者,亦可即时判决。

第七十九条　凡民事上诉,上诉者须将在上级厅诉讼之讼费先行呈缴于判决本案之该厅,再行写状上诉。如查实系无力呈缴者,亦得变通办理。

第八十条　凡钱债案件,由承还保人立有承还字据者,如欠户实系无力偿还时,得将承还人之财产照试办章程第四十一条查封或拍卖办理,以偿还债主。其欠户则罚充苦力,以偿承还人。但承还人亦无财产可查封或拍卖时,则罚欠户充当苦力,以偿还债主,不得科及承还人。如债主不愿查封、拍卖、充工,审判官当酌量勒限,分期归偿,限期内债主不得告追。

前项之拍卖方法,须由厅通知商会估计,登报拍卖以二月为限,限内卖得若干,概以若干交债主。如限内全未卖出,则将物产责令债主收受。

第八十一条　钱债案件,既经判决之后,如有违限抗缴者,得照试办章程所定方法强制执行。

第八十二条　凡民事诉讼人,如有因试办章程第七十九条、[第]八十条之原故,在上级厅被交看守又有另案控告者,由上级厅审查,认为应并案判决之件,判决后即知照下级备案。其无须并案者,仍送交各该管各级厅审理。

第十章　诉讼费用

第八十三条　凡民刑案件判后,所有罚金由检察厅征收,民事讼费由审判厅征收,按月榜示,并将征收款目交存典簿所。

第八十四条　各厅征收罚金、讼费等款,征收时在册簿内注明银两、银元、铜钱各字样,至解款时,仍照原收银两、银元、铜钱报解。检察厅征收各种状纸款目,依奏定章程办理。

第八十五条　各厅征收各款,除照章应解部外,其余均汇存高等审判厅典簿所,以备各厅公用,按季将用数报司查核。

第十一章　司法警察

第八十六条　司法警察服务规则,遵照奏定司法警察职务章程外,如有检察各官认为必要时,亦必随时从其指挥。

第八十七条　凡守卫之司法警察,昼间以二人在署门首弹压,夜间以四人在厅逡巡。该警察等遇本厅官长出入,理应立正举手致敬,本厅官长亦宜答礼。

第八十八条　凡值庭之司法警察,民、刑事每庭各二人,预审庭临时酌定。

第八十九条　值庭司法警察,审判官得命其传话,但不得妄自掺言,高声吆喝。

第九十条　旁听人由值庭司法警察照料之。

第九十一条　凡警察不论何项,经派定后,不得以他人顶替。

第十二章　承发吏

第九十二条　承发吏遵照法院编制法第十四章各条执行公务。

第九十三条　承发吏递送文书传票,必依限送到,其确系无处投交者,作报告状,将原领之件呈缴。

第九十四条　承发吏收受规费,当遵章行之,不得额外需索。

第九十五条　承发吏所收讼费,随时呈缴典簿所。

第九十六条　承发吏执行查封时,应由庭长或推事指派录事一人,督同该处警察或地方乡董办理。其报告书及被封物件清单,由该录事及警察或乡董签名画押,呈交存案。

第九十七条　承发吏执行估卖时,作报告书及价目清单,签名画押,呈交存案。

第九十八条　承发吏执行职务时,须服一定制服。

第十三章　厅丁

第九十九条　各厅雇用厅丁,必取身体强壮,略识文字,年龄在二十以上四十以下,并用确实保证者。

第一百条　厅丁均须服一定制服,其徽章则用其厅厅丁字样。

第一百一条　厅丁额数,各厅雇用时,以事务之繁简定之。

第一百二条　厅丁之职务如下:

甲、接收各解犯送证;

乙、引诉讼人入写状室及收案室;

丙、指挥人证出入;

丁、传送公文。

第一百三条　厅丁职务之分配,由两厅以别表定之。

第一百四条　凡厅丁有舞弊情事,违犯职务之规则及怠惰过失者,除律有明条照例治罪外,得酌量其情形,轻则处罚,重则斥革。

第十四章　庭丁

第一百五条　各审判厅雇用庭丁,准照第九十九条之规定。

第一百六条　庭丁于开庭时值庭,供法庭上一切指挥,并传命人证之出入。

第一百七条　凡值庭庭丁,刑事每庭四人,民事每庭四人,预审临时酌定。

第一百八条　值庭庭丁,审判官得命其传语,但不得搀越及高声吆喝。

第一百九条　凡公判开庭时,来庭之旁听人均由值庭庭丁照料之。

第一百十条　（缺）

第一百十一条　庭丁须服一定制服,其徽章则用"庭丁"字样。

第十五章　看守所

第一百十二条　雇用丁役依在所人数之多寡临时酌定。

第一百十三条　所中分男女两部,严为障隔,分配男女所丁看守。

第一百十四条　男所丁须服一定制服,其徽章则用"所丁"字样。

第一百十五条　入所者须凭检察或审判官员之戳记收签,然后收受。释放时,须得其释签。

第一百十六条　入所者须检察其身体、衣服及其携带物。

第一百十七条　携带物除应用被服外,应交由所官保管之。

第一百十八条　入所时行健康诊断,有病者由所官报告收案之厅。

第一百十九条　同案之刑事被告人,须隔别看守。即在所房外不得令其交接。

第一百二十条　在所人有欲自购食物者,准其请愿,所官饬所丁购买之。有亲友送赠者,一概拒绝。

第一百二十一条　来往信件,须经所官检阅,如于诉讼上有关系者,须送交推事检阅,然后发送或交付本人。应交付之信,经本人阅毕后保管之。

第一百二十二条　保管之物,于本人出所时应交还之。其应移送他处者,则附送之。

第一百二十三条　有请求面晤在所人者,须询明其姓名、来历,由所官监视之,记其所言于簿。若所言有不当时,得命令其停止。

第一百二十四条　有以应用物品送与在所人者,须询明其姓名、住址,经检阅后方得交付本人,若无姓名住址不许收受。

第一百二十五条　所中购备书籍,以应在所者之求阅。

第一百二十六条　在所者违犯纪律时,分别轻重,处以下列各项之惩罚:

一、训斥;

二、停止阅看书籍;

三、停止自办食物;

四、减食。

第一百二十七条　在所者有请愿而不能书时,所丁得代达其意思于所官,分别处置。

第一百二十八条　在所者有疾病时,不论轻重,便送医官诊察之,报告收案之厅,听其指挥。其医官诊察规则另定之。

第一百二十九条　遇有火灾时,速报告检察厅以待指挥。火逼近时,则先由所官指挥,引至他处以避之。

第一百三十条　有死亡者,报告检察厅,听其指挥。

所内每日收管人数,须于次日分报地方审检两厅,以便稽考。

所内每月应领囚粮,由所官造具清册,呈由地方审判厅报销。

第十六章　接待

第一百三十一条　凡来宾均先由守卫巡警引至号房,载明号簿,然后由传事通知。

第一百三十二条　凡来宾均在接待室接见。

第一百三十三条　莅庭各员于开庭时间,不得接见宾客。

第一百三十四条　无论何人不得留亲友在署内食宿。

第十七章　杂项

第一百三十五条　凡厅内不论何人应遵下列各项:

一、不得酗酒;

二、不得赌博;

三、不得喧闹;

四、住厅人员无故不得在外住宿;

五、不得冶游。

第十八章　附则

第一百三十六条　本规则于到庭之日为实施之始日。

第一百三十七条　本规则有未尽事宜,得随时酌量议改。

贵州各级检察厅调度司法警察章程施行细则

第一章　通则

第一条　本则遵照　奏定检察厅调度司法警察章程,规定详细办法,以执行便利为标准。

第二条　司法警察除章程第一条所列各项人员外,无论何等官厅,均有执行此项事务之责,兹更细别之如下:

一、巡警官厅,区长、区员、警务长、巡官、巡长、巡警;

二、地方官厅,印佐各官;

三、营汛官厅,营汛各官。

第三条　前条所列各项之司法警察,均照章程第二条、第三条、第四条办理。但于检察厅调度时,各该管长官亦应随时督饬所属人员,不得违碍。

第四条　司法警察官厅于各管区域内,承该管长官之命令或检察官预审推事之指挥,行其职务。但遇有别官厅紧急事件,一经该官长司法警察人员之请求,可不待该官长官之命令,先行协助,不得有畛域之分,各相拘守。

第五条　检察厅调度司法警察人员,有印文知照者,该官长官于文到时,即行转饬遵照办理,至迟不得逾十二点钟。用专函知照者,至迟不得逾两点钟。用电话知照者,至迟不得逾一点钟。用执照指示者,应即刻办理。

第六条　审判厅所发传拘各票,由检察厅用送文簿送交该管司法警察官厅,照章程办理。取保保结亦同。

第七条　各项司法警察官厅,昼夜必须有人常川驻署于检察厅,调度时得以指挥督率。万不可以未奉长官之命令为辞妨碍公务。

第八条　各项司法警察人员,如有异常劳绩,该管长官厅从优奖励,检察厅亦得为之代请。

第九条　司法警察人员,若违章程第七条,于执行职务时,不穿制服,并未携带公文、厅票,或虽携带公文厅票而不与受执行者之阅视,一经查出,有不法情弊,应由该管长官斥革惩办。如无不法,记过一次,以示惩儆。

第十条　司法警察人员如与被告人或被害者系亲属故旧,不照章程第八条呈请另派者,照前条办理。

第十一条　司法警察人员执行职务时,如有贿纵或故意疏漏,以致犯人逃走、罪证湮灭或有需索虐待情弊,一经查出,由该管长官立即斥革,送交检察厅按律惩办。

第十二条　各官厅司法警察,每年所需薪饷及执行事务应需各费,概由该管官厅自行发给。其常川驻厅之司法警察,照章应由检察厅支给。但此费用未曾预算,仍由检察厅按月移请巡警道领给。

第十三条　驻厅司法警察,寻常功过赏罚,照章程第十四条,由检察厅按季汇送巡警道办理。其有异常劳绩及不法行为,当即移送巡警道擢升斥革。

第十四条　检察厅对于各司法警察官厅与各司法警察官厅对于检察厅公文程式,均照法部定章行之。

第二章　逮捕人犯

第十五条　司法警察除现行犯外,不以检察厅或审判厅印票为凭而辄行逮捕者,照本规则第九条办理。

第十六条　各司法警察官厅遇有现行犯或在该官厅告发案件,应查照案情大小,分别移送。其区别如下:

一、巡警官厅。凡巡警各区遇罚金刑以下案件,由该区迳送初级审判厅办理。罚金刑以上案件,由区迳送地方审判厅办理,并一面呈报巡警道存案。如系重大案件,仍由该区呈解巡警道移解。

二、行政官厅。凡各行政官厅遇罚金刑以下案件,迳送初级审判厅办理。罚金刑以上案件,迳送地方审判厅办理。但佐贰各官遇罚金刑以上案件时,应呈解该管上级官厅移解。

三、营汛官厅。凡各营汛遇罚金刑以下案件,迳送初级审判厅办理。罚金刑以上案件,在营地发见者,由该营官迳送地方审判厅办理。在汛地发见者由该汛呈解该管上级官厅移解。

第十七条　凡由各项司法警察官厅送交现行犯之案,如不遵章备文录供或非该检察厅权限管辖,该检察厅立交原警带回原送官厅,按照所管审级另行解送。

第十八条　凡各司法警察官厅有以违警及犯各官署所定罚则,属于行政处分之现形犯,误送于检察厅者,检察厅立交原警带回,该原官厅自行办理,或送该管官厅办理。

第十九条　凡现行犯在各司法警察官厅讯问时,供出之案内要犯及巡警侦知确实之要犯,并检察厅或预审推事遇有案情嫌疑之人及人犯所在地不明确者,各该司法警察官厅应照章程第十九条、第二十条办理,并将侦探逮捕情形详报检察厅。

第二十条　凡现行犯由司法警察迳行逮捕,带交该管长官讯问时,不得擅用刑讯。如该现行犯有自带伤或自行伤以及旧日疮痕,移交检察厅时,应于文内注明伤痕几处,实系何伤。如未于文内注明,或经检察厅查验与文内所注伤痕不符,应饬原警会同验明,具结画押,不得两相含混,以致彼此牵涉。

第二十一条　凡各司法警察官厅逮捕之现行犯或非现行犯,应即日移送检察厅,不得拘留过二十四小时。

第二十二条　逮捕人犯,无故不得杀伤。如因人犯拒捕格伤或人犯自伤者,一面讯录供词,详叙案情,移送检察厅起诉。一面将受伤人犯送交官医局医治,愈后提回,仍送检察厅办理。

第二十三条　刑事重要人犯,无论在本管地方或不在本管地方,经检察官之调度,及他处之司法警察请求协助而不遵照章程第二十三条、第二十四条办理,及承接缉不力并关提逾限者,均查照定例,限期分别揭参。其逮捕得力,亦照定例分别请叙,所有应参、应叙案件,均由检察厅随时查明具报提法司,查取职名，分别参叙。

第二十四条　本省现无租界地方及外国公使馆、领事馆等，只有教堂，如本国犯罪之人或在教堂住居，或逃匿在教堂者，由检察厅或司法警察官厅照会该堂主教，将人犯交出归案讯办，一面知照本省洋务局存案。

第二十五条　外国人在本省地方犯罪，由司法警察报告检察厅后，将该外国人会同本省洋务局，照章程第二十八条办理。

第二十六条　各衙门局所及营汛官署内有应拘人犯，由检察厅或司法警察官厅移请该管官，立将人犯交出，归案办理。

第二十七条　各衙门局所、营汛官署及教堂有应拘人等，经检察厅或司法警察官厅移知后，不即将人犯交出者，由检察厅或司法警察官厅详请上级官厅分别办理。

第二十八条　审判、检察厅会同司法警察人员查取证据时，先用电话或专函通知一定地方及时期，以免歧异。

第二十九条　司法警察人员搜查后送交检察厅之案，如经被害者申请或被告承认，尚有可为证据之物，检察厅应即调度司法警察再行搜查。

第三十条　司法警察发见现行犯时，无论所查证据确定与否，须随同人犯一并移送该管检察厅。如实系不便取携之物，得派警看守并将详细情形报告检察厅，候检察厅派员来验。

第三十一条　司法警察搜查之证据物件，由该司法警察官厅送该管检察厅，移送公判后，分别藉没或交所有者领回。

第三十二条　司法警察受告发告诉后，详加察核，果系诬罔捏造，情轻者当堂开导或自行处理，情重者移送检察厅办理。

第三十三条　司法警察于犯罪自首者，当照章程第三十五条所载情节，审查确实，移送检察厅办理，不得就所报告即认为完全证据而予以宽容。

第三十四条　司法警察因记载于报纸或风说而密查之犯罪事件，果有原因，该管长官立即派警搜索证据，以期迅速。

第三十五条　搜查时无论发见何种物件，与本案或他案稍有关系者，均应请检察厅派员临检。

第三十六条　司法警察搜查证据，如不照章程第三十八条至第四十条之规定，而擅用强制手段及不依时间，并未经户主之许诺，擅入人家宅者，照本规则第九条办理。

第三十七条　司法警察搜查后报告检察厅情形有不甚确实明了者，检察厅得调度司法警察详细调查。

第三十八条　凡司法警察报告检察厅事项，无论与本案有无关涉，检察

[厅]应详细调查,不得稍有疏懈。

第三十九条　各司法警察官厅因犯罪事项所封存之证据物件,如不加盖印记或不详开物品件数移送,以致损失遗落者,该司法警察官厅自负责任。其应保管之不动产暨难以挪移之物品,不派人看守或令所有者及保管者保存,而不掣取字据,以致损毁者亦同。

第四十条　本国人犯罪有在本省教堂者,于不得不搜查时,由检察厅或司法警察官厅照会该堂主教,承诺后,得实行搜查,并知照本省洋务局存案。

第四十一条　发见外国人犯罪事件,照章程第四十六条,由该管司法警察官厅报告该管检察厅,知照本省洋务局办理。

第四十二条　各衙门局所营汛官署有关证据物件,由该管官自行搜查移送检察厅办理,如检察官有必须搜查时,得调度司法警察前往搜查。

第四十三条　各邮局有关人犯信件,应照邮政扣留人犯信件章程办理。

第三章　护送人犯

第四十四条　司法警察照章程第四十七条所列人犯,有护送之务,兹更细列如下：

一、检察厅或预审推事委令逮捕之人犯；

二、查获送案之人犯；

三、取保听传之人犯；

以上由该管官厅之司法警察护送；

四、由检察厅发送监狱候决之人犯；

五、由检察厅发交习艺所工作之人犯；

六、监候待质送至监狱之人犯；

以上由巡警官厅之司法警察护送。

七、上控提审之人犯,系同城附近者,由巡警官厅之司法警察护送。
　　非同城附近者,由各地方官厅司法警察节次护送；

八、实发解犯之人犯；

九、递解之人犯；

以上由各地方官厅之司法警察节次护送。

十、处决之人犯,由巡警官厅及营汛官厅之司法警察护送。

第四十五条　护送人犯,该发送之官厅应于送犯文内注明：人犯几名、证物几件、于几时发送、限几时送到。该收受之官厅亦于掣出收据内注明：人犯几名、证物几件、于何时收到。以便稽查,而免推诿。

第四十六条　各官厅送交检察厅之人犯,经庭讯后须听候再讯者,由检察厅派人送交原送衙门,取保听传。

第四十七条　各官厅护送人犯,除重要案件外,如不照章程所定时刻,不得收受。但关于检察厅、预审推事委令逮捕之人犯、查获送案之人犯、取保听候之人犯,不在此限。

第四十八条　护送人犯,每犯一名必派护送之司法警察二名,尤必贯以发绳,携带警笛,以防逃脱。

第四十九条　处决人犯,除护送外,仍由检察厅调度巡警官厅及营汛官厅之司法警察,先至处决地方,预行防卫。

第四章　取保传人

第五十条　凡由检察厅知照传集人证时,该取保之官厅应依知照期间,将取保人犯传集解回,以凭讯质。

第五十一条　司法警察带令取保人证,如有铺户水印,即本地面妥实住户及有资望之人,则送原审判衙门管收,或留在该司法警察官厅暂行看押亦可。

第五十二条　无保可取酌令呈缴相当保证金者,金额由审判官查照案情,分别酌定,案结后发交本人领回。

第五十三条　凡案内干连人证,按照章程第五十九条,得令地保保管。如本人无一定住址或住址非在该管地面,该处地保难以保管者,得照本规则第五十一条办理。

第五十四条　凡妇人杂犯并无本夫亲属邻里保管者,应送交检察厅交女看守所管收。

第五十五条　徒罪以下人犯患病,如无保可取者,即责付亲属。若无亲属,即由巡警官厅送往官医局诊治。

第五十六条　凡取保人证无故被传不到,由检察官酌量处分。有保人或亲属者,坐其保人及亲属人。

第五十七条　取保之人有逃匿情事,由原取保之司法警察官厅负其责任,将保人送交检察厅办理,一面通知各官厅一体侦缉。

第五十八条　司法警察奉厅票传讯原被告及其他诉讼关系人时,当即按照票内所开办理。如其人不在本管地方时,准用章程第二十四条之规定,如该司法警察不照票内所开办理,查有别项情节,按照本规则第十一条惩办。

第五章　检验尸场

第五十九条　凡各种生伤,经检察官验毕后,司法警察官将受伤人送至官医局医治,或责令犯人养伤。

第六十条　凡毙于道路者,未经检察官检验,司法警察不得擅自挪动位置,如必须挪动者,照章程第四十三条办理。

第六十一条　凡毙于道路者,经检察官检验后,并无人证,察有刑事情形,由检察官即令该管地方官通知各该司法警察官厅严行侦缉。

第六十二条　凡毙于道路者,检察官临检时须检查身体物件,有无姓名、籍贯、记号,如无姓名、籍贯、记号,应拍照相片,证明年月日,约记年龄,存在该司法警察官厅,以便尸亲认领。

第六十三条　凡非命死于家宅者,检察官往验时,该司法警察官厅应派警守卫该家宅门户,以免人众麇集,致滋纷扰。

第六十四条　凡检察官相验各案,如尸亲人证故意隐匿,屡传不到,或住居窎远,得由检察官会同该司法警察人员会同验明,先行收殓,俟传尸亲人证到案时,给领抬理,并将相验情形理由,详报上级检察厅。如查无尸亲者,验明后即照章程第六十八条办理。

第六十五条　检察官相验时,必带同检验吏,会同尸亲人证,详细验明有无伤痕及受伤部分,当场具结填报,如系服毒致死者,并带同医官会同检验吏及尸人亲证办理。

第六十六条　相验时,该管官厅应派司法警察弹压,所有夫役人等应由该管官厅预先传齐,以备差用。

第六章　接收呈词

第六十七条　凡刑事案件,各该管司法警察官厅除现行犯得迳行逮捕外,不得接收呈词。如系命盗杀伤,关系紧急案件,得代为接收,应急速移送检察厅办理。其民事诉讼,概不受理,以杜侵越。

第六十八条　接收呈词时,对于诉讼人须详问姓名、住址、年龄,是否与原呈相符,备载于移送检察厅文内,以便调查。如有恐吓勒诈等情,应照本规则第十一条办理。

第六十九条　接收之呈词,于二十四点钟内必须移送检察厅。

第七十条　呈词格式,以检察厅发行之状纸为限。若系紧急案件,亦得接收,送至检察厅后,仍令更换补递,以符定式。

第七十一条　凡民事诉讼有误投各司法警察官厅者,应将该管检察厅地址详细示知,饬令自行投诉。

第七章　附则

第七十二条　章程原奏内称,无论何等官厅,但执行此项事务时,即得称为司法警察。又云各省营汛有关于司法警察事务者，均照此章程办理等语，故章程内所称警署字样，本规则即称为司法警察各官厅，以示普通。有单指一衙门者，即称为巡警官厅、地方官厅、营汛官厅以为区别。

第七十三条　本规则由提法使申报法部立案后，与章程一同施行。凡各司法警察官厅均应照此规则办理。如执行职务有不尽力，或处分不当之际，照章程第七十七条办理。

第七十四条　本规则如有未尽事宜，或于本地方情形不适用者，应由高等检察厅检察长随时会同各司法警察官厅改提，由提法使报部立案。

第七十五条　本规则所未载者均照章程办理。

附检察厅驻厅司法警察职务规则

第一章　总纲

第一条　驻厅司法警察为调度便利起见，由检察厅移请巡警道派发。

第二条　驻厅司法警察，每厅派巡长一员统率之，统受制于检察厅。

第三条　各检察厅驻厅司法警察设警务内勤所，以巡长专司稽核报告。

第四条　驻厅司法警察必服一定服制，除休息外不得便衣出厅。

第五条　驻厅司法警察分二如下：

一、值班警察；

二、守卫警察。

第二章　值班警察之职务

第六条　值班警察驻扎检察厅近侧，专供检察官之调度，以便消息灵通。

第七条　凡诉讼人到厅，由值班警察接收状纸，问明姓名、年岁、籍贯、地址，登录簿记，将状纸呈交检察官。

第八条　各司法警察官厅送被拘人或被传人到厅，值班警察应即报告检察官或审判官。

第九条　检察官起诉时，值班警察将人证带上，检察官讯验毕，复行带下。

第十条　审判官所发传拘及保结，交由检察厅派值班警察递送。

第十一条　搜查逮捕、押解相验等事，除调度各官厅司法警察外，如检察官有必须调用驻厅司法警察时，该驻厅之司法警察应遵照普通司法警察章程办理。

第十二条　审判厅开庭时间，每庭由检察厅派值班警察二人在庭值班，其一切服务仍照章由庭丁办理，但有必需时，因审判官或检察官之指挥亦得服务。

第三章 守卫警察之职务

第十三条 守卫警察驻札厅署大门,轮班守卫,专司稽查出入。

第十四条 守卫警察对于本厅长官及来厅参观之官长,均宜照巡警礼节致敬,但对于嫌疑人及闲杂人,皆得阻止其入厅。

第十五条 凡在待质室候审人证,非经宣示开放,得阻止其出入。

第十六条 凡诉讼人或司法警察官厅所送之被拘人及被传人到厅时,守卫警察应即指示入待质室,并通知值班警察。

第十七条 守卫警察无论昼夜,必轮派一人在看守所门外站岗。

第十八条 守卫警察夜间在厅轮班梭巡,并更替看守所门外站岗瞭望,不得全行睡歇。

第十九条 男女看守所非本厅所丁、庭丁及有职务之人,看守所岗警得阻止其出入。

第二十条 看守所轻罪、重罪人犯,如无人押解或未经宣示开放而私自逃出者,看守所岗警得即行拿获。如看守所岗警未及拿获,厅署守卫警察得即拿获。

第二十一条 守卫警察昼间守卫持枪,夜间梭巡瞭望,必上枪刺,携带警笛,以防危险。

第二十二条 夜间二炮后,守卫警察即局锁大门。如有要事,非经住厅检察官许可,不得出入。

第四章 休息

第二十三条 驻厅司法警察之休息,由巡长分配之。其休息时间,非持有休息签,不得出门。出门时,并不准服制服。

第二十四条 驻厅司法警察除休息外,有因事请假者,由巡长呈请检察官酌核给假。但每人每月至多不得逾四日。如有一连请假至四日以上者,得移请警署另派或暂行代理。

第五章 赏罚

第二十五条 驻厅司法警察如有在职勤劳及办事机敏者,除有特别劳绩,随时奖励,移请升擢外,余皆记功奖赏,按季移送巡警道,照巡警例一律升擢。

第二十六条 驻厅司法警察不遵约束,及违背规则除有重大过犯,随时移请斥革外,余皆记过,按月分别罚银,按季移送巡警道,照巡警例一律降调或革除。

第二十七条 驻厅司法警察记功者,每次一钱;记大功者,每次赏银二钱,按月由检察官发给。记过者,每次罚银一钱;记大过者,每次罚钱二钱。按月在薪饷项下扣算。

第二十八条　驻厅司法警察功过大小,由检察官定之,登录簿记,捺盖图章,其功过簿交巡长管收。

第二十九条　驻厅司法警察功过除由检察官随时核定外,应明定数条如下:

一、应休息而不休息,能勤劳当差者;

二、驻厅警察有违犯规则,能从实举发者;

三、驻厅警察因事生争,能和平解散者;

四、拾得诉讼人遗失物,报明长官招领者;

以上均记功一次。

五、案内人证在待质处潜出门外,经守卫警察盘获者;

六、轻罪人犯脱逃,经守卫警察留心盘获者;

七、诉讼人等在待质处有凶行及不法行为,经守卫警或值班警察弹压免生事端者;

以上均记大功一次。

八、重罪人犯脱逃,经守卫警察登时拿获者;

九、轻罪、重罪人犯脱逃后,经值班警察及守卫警察侦缉拿获者;

以上均移请升擢。

十、守卫警察擅离岗位者;

十一、守卫警察已问来者系诉讼人,特故意留难,不即指人写状室者;

十二、守卫警察遇本厅长官出入而不致敬者;

十三、值班警察遇案内人证到厅而不即通报者;

十四、执务时任意偷闲,不勤职务者;

十五、非因公出门而穿制服者;

以上均记过一次。

十六、守卫警察已问明为诉讼人,而擅敢询及起诉原因者;

十七、值班警察于案内关系事件,恐吓传质人,不令到庭申诉者;

十八、违抗上官职权内之命令者;

十九、未经告假,私自出门或在外歇宿者;

二十、擅留非巡警人员住宿厅署者;

二十一、案内人证及轻罪重罪人犯,非经声明开放或无人押解而擅自放行者;

二十二、知待质人等有凶行及不法行为而不即行弹压者;

二十三、在厅署内饮酒歌唱及因事生争,不请上官裁决,而任意斗骂者;

以上均记大过一次

二十四、与人凶殴者;

二十五、品行不端,查有实据,或经人举发者;

二十六、拾得遗失物而隐匿不报者;

二十七、吸食鸦片烟者;

二十八、私自逃走者;

以上均移请斥革。

二十九、被拘人或被传人到厅于未交看守所时,值班警察故纵脱逃者;

三十、因公而受人贿赂财物者。

以上均请请斥革,仍由本厅照例治罪。

第六章 附则

第三十条 本规则如有未尽事宜,各厅检察官随时补订或更正。

邮传部厘定邮政扣押人犯信件章程

第一条 因刑事案件知会邮局扣留某犯邮物、信件,以依法有逮捕搜查罪人及罪据各职权之巡警官署或检察官厅为限,但未设巡警及检察厅之地方,该府厅州县衙门亦得嘱令邮局扣留某件。惟在交出之前,须先电奉该管上宪,照此章程酌量核准。

第二条 凡邮件非该管官厅以其职权认为确于刑事案犯有关必须扣留者,不得照后开各条办理。

第三条 凡该管官署认为必须扣留各邮物、信件,如在京师或省会厅,由该管署以公文行知该管邮界之邮政司或邮务长,如在各地,应即知会该分局邮员扣留何件,并由该分局于交出指扣邮件后,迳行报告该管邮政司或邮务长查考。

第四条 交付扣留由厅行文知会之,原衙门派员执持凭照为验,并于邮局清单上画押,方能领收。

第五条 索查之后,如将原件仍交邮递,应由该官署复封交还该局,惟该官署应付该局以某信局经检阅之证书。

第六条 遇有扣留交出邮传之案,一面应由邮政局员报知北京邮政总署,申由税务处行知邮传部立案，一面即由检察或巡警厅或地方官报知该管上宪，转行邮传部查照，以备核检无殊。

贵州高等地方审判检察厅官员实行稽查职务规则

第一章 总纲

第一条 凡两厅稽查职务，下列各项人员皆得执行之：

一、厅长、各厅庭长、及推事；

二、地方检察长及各厅检察官；

三、各厅书记官；

四、司法巡长及巡警。

第二条 凡稽查人员有于审、检两厅内执行稽查事务之责。

第三条 凡各厅书记官及司法长警暨各厅书记生吏、丁役人等，当执行稽查事务时，对于总稽查官应受其指挥。

第二章 职权

第四条 高等地方审、检两厅，每夜派推、检官一员，轮流驻厅值宿，总理各厅稽查事宜。

第五条 高等地方审、检两厅，每夜亦派书记官一员，轮流驻厅值宿，协理稽查事宜。

第六条 以上二条，其照章应值宿并自愿驻厅者不在此限。

第七条 高等地方检察厅得派司法长警彻夜轮班梭巡，并在看守所门外站岗瞭望，其名额每班以三人为限，每人以二小时为更替时间。

第八条 各推事官、书记官、司法长警，值班轮次以另表表明。请求各长官许可时，得托人代理。

第三章 消防

第九条 各厅楼上下办公室灯火，春夏每夜十一时，秋冬每夜十时，一律吹熄。但各处标灯及总协理稽查室、司法长警室、看守所丁室不在此限。

第十条 各厅上下办公室冬间火盆均于熄灯时一律退除，但司法长警室当严寒必须烘烤时，准其留用，以示体恤，仍须有人坐守。

第十一条 各厅每夜长灯，除各标灯暂用煤油外，其余应准燃灯之各室，一律于十时后改用菜油灯。

第十二条 总协理稽查室必就有电铃处住宿，以便遇有不虞及指挥之处，传达便利。

第十三条　总协理稽查室司法长警于执行稽查时，须各带警笛一具，以灵呼应。更替时即交与接班之人。

第十四条　司法长警于梭巡时，必持枪上刺，仍于更替时交与接班之人。

第十五条　各厅设置水缸，须常注满，勿令减少。

第十六条　各厅楼上下须分配水枪若干支，以备不测。

第四章　赏罚

第十七条　稽查总协理各官，如有当值勤劳及办事机敏者，除有特别劳绩，随时分别奖励外，余皆记功，年终汇入品行分数加考。

第十八条　稽查总协理各官，如有故旷职守及违背规则，除有重大过犯，随时咨明 法司惩戒外，余皆记过，仍俟年终将功过相抵，汇入品行分数加考。

第十九条　司法长警之赏罚，仍照驻厅警察职务规则第各节各条办理。

第二十条　总协理各官功过由各该管长官定之，登记捺章。其簿记由各厅典簿所保存之。

第二十一条　司法长警功过按照该职务规则第二十九条，由值夜之推检官核定。

第二十二条　驻厅书记生、承发吏、检验吏、庭丁、杂役人等，倘有违犯规则及不服稽查人员命令者，均随时报告各该管长官，分别斥革、记过，仍于违规时，强制执行稽查事宜。

第六编 附则

修习日录

修习日录一

承发吏以送达文书、催传原被、执行判断为职务。此等职务,须惯于劳动者方能胜任,岂一二羼弱经生所能承乏乎?闻此次考试,旧日士子多厕其列,生计之穷固可矜,而任用之难亦殊可虑。况初级仅拟两名,即地方亦不过四名,一旦施行,操主权者犹思呈保证之金,恐服斯役者,将共谋他途之改矣。姑志之以观其后。

各厅试办章程第三章第四节规定,管收计三项:一、刑事被告逃匿被获者。一、民事被告不能保释者。一、未能遵缴罚金者。其不能保释四字,尚待解释:或无人担保而不能释放与,抑不遵判决而不准保释与?夫不遵判决可命其上诉,似不能遽行管收。以执行有强制之规定,判决无强制之规定也。本厅视事以来,见有民事收所者,悉系不服判决,以管收逼之,不越一两日,即行遵结。于法律虽未稳合,而侠刁狡之民省却上诉手续,亦可谓收效于例外也。惟吾民程度甚低,不如此不能了局,殊可叹耳。

罗某欠刘某钱六十串,执行时罗供愿工作。徐某欠万某钱三十串,执行时,徐亦供愿工作。此端一开,债权者危矣。故罗刘案先劝罗之弟还一半,又劝刘于原判减去五千,并展其期。刘遂实收五十五串。徐万案先与言报应之不错,又与言工作之甚苦,徐竟感动,立誓次第清还。是万亦得实收原数也。倘泥定第四十二条章程,凡家产尽绝,不能依方法执行者,即收入工作,不大贻后来之为刘万者害乎?按每两折四日者,现行律中罚金所改之工作也,一月以上,三年以下者,家产净绝之工作也。既曰一月以上,似满月之工作为不能还债者之最低度,不如此亦不足为狡猾者儆。

报纪江苏检厅因讯问案情,致与审厅冲突。审厅引日本刑诉百四十八条,证检厅无讯问之权,并引同条之第二项,谓所谓讯问者,乃任意的讯问,非强制的讯问。试思检事,虽处于原告地位,而被告一方面亦不得不顾,故第六十二条及第六十三条均有搜查犯罪既终一语。所谓搜查者,果一言不发耶?其百四十八条之法文,以此案既由转送,则转送各官先有一番手续,倘系原告自诉办法,便有不同,故第二项即规定云,若同时受取被告人者,于二十四时内讯问之,被告须问原告,更无不问之理。

报纪陈某与杨某用真刀演戏,杨被陈杀。某地方判为戏杀,陈请更正为过失,某高等弃却之,谓此案与律注以杀人之事为戏正同,并引两和相害之注以证之。驳其过失,则引向无人处施放弹箭适有人经过被害之注以证之。按两和相害,乃比试拳棒者流,约明死各无怨,岂彼演戏者亦有此预约耶?且杨某前演此剧,胸前均盖木板。此次独忘,陈某不知,致行刺入,与过失注意义略同,似不可以戏杀之戏混为戏演之戏也。惟杨、陈有无别情,则无从推测耳。

  刑事诉追之制有三:(一)一般人民均可诉追。(二)被害者自为诉追。(三)国家设立机关代为诉追。主张第一项者,谓所有人民皆组织国家之一员,有坏国家秩序者,均得起而诉追。然扰乱安宁即肇于此,故英美虽倡此说,行之殊觉困难。第二项中国行之最久,驳之者谓被害者自行诉追乃基诸个人之利益,非基诸国家之利益,故外国采用殊稀。然利益之为公为私,不过属诸理论。而有伸有屈,关诸事实者更大也。惟由国家设一机关,代被害者负其责,即为一般人民负其责,对社会可以杜滥诉之弊,对裁判可以免压抑之虞,制殊善也。为检察官者,司此机关,负此责任,当如何而后免旷职之诮与?言念及此,心殊怦怦。

  本厅巡警某有违法行为,经巡长揭发革退,即特谕巡长云,某警行止有亏,业经禀革,足征该长督率之认真,惟本厅恻慨为怀,不忍见尔等屡有更张,致失人惟求旧之旨,用特谆谕,望该长当防范于事前,无从揭发于事后,则奉公无恙,不特尔等全体之幸,亦即本厅之幸也。该长可曲谅此意。无疑本厅为该警一人,惜转有所畏避,而不敢实行其职务耳。此谕。

  本日民庭初审,有某欲入旁听,岗警阻之,不从,转为所殴。因暂收管,三日即行释放。因特谕示云:乡民少见多怪,每逢官有问案,便相率入署参观。前此州县衙门,已浅惯习新章,初审用秘密,判决用公开。彼民固未知也。况厅门逼近街市,闲杂尤多。该岗警遇有此等无识之人,当婉言开导,供畏避而不敢擅入。倘遂行威逼,彼野蛮性质,不免逞意气于一时。是欲阻其犯法,实转激其犯法也。本厅供职以来,抱定感化主义,愿与长警等共守之。此谕。

  某厅刑庭审理某某斗殴一案,原告微受伤,复托绅来厅关说。被告惧其陷于不测也,因率妻子,肆其咆哮。该庭推事将重办之,而骂詈官长律祇满罚,因判将一子收押,其父又再四乞恩。如某者人谓其刁,余则悯其愚。何者?供某实刁,则咆哮已毕,出厅而去,厅丁岗警方幸其去之不速,何自寄宿一夕以待今日之判决乎?愿同志者无徒以刁字加我愚民也。

  报载鄂督电问外部,民教诉讼归何衙门管理?部复华洋诉讼归行政衙门,民教诉讼仍归审判厅。以华洋诉讼为国际交涉,民教诉讼乃个人交涉也。然华洋诉讼一面为中国人,一面自为外国人。民教诉讼两面均为中国人,倘一面有外国人出而干涉不依,现行之审级办理又将如何?

修习日录二

  本厅面积甚溢,房屋不敷办公,而拘留所尤失体制,一面靠壁,三面皆空,倘不改良,实较旧时之羁押更苦。奈权限未明,经济又窘,致此迟延。某日拘留某兄弟两名,一夕风雨,心为之痛,晓起即商诸民庭推事,着其保释。

初开庭时,有王某诉熊某诱拐潜藏一案,代理检官以此事为婚姻(繆)[纠]葛,应归地方管辖,批驳之。按日本刑诉法第六十四条,检事以为被告事件不属于该裁判所管辖者,当送致于管辖裁判所之检事。则此案仅行批驳,而不为转送,似未尽合。惟诉讼暂行章程尚未有此规定。

宣统二年四月初七日,宪政编查馆奏称:婚姻内之抢夺奸占、及背于礼教、违律嫁娶者,田宅内之盗卖强占,钱债内之费用受寄者,揆诸新律,均属刑事范围,不得委为民事,致涉轻纵,刊在修正现行律第一册首页,现观各厅均未照此施行,检官有分别民事、刑事之责,因志此以待研究。

昨夕过某厅,见两造在庭询问,悉系跪供,按诸新例,似未符合,因特牌示,凡刑事案件来厅呈诉者,呈诉人须守候片时,以便本厅询问。一切拜跪概不准行。查奉天司法纪,实有民事站供,刑事跪供之规定。或在法庭公判时如此。检厅随意询问,实可不必。且此等恶习,不久终归淘汰耳。

司法警报告案情,多用"宪谕"、"宪鉴"字样,因特为勾去,着其此后,只用"台"字或"钧"字,不必再用"宪"字,一洗旧时陋习。适阅某报,笑中国诉状末句多用"公侯万代"四字,可谓先得我心,故日来见诉状稿内有用此等字样,或"青天"等字者,亦均随笔勾除。自审判开庭后,论者辄谓机关设立尚未完全,余则谓层接过多,左支右绌,徒供办事者①收灵敏之效果。如上级各厅由推检而至承发吏或司法警,须历三四阶级,每传一案,辗转需时,反不如初级审检于送达传集等事,均系直接呼应为较灵也。然谈此弊者,惟我少数新进之法官而已。

现行律威逼人致死条,凡官吏、公吏非因公务威逼平民致死者,处十等罚,追埋葬银十两。各家讲解,谓杀人之事,总须亲行,方科以死罪。若自尽一事,往往愚夫、愚妇因小故而轻生,故罪止于罚。然既曰威逼,是逼之者,威势实有可畏,被逼者情况实有难堪,正法学上所谓因果关系也。岂可与小故轻生者比乎?窃谓遇有此案,须合恐吓取财一例而酌量之。例云:刁徒无端肇衅,平空讹诈,欺压乡愚,致被诈之人因而自尽者,绞候。则较威逼律为重矣。因二月某日,有某区巡丁勒索钱财,致人自尽之事,而研究其办法。

斗殴律罚分六等,徒分三等,权衡轻重,可谓提平。惟折齿一项,未甚稳惬。盖内损吐血,较折齿之伤固重甚也。折一齿满罚,折两齿便拟徒,而内损吐血不过八等罚,无乃太轻。窃谓折齿可与拔发同科,且不可因折两齿便

---

① 原书此处可能有缺漏。——校者注

拟徒。

本日有林某诉伊侄被王某殴伤,旋即提验,遍体计伤二十余处,幸非致命。查现行律例,殴伤科罚只分所伤之轻重,不分所伤之多少。他物成伤,罚止四等,则凶恶者流,安保不逞其意气,谓下手一伤已犯此罚,即多伤数处亦不出此范围,不得谓为此乃事实问题,非法律问题也。

审判以调查确证为要着,而调查之力,全恃此司法警察。现各厅新派长警,自均恪慎奉公,只恐日久玩生,则觉察之难,将较旧日之差役为甚。以差役一流,尔为我本无密切关系,果有受贿蒙蔽等弊,一行改派,为之掩盖者有之,为之揭发者未始无人,视主持者操纵何如耳。至于警察,则知讲团体,彼此一气相通,偶有弊端,势必互相容玩,枢官可岂恃其一纸之报告耶?因某日派查徐某争屋一案,志此数语,亦自笑过虑也。

黄某之妻卖与熊某,身价一百五十千,除现交外尚短四十千。熊某抗而不还,黄某来厅呈诉。查买休卖休各处十等罚,财礼入官,妇人归宗。果依此律办理,黄某未收之款当没入官,并已收之一百一十千尚须追没。熊某不特此款当缴,而所买之妻亦须断离。嗟彼愚民,何以堪此?因饬其只作债务起诉,不必牵连他事,庶此款或有归还之望。出于一时哀矜,因舍法律而从习惯,未知当否。

捐例开而贡监多,社会长而职员多。乡(于)[里]小民沾沾自喜,故诉状内姓氏之上,多冠以此种名词,通病也。审判官只审其理之曲直,判其罪之有无,可耳?何必做题外文章。拟于传讯时,先提照以验之。一有假冒,即援律以征之。揣其用意,不过欲张我威焰而已,于实际究何裨哉?日来有提此问题者,感而志此。

某推事告余曰:昨过某厅,见某庭凡公案签筒、卓围,一切具备,殊觉尊严,盍仿行之?答曰:审厅或未能免俗,检厅断不必如此铺张。况司法独立,规模迥异从前,何复留此污点,供有识者指摘乎?且司法欲保其尊严,当供百姓望之如父母,无供对之若思神,斯为特色耳。

法部编定各省提法司署、审检厅经费和人员的表格

清法部编定直省提法司署及审判各厅经费细数表说明

一、遵照奏定画一经费简章,提法司署及各厅经费细数分为八表,另以各表所定厅员俸薪总为一表,以附其后,计为表凡九;

二、各项细数均以银圆开列其总数,仍折合库平银,按照币制则例一元五角合库平一两,惟各省习惯不同,用两、用元,各从其便;

三、司署及各厅员属既将俸薪暂为规定，即不得于公用项下另行开支。夫马饭食，其丁役人等，亦一律不再给伙食，以资撙节；

四、翻译官一项，均应兼附近初级厅差，毋庸兼支薪水；

五、录事、检验吏有实缺、候补、学习各种资格，故以平均薪数开列。承发吏按章分一、二、三等，津贴较优。今为撙节起见，暂从减支；

六、吏警、丁役所定名额，准各省变通设置。如有必须加增时，只许在公用项下酌拨济用，仍当撙节开支。

直省提法司卫衙门经费表第一

需款种类		人数	每员月支	月计总数	年计总数
总务科	科长	一	一八〇元	一八〇元	二一六〇元
	一等科员	一	一二〇	一二〇	一四四〇
	二等科员	四	八〇	三二〇	三八四〇
	书记员	五	三四	一七〇	二〇四〇
刑民科	科长	一	一八〇	一八〇	二一六〇
	一等科员	一	一二〇	一二〇	一四四〇
	二等科员	四	八〇	三二〇	三八四〇
	书记员	六	三四	二〇四	二四四八
典狱科	科长	一	一八〇	一八〇	二一六〇
	一等科员	一	一二〇	一二〇	一四四〇
	二等科员	二	八〇	一六〇	一九二〇
	书记员	四	三四	一三六	一六三二
各科书记生		一五	一六	二四〇	二八八〇
役食各项丁役		一五	六	九〇	一〇八〇
办公费	纸笔及杂项各费			四〇〇	四八〇〇
	临时各费			六〇	七二〇

续 表

需款种类 \ 银数人数	人数	每员月支	月计总数	年计总数
总　计	六一		银币 三千元 折合库平 二千两	银币 三万六千元 折合库平 二万四千两
连闰合计				银币 三万九千元 折合库平 二万六千元

直省高等审判检察厅经费表第二

需款种类 \ 银数人数		人数	每员月支	月计总数	年计总数
法官俸给	厅丞	一	四〇〇元	四〇〇元	四八〇〇元
法官俸给	检察长	一	四〇〇	四〇〇	四八〇〇
法官俸给	庭长	二	一八〇	三六〇	四三二〇
法官俸给	推事	四	一六〇	六四〇	七六八〇
法官俸给	检察官	二	一六〇	三二〇	三八四〇
法官俸给	计			二千一百二十九元	二万五千四百四十元
书记官俸给	典簿	审一 检一	七〇	一四〇	一六八〇
书记官俸给	主簿	审一 检一	五〇	一五〇	一八〇〇
书记官俸给	录事	四	平均二五	一〇〇	一二〇〇
书记官俸给	书记生	四	平均一六	六四	七六八
书记官俸给	计			四百五十四元	五千四百四十八元
警饷	警长	一	一二	一二	一四四
警饷	警卒	八	平均八	六四	七六八
警饷	计			七十六元	九百一十二元
役食	庭丁	八	平均八	六四	七六八
役食	杂役	六	六	三六	四三二
役食	计			一百元	一千二百元

续　表

需款种类		人数	每员月支	月计总数	年计总数
厅用公费	纸张文具			六	七二〇
	相验调查			八〇	九六〇
	杂项各费			四〇〇	四八〇〇
	计			五百四十元	六千四百八十元
总　计		四六		银币　三千二百九十元	银币　三万九千四百八十元
				折合库平一千一百九十三两三钱三分三厘	折合库平　二万六千三百二十两
连闰合计				银币　四万二千七百七十元	
				折合库平二万八千五百十三两三钱分三厘	

直省高等审判检察分厅经费表第三

需款种类		人数	每员月支	月计总数	年计总数
法官俸给	监督推事	兼一庭长一	二二〇元	二二〇	二六四〇元
	监督检察官	一	二二〇	二二〇	二六四〇
	庭长	一	一八〇	一八〇	二一六〇
	推事	四	一六〇	六四〇	七六八〇
	检察官	一	一六〇	一六〇	一九二〇
	计			一千四百二十九元	一万七千零四十元

续 表

需款种类		人数	每员月支	月计总数	年计总数
书记官俸给	典簿	审一检一	七〇	一四〇	一六八〇
	主簿	审二检一	五〇	一五〇	一八〇〇
	录事	四	平均二五	一〇〇	一二〇〇
	书记生	四	一六	六四	七六八
	计			四百五十四元	五千四百四十八元
警饷	警长	一	一二	一二	一四四
	警卒	八	平均八	六四	七六八
	计			七十六元	九百一十二元
役食	庭丁	八	平均八	六四	七六八
	杂役	六	六	三六	四三二
	计			一百元	一千二百元
厅用公费	纸张文具			六〇	七二〇
	相验调查			六〇	七二〇
	杂项各费			四〇〇	四八〇〇
	计			五百二十元	六千二百四十元
总 计		四四		银币 二千五百七十元 折合库平一千七百零十三两三钱三分三厘	银币 三万零八百四十元 折合库平 二万零五百六十两
连闰合计					银币 三万三千四百一十元 折合库平二万二千二百七十三两三钱三分三厘

省城商埠地方审判检察厅经费表第四

年计总数 \ 需款种类 \ 人数			每员月支	月计总数	年计总数
法官俸给	厅长	兼一庭长一	二二〇元	二二〇元	二六四〇元
	检察长	一	二二〇	二二〇	二六四〇
	庭长	一	一六〇	一六〇	一九二〇
	推事	四	一四〇	五六〇	六七二〇
	检察官	二	一四〇	二八〇	三三六〇
	计			一千四百四十元	一万七千二百八十元
书记翻译官俸给	典簿	审一检一	六〇	一二〇	一四四〇
	主簿	审二检一	四〇	一二〇	一四四〇
	翻译官	一	七〇	七〇	八四〇
	录事	四	平均二五	一〇〇	一二〇〇
	书记生	四	平均一六	六四	七六八
	计			四百七十四元	五千六百八十八元
吏警薪饷	检验吏	二	平均二〇	四〇	四八〇
	承发吏	六	平均二二	一三二	一五八四
	警长	一	一二	一二	一四四
	警卒	一二	平均八	九六	一一五二
	计			二百八十元	三千三百六十元
役食	庭丁	一二	平均八	九六	一一五二
	行刑人	二	平均八	一六	一九二
	杂役	八	六	四八	五七六
	计			一百六十元	一千九百二十元
厅用公费	纸张文具			六〇	七二〇
	相验调查			一二〇	一四四〇
	杂项各费			四〇〇	四八〇〇
	计			五百八十元	六千九百六十元
看守所经费					
所员俸给	所官	一	五〇	五〇	六〇〇
	医官	一	二八	二八	三三六
	录事	一	二〇	二〇	二四〇
	所丁目	一	一〇	一〇	一二〇

续表

需款种类		人数	每员月支	月计总数	年计总数
役食	所丁更夫	一八	平均七	一二六	一五一二
	杂役	一	六	六	七二
	女看守	一	六	六	七二
衣食杂费				三四〇	四〇八〇
计				五百八十六元	七千零三十二元
总计		九〇		银币三千五百二十元 折合库平二千三百四十六两六钱六分六厘	银币四万二千二百四十元 折合库平二万八千一百六十两
连闰合计					银币四万五千七百六十元 折合库平三万零五百零六两六钱六分六厘

商埠地方审判检察分厅经费表第五

需款种类		人数	每员月支	月计总数	年计总数
法官俸给	监督推事	兼一庭长一	一八〇元	一八〇元	二一六〇元
	监督检察官	一	一八〇	一八〇	二一六〇
	庭长	一	一六〇	一六〇	一九二〇
	推事	四	一四〇	五六〇	六七二〇
	检察官	一	一四〇	一四〇	一六八〇
	计			一千二百二十元	一万四千六百四十元
书记翻译官俸给	典簿	审一检一	六〇	一二〇	一四四〇
	主簿	审二检一	四〇	一二〇	一四四〇
	翻译官	一	五〇	五〇	六〇〇
	录事	二	平均二五	五〇	六〇〇
	书记生	二	平均一六	三二	三八四
	计			三百七十二元	四千四百六十四元

续表

需款种类	人数种类	人数	每员月支	月计总数	年计总数
吏给薪饷	检验吏	二	平均二〇	四〇	四八〇
	承发吏	五	平均二二	一一〇	一三二〇
	警长	一	一二	一二	一四四
	警卒	八	平均八	六四	七六八
	计			二百二十六元	二千七百十二元
役食	庭丁	八	平均八	六四	七六八
	行刑人	一	八	八	九六
	杂役	六	六	三六	四三二
	计			一百零八元	一千二百九十六元
厅用公费	纸张文具			六〇	七二〇
	相验调查			六〇	七二〇
	杂项各费			四〇〇	四八〇〇
	计			五百二十元	六千二百四十元
看守所经费					
所员俸给	所官	一	五〇	五〇	六〇〇
	医官	一	二八	二八	三三六
	录事	一	二〇	二〇	二四〇
役食	所丁目	一	一〇	一〇	一二〇
	所丁更夫	一二	平均七	八四	一〇〇八
	杂役	一	六	六	七二
	女看守	一	六	六	七二
衣粮杂费				二五〇	三〇〇〇
计				四百五十四元	五千四百四十八元
总计		六七		银币二千九百元折合库平一千九百三十三两三钱三分三厘	银币三万四千八百元 折合库平二万三千二百两
连闰合计					银币三万七千七百元 折合库平二万五千一百三十三两三钱三分三厘

府直隶州厅地方审判检察厅经费表第六

需款种类		人数	银数每员月支	月计总数	年计总数
法官俸给	厅长	兼一庭长	二二〇元	二二〇元	二六四〇元
	检察长	一	二二〇	二二〇	二六四〇
	庭长	一	一六〇	一六〇	一九二〇
	推事	四	一四〇	五六〇	六七二〇
	检察官	二	一四〇	二八〇	三三六〇
	计			一千四百四十元	一万七千二百八十元
书记官俸给	典簿	审一检一	六〇	一二〇	一四四
	主簿	审一检一	四〇	八〇	九六
	录事	四	平均二五	一〇〇	一二〇〇
	书记生	四	平均一六	六四	七六八
	计			三百六十四元	四千三百六十八元
吏警薪饷	检验吏	二	二〇	四〇	四八〇
	承验吏	六	平均二二	二三二	一五八四〇
	警长	一	一二	一二	一四四
	警卒	一〇	平均八	八〇	九六〇
	计			二百六十四元	一千一百六十八元
役食	庭丁	一〇	平均八	八〇	九六〇
	行刑人	二	平均八	一六	一九二
	杂役	七	六	四二	五〇四
	计			一百三十八元	一千六百五十六元
厅用公费	纸张文具			六〇	七二〇
	相验调查			八〇	九六〇
	杂项各费			四〇〇	四八
	计			五百四十元	六千四百八十元
看守所经费					
所员俸给	所官	一	五〇	五〇	六〇〇
	医官	一	二八	二八	三三六
	录事	一	二〇	二〇	二四〇
役食	所丁目	一	一〇	一〇	一二〇
	所丁更夫	一二	平均七	八四	一〇〇八
	杂役	一	六	一六	七二
	女看守	一	六	六	七二

续　表

需款种类＼银数人数	人数	每员月支	月计总数	年计总数
衣粮杂费			二八〇	三三六〇
计			四百八十四元	五千八百零八元
总　计	七七		银币三千二百三十元折合库平二千一百五十三两三钱三分三厘	银币三万八千七百六十元折合库平二万五千八百四十两
连闰合计				银币四万一千九百九十元折合库平二万七千九百九十三两三钱三分三厘

省城商埠及繁盛厅州县初级审判检察厅经费表第七

需款种类		人数	每员月支	月计总数	年计总数
法官及书记官俸给	监督推事	一	一二〇元	一二〇元	一四四〇元
	推事	一	一〇〇	一〇〇	一二〇〇
	检察官	一	一〇〇	一〇〇	一二〇〇
	录事	三	二〇	六〇	七二〇
	计			三百八十元	四千五百六十元
吏警薪饷	承发吏	二	平均二二	四四	
	警卒	四	平均八	三二	
	计			七十六元	九百一十二元
役食	庭丁	三	平均八	二四	二八八
	杂役	二	六	一二	一四四
	计			三十六元	四百三十二元
厅用公费	纸张文具			二五	三〇〇
	调查各费			二五	三〇〇
	杂项各费			一四〇	一六八〇
	看守经费			四〇	四八〇
	计			二百三十元	二千七百六十元
总　计		一七		银币七百二十二元折合库平四百八十一两三钱三分三厘	银币八千六百六十四元　折合库平五千七百七十六两

续表

需款种类 \ 银数人数		每员月支	月计总数	年计总数
连闰合计				银币九千三百八十六元 折合库平六千二百五十七两三钱三分三厘

府厅州县地方分厅、初级厅经费合表第八

需款种类		银数人数	每员月支	月计总数	年计总数
法（分厅）官给俸	监督推事	兼一庭长一	一八〇元	一八〇元	二一六〇元
	监督检察官	一	一八〇	一八〇	二一六〇
	庭长	一	一六〇	一六〇	一九二〇
	推事	三	一四〇	四二〇	五〇四〇
	检察官	一	一四〇	一四〇	一六八〇
	初级推事	兼任分厅一	一二〇	一二〇	一四四〇
	检察官	一	一〇〇	一〇〇	一二〇〇
	计			一千三百元	一万五千六百元
书记官俸给	典簿	审一检一	六〇	一二〇	一四四〇
	主簿	审一检一	四〇	八〇	九六〇
	录事	分厅二初级二	二五 二〇	九〇	一〇八〇
	书记生	二	平均一五	三〇	三六〇
	计			三百二十元	三千八百四十元
吏警薪饷	检验吏	一	二〇	二〇	二四〇
	承发吏	合用六	平均二二	一三二	一五八四
	警长	一	一二	一二	一四四
	警卒	合用八	八	六四	七六八
	计			二百二十八元	二千七百三十六元
役食	庭丁	合用八	平均八	六四	七六八
	行刑人	一	八	八	九六
	杂役	合用七	六	四二	五〇四
	计			一百一十四元	一千三百六十八元

续表

需款种类	人数 银数		每员月支	月计总数	年计总数
厅用公费	纸张文具	合用		六〇	七二〇
	相验调查	合用		八〇	九六〇
	杂项各费	合用		三六〇	四三二〇
	计			五百元	六千元
看守所经费					
所官俸给	所官	一	四〇	四〇	四八〇
	医官	一	二〇	二〇	二四〇
	录事	一	二〇	二〇	二四〇
役食	所丁目	一	一〇	一〇	一二〇
	所丁更夫	一〇	平均七	七〇	八四〇
	杂役	一	六	六	七二
	女看守	一	六	六	七二
衣粮杂费				二〇〇	二四〇
计				三百七十二元	四千四百六十四元
总计 连闰合计		六七		银币二千八百三十四元 折合库平一千八百八十九两三钱三分三厘	银币三万四千零八元 折合库平二万二千六百七十二两 银币三万六千八百四十二元 折合库平二万四千五百六十一两三钱三分三厘

直省审判检察厅法官及书记翻译各官暂定俸薪数目表第九

厅级 官别	高等厅	地方厅	初级厅
厅丞	四百元		
厅长		二百二十元	
检察长	四百元	二百二十元	
监督推事	二百二十元	一百八十元	一百二十元
监督检察官	二百二十元	一百八十元	一百二十元
庭长	一百八十元	一百六十元	
推事	一百六十元	一百四十元	一百元 兼分厅一百二十元
检察官	一百六十元	一百四十元	一百元

续 表

官别 厅级	高等厅	地方厅	初级厅
典簿	七十元	六十元	
主簿	五十元	四十元	
所官		五十元 分厅四十元	
录事	二十五元	二十五元 看守所二十元	二十元
翻译官		七十元 分厅五十元	
医官		二十八元	

清法部奏颁直省省城商埠各级厅厅数庭数员额表

直省省城商埠地方审判检察厅员额表

厅别 区域 职别	地 方 审 判 厅							地 方 检 察 厅				
	厅长	推事	典簿	主簿	录事	所官	翻译官	医官	检察长	检察官	典簿	主簿	录事
奉天奉天府	一	一	一	二	四	一			一	二	一	一	二
营口商埠	一	五	一	二	四	一			一	二			二
新民府商埠	一	五	一	二	四	一				二			二
安东县商埠	一	五	一	二	四	一				二			二
辽阳州商埠	一	五	一	二	四	一				二			二
铁岭县商埠	一	五	一	二	四	一				二			二
抚顺县分厅		六	一	二	四	一				二			二
吉林吉林府	一	一	一		四	一			一				二
长春府商埠	一	五	一		四	一				二			二
延吉府商埠	一	五	一		四	一	二			二			二
宾州府	一	五	一		四	一			一	二			二
农安县		五	一		四	一				二			二
滨江府商埠		五	一		四	一				二			二
绥芬府	一	五	一		四	一				二			二
依兰府	一	五	一		四	一				二			二
黑龙江龙江府		五	一		四	一			二	二			二
直隶保定府		五	一		四	一			一	二			二
天津府	一	五	一	二	四	一			一	二			二
承德府	一	五	一	二	四	一			一	二			二

续表

区域＼职别	地方审判厅								地方检察厅				
	厅长	推事	典簿	主簿	录事	所官	翻译官	医官	检察长	检察官	典簿	主薄	录事
张家口商埠分厅		六	一	二	四	一				二	一	一	二
江苏苏州府	一	五	一	二	四	一	二		一	二	一	一	二
江宁府	一	五	一	二	四	一			一	二	一	一	二
镇江府商埠	一	五	一	二	四	一			一	二	一	一	二
上海县商埠	一	五	一	二	四	一	二		一	二	一	一	二
安徽安庆府	一	五	一	二	四	一			一	二	一	一	二
芜湖县商埠	一	五	一	二	四				一	二	一	一	二
山东济南府	一	五	一	二	四				一	二	一	一	二
烟台商埠	一	五	一	二	四				一	二	一	一	二
山西太原府	一	五	一	二	四				一	二	一	一	二
河南开封府	一	五	一	二	四				一	二	一	一	二
陕西西安府	一	五	一	二	四				一	二	一	一	二
甘肃兰州府	一	五	一	二	四				一	二	一	一	二
新疆迪化府	一	五	一	二	四				一	二	一	一	二
塔城商埠	一	五	一	二	四				一	二	一	一	二
宁县商埠	一	五	一	二	四				一	二	一	一	二
疏附县商埠	一	五	一	二	四				一	二	一	一	二
福建福州府	一	五	一	二	四				一	二	一	一	二
南台商埠分厅		六	一	二	四	一				二	一	一	二
厦门厅商埠	一	五	一	二	四				一	二	一	一	二
浙江杭州府	一	五	一	二	四				一	二	一	一	二
宁波府商埠	一	五	一	二	四				一	二	一	一	二
温州府商埠	一	五	一	二	四				一	二	一	一	二
江西南昌府	一	五	一	二	四				一	二	一	一	二
九江府南埠	一	五	一	二	四				一	二	一	一	二
湖北武昌府	一	五	一	二	四				一	二	一	一	二
汉口商埠	一	五	一	二	四				一	二	一	一	二
宜昌府商埠	一	五	一	二	四				一	二	一	一	二
沙市商埠	一	五	一	二	四				一	二	一	一	二
湖南长沙府	一	五	一	二	四				一	二	一	一	二
四川成都府	一	五	一	二	四				一	二	一	一	二
重庆府商埠	一	五	一	二	四				一	二	一	一	二
广东广州府	一	五	一	二	四				一	二	一	一	二
新会县商埠分厅		六	一	二	四	一				二	一	一	二

续表

厅别\区域职别	地方审判厅								地方检察厅				
	厅长	推事	典簿	主簿	录事	所官	翻译官	医官	检察长	检察官	典簿	主薄	录事
三水县商埠分厅		六	一	二	四	一				二	一	一	二
澄海县商埠	一	五	一	二	四	一			一	二	一	一	二
合浦县商埠	一	五	一	二	四	一			一	二	一	一	二
琼山县商埠	一	五	一	二	四	一			一	二	一	一	二
广西桂林府	一	五	一	二	四	一			一	二	一	一	二
梧州府商埠	一	五	一	二	四	一			一	二	一	一	二
云南云南府	一	五	一	二	四	一	一		一	二	一	一	二
贵州贵阳府	一	五	一	二	四	一			一	二	一	一	二

说明：

一、地方审判厅厅长共五十六员。

查法院编制法第十八条载：地方审判厅置厅长一员，仍兼充一庭长。兹即按照设定。又第二十四条载：地方审判分厅如置合议庭二庭以上，以资深者一员为监督推事，故各分厅均不设厅长。

二、地方审判厅推事共三百七十八员，除厅长兼庭长五十六员，实推事三百二十二员。查法院编制法第五条载：地方审判厅为折衷制，其审判权：一、诉讼案件系第一审者，以推事一员独任行之。二、诉讼案件系第二审者，以推事三员之合议庭行之。三、诉讼案件系第一审而繁杂者，经当事人之请求或依审判厅之职权，亦以推事三员之合议庭行之。又第十七条载：地方审判厅视事之繁简，酌分民事、刑事庭数，并置二员以上之独任推事。现定为每庭推事三员，系照合议庭员数核定。又查第十八条载：各庭置庭长一员，除兼充外，以该庭推事充之。按民刑各庭，每庭置庭长一员，各省一百二十六庭，置庭长一百二十六员。除厅长兼充之庭长五十六员，实置庭长七十员。因庭长以该庭推事兼充故，庭长仍在推事员额之内。

一、地方审判厅典簿共六十一员。

一、地方审判厅主簿共一百二十二员。

一、地方审判厅录事共二百四十四员。

以上典簿、主簿、录事共额定四百二十七员。

一、地方审判厅所官共六十一员。

查各省原报惟苏州、江宁两府原报二员，余均一员，兹一律定为一员。

一、地方审判厅翻译官未经规定，现各省原报共十五员，准各照设。

一、地方审判厅医官现仅云南府原报一员。
一、地方检察厅检察长共五十六员。
一、地方检察厅检察官共一百二十二员。
一、查法院编制法第八十六条载：地方检察厅置检察长一员，检察官二员以上。第八十七条载：地方以上各检察分厅如置检察官二员以上，得以资深者一员为监督检察官，兹均按照设定，其各分厅均不设检察长。
一、地方检察厅典簿共六十一员。
一、地方检察厅主簿共六十一员。
一、地方检察厅录事共一百二十二员。
以上典簿、主簿、录事共额定二百四十四员。

直省省城商埠初级审判检察厅员额表

区域 \ 职别 \ 厅别	初级审判厅			初级检察厅	
	推事	录事	翻译官	检察官	录事
奉天承德县第一	一	二		一	一
承德县第二	一	二		一	一
承德县第三	一	二		一	一
营口商埠	一	二		一	一
新民府商埠	一	二		一	一
安东县商埠	一	二		一	一
辽阳州商埠	一	二		一	一
铁岭县商埠	一	二		一	一
抚顺县	一	二		一	一
吉林吉林府第一	一	二		一	一
吉林府第二	一	二		一	一
长春府商埠	一	二		一	一
延吉府局子街商埠	一	二	一	一	一
六道沟	一	二		一	一
外六道沟	一	二	一	一	一
头道沟商埠	一	二		一	一
汪清沟商埠	一	二		一	一
和龙县	一	二		一	一
珲春厅	一	二		一	一
宾州府	一	二		一	一
农安县	一	二		一	一
滨江府	一	二		一	一

续表

各省审判厅判牍

厅别\区域\职别	初级察判厅			初级检察厅	
	推事	录事	翻译官	检察官	录事
依兰府	一	二		一	一
绥芬府	一	二		一	一
黑龙江龙江府	一	二		一	一
直隶清苑县	二	二		一	一
天津县第一	二	二		一	一
天津县第二	一	二		一	一
天津县第三	一	二		一	一
天津县第四	一	二		一	一
承德府	一	二		一	一
张家口商埠	一	二		一	一
江苏长洲县	一	二		一	一
元和县	一	二		一	一
吴县	一	二		一	一
上元县	一	二		一	一
江宁县	一	二		一	一
丹徒县商埠	一	二		一	一
上海县商埠	一	二		一	一
安徽怀宁县	二	二		一	一
芜湖县商埠	二	二		一	一
山东历城县	二	二		一	一
济南城外商埠	一	二		一	一
烟台商埠	一	二		一	一
山西阳曲县	二	二		一	一
河南祥符县	二	二		一	一
陕西长安县	二	二		一	一
咸宁县	二	二		一	一
甘肃皋兰县第一	一	二		一	一
皋兰县第二	一	二		一	一
新疆迪化县	一	二		一	一
塔城商埠	一	二		一	一
宁远县商埠	一	二		一	一
疏附县商埠	一	二		一	一
福建闽县	一	二		一	一
侯官县	一	二		一	一

续表

区域＼职别＼厅别	初级察判厅			初级检察厅	
	推事	录事	翻译官	检察官	录事
南台商埠	一	二		一	一
厦门商埠	一	二		一	一
浙江仁和县	二	二		一	一
钱塘县	二	二		一	一
拱宸桥商埠	二	二		一	一
鄞县商埠	二	二		一	一
永嘉县商埠	二	二		一	一
江西南昌县	一	二		一	一
新建县		二		一	一
德化县商埠		二		一	一
湖北江夏县	二	二		一	一
汉口商埠	二	二		一	一
东湖县商埠	二	二		一	一
沙市商埠		二		一	一
湖南辰沙县	一	二		一	一
善化县	一	二		一	一
四川成都县	二	二		一	一
华阳县	二	二		一	一
巴县商埠	二	二		一	一
广东南海县	一	二		一	一
禹番县		二		一	一
新会县商埠	一	二		一	一
三水县商埠	一	二		一	一
澄海县商埠	一	二		一	一
合浦县商埠		二		一	一
琼山县商埠		二		一	一
广西临桂县第一	二	二		一	一
临桂县第二	二	二		一	一
苍梧县商埠	二	二		一	一
云南昆明县	二	二		一	一
贵州贵筑县第一	一	二		一	一
贵筑县第二	一	二		一	一

说明

一、初级审判厅推事共一百十四员。

查法院编制法第四条载：初级审判厅为独任制，其审判权以推事一员行之。第十四条载：初级审判厅视事之繁简，酌置一员或二员以上之推事。第十五条载：初级审判厅如置推事二员以上，得以资深者一员为监督推事。现在各省原报有一员者，有二员者，自系视事之繁简酌置。故未核增核减，惟湖北原报每厅三员。查汉口系繁盛商埠，应准照设。其江夏、宜昌、沙市事务略简，各核减一员。

二、初级审判厅录事共一百七十六员。

查法院编制法第一百二十八条第一项载：初级审判厅置录事。又第一百二十九条载：初级审判厅应置书记官，不得少于该厅独任推事之数，兹按照定为每厅二员。

三、初级审判厅翻译官未经规定。现惟吉林之局子街、外六道沟两处各设一员。

四、初级检察厅检察官共八十八员。

查法院编制法第八十六条载：初级检察厅置检察官一员或二员以上，兹定为每厅一员。

五、初级检察厅录事共八十八员。

公文程式

清法部通行直省司法行政各官厅互相行文公式

提法司对于下开各衙门

一、法部	呈
二、大理院	咨呈
三、总检察厅	咨
四、高等审判检察厅	照会
五、地方审判检察厅	劄
六、初级审判检察厅	劄

其对于督抚、将军以下各衙门悉从按察司旧制。

高等审判厅对于下开各衙门

一、督抚、将军、都统	申详
二、提法司	咨呈
三、各司	牒

四、道府直隶厅州　　　　　　　　　移
　　五、州县　　　　　　　　　　　　　照会
　　六、地方审判厅　　　　　　　　　　照会
　　七、初级审判厅　　　　　　　　　　照会
　　八、高等检察厅　　　　　　　　　　移
　　九、地方检察厅　　　　　　　　　　照会
　　十、初级检察厅　　　　　　　　　　照会

高等检察厅对于下开各衙门
　　一、督抚、将军、都统　　　　　　　申详
　　二、提法司　　　　　　　　　　　　咨呈
　　三、各司　　　　　　　　　　　　　牒
　　四、道府直隶厅州　　　　　　　　　移
　　五、州县　　　　　　　　　　　　　照会
　　六、地方检察厅　　　　　　　　　　劄
　　七、初级检察厅　　　　　　　　　　劄
　　八、高等审判厅　　　　　　　　　　移
　　九、地方审判厅　　　　　　　　　　照会
　　十、初级审判厅　　　　　　　　　　照会

其对于京师总检察厅有遇上诉案件检送卷宗时，用"呈"。

地方审判厅对于下开各衙门
　　一、督抚、将军、都统　　　　　　　申详
　　二、提法司　　　　　　　　　　　　呈
　　三、各司　　　　　　　　　　　　　咨呈
　　四、道府　　　　　　　　　　　　　牒
　　五、直隶厅州、州县　　　　　　　　移
　　六、高等审判检察厅　　　　　　　　咨呈
　　七、地方检察厅　　　　　　　　　　移
　　八、初级审判检察厅　　　　　　　　照会

地方检察厅对于下开各衙门
　　一、督抚、将军、都统　　　　　　　申详

二、提法司　　　　　　　　　　　　呈
　　三、各司　　　　　　　　　　　　　咨呈
　　四、道府　　　　　　　　　　　　　牒
　　五、直隶厅州、州县　　　　　　　　移
　　六、高等审判厅　　　　　　　　　　咨呈
　　七、高等检察厅　　　　　　　　　　呈
　　八、地方审判厅　　　　　　　　　　移
　　九、初级审判厅　　　　　　　　　　照会
　　十、初级检察厅本管／邻封　　　　　劄／照会

初级审判厅对于下开各衙门
　　一、督抚、将军、都统　　　　　　　申详
　　二、提法司　　　　　　　　　　　　呈
　　三、各司道　　　　　　　　　　　　咨呈
　　四、府直隶厅州　　　　　　　　　　牒
　　五、州县　　　　　　　　　　　　　移
　　六、高等审判检察厅　　　　　　　　咨呈
　　七、地方审判检察厅　　　　　　　　咨呈
　　八、初级检察厅　　　　　　　　　　移

初级检察厅对于下开各门
　　一、督抚、将军、都统　　　　　　　申详
　　二、提法司　　　　　　　　　　　　呈
　　三、各司道　　　　　　　　　　　　咨呈
　　四、府直隶厅州　　　　　　　　　　牒
　　五、州县　　　　　　　　　　　　　移
　　六、高等审判厅　　　　　　　　　　咨呈
　　七、高等检察厅　　　　　　　　　　呈
　　八、地方审判厅　　　　　　　　　　咨呈
　　九、地方检察厅　　　　　　　　　　呈
　　十、初级审判厅　　　　　　　　　　移

行政各衙门行文司法各厅
　　一、督抚、将军、都统对于各级审判检察厅　　劄

二、各司道对于高等地方审判检察厅　　　　照会
三、府直隶厅州对于高等审判检察厅　　　　移
四、州县对于高等审判检察厅　　　　　　　牒
五、府厅州县对于地方初级审判检察厅　　　移

清法部酌定各省民刑案件报部程式
申文式

某省提法使司提法使为申报事案，查宪政编查馆奏酌拟死罪施行详细办法原折内称：京外高等、地方审判各厅所定死罪案件判决确定后，在外由各该检察长或监督检察官逐起将全案供勘缮呈提法使，申报法部，例应专奏者改为专申，例应汇奏者改为汇申等语。兹据某某各检察厅咨呈各审判厅判决强盗、抢夺、人命案件若干起，录具全案供勘，呈送到司，相应照章造册汇报

　　大部，查核具奏施行，须至申者。

　　某省提法使司提法使为汇报事案，查宪政编查馆奏酌拟死罪施行详细办法原折内称：高等、地方审判各厅所定罪该遣流案件判决确定后，录具全案供勘，移交各该检察厅依法执行。查照此次奏定报部之法，分别按月汇报，法部存案等语。兹据某某各检察厅将某月份执行遣流案件若干起，录具全案供勘，呈送到司。相应照章造册，按月汇报

　　大部，查核施行，须至申者。

　　某省提法使司提法使为汇报事案，查宪政编查馆奏酌拟死罪施行详细办法原折内称：京外高等、地方审判厅所定徒罪案件，移交执行后，摘叙简明案由，分别按季汇报法部存案等语。兹据某某各检察厅，将某年某季执行徒罪案件若干起，摘叙案由，呈送到司，相应照章造册，按季汇报

　　大部，查核施行，须至申者。

　　某省提法使司提法使为汇报事案，查宪政编查馆奏酌拟死罪施行详细办法原折内称：各初级审判厅判决刑事案件，移交执行后，于年终汇报法部存案等语。兹据某某各检察厅将某年各初级判决罚金案件若干起，摘叙案由，呈送到司，相应照章造册，于年终汇报

　　大部，查核施行，须至申者。

　　某省提法使司提法使为汇报事，据某某各检察厅咨呈某月份执行婚姻、亲

族嗣续及财产价值在二百两以上案件若干起,录叙全案证据及判断理由,呈送到司,相应造具清册,按月汇报

大部,查核施行,须至申者。

某省提法使司提法使为汇报事,据某某各检察厅咨呈某年执行财产不及二百两之案若干起,摘叙案由,呈送到司,相应造具清册,于年终汇报

大部,查核施行,须至申者。

死罪册式

某审判厅判决某甲云云叙案由一案

  起诉缘由

某年某月某日据某人云云叙明某人起诉或上诉缘由

  勘验/估情形命案用勘验,并填格附卷,盗案用勘估

勘得某处云云命案叙明停放尸身处所,盗案叙明贼盗出入形迹及事主所失物件

验/估得云云命案按洗冤录验法、[盗案]详细叙明计赃若干

        检察官某人莅验/勘

        检验吏某人喝报命案用此式

  供词

据乡约/证人某人供云云所供是实

据原告/事主某人供云云所供是实

据案犯甲某供云云叙明父母存没,现年若干,有无兄弟妻子?所供是实犯罪之事实

缘某甲云云据供词详叙应即判决

  援据法律各条及理由

查律/例载云云叙明本案所引律例条文等语,此案某甲云云叙明判断理由及犯人所得罪名某年某月某日判决

       刑科几庭推事长某人押

       推 事某人押

       推 事某人押

       莅庭检察官某人押

遣流册式

某审判厅判决某甲云云叙案由一案

  起诉缘由

某年某月某日,据某人云云叙明某人起诉或上诉缘由

验伤伤人者用此式
验得某人云云叙伤痕
　　　供词
据乡约/证人某人供云云,所供是实
据原告/事主某人供云云,所供是实
据案犯某甲供云云叙明父母存殁,现年若干,有无兄弟妻子？所供是实
　　　犯罪之事实
缘某甲云云据供词详叙,应即判决
　　　援据法律各条及理由
查律/例载云云叙明本案所引律例条文等语。此案某甲云云叙明判断理由及犯人所得罪名某年某月某日判决,某检察厅于某月某日执行。

　　　　　　　　　　　　　　　刑庭推事长某人押
　　　　　　　　　　　　　　　推　事某人押
　　　　　　　　　　　　　　　推　事某人押
　　　　　　　　　　　　　　　莅庭检察官某人押

　　　　　　徒罪册式（罚金仿此）
某审判厅判决某甲云云叙案由一案
　　　犯罪之事实
缘某甲云云先叙明犯人父母存殁,现年若干,有无兄弟妻子,再叙事实,罪该罚金者,毋庸叙父母及兄弟妻子,应即判决。
　　　援据法律各条及理由
查律/例载云云叙明本案所引律例条文等语。此案某甲云云叙明判断理由及犯人所得罪名某年某月某日判决,某检察厅于某月某日执行。

　　　　　　　　　　　　　　　刑庭推事长某人押
　　　　　　　　　　　　　　　推　事某人押
　　　　　　　　　　　　　　　推　事某人押
　　　　　　　　　　　　　　　莅庭检察官某人押

　　　民事财产价值在二百两以上及婚姻、亲族嗣续各项诉讼册式
某审判厅判决某甲云云叙案由一案
　　　起诉缘由
某年某月某日据某人云云叙明某人起诉或上诉缘由
　　　证据
据某人云云叙明两造所有证据
　　　判词

缘某甲云云叙事实,应即判决,查此案云云先叙明证据,再叙判断理由某年某月某日判决,某检察厅某月某日执行。

民庭推事长某人押

推　事某人押

推　事某人押

如系婚姻、亲族嗣续案件仍须将莅庭之检察官一并开列

民事财产价值不及二百两之诉讼册式

某审判厅判决某甲云云叙案由一案

　　判词

缘某甲云云叙事实,应即判决。查此案云云叙明判断理由某年某月某日判决,某检察厅某月某日执行。

民庭推事长某人押

推　事某人押

推　事某人押

以上各式,仅具大致,如有民刑案件,与此等册式不合者,须临时斟酌造报。

刑事案件呈报文册程式

转报判决死罪案件文式

贵阳地方检察厅为呈报事,宣统　年　月　日准贵阳地方审判厅移称本月　日判决　县民　行劫/殴伤　家得赃/身死一案,造册移送到厅,准此。查宪政编查馆奏定死罪施行详细办法原折内开京师高等、地方审判各厅所定死罪案件,判决确定后,在外由各该检察长逐起将全案供勘缮呈提法使,申报法部等语。兹准前因,查　　一犯罪该斩/绞决或斩/绞候,理合照章将/录具全案供勘造册,呈报宪台/厅查核,转报批示饬遵除呈

高等检察厅/提法司外,为此备由,呈乞

照验施行,须至呈者

计呈清册一本。

附由文式

贵阳地方检察厅为呈报事,窃职厅呈报地方审判厅判决　县民　行劫/殴伤　家得赃/身死一案,除缘由备载文册不录外,理合摘叙简由呈报

宪台/厅查核示遵,除呈

高等检察厅/提法司外,为此呈乞

照验施行。

计呈文册各一本。

又报判决遣流案件文式

为呈报事，宣统　年　月　日贵阳地方审判厅移称本月　日判决　县民拟遣／流一案，造册移送到厅，准此。查宪政编查馆奏定死罪施行办法原咨内开凡罪该遣流，例应定地实发之案，判决确定后，由该检察厅备遣流案件，律准收所习艺。于执行后，查照本馆原奏，分别缮供勘，专案报司，由司覆厅，执行报司等语。此案 系例律应定地实发，准收所习艺之犯，兹准前因，除先行执行外理合将／录具全案供勘造册，呈报

宪台／厅查核，转报批示饬遵。除呈

高等检察厅／提法司外，为此备由，呈乞

照验施行，须至呈者

计呈清册一本。

又报判决徒罪文式

为呈报案事案，准贵阳地方审判厅先后移送本月份判决徒罪各案若干起到厅，准此。查宪政编查馆奏定死罪施行详细办法原折内开高等、地方各厅所定徒罪案件，移交执行后，摘叙简明案由，按季汇报。又奉

高等检察厅／提法司行准

前宪台／提法司核复拟订死罪以下案件各厅执行办法内开：嗣后徒罪案件于执行后，由各检察厅按月汇报各等语，兹准前因，除分别先行执行外，理合将本月分执行徒罪案件若干起，照章造册，按月汇报

宪台／厅查核，汇转批示饬遵。除呈

高等检察厅／提法司外，为此备由，呈乞

照验施行，须至呈者

计呈 月份徒罪案件清册一本。

又罚金罪文式

为呈报事案，准贵阳第一／二初级审判厅先后移送本月份判决刑事案件起到厅，准此。查宪政编查馆奏定死罪施行详细办法原折内开各初级审判厅判决刑事案件，移交执行后，于年终汇报。又奉

高等检察厅／宪厅行准

前宪台／提法司核覆，拟定死罪以下案件各厅执行办法内称，嗣后徒罪以下案件，于执行后，由各检察厅按月汇报各等语。兹准前因，除先行执行外，理合将本月份执行罚金案件 起造册，按月汇报

宪台／厅查核，汇转批示饬遵。除呈

高等检察厅／提法司外，为此备由，呈乞

照验施行，须至呈者

计呈　月份罚金案件清册一本。

遣罪册式盗案死罪准此

贵阳地方审判厅判决盗犯雷炳香等，听从钟子明等行劫曹廷贵家，在外瞭望得赃一案。

起诉缘由

光绪三十四年六月二十三日，前贵筑县陈令庆慈任内，据县属东下里马场团甲曹恩福等报，据老耗硐民曹廷贵报称，本月二十二日夜，被贼执持枪械，破门入室，将伊拒伤，搜抢银烟、衣物逃逸等语，团等往看属实，当派团丁跟追不获，理合报请勘验缉究，并据事主曹廷贵报同前由，开具失单前来。据此

勘估情形如有杀伤人命，则用勘验估

勘得该处地名老耗硐，距城九十里，曹廷贵住居瓦房壹向，外槽门，内天井，上列正房三间，中系堂屋。左一间系事主卧室，右一间隔作两截，前系伊子夫妇卧室，后系厨房，左右厅房各二间，左系碓房，右系客房。据事主指称，是夜先由槽门打破拥进，次打大门入室，伊子已由后门躲出，将伊捆殴，追问银烟，打开箱柜搜赃，仍由原处逸去等语。查看槽门、大门、箱柜，均有打坏新痕，勘毕，验得曹廷贵左太阳下、左臂膊、左肩胛各有木器伤一处，填单饬警验毕，估得失赃市银九十两，洋烟四百两，银首饰三套，粗布衣四十件，被盖四床，皮马褂二件，布帐子三笼，布裤十六条，皮包肚一个，内银一两一钱，熟烟二十两，共计估值库平纹银一百三十七两七钱五分。

贵筑县知县陈庆慈莅勘验，如系检察官照改
如有验尸须添注一行检验吏或忤作某唱报

供词

据团甲曹恩福供，本月二十一日早上，有老耗硐的曹廷贵来团报称，二十日夜有不知姓名贼匪，各拿枪械，破门入室，将他打伤，抢去银烟衣物逃走。甲忙拢看，属实。当就赶派团丁多人，四路跟追不获，才协同事主赶案，报恳勘验缉究的，是实。据事主曹廷贵供，贵筑县老耗硐人，光绪三十四年六月二十日夜，小的全家睡熟，三更时分，突有贼匪数人各执枪械，打开大门，拥进喊抢。小的惊起喊捕，小的儿子闻声，先由后门逃出喊救，贼匪就将小的手足捆起，用木棒吓殴，追问银烟放在何处，小的不答，就被贼人打伤。小的左太阳下、左臂膊、左肩胛各一下，贼匪们各去打开箱柜，搜获银烟、衣物，仍由原路跑走。到了第二早晨，小的投团，派人跟追不获，才协同开具失单报案。小的求勘验缉究是实据。伙盗王洪舜供，年二十九岁，黔西州人，父故母存，并没弟兄妻子。

据伙盗雷炳香，年　岁，　人，父母都在，并没弟兄，娶妻未生子女，又据同

供,都游荡度日,先没为匪,光绪三十四年六月二十日云云,所供是实。

犯罪之事实

缘雷炳香、王洪舜分隶仁怀、黔西等州县,俱平素游荡,先未为匪。光绪三十四年六月二十日,该犯等至素识在逃之白公妹家闲坐,适闻州拿获因案正法之钟子明、杨海清、在逃之黄超南均各先后走至,各道贫难。钟子明稔知老耗硐住之曹廷贵家殷实,起意纠劫,得赃分用。雷炳香等俱各允从,约定是夜在半路会齐。钟子明并称人少,还要邀添。傍晚时分,雷炳香、王洪舜前去,钟子明又邀约在逃之黄汰坪、白蒿二,人伙移时陆续到齐。钟子明、杨海清、黄汰坪、白蒿二拿洋枪,白么妹、黄超南拿梭标,雷炳香、王洪舜拿木棒,一共八人,同时起身。二更时分,走到事主门首。钟子明令王洪舜、雷炳香在外瞭望,杨海清等抬石撞开槽门、大门,一齐进内,搜得赃物,分拿跑走。钟子明并向王洪舜、雷炳香告知,将事主曹廷贵捆搏殴伤。一同逃至僻处,查点赃物,由钟子明、白么妹主平俵分各散。报经贵筑县陈令庆慈勘报,张令肇铨到任,分别开参详缉。嗣经开州拿获此案盗犯钟子明等,备文移关,旋准署开州陈收顺镶后犯钟子明拿获到案。讯据供认,纠约同获之杨海清及在逃之雷炳香等,执持枪械行劫贵筑县属曹廷贵家等情不讳。因钟子明、杨海清另有抢劫开州、修文一带居民重案,业经并案,禀请委员会审惩办,碍难移解等由移覆。陈令价白到任,复将接缉职名详参。马令启华到任,先后缉获王洪舜、雷炳香到案,讯供通详,批饬审解。兹因审判开庭,移送到厅,当请检察官莅视,讯供前情不讳,究诘再三,矢口不移,案无遁饰,自应判决。

援据法律各条及理由

查现行律载:强盗已行,但得财者,不分首从,皆绞。又例载:抢劫之案,但有一人执持洋枪,在场者不论曾否伤人,不分首从,均斩立决。又:寻常盗劫之案,其止听嘱在外瞭望,接递财物,并未入室收赃,亦无执持火器金刃情凶势恶者,应免死减等,发遣新疆当差各等语。此案钟子明起意纠约杨海清等执持洋枪行劫曹廷贵家,捆殴事主,自应按律问拟。钟子明、杨海清均合依强盗已行,但得财者,不分首从皆绞律拟绞立决。仍照执持洋枪之例,不分首从均斩立决。该犯等已在开州另案正法,应毋庸议,雷炳香、王洪舜听从行劫,在外瞭望分赃,经贵筑县饬转事主质讯明确,并未入室搜赃,且系先后缉获,隔别严讯,自毋庸虑其避就,亦应按律问拟。雷炳香、王洪舜均合依寻常盗劫之案,其止听嘱在外瞭望,递接财物,并未入室搜赃,亦无执持火器金刃情凶势恶者,应免死减等,发遣新疆当差例,拟发遣新疆当差,失赃照估追赔,木棒供弃免追,买赃不识姓名人邀免。查传此案首伙盗犯八人,从犯二人,开州拿获禀办首伙二人,获犯过半,兼获首盗,贵筑县前参职名例应注销。逸盗黄超南等获日另结。

宣统三年　月　日判决

刑庭推事兼庭长押

推事押

推事押

莅庭检察官押

流罪册式命案死罪准此

贵阳地方审判厅判决冯双憘殴伤李白老越日身死一案。

起诉缘由

宣统三年三月二十七日，据贵筑县凯龙寨民人李应富报称：本年二月二十二日，民子李老四因不见米数升，疑媳冯氏窃卖，当向查问，冯氏不依吵闹。民子将其送回媳兄冯双憘家。二十八日，民因事外出，冯双憘、陈长生将冯氏送回，民子当向冯氏斥骂，冯氏进房躲避。民子就骂冯双憘不知教训，冯双憘不服回詈。民子抓住冯双憘殴打，冯双憘举拳回殴，适伤民子脐肚倒地。经陈长生喝住，冯氏赶出，将民子扶入房中，适民回家，问明情由，延医调治无效，至三月二十六日因伤身死，报验缉究。

勘验情形

勘得凯龙寨距城三十里李应富住房，一向三间，中系堂，左右均系卧室。李老四尸身仰卧右室内床上，饬令将尸移放平地，面对众，如法相验。

验得已死李老四，问年三十一岁，仰面致命脐肚一伤，围圆四寸一分，青紫色，系拳殴伤。馀验无故。委系受伤后，因伤身死。报毕亲验无异，当场填格取结，尸饬棺殓。

检察官　何扬烈　莅验

检验吏　来宗济　喝报

供词

据尸父李应富供与报词同或详细全具供

据尸妻李冯氏供：已死李老四是小妇人丈夫，冯双憘是小妇人哥子。丈夫性情不好，常把小妇人斥骂。小妇人都不敢回言。宣统三年三月二十二日，丈夫因不见米数升，说是小妇人偷来卖了，向小妇人查问。小妇人不依吵闹，丈夫就把小妇人送回哥子家。哥子问明小妇人并无窃米的事，于二十八日约同表兄陈长生，一路把小妇人送回。丈夫见小妇人回家，就把小妇人斥骂。小妇人进房躲避，丈夫就骂哥子不知教训。哥子不服回詈，彼此抓打。小妇人急忙跑出拉劝，陈长生也在喝阻。小妇人见哥子已把丈夫脐肚殴伤倒地，小妇人忙把丈夫扶进房中。适丈夫父亲由外转回，问明情由，请医调治。哥子当就跑了。不料丈夫伤重，医治没效，到三月二十六日因伤身死。今蒙审讯，小妇人并没窃米的事是实。

据见证陈长生供：这犯案的冯双僖是小的表兄，李冯氏是表妹，李老四是表妹夫。宣统三年三月二十八日，小的到冯双僖家闲坐，冯双僖说李老四疑李冯氏偷米，就把李冯氏送回。他已问明李冯氏并没偷米情事，约小的同他把李冯氏送回夫家。小的应允，随同李冯氏、冯双僖一路走到李老四家，李老四见李冯氏转回，当就斥骂，李冯氏躲进房中。李老四就骂冯双僖不知教训，冯双僖不服回詈，李老四抓住冯双僖衣领殴打，冯双僖举拳回殴，适伤李老四脐肚倒地。小的急忙上前喝住，李冯氏赶出拉劝，把李老四扶进房内。适李老四的父亲李应富也由外转回，问明情由，请医调治。不料李老四伤重，医治没效，到三月二十六日因伤身死，今蒙传讯，委系救阻不及是实。

据凶犯冯双僖供：年三十七岁，贵筑县人，父母都故，弟兄二人，小的居长，娶妻生有子女。已死李老四是小的妹子丈夫，素好没嫌小的妹子。冯氏嫁与李老四为妻，他们夫妇平日不甚和睦。宣统三年二月二十六日，李老四把妹子送回，说妹子偷米私卖，当就转去。小的问明妹子并没偷米的事，就于二十八日约同表弟陈长生一路，把妹子送回李老四家。李老四见妹子转回，当就斥骂，妹子进房躲避。李老四就骂小的不知教训，小的不服回詈，李老四把小的衣领抓住，用拳殴打。小的情急，举拳回殴，适伤李老四脐肚倒地。陈长生上前喝阻，妹子赶出拉劝，把李老四扶进房中。适李老四的父亲李应富由外转回，小的当就跑了。不料李老四伤重，医调没效，到三月二十六日因伤身死。今蒙审讯，委止口角争殴，适伤致毙，并非有心欲杀也，没起衅别故是实。

犯罪之事实

缘冯双僖籍隶贵筑县，已死李老四系冯双僖妹夫，素好无嫌。李冯氏系李老四之妻，平日不甚和睦。宣统三年二月二十二日，李老四因不见米数升，疑系李冯氏窃卖，当向查问。李冯氏不依吵闹，李老四即将李冯氏送回冯双僖家。冯双僖问明李冯氏并无窃米情事，即于二十八日，约同其表弟陈长生，将李冯氏送转李老四家，李老四见李冯氏转回，当向斥骂。李冯氏进房躲避。李老四即骂冯双僖不知教训，冯双僖不服回詈，李老四将冯双僖衣领抓住，用拳殴打。冯双僖情急，举拳回殴，适伤李老四脐肚倒地。经陈长生上前喝阻，李冯氏赶出拉劝，将李老四扶进房中。适李老四之父李应富亦由外转回，问明情由，延医调治，延至三月二十六日，因伤身死。报经请验获犯，起诉预审明确，送交公判。提案复讯，据供前情不讳，诘非有心致死，亦无起衅别故，究诘不移，案无遁饰，应即判决。

援据法律各条及理由

查现行例载，斗殴伤人，辜限内不平复，延至限外。若手足伤，限外十日之内，因伤身死者，拟流三千。又律载：手足殴伤人者，限二十日平复各等语。此案冯双僖因口角争殴，用拳适伤李老四脐肚，越二十八日因伤身死，系在保辜正限外，余限十日之内。该犯与李老四虽系亲属，并无服制，应同凡论。冯双禧合依斗殴伤人手足伤限外十日之内因伤身死者，拟流三千里例，毋庸解配，收入本籍习艺所工作十年，限满释放。李冯氏并无窃米情事，应与救阻不及之陈长生均毋庸议，无干省释。尸棺饬埋。宣统三年四月初八日判决。

刑庭庭长　周声汉　押

推事　李荫彬　押

推事　张锐　押

莅庭检察官　何扬烈　押

徒罪册式

贵阳地方审判厅判决郭官妹刃伤方老三一案。

犯罪之事实

缘郭官妹籍隶贵筑县，父母均故，现年七十一岁，并没弟兄，娶妻生有两子。方老三亦籍隶贵筑县，父母均存，现年三十二岁，弟兄三人，娶妻三人，生有子女。郭崖亭系郭官妹长子，与方老三、朱子清均素识无嫌。宣统三年正月三十日，郭官妹与子郭崖亭至王相臣家饮酒，适方老三、朱子清亦各在座。方老三与郭崖亭猜拳赌酒，郭崖亭输拳骗赖，方老三、朱子清嘲笑郭崖亭。郭官妹不依，彼此口角。郭崖亭顺拾木棍，殴伤方老三偏左，郭官妹亦顺取王相臣防夜尖刀，戳伤朱子清右腿，弃刀跑走。郭崖亭复向方老三扑殴，方老三闪侧，拾刀戳伤郭崖亭额门，并画伤其右手大指。经王相臣劝散。报经本检察厅验明各伤，起获凶刀，分别保辜医调，填单起诉。朱子清、郭崖亭、方老三等各伤均于三月二十八日保辜限外平复，讯供前情不讳。郭官妹、郭崖亭各自殴人成伤，并无首从，例应各科各罪，应即判决。

援据法律各条及理由

查例载：刃伤人者，徒二年。又他物殴人成伤者，处四等罚。又：下手理直者减殴伤二等。又：年七十以上，犯流罪以下收赎各等语。此案郭官妹因其子郭崖亭被朱子清嘲笑，用刀戳伤朱子清右腿，保辜限外平复。自应按律问拟。郭官妹合依刃伤人者徒二年律拟徒二年。该犯年逾七十，照律收赎银十五两。方老三被郭崖亭殴伤后，复被扑殴，拾刀回戳，致伤郭崖亭额门，限外平复，系下手理直，应于刃伤人徒二年本罪上减二等，拟徒一年。郭崖亭用棍殴伤方老三，限外平复，亦应照律问拟，郭崖亭合依他物殴人成伤者处四等罚。王相臣讯无不合，应毋庸议，无干省释。凶刀案结销毁。宣统三年四月十四日判决，贵阳地方检察厅于四月二十六日执行。

刑庭推事长　周声汉　押

推事　李荫彬　押

推事　张　锐　押
莅庭检察官　吴秉衡　押

罚金册式

地方审判厅判决田林以悔婚另嫁控任李氏一案。

犯罪之事实

缘任李氏籍隶贵筑县,其父早年身故,有女么妹,于宣统元年七月,凭媒谭杨氏许字田林为妻,接受财礼银二十两,书给红庚为据,议定三年五月间过门。后因田林出外雇工,任李氏误听人言,谓田林原有妻室,并不查询明确,遂将其女另许胡炳南为妻。胡炳南不知其女曾经许人,即于是年四月初九日迎娶成婚。田林查知,控经检察厅起诉到厅,片准派员莅视,分庭预审,抚供前情不讳。并据田林供称,不愿再娶任么妹,当即送付公判,供悉如前,究诘不移,案无遁饰,应即判决。

援据法律各条及理由

查现行刑律载:许嫁女曾受聘财者,若再许他人,已成婚者,处八等罚。后定娶者,不知情不坐,女归前夫。前夫不愿者,赔追财礼给还,其女仍归后夫等语。此案任李氏先将其女么妹许嫁田林,曾受聘财,后又将么妹另嫁胡炳南,业已成婚,自应按律问拟,任李氏合依许嫁女曾受聘财者,若再许他人,已成婚者,处八等罚律,拟处八等罚,赔追财礼给还,移交检察厅执行。胡炳南讯不知情,应免置议。任么妹系由其母主婚另嫁,前夫田林不愿再娶,应仍归后夫胡炳南领回完娶。媒人谭杨氏讯无不合,应毋庸议,无干省释。此判。宣统三年五月十六日判决,检察厅于　月　日执行。

刑庭推事长　押
推事　押
推事　押
莅庭检察官　押

以上各册式与部定程式相同,然以事实叙入较为明显,故并录之,以资稽考。本社附识

考察司法制度报告书

计开

法部制度

近今世界,文明国之法制,因谋司法独立,乃于司法行政与普通行政区而

二之,盖使司法机关绝不受行政上之影响,而后能确然保其独立之地位,是为宪法上一大关键。然有因历史上之沿革,至今仍相混合,而又另组织司法机关者,如英、美二国是也。英、美皆不设法部,只设司法大臣一人,与各部大臣均在内阁组织之中,其职在赞助君主司法行政上之计画及处置,而于行政事务,无特设之衙署,是以制度单简,颇少实权。至若欧洲大陆各国,则莫不以法部统一司法行政,规模之阔大,组织之完善,又当推俄、德、法、比四国,以概其余。兹分举大要如下:俄国法部设大臣一人,副大臣二人,下分二司一局。一、总务司,司长一人,掌文牍及司法经费。二、民刑司,司长二人,掌民事法令、刑事法令,及任用司法官。三、监狱局,局长一人,副局长一人,掌全国监狱。二司设于部中,监狱局设在部外,统归法部大臣管辖。德国为联邦国,其国体既异,故有帝国法部及联邦法部之殊。帝国法部之作用,仅以理论统一全国法令而有解释法律之权。联邦法部则为事实上之作用,如普鲁士法部,即其一也。设大臣一人,副大臣一人,丞二人,参事官二十一人,分设九司。第一司掌文牍及统计;第二司掌机要事项;第三司掌民事法令、刑事法令;第四司掌司法经费;第五司掌任免司法官及律师;第六司掌全国监狱;第七司掌全国感化院;第八司掌全国登记事宜;第九司掌编存档案。每司设司长一人,品秩与我国之丞埒。法国法部设大臣一人,副大臣一人,位列各邦之首。下分三司。一、考功兼会计司,司长一人,分三股。第一股掌地方裁判所以上司法官升迁惩戒;第二股掌治安裁判所司法官升迁惩戒;第三股掌司法经费。二、民事兼国玺司,司长一人,分三股。第一股掌民事法令,监督民事法度及律师;第二股掌裁判所书记以下官吏之任命;第三股掌出籍、入籍、袭爵、注册各事。三、刑事兼恩赦司,司长一人,分四股。第一股掌刑事法令,监督刑事法庭;第二股掌全国恩赦、特赦各事;第三股掌司法统计;第四股掌检查刑事上款目、账据。此外又设文书处及法律典籍馆。文书处分二课:一、文报课;二、档案课。法律典籍馆分二课:一、典籍课,专掌收储书籍;二、编纂课,专任编译各国法令。比国法部设大臣一人,副大臣一人,下分五司。一、宗教司,司长一人,掌关于宗教各事;二、监狱司,司长一人,掌全国监狱及司法警察;三、民刑司,司长二人,掌民事法令、刑事法令;四、慈恤司,司长一人,掌感化院及慈善事业;五、庶务司,司长一人,掌司法经费、全部会计、各项建筑、以及恩赦各事。综观四国法部之组织,俄国最简,与日本初改法部之制颇同。俄为大陆国,幅员最广,其简略乃与日本相埒,是其法制未臻发达,固可想见。德于欧洲最为法令完备之国,故其法部之组织最繁,惟一国中而有多数之法部,于君主国体自难相合。至比利时之法部,虽为繁简适中,然不足与大国相颉颃。若组织虽简,分析甚详,挈领提纲,有条不紊者厥惟法兰西。然国玺属之法部,而监狱转不与焉,或其历史上之关系固如此也。他如荷兰法部，附设国务大臣会议处。而司法大臣于赏勋之举，独备君主之顾问，亦特异之一端也。

　　谨按我国当预备立宪时代，实行司法独立，一改数千年旧观，采用各国文明之制，固宜审所从违，以为将来之准。以我国地位言之，处东亚之大陆，国体则君主，政体则立宪，法制则成文。凡此诸大端，要当分采所长，不宜有所偏重。盖司法独立之精义，在以法律保障人民。法律以确定为宗，而政治则贵敏活。此司法与行政之所以异其趣也。顾司法人员亦国家官吏之一，而纲维相系，要不能无行政之方，于是而谋其统一，而又不使受他部行政之干涉，则不能不划分司法行政于普通行政之外，而以法部总其成而为之障。现值法部官制未定之时，除英美外，各国法部官制皆足以资参考。抑更有进者，官制未定之先，尤宜深明职掌。司法大臣列于内阁，凡行政上之奏闻事件，除有特例外，要无不经过国务大臣者。故司法行政之上，奏权惟法部有之。凡死罪案件之施行，在欧美各国，无论有无法部，莫不由司法大臣具奏，其余案件则毋庸具奏，即照判决施行，一以见人命之重，一以省文牍之繁。德国法部具奏死罪案件，须奉德皇批准，其式类于拟旨，德皇于旨上签字交法部，法部大臣遵旨，命令施行。此与我国现制最合。惟是法部职掌任官进退，悉依法律，即民、刑、监狱各设司局，亦不过于法令上谋统一，初非有干涉审判轻重罪囚之权。是又司法行政，维持司法独立之要义也。今欲求司法行政之进步，其要点又有四：欲保护人民权利，则必规定登记法；欲减少罪犯来源，则必设立感化院；欲养成司法及监狱人材，则必设法律及监狱学堂；欲考求司法成绩，则必从事统计报告。苟提倡而实行之，庶几日起有功耳。

审判制度

　　宪法成立，英国最早，其精义在三权分立。而所以维持国内治安，则在司法独立。世界法理趋于大同，是以欧美列邦，无论君主、民主，莫不同归于立宪。而司法一权，则因法系不同，遂有大陆与英美二派。大陆法派，法国为之祖，德国则以后起驾法而上之，奥地利其流亚也。英美法派，英国为之祖，美国则去其贵族习惯而专伸民权。其大较也。以是之故，审判制度亦因之而异。法国则三级三审：一、大理院。设于巴黎，法语谓之盖塞兴，译言破坏，故又曰破坏裁判所。盖对于下级裁判所之判决，有破坏之之权，因以命名也。院设刑事二庭，民事九庭，用五人合议制审理全国民刑终审案件，是为最高法院。二、控诉院。用三人合议制审理上诉案件。全国凡二十五所，巴黎控诉院设重罪裁判所，审理重罪起诉案件。三、地方裁判所。设于各县，审理民事及轻罪始审案件，用独任制，凡审判不论民刑，检察官皆莅庭。而重罪之始审案件，则用陪审制度。其审级，凡民事及轻罪案件，由地方起诉者，得至大理院终审，是为三级三审。重罪案件，则自控诉院之重罪裁判所起诉，至大理院终审，是为特例。此外，各乡又设治安裁判所，用独任制，专审判民事案件，以不满三百佛郎为限。判决后，如有不服，即由该裁判所送交地方裁判所，另行起诉。又有工业、商业两裁判所。工业裁判用六人合议制定案，以投票决之，分五部：一、职工；二、五金工；三、化学工；四、各项工业；五、关于商务之工业。每部设总副理各一，五部陪审人员凡百七十六，由工人选举。商业裁判用七人合议制，由商会选举。凡工业、商业案件，由该裁判所行仲裁裁判。判决后，如有不服，亦送交地方裁判所起诉。此三种皆不隶司法审级，故法国纯为三级三审。德国则与法迥异，一、帝国法院。谓之为塞那特，不设于柏林，而设于撒逊首省莱普溪，审理全国各联邦终审案件。设刑事五庭，民事七庭，用七人合议制。另一特别庭，凡国事犯于此审理之，用两庭合议制。二、联邦高等裁判所。设于各都会，审理地方裁判所控诉案件及初级裁判所上告案件，用五人合议制。三、地方裁判所。审理不属初级裁判所民刑事第一审案件及初级裁判所控诉案件，用三人合议制。四、初级裁判所。审理民刑事第一审案件，用独任制。刑事，检察官莅庭；民事，则否。重罪案件兼设陪审官。凡案件由初级起诉。得至高等终审。由地方起诉，得至帝国法院终审。是为四级三审。日本全采用之。奥国审判分三级二审。一、大理院。设于维也纳，审理全国终审案件，是为最高法院。二、省裁判所。民事一千可仑以上，刑事监禁六月以上至死刑，皆归其裁判。凡监禁五年以下之刑事案件，不设陪审官。五年以上之刑事及国事犯，则用陪审制。三、初级裁判所。民事一千可仑以下，刑事监禁六月以下，皆归其裁判。凡省裁判所、初级裁判所上诉案件，皆直至大理院终审，是为三级二审。凡刑事及重大民事，检察官皆莅庭。商事裁判，则附设地方裁判所内，不用检察，不设陪审。检察官职权甚大。凡上诉案件，经大理院判决后，检察官以为不平允时，得发交起诉衙门另行审理，是为奥国特点。以上三国，审判制度皆出于大陆法系，而大理院判决之死罪案件，均由法部上奏。至英美制度，多与大陆法不同，首在审级不全，又因不重上诉，而检察制度遂多欠阙。英国审级虽似有四，其初实只一审。至一千九百零八年，始设刑事控诉院。其最近审级，如治安裁判所为最下级，谓之为郡裁判所之支部，设于各郡之各处，其裁判委员，司法大臣任命之，受理轻微刑事，如窃赃不满二镑及口角揪扭、酗酒滋事之类，其处罚以六月以下之工作为限。并受理轻微之民事，用独任制。如有不服，则送之郡裁判所另行审判。此与法之治安裁判所性质颇同，惟受理轻微刑事为其异点。郡裁判所四季开庭，故又曰季裁判所。本郡裁判委员皆得列席,委员长一人,行裁判受理民刑案件。刑事案件设陪审。在伦敦者曰高等裁判所,民事、刑事分为二所,冠以中央之名。本所之承审官,始谓之为国君之裁判官,用独任制,管理重大民刑案件。其案件在伦敦以外者,司法大臣于高等裁判所中派出裁判官二员,巡行英格兰之大城镇而受理之,是为巡回裁判。其上设刑事控诉院,审理高等裁判所之刑事控诉案件。而民事则无之。该院用三人或五人合议制。以理论上言之,由控诉院上告案件,得至贵族院终审。而事实则无之。上以各裁判所似为四级,而实只一审。惟重大刑事,始有二审。英国旧有检察长,三岛各一,其下有检察官,但不分配于各裁判所,其职务亦仅以起诉、证明犯罪为限,无上诉及执行等事。检察长则备君主赦典上之顾问,盖英国无上诉法,但以赦典为裁判上之救助而已。美国仿效英国,惟无贵族院,裁判官不受议院之监督,又特设幼年裁判所,重在预防犯罪,其法尤善。至法律案虽经议会协赞,仍须得裁判官之同意,则英美之所同也。

  谨按审判制度,最宜注意者有数大端:一、审级。我国旧制最繁,如县、府、司、院部凡五审,院部皆为终审,原虑案有冤抑,故多设审级以备平反。而出入处分太严,实足以遏抑上诉。又因交通之不便,吏胥之需索,文牍之烦苛,审理之迟滞,皆足为上诉者之障碍。近今欧美之制,多亦不过三审,更有二审、一审者。盖据理而言,至于三而已足,否则非惟人民蒙其不利,而国家之裁判久不确定,亦立法者之所警也。更以近世学理言之,于审级中,又有二头三审及一头三审之别。如初级始审者,至高等终;地方始审者,至大理院终;是为二头三审,行之者如德,如日本及我国今制。若无论初级、地方始审,皆至大理院为第三审,是为一头三审。今则无行之者。惟奥国为一头,而其审序则仅有二。此外,如义大利之三头三审,则其审级有五,而审序亦只有三。如由治安裁判所始审者,得至地方终审;由初级始审者,得至控诉院终审;由地方始审者,得至大理院终审。惟限定之重罪案件,则仅二审,是为特例。学者谓终审在法律点,而大理院之设,专为解释法律。故宜用一头制,是亦谋统一之道也。二、检察及陪审制度。各国有并用检察及陪审官者,法、德、奥、义、俄是也。有专用陪审官者,英、美是也。有专用检察官者,荷兰、日本及我国今制是也。陪审之制,以司法独立,法官之权过大,故裁判之事实点必须陪审官断定之。法官只定其法律点而已。此制发源于英。而裁判绝无枉滥,固其效也。检察之制,以国法在所必伸,代表之者,即为检察。故以发觉犯罪、实行公诉、执行判决等为职务。其理论发明于后世,初制则原于法兰西。盖法当王政时代,有所谓国王之代理人者,即检察官。故法之检察官,因沿革上得有绝大之权限,他国继踵仿行,均加限制。奥国乃予检察官对于终审案件有发回原审之权,荷兰则无论民刑,均须检察官莅审,未始非求保裁判公平之意。英不行检察制度,而检察长则备君主顾问,视之固亦甚重。我国采用检察制度,亟宜使司法者确知检察之为用,要亦今之急务也。三、律师制度。欧美虽法派不同,要使两造各有律师,无力用律师者,法庭得助以国家之律师。盖世界法理日精,诉讼法之手续尤繁,断非常人所能周知,故以律师辩护,而后司法官不能以法律欺两造之无知。或谓我国讼师习健,法律所禁,不知律师受教育,与司法官同一毕业于法律,其伸辩时,凡业经证明事实,即不准妄为矫辩,是有律师,则一切狡供及妇女废疾之紊乱法庭秩序,在我国视为难处者,彼皆无之。因律师之辩护,而司法官非有学术及行公平之裁判,不足以资折服。是固有利无弊者也。四、登记事项。登记法所以确定之权利。世界文明进步,人民法律思想愈发达,则登记事项愈繁。关于所有权,则有不动产之登记。关于家族,则有遗言登记、后见人登记。关于商事,则有营业登记、商标登记。凡所以证明其权利,而使他人罔敢与争,甚至关于贵重保存之证券,亦且托之官署。其处理之法,以接近人民者为宜。故德国登记事项,皆由民事区裁判所行之,文卷档案连房盈室,皆储之以铁柜,以防不虞。然其对于查阅者,则异常敏捷。初不少形扞格,是所以清民事之讼源,便裁判上之稽核。而司法经费亦多取给于是,诚善法也。我国虽有税契注册及印花等项,然彼则使人民遵行于事先,此则听人民自便于事后,其性质迥不相同:一则强迫,一则乐输,固可并行不悖也。五、司法经费。各国司法经费,皆由法部预算,经议会认可后,即径由国库发给。其司法上收入之款,则皆存之国库。但收支两不相涉,无论是否可资补助,司法经费要必取给于度支。此项经费以司法官之俸给居多,数至法庭建筑费,尤必宽筹。如比利时,小国也,而布卢塞耳之法院建筑费乃四十兆佛郎。意大利,贫国也,而罗马之法院建筑费乃十五兆力拉。盖国家不惜钜款经营司法,所以系人民之信仰,耸外人之观听,于国家法权,殊多裨益耳。我国审判制度采用德制为多,考其真而慎其始,则非独国内治安是赖。而国际上之联合,亦不难修正条约于将来矣。

监狱制度

欧美监狱,初尚残酷。十七世纪以来,英国首倡改良,浸至风行欧美。近四十年,美国发起万国监狱会观型研究,遂臻大同,几难有所轩轾,而要以德、比、荷三国监狱为最完备。德普鲁士监狱凡一千一百二十七所,隶内部者五十二余。归法部管辖各监狱,上级官吏或设典狱官,或设理事长,中级官吏则有会计、理事、庶务理事、工业理事、书记官、教诲师、医师,下级官吏则有看守长、授业佣员。设于柏林者,多取分房制,提格耳一监,兼用窝居制。地方监狱分房、杂居并用。其必须收分房监者三种:一、刑事被告人;二、年在三十岁以下者;三、年在三十岁以上,系初犯者。狱中工作分四类:一、制造监狱所需之品;二、制造军队、邮便、巡警以及衙署所需之品;三、服役于国家及镇乡之公共事业;四、许为商家包作之品。饮食有定制,运动、沐浴有定时,星期演讲宗教,每月三见家族,刑期经过四分之三,许假出狱。狱设病院,疯人则另居之。横暴不守狱则,则有戒具,有戒室。戒具有窄衣、手镣二种。手镣使两臂恒伸而不能屈,窄衣则缚之令痛楚,用之不得过数小时。戒室之用,在夺光减食,去寝榻示惩。惟入室者,不得继续至七日,以防卒患疯疾。比利时监狱建筑最精美,墙壁复道饰以文石。鲁番一狱尤为全国模范,建筑于一千八百五十六年,用星光形,纯取分房制。运动场十六处,形如半轮,中植花草,使囚徒隔别运动,全监容六百人拘禁。刑期自五年以上至终身,星期演讲宗教,教室亦取分房制,一重其廉耻,一专其心志。出分房室或遇外人参观时,皆使蒙面,不令人知姓名,愧励、保全兼而有之。疯人监设备尤善。窗在房顶,以蓝玻璃透光,四壁蒙胶皮以防触伤。不守狱则者,但用戒室而无戒具。他犯于室内,准蓄小鸟以自娱。运动时,并许吸纸烟。待遇最宽恕。接见家族与德同。此外则有岗郡之大监狱,取昼杂居、夜分房制,专收终身监禁之犯。盖比国虽有死刑之名,然判决死刑之犯,君主皆改为终身监禁。初皆入鲁番监狱,满十八年后,愿入是监者,始迁入之,否则仍留鲁番监。盖鲁番为分房制,取其严;是监为杂居制,取其宽。凡入监十年,性驯不虑,更传播罪恶,惟性喜独居,则亦不之强也。荷兰监狱,建筑质朴,不事雕饰,与比利时大异。其海牙监狱,实为全国模范,分三翼,翼凡六十六房,纯取分房制,规律整肃,管理精密。四周皆官舍。外缭以园圃。典狱官吏及看守人宿焉。拘禁囚徒以一日以上五年以下为限,皆在分房内工作。每星期许一通信,须经狱官之检查。月许三见家族,大致与德、比同。此外则海兰一狱,建筑尤异,用圆形上有圆顶,仿罗马古监狱旧式而略变其制。分五层,纯用分房制,能容四百人。管理尤便利。惟建筑费较之星光形、十字形、三翼形均钜。欧洲监狱只荷兰有此特别形式,余皆以星光形、十字形为主。大抵各国监狱,皆趋重分房。自东徂西,杂居之制渐少。将来之进步,必专用分房而废杂居。在财政充裕之国,行之亦非甚难也。

  谨按:欧洲古代监狱,残民以逞,如法兰西之拔斯惕大监狱,罗马之哀里纳斗兽监,或肆非刑,或投狮虎,虽暴秦无此虐政。今则无论欧美,翕然一致,群趋于改良。然欧人亦有持反对之说者,谓改良监狱,适足奖励犯罪。不知自世界发明自由刑以来,肉刑之类概从废止,监狱乃专为执行自由刑而设。自由刑以剥夺罪人之自由而止。监狱不良,则刑罚不中,虽改良刑罚亦属空文。盖国家刑法主义,除生命刑外,皆所以矫正罪恶,使复为社会完人。其心至仁,其理至公,较然无可訾议者。或谓待遇囚徒,非严酷不足示威,不知民不畏死,奈何以死畏之。况一经受刑,终身不齿。犯罪者本由于生计艰难,今受刑之后,既使复居人群之中,又迫之于不能存活之地,危险情形固属易见。若徒以监狱外观之硕大崇闳,谓囚徒乐居,或且欣羡入狱,是未尝深察监狱内容也。各国最文明者为分房监,然亦仅容一榻一案,昼便工作,夜安寝息而已,初非高房大厦以供囚人之愉快。况管理法最严重,凡人所享有之自由,悉剥夺之,于其言动、饮食、作息,无不干涉。然则谓人之乐于下狱,殆謷说也。各国改良监狱之效果,则在监狱之统计。昔之监狱,再犯者多,今之监狱,再犯者少。改良之理由,为各国所公认者。以此方今司法制度宜注重者,厥惟三端:第一,改良法律;第二,改良审判;第三,改良监狱。而外人观察所在,尤在监狱。现自京师以及各省皆设模范监狱,惟财政困难,不得不研究监狱办法。盖监狱作工,分机器作工、人力作工两种。学者谓机器作工与人民争利,且出监后仍难谋生,是以多屏不用。然俄京轻罪监初患经济不足,今改用机器作工,岁入达十五万卢布,遂无须仰给国库。其制军靴一机,每日可得靴五百双。另设人工制靴室,俾机器、人工兼学之,于出狱后,谋生计甚便也。且所制军装,并非与民争利,其法未尝不善。至他国监狱,作工皆不用机器,盖经费充足可不藉监狱之收入。监狱之种类,大别为已决、未决两种。未决监自由作工,已决监强迫作工。是为各国所同。已决监又分男监、女监、幼年监及轻罪监、重罪监数种。惟各国亦颇参错,如罗马一监兼收男、女、已、未决人犯,但男女各为一监,而已决者自三日以上至三十年之监禁皆在其内,是一监而各种具备。此外有以一年以下之监禁为一等者,如德之提格耳一监,法之弗雷洛一监是。有以五年以下之监禁为一等者,如比之些巨息一监,荷之海兰一监。是其女监及幼年监,或与男监同所而分部,或另为一监,要皆各就所宜,初无定法。其建筑形式固多十字、星光两种,法之弗雷洛一监为十字形,荷之海兰一监为圆形。惟无论何种形式,要必注意于光积气积。德国定例,昼夜分房监至少以能容二十二立方迈当之气积为限,其窗以能容一平方迈当之光积为限。夜间分房者,及拘禁二星期以下之不作业者,至少以能容十一立方迈当之气积为限,其窗以能容半平方迈当之光积为限。杂居工场,每人应需气积不得下八立方迈当。其余各国大致相同。凡所以讲求卫生者备至,一以保监犯之生命,使不至瘐毙狱中;一以达刑罚之目的,使不致废于中道。此改良监狱之急务也。美总统有言:改良监狱,尤在看守得人。此言最扼要。盖改良刑法之实际在监狱改良。监狱之内容,则在管理法,实行管理法,则在管理及看守者之得人,是则不易之理也。

感化制度

感化院之制,所以预防犯罪。与其惩治于事后,不如防范于事先。盖教育以正其本,刑罚仅齐其末。各国于幼年感化事业,讲求尤力,组织完备者以英、德、和三国为最。英国感化院分两种:一、授产院;二、矫正院。授产院专收十四岁以下放纵游荡,或将流为乞丐者,及十三岁以下初犯禁锢及其他之轻刑者。矫正院专收十六岁以下之犯罪少年,由裁判官判定后,得直接送矫正院。两院皆以小学教育为主,经费由地方会担,认每人每星期由(家国)[国家]补助三先令六便士,由感化生父母津贴五先令。两院均国家监督。感化生出院后,多成良民。或至再犯者,平均计算,授产院男仅百分之五,女仅百分之一;矫正院男仅百分之六,女仅百分之四。故英国成绩为最优。德国感化院除收容游荡少年及幼年犯外,兼收家庭教育不良之男女及精神不健全者,以十八岁以下为限。教授重德育,院以能容八十人至二百人为率,行政官随时监督之。经费三分之二出于内部,三分之一出于地方会,故其成立,必须内务大臣认可。感化生出院后,五年内之行动仍由地方幼年保护会随时调查,报告本院。和兰感化院规模尤宏,组织与一村落无异。故择地必远城市。院有田园,有深林,有河,有畜牧,有工作,有家庭。教育量其资质,分科教授。各国多仿效之。至其收容年龄限度,及归行政官厅监督,与英德无甚差异。他如意大利感化院,组织不如他国,教科除工艺美术外,罗马一院有教授电学、气机学者,诚以感化生资格,非无颖异,若仅限于下等工艺,殊非因材教育。故罗马感化院教授法颇有特长。要之,感化院性质与盗狱迥殊。无论男女及是否经裁判入院者,概以学生资格待遇之,养其性天,重其廉耻,纯然道德上之事,非刑罚上之事。此则各国所同也。

谨按成年犯罪者之矫正难,幼年犯罪者之感化易。自近世发明感化制度以来,欧美各国士夫以及慈善宗教各家无不竭力经营。国家又从而补助之。我国监狱虽已改良,而感化事业尚未兴办。曾于第八次万国监狱会报告书中,请由法部或民政部先行创设感化院于京师,以为之倡,一面通行各省,令地方官切实讲演,多方劝导,以期培养人格。惟欲图实行,当先定办法,举其要者如下:第一,种类宜分别也。幼年之应受感化教育者,大别为三种,一、弃儿及迹近遗弃者。如不知父母之姓氏,或知姓氏而不能引交,或父母俱亡,贫困不能自存,或因父母疾病,或失业,或犯罪入监不能教养,或父母虐待,阻害其发育,或父母不能管教,流为游荡乞丐者之类。二、有不良行为者。如游荡懈惰及家庭学校不能矫正其恶习者之类。三、有犯罪行为者。即有违犯刑法之行为，因未达责任年龄，不为罪者。凡此皆犯罪之种子而为社会未来之隐忧，所急宜教养者也。第二，法制宜规定也。英国于一千八百五十四年设感化院时，规定十六岁未满之犯罪者，施以感化教育。其后改正修补，至一千八百六十六年，发布感化院条例，于是裁判所对于处十日以上自由刑之幼年犯，得交感化院，期以二年至五年为限。但经过十八个月之后，核其情状，得令假出院。嗣以数十年来之经验，觉处置犯罪儿童宜易刑罚而为感化。于一千八百九十九年，规定凡处自由刑之幼年犯，在十六岁以下者，尽送入感化院，不拘禁于监狱，其期定为三年至五年。此外又有授产院，与感化院同为私家设立，国家监督之而补助其费。其条例于一千八百六十六年发布。收容儿童分为四种：一、十四岁未满之儿童，有游荡乞食等之行为，或为窃盗，或交接妓女，或居住妓女家宅者；二、前项儿童父母死亡，或被父母遗弃，或父母犯罪受自由刑处分者；三、前项之儿童，因父母或后见人之请求，且实有不能监督之明证，及因救贫官厅请求在救贫院苦于制驭者；四、十二岁以下有犯禁锢刑以下之行为者。在院期间，二年至五年，由裁判所决定之。但经过十八个月之后，亦得假出院。法国国立感化院分普通感化院、特别感化院两种。普通感化院收容刑法第六十六条之不论罪者，及受六个月以上二年以下之禁锢处分者。特别感化院收容二年以上之禁锢处分及普通感化院所认为不良者。其他民法第三百七十五条规定依父之请求，由裁判所决定，得以十六岁未满者于一个月内，及十六岁以上者于六个月内交感化院。又一千八百八十九年规定，于父母丧失亲权时，得以其子交公私感化院或相当之家族。又一千八百九十八年规定，儿童犯轻、重罪者，当审理中，预审判事认为有保护之必要时，得送交公私感化院或相当之家族。德国先于一千八百七十年发布帝国刑法，规定感化教育于第五十五条及第六十条。一千八百七十六年又增补刑法第五十五条，创设国立感化院。嗣普鲁士又于一千八百七十八年，发布感化院法，规定六岁以上十二岁以下之有犯罪行为者，得于一定限制之下，施以感化教育。一千九百年又改正扩张之，共二十三条，而组织始备。英、德、法三国之制如此。立法之始，自宜博采众长，以臻完密。一、经费宜预算也。感化经费之预算，大致依人口为比例。英国人口三万九千六百九十六万八千有奇，感化经费每年平均约五十五万镑，由国库支出者约二十万镑。法国人口三千九百十一万八千有奇，感化经费每年由国库支出者计二百六十四万八千五百三十三法郎。普国人口三千四百四十七万二千有奇，感化经费每年计五百万至六百万马克,由国库支出者每年平均约二百万至二百五十万马克。我国人口驾各国而上之,则预算亦应加多,亟应先事绸缪也。一、管辖部宜商酌也。各国感化事业,属于内部者居多。比国则专属法部。盖感化院于监狱有密切关系,分隶两部,则用人行政经费加多,而命令杂出,权限混淆,必不能得统一之效而改良,阻力亦因之而生。观于比利时,监狱与感化院之整齐划一,及聆普鲁士法部参事德尔伯卢博士详论分辖之弊,可见狱院管辖,宜一不宜二,宜合不宜分矣。以上四项于感化规制略备,尤贵提倡。慈善家热心毅力,普及全国,收效固可预期也。

司法警察制度

司法警察以发觉犯罪,为司法上辅助机关,因职权上关系,直接受检察官指挥,以达有罪必发之目的。各国皆于普通警察中特设司法警察,以执行司法上之事务。德国柏林警察总署之组织,分九部,其第四部即司法警察。下分三科,统辖柏林十三区。此部最要之事,为识别犯人。盖逃犯得以识别法弋获之。既捕得之犯,得因识别法而知其是否再犯。其法发明于法国之白耳梯龙,即法之司法警察部长也。部之组织,部长一人,副部长一人,巡查一人,书记长一人,书记官四人,警察长一人,副警察长三人,司法警察四十六人。识别犯人分量体法、识别法二种。量体器用各种米突尺,先量身,次量两臂,次坐量其上半身,次量左中指,次量左中指尖至胲肘,次量左足,次量耳轮广袤,次量头顶横直径,次量额阔,乃相其目,次相其耳,次印十指模,终拍正侧面两照,一一识之于簿。因指纹异同,编列为号,每拘一犯,如法识别之。然后检查旧案,其识别同者,无论如何变易姓名及面貌,皆可决为再犯。习其法者,附设一学堂,各国皆仿行之。德国则去其量法之繁重。英国则专用指模。盖指模非必执手印之也。如贼盗破户启扉攀援而入,及所偷窃等物,苟为指之所触,皆可取其模形,以照相器展大,从而识别之。英用其法最精,自谓得一已足。意大利司法警察学堂堂长更发明一器,谓可推测人心状态。其法置人手皮套内,通以皮带,纳于圆筒,筒有动机,以转动一针,针在筒外,下置黑色纸。因人心之鼓动力而皮带内之空气因之张翕,激动筒内动机,而筒外之针因之而动。其筒复自转,此针遂于黑色纸上画成白色浪纹线,法略似医家之候脉,器用之是否可信,及有无错误,未遑深考。惟理想甚奇,可见各国讲求司法警察之学,无微不至,宜其犯罪者无可幸免也。

  谨按:各国司法警察之制,固甚完备。而司法警察署更与裁判所接近,呼应灵通,毫无间隔。检察官遇有搜查证据、逮捕人犯等事,无不指挥司法警察。近今世界科学日益发达,犯罪之术亦愈出愈奇,苟非研练有素，不特无以收指臂之效，且无以保社会之公安。是以司法警察学教授科目，除普通警察所学外，如刑法及诉讼法、法医学、侦探术、画图法、摄影法、识别法，以及其他艺术，皆所必讲，其裨益司法，良非浅鲜。虽其规划非本部之事，而其关系则甚密切，故附之调查司法事宜篇末，以备参考。

广西法院强制执行章程

第一章　总则

第一节　定名

第一条　凡民事案件于判决确定后，败诉人不遵断完案，审判厅因胜诉人之申请或以其职权，命承发吏以公力强制败诉人履行义务，使胜诉人得实行权利者，曰强制执行。

第二条　凡强制执行遵照法部奏定通行各级审判厅试办章程第四十一条所定查封、管理、拍卖等方法办理。

第三条　凡因强制执行所发之命令曰执行命令，因发命令而记载应行强制之旨之文书曰执行文。

第四条　凡实施强制执行之审判厅，曰执行审判厅。

第二节　管辖

第五条　凡执行审判厅不拘诉讼价额及管辖区域，统属于败诉人所在地或其财产所在地之初级审判厅管辖。

第六条　凡因强制执行所起之诉讼，亦属于执行审判厅之管辖。但其诉讼价额不属初级审判厅者，则以执行审判厅本管之地方审判厅或分厅管辖之。

第七条　当强制执行时，有案外人出而主张其权利，申请停止强制执行，因而对胜诉人或败诉人提起诉讼者，亦属于执行审判厅之管辖。

第八条　败诉人之财产存于不服通常审判厅管辖之官署或公所，而胜诉人申请审判厅发执行命令时，审判厅得移请该管长官代为执行，并请将该执行物交付于所派往之承发吏。

第九条　败诉人之财产存于未设立审判厅之地者，亦准前条，移请该地方长官办理。

第十条　败诉人之财产存于外国及租界时，审判厅应移请本国相当之外交官照约办理。

第十一条　败诉人之财产存于他省时，准前二条之规定酌量办理。

第十二条　前四条之规定，限于败诉人所在地无可执行之财产，或虽有可执行之财产而估其现值或变价除执行费用外不及本案债额十分之六时，始适用之。

第三节 命令

第十三条 凡强制执行，非发执行命令后，不得行之。执行命令包含查封、管理、拍卖等命令而言。

第十四条 执行命令，执行审判厅之推事因胜诉人之申请而发之。

第十五条 执行审判厅属于原审判厅时，受理该案之推事于判决确定后，或虽未确定而认其情形，有应即时执行者，得不拘胜诉人有无申请，而发执行命令。

第十六条 原审判厅已发执行命令，而败诉人之财产不在其管辖区域内时，应另备执行文并判词副本，移请该财产所在地之初级审判厅代为执行。若未发执行命令时，则应付于执行文于胜诉人，使自往呈请该审判厅发执行命令。

第十七条 败诉人之财产，散在于数审判厅管辖区域内，须一并执行时，审判厅因胜诉人之申请，应备执行文数通，移请各该审判厅代发执行命令或交付于胜诉人自往呈请。

第十八条 前二条之执行命令，由受托之审判厅推事发之。

第四节 申请

第十九条 凡胜诉人非判决确定后，不得申请审判厅发执行命令。但胜诉人申明，俟确定后发执行命令，即有不能实行之虞者，审判厅得酌发执行命令，指挥承发吏将败诉人之财产暂行查封，仍俟确定后再行照章实行。

第二十条 发前条之命令时，应先讯问败诉人。若败诉人申明在确定前执行有不可回复之损害，且能供出相当之保证者，则不得徇胜诉人之申请。

第二十一条 既发执行命令后，而败诉人供出相当之保证，申请暂缓执行者，执行审判厅应酌与相当之期限，令承发吏暂缓执行。至期满仍不能履行，则或就其供出之保证而为处分，或仍命照前执行，由审判厅酌量办理。

第二十二条 凡申请须以书类为之，但诉讼物之价额属于初级审判厅者，亦得用口述为申请，审判厅详记其事由，附卷存案。

第二十三条 申请之书类暂用民事诉状。

第二十四条 凡申请发执行命令者，无论对于原审判厅为申请或对于财产所在地之审判厅为申请，均应于申请书外黏抄原判词副本，一并呈递。

第二十五条 审判厅收受前数条申请书及判词副本后，查明无误，应即发执行命令，指挥承发吏执行。若有疑时，应俟调查确实后，再发执行命令。

第二十六条 前条之调查期间，除往返必要之程期外，不得逾三日。

第二十七条 申请人申明，若俟调查后执行命令，即有不能实行之虞。查系实情者，审判厅得先发执行命令，指挥承发吏暂行查封，一面再行调查。

第二十八条　本节之申请,胜诉者之代诉人亦得为之。

第五节　执行

第二十九条　凡强制执行,由执行审判厅指挥所属承发吏执行之。

第三十条　凡承发吏非奉本厅推事之指挥,不得于执行命令外擅为一切处分。

第三十一条　承发吏实施强制执行时,须先通知于胜诉者及败诉者,但败诉者在外省、外国或不明所在地时,及胜诉人申明,若先通知于败诉人,则有隐藏财产之虞时,得不待通知败诉人而执行之。惟执行之际,须表示执行命令于败诉人或其成丁之家属同居人。

第三十二条　承发吏当强制执行时,除命令外,并宜携带有执行力之副本,以便表示于败诉人或败诉者之关系人。

第三十三条　承发吏实施强制执行之际,无论败诉人在其住所与否,均应请警察官或董事一员为见证,当场眼同执行。若无警察官与董事时,则令败诉人成丁之家属或同居人或邻居二人以上为见证,眼同执行。

第三十四条　承发吏执行既毕,应开清单一通,记明其品目、时日、场所,并令见证人署名盖印。不能署名者,承发吏代为署名,而记明于清单。仍宜令其自行盖印,无印者代以指模。

第三十五条　承发吏执行既毕,其提取查封物件,应给收条于败诉人。

第三十六条　承发吏因执行之财产不足敷债权额,且审知败诉人有隐匿财产之情形时,得请命审判厅搜索败诉人及案外人(指败诉人财产在其人手中者而言)之住居、仓库、箱箧等物,或使开视之。但事机紧急者,得先搜索而后报告。

第三十七条　当执行时,败诉人或其家属有抗拒之情形者,承发吏表示执行命令于该管警察官或董事,而请其弹压。若不服弹压时,应禀请执行审判厅施行。

第三十八条　承发吏非得执行审判厅之许可,不得于日出前、日没后实施强制行为。

第三十九条　发执行命令之际,而败诉人业经死亡时,审判厅因胜诉人之申请,再对其相续人发执行之命令,命承发吏就其遗产执行之。

第六节　费用

第四十条　执行之费用归败诉人负担,于执行时或变价时征收之。但因执行而起诉讼,所生之费用不在此限。

第四十一条　执行费用以关于执行手续之必要者为限,其限度及额数由执行审判厅推事酌定。

第二章 执行方法
第一节 查封

第四十二条 凡应行强制执行时,无论败诉人之财产系动产或不动产,亦无论其财产之性质适于管理或拍卖,均应先命承发吏将该物产查封,不得即行管理或拍卖。

第四十三条 查封后三日内,败诉人自己提出现金,申请完案者,除即时取消其查封外,执行审判厅应酌予一定之期限,令败诉人遵限完案。至期满不能完案,再行斟酌该财产之性质,实行管理或拍卖。

第一款 动产之查封

第四十四条 凡查封之物产以其价值足抵偿债权额及执行费用所必需者为限。必败诉人之财产别无适合于债权额之价值者时,始得封查其价值较多之财产。

第四十五条 查封时视败诉人可为查封之物产,估计其现存或变价后之价值。除偿还执行费用外,无余额者,不得查封。

第四十六条 凡下列之物不得查封。但其物有价值而得败诉人之承诺时,不在此限:

一、败诉人及其家属所不可缺之衣服、寝具、家具、厨具及一月内所必需之食料、薪炭等类;

二、手艺人、工人、劳役等关于其营业上所不可缺之物;

三、农业者关于农业上所不可缺之农具、肥料及种子等;

四、文武官吏、学校、教员、医师等为执行其职务所不可缺之物;

五、各色人等职业上必需之簿籍、印章、凭照等;

六、败诉人或其家属所发明发见之物及著作未公诸世者。

第四十七条 凡未离土地之果实,非在通常成熟期前一月以内,蚕非在成茧之后,均不得查封。

第四十八条 凡查封时,须先尽金钱及钞票或有价票券等查封,必无以上等物,然后查封其他之物产。

第四十九条 凡查封之手续,准第一章第五节各条办理。

第五十条 凡应行查封之物,无论在胜诉人或败诉人及第三者手中,承发吏于奉到执行命令后,均得查封。但其物在第三者手中时,须得其承诺。

第五十一条 凡被查封之物,除系金钱及钞票应由承发吏即时呈缴执行审判厅,传唤胜诉人当庭给领外,其余承发吏于查封后,均应即时搬运于查封物贮藏所保管之。但系贵重物品时,应呈请该厅推事派员办理。

第五十二条　凡查封物已经搬运于贮藏所者,以后关于其物之搬运及保存,有无格外之冗费,及擅自处分与否之一切责任,均归承发吏负担。

第五十三条　凡查封物因搬运不易,胜诉人自愿交败诉人保管者,承发吏不得勒令搬运。但承发吏应问胜诉人取具结状,呈缴于执行审判厅。且须以印封或其他方法记明查封之标识于该查封物之上。其搬运于贮藏所者,亦须详细记明,不可与他之同种物混乱。

第五十四条　查封之效力并及于由查封物所生之天然出产物。

第五十五条　执行审判厅于已经查封之物产,不得为他之胜诉人或债权者再行查封。但败诉人之物产尚未有查封者,及前之查封已经取消者,不在此限。前之查封并无取消之事,而败诉人财产又无复可查封者,执行审判厅命承发吏将他之胜诉人姓名及债权额记入执行记录,以便拍卖后由执行审判厅酌量分配。

第二款　不动产之查封

第五十六条　不动产之查封,以查封命令送达于败诉人时而生其效力。

第五十七条　不动产之查封依下列方法行之:

一、追缴契据;

二、揭示查封之情形,禁止私行处分;

三、封闭;

第二号方法限于败诉人故意不缴出契据,或有私卖、私押之虞时,得为之。第三号方法限于无租赁之情形时得为之。但败诉人能提出相当之保证者,不在此限。

第五十八条　查封后三日内,败诉人自己提出现金,申请完案者,准第四十三条办理。

第五十九条　在前条酌予期限内,败诉人仍有自行管理或使用该不动产之权,但不准再行租典。

第三款　债权之查封

第六十条　败诉人对于第三者有金钱或其他物产之债权,执行审判厅因胜诉人之申请,得对于该债权发查封命令。

第六十一条　查封败诉人之债权时,应发查封命令二通,一通交付于败诉人,禁其私向第三者索取及私擅移转其权利于他人,有证书者并追缴其证书;一通交付于第三者,禁其先付于败诉人。若系认票不认人之债权,并应令其停止支付。

第六十二条　前条之命令,须先送达于第三者,次送达于败诉人,最后乃通知已经送达之旨于胜诉人。

第六十三条　第三者受查封命令后,若故意违反其命令,致损害于胜诉人时,第三者应于胜诉人受损害之限度内负赔偿之责。但有利益于败诉人时,得于败诉人现受利益之限度内有求偿之权。

第六十四条　查封败诉人之债权时,若知第三者对于败诉人设有抵押物者,执行审判厅得并追缴该抵押物或抵押物之契据。

第六十五条　败诉人之债权,若系陆续之收入,至偿清债额后方消减查封之效力。但其期间执行审判厅须预计而告于第三者。

第六十六条　败诉人陆续收入之债权,在查封后而有增减情形时,胜诉人或败诉人得请执行审判厅变更其查封之期间。

期间之变更亦须预告于第三者。

第六十七条　败诉人之债权系以动产之交付为目的者,执行审判厅应发查封命令,第三者将该动产交付于承发吏。若以不动产之交付为目的时,则命将该不动产交付于管理人。

前项管理人由执行审判厅选派。

第六十八条　下列之债权不得查封：

一、老幼妇女之养赡金；

二、退休官吏、兵卒之恩饷及其遗族之恤金；

三、雇工劳役人等由劳力所得之金,在生活必需之限度内者。

第六十九条　胜诉人有数名时,其查封亦准本款办理。但查封后应由执行审判厅分配。

第二节　拍卖

第七十条　凡既经查封之动产,除系金钱及钞票应由承发吏即时呈缴审判厅,命胜诉人当厅具领外,其余动产、不动产均得依其物之性质,用个别方法变价,给胜诉人完案。照本节第一款、第二款各条所定拍卖章程办理。

第一款　动产之拍卖

第七十一条　凡拍卖之日与查封之日,至少须相距十日,但由胜诉人及有要求分酌之权之债权者及败诉人合意申请迅速拍卖,或因其物不便永久贮藏及永久贮藏需若干费用,或有减价之虞时,得酌量缩短期间。

第七十二条　拍卖之期日由执行审判厅定之,但因胜诉人或败诉人之申请,许其自定日期者,又如果实、蚕茧之属,不能确定日期者,不在此限。

第七十三条　拍卖期日以前,应使承发吏先期公告,招人承买。其公告或登诸报章,或于揭示板,从其物之性质酌量定之。

前项之公告应载明拍卖之物品及价额,又其期日及场所。

第七十四条　承发吏既经拍卖之后,应将公告之方法、时日记入于执行记录。拍卖期日有更改时,得取消前之公告,另行公告,并声明其原由。

第七十五条　执行审判厅于公告之日,应先查对拍卖物与查封时有无差异。查对既毕。即命承发吏记明其品目、量数等,搬运于拍卖场所,以便拍卖。

第七十六条　查对时,若其物数量不敷,或有毁损,除系自然之消耗及无心之损失外,应使承发吏照额赔偿。若系委托于保存人者,则使保存人任赔偿之责。有前项之情形时,应记明其情形于执行记录,并须通知于败诉人。

第七十七条　拍卖物除有一定价额者外,执行审判厅应先命鉴定人评定价值。拍卖时即以其评价为卖价。

第七十八条　凡拍卖应于查封物之近地为之。但由胜诉及败诉人合意,愿在他处拍卖,及由执行审判厅指定处所者,不在此限。

第七十九条　虽无前条之合意及指定而预科查封物于近地拍卖,不能得相当价值,或其物已经贮藏各处时,承发吏得禀知其情形于执行审判厅,另定拍卖场所。

第八十条　凡拍卖物,承发吏不得自买或使家族及他人代买或代他人买之。

第八十一条　承发吏于拍卖既售定时,应记明其物品卖价及售主之姓名,其即时交付买价者,并须记明其已经交付之旨。

第八十二条　承发吏当拍卖时已经卖得之金额,应随时计算。已满债权额及执行费用者,应即停止拍卖。若有余物,应即禀知审判厅返还于败诉人。

第八十三条　承发吏须俟售主交付买价之后,始可交付其物。

第八十四条　买价之交付,除有定期者外,以拍卖日为交付之期。

第八十五条　买价之交付,无论有无定期,承发吏应使售主先付若干之定金,至期不能交付时,承发吏得将拍卖物另行定期招卖时,虽前之售主再买,其定金不准扣算。

第八十六条　拍卖品无以实价评价为买者时,承发吏应申明情形于执行审判厅,照[一]百二条办理。

第八十七条　查封物系票据时,除无市价者应行拍卖外,其有市价者,执行审判厅应命承发吏依市价变卖之。

第八十八条　查封物因关系者合意定其价额,使胜诉人一人或数人或其他之债权者为售主时,可毋庸拍卖。其合意请在他处或由他人代卖时亦同。但变卖后仍须呈缴价单于执行审判厅,以便完案。

第八十九条　承发吏收受卖价之后,应即时呈缴于执行审判厅。

第九十条　执行审判厅对该卖价除照章酌提执行费用外,应即令胜诉人当厅具领完案。若于债权额有余金时,应即时交还于败诉人。若不足时,或将执行费用豁免,或勒限向败诉人追缴,均由执行审判厅临时酌定。

第九十一条 若因胜诉人有数名或胜诉人外有要求酌分之债权者一名或数名而其卖价不足偿清其总债权额时,应使各胜诉人或债权者自行协议酌分之方法,而请执行审判厅照数分配之。若协议不成,则由审判厅酌量分配。

第九十二条 因动产之性质不便拍卖,或不及拍卖者,得听审判厅之意见,用特别方法处分之。

第二款 不动产之拍卖

第九十三条 不动产除应适用管理方法者外,亦得拍卖。执行审判厅因胜诉人之申请,或自以职权命鉴定人评定价额,以评定价额为最低价额而拍卖之。

第九十四条 凡不动产之拍卖,应先期公告,招人承买。公告期间,至少以十五日为限。公告之方法,除揭示于执行审判厅及该不动产所在地之揭示板外,或登载一种或数种之报章,由执行审判厅酌量定之。

第九十五条 拍卖之公告应载明下列诸件:

一、系何种不动产及坐落何处;

二、有租典者,其租典之契约及期限;

三、拍卖之原因、场所、开场日时、执行承发吏之姓名;

四、最低拍卖价额;

五、阅览执行记录之场所;

六、该不动产上有权利者,应迅速赴厅申明之事;

七、利害关系人应于拍卖时到场之事。

第九十六条 公告期间既满,执行审判厅应即指定拍卖期日,通知于不动产利害关系人,命其按期到场,眼同承发吏拍卖。

拍卖期日以公告期间后七日内为限,由执行审判厅推事定之。

第九十七条 拍卖之场所或即在执行审判厅内,或在其他之场所,由执行审判厅推事酌定。

第九十八条 承发吏于拍卖期日应当场陈列执行记录,以供拍卖人之阅览。有条件时,并应告知其条件。

第九十九条 承发吏于拍卖日应随时催告众拍卖人申出价额。

第一百条 承发吏于众拍买人申出价额后,应将出最高之价额之姓名及价额告知于拍买人。必经过一时间后,再无申出较高之价额者,然后告知终局。

第一百一条 利害关系人及承发吏得向拍买人索取保证。不能供出相当之保者,则不得许其拍买。

第一百二条 拍买期内无及于评定额之拍卖人时,承发吏应申明执行审判厅,酌量减其评价之几,另行定期拍卖。期内无及于评定价额之拍买人时亦同。

第一百三条 拍卖数种不动产,而其中一种之卖价已足抵偿债权额及执行费用时,他之不动产应即时停止拍卖。若就数种不动产俱出有最高价额时,承发吏应听败诉人指定其一种以为卖品。

第一百四条 承发吏于拍卖终局后,应记明其情形,申请执行审判厅决定售主。决定售主以评价额为标准,若有超过于评价额者,则以最高价者为售主。

第一百五条 拍卖人之出价及于评定价额或超过之者有数人,且其出价相同时,执行审判厅从利害关系人之意见以定售主。

第一百六条 既经决定售主,须揭示其姓名及价额于审判厅揭示板而公告之。

第一百七条 售主既定,审判厅应命败诉人作成卖契一纸,俟交齐买价日,两相交付其税契。推收等事,由售主照例为之。

交价期日由执行审判厅定之。

第一百八条 契内得申明经官拍卖之事,审判厅因关系人之申请,得于契上批字盖印。

售主于交价期日不能交齐价额,又不提出相当之保证者,审判厅得另定期日,命承发吏再行拍卖。但售主于再拍卖期日前,能交齐买价,且缴纳再拍卖之费用时,应即取消再卖手续。

第一百九条 再拍卖时,前次之拍买人不许拍买。再拍卖之价额较低于前次时,审判厅得使前次售主补偿其不足之数,较多于前次时,前次买主不得请求其余额。

第一百十条 拍卖之不动产系数人所共有,而就其一人之股份行拍卖时,执行审判厅应先通知其情形于各共有者,必各共有人中无愿为售主者时,然后就其股份拍卖之。

第一百十一条 前条之共有物若有不可分卖之情形时,则拍卖其全部,就败诉人已分应得之卖价偿还债务,而以其余款交付于各共有者。

第一百十二条 售主于交价之日,不能交齐买价,限于得债权者之承诺,得以其所应交付之价额易为债务而负担之。但债权者须对于审判厅出具切结。

第一百十三条 售主于交价期前得申请执行审判厅先将该不动产交管理人管理。若债务者不交付该不动产于管理人时,执行审判厅应命承发吏勒令败诉人交付于管理人。

前项之管理人得由债权者推举。

第一百十四条 售主已交付代价,而债务者不交付不动产时,亦准前条办理。

第三节 管理

第一百十五条 凡被查封之不动产,毋庸变卖而收其利息,可以陆续抵偿欠款者,执行审判厅得因胜诉人之申请,或以其职权,对该不动产发管理之命令。

第一百十六条 执行审判厅既决定管理,即应禁止败诉人干涉管理人之事及处分不动产之收益,并命第三者此后将其应支付于败诉人者支付于管理人。管理之命令因送达于第三者而生其效力。

第一百十七条 凡管理人除由执行审判厅任命外,胜诉人亦得推举适当之管理人,但须审判厅之许可。

第一百十八条 执行审判厅任命管理人时,应将管理方法详告管理人。

第一百十九条 管理人受任时,应先着手于不动产之占有。若因此受抵抗时,得申请执行审判厅派令承发吏协助。

第一百二十条 执行审判厅当任管理人时,应传讯胜诉人、败诉人,且听鉴定人之意见,而定管理人之职务及其报酬。

第一百二十一条 管理人关于其业务之执行,得使用代理人。

第一百二十二条 执行审判厅得随时派人监察管理人之职务。

第一百二十三条 管理人执行业务有不当或过失时,执行审判厅得酌量处以二十元以下之罚金或免其职。

第一百二十四条 管理人对于管理之不动产有损害及将有损害时,败诉人得向审判厅为告诉。

第一百二十五条 管理人就不动产所得之收益,除完纳租税、扣除费用外,应将其金额呈交审判厅,令胜诉人具领。

第一百二十六条 管理人之管理亘于数年时,每年终,应就管理之事详细开列清单。分别呈送于执行审判厅,并通告于胜诉人及败诉人。其管理事务终了时,亦同。

第一百二十七条 胜诉人收受该清单后,若有异议,应于七日内申明于执行审判厅,若过期申明,即为无效。